Dietmar Albrecht, Andreas Degen,
Helmut Peitsch, Klaus Völker (Hg.)

Unverschmerzt

Johannes Bobrowski –
Leben und Werk

Martin Meidenbauer »

Gedruckt mit Unterstützung der
Beauftragten der Bundesregierung
für Kultur und Medien.

Die Deutsche Bibliothek verzeichnet diese Publikation in der Deutschen Nationalbibliografie; detaillierte bibliografische Daten sind im Internet über http://dnb.ddb.de abrufbar.

© 2004 Martin Meidenbauer
Verlagsbuchhandlung, München

Alle Rechte vorbehalten. Dieses Werk einschließlich aller seiner Teile ist urheberrechtlich geschützt. Jede Verwertung außerhalb der Grenzen des Urhebergesetzes ohne schriftliche Zustimmung des Verlages ist unzulässig und strafbar. Das gilt insbesondere für Nachdruck, auch auszugsweise, Reproduktion, Vervielfältigung, Übersetzung, Mikroverfilmung sowie Digitalisierung oder Einspeicherung und Verarbeitung auf Tonträgern und in elektronischen Systemen aller Art.

ISBN 3-89975-511-1

Verlagsverzeichnis schickt gern:
Martin Meidenbauer Verlagsbuchhandlung
Erhardtstr. 8
D-80469 München

www.m-verlag.net

Nachtfischer

*Im schönen Laub
die Stille
unverschmerzt.
Licht
mit den Händen
über einer Mauer.
Der Sand tritt aus den Wurzeln.
Sand, geh rot
im Wasser fort,
geh auf der Spur der Stimmen,
im Finstern geh,
leg aus den Fang am Morgen.
Die Stimmen singen silberblaß,
bring fort,
in Sicherheit,
ins schöne Laub die Ohren,
die Stimmen singen:
tot ist tot*

Vorwort

Dieser Sammelband enthält die überarbeiteten Beiträge des internationalen Colloquiums „Unverschmerzt. Johannes Bobrowski – Leben und Werk", das vom 7. bis 9. November 2003 im Haus des Literarischen Colloquiums in Berlin-Wannsee stattfand – an jenem Ort, an dem Johannes Bobrowski am 27. Oktober 1962 den Preis der Gruppe 47 erhielt, der ihn in beiden deutschen Staaten und international bekannt machte. Auf Initiative von Dr. Dietmar Albrecht (Academia Baltica, Lübeck) hatten die Academia Baltica, die Johannes-Bobrowski-Gesellschaft (Prof. Dr. Klaus Völker) und das Institut für Germanistik der Universität Potsdam (Prof. Dr. Helmut Peitsch, Dr. Andreas Degen) gemeinsam zu diesem Colloquium geladen; mitwirkend unterstützt wurde die Tagung durch den Mitteleuropäischen Germanistenverband. Der Einladung zu dem Colloquium waren über hundert Wissenschaftlerinnen und Wissenschaftler sowie Interessierte aus Polen, Litauen, Lettland, Rußland, Tschechien, Irland, den Niederlanden, Großbritannien, Kanada und Deutschland gefolgt. Die Durchführung des Colloquiums wurde durch die großzügige finanzielle Unterstützung seitens der Beauftragten der Bundesregierung für Kultur und Medien und der Stiftung Preußische Seehandlung möglich; die Publikation der Beiträge erfolgt mit ebenso großzügiger Unterstützung der Beauftragten für Kultur und Medien. Ihnen sei an dieser Stelle ganz herzlich gedankt.

Das Colloquium hatte sich zur Aufgabe gestellt, die in den vergangenen fünfzehn Jahren in Sankelmark (1989), Vilnius (1992), Lübeck (1992), Reading (1995), Travemünde (1997) und anderswo geführten Forschungsgespräche über Johannes Bobrowski und sein Werk fortzusetzen und die sich darin artikulierenden verschiedenen methodischen Ansätze und Wissenschaftstraditionen zusammenzuführen.[1] Unter dem Leitwort „unverschmerzt" aus Bobrowskis Gedicht „Nachtfischer" von 1963 waren Beiträge erbeten worden, die

---

1 Die Beiträge der ersten vier Konferenzen sind in folgenden Publikationen festgehalten: A. Kelletat (Hg.): Sarmatische Zeit. Erinnerung und Zukunft. Dokumentation des Johannes Bobrowski Colloquiums 1989 in der Akademie Sankelmark. Sankelmark 1990; Mare Balticum. Die Deutschen und der europäische Osten. Partnerschaftsgedanke im Ostseeraum, hg. von der Ostseegesellschaft e.V. Lübeck-Travemünde. Lübeck 1992; R. Sinkevičienė (Hg.): Verta dėti vilčių ir nuoširdžiai bandyti. Eine Hoffnung und einen redlichen Versuch wert. Materialien der wissenschaftlichen Konferenz anläßlich des 75. Geburtstages von Johannes Bobrowski. (Beiträge deutsch und litauisch). Vilnius 1993; J. P. Wieczorek (Hg.) : Johannes Bobrowski (1917-1965). Papers given at the Conference „Johannes Bobrowski 1917-1965", Reading, 23 September 1995. Reading 1996.

Bobrowskis Œuvre als Poetik der Gegenwärtigkeit von gemeinsamer Vergangenheit in Mittel- und Osteuropa bedenken. Vor dem Hintergrund der aktuellen wissenschaftlichen und öffentlichen Diskurse um Erinnerung und kollektives Gedenken, um literarische Bewältigung von Vergangenheit und um das Verhältnis Europas zu seinen östlichen Regionen gewinnen die in den fünfziger und sechziger Jahren des 20. Jahrhunderts entstandenen Gedichte, Romane und kurzen Prosatexte Bobrowskis eine besondere Aktualität und Brisanz. Die in diesem Band versammelten 29 Tagungsbeiträge wenden sich aus dieser Perspektive unterschiedlichen Themen und Fragestellungen zu: der poetischen Darstellung der historisch-mythischen Landschaft Sarmatien, der vergegenwärtigenden Beschreibung von Architektur, Bildern und Sinneswahrnehmung, dem Anliegen von historischer Aufklärung und zwischenmenschlicher Verständigung, den vielfältigen und vielschichtigen poetischen Korrespondenzen mit früherer oder zeitgenössischer Dichtung und Kunst, der originellen Aufnahme und Modifikation tradierter literarischer Motive, Themen und Stereotype und der Rezeption seines Werkes in verschiedenen Ländern oder durch andere Autoren. Mit der Erschließung der Bibliothek Bobrowskis und der Transkription eines bislang unbekannten Fernsehinterviews werden zudem wichtige Grundlagen für eine weitere Beschäftigung mit dem Autor präsentiert.

Durchweg allen Beiträgen kommen die zahlreichen editorischen und philologischen Aktivitäten um Bobrowski im vergangenen Jahrzehnt zugute. Nach der Herausgabe der vier Textbände der Gesammelten Werke durch Eberhard Haufe (1987) ist durch den von ihm erarbeiteten Kommentarband zu den Gedichten (1998) und den von Holger Gehle vorgelegten Kommentarband zur Prosa und zu den Selbstzeugnissen (1999) der Zugang zu den Texten Bobrowskis erheblich erleichtert und intensiviert worden. Gleichfalls in die neunziger Jahre fällt die Publikation der von Eberhard Haufe minutiös aufgestellten „Bobrowski-Chronik" (1994) und des von Reinhard Tgahrt unter Mitarbeit von Ute Doster erarbeiteten umfassenden Nachlaß-Katalogs des Marbacher Literaturarchivs „Johannes Bobrowski oder Landschaft mit Leuten" (1993). Die auf der Website der Johannes-Bobrowski-Gesellschaft abrufbare Bobrowski-Bibliographie ergänzt dieses Material- und Informationsangebot, das in vergleichbarer Breite und Komplexität nur für wenige deutschsprachige Autoren der Nachkriegszeit zur Verfügung steht. Während eine systematische Erschließung der Bibliothek Bobrowskis durch Dalia Bukauskaitė in Aussicht steht, bleiben die Publikation der Briefe und eine Wortkonkordanz zum Gesamtwerk bis auf weiteres Desiderata.

Den Teilnehmerinnen und Teilnehmern des Colloquiums „Unverschmerzt. Johannes Bobrowski – Leben und Werk" sei für die angenehme und offene Atmosphäre während der Tagung und die anregenden Diskussionen gedankt. Besonderer Dank gilt Dietmar Albrecht, der in den vergangenen fünfzehn Jahren dafür Sorge trug, daß das Gespräch zwischen „den Deutschen und ihren östlichen Nachbarn" mit und über Johannes Bobrowski lebendig blieb; ohne sein nachdrückliches Engagement hätten weder Colloquium noch Tagungsband verwirklicht werden können.

Allen Beiträgerinnen und Beiträgern zu diesem Band danke ich für die gute Zusammenarbeit, Dr. Christian Pletzing und dem Verlag Martin Meidenbauer München für die Aufnahme des Bandes in die Reihe „Colloquia Baltica". Herzlich danken möchte ich auch Carsten Sass, der bei der Einrichtung der Druckvorlage hilfreich zur Seite stand.

Berlin und Klaipėda/Memel im August 2004   Andreas Degen

Inhaltsverzeichnis

I   Dokumente und Materialien

Dalia Bukauskaitė	Der lesende Dichter. Johannes Bobrowskis Bibliothek	15
Helmut Baldauf	Was in den Zeiten ist. Johannes Bobrowski im Film-Dokument	43

II   Literarische Korrespondenzen

Krzysztof Lipiński	Leuchttürme und Leitgestalten. Bobrowskis Vorbilder	59
Jenny Salkova	Johannes Bobrowskis Requiem für Isaak Babel	77
Barbara Surowska	Bobrowski und Rilke. Nähe und Ferne	89
Ursula Heukenkamp	Die Rezeption der Un-Moderne in Bobrowskis Lyrik	102
Juris Kastiņš	Die Poesie von Johannes Bobrowski im Kontext der deutschen Lyrikströmungen nach 1945	112
Hub Nijssen	„Suchen mit zitterndem Mund". Die nicht geführten Gespräche der Dichter Bobrowski – Huchel – Celan	123

Ilze Kangro	Johannes Bobrowski und Stephan Hermlin. Ästhetische, philosophische und politische Aspekte einer schöpferischen Verwandtschaft	140

III Poetik des Eingedenkens

Sabine Eickenrodt	„Aber wir sehn dich". Zur poetischen Bildlichkeit in Bobrowskis Porträt-Lyrik	155
Andreas F. Kelletat	Der ungeschundene Marsyas. Bobrowskis Gedicht *Doppelflöte*	171
Jürgen Henkys	Bobrowskis Gedicht *Im Strom*. Hinweise zu Kontextualität und Intertextualität	186
Maria Behre	Lebendige Geschichte im Roman. Erzähltöne und Zeitrhythmen in Johannes Bobrowskis *Litauische Claviere*	202
Ekkehard W. Haring	Figuren des Jüdischen in Bobrowskis Dichtung. Poetisches Idiom oder gefälschtes Kaddisch?	230
Thomas Taterka	Weltuntergang. Zu Johannes Bobrowskis Erzählung *Mäusefest*	240

IV Perspektiven auf Landschaft und Kunst

Annette Graczyk	Zeitschichten in Bobrowskis lyrischer Archäologie der Landschaft	257
Sabine Egger	‚Weibliches Sarmatien'. Osteuropa zwischen Exotismus und Identifikation in der Lyrik Johannes Bobrowskis	273
Jürgen Joachimsthaler	Kuppeln und Ruinen. Zur Funktion der architektonischen Leitmotivik in Bobrowskis Lyrik	292
Stefanie Rentsch	Bildbeschreibungen im Prosawerk von Johannes Bobrowski	309
Andreas Degen	Verfärbter Blick. Visualisierte und zitierte Erinnerung in *D. B. H.* und anderen Prosatexten Johannes Bobrowskis	326

V Ästhetik des Engagements

Sigita Barniškienė	Die Erzählerfigur in der Kurzprosa Johannes Bobrowskis	343
Nicolas Yuille	Durch Liebe verschmerzen: *Das Wort Mensch*	355
Monika Szczepaniak	„Ein lauter Frieden, das gibt es". Zum literarischen Modus der Parteinahme für Eintracht und Toleranz in Bobrowskis Prosa	362

VI Rezeption und Wirkung

John P. Wieczorek	Johannes Bobrowski und Judith Kuckarts *Lenas Liebe*	377
Sigfrid Hoefert	Zur Rezeption der Werke Johannes Bobrowskis in Kanada und den USA	389
Regina Sinkevičienė	Ein paar Paraphrasen zu Johannes Bobrowski in Litauen	399
Mudite Smiltena	Bobrowski-Rezeption in Lettland	412
Rafał Żytyniec	„Wenn wir solche Verse lesen, glauben wir, Heimaterde zu schmecken". Zur Rezeption Johannes Bobrowskis in den Heimatvertriebenenverbänden	431

VII Epilog

Bernd Leistner	Zu Bobrowskis *Ganz neuen Xenien*	449

Anhang

Zu den Autorinnen, Autoren und Herausgebern des Bandes	455
Bildnachweis	471

Der lesende Dichter.
Johannes Bobrowskis Bibliothek

DALIA BUKAUSKAITĖ

> *Aber Vorbilder hat jeder Künstler.*
> *Literatur wird geschaffen, weil es*
> *bereits Literatur gibt. Niemand ist*
> *sofort aus sich selber da.*
> Johannes Bobrowski[1]

In einem Brief an dessen Sohn Justus vom 12. Mai 1989 schilderte Christoph Meckel die Bibliothek des Dichters Johannes Bobrowski rückblickend mit folgenden Worten:

> *[...] ich denke daran, wie Johannes mit seinen Buechern umging, lebend im Bewusstsein ihres Besitzes und ihrer Inhalte, die kleinen Balzacbaende liebte er sehr, holte sie oft raus und wir blaetterten, einfach so, aus Freude am Buch und Papier. Die Bibliothek von Johannes ist eine zusammengelebte, eine sehr lebendige Einheit, ein Gewaechs, und sollte deshalb vollstaendig erhalten bleiben.*[2]

Bereits in seiner 1978 erschienenen *Erinnerung an Johannes Bobrowski* beschrieb Meckel Bobrowskis Leseneigungen und Interessensschwerpunkte:

---

1 Vortrag *Lyrik der DDR*, in: J. Bobrowski: Gesammelte Werke in sechs Bänden, hg. von E. Haufe. Bde. I-IV Stuttgart / Berlin 1987, Bd. V Stuttgart 1998, Bd. VI (hg. von H. Gehle) Stuttgart 1999, hier: IV, S. 439; Zitate aus dieser Ausgabe werden im folgenden mit der Sigle GW, der Band- und der Seitenangabe nachgewiesen.
2 Privatbesitz, Eigentum von Justus Bobrowski.

Er [...] nahm Bücher aus dem verglasten Schrank und las ein paar Sätze der Achmatowa vor, war über alles informiert, hatte alle Zeitungen gelesen, zeigte antiquarisch gekaufte Bücher, eine Ausgabe der Romane Balzacs oder Herders Schriften, erstaunlich, was ihm gegenwärtig war, Buxtehude oder Picasso, Puschkin, Baudelaire und der Schlesische Schwan; die Geschichte Lettlands, die Geographie der Sowjetunion und die Mitglieder des ZK; die polnischen Nebenflüsse und die Bilder Gauguins im Winterpalast; eine bestimmte Strophe bei William Blake und verschiedene Zeilen bei Uz und Schopenhauer; das Reimlexikon und die neuesten Widersprüche aus Ost und West, die Kantaten von Bach und die Orgelstücke von Reger; Sappho, Messiaen und Trakls Biographie, die antike Mythologie, die Briefe der Rosa Luxemburg und Mondrians Bilder; [...].[3]

Dieses sehr persönliche Verhältnis zu seinen Büchern, das in beiden zitierten Textpassagen festgehalten wird, spiegelt sich in Bobrowskis Bibliothek wider. In der Tat hinterließ er eine umfangreiche und in seiner Zusammenstellung sehr komplexe Büchersammlung, in der sich nicht nur seine vielseitigen Interessen und Weltbezüge materialisieren. Darüber hinaus gibt sie auch umfassend Auskunft über sein geistiges Leben und damit zugleich Einblick in die Entstehungsgeschichte seiner Werke, die intertextuell auf vielfältige Weise mit der Bibliothek vernetzt sind. Des weiteren gibt sie Aufschlüsse über Bobrowskis Arbeitsweise wie auch – anhand der Auswahl und der Intensität der Lektüre – Informationen über die Art und die Qualität seiner Rezeption von Literatur.

Nachfolgend soll ein Überblick über den Aufbau der Bibliothek und ihre Besonderheiten, über Bobrowskis Leseneigungen, Lektüreauswahl und Lektürespuren geschaffen werden. Überdies wird anhand von einigen exemplarischen Beispielen seine Arbeitsweise illustriert.

Die nachgelassene Bibliothek Bobrowskis ist Eigentum der Familie Bobrowski und befindet sich im ehemaligen Arbeitszimmer des Schriftstellers, in der Ahornallee 26 in Berlin-Friedrichshagen. Sowohl die Bibliothek als auch sein Arbeitszimmer werden von Bobrowskis Familienangehörigen bewahrt und sind im wesentlichen seit seinem Tod in dem Zustand belassen worden, in dem er sie hinterließ. Wenn

---

3   Ch. Meckel: *Erinnerung an Johannes Bobrowski*. Mit drei Veduten des Autors. München 1989, S. 22f.

auch manche Bücher verlorengingen, blieb der Hauptbestand der Bibliothek weitgehend erhalten.

Briefe, Selbstzeugnisse und Mitteilungen seiner Familienangehörigen zeugen davon, daß Bobrowski zwar ein begeisterter Leser war, aber so gut wie nie Leihbibliotheken aufsuchte. Daher wünschte er sich, die wichtigsten Bücher in seinem Arbeitszimmer zu versammeln. Viele Exemplare sandten ihm seine Freunde und Dichterkollegen zu. Andere erwarb er bei seinen häufigen Antiquariatsbesuchen, wo er interessante Raritäten ausfindig machte. Bobrowski war ein Sammler, der ein System seiner Interessen und Vorlieben entwarf, ein System, in dem jedes einzelne Buch seinen genauen Ort hatte. Wie aus den Briefen und Zeugnissen hervorgeht, überprüfte er immer wieder systematisch seinen Buchbestand und verschenkte die für ihn unwichtigen Bücher.[4] Bobrowskis Bibliothek ist somit keine beliebige Büchersammlung, sie ist eine bewußte Zusammenstellung der Werke, die ihn besonders interessierten und die für seine Arbeit bedeutsam gewesen sind.

Die Anfänge dieser Büchersammlung liegen bereits in Bobrowskis Königsberger Gymnasialzeit. Aus dieser Zeit stammt auch der erste handschriftliche Titelkatalog, der einen genauen Überblick über die Bibliothek des Abiturienten liefert. Das Verzeichnis, das aus 31 beschriebenen Blättern besteht, nannte Bobrowski *Eine Aufstellung meiner Bücher begonnen am 10. Junius 1936*[5] und führte es bis in das Jahr 1938 fort. Bereits hier findet sich ein Ordnungssystem, das die einzelnen Titel acht Kategorien unterordnet:

Verse / Dramen / Romane, Novellen... / Abhandlungen, Aufsätze, Aufstellungen, Berichte, Philosophisches... / Biographisches, Erinnerungen, Briefe... / Fremdsprachiges / Bilderbücher, Bildfolgen, Faksimiles... / Blätter, Zeitschriften...

Innerhalb dieser Einteilung wurden die Bücher weder alphabetisch noch systematisch geordnet. Bemerkenswert in diesem Verzeichnis sind Bobrowskis Hervorhebungen der Titel (s. Abb. 1), durch unter-

---

4 Vgl. den Brief an Max Hölzer vom 6. Januar 1960: „Ich habe im neuen Jahr in meinen Büchern gekramt, mit der Absicht, Platz zu schaffen." Die zitierten Briefe, sofern sie keine gedruckte Quelle erhalten, stammen aus dem Transkriptionen-Konvolut einer künftigen Briefausgabe Bobrowskis, die Eberhard Haufe vorbereitete. Ihm verdanke ich die Erlaubnis zur Einsichtnahme. Herrn Justus Bobrowski danke ich für die Erlaubnis zum Zitieren einiger Briefpassagen.
5 DLA Marbach, 91.2.78.

schiedliche Markierungsweisen, die ein weiteres Ordnungskriterium einführen.

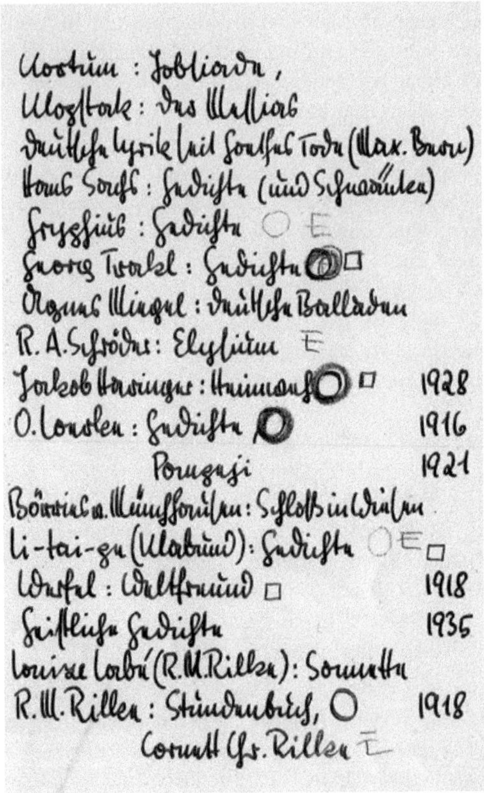

Abb. 1: Seite aus Bobrowsiks Bücherverzeichnis mit Hervorhebungen

Die Kreismarkierungen der Titel deuten auf eine besondere Vorliebe Bobrowskis zu dem jeweiligen Buch, die darüber gesetzten Kreise können als zusätzliche Verstärkung gelten. Dieses Verzeichnis zählt insgesamt 302 Titel, von denen 78 in der heutigen Bibliothek vorhanden sind und eine Besitzeintragung des jungen Bobrowski aufweisen. So haben sich beispielsweise fast alle im Titelkatalog aufgeführten Werke des Königsberger Dichters Alfred Brust erhalten, darunter: die Dramenbände *Spiele* (1920), *Tag des Zorns* (1921), *Tolkening* (1924), *Cordatus* (1927), weiterhin der vom Verfasser signierte Roman *Eisbrand*

(1933), die Erzählbände *Himmelstraßen* (1923) und *Lächler von Dunnersholm* (1931), daneben die Gedichtsammlung *Ich bin*, die eine Widmung Alfred Brusts an Bobrowskis Jugendreund Gerhard Fett enthält[6]. Nicht mehr in der Bibliothek vertreten ist allerdings Brusts bekanntester Roman *Die verlorene Erde* (1926), dessen frühe Lektüre Bobrowskis Interesse an der Mythologie und dem Welterlebnis der Balten geweckt haben dürfte.[7] Bestandteil der heutigen Bibliothek sind außerdem 20 Hefte der bedeutendsten Buchreihe des Expressionismus ‚Der jüngste Tag', darunter: Kafkas *Der Heizer* (1913) und *Das Urteil* (1916), Sternheims Novelle *Busekow* (1914), Paul Boldts Gedichte *Junge Pferde! Junge Pferde!* (1914) oder Rudolf Leonhards *Polnische Gedichte* (1918).

Diese frühe Büchersammlung bildete nach Bobrowskis Rückkehr aus der Kriegsgefangenschaft das Fundament seiner neuen Bibliothek. Doch bereits während der Kriegs- und Gefangenschaftsjahre (1939–49) erhielt Bobrowski Büchersendungen, um die er stets in seiner Korrespondenz bat. So heißt es in einem Brief an die Eltern und an seine Schwester Ursula vom 3. September 1941:

Schicken könntet Ihr mir eigentlich ein wenig Lesbares. Ich denke da an die ‚Fragmente aus dem Nachlaß eines jungen Physikers' von Johann Wilhelm Ritter, die irgendwie im Insel-Verlag erschienen sein sollte, oder noch besser etwas von Novalis (auch Insel-Verlag) [...].

An Ina Seidel schrieb er am 15. September [1943]:

Bücherwünsche soll ich äußern. Wenn ich auch nicht weiß, wie ich solche Freundlichkeit jemals rechtfertigen könnte [...] Was ich gern hätte [...] Wenige kleine und möglichst dauerhaft gebundene Bände, die ich nötigenfalls in der Rock- oder Manteltasche mitführen kann, sind das Beste. Da gäb's freilich Manches: einen zweisprachigen Horaz, Plato oder ähnliches.

Einige Bände aus dieser Zeit finden sich in der heutigen Bibliothek wieder. Beispielsweise eine Anthologie von Georg Christoph Lichtenberg *Licht und Wahrheit : Gedanken, Satiren, Fragmente* von 1937[8], die

---

6 Auf S. 3 steht: „Herrn Gerhard Fett zur freundlichen Erinnerung Alfred Brust. 25.10.1933". Nach der Widmung mit anderer Hand „*15.6.1891 † 18.9.1934".
7 E. Haufe: Bobrowski-Chronik. Daten zu Leben und Werk. Würzburg 1994, S. 12; ferner den Brief an Gertrud Mentz vom 3. Januar 1963 (GW V, S. 40) (weiter zitiert als Chronik).
8 G. Chr. Lichtenberg: *Licht und Wahrheit. Gedanken, Satiren, Fragmente.* Berlin 1937.

Dokumente und Materialien

Bobrowski von Helene Grün, der Mutter seines Schulkameraden Olaf Grün, am 15. November 1939 zugeschickt wurde[9].

Eine Insel-Ausgabe Jean Pauls *Leben des vergnügten Schulmeisterlein Maria Wuz in Auenthal*[10] enthält folgende Eintragung Bobrowskis auf dem vorderen Vorsatzblatt: „‚Kriegsweihnacht 1939' 1. Kompanie, Armee-Nachr.-Rgt. 501 Hauptmann u. Kp.-Chef. Bobrowski"[11].

Aus den Eintragungen in einem Reclam-Heftchen mit Goethes Dramen geht hervor, daß das Drama *Die Geschwister*[12] im Gefangenen-Lager inszeniert wurde. Dort notierte Bobrowski auf S. 4 auf dem oberen Rand: „1948 Nowo-Schachtinsk / Lager IV"[13], und weiter unten die Rollenbesetzungen (s. Abb. 2).

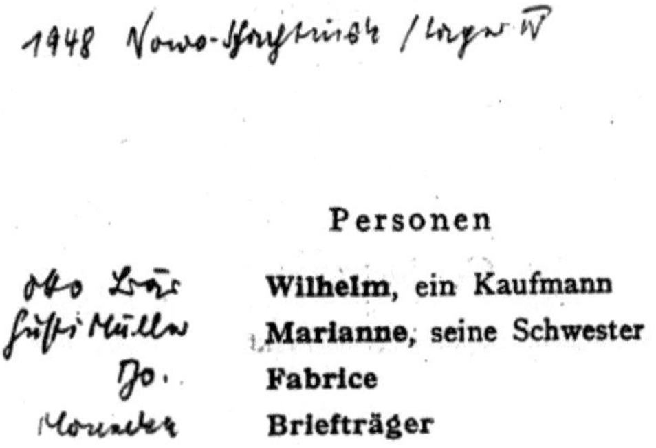

Abb. 2: Notizen bezüglich der Rollenbesetzung von Die Geschwister

---

9 Von ihr stammt auch das Datum „15.XI.1939." am unteren Rand des Titelblattes. Dieses Buch enthält eine Besitzeintragung Bobrowskis, die offensichtlich aus der Berliner Zeit stammt.
10 J. Paul: *Leben des vergnügten Schulmeisterlein Maria Wuz in Auenthal*. Leipzig um 1936.
11 Zwischen Bobrowskis Eintragungen steht von fremder Hand „Wilke". *Der* Name konnte bisher noch nicht ermittelt werden.
12 J. W. Goethe: *Die Geschwister*. Ein Schauspiel in einem Akt. *Die Laune des Verliebten*. Ein Schäferspiel in Versen und einem Akte. Leipzig 1948. Das Buch enthält außerdem eine Besitzeintragung auf dem vorderen Umschlag.
13 Bekanntlich wurde Bobrowski 1945 in das Gefangenennebenlager II/430/IV in Novoschachtinsk bei Schachty im Gebiet Rostow zugeteilt, ab Mai 1947 in das Lager 7430/4 (vgl. Chronik, S. 25). Nach Eberhard Haufe wurde dieses Stück zu Weihnachten 1947 aufgeführt (vgl. Chronik, S. 26f.).

Auch in einem Brief an Helmut Scheiff vom 11. Oktober 1948 heißt es:

Ich lebe also noch, spiele viel Theater (Repertoire von Goethe bis Weisenborn); [...].

Ein weiteres Beispiel aus der Kriegsgefangenschaft ist eine Ausgabe der Werke Günther Weisenborns[14], die ebenfalls zahlreiche Lese- und Bearbeitungsspuren enthält. Bobrowski nutzte die freien Seiten des Buches für seine Notizen über Rollenbesetzungen und zur Übersicht der aufzuführenden Dramen.

Den maßgeblichen Zuwachs erhielt die Bibliothek jedoch erst nach Bobrowskis Heimkehr aus der Gefangenschaft. Mit äußerster Sorgfalt baute er in den Berliner Jahren seine Bibliothek zu einer komplexen Sammlung aus, die für ihn beides bedeutete: eine Lese- und Arbeitsbibliothek wie auch eine bibliophile Einrichtung. Als ‚Arbeitsbibliothek' dienten ihm besonders jene zahlreichen historischen, kunstgeschichtlichen und literaturgeschichtlichen Titel, die er für seine literarische Tätigkeit als Quellen und Nachschlagewerke heranzog. Ihre bibliophilen Züge erhält die Bibliothek durch manche kostbaren Ausgaben Klopstocks, Hamanns, Herders, Kants u. a.

I. Der Aufbau und die Themenkreise der Bibliothek

Bobrowskis Bibliothek umfaßt heute, einschließlich der Zeitschriften, 2000 Titel, wobei den weitaus größten Anteil des Bestandes literarische Werke einnehmen. Die meisten Bücher sind in deutscher Sprache verfaßt. Darunter befinden sich mehr als 800 Titel von deutschen Dichtern und Schriftstellern, wobei wiederum die Lyrik den weitesten Raum einnimmt. Vertreten ist der klassische Kanon der deutschen Dichtung, angefangen bei den Barockdichtern wie Simon Dach, Martin Opitz, Andreas Gryphius, Johannes Scheffler (Angelus Silesius), zudem enthält die Bibliothek die wichtigsten Autoren zwischen Aufklärung, Klassik und Romantik, von Hagedorn bis Klopstock, von Matthias Claudius bis Goethe und Hölderlin, von Novalis und Eichendorff bis Brentano, daneben Conrad Ferdinand Meyer, Eduard

---

14 G. Weisenborn: *Historien der Zeit.* Enthaltend die Dramen: *Babel, Die guten Feinde, Die Illegalen.* Berlin 1947.

Dokumente und Materialien

Mörike oder Detlev Liliencron. Über die hohe Anzahl von expressionistischen Dichtern wie Georg Trakl, Else Lasker-Schüler, Georg Heym, Jacob van Hoddis, Johannes R. Becher, Alfred Ehrenstein reicht diese Sammlung bis zu den Autoren der Gegenwart, wie etwa Ingeborg Bachmann, Elisabeth Borchers, Paul Celan, Erich Arendt, Max Hölzer, Peter Huchel, Christa Reinig u. a.

Bobrowskis Vorlieben beschränkten sich aber nicht nur auf die deutsche Literatur, sondern erstreckten sich auch auf andere Bereiche. Der Buchbestand enthält eine umfangreiche Sammlung der Welt-, mit dem Hauptakzent auf der osteuropäischen Literatur, darunter Werke russischer, polnischer, tschechischer, litauischer und anderer osteuropäischer Schriftsteller. Ferner haben sich zahlreiche Geschichtswerke erhalten, insbesondere Titel zur Geschichte Ostpreußens, Polens, Rußlands und des Baltikums. Erwähnenswert ist weiterhin eine reiche Sammlung zur bildenden Kunst, Publikationen zur Musik- und Literaturwissenschaft, zur Landeskunde, zur Geographie, zur Religion und zu den Naturwissenschaften sowie zahlreiche Nachschlagewerke, Zeitschriften, Almanache und Jahrbücher.

Bobrowski bewahrte seine Bücher in fünf Bücherschränken auf, meistens zweireihig hintereinander gestellt. Aus Platzmangel mußte er seine späteren Anschaffungen auf den Schränken unterbringen. Auf den Schreibsekretär stellte Bobrowski seine Handbibliothek, die die Arbeitssituation seiner letzten Lebenszeit dokumentiert. Heute findet sich hier der größte Teil der Quellen zu seinem Roman *Litauische Claviere*, ferner zum Roman *Levins Mühle* oder zur Erzählung *Von nachgelassenen Poesien*. In einer Vertiefung des Sekretärs steht die 12-bändige Cottasche Schiller-Ausgabe von 1838. Einige Beispiele von Bobrowskis zusammengestellter Handbibliothek auf seinem Schreibsekretär:

Georg Dehio, Ernst Gall: *Deutschordensland Preußen* (Berlin, München, 1952); Ludovici Petri Giovanni: *Germania princeps* (Halae Venedorum 1711); Bd. 4 der *Geschichte Preußens* von Ludwig von Baczko (Königsberg, 1795); Karl Faber: *Die Haupt- und Residenz-Stadt Königsberg in Preußen: das Merkwürdigste aus der Geschichte, Beschreibung und Chronik der Stadt.* (Berlin, 1840); *Jahrbücher Johannes Lindenblatts* oder *Chronik Johannes von der Pusilie*, Officials zu Riesenburg (Königsberg 1823); X. Froelich: *Geschichte des Graudenzer Kreises* (Graudenz, 1868); 2 Bde Ritter von Solignacs *allgemeine Geschichte von Polen.* (1763–1765); Louis Nast: *Die Volkslieder der Litauer* (Tilsit, 1893); Preussische Kirchen-Historia; J. Endzelin: *Altpreussische Grammatik* (Riga, 1944); Vydunas: *Die Lebenswelt im preussischen Litauen* (Kassel-Mattenberg, 1947); Bd. 1

der *Erdbeschreibung der Preußischen Monarchie* / hrsg. von M. F. Leonhardi (Halle, 1791); Christian Donalitius' *Littauische Dichtungen* (Halle, 1894).

Die genauere Durchsicht des gesamten Buchbestandes zeigt, daß Bobrowski für die Aufstellung keine durchgehende Systematik wählte. Seine Bücher stehen nicht generell chronologisch, alphabetisch oder nach dem Herkunftsland des Autors geordnet. Trotzdem lassen sich in jedem einzelnen Schrank Ordnungsprinzipien feststellen, die die verschiedenartigsten Bezüge zwischen Büchern und Themen eröffnen. Jeder Bücherschrank stellt eine in sich geschlossene Einheit dar, die einem bestimmten Kriterium unterliegt. Eines dieser Kriterien ist z. B. die Zugehörigkeit zu einer bestimmten literarischen Gattung. So wurden im 1. Schrank hauptsächlich Prosabände aufgestellt, während sich im 5. Schrank Lyrik-Ausgaben befinden. Ein weiteres Kriterium ist die Zugehörigkeit zu einem bestimmten Sachgebiet. So ist der 2. Schrank speziell der deutschen Literatur des 18. Jahrhunderts gewidmet. Innerhalb eines Regals stehen die Werke eines Autors stets als Buchgruppe zusammen, so fast der gesamte Goethe im ersten Regal des 3. Schrankes. Als weiteres Kriterium für die Zusammenstellung der Bücher innerhalb eines Regals diente Bobrowski unter anderem die Zugehörigkeit einer Buchreihe. So steht die von Johannes von Guenther herausgegebene Reihe *Kleine russische Bibliothek* als Buchgruppe im 1. Schrank zusammen, die Märchenreihe *Das Gesicht der Völker* – im 4. Schrank.

Nachfolgend sollen Bobrowskis Aufstellungssystem an einigen Beispielen veranschaulicht sowie einige Gebiete seines Buchbestandes näher analysiert werden.

Wie bereits angedeutet, konzentriert sich der Sammelschwerpunkt des 1. Schrankes auf die Prosaliteratur.[15] Hier finden sich sowohl deutschsprachige Werke wie auch Übersetzungen von Erzählern der Weltliteratur. Neben deutschsprachigen Schriftstellern des 18./19. Jahrhunderts – wie Jean Paul, Jeremias Gotthelf, Heinrich von Kleist – stehen Werke von Autoren der Gegenwart – wie Günter Grass' *Blechtrommel* (1960) und *Hundejahre* (1963) oder Uwe Johnsons *Mutmaßungen über Jakob* (1961). Bemerkenswert ist hier die Anzahl der Werke von Hans Henny Jahnn und Arno Schmidt. Von Jahnn besaß Bobrowski *Peruddja* (1958), *Thomas Chatterton* (1955), *Die Nacht aus Blei* (1960), *Die Trümmer des Gewissens* (1961), *Aufzeichnungen eines Einzelgängers* (1959) etc. Am bedeutendsten wohl für Bobrowskis eigene Dichtung ist Jahnns Roman-Trilogie *Fluß ohne Ufer*, dessen Bände er mit

---

15 Die Zählung der Schränke erfolgt vom Fenster aus gesehen.

Anstreichungen und Notizen auf dem hinteren Vorsatzblatt versah.[16] Die Mehrzahl dieser Anstreichungen betreffen Erwähnungen des Lübecker Komponisten Dietrich Buxtehude, seine Lebensumstände und seine Werke. Die Buxtehude-Stellen notierte sich Bobrowski außerdem mit der betreffenden Seitenzahl auf den hinteren Vorsatzblättern. Bekanntlich lieferte ihm die Lektüre dieses Romans zahlreiche Anregungen, und prägte Bobrowskis Buxtehude-Bild wesentlich, wie Eberhard Haufe nachgewiesen hat.[17]

Die Sammlung der Werke „des großen Schimpfers", wie Bobrowski Arno Schmidt 1963 in einem Brief an Uwe Johnson charakterisierte, entstand vermutlich erst in den letzten Jahren seines Lebens. In diesem Brief an Johnson heißt es:

Da komm ich also schriftlich, weil Sie mirs gesagt haben: ich hätte gern einen Arno Schmidt, weil ich gar keinen hab – wenn auch, bis auf den letzten, alle gelesen.[18]

Kurz darauf, im März 1963, schickte Johnson ihm tatsächlich die Bände *Fouqué und einige seiner Zeitgenossen* (1958) sowie *Kaff auch Mare Crisium* (1960).

Erwähnenswert ist die 19 Bände umfassende Sammlung der Werke des englischen Romanciers Joseph Conrad, dessen *Mirror of the sea* Bobrowski besonders schätzte. In der Bibliothek findet man sowohl die englische Ausgabe des Romans, die Bobrowski 1963 von Michael Hamburger erhielt, als auch eine deutsche Übersetzung, über die er in einem Brief an Georg Bobrowski vom 23. Oktober 1958 berichtete:

Übrigens bekam ich dieser Tage ein reizendes Bändchen von Joseph Conrad „Spiegel der See", in diesem Jahr bei Hans Dulk in Hamburg erschienen. Es ist ohnehin eines der allerschönsten Bücher der Welt, nun liegt es noch schön gedruckt und gebunden vor. Im Anhang ist der Onkel Thaddäus Bobrowski erwähnt und Conrads Mutter, die geborene B.

---

16 Bobrowski besaß den 2. Teil *Die Niederschrift des Gustav Anias Horn nachdem er neunundvierzig Jahre alt geworden war* (2 Bände) und den 3. Teil *Epilog*.
17 E. Haufe: Johannes Bobrowski und Dietrich Buxtehude. In: Johannes Bobrowski. Selbstzeugnisse und neue Beiträge über sein Werk. Berlin 1975, S. 189–236, hier: S. 195.
18 ‚Wo ich her bin...'. Uwe Johnson in der D.D.R.., hg. von Roland Berbig und Erdmut Wizisla. Berlin 1994. S. 133–138 u. 385–389, hier: S. 133.

Bekanntlich wies die Schriftstellerin Ina Seidel Bobrowski auf die
Verwandtschaft Conrads mit der Familie Bobrowski in einem nicht
erhaltenen Brief hin.[19] In Bobrowskis Antwortbrief vom 15. August
1944 hieß es:

> *Für den Hinweis auf eine Verwandtschaft mit Joseph Conrad bin ich dankbar. Es ist schon gut möglich. [...] Den Verfasser nun der geliebten Shadowline irgendwie näher zu wissen, macht mir nur Freude.*

Conrads Werke stellte Bobrowski im obersten Regal des ersten
Schrankes auf, darunter *Die Schattenlinie* (1930), *Die Rettung* (1949), *Der
Geheimagent* (eine Ausgabe von 1927 sowie von 1963), *The nigger of the
‚Narcissus'* (1952), *Über mich selbst* (1965) u. a.

Besondere Aufmerksamkeit verdient hier auch die Sammlung russischer Literatur, die ein repräsentatives Abbild der russischen Literaturgeschichte von der Romantik bis zur Sowjetliteratur darstellt. Angefangen bei Michail Lermontovs Roman *Ein Held unserer Zeit*, finden
sich hier die großen Erzähler der zweiten Hälfte des 19. Jahrhunderts
wie Gogol, Tolstoi, Dostojevskij, Turgenev, Leskov und Gončarov.[20]
Das Ende des Realismus und den Anfang der Moderne in der russischen Literatur repräsentieren hier die Werke Čechovs und Garšins,
die Sowjetliteratur wird durch Šolochov und Fedin vertreten.

Die im vorangegangenen Zitat von Christoph Meckel erwähnten
Balzac-Bände stellte Bobrowski im 2. Regal des ersten Schrankes auf.
Es ist die deutsche Ausgabe der gesammelten Werke Balzacs in Duodez-Format, die in Berlin, im Ernst Rowohlt-Verlag zwischen 1923
und 1926 erschien. Davon besaß Bobrowski neun Bände, darunter
Ehefrieden (1923), *Die Lilie im Tal* (1924), *Vater Goriot* (1923), *Eugénie
Grandet* (1924), *Verlorene Illusionen* (1924/1925) etc.

Der 2. Schrank ist speziell der deutschen Literatur des 18. Jahrhunderts gewidmet, wobei der Hauptakzent auf der Literatur von und

---

19 Vgl. GW V, S. 52.
20 Zu seiner Vorliebe zu den russischen Erzählern bekennt sich Bobrowski in einem Brief an Hans Ricke vom 11. Juni 1958: „Wenn ich Dir aufschreibe, was ich für groß halte in der Dichtung, wirst Du Dich vielleicht wundern, ich tu's aber: 1.) den Oblomow vom alten Russen Gontscharow, 2.) die Klerisei vom alten Russen Leskow, 3.) Krieg und Frieden vom alten Russen Leo Tolstoi, 4.) Ein Held unserer Zeit vom alten Russen Lermontow, 5.) die Toten Seelen vom alten Russen Gogol usw. [...]." Zitiert nach: Johannes Bobrowski oder Landschaft mit Leuten. Eine Ausstellung des Deutschen Literaturarchivs im Schiller-Nationalmuseum Marbach am Neckar. Hg. von Reinhard Tgahrt in Zusammenarbeit mit Ute Droster. – Marbach am Neckar 1993, S. 296.

über Hamann, Herder und Klopstock liegt. Diese drei gehörten zu den von Bobrowski besonders geschätzten Autoren. Am bedeutendsten waren ihm jedoch die Werke Hamanns. Seine lebenslange Beschäftigung mit dem ‚Magus in Norden', besonders mit Hamanns Sprach- und Glaubensphilosophie, fand ihren Niederschlag auch in der Bibliothek. Allein der Umfang der Werke Hamanns wie auch der Sekundärliteratur dazu verraten Bobrowskis Vorliebe für diesen Autor. Bobrowski sammelte buchstäblich alles, was in irgendeinem Bezug zu Hamann stand, etwa Bücher, in denen nur eine einzige Erwähnung seines Namens bzw. seiner Lebens- oder Schaffensumstände vorhanden war. Diese Bezüge und Erwähnungen notierte er immer mit Seitenverweis auf dem hinteren Vorsatzblatt bzw. auf der Innenseite des hinteren Buchdeckels.

Erwähnenswert aus der Hamann-Sammlung ist die Erstausgabe der *Kreuzzüge des Philologen* (Königsberg, 1762) sowie die von Friedrich Roth herausgegebene Erstausgabe seiner Schriften (1821–25), Friedrich Cramers Sammlung *Sibyllinische Blätter des Magus in Norden* (Leipzig, 1819) und die sechsbändige Hamann-Ausgabe von Gildemeister. Vom Erwerb der letzteren wie auch von der Roth'schen Ausgabe berichtet der Dichter in einem Brief an Georg Bobrowski vom 26. März 1956:

Immerhin hab ich für mein Spezialgebiet J. G. Hamann (der Königsberger Philosoph aus dem 18. Jahrhundert) kürzlich einen großen Fischzug mit der 1. Ausgabe seiner Schriften 1821–25, 7 Bde, und seiner 1863 begonnenen Lebensbeschreibung (6 Bde) von Gildemeister gemacht. Beide Ausgaben sind außerordentlich selten und bei dem neuerwachten Interesse für Hamann schon mit hohen Auktionspreisen bedacht worden. Ich hab sie sehr billig für zusammen 600 Mark aus einem Leipziger Antiquariatskeller zutage gefördert. Und da ich Hoffnung habe (für später), einiges zur Erhellung von Hamanns Lebensweg beitragen zu können[21], ist das sicher gut angelegt. Nicht gerechnet die große und dauerhafte Freude, meinen Leib- und Magenheiligen so vollständig da zu haben. Sie fühlen mir das am besten nach.

Da Bobrowskis Interesse sich im Laufe der Jahre zur allgemeinen Beschäftigung mit den Königsberger Gelehrten um Hamann herum erweiterte, enthält sein Buchbestand u. a. auch die Werke von Imma-

---

21 Bekanntlich beabsichtigte Bobrowski eine größere Arbeit über Hamann zu schreiben. Dazu wurde nicht nur Hamann-Literatur gesammelt, er schrieb einen Ringblock mit Hamanns Biographie und Hamann-Zitaten und stellte einen Zettelkästchen mit bibliographischen Hinweisen zu Hamann zusammen.

nuel Kant und Theodor Gottlieb von Hippels Roman *Lebensläufe*[22], den Bobrowski 1963 im Union Verlag neu herausgeben wollte[23] und auf den er in seinem Gedicht *Hamann* Bezug nimmt. Ferner befindet sich hier der im 18. Jahrhundert meistgelesene Briefroman des Predigers Johann Timotheus Hermes (1738–1821) *Sophiens Reise von Memel nach Sachsen*.[24]

Die Sammlung der Werke des sogenannten ‚Zuchtmeisters' Friedrich Gottlieb Klopstock ist nicht weniger umfangreich als die Hamanns. Besonders wertvolle Exemplare bilden die *Messias*-Ausgabe von 1780 mit einer Widmung Klopstocks an die Schwester seines Freundes Johann Andreas von Cramer[25] und die anonym erschienene Erstausgabe seiner *Oden* von 1771[26]. Insgesamt befinden sich in der Bibliothek 29 zum größten Teil mehrbändige Ausgaben von Klopstocks Werken, in denen zahlreiche Anstreichungen, manchmal auch Randbemerkungen vorhanden sind.

Weitere Autoren des 18. Jahrhunderts sind in dieser Sektion ebenso vertreten: Johann Gottfried Herder, Gotthold Ephraim Lessing, Christoph Martin Wieland, Christian Fürchtegott Gellert, Matthias Claudius oder Friedrich von Hagedorn.

Im 5. Schrank stellte Bobrowski zum größten Teil seine Lyrik-Sammlung auf. Wie bereits erwähnt, zeigt sie einen repräsentativen Ausschnitt der deutschen Lyrik-Geschichte. Diese Sammlung zog Bobrowski auch bei seiner Herausgebertätigkeit heran. Sowohl für den Band *Wer mich und Ilse sieht im Grase.... Deutsche Poeten des 18. Jahrhunderts über die Liebe und das Frauenzimmer* (1964) wie auch für die Anthologie deutscher Lyrik, die er titellos hinterließ und die zu seinem zwanzigsten Todestag von Eberhard Haufe unter dem Titel *Meine liebsten Gedichte*[27] herausgegeben wurde, dienten Bobrowski zuerst seine eigenen Bestände als Quellen. Überdies sind zahlreich Werke von ausländischen Dichtern, meist in deutscher Übersetzung, vor-

---

22 Th. G. Hippel: Lebensläufe nach aufsteigender Linie nebst Beilagen A, B, C. 1. u. 2. T. – Leipzig 1859.
23 Vgl.Chronik, S. 79.
24 Sophiens *Reise von Memel nach Sachsen*. 6 Bde. Leipzig 1778. Die Bände sind auf den Schränken aufgestellt, da sie vermutlich später angeschafft und keinen Platz in den Regalen gefunden haben.
25 Das Buch erhielt Bobrowski am 13. August 1960 aus einem Antiquariat in Leipzig, von dem er häufiger antiquarische Bücher kaufte. Davon berichtete er am 15. August Christoph Meckel (vgl. Chronik, S. 54).
26 Fr. G. Klopstock: *Oden*. Hamburg 1771. Bei Johann Christoph Bode erschienene Erstausgabe.
27 Johannes Bobrowski: *Meine liebsten Gedichte*. Eine Auswahl deutscher Lyrik von Martin Luther bis Christoph Meckel. Hg. von Eberhard Haufe. Stuttgart 1985.

handen, darunter von Rafael Alberti, Charles Baudelaire, William Blake, Konstantin Kavafis, Stéphane Mallarmé, Eugenio Montale, Pablo Neruda, Cesare Pavese, Saint-John Perse, Paul Verlaine. Die Gedichte von Sergej Jesenin besaß Bobrowski sowohl in einer russischen Ausgabe (1955) als auch in der Übersetzung von Adelheid Christoph und Erwin Johannes Bach *Liebstes Land, das Herz träumt leis* (1958) und in der Übertragung von Paul Celan (1961). Die *Schlesischen Lieder* des tschechischen Lyrikers Petr Bezruč sind sowohl in der Originalausgabe *Slezské Písne* (1957) wie auch in drei Nachdichtungen vorhanden.[28]

Eine Sondererwähnung verdient Bobrowskis kleine Sammlung litauischsprachiger Bücher, die die Breite seines Interessenspektrums vermittelt. Obwohl er, im Gegensatz zu seiner Frau, die litauische Sprache nicht beherrschte[29], besaß er elf Bücher in dieser Sprache, überdies auch Titel über litauische Geschichte, Kulturgeschichte, Landeskunde und Geographie. Beispielsweise den Nachdruck einer der größten Sammlungen litauischer Lieder, die dreibändige Ausgabe *Lietuviškos Dainos* von Antanas Juška, die 1880/1882 in Kasan erschien. Diese Sammlung zog Johannes Bobrowski mehrfach bei den Arbeiten zum Roman *Litauische Claviere* heran. Überdies beabsichtigte er, einige dieser Lieder mit Hilfe seiner Frau ins Deutsche zu übertragen.[30] In einem Brief an Georg Schneider vom 14. November 1960 heißt es:

> *Er [Bartuschek] erwähnte dabei, Sie würden vielleicht ein Bändchen europäischer Volkslieder zusammenstellen. Da täte ich schon gern mit – mit litauischen Liedern, die ich übersetzen könnte. Material hätte ich genug.*

Es befindet sich in der Bibliothek u. a. ein Nachdruck der ersten litauischen Grammatik von Daniel Klein (Vilnius, 1960), der Sammelband der Poesie des litauischen Dichters Vincas Mykolaitis-Putinas (Kaunas, 1921), das Märchenbuch des litauischen Schriftstellers Kazys Boruta *Dangus griūva* (Vilnius, 1955), der kleine Katechismus von Martin Luther in litauischer Übersetzung (1922), das Litauische Lese-

---

28 Vgl. auch GW V, S. 113f.
29 Nach den Mitteilungen von Johanna Bobrowski konnte Johannes Bobrowski selbst kein Litauisch, nur einzelne Wörter bzw. Redewendungen, die er von seiner Frau hörte. Bestimmte litauische Ausdrücke, solche wie Orts- und Personennamen, Anredefloskeln, Lieder bzw. Tanzbezeichnungen, Gebetsanfänge prägte er sich als Kind ein, wenn er zu Besuch bei seinen Großeltern war.
30 Vgl. Erläuterungen zu dem Gedicht Litauische Lieder, GW V, S. 35f.

buch von Alexander Kurschat (Tilsit, 1913) oder die Beiträge zur Volkskunde des preussischen Litauens von Georg Froelich (Insterburg, 1902.).

Besondere Aufmerksamkeit verdienen die 193 Widmungsexemplare, die von dem vielseitigen Freundes- und Bekanntschaftskreis des Dichters, von seinen Beziehungen zu zeitgenössischen Autoren und von seiner intensiven Teilnahme am literarischen Leben seiner Zeit zeugen. Viele signierte Werke stammen aus seinem engeren Freundeskreis, etwa von Erich Arendt, Manfred Bieler, Günter Bruno Fuchs, Max Hölzer, Peter Jokostra, Christoph Meckel, und Klaus Wagenbach. Besonders zahlreich sind sie von dem Dichter und Graphiker Christoph Meckel. Zehn Ausgaben seiner Werke sind mit Widmungen versehen. Beispielsweise *Gedichtbilderbuch* (1964) mit der Widmung:

F Hannes und die seinen ein Potpourri zum Begucken und Entziffern herzlich Christoph. April 1964

oder *Der Turm* (1961) mit der Widmung:

lieber Hannes mit großem Gruss und von ganzem Herzen Dein Christoph Berlin 17.11.61.

Überdies sind in der Bibliothek Werke anderer Autoren vorhanden, die Bobrowski von Meckel gewidmet erhielt. Etwa den Bd. 3. *Epilog* (1961) der Roman-Trilogie *Fluß ohne Ufer* von Hans Henny Jahnn mit der Widmung „Für Hannes von Christoph November 61" oder die französisch-deutsche Ausgabe der *Poesie* (1963) von Oscar Milosz mit der Widmung (s. Abb. 3):

verlorene Wette, ausgeglichen und nachgeholt mit ein paar Brocken Poesie für Hannes, um sich wiederzuerkennen in einem Teilchen Musik vom Christoph im problematischen Februar des Jahres 1964.

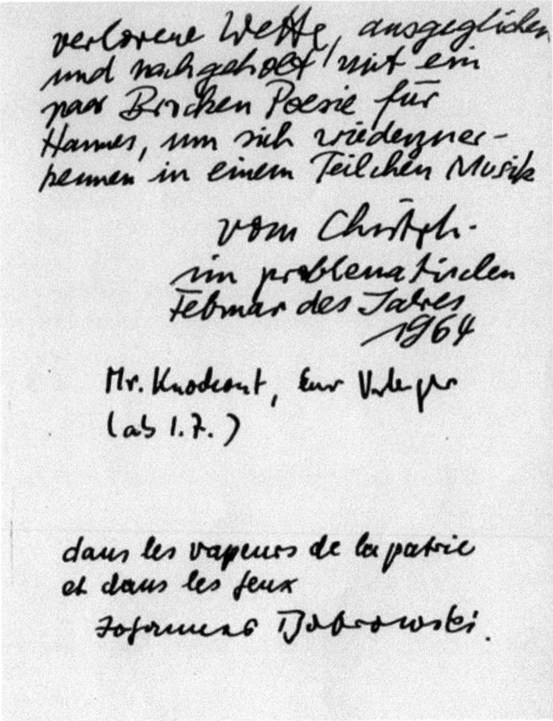

Dokumente und Materialien

Abb. 3: Widmung von Christoph Meckel und Klaus Wagenbach

Dieser Band enthält auch eine Widmung von Klaus Wagenbach „Mr. Knockout, Euer Verleger (ab 1.7.)" sowie eine Notiz Bobrowskis am unteren Blattrand „dans les vapeurs de la patrie et dans les feux Johannes Bobrowski."[31]

Von Günter Bruno Fuchs' Werken sind sieben Widmungsexemplare vorhanden. Beispielsweise *Krümelnehmer oder 34 Kapitel aus dem Leben des Tierstimmen-Imitators Ewald K.* (1963) mit der Widmung (s. Abb. 4):

---

31 Diese Textstelle aus dem Gedicht *H* (S. 58–63 in dieser Ausgabe) wählte Bobrowski als Motto für seinen Band *Boehlendorff und andere Erzählungen*, erschienen in Stuttgart, bei der DVA (1965). Der vollständige Vers des Gedichtes, das Bobrowski außerdem anstrich sowie am Ende des Bandes mit Seitenverweis hervorhob, lautet: „Attend dans les vapeurs de la patrie. Et dans les feux du temps apparaîtront".

meinem großen geliebten Berg von Friedrichshagen, meinem lachenden Müggelturm von seinem dicken Kanaldampfer in Umarmung Berlin/Okt. 63 GBF.

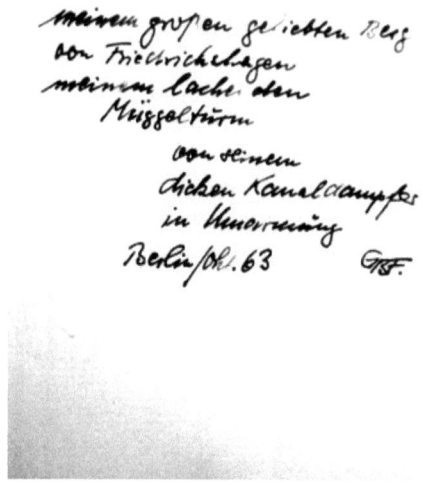

Abb. 4: Widmung von Günter Bruno Fuchs

oder *Brevier eines Degenschluckers* (1960) mit der Widmung:

Übrigens: ich hab 'ne Schwester, die hat 'nen alten Hut. Meinem gutenliebenjohannes von seinem GB.

Ferner sind signierte Werke von Dichtern und Schriftstellern erhalten, die Bobrowski während der Tagungen der Gruppe 47 kennenlernte: Ingeborg Bachmann, Günter Grass, Elisabeth Borchers, Manfred Peter Hein, Uwe Johnson, Marcel Reich-Ranicki, Robert Wolfgang Schnell, Wolfdietrich Schnurre.

So trägt Bachmanns Erzählband *Das dreißigste Jahr* (1961) die Widmung:

Für J B von I B 11 – 5 – 1963 Ruen.

Dokumente und Materialien

Günter Grass' *Die Blechtrommel* enthält die Widmung:

Im Namen Perkunos Pikollos Potrimpos! Für Johannes Bobrowski, Günter Grass | Berlin. am 1.12.61,

sein Gedichtband *Gleisdreieck* (1960) die Widmung:

Für den gesuchten aber noch nicht dingfestgemachten Johannes vom schon geschnappten aber gegen Kaution auf freien Fuss gesetzten Günter Berlin-Friedenau am 6.11.64.

Uwe Johnson schickte 1964 seinen Roman *Das dritte Buch über Achim* (1962) mit der Widmung (s. Abb. 5):

Lieber Herr Bobrowski: Nehmen Sies als herzliche Grüsse. Ihr Sehr ergebener Uwe Johnson. 8 Jan 1964.

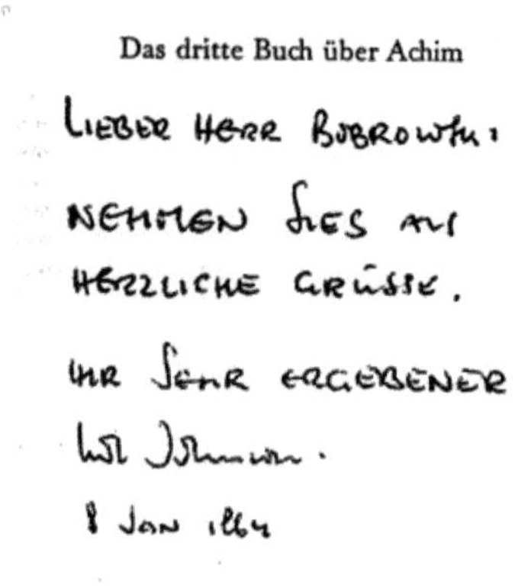

Das dritte Buch über Achim

Lieber Herr Bobrowski:
Nehmen Sies als
herzliche Grüsse.

Ihr Sehr ergebener
Uwe Johnson.
8 Jan 1964

Abb 5: Widmung von Uwe Johnson

Auch Bücher von Bruno Gluchowski, Erich Fried, Christine Busta, Walter Gross, Michael Hamburger, Erich Jansen, Christa Reinig und Ina Seidel enthalten persönliche Widmungen.

Bobrowskis Begegnung mit Nelly Sachs im September 1964 in Stockholm ist in einem Widmungsexemplar festgehalten. Sachs' Suhrkamp-Band Ausgewählte Gedichte (1963) trägt die Widmung (s. Abb. 6):

Für Johannes nach unvergesslichen Stunden in Stockholm Li 21.9.64.

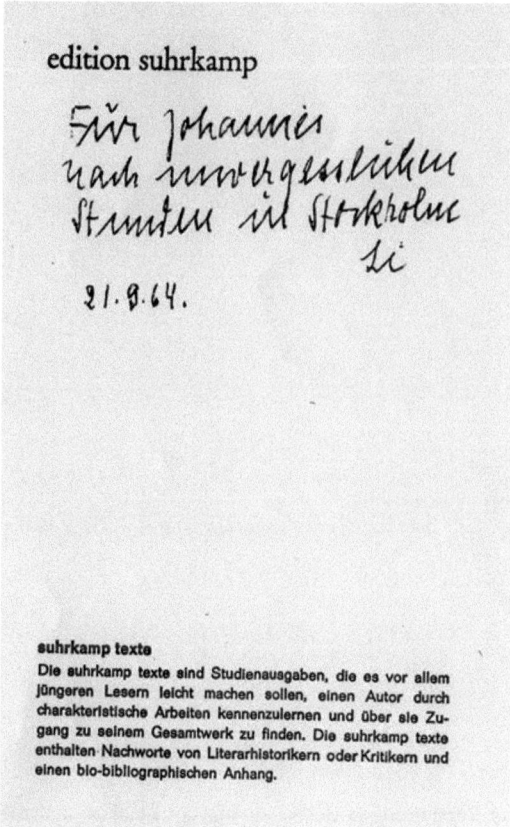

Abb. 6: Widmung von Nelly Sachs

Dokumente und Materialien

Die Bekanntschaft mit dem Dichter Paul Celan dokumentieren zwei Widmungsexemplare, einmal die Übersetzung Osip Mandel'štamms Gedichte (1959) mit der Widmung „Für Johannes Bobrowski Paul Celan 3.XI.59", die Bobrowski von Erich Arendt überreicht wurde. Ferner die Übertragung der Rimbaud-Gedichte *Das trunkene Schiff* (1958) mit der Widmung (s. Abb. 7):

Für Johannes Bobrowski, mit den herzlichsten Grüßen und Wünschen Paul Celan Weihnachten 1959.

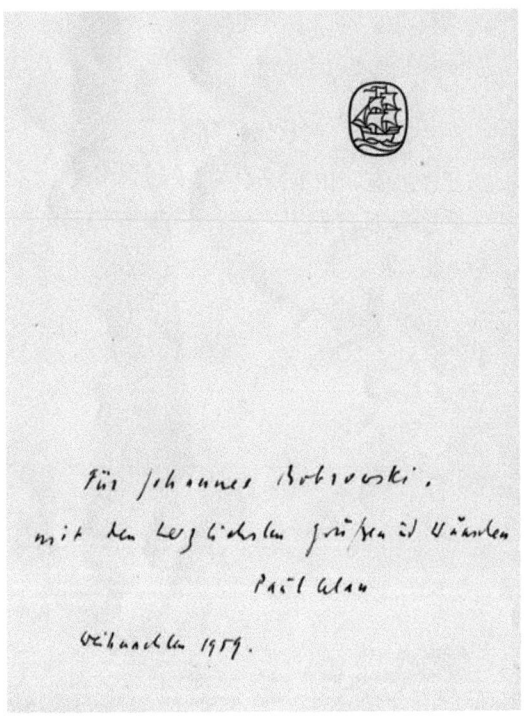

Abb. 7: Widmung von Paul Celan

Die Celan-Übertragungen der Gedichte von Aleksandr Blok *Die Zwölf* (1958) erhielt Bobrowski von Christoph Meckel mit der Widmung:

Meinem lieben Johannes M. 62.

Peters Huchels *Gedichte* (1951) enthalten die Widmung:

Für Johannes Bobrowski mit den herzlichsten Gedanken – Peter Huchel Tübingen, Mai 1961.

Außerdem sind viele Widmungsexemplare von ausländischen Zeitgenossen vorhanden. Beispielsweise Werke mit Widmungen des tschechischen Lyrikers und Übersetzers Ludvík Kundera, des israelischen Lyrikers David Rokeah, des litauischen Dichters Justinas Marcinkevičius oder des holländischen Germanisten und Dichters Ad den Besten. Ad den Bestens Gedichtband *Tegen mijn verlies* (1958) trägt die Widmung:

Für Johannes Bobrowski in Friedrichshagen, dessen Lyrik mir so lieb ist, freundschaftlich. Ad den Besten Amsterdam, den 12. Juli 1958.

Am 18. Juli 1958 folgte Bobrowskis Antwort an Ad den Besten mit der Danksagung:

Mit ihrem Gedichtband haben Sie mir eine ganz große Freude gemacht. Auch für die so freundschaftliche Widmung bedanke ich mich herzlich.

Ferner sandte Ad den Besten zwei weitere Bände: *Verleden Tijd* (1950) mit der Widmung:

Nach den Blocks und Majakowskys war ich endlich bei Bobrowskis, wurde wie ein Scheich, ein Kadi ganz feudal bewirtet. Ja, die Kuchen und die Schlagsahne schmeckten mir wie niemals etc. Ad den Besten Juli 1959

und eine holländische Gedichtanthologie *Het Landvolk* (1958) mit der Widmung:

Johannes Bobrowski, freundschaftlich Ad den Besten A'dam, den 10.II.59.

II. Lesespuren

Bobrowskis Bibliothek zeigt interessante, wenn auch nicht besonders zahlreiche Lesespuren. Sie geben dennoch reichhaltige Hinweise darauf, auf welche Art und Weise Bobrowski von seinen Büchern Gebrauch machte. Viele Bücher kennzeichnete er als seinen Besitz, er versah den Text mit Anstreichungen und Unterstreichungen, seltener mit Annotationen oder Randbemerkungen. Hin und wieder machte er sich Notizen auf den hinteren Vorsatzblättern bzw. auf den Innenseiten des hinteren Buchdeckels. Bei wichtigen Stellen legte er zuweilen Zettel ein oder fügte Rezensionen, Zeitungsausschnitte, Artikel über die Verfasser, Fotografien, eigenhändige Gedichtabschriften, beschriebene Notizzettel u. a. bei. Die erhaltenen Lesespuren zeugen davon, daß Bobrowski ein sehr sorgfältiger Leser und Benutzer seiner Bibliothek war. Seine Eintragungen in den Bänden – Anstreichungen, Randbemerkungen oder Notizen – sind stets ordentlich und gut lesbar.

Mindestens ein Viertel der Bände sind mit Bobrowskis Besitzvermerk versehen. Nach Überlieferung seiner Familienangehörigen signierte er nur die wichtigsten Bücher seiner Bibliothek. Diese Besitzvermerke helfen bei der Rekonstruktion der Erwerbungs- und Überlieferungsgeschichte einzelner Bücher. Bereits die Bücher aus der Königsberger Zeit enthalten Besitzvermerke des jungen Bobrowski.[32] Die später erworbenen Bände versah der Dichter meistens nur mit dem Nachnamen, wobei die Schrift der fünfziger Jahre sich deutlich von der Schrift seiner letzten Lebensperiode unterscheidet. Besondere Aufmerksamkeit verdienen hier die Initialen ‚Jb', mit denen Bobrowski nur einzelne Bücher versah, die offenbar von größerer Bedeutung für ihn waren. Solche Bücher enthalten dann sowohl die Initialen, meistens auf der Innenseite des vorderen Buchdeckels, als auch die Namens-Signierung, meistens auf dem vorderen Vorsatzblatt. So auch in Alexis Kivis Roman *Die sieben Brüder* (Zürich, 1950), den Bobrowski in einem Brief an Joachim Moras vom 1. Juni 1960 zu seinem Lieblingsbuch erklärte:

---

32 Zumeist schrieb er seinen Vor- und Nachnamen aus.

[...] Kivis „Sieben Brüder" ist mir das schönste Buch überhaupt. Es gibt m. W. drei Übersetzungen, die immer mal wieder gedruckt werden (die beste von Schaper bei Manesse), aber bekannt ist er wohl nicht sehr in Deutschland.[33]

Nur in seltenen Fällen trug er auch ein Erwerbsdatum ein. Die mit dem Datum gekennzeichneten Exemplare können somit als Hinweis auf eine besondere Anschaffung gedeutet werden, wie beispielsweise in Martin Bubers *Die Erzählungen der Chassidim* (Zürich, 1949). Dort steht auf dem vorderen Vorsatzblatt „30. Mai 1956". In der Tat hatte dieser Band für Bobrowski eine besondere Bedeutung. Er enthält zahlreiche mit dem Lineal gezogene Anstreichungen, die später ausradiert wurden, ferner handschriftliche Ergänzungen im Inhaltsverzeichnis sowie eine beigelegte eigenhändige Abschrift von Bubers Rede *Anläßlich der Entgegennahme des Friedenspreises des Deutschen Buchhandels 1953*. Auf dem Zusammenhang dieser Lektüre mit dem Gedicht *An den Chassid Barkan* braucht nicht besonders hingewiesen werden.[34]

Bobrowskis Randbemerkungen in seinen Büchern sind einerseits Druckfehlerkorrekturen, von denen sich jede Menge Beispiele finden lassen. Besondere Aufmerksamkeit verdienen andererseits die inhaltlichen Korrekturen, die des Dichters weitgestreute Kenntnisse in verschiedenen Wissensbereichen bestätigen. So enthält der 1. Band des von Walter Ziesemer und Arthur Henkel herausgegeben Hamann-Briefwechsels (1955) zahlreiche Korrekturen oder Ergänzungen der Texte, darunter auch der französisch- und griechischsprachigen.

Hin und wieder finden sich neben den Korrekturen auch Randbemerkungen zum Text. Besonders zahlreich sind sie in seiner François Villon-Ausgabe sämtlicher Dichtungen von 1956.[35] Vermutlich erhielt er dieses Buch um die Jahreswende 1956/57 und sollte es für die Zeitschrift „Das Buch von drüben" rezensieren[36], wozu es allerdings

---

33 Zitiert nach: Johannes Bobrowski oder Landschaft mit Leuten. Eine Ausstellung des Deutschen Literaturarchivs im Schiller-Nationalmuseum Marbach am Neckar. Hg. von Reinhard Tgahrt in Zusammenarbeit mit Ute Droster. – Marbach am Neckar 1993, S. 645.
34 Vgl. Erläuterungen zu diesem Gedicht, GW V, S. 96f.
35 F. Villon: Sämtliche *Dichtungen*. Franz., mit dt. Übertr. von Walther Küchler. – Heidelberg 1956.
36 Vgl. den Brief vom 28. Januar 1957 an Georg Bobrowski: „Eine Menge Bücher hab ich liegen zur Besprechung, sämtlich aus Westdeutschland und der Schweiz. Viel Literaturwissenschaft dabei. Aber auch eine vollständige Villon-Ausgabe, Französisch-Deutsch."

nicht kam. Dennoch zeigt der Band zahlreiche Lesespuren. Bobrowski versah den französischen Textteil mit einer Verszählung, zur deutschen Übersetzung schrieb er am Textrand Erläuterungen von Namen, wies Zitate- und Quellen nach, notierte Hinweise auf Anspielungen und Parallelstellen im Text und machte Querverweise. Seine Kommentare entnahm er teilweise der Reclam-Ausgabe *Die sehr respektlosen Lieder des François Villon* von 1956, die sich ebenfalls in seiner Bibliothek befindet. In letzterer notierte er im Anmerkungsteil die jeweiligen Seitenzahlen in der deutsch-französischen Ausgabe. Die intensive Beschäftigung mit dem französischen Dichter dürfte Bobrowski zu seinem ‚Porträtgedicht' *Villon*[37] angeregt haben, das „die Situation des aus Paris ausgewiesenen Dichters" beschreibt, wie es in einem Brief an Georg Bobrowski vom 12. Dezember 1957 heißt[38].

Bobrowski hinterließ in seinen Büchern keine Lesedaten und nur wenige eigenständige Aufzeichnungen. Man begegnet dort keinen Entwürfen, keinen langen Ausführungen, keinen eingehenden Auseinandersetzungen mit den gelesenen Autoren. Nur ein einziges Nachlaßgedicht *Erseufze, Philomelens Freund, in Nächten*[39] schrieb der Dichter auf dem hinteren Vorsatzblatt des Bandes *Aëdologia, oder Abhandlung von der singenden Nachtigall* nieder[40].

Häufiger stellte Bobrowski eigene Inhaltsverzeichnisse oder Namensregister in den Bänden zusammen, ergänzte bereits vorhandene Verzeichnisse oder verwies auf für ihn wichtige Stellen. Beispielsweise beschrieb er die Innenseite des hinteren Buchdeckels seiner Goethe-Ausgabe *Dichtung und Wahrheit* mit einem Personenregister oder legte in Alexis Kivis Roman *Die sieben Brüder* einen Notizzettel mit einem selbst erfaßten und beschriebenen Inhaltsverzeichnis in Stichworten zu diesem Buch[41]. Das *Kleine literarische Lexikon* von Kayser (Bern, 1953) enthält auf der Innenseite des hinteren Buchdeckels eine Liste

---

37 GW I, S. 37.
38 Die Niederschrift dieses Gedichtes ist auf den 2. März 1957 datiert. S. GW V, S. 43, vgl. ferner Chronik, S. 39.
39 GW II, S. 353f.
40 *Aëdologia, oder Abhandlung von der singenden Nachtigall*. In sich haltend die Art und Weise selbige mit dem Netze zu fangen, mit leichter Mühe im Kefig zu erhalten, und das ganze Jahr hindurch ihres angenehmen Gesangs zu genießen. Mit nützlichen und curiösen Anmerkungen über die Natur dieses Vogels, wie auch darzu dienlichen Kupfern : aus dem Französischen übersezt. [Verf.: Louis Daniel Arnault de Nobleville]. – Straßburg 1752.
41 Abdruck in Trajekt 6/1986, S. 109 f.; vgl. auch die Abbildung der Handschrift im Marbacher Katalog S. 647f.

von Dichtern und Schriftstellern, die in dieses Lexikon nicht aufgenommen wurden, dort aber seiner Meinung nach nicht fehlen sollten, beispielsweise Aragon, Brjussow, Éluard, Dickinson, Kolmar, Kavafis, Pessoa, Williams u. a. Außerdem wurden am unteren Blattrand weitere Namen notiert, die Bobrowski gerne gestrichen sehen wollte, wie Hans Friedrich Blunck, Ludwig Ganghofer, Hans Grimm, Heinrich Lersch, Friedrich Lienhard, Erwin Guido Kolbenheyer, Frank Thieß, Ernst von Wildenbruch u. a., vorwiegend Autoren, die dem Nationalsozialismus nahegestanden hatten.

Dem von Leopold Hermann Fischer 1883 herausgegebenen Band *Gedichte des Königsberger Dichterkreises aus Heinrich Alberts Arien und musicalischer Kürbshütte* (Niemeyer, 1883) legte Bobrowski ein ausführliches Exzerpt zu den Mitgliedern des Königsberger Dichterkreises mit Lebensdaten, Berufsbezeichnungen und wichtigen Publikationen bei. Dies geht aus der Reihenfolge der Dichter im Exzerpt hervor, die mit den Erwähnungen in Fischers Einleitung identisch ist. Die vielen Anstreichungen und Randbemerkungen in diesem Band bestätigen, daß diese als wichtige Quelle für Bobrowskis Erzählung *Von nachgelassenen Poesien* gedient haben. Dort werden mehrere Mitglieder des Königsberger Dichterkreises aufgeführt, so etwa Andreas Adersbach, Valentin Thilo, Simon Dach, Huldreich Schönberger sowie Heinrich Albrecht und Johann Stobäus[42], die sowohl in Fischers Einleitung wie auch in Bobrowskis Exzerpt erwähnt werden. Außerdem spielt Bobrowski in der Erzählung auf ein Gedicht Simon Dachs an[43], dessen fünfte Strophe er sich auf S. 67 seines Exemplars notierte:

Phöbus ist bei mir daheime, | *Diese Kunst der teutschen Rayme* | *Lernet Teutschland erst won mir.*[44]

Dieses Gedicht entnahm er der Ausgabe *Simon Dach, seine Freunde und Johann Röling* (Stuttgart, um 1885), die sich ebenfalls in seiner Bibliothek befindet.

---

42 Vgl. Erläuterungen zu dieser Erzählung, GW VI, S. 267–274.
43 Vgl. GW IV, S. 18.
44 Nicht wörtliches Zitat aus Simon Dachs Gedicht *Unterthänigste letzte Fleh-Schrifft an seine Churfürstl. Durchl. umb einigen Unterhalt in meinem schwachen und unvermögenden Alter*, dessen fünfte Strophe lautet: „Phoebus ist bei mir daheime, / Diese Kunst der Deutschen Reime / Lernet Preussen erst von mir, / Meine sind die ersten Seiten, / Zwar man sang vor meinen Zeiten, / Aber ohn Geschick und Zier."

Dokumente und Materialien

Ein weiteres Beispiel für Bobrowskis intensive Arbeit mit der eigenen Büchersammlung stellt seine Lektüre von Fernando Galianis *Dialog über die Frauen* dar. Bekanntlich lieferte ihm diese Schrift zahlreiche Anregungen für die Erzählung *Im Guckkasten: Galiani*. Bis jetzt nahm die Forschung an, Bobrowski habe die Übersetzung von Heinrich Conrad in der Ausgabe *Die Briefe des Abbé Galiani* von 1907 bzw. zweite Aufl. von 1914 gelesen.[45] Dieser Band befindet sich nicht in Bobrowskis Bibliothek, wohl aber eine Dieterich-Ausgabe mit dem Titel *Die französischen Moralisten. Neue Folge: Galiani, Fürst von Ligne, Joubert* von 1940. Bobrowski hatte sie bereits 1950 erworben, wie es aus einem Brief an Helmut Scheiff vom 19. Januar desselben Jahres hervorgeht.[46] Diese Ausgabe enthält den *Dialog über die Frauen* (S. 69–77) in der Übersetzung von Fritz Schalk, die Bobrowski für die Gestaltung seiner Dialoge verwendete. Dies läßt sich an den Parallelen zur Erzählung belegen, wie die folgenden Beispiele illustrieren:

Quelle	Bobrowski. *Im Guckkasten: Galiani*[47]
S. [69]: „Chevalier: Mit den Menschen steht es so wie mit den Tieren, die Natur macht die Falten, die Gewohnheit fügt die Linien hinzu."	S. 86: „Die Natur macht die Falten, die Gewohnheit die Linien."
S. [69]: „Marquis: Wie definieren Sie die Frau? Chevalier: Ein von Natur aus schwaches und krankes Wesen."	S. 86f.: „Das sagt er, zu den Damen, er ist nicht sehr freundlich, […] die seine Ansichten über Frau als ein ihrer Natur nach schwaches und krankes Wesen kürzlich gelesen haben […]."

---

45 Vgl. GW VI, S. 342f.; vgl. ferner Alfred Behrmann: Facetten. Untersuchungen zum Werk Johannes Bobrowskis. Stuttgart 1977, S. 16–27.
46 Bobrowski schrieb: „Heut hab ich die „Dir bekannte" Dieterich-Ausgabe der Moralisten im Gewerkschaftshaus gekauft. Da staunst Du; hier bei uns!".
47 Zitiert nach GW IV, S. 85–88.

S. 70: „Marquis: Sie zweifeln, ob die Frauen Krieg führen könnten? Ich glaube, daß sie sich tapfer schlagen würden.	S. 87: „Wobei er die Hände hebt und auch gleich weiterredet: Nur, Sie würden nicht im Biwak schlafen."
Chevalier: Ich auch. Aber sie würden nicht im Biwak schlafen."	
S. 72 „Marquis: Seht diese Kranken! Sie haben den Teufel im Leib! Sie durchtanzen die ganze Nacht, machen zehn Tänzer tot, durchwachen einen ganzen Karneval, sogar ohne einen Schnupfen zu bekommen, und das nennen Sie krank!"	S. 87: „[Benedetto Ferretti:] Sehen Sie sich diese Kranken an, ruft er. Durchtanzen Nacht für Nacht, machen zehn Tänzer tot, durchwachen den ganzen Karneval, ohne auch nur einen Schnupfen zu bekommen."
S. 73 „Chevalier: [...] Jagen Sie die Musik fort, blasen Sie die Lichter aus, vertreiben Sie die Freude, und diese ewigen Tänzerinnen können keine dreißig Schritte machen, um nach Hause zu kommen. Sie werden nach einem Wagen schicken, bloß um bis zum Pont-Neuf zu gelangen."	S. 87: „Galiani [...] jagen Sie nur die Musik fort, blasen Sie die Lichter aus, nun, was erleben Sie? Diese ewigen Tänzerinnen können nicht mehr die dreißig Schritte bis nach Hause tun, einen Wagen müssen sie haben."

Die angeführten Beispiele sollten deutlich gemacht haben, daß die genaue Kenntnis der Bibliothek einen wichtigen Schlüssel zum Verständnis des literarischen Werkes von Johannes Bobrowski darstellt. Das Glück einer Überlieferungslage, anhand derer sich ein Großteil des originalen Bestandes als in sich geschlossenes Korpus in originaler Aufstellung dokumentieren läßt, vermehrt durch Bücherlisten und Briefzeugnisse, die über einzelne Provenienzen, aber auch über nicht mehr Vorhandenes Auskunft geben, ermöglichen vielfältige Einblicke in Bobrowskis Arbeitsweise. Namentlich Untersuchungen zur Entstehungsgeschichte und zur Intertextualität finden hier reiches Material. Im Rahmen einer größeren Arbeit bin ich damit beschäftigt, solchen Untersuchungen eine verläßliche Arbeitsbasis bereitzustellen, indem ich die Bibliothek als dynamischen Wissensspeicher in seinen sich überlagernden Ordnungssystemen zu erschließen und für verschiedene Fragerichtungen zugänglich zu machen versuche.[48]

---

48 Es handelt sich um ein Promotionsprojekt über die nachgelassene Bibliothek Johannes Bobrowskis, in dessen Rahmen ein kommentiertes Gesamtverzeichnis des Buchbestandes des Dichters erstellt wurde. Dabei wurde ein Katalog der Bibliothek verfaßt, der sowohl Bobrowskis Lesespuren als auch Widmungen und Besitzvermerke dokumentiert. Ferner wurden auch Briefe von und an Johannes Bobrowski ausgewertet, die zum jeweiligen Buch Auskunft geben. Die Arbeit wird voraussichtlich 2005 publiziert.

Was in den Zeiten ist.
Johannes Bobrowski im Film-Dokument

HELMUT BALDAUF

I.

Damit „die Sache mit dem Gespräch in Fluß kommt", sagt Johannes Bobrowski in einem der beiden hier vorgestellten Filmbeiträge. Und man spürt sehr wohl, daß er in jenem Frühjahr 1965, das sein letztes war, in so einer Art Nebensatz etwas ganz Wichtiges mitteilt: daß Literatur den Dialog mit Welt braucht, ihn voraussetzt und aus ihm heraus erst leben kann. Dies zu der Zeit, da das Gespräch der durch eine Mauer getrennten Bewohner dieses Landes - und ihrer Schriftsteller natürlich gleichermaßen - stockte, gelitten zwar war aber zugleich beargwöhnt wurde. Eine Sache, die in den Zeiten ist. Nur kulminiert sie dann und wann und setzt sich fort auf andere Art.

Auf die fortwährende Gegenwärtigkeit solcher Vergangenheit hat auch Christa Wolf in ihrem Erinnerungsbuch *Ein Tag im Jahr* hingewiesen, wo sie „Schreiben als Widerstand gegen den unaufhaltsamen Verlust von Dasein" beschwört.

Die eine Filmskizze machte ich 1992 zum 75. Geburtstag Johannes Bobrowskis für den ORB, das Fernsehen des Ostdeutschen Rundfunks Brandenburg. Hergeholt wird ein Stück Leben, der Blick geht auf das Zimmer in Friedrichshagen, auf Herkunft und Stationen, man ist eingeladen, Bekanntschaft zu machen.

Ein paar Sätze vorweg.

II.

Johannes Bobrowski lernte ich kennen mit Gedichten. War es das Gedicht von der Kindheit und vom Pirol? Ich las es damals, ich lese es heute wieder, es trägt mir Welt zu ...

Zwischen den Erinnerungen einer Kindheit und der Sorge um Menschsein liegt ein Anschauungsunterricht, den du bei diesem Dichter haben kannst. Damit kannst du dich hinauswagen in die Welt. Und wirst dich nicht verirren ...

Das Haus mit dem Ahornbaum davor, in der Allee, die nach den schon mächtigen Bäumen benannt ist. Ein kleines hölzernes Gatter, eine Tür, die muß man fest einklinken. Ein Flur, Kühle dann, und Dunkel nach der Helle draußen. Es ist Sommer und früher Nachmittag mit starker Sonne. Rechts die Tür, durch die trittst du ein. Das Zimmer, sein Zimmer, das ist noch nicht beschrieben worden damals. Wer hätte einen derartigen Gedanken gehabt.

Ein paar Worte nur noch sind aufzunehmen auf Tonband zu einer Geschichte, die *Der Mahner* heißt und die er seine Ortschaft nennt. Im Frühsommer hatten wir über die Aufnahme telefoniert, jetzt war der Juli angebrochen - Zeit für die Lesung, wenn der Sommer ins Haus steht.

Als die Sendung läuft, am 4. September jenes Jahres, müssen wir sie mit dem Nachruf auf Johannes Bobrowski verbinden.[1]

III.
Erster Filmbeitrag: ORB - Abendmagazin, 8.4.1992, 19.30 Uhr[2]

Moderation	Leben und Schreiben auf Hoffnung hin - so das Credo von Johannes Bobrowski, dem Lyriker und Erzähler, der mit der Feder versuchte, Mittler zu sein zwischen Ost und West in den Jahren nach dem Mauerbau. Morgen wäre der Autor von *Levins Mühle* und *Sarmatische Zeit* 75 Jahre alt geworden. Erinnerung an Johannes Bobrowski
Müggelsee Friedrichshagen	„Wenn einer käme, dies zu beschreiben in zwei Sätzen, der wär ein Dichter..."[3]
Ahornallee *Ahornallee 26*	Berlin-Friedrichshagen. In diese Hauptstadt verschlagen wird Johannes Bobrowski 1938 aus dem ostpreußischen Königsberg.

---

1 Aus: Baldauf, H.: In großer Gelassenheit, Nachwort zu: Johannes Bobrowski liest die Erzählungen *Der Mahner* und *Der Tänzer Malige*. Berlin 1980.
2 Angaben durch Autor des Fernsehbeitrags: Abschließender Beitrag im o.g. Fernsehmagazin entsprechend Programmablauf.
3 Zitiert nach Johannes Bobrowski von Bernd Jentzsch in: „Schöne Erde Vaterland", in: Johannes Bobrowski. Selbstzeugnisse und Beiträge. Berlin 1966.

Justus Bobrowski. Tür zum Zimmer wird geöffnet	Ende 1949 kehrt er aus Krieg und russischer Kriegsgefangenschaft zurück. Mit Beginn der 50er Jahre unternimmt er es, die scheinbar verlorene Landschaft einer Kindheit und Jugend für sich zurückzugewinnen.
Das Gedicht „Kindheit" (Buchvorlage)	Das Gedicht *Kindheit* „Da hab ich / den Pirol geliebt, - / das Glockenklingen, droben / aufscholls, niedersanks / durch das Laubgehäus, / wenn wir hockten am Waldrand, / auf einen Grashalm reihten / rote Beeren. Mit seinem / Wägelchen zog der graue / Jude vorbei."
Memelländisch-litauische Landschaft	Mit elf, zwölf Jahren ist er zum ersten Mal in den Ferien bei den Großeltern im memelländischen Motzischken an der Jura. Eine mythische Welt mit Flüssen und
Frauen im Gespräch	Wäldern und alten Dörfern umgibt ihn. Die aus sarmatischem Dunkel kommenden Geschichten prägen ihn
Johannes Bobrowski als Student	Wie die Gymnasialjahre in Königsberg.
Russische Landschaft	Zu schreiben beginnt er am Ilmensee 1941 über russische Landschaft.
Ein russisches Dorf	Aber als Fremder. Als Deutscher. Das Verhältnis der Deutschen zu ihren östlichen Nachbarvölkern wird später sein Thema.
Bobrowskis Zimmer	„Das ist so etwas wie eine Kriegsverletzung. Von der Nationalgeschichte kann man sich nicht dispensieren."[4]

---

4 Zitat nach Johannes Bobrowski. Wiederholt in Selbstauskünften und Rundfunkinterviews nachweisbar.

Blick auf Details	1955 kommt es zur ersten Veröffentlichung einiger seiner Gedichte in der damaligen DDR. Ein Gedichtband kommt aber nicht zustande. Sein empfindsames und suchendes Nachdenken über ein durch Krieg und Nachkriegsspannungen belastetes Thema ist hier öffentlich nicht gefragt. Aber Gedichte erscheinen in
Lyrikanthologie hg. v. Wolfgang Weyrauch Foto: P. Huchel, Joh. Bobrowski, Chr. Meckel	westlichen Anthologien. Langandauernde Beziehungen ergeben sich um diese Zeit zu Peter Huchel.
Buchtitel: „Sarmatische Zeit" *Christoph Meckel und Johannes Bobrowski*	1961 bringt die Deutsche Verlagsanstalt Stuttgart seinen ersten Gedichtband heraus. Christoph Meckel fördert die Veröffentlichung.
Historisches Foto: Die Mauer 1961	Bobrowski zwischen Ost und West. In Wirklichkeit ist er ein Mittler deutscher Literatur in schwieriger Zeit „Wir leben hier jeden Tag, wir haben hier unsere Kinder und unsere Arbeiten."[5] Johannes Bobrowski ist inzwischen nach Jahren im Altberliner Verlag Lucie Groszer Lektor im Union Verlag.
Foto: Johannes Bobrowski und Justus Bobrowski (als Kind)	O-Ton: Es war alles die Literatur. Und das alles fand außerhalb statt. Hier bei uns war das Familienleben, hier waren meine Geschwister, meine Mutter. Hier war alles so der Kreis, wie er hier so zusammen war. Und das, was von außen kam und war, das hielt mein Vater auch bewußt aus. Das blieb auch da.

---

5   *Das Käuzchen*, in GW IV, S. 77.

Die Bücher Bobrowskis	Die Anforderungen mehren sich und die Anstrengungen. Im Sommer 1962 erreicht ihn die erste internationale Anerkennung: der österreichische Alma Johanna König-Preis für das Liebesgedicht *Im Strom*.
Handschrift des Gedichts „Im Strom"	„Mit den Flößen hinab, / im helleren Grau des fremden / Ufers, einem / Glanz, der zurücktritt, dem Grau / schräger Flächen, aus Spiegeln / beschoß uns das Licht."
Der Bildersammler Bobrowski	Andere Auszeichnungen folgen, so der Preis der Gruppe 47, für den Roman *Levins Mühle* erhält der Schriftsteller den Heinrich Mann-Preis der Ostberliner Akademie der Künste und den schweizerischen Charles Villon-Preis.
Manuskriptblatt mit einer Zeichnung von Günther Grass	
Blick auf mehrere Ausgaben von „Levins Mühle"	*Levins Mühle* - eine Geschichte von Schuld und Verschuldung der Generationen, vom Miteinanderleben und durch einander leben der Völker an einem Nebenflüßchen der Weichsel. Aber vielleicht auch ganz anderswo.
Landschaft in Russland	
Zimmer in Friedrichshagen	Bobrowski kann noch einen kleinen Band Prosa zusammentragen, diese Erzählchens, wie er sagt. *Betrachtung eines Bildes* ist eine davon. Alles auf seinen Namen hin, wie der Roman *Litauische Claviere*, den er noch in seinem letzten Frühsommer schreibt, den er hat.
Farblitographie „Betrachtung eines Bildes"	
Bobrowskis Lehnstuhl vor dem Fenster, durch das Licht fällt.	Er ist noch nicht 49, als er am 2. September 1965 stirbt.
Bobrowskis Grabstein (Friedhof Friedrichshagen)	O-Ton: Als dann mein Vater gestorben war, kamen da die Freunde, die wahrscheinlich die Freunde waren, Christoph Meckel, Ingeborg Bachmann, Günther Bruno Fuchs natürlich. Aber

Justus Bobrowski	die anderen wendeten sich, wie es so üblich ist, wieder dem Literaturbetrieb zu.
Bobrowskis historische Erstausgaben: Hamann, Klopstock	Im östlichen und westlichen Teil Deutschlands kommen seine Bücher heraus. Darunter Arbeiten aus dem Nachlaß und vorerst vier Bände einer Gesamtausgabe.
Internat. Ausgaben von Bobrowski-Titeln	Übersetzungen erscheinen in mehr als dreißig Sprachen.
Blick nach draußen durchs Fenster	In großer Gelassenheit, so ging Johannes Bobrowski dahin, wenn man sich die Erinnerung an ihn herholt oder eine der Figuren aus seinen kleinen Geschichten zum Beispiel. Den Mahner
Blick über das Müggelseeufer	etwa, den stillen Litauer - der redet in den Wind, sagen die Leute, oder den Tänzer Malige vielleicht, Menschen, die leben für eine Zeit ohne Angst.[6]
Blick über den See	

IV.
Bobrowskis Jahre, von denen hier zu reden ist, machen einen kleinen Exkurs nötig.

Die deutsche Trennung in Ost und West hatte Folgen, für die Literatur bis in die Sprache hinein. Mit dem Bau der Mauer 1961 wurde auch nach außen hin die Zementierung sichtbar. Dennoch gingen Hoffnungen auf Gemeinsames nie verloren. Und manches in der Literatur, die nun wie die Gesellschaft schlechthin in staatlichen Grenzen zu leben hatte, schien auf andere Art lebendig zu werden.

In der Literaturabteilung des Deutschlandsenders, wo ich als Literaturredakteur zwei Sendereihen betreute, waren mit einem Mal, so schien es, neben Böll und Koeppen und Weyrauch auch Grass und Enzensberger, Hubert Fichte und Günter Herburger, Marie Luise Kaschnitz, Karl Krolow, Hans Erich Nossack und andere im Programm selbstverständlich. Eine ganze Lesereihe konnte ich mit Beiträgen aus dem damals gerade bei Wagenbach in Westberlin erscheinenden „Atlas" machen, einem Projekt mit Geschichten und Lyrik west- und ostdeutscher Autoren, die ihre *Ortschaft* beschrieben: Peter Weiß etwa mit Auschwitz in *Meine Ortschaft*, Bobrowski mit Königsberg in *Der Mahner*, Grass mit *Kleckerburg*, Hermlin mit *Kaßberg*. Und es

---

6 S. H. Baldauf (Anm. 1.)

gab Gründe genug, eine Serie mit Rezensionen zu beginnen, mit Autoren von „drüben und hüben" im Wechsel. Gabriele Wohmann rezensierte dort *Die Aula* von Hermann Kant, Christa Wolf den Roman *Hundejahre* von Günter Grass. Alles Dinge, die vorerst gut gingen, bald jedoch auch in der Redaktion zu Konsequenzen führten. Aber es war ja auch die Zeit der großen öffentlichen Lyriklesungen mit jeweils Hunderten von Zuhörern, begründet in einer mit Erwartungen an die Literatur erfüllten Atmosphäre.

In der Akademie am Robert-Koch-Platz stellte Stephan Hermlin mit unerwartet großer Resonanz junge Lyrik vor, in der überfüllten Berliner Stadtbibliothek begeisterten die jungen Russen Jewtuschenko und Wosnessenski. Sie brachten einen großen Atem mit. In der Staatsbibliothek Berlin junge Zuhörer - im Saal, davor, bis zur Treppe, zweihundert und mehr - sie hörten Bobrowski. Der las einige seiner damals noch unveröffentlichten Geschichten. „Wegen Überfüllung geschlossen" machte als Zitat die Runde. Das war im Oktober 1964.

Im Textbuch zur Bobrowski-Ausstellung des Deutschen Literaturarchivs 1993 in Marbach ist Bobrowskis Erinnerung daran nachzulesen. „Hab Demonstrationen, geradezu erbitterten Beifall gekriegt" (in einem Brief an Gottfried Bermann Fischer), und in einer Notiz für Peter Jokostra heißt es: „Zweimal hab ich in letzter Zeit hier gelesen, jedesmal beängstigender Auflauf junger Leute, Vorraum und Treppenhaus voll besetzt und drin hunderte Leute, Platz für mich: 1 m². Das hat sich so entwickelt, war in Stockholm auch so."[7]

Zu der Zeit bereits war auf Betreiben rühriger Leute der Studentischen Selbstverwaltung Siegmunds Hof in Westberlin, gemeinsam mit dem DSV, dem Schriftstellerverband der DDR, eine umfangreiche Lesereihe in Gang gekommen. Dabei gab es mancherlei offene und verdeckte ideologische Vorbehalte. Im Sommer lasen insgesamt neun Autoren, darunter Heinz Kahlau, Günther Deicke, Christa Wolf, Günther de Bruyn, Paul Wiens, Hermann Kant, Adolf Endler.

Eine Fortsetzung in fünfzehn Abenden begann am 13. November mit Johannes Bobrowski und Hanns Cibulka. Bobrowski las die Erzählung *Rainfarn* und seinen Bellman-Text *In eine Hauptstadt verschlagen* dazu einige seiner noch zurückgehaltenen Doppeldistichen. In der Folge kamen Manfred Bieler, Sarah und Rainer Kirsch, Volker Braun, Günter Kunert und andere zu Wort. Die Presse folgte den Dingen

---

7 Zitiert nach: R. Tgahrt / U. Doster (Hgg.): Johannes Bobrowski oder Landschaft mit Leuten. Marbacher Kataloge 46. Marbach a. N. 1993, S. 165f.

aufmerksam, was heißt, sie vermerkte Zwischentöne und Mißtöne, meist ihrer Herkunft West, beziehungsweise Ost, verpflichtet.

Nach einer gemeinsamen Veranstaltung von Schriftstellern aus Ost und West im Februar 65 in der Akademie der Künste im Hansa-Viertel endete das Unternehmen vorerst mit einer Lesung von Anna Seghers.

Das Leben wie die Literatur halten Geschichten bereit, denkwürdige bisweilen. Ein paar Jahre nach der Wende bei einer Bobrowski-Recherche im Deutschen Rundfunkarchiv Berlin war ich auf der Suche nach Dokumentarbändern in Sachen Bobrowski. Immerhin, unter den Bändern aus der Frühzeit des DDR-Fernsehens fand sich doch Außerordentliches. Auf einer Filmrolle der Mitschnitt einer künstlerischen Lesung und Aufzeichnungen von Proben zu *Levins Mühle* als Oper. Und anderes.

Irgendwann Filmriß sozusagen, ein paar Augenblicke dieses Flimmern. Dann Johannes Bobrowski in einem Gespräch. In Schwarz-Weiß, versteht sich. Es ist April 1965. Nie Gesehenes, nie Gehörtes!

Im Film dieses Bobrowskische Sagen, Fragen, Dagegenhalten. Der Autor jedenfalls mit zwei seiner Kollegen - Hermann Kant und Max Walter Schulz. Dabei ferner, jedoch nicht beteiligt am Gespräch, Horst Eckert, einer der damaligen Sekretäre des DDR-Schriftstellerverbandes. Locker, ein wenig angehoben die Unterhaltung, auch angespannt. Man ist in spitzige Dinge verwickelt - diese Mühen und Kuriosa, dieses Erfreuliche und Arge, das es ja auch gibt. Merkwürdig jedoch: kein Sendedatum, keine Sendezeit, keine Ansage, keine Absage, keine Unterlagen. Geblieben allein der schöne Titel auf der Filmrolle „Wegen Überfüllung geschlossen". Und ein Sperrvermerk: „Nicht ausleihen!" Ausrufezeichen!

Auch nach neuester Nachforschung des Babelsberger Archivs ist „eine Verwendung nicht nachweisbar". Dafür jedoch - Ironie der Geschichte und fragwürdiges Alibi der damals Verantwortlichen - existiert im Hause Bobrowski der Honorarschein von damals, ausgeschrieben auf ‚Herrn Johannes Bobrowski, Berlin-Friedrichshagen, Ahornallee 26. Für Gesprächsleistung.' Unterschrift. Punktum. Womit denn das wenigstens seine Richtigkeit hatte.

V.
Zweiter Filmbeitrag: „Wegen Überfüllung geschlossen", Aufzeichnung April 1965[8]

M. W. Schulz: Ich hatte den Eindruck, das Publikum war erstens neugierig auf uns. Es ist ja so, daß wir Leuten drüben mitunter ein wenig von weit her erscheinen. Und ich glaube, daß sich dieser Eindruck, zu einem Teil wenigstens, abgebaut hat.
Es war so, daß in den Lesungen sehr, sehr viele Dinge zur Sprache kamen. Vor allem in den Diskussionen hinterher, bei denen es möglich war, gemeinsame Standpunkte zu beziehen. Es gab wahrscheinlich eine ganze Reihe von Problemen, da kamen wir nicht unter einen Hut, aber ich war ganz zufrieden. Ich, von mir aus gesagt, war auch neugierig auf dieses Publikum. Es ist ja ein deutsches Publikum, und wir sind deutsche Schriftsteller.

H. Kant: Nein, nein! Eine interessante Formulierung, ein deutsches Publikum. Johannes, was meinst Du, ein deutsches Publikum, oder wie sieht das aus. Denn es ist eine recht interessante Kiste. Vielleicht sollten wir uns ein bißchen darüber unterhalten.

J. Bobrowski: Zunächst einmal gibt es ja ein deutsches Publikum, das insofern also ein Publikum ist, das auf beiden Seiten deutsch versteht. Das haben wir ja festgestellt. Zum anderen sind natürlich die Bedürfnisse und die Ansprüche an Literatur hüben und drüben ein bißchen anders gelagert, ebenfalls zum Beispiel bei dem Publikum, das wir dort in Siegmunds Hof vor uns hatten. Das waren dort zum großen Teil, also siebzig Prozent, Studenten. Aber es hat sich im Laufe der Lesungen, bei der Diskussion, das war ja das Schöne, herausgestellt, daß diese Einstellung zunächst, daß die also drüben, daß die uns etwa also für so etwas wie Fabeltiere hielten, die man also mal kennenlernen müßte, weil man sonst keinen Begriff von ihnen bekommt - daß sich das in der Diskussion dann vielleicht ein bißchen abgebaut hat. Und daß dann in sehr vieler Hinsicht Übereinstimmung stattfand.

---

8   Ausschnitt aus einer gleichnamigen Aufzeichnung des Deutschen Fernsehfunks Berlin-Adlershof, Kenn-Nr. 3446. Aufzeichnung April 1965. Gespräch zwischen Johannes Bobrowski, Max Walter Schulz und Hermann Kant (Gesprächsführung) zum vorläufigen Abschluß einer Lesereihe von Autoren der DDR im Studentenheim Siegmunds Hof in Westberlin, 1964/65. Der Beitrag beginnt mit einer Antwort von Max Walter Schulz auf eine Frage von Hermann Kant. Die Transkription folgt dem Originalton der Fernsehaufzeichnung, Interpunktion nach Sprechhaltung.

Naja, ich will nicht sagen, es gab ... im wesentlichen reduzierte sich das dann nachher bei dem größeren Teil des jüngeren Publikums auf Fragen ... auf ästhetische Fragen, auf Fragen der Machart und so etwas. Das schien uns gut so.

H. Kant: Es ist Dir ja im Gegensatz zu den meisten von uns etwas anders gegangen, als Du schon Deine Bücher als Vorreiter dort hattest, man kannte Dich, Deine Bücher sind in westdeutschen Verlagen erschienen. Und da würde mich interessieren, hattest Du das Gefühl, daß in der Diskussion mit diesem Publikum, das ja zum Teil eben von der Bekanntschaft mit Dir als mit Deinen Büchern ausgegangen sein wird und dort hingekommen sein wird, daß die Erwartung, die sie an diesen Autor gerichtet hatten, in dem direkten Gespräch mit ihnen befriedigt wurde.

J. Bobrowski: Ja, das ist ja so: ich meine, es lagen bis dahin drei Veröffentlichungen vor, die waren auch bekannt. Und ich habe mir gedacht, also die werden genau dasselbe erwarten, was ich publiziert habe und ein festes Bild haben, und daran war mir nicht gelegen.

Ich habe also neue Sachen, ungedruckte, vorgelesen, um eben an der Reaktion zu merken, inwieweit ich also für dieses Publikum abgestempelt bin und bleibe. Und daraus war eben sehr interessant zu sehen: erst einmal haben sie mich gefragt, ob ich mich denn einen sozialistischen Schriftsteller nenne, weil ich hier unter dieser Firmierung lese. Also, das wurde dann sehr schnell in Ordnung gebracht. Und dann haben sie mir vorgehalten - ich beschäftige mich nun also tatsächlich damit - ich beschäftige mich wieder mit den Nazis und mit diesen Sachen. Ja und das, und das war dann interessant, da mußte ich sie dann kräftig berichtigen. Sie haben dann gesagt, das wäre doch eigentlich lange her und das beträfe sie nicht mehr direkt und so, da waren wir gerade so im Vorfeld dieser Bundestagsdebatte. Das traf sich sehr gut, über die Informierung zu sprechen.

H. Kant: Max, eine andere Frage. Du bist, glaube ich, im vorigen Jahr, etwas vor dieser Siegmundshof-Geschichte Gast der Gruppe 47 gewesen. Oder war das schon früher? Jedenfalls bist Du's gewesen, wie Hannes ja auch, und da würde mich interessieren, wie unterscheidet sich die Atmosphäre eines solchen Treffens, das ja einen ganz anderen Charakter trägt, von dem was Du vorfandest in Siegmunds Hof. Waren die Kenntnisse, die unsere Kollegen, die Schriftstellerkollegen in der Gruppe 47, offenbarten von der Literatur, waren die größer zum Beispiel, das würde mich interessieren, als die des Publikums von Siegmunds Hof, oder wie?

M. W. Schulz: Das sind zwei ganz verschiedene Dinge, wenn man vor einem studentischen oder auch nichtstudentischen westdeutschen, westberliner Publikum liest, oder man geht in die literarische Hochburg der Gruppe 47. Also, ich glaube doch, daß es für die meisten von uns eine Art Fegefeuer bedeutet, wenn sie zur Gruppe 47 eingeladen werden.

H. Kant: Sind dort Oberteufel, oder wie?

M. W. Schulz: Nein, ich habe mich zum Beispiel in vielen Dingen an das erinnert gefühlt, was Martin Walser da als Vademecum für junge Schriftsteller in der Gruppe 47 in der jüngsten Anthologie der Gruppe 47 geschrieben hat. Ja, das ist satirisch und ironisch gemeint, aber es ist vieles wahr daran. Also ich glaube, daß die Gruppe 47, mag das subjektiv sein, doch ein stärkeres Vorurteil hat gegen uns Jüngere als es das Publikum bewiesen hat.

Zum Beispiel in der Diskussion hat das Publikum in Siegmunds Hof sehr, möchte ich sagen, gewissenhaft gefragt und ohne jede Routine. Natürlich sind bei ausgefuchsten Literaturkritikern bestimmte Dinge der Routine gar nicht wegzudenken. Und das zweite Vorurteil, wenn man vor einem Publikum liest, nicht vor der Gruppe ist der, daß man in der Diskussion mitreden kann.

H. Kant: Aber würdest Du von diesen Erfahrungen her etwa zu der Feststellung kommen, man spreche besser eben mit solchen Kreisen und nicht mehr oder dergleichen zum Beispiel mit den Angehörigen der Gruppe 47?

M. W. Schulz: Nein, ich möchte das gar nicht sagen. Eher möchte ich sagen, ich habe heute auch in der Gruppe 47 eine ganze Reihe von doch prominenten westdeutschen Schriftstellern getroffen, mit denen man sich dann so am Tisch in einer sehr offenen, fast bis zu einer mitunter Herzlichkeit gehenden Weise unterhalten kann, nicht?

H. Kant: Ja, solche Dinge und solche Gespräche sind immer angenehm und nützlich. Ich glaube für alle beteiligten Seiten, solange nicht allzusehr zum Fenster hinausposaunt wird und Reden an einen größeren und einen ganz anderen Kreis gehalten werden, während man vorgibt, zu dem Tischnachbarn zu sprechen.

In jüngster Zeit, ich weiß nicht, wie weit Ihr das verfolgt habt, waren des öfteren, zum Beispiel im westdeutschen Fernsehen, Aufzeichnungen zu sehen von Diskussionen zwischen Kollegen aus der DDR und solchen aus der Bundesrepublik. Natürlich davon, daß die Dinge dort zurechtgeschnitten waren, daß der westdeutsche Teilnehmer besonders glänzte, davon abgesehen - das kann man ja also westdeutschen Fernsehprofis nicht weiter verübeln - war das Ganze doch ein bißchen so gemacht worden, daß man ängstlich wurde und sich fragte, ja hat es einen Sinn, auf diese Weise miteinander zu sprechen, wenn es dann hier einen politischen Drall versetzt bekommt, den wir alle nicht wollten. Weder unsere westdeutschen Kollegen noch wir. Deswegen meine ich, daß solche Gespräche, die nicht so auf freien naiven Show-Zuschnitt sind wie etwa jene in der Akademie-Lesung[9] noch weitaus nützlicher sind als alles andere.

J. Bobrowski: Naja, ich bin grundsätzlich der Meinung, daß man das eine tun soll und das andere nicht lassen. Also, um zum Beispiel auf das zurückzukommen, was Du da gesagt hast mit der Gruppe 47, das sind also zum Teil die Chefkritiker. Das sind also in Westdeutschland profilierte Kritiker, die ihren eigenen Stil vertreten, und deswegen auch am Text vorbeihauen, ihrem Stil zuliebe, was sie nicht aufgeben können. Das weiß man ja warum. Auf der anderen Seite das Publikum, das verhältnismäßig unbedarft fragt. Denn in Siegmunds Hof wurde also von einem großen Kreis unbedarft gefragt und auch nicht so emotional. Auch nicht so ... naja, das ist genauso wichtig. Und ich meine, wir sollten uns solchen Geschichten ruhig stellen. Das haben wir ja gesehen, daß das sehr gut geht.

Für mich, wenn ich das noch sagen darf, für mich ist das immer sehr wichtig. Ich möchte immer mit dem Publikum ins Gespräch kommen, nicht? Und jetzt, mal abgesehen davon, also wenn mich zum Beispiel in Westdeutschland so diese, solche, ja nicht gerade Revanchistenverbände, sondern eben solche anderen einladen würden, ich glaube, ich würde einfach hinfahren. Es gäbe wahrscheinlich einen Krach dabei, aber ich würde da hinfahren. Zum Beispiel hat mich jetzt, auf den Roman hin, wo also diese kleinen christlichen Deminuationen so ein bißchen freundlich angeäppelt werden, die Baptistengemeinde in Darmstadt eingeladen, zu ihrer Jahrhundertfei-

---

9 Gemeint ist die Lesung in der Akademie der Künste im Hansa-Viertel am 6. Februar 1965.

er, ich soll aus dem Roman lesen. Ich halte das für ... nicht nur als ein Zeichen von Humor, sondern daß auch wirklich einige andere so denken, daß die Sache mit dem Gespräch überall in Fluß kommt. Und daß man also sprechen will.

H. Kant: Ich habe noch eine andere Frage an Dich, Hannes, Du hast auch im Ausland, soweit ich weiß, schon gelesen, etwa in Österreich.

J. Bobrowski: Österreich, Finnland, Schweden.

H. Kant: Ja, sind Dir gravierende Unterschiede zu denen mit den Zuhörern aus diesen Kreisen zum Beispiel und den westdeutschen, beziehungsweise westberlinern aufgefallen, auch unseren. Sollte man einbeziehen.

J. Bobrowski: Ja, auf Vergleichbares bin ich also am deutlichsten in Schweden gekommen, in Stockholm. Da gibt es ... da war es nur etwas behindert durch die sprachlichen Schwierigkeiten, es waren alles Germanisten und furchtbar viele.

H. Kant: Und furchtbar viele Germanisten sind natürlich eine schreckliche Vorstellung.

J. Bobrowski: Ja, ja. Eben. Aber sonst, da gab es also, wie soll man das sagen ... ja also zwischen Schweden, da waren die Unterschiede nicht so sehr groß, in Finnland war das schon etwas anders. Da gab es auch Studenten, aber die weigerten sich strikt, die innerdeutschen Probleme anzuerkennen. Also es ist etwas anders. Das liegt an dieser Eigenart, den politischen Situationen, die die Finnen mit großem Glück umsegeln. Das ist woanders nicht so.

In Österreich gibt es offenbar - jedenfalls bin ich in den ganzen acht Tagen, die ich da war, nicht dran gekommen, an so etwas wie eine jüngere Literaturgesellschaft, nicht. Das sind zum großen Teil ältere Herren und ältere Damen, die sich da treffen und so, in meinem Alter eigentlich, da drunter wenig. Das war etwas anderes. Da kam man schlecht ins Gespräch. Da war von vornherein so Friede, Freude, Eierkuchen und weiter eigentlich nichts. Also am interessantesten sind schon für uns Gespräche in Westdeutschland.

H. Kant: Ich glaube es auch.

VI.

„[...] ich selber werde mich nicht auf ostdeutsch firmieren lassen, sowenig wie auf ‚heimlich westdeutsch'. Entweder ich mach deutsche Gedichte, oder ich lern Polnisch", hatte Johannes Bobrowski schon 1959 in einem Brief an Peter Jokostra geschrieben.[10] Später folgte Ärgeres. Aber das erlebte Bobrowski schon nicht mehr. Forderungen nach mehr Raum für das Gespräch, vor allem für die Literatur überhaupt, so etwas fand Antwort in weiterer Abschnürung. Was auch das Ende der Siegmunds Hofer Gespräche bedeutete.

Mit dem scheinbar beiläufig hingesagten, daß „man das eine tun und das andere nicht lassen" soll, bezieht Johannes Bobrowski in diesem Fernsehgespräch erneut, und direkter wohl auch als vorher, Position zu der gerade wieder einmal zugespitzt artikulierten ‚deutschen Frage'. Die Debatte darüber hatte, wie die Erfahrung zeigte, stets auch einen geringer werdenden Freiraum für Kunst und Literatur wie für das Gespräch im weitesten Sinne in der damaligen DDR zur Folge. Lesungen und Kontakte über Grenzen hinweg hatten immer auch etwas von politischen Gratwanderungen. Wenn Bobrowski also feststellt, daß es für ihn nur „ein deutsches Publikum" gibt und darauf setzt, daß „die Sache mit dem Gespräch in Fluß kommt", dann plädiert er damit für das Fundament, das ihm für Schreiben zwingend nötig schien, den Dialog mit Welt.

Der im politischen Raum darauf zu erwartende Widerspruch bewirkt in dieser Unterhaltung eine Art ‚Gesprächsdiplomatie'. Auf beiden Seiten. Bobrowski setzte dem seine Sicht auf die Wirklichkeit und seine Sprache entgegen, lapidar in Auskunft und Kommentar, spürbar bemüht zugleich, Klippen in Dingen und Positionen in listighintersinniger Rede zu umschiffen. In der politischen Realität des Jahres 1965 war, wie er wohl nur zu gut selber wußte, solcherart „Gesprächsdiplomatie" weniger der Brauch. Woraus sich leicht schlußfolgern läßt, warum dieses Gespräch nie in die Öffentlichkeit gelangte.

Die gesammelten Materialien des Schriftstellerverbandes der DDR geben auf ihre Weise Antwort zur Sache. Sie gehören heute zum Bestand der Literaturarchive der Akademie der Künste. Unter anderem ist dort nachzulesen, wie langwierig und aufreibend die Vorbereitung der Lesungen für beide Seiten war. Ganze Schlachten, so mag es den Heutigen scheinen, wurden allein um den Titel geschlagen, der zunächst „Ostberliner Schriftsteller lesen" hieß, dann aber auf „Sozia-

---

10 Brief Bobrowskis an Peter Jokostra vom 5. Oktober 1959, zitiert nach s. R. Tgahrt (Anm. 7, Einband).

listische Schriftsteller lesen" firmierte. Keine Frage, Protokolle von Konzeptionsberatungen, Vorstandsitzungen und Parteiversammlungen, Auswertungen und Einschätzungen, einzelnen Teilnehmern abgeforderte Berichte, können brisant sein, selten jedoch unterhaltsam.

Dagegen wäre die Mitteilung Johannes Bobrowskis an Hans Werner Richter, den Chef der Gruppe 47, über den ersten Siegmunds Hofer Abend schon eher kurzweilig zu nennen. „Die Lesung neulich war doof, dummes Publikum, alberne Fragen. Ein bißchen mußte ich auch noch den hilflosen Cibulka stützen. Warum tut man das eigentlich?"[11]

Bis ins Jahr 1966 hinein wurden die eigentlich 1965 bereits abgebrochenen Berliner Ost-West-Begegnungen der Schriftsteller unter anderen Vorzeichen weitergeführt. Marianne Eichholz, Autorin und Journalistin damals, machte in einem 1966 für das Juniheft der Zeitschrift „Der Monat" geschriebenen Artikel ein wenig Bilanz. Ich zitiere daraus: „Das West-Publikum, aufmerksam, aufsässig, auch geneigt, bekam Einsicht in den Osten, lernte sogar Fragen zu stellen, die Aussicht auf Verständnis und Beantwortung hatten; die Gäste von drüben, ungleich in ihrer schriftstellerischen Begabung, durften sich artikulieren und erhielten wie die Gegenseite Gelegenheit, das einzig mögliche Fazit zu ziehen: daß auch die zeitgenössische deutsche Literatur sich nicht in den Himmelsrichtungen, sondern der Qualität nach unterscheidet ... Einer der Beteiligten zählt zusammen: zwei Jahre lang entgeltfreier Achtstundentag."[12] Der da Auskunft gibt, Burkhard Mauer, Student der Germanistik im zehnten Semester zu der Zeit, Ex-Public-Relations-Mann der literarischen Ost-West-Begegnung kommentiert: „Wissen Sie, mir fällt dazu nichts mehr ein."[13]

Erinnerungen treten zurück gegenüber dem Tag heute, sind Pfahl im Fleische dennoch. Günter Kunert, Mitstreiter in Siegmunds Hof damals, schrieb mir dieser Tage aus dem Holsteinischen auf meine Frage, „was geschah damals": „Was war eigentlich damals? schreiben Sie, also über eine Zeit, die mir tausend Jahre zurückzuliegen scheint. Ja, was war damals ... Wenn wir über das Damals reden wollten, müßten wir lange über das Heute sprechen."[14]

---

11 Brief Bobrowskis an Hans Werner Richter vom 24. November 1964, zitiert nach s. Anm. 7, S. 174.
12 Marianne Eichholz: Kleine Schritte und Stolperdraht, in: Der Monat, Juni 1966, S. 85/89.
13 Ebd.
14 Brief Günter Kunerts an Helmut Baldauf vom 1. November 2003.

Nein, kein Kommentar, Mutmaßungen allenfalls. Oder ‚Fortgeführte Überlegungen' doch. Über ‚Hysterie' beispielsweise, die Bobrowski, Chronist *und* Erzähler, ganz beiläufig festhält als Kennzeichen von Verhältnissen und Zeit.

„Schreiben als Widerstand gegen den unaufhaltsamen Verlust von Dasein." Und Dialog mit Welt, damit „die Sache mit dem Gespräch in Fluß kommt." Solche Sätze, die wollen einem nicht aus dem Kopf.

Leuchttürme und Leitgestalten. Bobrowskis Vorbilder

KRZYSZTOF LIPIŃSKI

Das Phänomen des Personengedichts kann auf eine lange Tradition zurückblicken. In einem solchen Gedicht apostrophiert der Autor zumeist einen anderen Dichter oder Künstler, es können aber auch historische Gestalten oder lebende Personen sein, und nicht immer beschränkt sich ein solcher Text lediglich auf das bloße Apostrophieren und Darstellen der gewählten Figur, viel häufiger ist das Gedicht gleichsam ein Dialog, eine – um es etwas pathetisch zu sagen – poetische Reinkarnation oder Identifikation, quasi ein Vorwand, das eigene lyrische Ich durch das Alter ego der anderen Gestalt durchschimmern zu lassen und sich, wenigstens in Form eines Gedichts, mit deren existentieller Situation zu messen. Handelt es sich um Dichter oder Schriftsteller, kommt noch die verlockende und oft wider Erwarten sehr ergiebige Möglichkeit dazu, die durch die Intertextualität eröffneten Bezüge im Gedicht inhaltlich und ästhetisch zu verwerten. Ein auf diese Weise konzipiertes Personengedicht ist kein Epitaph, sondern eine Art Synthese. Aber zumindest Hegel zufolge gibt es keine Synthese ohne den Widerspruch von These und Antithese, die Dialogizität des Personengedichts enthält häufig auch Widersprüche, Gegenthesen und Polemiken. Die apostrophierten und dargestellten Figuren sind einerseits Leuchttürme und Vorbilder, was ich im Titel meines Beitrags anspreche, andererseits aber auch Dialogpartner und existentielle und künstlerisch-ästhetische Widerspiegelungen der Position des Autors, darüber hinaus auch Beispiele, nicht selten sinnstiftende.

Bobrowskis lyrische Sarmatien-Vision wird zumeist – und zu Recht – auf die multikulturelle Landschaft Mittel- und Osteuropas bezogen. Eine beinahe klassisch gewordene Visualisierung dieses Konzepts stellen die von Bobrowski eigenhändig eingezeichneten Räume des ‚sarmatischen Divans' dar, was Gerhard Wolf in *Die Beschreibung eines Zimmers* folgendermaßen schildert:

Unter den Papieren Johannes Bobrowskis, Versen, Skizzen, Notizen findet sich eine aus einem Handatlas herausgerissene Seite. Auf ihr ist mit gradlini-

gen Tintenstrichen sein Territorium umrissen, großzügig, weiträumig, anspruchsvoll. Gebietsstreifen, eingeteilt in Zonen, dichterische Zonen einmal, versehen mit Ziffern.
ZONE EINS: Ostpreußen, das Geburtsland, Prussia, ursprünglich Land der Pruzzen.
ZWEI: Litauen und die baltischen Länder bis hinauf nach Finnland. Sie alle nur Randgebiete eines größeren Festlandes.
DREI: Rußland bis zum Ural und hinab ans Schwarze Meer, als Sarmatien zugleich ins Historische und ins Prähistorische reichend.
VIER: Polen.
Und schließlich – über die Ostsee hinweg, mare balticum, sarmatischer Ozean – bis nach Schweden: ZONE FÜNF.
Ohne zu zögern, mit dicken Strichen aus der Karte herausgetrennt.[1]

Diese Karte aus einem Schulatlas der Vorkriegszeit stellt im Grunde genommen die sarmatische Ebene dar, die wir in erster Linie aus dem gleichnamigen, nahezu programmatischen Gedicht kennen, und als Schauplatz bzw. mitgedachten Hintergrund von Bobrowskis lyrischen Texten. Stellt man sich die Frage, welche Menschen diese Räume oder diesen Raum als Ganzes bevölkerten, denkt man zunächst an Bauern, Fischer, jüdische Händler, anonyme und doch charakteristische Gestalten der Gegend, einfache Menschen, wie z. B. „der graue Jude [...] mit seinem Wägelchen" im Gedicht Kindheit (GW I, S. 6f.), oder das Kind und die Greisin in folgender Szene:

da das Vieh geht
weich, vor dem Dunkel,
atmend. Und ein Kind
folgt ihm
pfeifend, es ruft
von den Zäunen
die Greisin ihm nach. (GW I, S. 30f.)

Untersucht man indessen alle drei Gedichtbände, d. h. *Sarmatische Zeit* und *Schattenland Ströme*, die den Grundstock der sarmatischen Konzeption bilden, sowie die Gedichte aus dem Nachlaß, *Im Windgesträuch*, so kommt man zu dem etwas überraschenden Schluß, daß die Zahl der Personengedichte in diesem sarmatischen Zyklus überraschend groß ist. Rein statistisch gesehen gibt es unter den ca. 170 Gedichten

---

1 G. Wolf: Beschreibung eines Zimmers. 15 Kapitel über Johannes Bobrowski. Berlin 1973, S. 8f.

in allen drei Bänden ungefähr 30 bis 40 Gedichte, die auf Personen geschrieben sind und sich auf Dichter, Künstler, Gestalten der Mythologie und Literatur beziehen oder eine Figur apostrophieren. Eine genaue Zuordnung ist dadurch erschwert, daß die Adressaten nicht in jedem Falle identifizierbar sind, oder – als Personen – von Bobrowski erfunden wurden, also fiktionale Gebilde in der Konvention eines Personengedichts. Dabei mag überraschen, daß nur ein Teil dieser Figuren der Personengedichte mit der Landschaft Sarmatien räumlich und zeitlich in irgendeiner Weise verbunden ist, auch in jenem Sinne, wie Bobrowski seinen buntgefleckten ‚Divan' im Banne einer humanistischen, übergreifenden Verklärung verstand. Hamann, Mickiewicz, der jüdische Händler A. S., der Chassid Barkan, mitteleuropäische Autoren und Autorinnen wie Bezruč und Žemaite, jüdische Dichterinnen wie Gertrud Kolmar, Else Lasker-Schüler und Nelly Sachs, sowie der Zeuge der galizischen Apokalypse, Georg Trakl, Aleksis Kivi und Chagall sind – wenn auch aus unterschiedlichen Gründen – mehr oder weniger selbstverständlich mit der Konzeption Sarmatiens im Bobrowskischen Sinne assoziierbar. Aber Góngora, Chatterton, Buxtehude, Proust, Gauguin, auch Hölderlin und Brentano, sowie Kassandra und Pindar und viele andere in diesem Personal gehören anderswo hin. Schlüssig bleibt die Konzeption nur dann, wenn man sich auf eine Metaebene des humanistischen Kultur- und Gedankenguts begibt. Dann werden die Figuren der Personengedichte zu Zeugen und Dialogpartnern, zwischen ihnen und dem Autor Bobrowski bestehen verschiedenartige Korrespondenzen und Bezüge, die im Sinne der Humanisierung der Dichtung und der Kultur nach den grausamen Erfahrungen der beiden Weltkriege verstanden werden können und sollen. Hören wir dazu Stefan Kaszyński:

Die Ontologie der Gedichte von Johannes Bobrowski steht im Widerspruch zur These der Enthumanisierung der Lyrik, die seinerzeit Hugo Friedrich formulierte. Enthumanisierung ist, seiner These nach, ein Merkmal der modernen Poesie. Die Gedichte Bobrowskis sind nicht nur eine Verneinung dieser These, sie sind vor allem ihre wahre humanistische Alternative. Die Rolle dieser humanistischen Landschaften in der gesamten Lyrik ist [...] nicht nur bedeutend, sie ist eigentlich grundlegend für jede poetische Erwägung Bobrowskis.[2]

---

2   S. H. Kaszyński: Das Erlebnis der Landschaft bei Bobrowski. Zur Ontologie und Rolle der Landschaft in seiner Lyrik. In: G. Rostin (Red.): Johannes Bobrowski. Selbstzeugnisse und neue Beiträge über sein Werk, Stuttgart 1976, S. 138-150, hier: S. 149f.

Die Landschaft, insbesondere die der sarmatischen Ebene, hat bei Bobrowski ohnehin eine moralisch ontologische, organisierende Funktion. Diese sarmatische Landschaft hebt er aus der Taufe seiner Imagination und ‚filtert' sie durch seine Erfahrungen, Lektüre, durch sein ästhetisches Empfinden und schließlich auch durch sein Hic et nunc. Man vergleiche dazu folgende Aussage Wolfram Mausers:

> *Bobrowski nennt diese Landschaft „Sarmatien' und knüpft dabei an römische Geographen und Historiker an, die das Land östlich der Weichsel und der Karpaten ‚Sarmatia' und die Ostsee ‚Oceanus Sarmaticus' nannten. Es ist ein Teil Europas, der für sie entlegen, fast unbekannt und geheimnisvoll war. In eigentümliche Ferne sind auch die Geschehnisse in den Gedichten Bobrowskis gerückt. „Sarmatien' ist für ihn ein Erinnerungsland, ein Schattenland, ein Land zeitlicher und räumlicher Abgeschiedenheit – und zugleich ein Erinnerungsraum, der im Hinblick auf seine eigene Zeit besondere Aktualität besitzt.*[3]

Die „sarmatische Ebene" als Bezugsebene, fast im wörtlichen Sinne, ermöglicht dem Autor, sie gleichzeitig als Schauplatz unmenschlicher Taten, als Ort der Begegnung von Menschen und Kulturen und schließlich als Prüfstein der Humanität zu betrachten. Deshalb soll das Erscheinen Góngoras, Buxtehudes und der Dichterin Sappho unter dem Himmel der sarmatischen Ebene nicht verwundern. Denn all diese Gestalten sind Zeichen am Himmel, Leuchttürme. Eberhard Haufe schreibt dazu:

> *Die „Gestalten anderer Kulturkreise", die hinzutraten, wurden „eben von dort, von der ‚sarmatischen Ebene' her gesehen". Von ihnen erklärte Bobrowski 1960, „daß das keine Porträts sind, sondern Anrufe an Sternbilder, nach denen der alte Sarmate die Himmelsrichtung peilt (...). Hatten die früheren Kunst- und Künstlergedichte mehr oder weniger konventionell Werke der Kunst, Dichtung und Musik zu beschreiben versucht, so ging es nun um verdichtete, mahnende oder helfende Lebensbilder, darin die Werke der Kunst bestenfalls als poetisches Material integriert waren. Erst mit der großräumigen sarmatischen Konzeption verband sich in Klarheit jene moralisch-politische Motivation, die Bobrowski als das eigentlich Neue seiner dichterischen Entwick-*

---

[3] W. Mauser: Beschwörung und Reflexion. Bobrowskis sarmatische Gedichte. Frankfurt am Main 1970, S. 7f.

lung verstand und auf die er öffentlich wie privat immer wieder hingewiesen hat.[4]

Die oben angeführte Passage illustriert den besonderen Charakter des Bobrowskischen ‚Porträtierens', der bereits angedeutet worden ist. Sein Portätgedicht ist keine unreflektierte Abbildung, sondern Dialog, ja mehr noch, Befragung in Sachen Menschlichkeit und nicht zuletzt ein Versuch, die Welt und die Kunst des Porträtierten in das eigene Schaffen produktiv und schöpferisch einzubeziehen:

> *Er will nicht die Anonymität, sondern die Gestalt. Will nicht das Auslöschen und Verstummen, sondern Sichtbar- und Laut-Werden. Doch möchte er diese Gestalt im Gedicht auch nicht fixiert und genormt, möchte sie den ungeheuren Gelegenheiten des Lebens offen halten, der Verwandlung fähig. Gestalt, die sich in anderen Gestalten kundgibt, weil sie sich ihnen verwandt fühlt oder ihnen zugetan ist.*[5]

Auffallend ist die Ähnlichkeit der Darstellung[6] in beinahe allen Porträtgedichten (vielleicht mit Ausnahme der Ode an Chatterton), die sich auf die reife, mit wenigen Bildern kondensierende Gedichtkonzeption stützt und die trotz ihrer Lakonie und scheinbarer Hermetik doch Welten in der Imagination des Lesers zu schaffen vermag, Welten, die sich mit der existentiellen Situation der Porträtierten und mit ihrer Lesart durch Bobrowski überschneiden. Diese Überlappung ermöglicht ein spezifischer Wechsel von ich zu ich, vom lyrischen Ich des Autors zu dem der porträtierten oder apostrophierten Person, der nicht immer ganz deutlich zu entziffern, abzugrenzen ist, um festzustellen, wer als das Ich im Gedicht spricht. Dazu nochmals eine Passage aus der *Beschreibung eines Zimmers*:

---

4 E. Haufe: Zu Leben und Werk Johannes Bobrowskis. In: J. Bobrowski: Gesammelte Werke in sechs Bänden, hg. von E. Haufe. Bde. I-IV Stuttgart / Berlin 1987, Bd. V Stuttgart 1998, Bd. VI (hg. von H. Gehle) Stuttgart 1999, S. VII-LXXXVI, hier: S. XLIV f.; Zitate aus dieser Ausgabe werden im folgenden mit der Sigle GW, der Band- und der Seitenangabe nachgewiesen.
5 G. Wolf (Anm. 1), S. 155.
6 Zur Geschlossenheit des sarmatischen Zyklus schreibt Wolfram Mauser folgendes: „Fast alle sarmatischen Gedichte sind in der dichterisch fruchtbarsten Lebensperiode Bobrowskis, in den Jahren zwischen 1952 und 1965 entstanden. Vor allem die Gedichte der beiden ersten Bände scheinen auf einen einzigen großen Schaffensimpuls zurückzugehen. Ihre thematische und künstlerische Geschlossenheit und ihre durchgängige Wirkungsabsicht legen diese Annahme jedenfalls nahe", Mauser (Anm. 3), S. 7.

*Über dem Richtplatz dunkel
steh ich ... (Petr Bezruč)
Ich gewöhn mich ins Glück ... (Mickiewicz)
Aber wer,
daß ich rede,
bin ich geworden? (Jakub Bart in Ralbitz)
Welt ...
... Ich bin's. (Hamann)
Auch in den leblosen sprachlosen Dingen möchte der Sprecher verbunden sein,
daß er ihnen Mitteilung gibt, daß er sich, in ihrer Existenz, aussprechen
kann, daß er etwas von ihrem Wesen ergreift oder begreifen möchte, und es in
seine und damit unsere Sprache übersetzt:
Atem,
ich sende dich aus
dreh dich lautlos,
ein grünes Schwert. (Kalmus)
Wir sehen den Sprecher so in mancher Verwandlung.*[7]

Diese ‚Verschmelzung' ist folglich als ein bewußter Kunstgriff des Autors anzusehen. In den Gedichten werden oft konkrete Umstände und Realien erwähnt oder angedeutet, lesbar für den Autor Bobrowski, zum teil unlesbar für den Leser des Gedichts. Diese Unlesbarkeit evoziert jedoch eine geheimnisvolle Aura, man vermutet hinter Namen, Orten und eingeflochtenen Kryptozitaten viel ausgebautere Konstellationen und Deutungsmöglichkeiten. Das Gedicht, eine lyrische Kristallisation im Bennschen Sinne, reicht mit seinen Wurzeln weit hinaus über die so kondensierte Textgestalt. Diese Wurzeln auszugraben, ist die ästhetische und emotionale Aufgabe des Lesers.

Ein anderes wichtiges Merkmal ist das beinahe polyphonische Koordinationsprinzip der einzelnen Personengedichte. Sie erscheinen nicht zufällig verstreut, sondern zu zweit, zu dritt oder sogar in der *Sarmatischen Zeit* zu einem siebenteiligen kleinen Zyklus, dem ein gesondertes Kapitel gewidmet ist, zusammengeschlossen. Es liegt nahe, daß Bobrowski hier auch seine Leuchttürme miteinander sprechen läßt, indem er sie gruppiert und einander gegenüberstellt. Die Übergänge zu schaffen, obliegt wohl dem Leser, obgleich anzunehmen ist, daß Bobrowski mit der Anordnung der Gestalten bestimmte Absichten verfolgt haben muß. Eine Erklärung oder sogar Dechiffrierung dieser Anordnung müßte meines Erachtens rein hypothetisch bleiben, obwohl sich gewisse ‚gemeinsame Nenner' feststellen lassen, z. B. das

---

7 G. Wolf (Anm. 1), S. 155f.

Tryptyhon in *Schattenland Ströme* mit den drei jüdischen, deutsch schreibenden Frauen (Gertrud Kolmar, Else Lasker-Schüler, Nelly Sachs), oder zwei benachbarte Gedichte *Brentano in Aschaffenburg* und *Hölderlin in Tübingen*, wobei noch die Ähnlichkeit der Titel auffällt. Aber es sind auch jeweils individuell geprägte Welten und existentielle Situationen. Im Nachlaßband *Im Windgesträuch* scheint die Chronologie der Entstehung das ordnende Prinzip gewesen zu sein. Schließlich fallen unter allen Personengedichten jene auf, die man als Identifikationsgedichte, Vorbilderstudien und Bekenntnisse vor dem biographischen Hintergrund interpretieren könnte: Hamann, Hölderlin, Klopstock.

Versuchen wir nun, uns dem konkreten Textmaterial zu nähern. Es ist natürlich allein aus Platzgründen schier unmöglich, im Rahmen eines relativ kurzen Beitrags mehr als 30 Gedichte in extenso anzuführen und zu besprechen. Trotzdem werde ich mich bemühen, wenigstens einige, besonders markante Stellen hervorzuheben, die sowohl die Thematik, die Bezüge, als auch die spezifische Verfahrensweise Bobrowskis dokumentieren und illustrieren, auch wenn diese Darstellung am Ende fragmentarisch bleiben muß. Ich werde mich daher hauptsächlich auf die *Sarmatische Zeit* konzentrieren, wo die Konzeption des Personengedichts ausgearbeitet wurde und am stärksten vertreten ist. Porträtgedichte sind jedoch in allen Teilen der lyrischen Trilogie ungefähr in gleichem Maße vertreten, was mittelbar auch davon zeugt, daß Bobrowskis Interesse an dieser Form der lyrischen Aussage konstant blieb.

Bereits in den Anfangspartien des Bandes *Sarmatische Zeit* stoßen wir auf drei Gedichte, die keine Apostrophierungen konkreter Personen im engeren Sinne sind, vielmehr Darstellungen von menschlichen Urtypen, die die sarmatische Ebene und ihre Landschaft bevölkern und bevölkerten: ein verstorbener Flußfischer, Fischerfrauen, ein jüdischer Händler. Vielleicht stecken hinter diesen ‚Ikonen der Vorstellung' konkrete Menschen und Bilder, schließlich wird der jüdische Händler durch sein Monogramm konkretisiert (A. S.), seine menschliche Existenz bewiesen. Aber diese Figuren sind tatsächlich gleichsam wie die Ikonen der orthodoxen Kirche, wo die Darstellung nur den Typus zeigt und nicht das Individuum. Das Individuelle und das Allgemeine überschneiden sich jedoch.

Gedächtnis für einen Flußfischer (GW I, S. 11) – diese Nänie auf einen alten, anonymen Flußfischer beginnt mit der Darstellung seines Gesichts und mit einem Dialog mit dem Wind, mit sich selbst, mit dem Leser:

*Immer
mit Flügen der Elstern
dein weißes Gesicht
in den Wälderschatten geschrieben.
Der mit dem Grundfisch zankt,
laut, der Uferwind fragt:
Wer stellt mir das Netz?*

Eine existentielle Frage, die Frage der Fische, des Fischers, auch symbolisch-christlich. Das letzte Boot des Charon wird geteert, auch die letzten Fragen werden gestellt, an die Ebene, an die Fische, an die Kreatur:

*Und wer teert meinen Boden,
sagt der Kahn, wer redet
mir zu? Die Katze
streicht um den Pfahl
und ruft ihren Barsch.*

Des Verstorbenen gedenken – man weiß nicht wie lange noch – Menschen und Tiere, selbst der alte Hecht, der ohne Glauben ist. Aber der Himmel stürzt ein:

*Ja, wir vergessen dich schon.
Doch der Wind noch gedenkt.
Und der alte Hecht
ist ohne Glauben. Am Hang
schreit der Kater lange:
Der Himmel stürzt ein!*

Auch das Gedicht *Die Frauen der Nehrungsfischer* (GW I, S. 13) stilisiert und antikisiert die Fischerfrauen zu Wartenden:

*Wo das Haff
um den Strand lag
dunkel, unter der Nacht noch,
standen sie auf im klirrenden
Hafer. Draußen die Boote
sahen sie, weit.*

Sie warten auf „die Alten", auf „die Söhne", auf „des Netzzugs Last". Das Goldene Zeitalter der Fischer ist aber vorbei, die Last des Netzzugs halb leer: „Und gering war der Fang. / Vor Zeiten, sagte man, umglänzte / hundertschwänzig der Hering / draußen die Meerbucht, silbern / schwand er (...)." Einer für immer vergangenen und von dem „Meister aus Deutschland" (Paul Celan) zerstörten Welt begegnen wir im Gedicht *Auf den jüdischen Händler A.S.* (GW I, S. 15). Diese östliche Gegend war bis 1939 ohne einen jüdischen Händler oder Wirt unvorstellbar. Es war auch eine Gegend, wo die Lage einer Ortschaft nach zeitlicher Entfernung der notwendigen Reise angegeben wurde:

Ich bin aus Rasainen.
Das ist, wo die zweite Waldnacht
vorbeigeht, wenn du vom Strom kommst,
wo die Gehölze sich auftun
und aus den Wiesen drängt
gilbender Sand.

Das jüdische Volk, das „jede Zeit aus den Händen der Väter [hat]", das „im Gezweig" ihrer „Rede glänzt" und denen es „frierend Gräber schüttet". Darüber „lagern Wolken und Rauch". Insbesondere das letzte Wort ist im Hinblick auf das Geschehene tragisch. Nicht einmal „der Alten Spruch an den Pfosten des Tores" (Mesuse) sichert einen glücklichen Weg. Menschen der Ebene, Menschen die es nicht mehr gibt und die in einem ikonischen Gedicht festgehalten wurden.

Im dritten Kapitel der *Sarmatischen Zeit* werden sieben Dichtergestalten in Porträtgedichten apostrophiert: Jahnn, Villon, Góngora, Günderrode, Aleksis Kivi, Joseph Conrad und Dylan Thomas. Auf den ersten Blick verbindet diese Personen genauso wenig miteinander wie mit der sarmatischen Ebene. Aber es sind Konstellationen, „nach denen der alte Sarmate die Himmelsrichtung peilt"[8] und viele überraschende Bezüge lassen sich doch entdecken, wenn auch bei weitem nicht alle. Aber: Joseph Conrad wurde von seinem Onkel Bobrowski großgezogen, Jahnn schrieb über Chatterton, dem unser Dichter eine Ode widmete, ein Theaterstück. Also ein Netz, eine weltumspannende Gemeinschaft (von Suomi über Andalusien, Touraine, Ukraine bis zu den fernöstlichen Meeren). Eine Gemeinschaft von Menschen, die ihre Zeit wahrnahmen und quasi auch Sarmaten waren, die „auf Straßen der Vögel" geschritten, „im frühen / Jahr ihre endlose Zeit, / die

---

8 E. Haufe (Anm. 4), S. XLIV f.

du bewahrst / aus Dunkel (...)" (GW I, S. 30f.). Jede Gestalt besitzt ein klar gezeichnetes Profil und das ihr gewidmete Portätgedicht evoziert jeweils ein unterschiedliches räumliches, zeitliches und ästhetisches Klima.

Den siebenteiligen Zyklus eröffnet *Trauer um Jahnn* (GW I, S. 36). Hans Henny Jahnn, der 1959 in Hamburg verstorbene Dichter, Dramatiker, Romancier und Orgelbauer entstammte einer Schiffbauerfamilie, war lebenslang vom Meer fasziniert. Auf Bornholm schuf er sein wohl bedeutendstes Werk *Fluß ohne Ufer*. Während der NS-Zeit in Norwegen, protestierte er in den fünfziger Jahren gegen Atomkrieg und Aufrüstung, besuchte auch häufig die DDR. Allein diese Bruchstücke seiner Biographie legitimieren sein Erscheinen im sarmatischen Siebengestirn – das Interesse für Musik und Musikinstrumente, der Aufenthalt in großer Abgeschiedenheit, nicht zuletzt auch das pazifistische Engagement. Bobrowski stellt am Anfang seines Trauergedichts eine ländliche Sommerlandschaft dar:

Stimmen, laut
über dem Kürbisfeld,
die Straße ein weißer Rauch,
gegen den Mittag die wilden
Häupter der Sonnenblumen (GW I, S. 36)

In den Blumen dieser Wiese steckt jedoch das Gift, das das Herz „vertrinken" kann. Die „belustigten Götter über den Tartarus" sprechen das Todesurteil: „Hängt ihn kopfunter, / dann wächst ihm der Fels in den Mund."

Francois Villon (GW I, S. 37) braucht nicht näher vorgestellt zu werden. Der unruhige, rebellierende Geist, dessen Leben und Werk die alten Konventionen sprengen, findet zu Recht Platz unter den Sieben. Unstetes Wanderleben eines Strolchs, Prügeleien, Totschlag und unbändige Lebenslust, all das in der französischen Landschaft:

Du, die Landschaft Touraine
durchstreifend: Steingrund
großer Städte immer
unter den Schritten, du
kommst nicht zurück.

Auf der Flucht vor der Justiz („Dein Bild auf den mörderischen Spiegel aller Weiher"), zufällige Nachtquartiere in Dörfern, bei Bauern und Fischern: „Da werde ich schlafen".
Das Gedicht *Góngora* (GW I, S. 38) versetzt uns nach Spanien. Formale Meisterschaft des Ausdrucks, der barocke Metaphernreichtum wird bereits in der ersten Strophe angedeutet: „Schwerthieb / im ersten Licht, des Corduaners / Zeile löst dir die Herzhaut ab". Dann erscheinen die Schwäne. Sind es die Schwäne Hölderlins aus *Hälfte des Lebens* oder die heiligen Vögel des Dichtergottes Apollo? Mit einer weißen Schwanenfeder soll das lyrische Du im Gedicht den Namen von Don Luis Góngora y Argote „an den Himmel aus Feuer schreiben". Also ein dichterischer Imperativ, eine Identifikation. Hier werden Spanien, Andalusien, Iberien aus einer späten Perspektive gesehen, dem über Don Luis Schreibenden erscheint Lorca (aller Wahrscheinlichkeit nach der von Falangisten im spanischen Bürgerkrieg erschossene Federico García Lorca), „Irrsinn stürzt auf die Schläfe"[9] wie „einst" auch auf die Schläfe des spanischen Dichters. Die Schlußzeilen bestätigen den Dialogcharakter des Textes.

Caroline von Günderrode (*Die Günderrode*, GW I, S. 39), die einzige Frau im Zyklus, eine tragische Gestalt der deutschen Romantik, die ähnlich wie Bettina von Arnim, Annette von Droste-Hülshoff, Rachel Varnhagen und andere, die in der ersten Hälfte des 19. Jahrhunderts für die intellektuelle und literarische Präsenz der Frauen eintraten, sei es durch ihre Texte oder ihr aktives Wirken. Die romantische, z. T. auch schwärmerische und phantastische Welt der Günderrode schildert die erste, man kann sagen typisch Bobrowskische Strophe:

Erdhauch
aus Vorwelt, der Ahnen
Sternzeit, rollende Sonnen
über dem Tanz der Völker,
wenn Süden
rauscht, ein rötlicher Vogel,
im Berggestürz.

Die romantischen Chiffren etwa von Eichendorff, Brentano und auch Caspar David Friedrich („im Berggestürz") werden hier komprimiert. Günderrodes Lyrik ist „ein Lied auf der Spitze des Stahls" – die Dichterin hat sich auf dem Friedhof in Winkel erdolcht. Aber es war – so

---

9 Formale Anklänge an Trakl.

könnte man die Intention des Autors lesen – keine romantische Weltflucht, sondern ein mutiger Akt der Selbstbestätigung: „Aber / wir sehn dich / hell, die Gestalt der männlichen Göttin, unter dem Eichbaum, Herrische (...)".

Aleksis Kivi (GW I, S. 40) führt uns geographisch wieder in das Gefilde der sarmatischen Ebene, nach Karelien:

Du zähl die Wälder Kareliens, auf allen
Schwenden Suomis schlaf, über die Seen
fliege, Hahn, goldfarben
und mit Flügeln aus Räuberlicht.

Wir sind wieder in einer der Landschaften Bobrowskis, wo ein Wolf[10] zum Helden eines Epos werden wird, wo literarische und sagenhafte Gestalten fast substanziell zu dieser Gegend gehören. Kivi selbst starb in geistiger Umnachtung und die düstere Atmosphäre des Gedichts, die an einen Alptraum mit Figuren der Sage und des eigenes Werkes erinnert, läßt an dieses tragische Ende denken.

Aus selbstverständlichen Gründen erregt *Joseph Conrad* (GW I, S. 42) beim polnischen Leser immer Aufmerksamkeit, dies war auch der Grund für die rege Rezeption dieses Gedichts in Polen.[11] Durch seine Herkunft gehört Conrad, eigentlich Teodor Józef Konrad Korzeniowski, ein in Berditschew geborener Pole, der erst mit 17 Jahren Englisch lernte, zweifelsohne zu den Sarmaten aus Fleisch und Blut, auch wenn er bei seinem Onkel Tadeusz Bobrowski in Krakau aufwuchs.[12] Aus dem Gedicht läßt sich vor allem die Sehnsucht nach der Ferne herauslesen, die den Kapitän Conrad in die Weite der fernöstlichen Meere führte:

[...] Das Schiff
aber ist da. Hier steh ich. Ich hab in den Lungen
die unaufhörliche Ferne.
Und sag deinen Namen,
mein Schiff.

---

10 Ausführlich dazu G. Wolf (Anm. 1), S. 93ff.
11 A. Stroka: Zur Aufnahme von Bobrowskis Werk in Polen. In: A. Kelletat (Hg.): Sarmatische Zeit. Erinnerung und Zukunft. Dokumentation des Johannes Bobrowski Colloquiums 1989 in der Akademie Sankelmark., Sankelmark 1990, S. 67-78, hier: S. 71f.
12 In der heutigen ul. Senacka. Das Haus ist nicht erhalten, aber eine Gedenktafel erinnert an an den Dichter.

Die polnisch-ukrainische Heimat lebt noch in der Erinnerung („der Habicht der Berge um Tschernigow", ein „polnischer Zimmermann"), verwischt sich aber schon zum Teil. Die Gegenwart bedeutet „Himmel über uns, Ferne / [...] / und [...] die brennende / Treue der Männer".

Den siebensternigen Plejaden-Zyklus, dem wir hier, auch wegen seiner Hervorhebung als selbständiges Kapitel, mehr Aufmerksamkeit geschenkt haben, schließt *Dylan Thomas* (GW I, S. 43) ab. Im Gedicht werden biographische Angaben (Geburtsort Swansea, Vorname Marlais) und Realien (Ohio, Missouri) erwähnt, wodurch rein akustisch die angelsächsische Welt angedeutet wird. Aber auch Hölderlinische Anklänge sind zu hören („alten Schweigens gewaltiger Lärm").[13] Das Schicksal des Dichters im Labyrinth des Lebens:

Zeit, in den Wind gebaut,
Mauern aus Licht. Ariadne –
ihr Gesicht vor die Dämmrung geschrieben,
Zeichen, der Fledermäuse
Tanz, – Labyrinth.

Wie Hölderlin (Mauern) und Trakl (Fledermäuse) ist das lyrische Ich (von Dylan Thomas, von Bobrowski?) gefangen in der Ausweglosigkeit der Existenz (bei Trakl ist es „das unlebbare Leben"), es bleibt nur das dichterische Wort, das aber verstummt: „die verwirrte / Rede, Geschrei, von der Zinne / das Flüstern zuletzt". Augenfällig ist die Ähnlichkeit mit dem Schluß des Celanschen Gedichts *Tübingen, Jänner*.[14]

„Bobrowski hat lyrische und prosaische Stücke direkt nach Bildern geschrieben", behauptet mit Recht Gerhard Wolf[15], und das Gedicht *Die Heimat des Malers Chagall* (GW I, S. 56) ist eine genaue Versinnbildlichung dieser These. Was heutzutage über Chagall im kollektiven Bewußtsein präsent ist, war zur Entstehungszeit dieses Gedichts vielleicht nicht so allgemein bekannt. Trotzdem entwirft das Gedicht eine lyrisch-malerische Synthese, die weiterhin aktuell bleibt:

---

13 Vgl. bei Hölderlin „des Markts / geschäftiger Lärm" (Abendphantasie), F. Hölderlin: Gedichte. Auswahl und Nachwort von Konrad Nussbacher. Stuttgart 1995, S. 53ff.
14 P. Celan: Gesammelte Werke in fünf Bänden. Frankfurt am Main 1986, Bd. 1, S. 226.
15 G. Wolf (Anm. 1), S. 92.

Und wir hingen in Träumen.
Aber es ist Verläßliches
um unsrer Väter Heimatgestirne gegangen,
bärtig, wie Engel, und zitternden Mundes,
mit Flügeln aus Weizenfeldern

Abschließend noch eine kurze Inventuraufnahme der Personengedichte in den zwei übrigen Bänden.
Der Gedichtband *Schattenland Ströme* enthält 13 Texte, die unseren Kriterien des Personengedichts mehr oder weniger entsprechen. Es sind wiederum anonyme typische Gestalten der sarmatischen Ebene, Leuchttürme und Verwandte im Geiste: *Hamann* (GW I, S. 92), *An den Chassid Barkan* (GW I, S. 95), *Nacht der letzten Gehöfte (Der alte Höltke)* (GW I, S. 96), *Nänie*[16] (GW I, S. 101), *Ode auf Thomas Chatterton* (GW I, S. 103), *Brentano in Aschaffenburg* (GW I, S. 106), *Hölderlin in Tübingen* (GW I, S. 107), *Petr Bezruč* (GW I, S. 110f.), *Gertrud Kolmar* (GW I, S. 116), *Else Lasker-Schüler* (GW I, S. 117f.), *An Nelly Sachs* (GW I, S. 119f.), *Gedächtnis für B. L.* (GW I, S. 138), *Mickiewicz* (GW I, S. 144f.). Zwei von ihnen verdienen besonders hervorgehoben zu werden: *Hamann* und *Hölderlin in Tübingen*. Hamann, der Magus in Norden, eine Leitgestalt mit der sich Bobrowski sehr eingehend beschäftigte und nicht zu Rande kam – dazu Gerhard Wolf lapidar: „Das ambivalente Verhältnis des Herrn B. zu seinem Hamann ganz zu beschreiben ist nahezu aussichtslos".[17] Und dieser Magus, Autor von sibyllinischen Schriften, lebt in einer alltäglichen, begrenzten Welt, wie Faust in seinem Studierzimmer.[18]

Das
eine Welt,
Straßen, Wege, heute
kommt der Wasianski, wer hat
die Lebensläufe geschrieben
und wer die Gedichte á la Grécourt,
zwischen Lizentgraben und
Katzbach alles, was weiß ich, Welt. (GW I, S. 92)

---

16 „Das Gedicht ist gerichtet an Dietrich Buxtehude", J. Bobrowski: Schattenland Ströme. Berlin 1963, S. 92.
17 G. Wolf (Anm. 1), S. 39.
18 R. von Heydebrandt: Engagierte Esoterik. Die Gedichte Johannes Bobrowskis. In: R. v. H. / Klaus Günther Just (Hg.): Wissenschaft als Dialog. Studien zur Literatur und Kunst seit der Jahrhundertwende. Stuttgart 1969, S. 386-450, hier: S. 433.

Als besonders dankbares Interpretationsobjekt erwies sich das Gedicht *Hölderlin in Tübingen*[19], in welchem nicht nur die existentielle Situation eines Verkannten und Umnachteten angedeutet wird, auch die Sprache, „der feste Buchstab" Hölderlins und Bobrowskis werden eins:

> *Ein höchst konzentriertes, intensives Sprechen mit einem leisen, doch unüberhörbaren Zug ins Feierlich-Pontifikale ist wahrzunehmen. Alle Spannung, die auch diesem Gedicht innewohnt, gibt sich so als eine beherrschte Spannung kund; an keiner Stelle treten abrupte Wendungen, jähe Kontraste unvermittelt hervor; durch die gesammelte Kraft der Rede scheinen sie gleichsam gebändigt. Zugleich fällt auf, daß im Gedicht weder ein Wir noch ein Ich genannt wird: Das lyrische Subjekt ist „aufgehoben" in seiner Rede, die mehr sein will als Selbstmitteilung eines Ich und über ein Artikulieren individueller Bezüge hinausstrebt.*[20]

Eine eschatologische Aussage mit sehr konzentrierter ästhetischer Wirkung:

> *Bäume irdisch, und Licht,*
> *darin der Kahn steht, gerufen,*
> *die Ruderstange gegen das Ufer, die schöne*
> *Neigung, vor dieser Tür*
> *ging der Schatten, der ist*
> *gefallen auf einen Fluß*
> *Neckar, der grün war, Neckar,*
> *hinausgegangen*
> *um Wiesen und Uferweiden. (GW I, 107)*

Der Band *Im Windgesträuch* enthält auch ein gutes Dutzend von Personengedichten, die allerdings vom Autor nicht arrangiert bzw. geordnet wurden: *Atelier P. Gauguin* (GW II, S. 231), *Kassandra* (GW II, S. 249), *An Heloise* (GW II, S. 280), *Sappho* (GW II, S. 292), *Žemaite* (GW II, S. 292), *Pindar* (GW II, S. 293), *Rosa Luxemburg* (GW II, S. 336), *Proust* (GW II, S. 339), *Rabelais* (GW II, S. 344), *Trakl* (GW II, S. 239), *Eichendorff* (GW II, S. 356). Bobrowski bleibt seiner Darstellungsmethode treu. Auffallend ist, daß neben Künstlern und Dichtern auch my-

---

19 Vgl. B. Leistner: Bobrowski: Hölderlin in Tübingen. In: K. Hotz / G. C. Krischker (Hg.): Gedichte aus unserer Zeit. Interpretationen. Bamberg 1990, S. 11-120, hier: S. 120.
20 Ebd., S. 111.

thologische Figuren (Kassandra) und historische Gestalten (Rosa Luxemburg) vorkommen.

Statt eines Fazits möchte ich auf das Gedicht *Trakl* näher eingehen, das Bobrowskis Poetik des Personengedichts recht gut illustriert.

Stirn.
Der braune Balken.
Dielenbretter. Die Schritte
zum Fenster.
Das Grün großer Blätter. Zeichen,
geschrieben über den Tisch.
Die splitternde Schwelle. Und
verlassen. Langsam
hinter dem Fremdling her
unter Flügeln der Dohlen
in Gras und Staub
die Straße ohne Namen. (GW II, S. 239)

Das angeführte Gedicht auf Georg Trakl zeigt besonders deutlich die Bobrowskische Technik der Übernahme von stilistischen und lexikalischen Elementen aus dem Schaffen des in einem Personengedicht apostrophierten Künstlers. Diese ‚entliehenen' Mosaiksteine, teilweise auch modifiziert, dienen dann der Darstellung der betreffenden Gestalt und werden zum Mittel des poetischen Dialogs. Bemerkenswert ist, daß gerade Trakl eine ähnliche Technik verwendete und die Gedichte Novalis', Hölderlins und vieler anderer als „Steinbruch"[21] benützte, aus dem er einzelne Formulierungen und markante Wörter gleichsam herausbrach, um sie dann für seine eigene Dichtung zu verwenden.

Das Gedicht von Bobrowski ist ohne die Kenntnis der Traklschen Dichtung beinahe unverständlich. Erst durch die Aufdeckung der Korrelationen wird dem Leser einiges klar. In seiner knappen Sprache zitiert Bobrowski mehrere Schüsselwörter und Bilder Trakls, auf die ich kurz eingehen möchte.

---

21 W. Methlagl: „Versunken in das sanfte Saitenspiel seines Wahnsinns ..." Zur Rezeption Hölderlins im „Brenner" bis 1915. In: W. M. / E. Sauermann / S. P. Scheichl (Hrsg.): Untersuchungen zum „Brenner". Festschrift für Ignaz Zangerle zum 75. Geburtstag. Salzburg 1981, S. 35-69, hier: S. 41.

„Stirn" – ein wichtiges und ziemlich häufiges Schlüsselwort bei Trakl, 106mal belegt, auch in der Form „Stirne"[22] meistens mit der Darstellung der existentiellen Situaton verbunden, wie z. B. im Gedicht *Untergang*: „über unsere Gräber / Beugt sich die zerbrochene Stirne der Nacht" oder mit dem Wahnsinn und der Umnachtung („die Stirne des Besessenen", „des Mörders", „Ein roter Finger taucht in deine Stirne"). „Der braune Balken" – in einigen ländlichen Szenen der Traklschen Welt kommen Bauernstuben und Schenken mit braunem Gebälk vor: „Begrabene Hoffnung / Bewahrt dies braune Gebälk", „Fügt gewaltige Balken der Zimmermann". „Die splitternde Schwelle" – „Schwelle" ist ein Schlüsselwort Trakls, das meistens Zerstörung und Schmerz symbolisiert: „Schmerz versteinerte die Schwelle" oder „Der Duldende an versteinerter Schwelle". „Fremdling" – dieses eher seltene Wort hat Trakl bekanntermaßen von Novalis und Hölderlin übernommen und zu einer der Figurationen des eigenen lyrischen Ichs umfunktioniert. Als Parallele kam die weibliche Form „Fremdlingin" als Figuration der Schwester hinzu: „Zur Vesper verliert sich der Fremdling in schwarzer Novemberzerstörung" oder „und da ich frierend aufs Lager hinsank, stand zu Häupten wieder der schwarze Schatten der Fremdlingin". „Dohle" ist bei Trakl zwar nur 5mal belegt, aber in einprägsamen Bildern, z. B. „Dohlen kreisen über dem Weiher", „Der dunkle Flug der Dohlen", „Ein roter Turm und Dohlen / Darüber Wintergewölk". Als hörte man Hölderlin, Trakl, Bobrowski und Celan in einem Vers, man vergleiche nur: „Erinnerung an / schwimmende Hölderlintürme, möwen- / umschwirrt".[23] Darüber hinaus sind Vögel – Amseln, Drosseln, Krähen sowie als Vogelzug usw. – als Bestandteil der – vor allem herbstlichen – Landschaft ein wichtiges Motiv der Traklschen Welt. Der Schluß des Gedichts, „die Straßen ohne Namen" spielt zweifelsohne auf die tragisch und ausweglos anmutende Zeile aus dem letzten Gedicht Trakls, *Grodek*, an: „Alle Straßen münden in schwarze Verwesung".

Die obengenannten Beispiele sollen zeigen, in welchem Maße das Gedicht Bobrowskis auf eine kreative Art und Weise aus der Lektüre der Dichtung Trakls schöpft und durch Modifikation und Kondensation (Destillationen im Sinne Gottfried Benns) eine neue lyrische Qualität schafft. Abschließend soll ein Aphorismus Trakls angeführt

---

22 H. Wetzel: Konkordanz zu den Dichtungen Georg Trakls. Salzburg 1971, alle Schlüsselwörter werden nach der Konkordanz zitiert.
23 P. Celan (Anm. 14) S. 226.

werden, der meines Erachtens auch die moralische und dichterische Haltung Bobrowskis zum Ausdruck bringt: „Gefühl in den Augenblicken totenähnlichen Seins: Alle Menschen sind der Liebe wert. Erwachend fühlst du die Bitternis der Welt; darin ist alle deine ungelöste Schuld; dein Gedicht eine unvollkommene Sühne."[24]

---

24 G. Trakl: Das dichterische Werk. Aufgrund der historisch-kritischen Ausgabe von W. Killy und H. Szklenar. München 1979, S. 255.

Johannes Bobrowskis Requiem für Isaak Babel

JENNY SALKOVA

Johannes Bobrowski widmete Isaak Babel schöne, rätselhafte und erschütternde Kurztexte, die man insgesamt als Ausdruck eines teilnehmenden Bewußtseins für das Schicksal und die Bedeutung dieses sowjetischen Schriftstellers der ersten Hälfte des 20. Jahrhunderts verstehen muss – als ein Requiem für ihn.

Isaak Babel wurde 1894 als Sohn eines jüdischen Händlers in Odessa geboren, einem eigenartigen Judenreservat am Schwarzen Meer im zaristischen Rußland. 1939 wurde er von der NKVD verhaftet und kam 1940 in der Haft „unter ungeklärten Umständen"[1] ums Leben. 1954, in der „Tauwetterzeit" unter Chruschtschow, wurde Babel postum rehabilitiert. Babel war hoch gebildet, sprach mehrere Fremdsprachen, dichtete auch in Französisch. Sein eigentlicher künstlerischer Werdegang begann 1915 in Petrograd. Als einer der ersten wußte Gorki sein schöpferisches Können zu schätzen und verhalf ihm zur Veröffentlichung der Erzählungen.

Die Werke von Babel – „scharf wie Spiritus und schillernd wie Diamanten"[2], so Polonski – wurden von vielen Zeitgenossen den besten Werken der europäischen Literatur gleichgestellt. Durch seinen Erzählband *Die Reiterarmee*[3] wurde Babel weltbekannt. Durch sie wurde nach der Veröffentlichung des Romans eine große Auseinandersetzung mit Budjonny, einem der höchsten Armeekommandeure um Stalin, entfacht. Budjonny war höchst empört über Babels wahrhaftige Darstellung seines Feldzuges gegen Polen als grauenvolles Massaker und Plünderung. Gorki hat auch diesmal Babel in Schutz genommen. Aufgrund der öffentlichen Aufmerksamkeit wurde sogar ein Prozeß

---

1 Anmerkung des Verlegers. In: Isaak Babel: Erste Hilfe. Sämtliche Erzählungen. Verlegt bei Fr. Greno. Nördlingen. 1987, hier: S. 515.
2 Полонский: Критические заметки о Бабеле. В: Новый мир. Москва. 1927. №1, с. 197. (W. Polonski: Kritische Skizzen über Babel. In: Nowij Mir. 1 (1927), Moskau, hier:. S. 197).
3 Бабель: Конармия. В: И. Бабель. Одесские рассказы. Москва, 2000, Эксмо-пресс, с 640, здесь: с. 261–388. (I. Babel. Reiterarmee. In: I. Babel. Odessaer Erzählungen. Moskau, 2000, Exmo-press, S. 640, hier: S. 261–388).

gegen Teilnehmer des Feldzugs angestrengt, 140 von ihnen wurden verurteilt.[4]

Das Thema „Babel" ertönt, höchst artikuliert oder „untergründig", in Bobrowskis Gedicht *Holunderblüte*, im Prosatext *Ich will fortgehn. Erzählung für sieben Stimmen* und in den Fragmenten *Über Isaak Babel / Drei Gespräche*, *Ein Stück auf dem Klavier* und *Friedhof*, die alle drei in *Ich will fortgehn* eingegangen sind. In diesen Texten bringt Bobrowski ganz offensichtlich seine besondere Wertschätzung des sowjetischen Autors zur Sprache. Babels Weltsicht und Werk müssen mit Bobrowskis schöpferischem Konzept korrespondiert haben. Babels Schicksal wie Themen bildeten für Bobrowski den Boden für tiefsinnige Überlegungen und Botschaften. In einem Brief an Christoph Meckel bezeichnet Bobrowski Isaak Babel neben Hermann Sudermann und Robert Walser als einen der Eckpunkte in einem Dreieck, in dessen Mittelpunkt er sich selbst ansiedelt[5].

Bobrowskis höchste künstlerische Werte waren „Autorenideologie" und Qualität. Im Falle Babel bilden sie ein Ganzes und sind voneinander nicht zu trennen. Babels Autorenideologie waren die innere Wahrhaftigkeit und der Mut, diese Wahrhaftigkeit zu realisieren, angesichts und trotz der Grauen der Revolution und des Bürgerkrieges. Seine Autorenideologie war – um mit Bobrowski zu sprechen – auf Vermenschlichung[6] gerichtet.

Babel war ein Leben in einer für Rußland schicksalsträchtigen, alles zerstörenden und zermürbenden Zeit des historischen Umbruchs beschieden. Die drei russischen Revolutionen – jede eine Zeit des Chaos, der Willkür und des Fehlens jeglicher Moral, auch eine Zeit des Pogroms – waren die Zäsuren seines Lebens, seiner Entwicklung und seines Weges in die Literatur, aber auch Zäsuren seines Abstiegs in den Tod. Er beteiligte sich an vielem, was die neue Realität lieferte: als Mitarbeiter der gefürchteten Tscheka, im Volkskommissariat für Bildungswesen, er machte den Feldzug von Budjonnys Reiterarmee gegen Polen mit, auch die Aktion der „Entkulakisierung" und war Zeitungsreporter. Peter Urban schreibt im Nachwort zu einer der Auflagen der *Reiterarmee*: „Babel wollte die Wahrheit erfahren, wissen,

---

4   P. Urban: Nachwort zu: I. Babel. Die Reiterarmee. Diogenes Verlag. Zürich. 1998.
5   E. Haufe: Vorwort des Herausgebers. In: J. Bobrowski: Gesammelte Werke in sechs Bänden, hg. von E. Haufe. Bde. I-IV Stuttgart / Berlin 1987, Bd. V Stuttgart 1998, Bd. VI (hg. von H. Gehle) Stuttgart 1999, hier I, VII-LXXXVI, hier S. LXV; Zitate aus dieser Ausgabe werden im folgenden mit der Sigle GW, der Band- und der Seitenangabe nachgewiesen.
6   J. Bobrowski: (Kultur – die Vermenschlichung der Verhältnisse). Ein Interview der „Neuen Zeit". In: GW IV, S. 494.

wie das Gesicht der Wirklichkeit aussieht"[7]. Konstantin Paustowski urteilt über Babel:

> *Babel war seiner Natur nach ein Entlarver. Ein Mann von unerhörter Hartnäckigkeit und Zähigkeit, [...] ein Mann, der alles sehen wollte, keinerlei Kenntnisse mißachtete, äußerlich zur Skepsis, ja zum Zynismus neigte, in Wirklichkeit aber an die naive und gute menschliche Seele glaubte.*[8]

Babel legte erschütternde Zeugnisse dieser Zeit ab. Noch vor der *Reiterarmee* schrieb er als Zeitungsreporter über die schrecklichsten Mißstände des damaligen Rußland in seinen Beiträgen (die erst später als sein *Tagebuch*[9] ans Licht gehoben wurden), so etwa über eine Petrograder Erste-Hilfe-Einrichtung mit einer einzigen Angestellten als Schreibkraft zum Eintragen der Hilferufe, denen nicht nachgekommen werden konnte, weil alles Benötigte fehlte. Grauenhaft ist die Darstellung des Bürgerkriegs in *Die Reiterarmee*, exemplifiziert an Budjonnys Feldzug gegen Polen. In dem Geschehen jener Jahre erblickte Babel Selbstvernichtung: Vater gegen Sohn, Sohn gegen Vater, zerrissene Zeiten, Verlust des Gefühls für den Wert des Menschenlebens, Massaker und Plünderungen – in all dem sah Babel eine Gefahr für das Leben selbst.

Der Autor zeigt zwar, daß es in der Reiterarmee *diese* und *jene* gab. Neben Typen, vor denen selbst die Mitbeteiligten erschraken (etwa einer der beiden Iwans in dem Kapitel *Die Iwans*), „enttarnen" sich, oft ganz unerwartet, diejenigen, die von der Menschlichkeit eines anderen tief gerührt sind: so in der Szene, in der einer der Kosaken dem Ich-Erzähler einen Apfel reicht, weil dieser es nicht über sich bringen kann, auf den schwer Verwundeten einen Gnadenschuß zu feuern, obwohl er deshalb von einem anderen beinahe als „intelligenter Weichling" umgebracht wird. Die Grausamkeit wird also nicht von allen als etwas für den Krieg Selbstverständliches hingenommen. Aber sie kann auch nicht verhindert werden. Die Situation des Krieges bzw. der Revolution bringt es mit sich, daß Willkür von niemandem und durch nichts gezähmt werden kann. Der Mob mit finsteren und zügellosen Instinkten wird an die Oberfläche gebracht, Typen, die sich vom Plündern und Marodieren eine Bereicherung erhoffen. Die Revolution schafft den Boden für jedwede Rechtsverletzung und Depra-

---

7 P. Urban (Anm. 4), S. 295.
8 K. Paustowskij: Babel in Odessa (1921 – 1923). In: Isaak Babel: Erste Hilfe. Sämtliche Erzählungen. Verlag bei Fr. Greno. Nördlingen. S. 497 - 506.
9 I. Babel: Das Tagebuch. In: Isaak Babel: (Anm. 1).

vierung des Menschen. Das Chaos wirft alle Werte über den Kopf und eröffnet Raum für Ungerechtigkeit und Untaten. Babel spricht der Revolution die Wertschätzung ab, ein Mittel der gesellschaftlichen Veränderung zu sein.

In demselben *Tagebuch* schreibt Babel als Reporter der Petrograder Zeitung „Nowaja Shisn" („Neues Leben") in der einzigen in jenen Jahren veröffentlichten Erzählung *Palast der Mutterschaft* über die Revolution: „Ob danach noch etwas bleibt?" Hier findet sich auch folgender Passus: „Irgendwann muß doch die Revolution gemacht werden. Das Gewehr anlegen und einander totschießen ist vielleicht manchmal nicht verkehrt. Aber die Revolution ist das nicht. Wer weiß, vielleicht ist das überhaupt noch nicht die Revolution."[10]

Die „Entlarvung" – um mit Paustowski zu sprechen – war keine Bloßstellung der Schwäche. Babel freute sich aufrichtig über jeden tröstenden, wenn auch schwachen Schimmer des Besseren; etwa in *Palast der Mutterschaft* die Bekanntgabe, daß eine Entbindungsstelle eingerichtet worden ist, deren Fortbestehen gesichert scheint. Babel wollte etwas tun, damit das Land auf die Beine kommt. Er entlarvte, um Missetaten zu begegnen, weil er eben *an die gute menschliche Seele glaubte*. Und es gehörte viel Zivilcourage dazu, solche Werke, wie sie Babel uns hinterlassen hat, zu schreiben. Einer, der die Untaten benennt, dürfte auch angestrebt haben, sie zu beseitigen. Zugleich haftet der Blick des Autors auf allem menschlich Schönen und Erbauenden – etwa in der Erzählung über Pan Apolek in *Die Reiterarmee*: „Das schöne und weise Leben von Pan Apolek stieß mir zu Kopfe, wie ein alter Wein"[11], die vom Leben eines armen Ikonenmalers in einem polnischen Ort berichtet, der in den Ikonen die Einwohner der Umgegend porträtiert, jahrelang, hartnäckig, trotz der Empörung der Kirchenleute. Das war die Ideologie des Autors Babels.

Ein zweiter Punkt, in dem die Ursachen für Bobrowskis so überaus hohe Wertschätzung liegen, waren Babels schöpferische Spitzenleistungen. „Ich werde fortfahren, auf die Qualität zu fragen" - war das Leitmotiv von Bobrowski. Und: „In wie weit Literatur hier etwas leistet, wird nicht so sehr vom guten Willen, als von ihrer Qualität abhängen"[12]. Die Leistung der Literatur sei Qualität. Babel erhob dieselbe Forderung durch den Begriff des „Stils". In seinem Gespräch

---

10 Исаак Бабель: Дворец материнства. В: Исаак Бабель. Сочинения в двух томах. Т. 1 Москва. Художественная литература. 1990, с. 163. Die Übersetzung aus:
I. Babel: Schloß der Mutterschaft. In: I. Babel: (Anm. 1), hier: S. 163.
11 И. Бабель: (Anm. 3), hier: S.273.
12 J. Bobrowski: (Anm. 6), hier: S. 495.

mit Konstantin Paustowski heißt es: „Auf meinem Schild steht geschrieben: ‚Wahrhaftigkeit' [...] Darum schreibe ich so langsam und wenig". Und: „Mit dem Stil erreiche ich den Leser, mit dem Stil".[13]

Als Exponent hierfür kann *Die Reitearmee* dienen. Auf den ersten Blick besteht das Werk aus vereinzelten, getrennten, ganz verschiedenen Beiträgen, zusammengehalten nur durch dasselbe Thema – Budjonnys Kriegszug. Aber der Eindruck einer Ganzheit wird sehr fein erwirkt. Mehrere Beispiele seiner exzeptionellen Technik hat P. Urban beobachtet. Der Literaturforscher macht z. B. auf ein besonderes Motiv bei Babel aufmerksam – die Augen, das Sehen, das Hinschauen bis hin zum Blenden und zur Blindheit: so in metaphorischen Wendungen wie „[...] was meine Augen eigenhändig gesehen haben", oder ein Pferd hat „Hundeaugen" oder die Sonne „scheint gepeinigt von der Blindheit ihrer Strahlen". Schon in dem ersten Kapitel der *Reiterarmee* begegnen wir visuellen Metaphern als Metaphern des Todes: „die zu Boden fallenden Augäpfel des Brigadekommandeurs", oder „die Nicht-mehr-Augen" Nikitinskis, „Glaskugeln" im Gesicht des Todgeweihten, „die Kohlepupillen" Korocaevs, der den Tod sucht, die Blindheit der beraubten Bäuerin in *Die erste Gans*, der Reigen der Nymphen „mit ausgestochenen Augen", Galins „starrblindes Auge", das Zudrücken der Augen durch das Auflegen von Fünfkopekenstücken – „Reihen solch miteinander korrespondierender Motive durchziehen *Die Reiterarmee*, spiegeln, ergänzen, füllen sich semantisch von Text zu Text auf und verstreben das scheinbar Isolierte zusätzlich"[14].

Die Reiterarmee wirkt als Ganzheit durch die implizierte hermeneutische Wirkung als Resultat. Sie gleicht einem Mosaikbild, in dem sich verschiedene Sprecher, verschiedene Bilder von Beteiligten und Betroffenen, verschiedene Sprachen in einem polyphonischen Motiv vereinigen. Nach Meinung der Forschung hat Michael Bachtin, einer der Begründer der Theorie der Intertextualisierung, sich bei der Festlegung der Prinzipien der polyphonischen Dialogizität auf die Werke Isaak Babels gestützt.[15]

Der höchste Genuß ist Babels Sprache, etwa der eigenartige, koloritfarbige, auf einigen Eigenheiten des Jiddischen aufbauende Odessaer Slang, z. B. in *Odessaer Erzählungen* oder in *Die Reiterarmee*,

---

13 I. Babel: (Anm. 1), hier: S. 499.
14 P. Urban: (Anm. 4), hier: S. 311.
15 E. Adelsbach: Bobrowskis Widmungstexte an Dichter und Künstler des 18. Jahrhunderts. Dialogizität und Intertextualität. In: Saarbrücker Beiträge zur Literaturwissenschaft. Hrsg. von K. Richter, G. Sauder und G. Schmidt-Henkel. B. 19. Werner J. Röhrig Verlag. St. Ingbert, S. 187, hier: S. 11.

sowie der Aggrammatismus der einzelnen Figuren, die „ungehobelte" Ausdrucksweise und die primitive, nicht-kontextgeeignete Pathetik in völlig lächerlichen Situationen:

> *Was hat unser teurer Joseph in seinem Leben gesehen? Er hat nur ein paar Sächelchen gesehen. Womit war er beschäftigt? Er hat fremdes Geld gezählt. Wofür ist er gefallen? Er ist für die ganze werktätige Klasse gefallen. Es gibt Leute, die schon todgeweiht sind. Und es gibt Leute, die noch nicht begonnen haben, zu leben. Und nun trifft die Kugel, die für eine todgeweihte Brust bestimmt war, den Joseph, der noch nichts im Leben außer ein paar Sächelchen gesehen hat.*[16]

Diese Farbengebung ist nicht für Belustigung da. Sie entspricht genau dem Grundsatz von Bobrowski:

> *Ich bring mit Vorliebe den Spaß herein in diese ernsthaften Geschichten und will damit so eine Art Schocktherapie. Ich möchte den Hörer und den Leser zu einem Gelächter kriegen und möchte dann durch den Fakt, den ich dahintersetze, bewirken, daß ihm das Lachen im Hals steckenbleibt.*[17]

Bobrowski und Babel stehen auf der gleichen Seite der Frontlinie gegen dieselbe „Antiwelt" der Gewalttätigkeit. Die Themen, die Standorte, die Wahrnehmung des Lebens, das Gefühl der ständigen Gegenwart des Grauens sind gleich. Ein Beispiel ist das Thema Krieg. Auch Bobrowski nahm den Krieg als Unheil wahr, die bewußte, verwundende Einsicht in die Ungerechtigkeit der Kriege war eines der wichtigsten Momente, die er in seinem Schaffen thematisierte. Die Last der geschichtlichen Verantwortung erschütterten den Autor und seine Leser.[18]

Bezeichnend ist, daß bei Bobrowski wie bei Babel die Kirchen als Mitbetroffene in der Darstellung der Kriegsgrauen eine große Rolle

---

16 И. Бабель: Как это делалось в Одессе. В: Исаак Бабель: Сочинения в 2 томах. Т. !. Москва. Художественная литература. 1990, с. 136f., übersetzt von J. Salkova. (I. Babel: Wie es in Odessa gemacht wurde. In: I. Babel: Werke in 2 Bänden. B. 1. Moskau; Chudoshestwennaja Literatura. 1990, hier: S. 136f.).

17 J. Bobrowski: Formen, Fabel, Engagement. Ein Interview mit Irma Reblitz, gesendet im Saarländischen Rundfunk am 30. 5. 1965. In: J. Bobrowski. Selbstzeugnisse und Beiträge über sein Werk. Union Verlag, Berlin, S. 85

18 St. Reichert: Das verschneite Wort. Untersuchungen zur Lyrik Johannes Bobrowskis. In: Literatur und Reflexion. Hg. von B. Allemann. Neue Folge. B. 2. Bouvier Verlag. Bonn, 1989, hier: S. 237.

spielen. Oder sie sind eines der „Zeichen in der Luft"[19] im Sinne Bobrowskis, eine der Zäsuren, die das zu Schildernde markieren.

Babels Erzählung *Kirche in Nowograd* in der *Reiterarmee* ist eigentlich als Epigraph und Kondensierung des ganzen Werks zu verstehen: als eine der Facetten setzt sich das Thema Kirche mit vielen anderen Themen zusammen zu einer Polyphonie des Kriegsgrauens: Frauen im Krieg, Hunger, das Schicksal Polens, unrealistische, pathetische revolutionäre Parolen „einer lichten Zukunft", die nackte Wahrheit des Elends und die zertrümmerte und geplünderte Kirche. Auch die jüdische Kirche ist betroffen, so in der Erzählung über einen weisen Alten, Rabbi Gedali im Ghetto von Shitomir: „Die Wüste des Krieges gähnt hinter den Fenstern [...] In dem entzückten Gebäude des Chassidismus sind alle Fenster und Türen ausgerissen"[20].

Bobrowskis Gedicht *Kathedrale 1941*[21] vermittelt pathetisch ein düsteres, schwermütiges Bild der zertretenen russischen Kathedrale und die Atmosphäre eines Unheils:

Schwärze, Sophia, klingendes
Herz der verdüsterten Nowgorod...
Rauch hat dir die Wände
geschwärzt, deine Türen zerbrach
Feuer, wie wird sein
das Licht deinen Fensterhöhlen?

Das Gedicht ist eine Anklage und Mahnung, Wort und Begräbnismusik fließen im Text ineinander. Es wirkt wie ein Requiem. Die Städte mit den zerstörten Kirchen bei Babel wie bei Bobrowski führen fast denselben Namen – Nowograd in Polen und Nowgorod in Russland. Die Schicksale im Krieg sind gleich, wann auch immer und wo auch immer etwas zum Kriegsschauplatz wird.

Aus Bobrowskis Erlebnis des Krieges ist seine Dichtungsstrategie gewachsen, die auch in eine Literatur des Absurden mündet und keinesfalls eine Lust an grellen Effekten oder ein Ausdruck von Übermut und Blasiertheit ist. Wie auch im Falle des Expressionismus ist für diejenigen, die durch die *Stahlgewitter* des Krieges gegangen sind, das Grauen die unabdingbare schreckliche und ständige Komponente des Lebens geworden. Darum muß bei Bobrowski im Bild des Verlaufs

---

19 A. Behrmann: Facetten: Untersuchungen zum Werk Johannes Bobrowskis. In: Literaturwissenschaft, Gesellschaftswissenschaft; 27. Stuttgart: Klett, 1977.
20 И. Бабель: (Anm. 3), hier: S. 290.
21 J. Bobrowski: GW I, S. 222.

und des Einschlafens der Liebe (*Im Strom*) das Gespenst von „des Täufers Haupt" (GW I, S. 154) auftauchen, darum muß der Leser neben dem Geheimnis des schwarzen Mannes in *Friedhof* durch das Bild „des toten Schweins auf dem schwimmenden Holz" (GW IV, S. 64) jäh aufgerüttelt werden.

Bei Babel ist das Düstere der Zerstörung mit der Darstellung des Widerlichen untermalt: in der zerstörten und geplünderten Kirche sind „zwischen den Totenköpfen auf dem Fußboden Büstenhalter der Besucherinnen vom Pfarrer (O, dummer Ksendz!)" auf den Nageln des Retters hängen gelassen, es findet sich auch ein Koffer mit Goldmünzen. Nichts ist für die Betroffenen heilig: „Fort, sage ich mir, fort von diesen zwinkernden Madonnen, die von Soldaten betrogen sind!"[22]

Die Qualität bzw. der Stil gründet sich bei beiden Autoren auch auf die von M. Bachtin explizierte Mehrstimmigkeit.[23] Babel selbst faßte diesen Stilgriff wie folgt in Worte: „der Stil wird durch das Ineinandergreifen von einzelnen Teilchen zusammengehalten"[24]. Bachtin bezeichnet den Zentralbegriff eines solchen Stils: Polyphonie – die Aufsplitterung in mehrere Stimmen. Das Geschehen im Roman wird nicht von einer übergeordneten Perspektive aus erzählt, sondern die Botschaft wird auf mehrere „Stimmen" verteilt. Bobrowski stellt dieses Verfahren in den Texten, die Babel gewidmet sind, oft schon im Titel heraus: *Ich will fortgehn. Eine Erzählung für sieben Stimmen, Über Isaak Babel. Drei Gespräche*. Auch in dem Gedicht *Holunderblüte* spricht Babel, spricht der Autor und sprechen „Leute": „Leute, ihr redet: Vergessen. Es kommen die jungen Menschen, ihr Lachen wie Büsche Holunder" (GW I, S. 94). Die Mehrstimmigkeit dieser Texte soll hier eine musikalische Polyphonie schaffen und auf der Ebene des Unbewußten den erstrebten Eindruck eines facettenreichen Ganzen erwirken.

Die Polyphonie wird von der Intertextualisierung begleitet. Unter Intertextualisierung wird das Prinzip der Texterzeugung und der Kunst insgesamt verstanden. Es sei hier nur auf die Rolle der Bibel als Urstoff für unzählige Kunstwerke verwiesen. Es verhält sich wie mit dem menschlichen Wissen: Neues Wissen, Entdeckungen und Erfindungen entstehen auf der Basis des schon vorhandenen Wissens, auch

---

22 И. Бабель: (Anm. 3), hier: S. 265.
23 M. M. Bachtin: Die Ästhetik des Wortes. Hg. von R. Grübel. Frankfurt am M. 1979. Und: M. M. Bachtin: Literatur und Karneval. Zur Romantheorie und Lachkultur. Frankfurt am M. 1985.
24 I. Babel: (Anm. 1).

wenn es wie eine Eingebung aufleuchtet. Die Intertextualisierung erfolgt oft unbewußt. Sie kann auch „untergründig" vermittelt werden. Im Werk eines Schriftstellers kann sie zudem als ein bewußt angewandtes schöpferisches Mittel mit seiner besonderen Zielstellung vorkommen.

An Bobrowskis Beispielen der Intertextualisierung zum Thema „Babel" sehen wir, daß sie bei diesem Autor wichtige Ziele verfolgt und daß Bobrowski durch den Intertext eine Botschaft mit vielen anderen für den Leser wichtigen Informationen über das Darzustellende überlagert. Das Hauptziel Bobrowskis ist es, verschiedene schicksalhafte Momente aus Babels Leben, Schlüsselmotive seiner Werke sowie mehrere für Bobrowski höchst aktuelle Themen in einem Text zu verbinden. In *Über Isaak Babel* wird dieses in kurzen Dialogen durch die Namen der Gesprächspartner und den Inhalt des Besprochenen angedeutet: der Vater, Glickle und das nackte An-der-Wand-Stehen vor dem Unheimlichen: „Du meinst, ich soll ihn zurückrufen, die Winkel sollen ihn schützen" (GW IV, S. 65f.). Das Unheimliche ist dysphemistisch mit dem Stigmawort „Kosaken" markiert – der Inbegriff der Pogrome („[...] du denkst, ich werde wissen, wann wieder die Kosaken über uns kommen"; GW IV, S. 66). Dieses Wort ist auch der Inbegriff aller tragischen Momente im Schicksal der Juden: „[...] Wir sind lange gelaufen hinter der Wolke, bis sie sich niederlegte" (GW IV, S. 65). Das Thema der Pogrome deckt sich mit der jüdischen Geschichte in der Bibel.

Auch müssen in Bobrowskis Babel-Texten Schlüsselmomente anderer Autoren intertextualisiert werden, nicht nur des Inhalts, auch der Wirkung wegen. Vom Subtext her schlägt zudem das Gefühl der Mitbetroffenheit von Bobrowski selbst durch.

In *Holunderblüte* gehört zu der Mehrstimmigkeit um Babel auch das Erinnern an Wilhelm Raabe, der in seinen „Spitzenleistungen literarischen Weltrang erreicht hat"[25]. Bobrowski erinnert mit der Intertextualisierung Raabes an ein in Verwunderung versetzendes, unheimlich wirkendes Werk über das Prager Ghetto, dargestellt durch den berühmten jüdischen Friedhof Beth-Chaim mit dem schwarzen, feuchten, modrigen Boden, umgeben und umwachsen mit Holunderblüten. Diese werden hier aber zum Symbol des Todes, auch wenn das Bild „des kleinen Kobolds", des jüdischen Mädchens Jemima, den Ich-Erzähler zum ersten Mal im Gezweig dieser Büsche mit Liebe überrascht. Zwei Themen beherrschen das Bild der kurzen Erzählung

---

25 H.-J. Schrader: Vorwort. In: W. Raabe. Stuttgarter Erzählungen. Werke in Einzelausgaben. B. I. Hg. von H.-J. Schrader. Frankfurt.M.; Insel Verlag. 1985.

– das Judentum und der Tod, in ein Ganzes verbunden. Schwermütig ist die Darstellung des Ghettos – unheimliche dunkle Gänge, ein schmutziges Labyrinth von Gassen – und vor allem der Friedhof als Repräsentant der „so arggeplagten, mißhandelten, verachteten, angstgeschlagenen Generationen", die aber – der Aussage des Pförtners, Jemimas Großvaters, zufolge – „ein Volk sind, das was gibt auf seine Ehre". Der Großvater begeht einen grausamen Fehler, den er später sehr bereut: Er fordert vom Protagonisten, daß dieser verschwindet, obwohl der Ich-Erzähler „sich die Ohren zustopfen mußte, um bei Tag und Nacht die klagende Stimme nicht zu hören, die ihn zurückrief."[26] Der Tod: Das liebliche Mädchen, der kleine Schalk, ist zwischen den Grabsteinen aufgewachsen, hat hier gespielt, sich immer dem Tod geweiht gefühlt und spricht immer vom Tod. Jemimas geistiger Horizont setzt sich zusammen aus den düsteren Geschichten der Verstorbenen. Sie identifiziert sich auch mit einer vor Jahrhunderten Verstorbenen und deren Schicksal: „Gedenk der Holunderblüte" ist ihr Abschiedswort für den Geliebten.

Die Erzählung ist keine Beschreibung, keine Mitteilung des Geschehenen, nur stärkste Impression, die wie Eingebung wirkt. Daß Bobrowski diesen Autor und dieses Werk zum Thema „Babel" intertextualisiert, ist höchst bezeichnend für den Autor.

Die Aufgaben bei Bobrowskis Hinwendung zum Thema „Babel" sind verschieden, verschieden auch die Assoziationen und Konnotationen. Auch beim Thema „Babel" ist es Bobrowskis größtes Anliegen gewesen, gegen das Vergessen anzugehen und zu warnen. Warnungszeichen gegen das Vergessen und vor der Unachtsamkeit zu setzen, das bildet einen Brennpunkt seiner Dichtung und spricht sehr deutlich aus dem Gedicht *Holunderblüte*:

Es kommt
Babel, Isaak...

Leute, ihr redet: Vergessen –
Es kommen die jungen Menschen,
ihr Lachen wie Büsche Holunders.
Leute, es möchte der Holunder
sterben
an eurer Vergeßlichkeit. (GW I, S. 94)

---

26 W. Raabe: Die Holunderblüte. In: W. Raabe. (Anm. 18), hier: S. 71–106.

Was nicht vergessen werden darf ist die entmenschlichende Ungerechtigkeit. Aber in den Babel-Texten Bobrowskis ist noch mehr verborgen. Im Prosatext *Ich will fortgehn*, in den das Stück *Über Isaak Babel* eingeflochten worden ist, erscheint in polyphonischer Orchestrierung eine siebente Stimme, die im Text *Über Isaak Babel* fehlt: die Stimme von Bobrowski selbst. Sein Thema leitet das Stück ein und verschmilzt und fusioniert im Thema „Babel" zu einer Ganzheit. In dieser „Erzählung für sieben Stimmen", einem – so Bobrowski selbst – sonderbaren Ding, kann man ohne Bezug auf den zweiten Text nicht entwirren, worum es geht. Denn Personen werden nicht genannt, nur Stimmen, die auch nur numeriert werden. Bobrowski hat diese Erzählung über sich selbst geschrieben, der Protagonist der Autor. Und überall, zumal in *Friedhof*, ist das Thema „Tod" vergegenwärtigt.

Diese siebente, im Stück *Über Isaak Babel* fehlende Stimme leitet das Thema „Babel" in etwas ganz anderes ein. Bobrowski identifiziert sich mit Babels Schicksal: eine tiefe Tragik – „Ich will Fortgehn. Weil ich noch immer nicht weiß, was das ist: Fortgehn." (GW IV, S. 61) Auf dem Hintergrund einer sehr detaillierten, aber auch sehr poetischen Beschreibung der Schauplätze seines Lebens, vor allem der Schauplätze des Zweiten Weltkrieges – Kap Gris Nez, die Wolga, der Strom, der „eine Stimme" hatte, „in der die Stimmbänder festgezogen waren und schnarrten" (GW IV, S. 61) – wird das autobiographische Thema ohne Stocken in die Themen „Babel", „Friedhof", rätselhafter, erschreckender Mann „in schwarzen Kleidern, mit einem hohen Hut" (GW IV, S. 64) übergeleitet, noch deutlicher in das Thema „Babel", „Judentum" („einen, den man nicht nennt und der in einer Wolke wandelt und aus dem Feuer spricht"; GW IV, 65). Nebenbei wird von neuem das Schicksal Babels intertextualisiert, auch als jüdisches Thema („Wir kamen aus der Wüste, heißt es, wir hatten die Augen voll Sand, wir sahen nichts"; GW IV, S. 65), die Moldawanka in Odessa und die Kosaken als Mahnung des nahenden Unheils. Und die letzte Stimme, in *Über Isaak Babel*, ist die von Babel, aus der Ferne, aus dem Jenseits gesprochen: „Djakow kommt" (GW IV, S. 233) – das Symbol des Inferno des Terrors, die wortwörtliche Wiederholung eines Satzes aus seiner *Reiterarmee* über das Pferd mit „Hundeaugen" – für „dieses Pferd kannst du fünfzehntausend bekommen [...]. Wenn es aufsteht, dann ist es ein Pferd". Djakow – das Symbol des gewaltsamen Todes. Zum Schluß des Textes spricht wieder dieselbe erste Stimme – „Ich will fortgehn. Weil ich noch immer nicht weiß, was das ist: Fortgehn. Aber ich lerne es nicht." Zur Natur, die dort, wo es schön ist, „sich zusammenrollt. Die Unordnung geht umher, es wird dunkel". (GW IV, S. 67)

Das Inferno von Babels Schicksal ist der Subtext für diesen inneren Monolog über – ganz unverkennbar – das Thema: Bobrowski und die Realität, oder auch: der Künstler und das Inferno. Es muß sicher vieles bedeuten, daß hier auch das Thema und die Technik der *Doppelflöte* (GW II, S. 319) wiederholt wird. Wie man dem geschundenen Marsyas die Flöte in den Mund steckt – „blas", und der Schrei der Qual sich auf den Ton der Flöte legt, so legt sich auch auf das Bild von Babels Schicksal das Schicksal von Bobrowski. Bobrowski gelingt ein vielleicht seltener Grad des Ineinandergreifens verschiedener Konzepte, ein Grad, den man als eine Fusionierung bezeichnen müßte. Und verallgemeinernd legt sich darüber noch das Thema „der Künstler und das Grausame". Die Intertextualisierung, das Hineinspielen der Themen Tod, Judentum, Babel, Terror, ist die Bahn für Bobrowskis Botschaften über sein eigenes Schicksal.

Bobrowski und Rilke.
Nähe und Ferne

BARBARA SUROWSKA

Wenn man Bobrowski liest, kann man nicht umhin, hin und wieder an Rilke zu denken. Was sie am stärksten verbindet, ist ihre Sympathie für die östlichen Nachbarn, ja ihr Beheimatetsein im Osten. Die russische ländliche Landschaft mit ihrer unzerstörten Natur und ungetrübten menschlichen Verhältnissen empfanden beide als einen idealen Lebensraum. Sie verwandelte sich ihnen in ihren Dichtungen zum Sinnbild der heilen Welt in ihrem Urzustand. Sie beschworen in der Suche nach dem Dauerhaften, Ewigen und Zukunftsträchtigen archaische Zeiten herauf. Die Lebenslandschaft im Osten, die sich nach allen Stürmen der Geschichte unversehrt erhalten hatte, war ihnen wie die Erfüllung eines Kindheitstraumes. Die Gegenden, die Bobrowski besingt, sind nicht haargenau die gleichen wie bei Rilke. Sie erstrecken sich von der Ostsee bis zum Schwarzen Meer. Bei Rilke sind es Rußland und die Ukraine. Aber Landesgrenzen sind nicht von Belang. Die Gebiete scheinen unermeßlich und haben mythische Bedeutung.

In Bobrowskis Werk werden oft Kindheitserinnerungen wach. Er ist bekanntlich im Grenzland geboren. Sein Geburtsort Tilsit, an der Memel unweit der litauischen Grenze gelegen, gehörte zu Ostpreußen. Kindheit und Jugend verbrachte er in der ihn beglückenden ländlichen Umgebung. Seine ganze Dichtung zeugt von dem ihm eigenen starken, elementaren Naturgefühl. Rilkes Wiege stand in Prag. Er war ein Städter, der einen Spürsinn für die Natur erst langsam entwickelte. Aber auch er kommt sich in der tiefsten russischen Provinz wie zu Hause vor und spricht von der dort zurückgewonnenen Kindheit.

Er kann auf keine eigenen Erinnerungen zurückgreifen, aber er kennt die der Lou Andreas-Salomé, einer ihm nahe stehenden Person, die mit ihm Rußland und die Ukraine bereist.

Sie wurde 1861 in Petersburg geboren und verbrachte dort gut zwanzig Jahre. Rainer Maria Rilke lernte sie 1897 in München kennen. In den nachfolgenden Jahren verbindet sie innige Freundschaft und Liebe. Bis zu seinem Tode bleiben sie einander freundschaftlich verbunden. Als sich 1899 das Ehepaar Lou und Friedrich Carl Andreas nach Rußland begibt, ist Rainer Maria Rilke ihr Reisebegleiter. Ein Jahr darauf erfolgt die zweite Rußlandreise Lous mit Rilke. Diesmal mit ihm allein. Es ist uns ihr *Tagebuch der Reise mit Rainer Maria Rilke im Jahre 1900* erhalten geblieben[1]. Manche Stelle dieses Tagebuchs enthüllt, wie wohl und heimisch sich die Reisende in Ostrußland fühlt. Während der Wolgafahrt mit dem Schiff „Alexander Newski" von Saratow nach Simbirsk verfällt sie in eine sonderbare Stimmung. Sie wird nachdenklich und still. Der stärkste Eindruck ist der des Schönen, etwas Unwirklichen, zugleich auch Einfachen und Vertrauten. Lou Andreas-Salomé notiert:

Der Abend von unsagbarer Schönheit, ein Gold und Roth über den Wellen und Wäldern wie über mystischen Welten. Von allem Anfang an die Landschaft höchst sympathisch, leise und breit anziehend, in großen, einfachen Zügen, doch ohne Melancholie. Sie ist das Gegentheil des Pittoresken am Rhein; an ihre[n] Ufern denkt man sich keine Schlösser, aber man liebt ihre Hütten, und ihre Kirchen stehen in ihr wie in einer Heimath. [...] Zwischen Samara und Stawropol folgt die herrlichste Strecke; in Stawropol um 8 Uhr Abends. Der Himmel trübt sich, aber es ist schön auf Deck bis tief in die Nacht.[2]

Die Ankunft in Samara erscheint ihr wie ein erlebter schöner Traum. Er gewinnt die Bedeutung des Ankommens im ganz allgemeinen Sinn. Als wäre damit - und es ist nur eine kleine Reiseunterbrechung - ein Lebensziel erreicht:

Am Mittwoch Morgen regnet es. Aber auch im Regen ist das Landen in Simbirsk gegen 8 Uhr wie ein Heimkehren in eine stille Schönheit, die ich einmal geträumt habe. Unterwegs, beim Gang hinauf auf die Hänge der arme Durchreisende. Hier möchte ich bleiben [Zusatz mit Bleistift: für immer].[3]

Das Unbegrenzte des Wassers, die Weite der Steppe und bewaldeten Ebene einerseits und das Einzelne darin, Erfaßbare: etwa ein Bauernhaus, andererseits, empfängt sie als eine Mischung, die sie für typisch Russisch hält. Vom gleichen Charakter wie die Landschaft ist ihrer Meinung nach auch der russische Mensch: auch er eine Mischung von etwas Großem und etwas Intimem. Die Fahrt durch diese Landschaft, die Begegnung mit den Menschen und den Dingen unterwegs, bedeutet nicht nur Erleben des Momentanen, Gegenwärtigen, sondern

---

1 Hg. von St. Michaud in Verbindung mit D. Pfeiffer mit einem Vorwort von B. Kronauer. Deutsche Schillergesellschaft Marbach 1999, S. 159.
2 Ebd., S. 74.
3 Ebd., S. 75.

zugleich dessen, was hinter einem liegt. Alles gleitet dahin, wie das Leben. Man wird schmerzlich an den Verlust der Kindheit erinnert. Heimkehren bedeutet Rückkehr in den Zustand des Kindseins, bedeutet Eins-Sein mit sich selbst. So kann man die weiteren Ausführungen Lou Andreas-Salomés verstehen, die ihr Tagebuch enthält:

Eine wunderbare momentane Windstille macht das Sitzen hart am Bug vorn möglich. - Die Wolga gleicht hier, wie so oft, kaum mehr einem Fluß, so Meerartig und weit umfangen ist sie. Vielleicht hängt sogar damit ein kleiner Theil dessen zusammen, was ich als ihren stärksten, erschütternden Reiz empfinde, und was so ungemein selten sich zu Einem vereinigt: die Mischung von Intimität und Weite. Manchmal so weit wie Meer und Steppe und Waldebene, manchmal so unsäglich intim mitten in diesem drin durch jeden ihrer Einzelzüge und durch das ergreifend schöne Hineinpassen des Bauers, der Telega, der Isba, in ihren Rahmen. Es ist dies Nämliche, was für mich den russischen Menschen ausmacht: die Mischung von Temperament und spontaner einfacher Wärme mit vorurtheilsloser Weite und hingerissener Sachlichkeit, die alles Sentimentale wie Pflichtmäßige abschneidet und darum so breit wirkt, wie alle Dinge an sich selbst. Und in diesem Menschentypus wie in diesem Landschaftstypus tauchen mir so viele Kindheitserinnerungen auf! ist so viel Heimkehr! wie ein Schmerz wird dadurch das Hinweggleiten der Landschaft, wie ein fortwährendes Abschiednehmen der rasche, tiefe Gruß an jedes Ufer.

Am stärksten vielleicht in Simbirsk, am schmerzlichsten heute Abend an der kleinen weltverlorenen pristan, Landungsplatz von Kawkas und Merkuri, zwischen den schellenläutenden Pferdchen, den hohen, blumigen Wiesen, - und irgendeiner Sehnsucht, dorthin zu gehören - für immer - [4]

Auffallend an diesen Tagebucheintragungen ist das innige Verhältnis der Schreibenden zu der Landschaft. Sie wird nicht mit nüchternem Auge betrachtet, sondern als etwas Kostbares, Eigenes. Dazu zu gehören, eins damit zu sein, ist der sehnlichste Wunsch. Das Verschwinden eines Landstrichs aus dem Blickfeld wird als schmerzlicher Verlust registriert. Hier vollzieht sich ein Prozeß der Einswerdung mit der Landschaft, den Behausungen, den Menschen, der Natur. Dahingleiten auf dem großen Wasser des mächtigen Flußes wird als Dahingleiten im Lebensfluß begriffen. Der Entzug eines Landstrichs mit dem Entzug des früher Erlebten als identisch empfunden und beklagt. Bilder der Kindheit und Jugend drängen sich hier auf und lassen sich nicht festhalten, sie entschwinden. Jeder Moment ist gleichsam

---

4   Ebd., S. 76.

Begrüßung und Abschied. Die Autorin läßt Melancholie nicht an sich heran. Lieber träumt sie von Heimkehr und Heimat.

Rilke, der die gleiche Strecke fährt, erlebt sie nicht minder intensiv, aber auf etwas andere Art. Er steht vor allem unter dem mächtigen Eindruck der Größe und Weite der Landschaft. Sein Auge schweift über die riesige Fläche des Wassers unter freiem Himmel. Alles Menschliche erscheint ihm gering, gemessen an diesem übergroßen Bild der Erde und des Himmels, zu vergleichen mit Gott, gleichzusetzen mit Gott. Seinen Eindruck, daß in dieser unermäßlichen Landschaft die Größe Gottes spürbar ist, erfaßt er mit den oft zitierten Worten:

> *Auf der Wolga, diesem ruhig rollenden Meer, Tage zu sein und Nächte, viele Tage und viele Nächte: ein breit-breiter Strom, hoher, hoher Wald an dem einen Ufer, an der anderen Seite tiefes Heideland, darin auch große Städte nur wie Hütten und Zelte stehen. - Man lernt alle Dimensionen um. Man erfährt: Land ist groß, Wasser ist etwas Großes, und groß vor allem ist der Himmel. Was ich bisher sah, war nur ein Bild von Land und Fluß und Welt. Hier aber ist alles selbst. - Mir ist, als hätte ich der Schöpfung zugesehen; wenige Worte für alles Sein, die Dinge in den Maßen Gottvaters.*[5]

Rilkes Idee, daß Rußland ein Land Gottes sei, findet einen poetischen Ausdruck in seinen *Geschichten vom lieben Gott*, am unmittelbarsten in der Rahmengeschichte zu *Wie der Verrat nach Rußland kam*. Dort im Gespräch des Erzählers mit Ewald, seinem idealen Zuhörer, wird die Frage aufgeworfen „Was ist das für ein Land, Rußland?", die dahin beantwortet wird, daß sich dieses Land durch seine Größe auszeichnet und auch dadurch, daß es an Gott grenzt. Die Nachbarschaft Gottes merke man bei allen Gelegenheiten: „Der Einfluß Gottes sei sehr mächtig".[6]

Wenn Rilke über Rußland spricht, dann meist in Verbindung mit dem Gedanken an Gott und den Glauben. Es hat seine Erklärung darin, daß er, mit Lou mitfühlend, sich zu Rußland als seiner Wahlheimat bekennt. Und Heimat in einem solchen Sinn kann ihm dieses Land nur sein, wenn er es sich heil und gottesnah denkt.

---

5 R. M. Rilke: Tagebücher aus der Frühzeit, hrsg. von R. Sieber-Rilke und C. Sieber, Insel Verlag Frankfurt am Main 1973, S. 195f.
6 R. M. Rilke: Geschichten vom lieben Gott, in: Werke. Kommentierte Ausgabe in vier Bänden, Bd. 3, hrsg. von A. Stahl, Insel Verlag Frankfurt am Main und Leipzig 1996, S. 364.

Bereits der erste Tag seiner ersten Reise nach Rußland brachte ihm die entscheidende Erfahrung der echten Frömmigkeit der Menge, die nach Moskau von überall her gepilgert war, um das Osterfest zu feiern. Darüber berichtete er nach Jahren seinem polnischen Übersetzer Witold Hulewicz:

Als ich das erste Mal [...] nach Rußland kam, ging ich nach einem kurzen Aufenthalt im Gasthaus trotz meiner Ermüdung sofort in die Stadt. Ich traf auf dieses: in der Dämmerung ragten die riesigen Konturen einer Kirche empor, an den Seiten im Nebel zwei kleine silberne Kapellen, auf den Stufen warteten Pilger auf die Öffnung der Türen. Dieser für mich ungewohnte Anblick erschütterte mich in der Tiefe: zum ersten Mal in meinem Leben hatte ich ein unausdrückbares Gefühl, etwas wie 'Heimgefühl' - ich fühlte mit großer Kraft die Zugehörigkeit zu etwas, mein Gott, zu etwas in dieser Welt.[7]

Die Teilnahme am orthodoxen Osterfest, inmitten der Menge, in der Nacht, die mächtigen Glockenschläge, die brennenden Kerzen, die man in den Händen hielt, die Gebete und Gesänge, die Rufe: „Christos Woskres!", das hat auf ihn nachhaltig gewirkt. 1902 erinnert er sich noch ganz bewegt, jener verflossenen Nacht, wie aus seinem Brief an den russischen Verleger Alexej S. Suworin zu entnehmen ist:

[...] meine ganze Kindheit, die, von den Jahren einer bangen und verworrenen Jugend überflutet, mir verlorengegangen war, tauchte wieder auf wie eine versunkene Stadt, und als ich in einer Osternacht mit meiner kleinen Kerze auf dem Kreml stand, da schlug die Glocke auf dem 'Iwan Welikij' so gewaltig und groß, daß ich glaubte, das Herz des Landes schlagen zu hören, das auf seine Zukunft wartet von Tag zu Tag.[8]

Rußland bedeutet also auch für Rilke Rückkehr in die Kindheit, jedoch nicht anders als durch die Wiedergewinnung der religiösen Gefühle, die er lange nicht mehr verspürt hatte. Sein Gott wird freilich nicht fertig bei den Rechtgläubigen in Rußland gefunden, sondern als der werdende begriffen, der zu kommen hat.

Gemeinsamkeiten bei Rilke und Bobrowski aufzuspüren ist nicht leicht, schon aus dem Grunde, dass Bobrowski seine Rilkelektüre verschweigt. Er gibt zu, Klopstock und auch Hölderlin verpflichtet zu sein. Zu Rilke, den er von früher Jugend an kennt, will er sich nicht

---

7 W. Hulewicz: Gespräche mit Rainer Maria Rilke, in: Prager Presse, 30. Nov. 1924.
8 Brief vom 5. März 1902, zitiert nach: Rilke und Rußland. Briefe. Erinnerungen. Gedichte, hrsg. von K. Asadowski, Insel Verlag Frankfurt am Main 1986, S. 337.

bekennen. Man trifft auf Äußerungen der Bobrowski-Kenner, die glauben zu wissen, daß der Grund dafür die allzu große Nähe war. Wir werden uns also mit Vermutungen begnügen müssen, daß er manche Inspiration aus Rilkes Werk gewann.

Bobrowski erlebte Rußland ähnlich wie Rilke, ohne daß es ihm von der Kindheit her vertraut gewesen wäre. Er kam dahin nicht in friedlichen Zeiten, sondern im Kriege. Aber er betrachtete dieses Land nicht mit den Augen eines Kriegers, sondern eines Dichters. Und er wollte kein Eroberer, sondern ein Wanderer sein. Rilke zog die Rolle eines Pilgers vor - oder die eines Mönchs mit der schöpferischen Gabe des Ikonenmalers.

Der eine wie der andere war bemüht, das alte Rußland der Vergessenheit zu entreißen. Rilke will das gegenwärtige nicht zeigen, ja er will es gar nicht wahrhaben. Bobrowski beschäftigt sich auch nicht mit dem Sowjet-Rußland. Er zeigt das Alte im vollen Bewußtsein, daß es bedroht und vernichtet wird. Er liebt das archaische Bild, träumt davon und wird nicht müde, es heraufzubeschwören.

Er ist ein Dichter einer späteren Zeit als Rilke. Unter seinen poetologischen Texten finden sich Gesichtspunkte, die begreiflich machen, daß sein Werk nicht von Hoffnung auf Heimkehr in den russisch-sarmatischen Lebensraum erfüllt sein konnte, sondern der Gewißheit Ausdruck verleihen sollte, daß die Bindungen an diesen Lebensraum in Auflösung begriffen sind, daß es nur galt, festzuhalten, wie es einmal war.

Die Kontinente rücken zusammen, Technik ermöglicht ein Denken in Großräumen.
Mit diesem Bewußtsein konzipiere ich eine Überschau des unwiderruflich Vergehenden für einen Raum, in dem diese Bindungen an den Lebensraum besonders tief verstanden worden sind: aber als ein Reisender, wenn Sie wollen, Wanderer, ein nicht mehr Dazugehöriger, als einer, der kommt und weggeht noch einmal gültig darstellen, ehe es ganz vergangen ist.[9]

Rilke wollte in Rußland Fuß fassen, dort für immer seßhaft werden. Bobrowski: nicht mehr dazuzugehören, fortgehen und nur Bilder des einst Gewesenen bewahren.

---

9 J. Bobrowski: Gesammelte Werke in sechs Bänden, hg. von E. Haufe. Bde. I-IV Stuttgart / Berlin 1987, Bd. V Stuttgart 1998, Bd. VI (hg. von H. Gehle) Stuttgart 1999, hier IV, 336; Zitate aus dieser Ausgabe werden im folgenden mit der Sigle GW, der Band- und der Seitenangabe nachgewiesen.

Schauen wir uns einige Dichtungen von Rilke und Bobrowski an, die Gemeinsamkeiten aufweisen.

Unter den Gedichten des Stundenbuches, der Frucht der Reise Rilkes nach Rußland, findet sich ein solches, welches den Eindruck und die Gedanken eines Kirchenbesuchers wiedergibt.

SELTEN ist Sonne im Sobor.
Die Wände wachsen aus Gestalten,
und durch die Jungfraun und die Alten
drängt sich, wie Flügel im Entfalten,
das goldene, das Kaiser-Tor.

An seinem Säulenrand verlor
die Wand sich hinter den Ikonen;
und, die im stillen Silber wohnen,
die Steine, steigen wie ein Chor
und fallen wieder in die Kronen
und schweigen schöner als zuvor.

Und über sie, wie Nächte blau,
von Angesichte blaß,
schwebt, die dich freuete, die Frau:
die Pförtnerin, der Morgentau,
die dich umblüht wie eine Au
und ohne Unterlaß.

Die Kuppel ist voll deines Sohns
und bindet rund den Bau.

Willst du geruhen deines Throns,
den ich in Schauern schau.[10]

Der Besucher befindet sich im dunklen Innenraum und läßt sich von der Atmosphäre dieses Raums umfangen. Sein Blick schweift an den mit Heiligenbildern bedeckten Wänden entlang, ruht auf dem goldenen Tor und wandert dann langsam am Ikonostas in die Höhe, zu der Kuppel mit dem Bildnis des Erlösers. Die Dynamik dieses Gedichtes ist einmalig. Der Betrachter schaut umher, er senkt und hebt den Blick. Die Edelsteine im „stillen" silbernen Oklad der Ikonen, die sein Blick erhascht, geraten in Bewegung. Sie „steigen wie ein Chor und

---

10 R. M. Rilke: Das Stunden-Buch. Vom mönchischen Leben, in: Sämtliche Werke, Bd. 1, hrsg. von M. Engel und U. Fülleborn, S. 190.

fallen wieder in die Kronen und schweigen schöner als zuvor". Sie tun es wie die Töne eines Chorlieds mit der aufsteigenden und fallenden Melodie. Ins Zentrum des Geschehens rückt die bewegliche, schwebende Gestalt in Blau - die Farbe verrät Maria, ehe sie mit den Worten der Litanei: die Pförtnerin, der Morgentau umschrieben und als Mutter Gottes bezeichnet wird. „Sie umblüht dich" - heißt es – „ohne Unterlaß". Das ist auch ein dynamischer Ausdruck. Er besagt: die himmlische Frau umsorgt Dich beständig als deine Fürbitterin bei dem Sohn. „Die Kuppel" mit dem Thron „bindet rund den Bau". Alles ist hier in einer kreisförmigen Bewegung, eingeschlossen in dem Raum. Bei Rilke und Bobrowski treffen wir des öfteren auf Bilder der Kirchen und Klöster. Manche scheinen in Verbindung zueinander zu stehen. Mit dem von mir gerade angeführten Gedicht Rilkes möchte ich das Gedicht Marienkirche in Danzig von Bobrowski zusammenstellen. Es hat eine ähnliche, mit vergleichbaren Mitteln erreichte Dynamik, von dem Thema der Kirchenarchitektur gar nicht zu sprechen.

Marienkirche in Danzig

Entstiegene aus rötender Wände Last,
glühn Fensterbögen, kündend von tönenden
Steinhallen, die der Vorzeit Höhlen
Ernst in der Wölbungen Maß bewahren.
Auf Pfeilern drängt, mit spießenden Türmchen auf
Gefels der Dächer, breit und in Schluchten tief
zerspalten, die erstarrte Wirrnis
einzig zu halten, an sich zu reißen

und alles dies: die klingenden Wölbungen,
den steilen Zug der Fenster dort, sternbestickt
vom Maßwerk, und den Wuchs der Firste,
Mauer und Pfeilergestreb, erhebend

im Turmgebirge endlich zu einen, wild
sie pressend, sie beschwörend zur Höh hinauf,
daß sie einander hoch im Seewind
dröhnend vor Jubel im Arme hielten.[11]

---

11 GW II, S. 187.

Bobrowskis Gedicht ist spröder als das von Rilke. Der Autor konzentriert sich auf den Bau, die Innenaustattung läßt er außer Betracht. Die Kirche ist leer. Aber ihre Funktion erfüllt sie dennoch. Nichts fehlt hier zur Vollendung. Nichts hindert den „dröhnenden Jubel". Im Falle von Rilke handelte es sich um den Unspenskij-Sobor (Mariae-Entschlafungs-Kathedrale), im Zentrum des Kremlensembles in Moskau gelegen. „Sie übertraf die anderen Bauten an Größe und Pracht."[12] Als Kirchenbau war sie in mehrfacher Hinsicht eine Besonderheit - so Naumann unter Berufung auf Faensen und Iwanow.[13] Rilke gelingt es, die Vorstellung von einem geschlossenen, mit einer Kuppel abgerundeten Bau zu vermitteln. Der Blick des Betrachters schweift in dem Innenraum und er läßt uns die Innenarchitektur gut erkennen. Die hohen, bebilderten Wände, die Säulen, die Kuppel, den Ikonostas mit dem offenen Kaiser-Tor in der Mitte und den Altar im Hintergrund. Das ist die Szenerie für das bewegte magische Spiel, welches sich das betrachtende Auge erschaut.

Bobrowski stellt ebenfalls eine prächtige Kirche dar. Es ist die Marienkirche in Danzig. Im gotischen Stil erbaut. Wuchsen in Rilkes Gedicht „Wände aus Gestalten", so entsteigen hier Fensterbögen „aus rötender Wände Last". Der Eindruck des in die Höhe Strebens wird noch verstärkt durch den Hinweis auf die Wölbungen der Steinhallen, auf „den steilen Zug der Fenster, spießende Türmchen, den Wuchs der Firste, Mauer und Pfeilergestreb". Der Drang zu wachsen eignet sämtlichen Bauelementen. Worte wie „entsteigen, drängen, erheben, pressen" dynamisieren das Geschehen. Das Bauwerk wächst in den Himmel, sein Turmgebirge erhebt sich hoch im Seewind. Dabei geht es um einen gewaltigen Bau in den Maßen der Höhlen der Vorzeit. Bobrowski ist wie Rilke nicht nur um optische, sondern auch um akustische Effekte bemüht. Die Fensterbögen der Kirche „glühn und künden, die Steinhallen tönen". Das Schauspiel, welches Rilke inszenierte, vollzog sich in aller Stille, war ein Mysterium. Bobrowski präsentiert uns ein wildes, tolles Spektakel. Die „erstarrte Wirrnis gilt es zu halten, an sich zu reißen". Mauer und Pfeiler werden „wild gepresst" und „beschworen", hinaufzustreben, bis der Moment der Krönung erreicht wird und der Jubel beginnt.

Unter den nachgelassenen Gedichten Bobrowskis aus den vierziger Jahren finden wir auch solche, die russische Kirchen zum Thema haben. Zum Beispiel *Klosterkirche*:

---

12 M. Iljin / T. Moissejewa: Moskau und Umgebung, Moskau: Iskusstwo /Leipzig: Edition 1978, S. 362 (Angabe nach Neumann, in: Rußland in Rilkes Werk, Schäuble Verlag Rheinfelden und Berlin 1993, Anm. 6, S. 212).
13 H. Naumann, ebd., S. 14. H. Faensen / W. Iwanow: Altrussische Baukunst, Union Verlag Berlin 1972, S. 50.

Klosterkirche

*Da du hinaufsteigst, klingen mit jedem Schritt
die Stufen dumpfer, bis sich davon ein Ton
emporhebt an die dunklen Bogen
und du betroffen die Schritte zögerst.*

*Im Angesichte aber der Bilderwand -
wer mag den hundertfältigen Blick bestehn
und wer die mächt'ge Frag'! Entfliehen
mußt du da oder die Blicke senken.*

*Und plötzlich, als verschlinge das Dunkel dich
und wüchse schwer und träten die Wänd' heran,
hebst du den Blick: Da fällt hernieder
rettend ein schmales Licht aus der Kuppel*[14.]

Ein Kirchgang wird hier wunderbar vermittelt. Man muß nur lauschen und sehen. Der Ton der Schritte des Hinaufsteigenden verrät, wann der Besucher die Schwelle des Heiligtums betritt. Dann, nach der Überschreitung, drinnen, kommt es zu einem Wechselspiel der Blicke. Den Betrachter treffen unzählige Blicke von der Bilderwand. Sie bedrängen ihn so sehr mit der großen Frage, daß er am liebsten die Flucht ergreifen möchte. Er senkt den Blick. Aber die Bedrängnis wird noch ärger. Es wird um ihn dunkler und enger. Die Wände wollen ihn erdrücken. Die Rettung kommt vom Licht, als er den Blick zur Kuppel hebt. Wie in dem Rilkeschen Gedicht wird hier ein Blick-Spiel veranstaltet. Der dunkle Kirchenraum wird zu einer magischen Szene. Die schauenden Wände drohen einen zu erdrücken. Sie geraten in Bewegung und beengen den Raum. Dem Dunklen kann nur Helle entgegenwirken. Und das Licht von der Kuppel verschafft die Rettung.

Ein anderes Gedicht, unter dem Titel *Kreml*, liest sich wie eine Entgegnung eines später, im Kriege, dieselbe Stätte Betretenden und Dichtenden, auf das Kreml-Erlebnis Rilkes. Wirkten die mächtigen Schläge der Kreml-Glocken auf Rilke nachhaltig, so auf Bobrowski ihr Schweigen. Es ist nicht die Zeit zum Beten. Die Empfänger sind dafür taub und stumm. Es dröhnen andere, erz'ne Töne durch die

---

14 GW II, S. 50.

Gegend. „Die schweigen lang, die Glocken, schon. Erz'ner Ruf / dröhnt drüben her vom anderen Ufer."[15]

Noch direkter aufeinander bezogen wie die hier miteinander verglichenen Gedichte erscheinen mir die Stellen des *Stunden-Buchs*, in denen sich der Beter als der Ikonopis zu erkennen gibt, der mit seinem Gott Zwiegespräche hält, und das fünfteilige Gedicht Bobrowskis *Der Ikonenmaler*. Das Interesse beider Dichter an Ikonenmalerei war sehr groß. Rilke hatte sich noch vor seiner Rußlandreise eingehende Kenntnisse über Ikonen und deren Erstellung erworben. Er hat sie in Rußland und der Ukraine vielerorts betrachtet. Sakrale wie auch profane moderne russische Kunst ist ein großes Thema seiner Betrachtungen und dichterischen Hervorbringungen. Über Ikonenmaler ist die Rede in seinen *Geschichten vom lieben Gott* und vor allem in dem *Stunden-Buch*, insbesondere in der Urfassung, die den Titel *Gebete* trug.

Bobrowskis Gedicht *Der Ikonenmaler* zeugt unmißverständlich von einer genauen Lektüre des Rilkeschen Werkes. Daß auch ihm die Kunst der Ikonenmalerei gut vertraut war, zeugt zumindest sein Werbetext vom Juni 1959 für das Werk *Ikonen* von Konrad Onasch. Es bot „mit der reichen Fülle seiner Farbtafeln erstmalig einen umfassenden Überblick über die gesamte russische Ikonenkunst von ihren frühen Kiewer Anfängen bis zu ihrer von der allgemeinen Säkularisation bewirkten Auflösung im 17. und 18. Jahrhundert".[16]

Bobrowskis Ikonenmaler ist wie Rilkes Beter ein Mönch in einer Klosterzelle. Beide leben getrennt von der Welt. Als Mittler zwischen ihnen und der Welt da draußen fungieren Brüder aus anderen Klöstern. Bei Rilke sind das Mönche in Italien. Was er von ihnen in Erfahrung bringt, ist nur die Art, wie sie Heiligenbilder malen, und zwar viel menschlicher als hier. Der Ikonenmaler Rilkes ist ganz mit sich und seinem Gott beschäftigt. In Gedanken umkreist er nur ihn. Bobrowski geht dagegen anders vor. Der erste Gedanke, der sich seinem Ikonenmaler aufdrängt, ist die Welt: „Welt soll hinter diesen Wäldern sein".[17] Die Brüder, die ihm über sie berichten, mußten aus ihren Klöstern flüchten. Die Ruhe in der Welt ist gestört. Die Menschen verbringen ihr Leben in Angst und Haß. Ihre religiösen Gefühle sind entstellt:

(...) Keiner
liebt den andern. Ruhlos darum sind
ihre Jahre, und sie bauen blind,

---

15 Kreml, Ebd.
16 Altrussische Kunstdenkmäler. Rez. Zu: K. Onasch: Ikonen. Union Verlag Berlin. In: GW IV, S. 393.
17 GW II, S. 194.

*ohne Güte ihre Kirchen. Steinern
Kreuz und erzen Ampel bleiben,
und der Weihrauch macht sie träumen, nichts
sonst. Sie singen gierigen Gesichts
Lobgesang und Bittgebet und reiben
ihre Hände über andrer Not -*[18]

Das erste Gebet des Ikonenmalers umfängt diese Weltmenschen, die keinen rechten Zugang mehr zu Gott haben und keine Nächstenliebe pflegen: „Sei mit ihnen gnädig, Herr, mein Gott".[19]

Als Ikonenmaler sind beide der Tradition verpflichtet. Bei Rilke lesen wir:

*Wir dürfen dich nicht eigenmächtig malen,
du Dämmernde, aus der der Morgen stieg.
Wir holen aus den alten Farbenschalen
die gleichen Striche und die gleichen Strahlen,
mit denen dich der Heilige verschwieg.*[20]

Bobrowski dichtet eine analoge Strophe in der Art:

*Ich bin ein Maler. In den heiligen Büchern
ist mir gesagt, wie alt das Holz, wie fügsam
die Farben und wie fest der Grund sein soll.
Und alte Kunde wahrten uns die Griechen
von unsres Herren Blick, von seiner Mutter
seligen Händen, von dem Tuch um ihre
Stirne -*[21]

Wie sich die beiden Mönche Gott denken, läßt aufhorchen. Rilkes originelles Konzept beruht darauf, daß er Gott als unnahbar, dunkel, rätselhaft, widersprüchlich und erst im Reifen und im Werden begreift. Das gemalte Bild auf der Ikone verstellt ihn mehr, als sie ihn zeigt. Er ist in einem, in dem Gefühl, den Sinnen unerfaßbar.

Bobrowski läßt dagegen seinen Mönch bekennen, daß die Nähe Gottes blendet. Auch sein Bild Gottes entsteht aus der Helligkeit im

---

18 Ebd.
19 Ebd.
20 R. M. Rilke: Das Stunden-Buch. Vom mönchischen Leben, in: Werke. Bd. I, S. 158.
21 Der Ikonenmaler, GW II, S. 195.

Herzen. Aber dieser Gott ist voller Licht. Er ist auf den Ikonostasen nicht verstellt. Er bleibt den Menschen nah. –

> (...) – Aber
> sie meinen ihre Ängste, ihren Tod
> und wissen nichts, als sich ins Grab zu mühn
> und ihr Gewerb doch zu verlassen - Aber
>
> die Irrsal, der Entfremdungen Gewicht
> und ihre Unrast, Jubel, Zorn, umdroht
> von Arglist und Gewalt, ist nicht verloht
>
> dies alles in der Höhlung deiner Hand
> zuletzt? und ists nicht dein? wirst du es nicht
> in dir versöhnen? alles, Meer und Land,
>
> das Dunkel dieser Wälder und das Licht
> darüber, blau vor Weite, mich darin -
> Herr, sei mir gnädig, ebne meinen Sinn.[22]

Handelt es sich bei Rilke um ein Gebet als Zwiegespräch des einsamen Menschen mit dem einsamen Gott, des Schaffenden mit dem Schöpfer, so hier um ein Gebet des Einzelnen im Namen vieler, mit Gott als dem Mitfühlenden und Mitwissenden um die Not verirrter Menschen. Der Rilkesche Mönch geht „bang und hart" zugleich mit seinem Gott um. Der Mönch bei Bobrowski ist ganz mild. Voller Vertrauen in die Weisheit, Güte und Gnade Gottes. In „der Höhlung seiner Hand" ist die Zuflucht für die Welt.

Rilke schrieb sein *Stunden-Buch* ohne Erfahrung der beiden Weltkriege. Bobrowski wurde von dieser Erfahrung nicht verschont. Nicht der Glaube an Gott war das ihn zutiefst beunruhigende Problem, sondern die Sorge um die Welt, die gottlos geworden ist. Rilke und Bobrowski berühren einander in mancherlei Hinsicht, aber der Unterschied zwischen ihnen ist auch nicht zu verkennen.

---

22 Ebd., S. 197f.

Die Rezeption der Un-Moderne in Bobrowskis Lyrik

URSULA HEUKENKAMP

I.

Seinem Gedichtband *Sarmatische Zeit* hat Bobrowski Verse aus dem nordischen Schöpfungsmythos *Kalevala* als Motto vorangestellt. Aber er orientierte sich, wie wir wissen, nicht in Richtung Norden, sondern in östlicher Richtung. Vorwiegend verwendete er Gestalten, Mythten und Landschaften aus den Lebensräumen der Slawen und der Völker des Baltikums. Er hat selbst darauf hingewiesen, daß diese Zuwendung ein Ausdruck seiner Zuneigung sei, die ihm zum Versuch einer Wiedergutmachung deutscher Schuld angeregt habe. Bobrowski artikulierte hier bedingungslose Parteilichkeit für die Völker, die zu Opfern gemacht worden sind. Mit den nicht zu verantwortenden Sprachreglungen des Diskurses über sog. Täter- und Opfervölker, der zur Zeit um sich greift, hat das allerdings nichts zu tun. Wohl aber mit Bedingungen des politisch-kulturellen Kontextes von DDR-Literatur. Der „sarmatische Divan", von dem er ab 1960 spricht, war ein Entwurf gegen herrschende Tendenzen in der Lyrik und den robusten Pragmatismus des offiziellen Geschichtsbildes, zweifellos. Aber er profitierte auch vom geistigen Milieu der intensiven, auch geförderten Beziehung zur slawischen Kultur. Und das machte Bobrowski kulturpolitisch unangreifbar. Er wiederum hat anregend auf die weitere DDR-Literatur gewirkt, die sich insgesamt durch ihr slawophiles Profil aus der deutschen Nachkriegsliteratur heraushebt.[1]

Doch wäre ohne Peter Huchel und dessen „Erfindung des Wendischen" Bobrowskis „Sarmatien" wohl nicht zu denken. Schließlich hatte Huchel schon seit den zwanziger Jahren Kritik der Moderne, verstanden als modernes Leben ebenso wie als Kunst der Moderne, mit einer sympathetischen Beziehung zu Landschaften, Mythen und

---

1 In Huchels und Bobrowskis Nachfolge sind Autoren zu nennen, die sich die sorbische Tradition zu eigen machten wie Kito Lorenc, Hanns Cibulka, Benedikt Dyrlich, Juri Brezan, Juri Koch. Das Sorbische wurde zu der Nische, von der aus der Zentralismus des DDR-Staates, die Nivellierung des Charakteristischen und schließlich die ökonomische Fehlentwicklung kritisiert werden konnten, gleichsam unter dem Schutz des Bonus, über den das Sorbentum in der DDR verfügte. Aber auch an Franz Fühmanns Beschäftigung mit der Libusa-Mythe ist zu erinnern.

Menschen eines ehemals slawischen besiedelten Landstrichs, nämlich Brandenburg, zu verbinden gewußt. Als „Privatmythologie" hat Axel Vieregg Huchels Landschaft und Gestalten charakterisiert, die keine Traumlandschaften sind, sondern zumindest durch die Verwendung von Ortsnamen nie ganz von Zeit und Raum abgelöst sind. Was die Realvision der Landschaftstypen und die Favorisierung schriftlich tradierter Mythen betrifft, kann Sarmatien beinahe als Gegenstück zum „wendischen Luch" Huchels angesehen werden.

Allerdings ist Huchels lyrische Provinz mit der Bezeichnung „Privatmythologie" nicht angemessen charakterisiert. Das Wendische mit seinen realen und mythischen Gestalten ist Bildspender für eine naturphilosophische Denkrichtung, die in den zwanziger Jahren des vorigen Jahrhunderts in Philosophie und Literatur einen neuen, zunächst wenig geschätzten Ansatz gewonnen hatte.

Diese Vorstellungswelt, die sich aus einer matriarchalischen Kosmologie nährt, scheint wiederum Bobrowski fremd geblieben zu sein. Er schafft zwar auch kritische Distanz zur Weltdeutung in den Kategorien des Fortschritts und der Entwicklung, wie das Motto aus *Kalevala* zeigt. Aber die Auswahl, die er trifft, zeigt denn doch, daß sein „Ursprüngliches" im Bewußtsein, in der schriftlichen Überlieferung nämlich, heimisch ist. Außerdem teilt Bobrowski Huchels Grundvorstellung nicht, daß das Leben weiblichen Ursprungs sei, wofür die mythische „Mutter der Frühe", des Anfangs und der Dauer steht, der alles Wäßrige verwandt ist.

Der Unterschied zeigt sich sofort, wenn man dem Umgang mit 'Wasser' bei Bobrowski nachgeht. Das Wasser wird bei ihm nicht selten im Dialog „du", aber immer männlich angeredet: Der See ebenso wie der Fluß, der ‚Bruder' genannt wird, obwohl er *Die Jura* heißt, oder *Die Memel*, die als 'Strom' bezeichnet wird. Ebenso verhält es sich mit den „Völkern", die die vorgeschichtlichen, dämmernden Ebenen durchziehen, und mit den mythischen Figuren Sarmatiens. Teilweise ist seine Verwendung eines vorgeschichtlichen Milieus auch an die romantische Kunstmythologie angelehnt, in Gedichten wie *Dryade* und *Syrinx*.[2] Angesichts seiner spielerischen Neigung im Umgang mit Mythen wäre wohl zu fragen, was den Autor veranlaßte, die sarmatische Landschaft derart archaisch zu apostrophieren. Liefern die Mythen Figurationen des Bösen wie den „großen Gott der Fluren" (*Die Jura*) oder den „tierhäuptigen Jäger" (*Dorf*) in seinen Gedichten? Dagegen sprechen gute Götter wie Temudschin in *Landschaft mit Vögeln* oder Perkun in *Absage*.

---

2 Vermutlich war dem Protestanten Bobrowski ein mythisches Denken generell eher fremd.

Nicht die der Figuration jeweils beigelegte Bedeutung ist folglich das Problem. Es liegt vielmehr darin, daß der Komplex des Mythischen in den Texten Bobrowskis einen Bereich uneigentlicher Rede darstellt. Ob Perkun oder Wainemöinen, Undine oder Dryade, es bleiben Bildungsmythen, die auch für eine fremde, u.U. versunkene Welt stehen, im Dunkeln gelassen und verstummt, weil sie nicht weiter erzählt werden können. Daher tangieren sie auch so gut wie gar nicht das Präsens, das in den meisten Gedichten das Leittempus bildet.

Bobrowskis Sarmatien ist moralisch strukturiert, als Entwurf einer horizontal geordneten, gegliederten Landschaft, in der sich die Völker, Menschen und Tiere, nebeneinander, auf gleicher Ebene und wertgleich einrichten könnten. Darin liegt ein Bekenntnis zur Gleichheit der Menschen und Lebewesen schlechthin. Die Werte, die es einschließt, und die Motive, die es begründen, wie Reue, Einsicht, Wiedergutmachung sind vom Autor mehrfach benannt worden. Dem gewöhnlichen Faschismus steht hier ein engagierter, persönlicher gestalteter Antifaschismus gegenüber. Intention und Position reichen aber nicht aus, intersubjektive und sogar kollektive Verbindlichkeit und Semantik für jene abgestorbenen Mythen zu schaffen. Das ist es, was Bobrowskis Personal im Vergleich zu dem Huchels unmodern erscheinen läßt. Auch wenn Huchels Gestalten sogar aus der Sphäre des Aberglaubens kommen können, sind sie doch modern aufgefaßt, nämlich vielfach mit sozialer und politischer Referenz ausgestattet. Vor allem aber ist ihr jeweiliges Auftreten Ereignis oder Eigenschaft natürlicher Kräfte und erinnert an den verdrängten und tabuisierten Status des Natürlichen in modernen Gesellschaften. Die Subjektautonomie der Natur ist der zwingende Grund von Huchels Naturgedichten. Bobrowskis Mythen sind als Naturgottheiten unbestimmt, als Gestalten frühgeschichtlicher Mythen dunkel. Diese Dunkelheit ist in ihrer räumlichen und zeitliche Entrücktheit begründet, eindrucksvoll, aber nicht zwingend.

II.
Spuren des Gedenkens an Oskar Loerke gibt es mehrfach in Bobrowskis Texten. Ein Bekenntnis, wie es Huchel mit dem Abdruck des Testaments von Loerke in der Nummer von „Sinn und Form" abgelegt hat, findet sich nicht. In den biographischen Aufzeichnungen von 1940 (*Abschiedslied – Licht der Zeiten*) wird von Loerkes Gedicht *Pansmusik* als einem „Gefährten meiner Stille" gesprochen[3], aber aus dem Ungefähr zitiert, nicht nachgeschlagen wahrscheinlich. Auch im *Gefangenschaftsbericht* (1950) wird Loerke unter den Dichtern erwähnt, deren Verse Johannes aufzusagen wußte:

> *Er hatte, wovor er sich seit je gescheut, begonnen, Verse aufzusagen, alte oder moderne, Goethe, Trakl, Klopstock, Loerke [...] Loerkeverse, [...] die Johannes selber nicht verstand und sie mehr (wegen) ihres geheimnisvollen Klanges im Ohr behalten hatte.*[4]

Verse von Loerke gehörten nicht zum Schulwissen; daß Bobrowski sie auswendig wußte, bezeugt eine Frühe, intensive Lektüre. Die Charakteristik der Wirkung der Gedichte als „geheimnisvoller Klang", jedoch nicht recht verständlich, trifft gleichsam intuitiv einen der Züge in Loerkes Poetik.

Tatsächlich braucht man Loerke nicht zu „verstehen", um seine Gedichte aufzusagen. Denn dieser Lyriker wollte nicht „das Wirkliche", zu dem sich Bobrowski später in seinem Gedicht *An Klopstock* bekannt hatte. Loerke wollte das Gegenteil, Freilegung des „anderen", das er auch den „Sinn der Welt" genannt hat. Darunter stellte er sich die Manifestationen eines Lebens vor, das – infolge der Wahrnehmungsgewohnheiten verkannt – im Gedicht vernommen werden kann: als Bild wie die *Vogelstraßen* oder als Melodie wie *Pansmusik*.

Loerke war keiner der Lyriker, deren Vorbild die nachwachsenden Dichter erdrückt hätte, vielmehr ein Anreger. Seine Poetik war fragmentarisch; offen für zahlreiche Zeitströmungen, u.a. auch die der Lebensphilosophie, die selbst wiederum kein geschlossenes System gewesen ist. Vitalistische Wertvorstellungen filterte er aber aus, gab sie also auch nicht weiter. Seine *Sieben Gedichtbücher* galten der Erkundung des „magischen Wegs", der aus der gegenwärtigen Welt und ihrer Zeit führen konnte. Loerkes *Pansmusik* hatte es Bobrowski angetan, das

---

3 J. Bobrowski: Gesammelte Werke in sechs Bänden, hg. von E. Haufe. Bde. I-IV Stuttgart / Berlin 1987, Bd. V Stuttgart 1998, Bd. VI (hg. von H. Gehle) Stuttgart 1999, hier: IV, S. 261; Zitate aus dieser Ausgabe werden im folgenden mit der Sigle GW, der Band- und Seitenangabe nachgewiesen.
4 GW IV, S. 281.

‚Lied' vom „Gott der Welt [...] [der] selig auf dem großen Flusse [fährt]": „Er [...] spielt die sanfte, abendliche, große, und spielt die Welt sich vor."[5]

Nicht allein das Bild war ungewöhnlich, weil ungebräuchlich, auch die Süße des Tons, der von der „sanfte[n], abendliche[n] große[n] Welt" singt. Loerke liebte die mohnberauschten Träume; *Nächtliche Körpermelancholie* und *Phantasien von fernen Sternen*. Seine Vorliebe für den Weiten eröffnenden, visionären Blick, den er als ‚magisch' ansah, hat Spuren hinterlassen. Eine solche läßt sich als die „Spur der Vögel" beschreiben. Landschaften mit Vögeln, hoch über der Erde, für sich und allem menschlichen, auch dem ästhetischen Wollen ganz entzogen, werden als Zeichen verwendet; auch in den Gedichten der Nachfahren, die keinesfalls Epigonen waren.

Bekannt ist, daß Bobrowski sich direkt auf eines der bekannten Gedichte Loerkes, *Vogelstraßen* aus der Sammlung *Der längste Tag* (1926), bezogen hat. Jedoch handelt es sich in diesem Falle kaum um mehr als um eine Anspielung auf Loerkes Titel. Bobrowski hat sein Gedicht in einen politischen Kontext gestellt, er verarbeitete Berichte aus Zeitungen, wonach Zugvögel infolge von Atomversuchen im Pazifik ihre Bahnen verändert haben sollten.[6] Bobrowskis *Vogelstraßen 1957* beginnen zwar wie die Loerkes im hohen Norden, aber sie führen nicht weiter, die Natur der Region wird mit Anklängen an das *Kalevala* ausgestaltet.

Loerkes Vogelgedicht dient hier lediglich als Vorlage einer Contrafaktur. Die Gedichtidee ist ausgewechselt entsprechend der Bildsequenz, die aus dem *Kalevala* genommen wird. Dennoch, derartige Sequenzen sind so bezeichnend für Loerkes lyrischen Stil, daß ein Rückgriff bei Bobrowski angenommen werden kann. Wirklich nachhaltig dürfte aber Loerkes Wirkung in Konstruktion (Erfindung) und raumzeitlicher Situierung der lyrischen Landschaft Sarmatien gewesen sein. Exemplarisch dafür ist das Erscheinungsbild der Vögel, denen bei Loerkes, aber auch in der gesamten Zeichensprache der naturmagischen Schule die Bedeutung eines Wahrzeichens zukommt.

---

5 O. Loerke: Die Gedichte. Frankfurt a. M. 1983, S. 99f.
6 Dazu sind im gleichen Jahre mehrere Gedichte geschrieben worden, u.a. eines von Stephan Hermlin. Bildspender, auch für Bobrowski, war ein politisches Buch, Robert Jungks „Heller als tausend Sonnen".

III.
Bobrowskis Landschaften sind von Vögeln besiedelt. Das hat er mit den naturmagischen Autoren gemeinsam. In deren Gedichten sind die Vögel durchsichtig für diverse anthropologische, naturphilosophische und, durch sie vernetzt, auch mythische Dimensionen. Sie dienen von Loerke bis zu Eich, bei Lehmann wie bei Huchel als Gleichnisse für eine „Existenz" ohne Prothesen, deren der Mensch bedarf. Frei von Erdenschwere, wie Loerke sagt, stellen sie allein durch ihr Dasein die Sprache der Natur dar, die als Schriftsprache, als Zeichen am Himmel erscheint. Derart liefern sie den Beweis einer höheren Vernunft in der außermenschlichen Welt. Vogelflug und Vogellaut lassen sich als universelle Zeichen lesen, aber nur in der Poesie. Da erscheinen Signifikant und Signifikat als identisch. Das Nomen ist Zeichen, dem sich Wahrnehmung zuordnen läßt; diese besitzt zugleich die Evidenz einer Bedeutung, die aus dem Zusammenhang der Natursprache rührt.

Offenkundig übernimmt Bobrowski das ikonische Zeichen in der überlieferten, also parabolischen Bedeutung. Landschaften sind bei ihm von Vögeln überschattet oder erhellt. Sie sind Bestandteile der Sprache der „Ebene" und schreiben deren Bedeutung als langsames Leben an den Himmel über ihr. Im Falle des Gedichtes *Ebene* drückt sich die Dauer der zyklischen Zeit im Erscheinen des Vogels/der Vögel aus. Durch sie wird eine Unendlichkeit bezeichnet, die eigentlich die der Zeit ist. Räumliche Ausdehnung gehört zur Sarmatischen Zeit. In dieser, der Naturzeit, löst sich auf, was nie geschichtliche Zeit gewesen war, auch wenn es fälschlich als „Geschichte" behandelt wurde. Sarmatische Zeit ist „ewige Zeit", läuft auch rückwärts:

Weiß, aufleuchtend
der Hirtenvölker
Jahrtausende
[...]
Hier werd ich leben. Ein Jäger
war ich, einfing mich
aber das Gras.[7]

Eine geschichtsphilosophische Reihe bei Bobrowski wäre zweifellos mit dem Vorkommen des „Kranichs" nach dem Vorbild Hölderlins zu eröffnen:

---

7 GW I, S. 80.

Dorther der Kranich. Hoch.
Über dem Licht. Dem eigenen
Schatten nach. (Landschaft mit Vögeln).[8]

Der Kranich erscheint nie in den berühmten, schönen Zügen, sondern als einsamer, beinahe namenloser Vogel über der Ebene. Dort steht er für die Zeitlosigkeit der Naturzeit, die bei Bobrowski auch Ewigkeit heißt. Die Landschaft mit Vögeln ist versunken oder vergangen; der Stein geborsten, auf dem die Lerche gesungen hatte und der Rabe „strählt sein Gefieder", von seinen Flügeln kommt „einst" der Schnee.[9] – Eine Gegenerzählung zur „unbeirrbaren Ergebenheit an den Gedanken des Fortschritts", wie Uwe Johnson sagt.

Jedoch mag Bobrowski sich – anders als Loerke – der Evidenz dieser Zeichensprache nicht sicher gewesen sein. Denn er hält die Verstärkung der Semantik durch Adjektive wie „alt" und Adverbien wie „einst" und Nomen wie „Jahrtausende" für nötig. *Landschaft mit Vögeln* setzt mit dem nominal verwendeten Adjektiv „alt," ein; die dritte Strophe beginnt: „Einst, die ewige Zeit"[10]. Das heißt aber, daß Bobrowski aus Loerkes „Natursprache", die zwar selbst in der gesuchten Tradition der Romantik ein „Konstrukt" gewesen war, eine Kunstsprache macht, deren Zeichen transzendent sind; er teilt nicht das Bekenntnis zum Konkreten und übernimmt auch nicht das naturphilosophische Bezugssystem der Zeichensprache, wohl aber die Zeichen. Loerke, seine Freunde und Schüler ließen sich durch naturphilosophische Vorstellungsweisen zu ihrer Poetik inspirieren. Das geht in ihre Bilder eine als Option für das Leichte, Durchlässige, Unbestimmte. Dem steht das Naturbild Bobrowskis dunkel und schwermütig gegenüber. (Er sah, um mit Brecht zu sprechen, Natur mit andern Augen.)

Bezeichnend ist, daß in den sarmatischen Gedichten ‚Vögel' auch Konstellationen wie den Gegensatz von „friedlichen" und „räuberischen" Wesen bezeichnen. Ohne sie strenger Zuordnung unterziehen zu wollen, läßt sich erkennen, daß Adler, Krähengeschrei, Habicht als Zeichen aus einer moralischen Ordnungsreihe verwendet sind:

---

8 Ebd., S. 50f.
9 Ebd.
10 Ebd., S. 59.

*Traum
mit des Habichts Schrei
endend, dem Rauschen,
hoch,
Zeichen an bläulicher Wand,
gekratzt in den Mörtel
mit dem Nagelrand, Bild,
Abbild,
sarmatisch,* (*Stromgedicht)*[11]

Der Raubvogel wird metaphorisiert wie in *Der Habicht*:

*Unter dem Zug der Lüfte
draußen traumlos fährt er
starren Auges, der Töter
fährt mit dem Wind.*[12]

Die Metaphern der folgenden Reihe aus *Lettische Lieder* erinnern an die Tierfabel: „Mein Vater der Habicht, / Großvater der Wolf. / Und der Ältervater, der räubrische Fisch im Meer."[13] Hier ist wieder der Gegensatz zu Huchel erhellend: „Der Habicht rüttelt / im stürzenden Wind / die Helle der Lerchen wach." (*Frühe*)[14] Hier rangiert der Zusammenhang „Frühe" über dem Gegensatz von Raub- und Singvogel. Diese Konstellation von Habicht und Lerche gehört bei Huchel in kein Wertsystem mit moralischen Vorzeichen und entstammt ihm auch nicht. Wie überhaupt seit der Naturphilosophie der Romantik ‚Natur' nur dynamisch und nicht moralisch zu fassen ist.

Bobrowski benutzt die Anregungen der Naturlyrik als Vorlage, aber er *be*nutzt sie nicht, etwa um die Naturerfahrung eines Schuldbeladenen in sie einzuschreiben nach Art eines Palimpsests. Vielmehr implantiert er Textbausteine wie die Natursprache der Vögel oder die permanente Verwandlung von Landschaftsentwürfen in das eigene Konzept. Die Bindung der Imagination an eine sensualistische Auffassung von Körperlichkeit und Individualität wird im Verlauf der Transformation abgetrennt. Die entsprechenden oder ähnlich strukturierten Landschaftsräume wie ‚Ebene' oder ‚Vogelstraßen' sind bei ihm Chiffren. Aus Loerkes Phantasmagorien des Naturuniversums werden Äquivalente eines unpersönlich gehaltenen, anscheinend subjektlosen Prozesses der Erinnerung. Die tendenzielle Abstraktion,

---

11 Ebd., S. 54f.
12 Ebd., S. 62.
13 Ebd., S. 57.
14 P. Huchel: Frühe. Werke. Bd. I, S. 63.

die aus dem vorherrschenden Nominalismus, besonders in *Sarmatische Zeit* resultiert, wird durch klangliche Qualitäten der lyrischen Rede aufgewogen. Nomen wie „Ebene", „See", „Licht", die zu den Anrufungsworten gehören, sind mit Attributen gekoppelt, die über sie hinausweisen auf ein „Ich", das vieldeutig genug ist: „Ebene, / riesiger Schlaf, riesig von Träumen, [...]"[15] (*Die Sarmatische Ebene*). Das „Ich seh dich" gegen Ende des Gedichts läßt das erinnernde Ich selbst durchscheinend werden. Musterhaft ist dies als Verwandlung von zeitlicher Entfernung in räumliche in dem Gedicht *Steppe* ausgeführt: „[...] ich stand, / im Rücken das Dorf."[16]

Wenn die Verhüllung von diesem Ich gehoben wird wie in *Wiederkehr*, zeigt sich jedoch die moralische Befugnis:

Aber ich schlaf nur.
Ich bin nicht hier.
Ich such eine Stelle,
nur ein Grab breit, [...]".[17]

Hier ist die Botschaft unverstellt und in ihrer Deutlichkeit ein wenig sentimental. Das gibt Anlaß zu der Frage nach den Intentionen des Verfahrens. Hatte Bobrowski sich für eine Chiffrierung des Erinnerungsprozesses entschieden, um sich nicht an einen Standard lyrischer Rede zurückzubinden, der um 1957 als anachronistisch galt? Möglich ist aber auch, daß an einem lyrischen Stil gearbeitet wurde, dem weder Botschaften noch Zweck abträglich sein konnten. Hieß es doch, sich gegen den Mißbrauch der Gedichte als Heimat- und Heimwehpoesie ebenso zu verwehren wie gegen das Mißverständnis ihrer Vereinnahmung für politische Zwecke. Für beide Tendenzen gibt es Beispiele.

Die Naturlyrik in der Nachfolge Loerkes hatte keine Botschaft, sie selbst war als eine solche intendiert. Aus der veränderten Perspektive der Nachkriegsjahre war das eine Leerstelle, deren Auffüllung sich anzubieten schien, um eine Spannung zwischen dem eigenen moralischen Anliegen und einer ihm fremden und ungewohnten Formensprache aufzubauen. So gesehen wären der Rückgriff auf eine halbvergessene lyrische Strömung und deren Transformation als Experiment zu verstehen, das eine Versöhnung von Moderne und Vormoderne durch vielfachen Austausch der Gewichte zum Ziele hatte.

---

15 GW I, S. 31.
16 Ebd., S. 52.
17 Ebd., S. 63.

Darüber zu entscheiden ist aber nicht möglich, ohne Bobrowskis Position und, wichtiger noch, seine Positionierung in den beiden literarischen Feldern der deutschen Literatur in den fünfziger und sechziger Jahren einzubeziehen.

In der Sprache der Feldtheorie gesprochen: Wollte er als ein Erneuerer gesehen sein? Von wem wünschte er sich zu unterscheiden? Warum hielt er meist auf Abstand von den Lyrikern seiner Generation und ausdrücklich von der Lyrikergeneration der sechziger Jahre, indem er sich als „Einzelgänger" profilierte? Und auf welche Kompetenz erhob er Anspruch? Warum verbarg er sich hinter der Zueignung an Klopstock und glaubte sich von Heinz Piontek bestohlen? Und endlich, warum wechselte er von der Lyrik zur Prosa?

Die Poesie von Johannes Bobrowski im Kontext der deutschen Lyrikströmungen nach 1945

JURIS KASTIŅŠ

Günter Eich, der Brennpunkt des dichterischen Denkens in der deutschen Lyrik nach 1945, erklärte sich in seiner programmatischen Rede *Der Schriftsteller vor der Realität* (1956) zu prinzipiellen Fragen des poetischen Schaffens:

> *Ich bin nicht fähig, die Wirklichkeit so, wie sie sich uns präsentiert, als Wirklichkeit hinzunehmen.*[1]

Mit diesen schicksaltragenden Worten über die deutsche Poesie zeichnete er die Möglichkeiten der schöpferischen Entwicklung auf. Ist das Gedicht ein traditionelles Abbild, „Malerei mit Worten", wie es in der Naturlyrik üblich ist, oder ist es ein „trigonometrischer Punkt", sind literarische Werke überhaupt „Bojen", die bei der Orientierung in der Wirklichkeit helfen, „die in einer unbekannten Fläche den Kurs markieren"[2]? Den Gedanken, daß das Gedicht eine Offenbarung der Wirklichkeit ist, könnte man als einen der relevanten Stützpunkte der schöpferischen Konzeption deutscher Nachkriegslyrik betrachten. Eine ganze Reihe von Dichtern – Gottfried Benn, Karl Krolow, Nelly Sachs, Paul Celan, Ingeborg Bachmann, Hans Magnus Enzensberger – (um nur einige zu nennen) vertreten verschiedene Positionen; doch alle sind darin einig, daß die Erfassung der Prozesse in der Wirklichkeit das ist, was die Lyrik zur Kunst macht. Gewiß gibt es auch Ausnahmen, z.B. in der Person von W. Lehmann, der als treuer Vertreter der Naturlyrik unerschütterlich seinen Standpunkt vertritt und keine Abweichung davon aufweist. Diese Situation, kurz skizziert, verrät die Qual der Selbstüberwindung, die Umwertung der alten poetischen Werte.

Johannes Bobrowski ist ein Zeitgenosse von vielen Naturlyrikern der 30er und 40er Jahre: nennen wir neben Eich Peter Huchel, Oda

---

1 G. Eich: Gesammelte Werke. Bd. I. Frankfurt/Main. 1973, S. 441.
2 Ebd.

Schaefer, Oskar Loerke, Wilhelm Lehmann u.a. Die Anfänge der Lyrik von Bobrowski sind in der zweiten Hälfte der 30er Jahre, die ersten lyrischen Versuche von Eich aber – Anfang der 30er Jahre zu suchen. Beide sind eifrige Anhänger der Naturlyrik, obwohl bei Eich mehr als bei Bobrowski die expressionistische Ausgangsphase zu fixieren ist. Tief in den Grundtönen der Lyrik von Eich ist dabei die Stimme des französischen Symbolismus (Verlaine) zu hören:

Es genügte, ein Tier zu sein
Ach, du ertrinkst im Regen der Menschlichkeit.
Manchmal glückt dir ein vergeßlicher Tag.
[...]

Nie entrinnst du deiner eigenen Gestalt.
Und keine Sekunde
gleichst du dem sprachlosen Wind.[3]

Das Menschliche, Soziale, das Humane überhaupt wird als Last anerkannt. Der Traum steht bei Eich fest – zurückzukehren in den Naturzustand, wo alles harmonisch ist.

„Ich bin zunächst Lyriker und alles, was ich schreibe, sind mehr oder minder „innere Dialoge"". „Und die Verantwortung vor der Zeit? Nicht im geringsten. Nur vor mir selber", schlußfolgert Eich im Jahre 1930.[4]

Zwei Jahre später in *Bemerkungen über Lyrik* finden wir die Antwort auf die Frage: „Was ist das Wesentliche einer Zeit? Doch wohl nicht ihre äußeren Erscheinungsformen, Flugzeug und Dynamo, sondern die Veränderung, die der Mensch durch sie erfährt."

Und weiter:

Der Lyriker entscheidet sich für nichts, ihn interessiert nur sein Ich, er schafft keine Du- und Er-Welt wie der Epiker und der Dramatiker, für ihn existiert nur das gemeinschaftslose vereinzelte Ich. [...] Ja, ich meine, der Lyriker muß „alte" Vokabeln gebrauchen, die, selbst problemlos geworden, ihre neue Bedeutung erst durch das Ich gewinnen.[5]

Das schöne nachromantische Naturgedicht Eichs *Gedicht an die Leierkästen* repräsentiert sehr anschaulich diese poetische Position des Lyrikers:

---

3 Ebd., S. 9f.
4 Ebd., Bd. IV, S. 387.
5 Ebd.

Du bist getrennt vom Sommer aller Wiesen,
Der Morgen kommt dir spät,
und nach den oft geliebten Paradiesen
dringt nicht dein zartestes Gebet.

Dir sind verboten alle Jahreszeiten,
es blieb dir nur im Herzen Raum,
um noch das Grün des Frühlings auszubreiten,
Gras hinzustellen, Laub und einen Baum.[6]

Lesen wir die frühen malerischen Naturgedichte Bobrowskis, so fühlen wir den Einklang des jungen Dichters mit den Grundprämissen des charakterisierten Genres. Auch er ist poetisch äußerst weit von „Flugzeug", „Dynamo" und „Telefonkabel" entfernt, seine Vokabeln gehören zur „reinen Ichproblematik" und führen uns in die postromantische Naturlandschaft mit dem Ziel, die Ich-Situation aufzuklären:

O große Schwermut dieser Sommertage.
Der große Mond stieg auf in tiefem Licht.
Die Täler hüllte sehr des Abends Klage,
so Felder, Pferde, Hände und Gesicht.

Nachtwolken standen über Bergen still.
Der Vogel schwankte traumverloren in
den Himmel ein. Die Wolken standen still.
So dacht ich dein. Wo sollt ich fliehen hin?
            (Gedicht Sommerabend)[7]

Die Überführung der psychischen Prozesse des Ich auf die Naturerscheinungen und die Erklärung der letzteren als „Verwandlungen des Ich" bringt uns in die Nähe der Theorie des französischen Symbolismus, mit dem das deutsche Naturgedicht eng verwandt ist. Die poetische Genesis der Lyrik von Bobrowski wird uns klar, wenn wir die theoretischen Ansätze der großen Naturdichter Loerke und Lehmann

---

6   Ebd., Bd. I, S. 13.
7   J. Bobrowski: Gesammelte Werke in sechs Bänden, hg. von E. Haufe. Bde. I-IV Stuttgart / Berlin 1987, Bd. V Stuttgart 1998, Bd. VI (hg. von H. Gehle) Stuttgart 1999, hier II, S. 12; Zitate aus dieser Ausgabe werden im folgenden mit der Sigle GW, der Band- und der Seitenangabe nachgewiesen.

in Betracht ziehen. In seinem *Versuch einer Darstellung*, schreibt Loerke über seine sieben Gedichtbücher:

Aber jeder weiß irrational seinen eigenen Grundgedanken und kreist mit jeglicher Regung, jeglicher Äußerung der Tat und Einsicht um ihn, ohne ihn irgend anders als in diesem immer Endlichen und immer Endgültigen erreichen zu können. [...] Der Tod [...] beendet den Grundgedanken nicht. [...] Der Grundgedanke aller Wesen bleibt demnach immer.[8]

Eben diesen Grundgedanken oder das Absolute auszudrücken bemühten sich die Naturlyriker, bewußt oder unbewußt auch der frühe Bobrowski. Die Bemühungen sind die Gedichte, deren Aufgabe darin besteht, maximal wahrheitsgetreu und präzis die verschiedenen Naturobjekte zu beschreiben. Dabei kommt es sehr oft zum Anthropomorphismus als psychologischer Parallele zwischen einem Naturgegenstand und dem Ich-Zustand. Bemerkenswert ist in diesem Sinne das Gedicht *Türkenbundlilie* aus der Auswahl der Jahre 1941-1948, in dem Bobrowski sehr nahe nicht nur an die Konzeption von Loerke, Lehmann und Eich tritt, sondern auch seine spätere Definition der poetischen Aufgabe formuliert. *Türkenbundlilie* ist ein Symbol des Magischen, Geheimnisvollen und Zauberhaften in den Naturobjekten, dessen Ausdrucksform die Blume ist:

Du Seltsame, Entrückte
aus morgenländischer Welt,
wenn ich zu dir mich bückte,
war's immer, als erblickte
ich bunt ein Gauklerzelt.

Hockt dunkel, traumerfahren
ein Magier nicht darin?
Tönt nicht von wunderbaren,
von Flöten und Gitarren,
Musik auf, leicht und dünn?[9]

Lehmann definiert dieses Gefühl des Mythischen präzis, wenn er sagt:

Es ist das Wesen des Heiligen, daß es sich nicht ändert, es umgibt uns stets. [...] Es bleibt mir freilich immer von einer mystischen Naturempfindung durchwürzt.[10]

---

8 O. Loerke: Gedichte und Prosa. Bd. I. Die Gedichte. Frankfurt/Main. 1958, S. 652.
9 J. Bobrowski (Anm.7), S. 100.

In seiner *Eroberung des lyrischen Gedichts* deutet Lehmann seinen Begriff des Naturmythos:

> *Ich begreife den Mythos als die erzählerische Inbrunst der Erde; es ist, als erzähle die Bühne die Geschehnisse sich selbst. Alle Wesen gehen überein in Gestalt, können sie tauschen, Bäume werden Menschen, Menschen Bäume.*[11]

Bobrowskis christliche Haltung stimmt mit dem Hang zum Absoluten, zum Göttlichen oder zum unaussprechlichen „Grundgedanken" bei den Naturlyrikern überein. Seine Bemühungen, nach dem Muster der genannten Dichter möglichst viele Naturobjekte zu schildern, zeugen von ein und demselben Fundament der poetischen Konzeption der Wirklichkeit. Bemerkenswert ist in dieser Hinsicht der ganze „poetische Garten" Bobrowskis, wo neben der Türkenbundlilie auch Gartendistel, Magnolien, Kakteen, rote Orchidee, Reseden, Vergißmeinnicht, Rittersporn und viele andere Naturschönheiten beschrieben werden. Bei Bobrowski klingt es ähnlich, wenn er im Gespräch mit Peter Jokostra „Die Zeit hat keine Ufer" sagt: „Wir pflanzen auf das Chaos Blumen und ziehen uns mit einer Zeile Davids oder Deborahs wieder ins Tageslicht[12]."

Doch seinen Appell „auf das Chaos Blumen zu pflanzen" kann man unterschiedlich deuten. Es hängt vom Stil und in großen Zügen von der Poetik des Gärtners ab. Sind alle Blumen – Distel oder Nelke, Rose oder Wegwarte – gleichberechtigt als Ausdruck des Göttlichen und somit des Harmonischen, Schönen und Edlen, so kann man mitten im Rosengarten eine Distel setzen und eine Reihe von weißen Tulpen mit verschiedenen Arten von Kakteen – „Schlangenkaktus, Feigenkaktus, Igelkaktus, Greisenhaar – unterbrechen. Wenn „das Wesen des Heiligen" „sich nicht ändert" bei der Veränderung der Form, so ist es doch möglich, eben die zu ändern, damit wir „um die Mitte des zwanzigsten Jahrhunderts", mit Lehmanns Worten gesprochen, doch „dem Ungeheuren" begegnen.

Bleiben die „echten" Naturlyriker ihr ganzes Leben lang im Rahmen der engen Grenzen eines „schönen" Naturgedichts (ein brillantes Beispiel dafür ist Lehmann), so überlegen sich die Vertreter der jüngeren Generation neue Wege ihrer poetischen Entwicklung schon in der Mitte der 50er Jahre. Der entscheidende Faktor ist dabei die Idee von

---

10 W. Lehmann: Sämtliche Werke. Bd. III. Gütersloh. 1962, S. 153.
11 Ebd., S. 402f.
12 Doppelinterpretationen: hrsg. von Hilde Domin. Frankfurt/Main. 1982.

der Mission der Dichtung als Trägerin der Wahrheit. Bei Eich heißt es, durch das Schreiben Wirklichkeit zu erlangen: „Sie ist nicht meine Voraussetzung, sondern mein Ziel. Ich muß sie erst herstellen[13]." „Die Herstellung" bedeutet aber die Welt als Sprache anzusehen. Unter der „Sprache" versteht Eich in erster Linie die poetische Ausdrucksweise, maximal treue - wie er es nennt - „Übersetzung" aus dem „Urtext", den wir nicht haben. Er verbindet den poetischen Text mit seinen poetischen Bemühungen nach einer magischen Ausdrucksweise zu suchen, hinter dem Gegenständlichen und Bezeichneten das Transzendentale (bei Loerke und Lehmann – das Göttliche) zu finden. „Im Grunde meine ich, daß es darauf ankommt, daß alles Geschriebene sich der Theologie nähert."[14] Darunter versteht Eich damit keinesfalls „die Bestätigung von Glaubenssätzen", auch im christlichen Sinne nicht, sondern „eine Beunruhigung". Er meint damit das Magische, Zauberhafte eines poetischen Wortes, das „einen Abglanz des magischen Zustandes"[15] bewahrt, wobei also Gegenstand und Schöpfung identisch auftreten. Es gibt eine gewisse Übereinstimmung der Ansichten Bobrowskis über die Sprachmagie mit den zitierten Gedanken Eichs. Ebenso wie Eich ist Bobrowski davon fest überzeugt, daß das Gedicht *wirksam* sein soll:

Ich habe ein ungebrochenes Vertrauen zur Wirksamkeit des Gedichts – vielleicht nicht des Verses, der wahrscheinlich wieder mehr Zauberspruch, Beschwörungsformel wird werden müssen. [...] Die Geschütze der Zukunft werden mit geweihten Kugeln geladen, ihre Bahnen mit Beschwörungszauber gelenkt.[16]

Somit sind wir zu einem „trigonometrischen Punkt" der Poetik gekommen, von dem aus sich verschiedene Möglichkeiten der weiteren Entwicklung der Lyrik ergeben. Einerseits bleibt Bobrowski mit den Begriffen „Zauberspruch", „Beschwörungsformel" bei der konservativen Naturlyrik, andererseits – wenn Bobrowski auch „Lehrgedicht" und Brechts „Sachverhalte" verneint – können „Beschwörungsformeln" neue Formen annehmen. Diese Chancen der Lyrik Bobrowskis hat O. Knörrich treffend definiert:

Beschwörung heißt bei Bobrowski vor allem die dichterische Verwandlung erinnerter Landschaft in ihre mythische Existenzweise. Das geschieht, unter weitgehendem Verzicht auf die magischen Wirkungen von Klang und Rhythmus,

---

13 G. Eich (Anm. 1), Bd. IV, S. 441.
14 Ebd., S. 439.
15 Ebd., S. 470.
16 P.Jokostra: bobrowski&andere. München-Wien. 1967, S. 201.

wesentlich durch evokatives Benennen und die metaphorische Stilisierung der Landschaft ins Allgemeine, Typische, Elementare.[17]

Die mythischen Landschaften nehmen oft Züge vieler Länder, besonders des uralten Sarmatiens (Lettlands, Litauens) und aus der neueren Geschichte Rußlands an. Sie bekommen oft „die mythische Bedeutungsschwere", aber sie zeigen dabei die modernen Züge der poetischen Ausdrucksweise auf. Will Bobrowski den „Zauber" behalten, so ist Eich dagegen destruktiv und skeptisch gestimmt. Seine Überzeugung von der „abscheulichsten", d.h. von der „religiösen" Sprachlenkung treibt ihn zu weit weg von der „mythischen Existenzweise". Wenn Bobrowski das Pathos der Wahrheit in christlichen Glaubenssätzen und in der mythischen Einheit von Mensch und Natur (O. Knörrich) in Sarmatien sucht, so plädiert Eich für eine „ungelenkte Sprache", wo es das von der Wahrheit entleerte Wort, das er „Dekoration" und „Papierblumen" nennt, nicht gibt. Sein „Nihilismus" ist eine andere Art der Verteidigung der Wahrheit in der Poesie. Dadurch gewinnt die Form eine außergewöhnliche Kraft und repräsentiert eigentlich seine kritische Position. „Wir pflanzen auf das Chaos Blumen", sagt Bobrowski. Eich erwidert, daß er das „Schlachthaus mit Geranien" nicht schmücken will, und fügt 1967 sein „Nichtmehreinverständnis mit der Welt" hinzu. Sogar Blödsinn, behauptet er, erfüllt „eine ganz bestimmte wichtige Funktion in der Literatur".

Die Stichworte der modernen Poesie sind „Artistik", „Form", „Ausdruck" u.a. schreibt Karl Krolow, der zusammen mit Eich in den 60er Jahren die poetisch erfahrene Generation vertritt, 1962 in seiner programmatischen Rede *Die Rolle des Autors im experimentellen Gedicht*: „Die Entwicklung der neueren Poesie ist ein artifizielles Abenteuer, dessen Folgen nicht auszumachen sind"[18]. Krolow weist mit Recht darauf hin, daß es „ein von langer Hand vorbereitetes Abenteuer" ist, nämlich, daß die Formänderungen der deutschen Poesie ihre Wurzeln in der französischen Moderne haben. Interessant sind seine Gedanken über den „Umweg" der deutschen Lyrik zur modernen Form. Der „Umweg" heißt Naturlyrik mit ihrer „Sinn-Erfülltheit". Statt des stofflichen „Überangebotes" tritt nun „der augenblicklich grassierende Verbalismus mit seiner Sinn-Skelettierung, mit der Pulverisierung veränderter Struktur" auf.[19] Alle genannten Formveränderungen sind

---

17 O. Knörrich: Die deutsche Lyrik nach 1945. Stuttgart. 1978, S. 205.
18 K. Krolow: Die Rolle des Autors im experimentellen Gedicht. Wiesbaden. 1962, S. 4.
19 Ebd., S. 5.

schon in den Gedichten von 1952 bis 1965 zu bemerken. Fassen wir sie im Gesamtrahmen der Entwicklung der deutschen Lyrik nach 1945, so ist die Figur Benns nicht zu umgehen. Es ist nicht entscheidend dabei, ob Bobrowski direkten oder indirekten Kontakt zu diesem Dichter gehabt hat – seine Ideen über die Dichtung bildeten die geistige Atmosphäre und beeinflußten tiefgreifend die Generation der Lyriker, die nach dem Zweiten Weltkrieg die literarische Bühne betrat.

In seiner berühmten Rede *Probleme der Lyrik* von 1951 weist Benn darauf hin, daß eben die neue Form selbst als Inhalt in der modernen Lyrik zum Vorschein kommt. Er nennt diesen Prozeß „Artistik". Dieser Begriff ist wohl nihilistisch im Sinne Nietzsches gemeint, was für Bobrowski, im Grunde genommen, fremd ist, doch das kann auch als eine neue Formlehre betrachtet werden. Benn verbindet also „Artistik" mit „einem neuen Stil" oder

es ist der Versuch, gegen den allgemeinen Nihilismus der Werte eine neue Transzendenz zu setzen: die Transzendenz der schöpferischen Lust. [20]

Der Begriff „Artistik" umschließt bei Benn die ganze Problematik der Ausdruckswelt. Zwei Aspekte des Lyrischen bei Benn können bei Bobrowski aktualisiert werden. Erstens sind das „vier diagnostische Symptome, deren Hilfe Sie selber in Zukunft unterscheiden können, ob ein Gedicht vor 1950 identisch mit der Zeit ist oder nicht". Es geht um „veraltete" Gedichte, die nach „primitiver Art" ihre lyrische Substanz dokumentieren, und um die modernen Gedichte der zweiten Hälfte des 20. Jahrhunderts. Bobrowski ist keine Ausnahme, sondern ein Kennzeichen dieser Verwandlung, denn schon die ersten Werke der 50er Jahre weisen relevante Veränderungen auf. Aber welche Ausdrucksweise kritisiert Benn in seinen *Problemen der Lyrik*? Erstens ist das Andichten damit gemeint, wie es in der Naturlyrik üblich ist. Benn nennt es das Andichten „der unbelebten Natur" und „am Schluß die Wendung zum Autor, der jetzt innerlich wird [...]."[21] Das zweite Symptom einer veralteten Weise der Lyrik nach Benn ist „das WIE". Darunter versteht der prominente Dichterführer nicht nur ein stilistisches Element, das überlebt worden ist, sondern auch die Erzählweise. Benn nennt es „einen Einbruch des Erzählerischen, Feuilletonistischen in der Lyrik", denn dadurch wird die moderne „sprachliche Spannung" unterbrochen. Ähnlich wird das dritte und vierte Symptom behandelt, dann Farben und „der seraphische Ton", d.h. die Verneinung des Mythischen und Esoterischen bei Benn.

---

20 G. Benn: Gesammelte Werke in acht Bänden. Band 4. München. 1975, S. 1064.
21 Ebd., S. 1067.

Der große Dichter aber ist ein großer Realist, sehr nahe allen Wirklichkeiten – er belädt sich mit Wirklichkeiten, er ist sehr irdisch [...].[22]

Diese Symptome von Benn wirken sehr schematisch und widerspruchsvoll auch auf die Menschen, sie verteidigen aber strikt das formale Prinzip, das für den Dichter zugleich das geistige Prinzip bedeutet. Es entspricht völlig der Losung Benns „die Form *ist* ja das Gedicht" oder „Form ist der höchste Inhalt". Als Gegenstand des Gedichts wird „eine psychische Materie" erklärt. Die Lehren der französischen und deutschen Symbolisten, insbesondere die von Mallarmé und Hofmannsthal, werden bei Benn bis ins Äußerste getrieben. Übrigens hat Benn selbst sogar in seinen späteren Gedichten in dem von ihm definierten Sinne diese poetischen Prinzipien nie verwirklicht...

Vergleichen wir die bennschen Prinzipien einer modernen Schreibart mit dem sich ändernden Stil Bobrowskis Anfang der 40er Jahre, so finden wir sicher grundsätzliche Bemühungen des Dichters um eine neue Aussageweise. Allmählich wird bei ihm wirklich das altmodische „Erzählerische" abgeschafft, die Syntax wird „zertrümmmert" oder „pulverisiert", d.h. in ihre Bestandteile aufgelöst, auch das WIE verliert sich unaufhörlich, jedoch bleibt das Farbenprächtige und Mythische der Naturlyrik als Zauber und Beschwörungsformel. Typische Beispiele dafür sind die poetischen Aufzeichnungen der russischen und baltischen Städte während des Krieges. Das Gedicht *Kandava* aus dem Zyklus *Städte 1941* zeugt vom gespannten inneren Streben des Dichters, die traditionelle Ausdrucksweise abzuschaffen und eine neue eigenartige Stilistik aufzubauen. Sind noch viele Gedichte der 50er Jahre im bennschen Sinne altmodisch und sterotypisch als poetische Erzählungen aufzufassen, wo eine Kirche oder Kathedrale nach dem alten Modell beschrieben oder charakterisiert wird (z.B. *Die Kathedralen Frankreichs* u.ä.), so tritt hier eine andere poetische Weltauffassung zutage. Das Resultat zeigt sich in erster Linie in der Veränderung des Ausdrucks und nicht in der nihilistischen Verneinung der alten „Inhalte" und „Werte", für die Benn kämpft. Statt Kandava im traditionellen Sinne zu schildern, z.B. anstatt zu sagen: „Es ist Nacht. Ringsum sind Berge, aber irgendwo im Himmel ist ein weißer Lichtschein zu sehen; um ein altes Gemäuer wachsen Bäume" usw., schreibt Bobrowski abrupt:

---

22 Ebd., S. 1069.

Berge,
nächtlich. In Lüften
weißer Lichtschein. Bäume
um ein Gemäuer,
alt:

noch das Lied der Dörfer
tönend, der Wälder
rinnenden Laut. Im Gewänd
drunten die Eulenlichter
wachten herauf.[23]

Wollen wir Bobrowski seine romantischen Reminiszenzen (denn es gibt keine Berge in oder um Kandava) vergeben, so ist die traditionelle Erzählung hinter dem zersplittert detaillierten Ausdruck zu spüren. Doch die Auffassung der Dichtung als einer magischen Formel führt Bobrowski zur bestimmten Dunkelheit des Sinnes, wo die Zersplitterung des Bildes und Lockerung oder Auflösung der Syntax oft zur Verneinung der Kausalität und Temporalität oder deren Vermischung führt. Im Gedicht *Lettische Lieder* faszinieren den Leser mythologische Bilder. Im Zentrum steht ein Ich, unbärdig, ein Narr des lettischen Altertums,

an den Zäunen taumelnd,
mit schwarzen Händen
würgend ein Lamm um das Frühlicht. Ich,

der die Tiere schlug
statt des weißen
Herrn, ich folg auf zerspülten
Wegen dem Rasselzug,

durch der Zigeunerweiber
Blicke geh ich [...][24]

Das mythisierende Ich (wahrscheinlich aus der Vergangenheit) weist keine konkreten historischen und sozialen Einzelheiten auf (geschweige den umstrittenen Fall vom Mörder Uexküll aus dem 17. Jahrhundert). Die magische Sprachauffassung von Bobrowski hat jedoch ihr Ziel erreicht: Das Gefühl der Beschwörung, des Magischen ist beim

---

23 J. Bobrowski (Anm.7), S. 294.
24 J. Bobrowski: Sarmatische Zeit. Berlin. 1961, S. 77.

Leser evoziert worden, eine altmodische Erklärung der Umstände ist nicht vonnöten. Ebenso ist der Begriff „Sarmatien" und seine „sarmatische Zeit" zu deuten: Eigentlich geht es nicht um wahrhafte Deutung und Reproduzierung des „Sarmatischen", denn die Absicht des Dichters besteht in der Anrufung des Mythischen, wie Fritz Minde treffend bemerkt hat: „Die Struktur des sarmatischen Mythos", schreibt er, ist „eine bis in den elementaren Urgrund hinabreichende Einheit von Mensch und Landschaft"[25]. Bobrowskis Sarmatien ist „letzlich keine echte mythische Qualität", es ist die „Metapher einer untergegangenen heilen Welt".

Bobrowskis Grenzen sind die Grenzen der christlich-humanen Werte und er ist nie über diese Grenzen gegangen, um den Nihilismus, absolute oder monologische Dichtung als Ziel zu erreichen. Er hat nie anarchische und „blödsinnige" Texte der konkreten Lyrik geschrieben. Weit von der Tradition Brechts und Enzensbergers ist er im Rahmen einer modernisierten Naturlyrik mit christlichem Pathos geblieben. Eich hat nach der Überwindung der Naturlyrik und der symbolischen Transzendenz bemerkt, daß nun auch „der Blödsinn eine ganz bestimmte wichtige Funktion in der Literatur hat"[26]. Bobrowski würde dies nie sagen können. Marie Luise Kaschnitz behauptet mit Recht in ihrem Essay *Rettung durch die Phantasie*, daß „Mythen und Religionen zu bilden" die Aufgabe des Dichters sei, denn dadurch schafft er

diesen letzten kleinen Freiheitsraum, das Gedicht. [...] Er kann, von aller Rücksichtnahme auf traditionelle Stile befreit, neue Formen bilden und Überraschendes zutage treten lassen.[27]

Das Ergebnis ist also ein „weiterer Blick", den wir auch in den besten Gedichten Bobrowskis verfolgen.

---

25 F. Minde: Johannes Bobrowski. In: Die deutsche Lyrik 1945-1975. Herausgegeben von Klaus Weissenberger. Düsseldorf. 1985, S. 272.
26 G. Eich (Anm. 1), Bd. IV, S. 408.
27 M. L. Kaschnitz: Ein Lesebuch. Frankfurt/Main. 1982, S. 216.

„Suchen mit zitterndem Mund".
Die nicht geführten Gespräche der Dichter
Bobrowski - Huchel - Celan

HUB NIJSSEN

> *Ich werd kommen, vom Singsang*
> *müd, vom Gered, nur den Flug*
> *einer Etüde über dem Ohr, ich werd stehn*
> *auf den Hängen, hören*
> *nach einem Ruf und den Ton*
> *suchen mit zitterndem Mund,*
> *sagen: es ist ganz leicht.*
> *(aus Mickiewicz)*

Es ist schon viel über Huchel und Bobrowski geschrieben worden und das alles soll hier nicht wiederholt werden.[1] Um eine kurze Zusammenfassung kommen wir jedoch nicht herum. Und meistens fängt man mit dem Interview an, in dem Bobrowski sich auf die Frage, ob es unter den Lebenden Vorbilder für ihn gebe, zu Huchel bekennt:

Peter Huchel natürlich. In der Gefangenschaft habe ich zum ersten Mal ein Gedicht von ihm gesehen, in einer Zeitung, und das hat mich ungeheuer beeindruckt. Da habe ich es her, Menschen in der Landschaft zu sehen, so sehr, daß ich bis heute eine unbelebte Landschaft nicht mag. Daß mich also das Elementare der Landschaft gar nicht reizt, sondern die Landschaft erst im Zusammenhang und als Wirkungsfeld des Menschen.[2]

Und eine Frage später antwortet Bobrowski, daß Huchel der erste war, der ihm etwas zu seinen Gedichten gesagt hat und außerdem auch noch etwas Gutes. Das war am 16. Juni 1955, als sich die beiden

---

1 Siehe vor allem: F. Minde: Johannes Bobrowskis Lyrik und die Tradition. Peter Lang Verlag, Frankfurt am Main 1981, S. 221-268. Ch. Siemes: Das Testament gestürzter Tannen. Das lyrische Werk Peter Huchels. Rombach Verlag, Freiburg im Br. 1996, S. 293-335. Johannes Bobrowski-Peter Huchel Briefwechsel. Hg. von E. Haufe. Deutsches Literaturarchiv Marbach am Neckar, 1993. Weiter zitiert als ‚Briefwechsel'.
2 J. Bobrowski: Gesammelte Werke in sechs Bänden, hg. von E. Haufe. Bde. I-IV Stuttgart / Berlin 1987, Bd. V Stuttgart 1998, Bd. VI (hg. von H. Gehle) Stuttgart 1999, hier IV, S. 488; Zitate aus dieser Ausgabe werden im folgenden mit der Sigle GW, der Band- und der Seitenangabe nachgewiesen.

Dichter zum ersten Mal in der Ostberliner Akademie der Künste während einer sogenannten „Sprechstunde" des Chefredakteurs von *Sinn und Form* trafen.[3] Diese Begegnung führte zu Bobrowskis Nachkriegsdebüt, denn Huchel druckte im Septemberheft gleich fünf seiner Gedichte. Die Tatsache, daß Bobrowski auch die späteren Begegnungen mit dem Chefredakteur „Audienzen" nannte und den älteren Dichter als „Meister" ansprach[4] und nicht als „Kollegen" sehen wollte, macht das Verhältnis zwischen beiden gleich klar, was nicht heißt, daß man es leicht auf einen Nenner bringen kann. Denn am 25. Oktober 1960 schreibt Bobrowski seinem DVA-Lektor, daß er gerne Huchels „allerletzter Schüler" gewesen wäre - von „Kollege" jedoch nicht die Rede sei.[5] Kein Freund, kein Kollege, kein Lehrer: was bleibt denn da noch übrig? Papst. Wie mir Johanna Bobrowski 1986 sagte, war Huchel für ihren Mann der „Papst". Doch was heißt das, wenn man evangelisch ist? Reinhard Tgahrt kommt auf „Schutzpatron"[6], was ganz zutreffend ist, aber nur die eine Seite des Verhältnisses deckt. Die andere ist Vorbild, wenn nicht gar Spiegelbild eines Gleichgesinnten. Darauf werde ich noch tiefer eingehen.

Zunächst noch den Schutzpatron. Als Huchel 1955 Bobrowskis Gedichte las, reagierte er mit *„ecce poeta!"* In den Heften 4/1955, 4/1957 und 3/1958 erscheinen 10 Gedichte Bobrowskis und in H. 2/1962 die ersten beiden Erzählungen. Auch die zweite Gedichtpublikation Bobrowskis nach 1945 geschah durch Huchel, der in dem in Hamburg erscheinenden „Das Gedicht. Jahrbuch zeitgenössischer Lyrik 1956/57" eine Auswahl „Junge Lyrik aus der DDR" besorgte, wo Bobrowski am ausführlichsten vorgestellt wurde. Die fünf Gedichte sorgten dafür, daß er auch im Westen langsam bekannt wurde. Huchel sorgte für den Brückenschlag zu Joachim Moras und Hans Paeschke von den Zeitschriften „Merkur" und „Jahresring" und damit zur Deutschen Verlags-Anstalt, die 1961 Bobrowskis ersten Gedichtband herausgab. Der ehemalige Rundfunkdirektor Huchel stand regelmäßig in Verbindung mit Karl Schwedhelm vom Süddeutschen Rundfunk, in dem 1959 acht Gedichte von Bobrowski gelesen wurden.[7] Dürfte dieser Kontakt also vermutlich auf Huchels Vermittlung

---

3 E. Haufe: Bobrowski-Chronik. Daten zu Leben und Werk. Königshausen & Neumann Verlag, Würzburg 1994, S. 35. Weiter zitiert als ‚Chronik'.
4 Briefwechsel (Anm. 1), S. 10, 12 und 45.
5 R. Tgahrt & U. Doster: Johannes Bobrowski oder Landschaft mit Leuten. Ausstellungskatalog des Deutschen Literaturarchivs, Marbach am Neckar, 1993, S. 68. Weiter zitiert als ‚Katalog'.
6 Ebenda, S. 56.
7 Chronik (Anm. 3), S. 44 und 46.

zurückgehen, kann dies 1959 bei der Anthologie *Expeditionen* von Wolfgang Weyrauch als sicher angenommen werden, denn Bobrowski wußte nichts davon.[8] Huchel schickte seinem alten Freund Weyrauch nämlich das Ibelsche Jahrbuch mit Bobrowskis Gedichten und hoffte, daß Weyrauch noch Platz für diesen finden könne, denn dann seien seine „riesigen Portokosten" nicht umsonst gewesen. Er würde notfalls eher Maurer herausnehmen, denn Bobrowski sei „stärker als Maurer - im Verhältnis 2:0."[9] Noch 1972 schätzt er Bobrowskis dichterische Leistung höher ein als die gesamte Produktion Maurers seit 1936. Zwar sei das Ansichtssache, gesteht er Fritz Raddatz, aber er stehe zu seinem Urteil.[10] Nicht, daß Huchel Maurer schlecht gesonnen war, keinesfalls. Wenn der französische Lyriker und Übersetzer Pierre Garnier 1956 eine neue Anthologie junger deutscher Lyrik plant und in diesem Rahmen Huchel um Rat bittet, antwortet dieser:

Natürlich tun Sie gut daran, Maurer, Fühmann und Wiens zu übersetzen, denn diese verdienen es wirklich. Was eine Gestalt wie Cibulka betrifft, der nur von der Montage lebt, so bin ich anderer Meinung als Sie. (Auch Maurer; [...]) Ich möchte in diesem Zusammenhang ganz besonders auf Johannes Bobrowski hinweisen [...], den ich für überaus begabt halte. Er hat - wie er mir sagte - sehr viel von mir gelernt, besitzt aber bereits eine eigene lyrische Note, so daß es ungerecht wäre, ihn wegzulassen.[11]

Der in Wien lebende Günther Anders lobte Huchels Auswahl für Ibels Jahrbuch, vor allem Angelika Hurwicz. Huchel antwortete ihm im Oktober 1956, daß es bei der in der DDR „vorherrschenden Talentlosigkeit und sturen Funktionärsreimerei" nicht leicht gewesen sei, etwas zu finden. Zweifellos gehöre Hurwicz neben Bobrowski und Franz Fühmann zu den „stärksten Talenten".[12] Ein Jahr später empfiehlt er Peter Hamm „vor allem Bobrowski - noch ungedruckt, aber der vor allem!"[13] Und wenn die Italienerin Gilda Musa 1958 eine

---

8 Ebd., S. 47.
9 Unveröffentlichter Brief Huchels an W. Weyrauch vom 13. April 1959. Einheit 58 des Teilarchivs "Sinn und Form" in der Stiftung Archiv der Akademie der Künste, Berlin.
10 Unveröffentlichter Brief Huchels an F. Raddatz vom 5. April 1972. Deutsches Literaturarchiv Marbach, Nachlaß Huchel.
11 Brief an P. Garnier vom 15. Februar 1956. Zitiert nach: Peter Huchel: Wie soll man da Gedichte schreiben. Briefe 1925-1977. Hg. von H. Nijssen. Suhrkamp Verlag, Frankfurt am Main 2000, S. 214.
12 Brief an G. Anders vom 24. Oktober 1956. Ebd., S. 245.
13 Brief an P. Hamm vom 15. Mai 1957. Ebd., S. 258f.

Anthologie zusammenstellt, hält er Bobrowski für den Begabtesten von allen, die er in Ibels Jahrbuch vorgestellt hat. Er bedauert es, daß noch immer kein Buch von ihm erschienen ist.[14] Damit hat sich Huchel also für die Verbreitung von Bobrowskis Gedichten in mindestens vier Ländern stark gemacht. Bereits im September 1956 schlug Huchel als ehemaliger Preisträger Bobrowski für seine Lyrik neben Erich Arendt als Übersetzer für den Fontane-Preis vor und wollte dafür sogar die Statuten ändern lassen, da beide nicht im Bezirk Potsdam wohnten. Als die Kommission dies ablehnte und Bernhard Seeger auszeichnen wollte, ließ sich Huchel für die weiteren Kommissionssitzungen entschuldigen.[15] Im Mai 1961 schlug Huchel in der Akademie der Künste Bobrowski neben Arno Reinfrank für den Heinrich-Heine-Preis für Lyrik vor. Doch auch dieser Vorschlag stieß auf taube Ohren.[16] Man sieht: solange Huchel als Chefredakteur Einfluß ausüben und etwas für Bobrowski tun konnte, hat er es getan. Nach dem Mauerbau 1961 wuchs der politische Druck auf Huchel und nahmen dessen Möglichkeiten schnell ab. Kurz vor seiner Entlassung brachte Huchel noch die Erzählungen *Lipmanns Leib* und *Begebenheit*, wodurch er als Erster Prosa von Bobrowski veröffentlichte.

Als Huchel bereits entlassen worden war, aber sein letztes Heft, das hohe Wellen schlagen lassen sollte, noch nicht erschienen war, fand in der Akademie der Künste am 11. Dezember 1962 der Abend der jungen Lyrik statt. An dem Abend wollte Bobrowski sich nicht neben Peter und Monica Huchel setzen, was beide kränkte. Einige Monate später entschuldigte sich Bobrowski für sein „Unvermögen, in derartigen Situationen überhaupt zu reagieren". Huchels Antwortbrief, der wie alle anderen Briefe nach 1962 von Monica Huchel getippt und deshalb wohl noch etwas schärfer formuliert wurde, machte klar, daß er *en passant* auf „ein menschlich nobles Wort" gewartet hatte.[17] Bobrowski bat dann nochmals um Verzeihung, unterließ es aber, einfach nach Wilhelmshorst zu fahren. Einige Wochen später wurde Huchel in allen Medien der DDR scharf angegriffen, weil er sich weigerte, den Westberliner Fontane-Preis abzulehnen. Auf einer Bera-

---

14 Unveröffentlichter Brief an G. Musa vom 19. März 1959. Einheit 58 des Teilarchivs „Sinn und Form" in der Stiftung Archiv der Akademie der Künste, Berlin.
15 Protokolle der Kommission zur Vorbereitung der Verleihung des Fontane-Preises 1956 vom 31.8., 24.9., 5.10., 30.10. und 13.11.1956. Mappe R, Einheit 57 des Teilarchivs „Sinn und Form" in der Stiftung Archiv der Akademie der Künste, Berlin.
16 Protokoll der Sitzung der Sektion Dichtkunst und Sprachpflege der Deutschen Akademie der Künste vom 19. Mai 1961. Akte IV 2/2.026/31 Büro Kurella, SAPMO-Bundesarchiv.
17 Siehe Briefwechsel (Anm. 1), S. 26-28 und 68.

tungskonferenz des Politbüros des ZK der SED mit Schriftstellern und Künstlern erlebte Bobrowski, wie Kurt Hager Huchel und *Sinn und Form* abkanzelte. Huchel galt als Staatsfeind und wurde in diesen Monaten ständig von der Stasi überwacht. Auch mit ihm befreundete Schriftsteller sollten beschattet werden. Zu diesen gehörte Bobrowski, es wäre für ihn wahrscheinlich ein ‚literarischer Selbstmord' gewesen, wenn er sich jetzt für Huchel privat oder öffentlich eingesetzt hätte.[18] Doch er bedauerte das sehr, wie er dem tschechischen Lyriker und Huchels Freund, Ludvík Kundera, gestand:

Ich muß eben doch mal aus der Reserve heraus. Bei Huchel habe ich das versäumt, es wird mir ewig leid tun. Obwohl ich ja nichts geändert hätte.[19]

Noch einmal sollten sich die beiden treffen. Während einer Tagung der Evangelischen Akademie Berlin-Brandenburg im Februar 1964. Dort saßen die beiden „alten ‚Naturmagier' beieinander", wie Bobrowski voller Ironie schreibt, und besprachen ihre „Kümmernisse" wie früher. Er war froh, daß Huchel ihm nicht mehr grollte, und erwartete, daß es auch zwischen den DDR-Kulturpolitikern und Huchel zu einer Abmachung kommen werde.[20] Doch darauf mußte Huchel noch sieben Jahre warten. Als Bobrowski sich im anfangs zitierten Interview zu Huchel bekannte, war dieser beim Kreisgericht Potsdam schon angeklagt worden. Bestimmt hatte sich das in Berlin und Umgebung herumgesprochen. Vielleicht war das doch ein bescheidener Versuch Bobrowskis, dem alten „Meister" Rückendeckung zu geben. Sein letzter Brief vom November 1964 hatte er zum ersten Mal mit „Lieber Herr Huchel" angefangen. Vielleicht war Huchel nun nicht mehr der „Papst", dafür aber ein „Kollege".

Kommen wir nun zum Werk. Huchels Wertschätzung von Bobrowskis Werk ist schon durch seine Rolle als Förderer deutlich geworden. Huchels wichtigster poetologischer Text stammt schon aus dem Jahre 1932 und gilt also nur für das Frühwerk, in dem er seine Jugend auf dem Lande und das Leben der Landarbeiter beschreibt. Auf dieses Frühwerk bezieht sich Bobrowskis Zitat von der belebten Landschaft. In seiner Selbstanzeige zum Gedichtband *Der Knabenteich*, den er 1933

---

18 Für Details siehe: Hub Nijssen: Der heimliche König. Leben und Werk von Peter Huchel. Königshausen & Neumann Verlag, Würzburg 1998, S. 368, 375-377.
19 Katalog (Anm. 5), S. 226.
20 Brief an Elisabeth Borchers vom 21. Februar 1964. Zitiert nach Katalog (Anm. 5), S. 119.

vor dem Erscheinen zurückzog, sagt Huchel, daß sein wichtigstes Ziel ist, „vergangene Zeit wieder gegenwärtig zu machen", „ein Stück Leben, das seit ‚damals' unter Tag lag", muß wieder sichtbar werden. Das gelingt einem Gedicht am besten, wenn es nicht so sehr *gesehen* wird, sondern vielmehr *gehört, gerochen* und *geschmeckt* wird. Dadurch erscheint die Landschaft in einem anderen Licht, als sähe man sie durch ein farbiges Glas hindurch. Dabei ist der Dichter oder Leser eher ein Mittel als ein Agens, ein Handelnder: „nicht wir rufen das Vergangene an, das Vergangene ruft uns an." „Nicht so sehr das Hinfinden des Menschen zur Natur, nicht so sehr das Einfühlen oder die Rückkehr in die Natur will in den Gedichten zum Ausdruck kommen, mehr noch ist es die Natur als Handelnde, die auf den Menschen eindringt und ihn in sich hineinzieht." [21]

Für Bobrowski - s.E. im Anschluss an Lessing - mußte ein lyrisches Gedicht „vollkommen sinnliche Rede" sein, wie es in seinem Vortrag *Lyrik der DDR* (1960) heißt. „Inhalt, Sprachführung, Lautstand, rhythmische Bewegung usw." mußten unlösbar verbunden sein.[22] Ein Gedicht mußte demnach laut gelesen werden und alle Sinne des Menschen ansprechen. Darin war er sich also völlig mit Huchel einig. Als Beleg führt er Huchels *Havelnacht* auf, das Gedicht, das er in der Gefangenschaft gelesen hatte und das dazu geführt hatte, daß er eine unbelebte Landschaft nicht mochte. Die Landschaft als „Wirkungsfeld des Menschen" stand ihm vor Augen, er wollte eine „Geschichte menschlicher Arbeit in der Landschaft" auffinden. Darin stimmt er also mit Huchel überein. Ein Naturgedicht nur der Natur wegen zu schreiben, wie es Lehmann so oft getan hat, das war weder für Huchel noch für Bobrowski angebracht. Im Roman *Litauische Claviere* sagt er es mit seinem berühmten Humor:

Aber damit etwas gewonnen würde, mit der Beschreibung, die in dieser Form einfach für nichts steht, werden wir sie bevölkern, mit Leuten, weil die schönste Landschaft ohne Leute wie eine entsetzliche Öde ist, schlimmer als die Hölle, mit Leuten, versteht sich, die sich in dieser Umgebung zu bewegen wissen, nicht solchen, die jeder verkehrt hingestellten Harke gleich auf die Zinken treten, das ihnen der Stiel ins Gesicht schlägt.[23]

---

21 P. Huchel: Gesammelte Werke. Bd. II Vermischte Schriften. Hg. von Axel Vieregg. Suhrkamp Verlag, Frankfurt am Main 1984, S. 242-250 (243, 246, 249). Weiter zitiert als HW, die römische Zahl bezeichnet den Band.
22 GW IV, S. 425f.
23 GW III, S. 319.

Huchels Landschaft konnte Bobrowski dagegen nicht inspirieren:

Und dann die Landschaften hier, Mark Brandenburg, das Wasser und die Chausseen, das war Huchels Landschaft, und Huchel hatte etwas daraus gemacht, alles ganz schön - aber nichts im Vergleich zu den östlichen Ebenen. Das war überhaupt keine Landschaft hier. Aber dort, wenn Pferdeschlitten über den gefrorenen Fluß knirschten und zum Ufer hin angetrieben wurden, damit sie die Höhe des Hangs erreichten, und so ein Himmel dort und solche Dörfer, ein einziger Hof so groß wie ein märkisches Dorf?[24]

Trotzdem: jeder, der die Gedichte Huchels und Bobrowskis liest, wird über die Verwandtschaft oder gar Identität der Bilder und Metaphern staunen. In Bobrowskis Gedicht Anruf, mit dem er seinen Debütband beginnen läßt, heißt es: „[...] am Feuer / hockt der Märchenerzähler" (GW I, S. 3). Bei Huchel sind es die alten Bauernknechte, Zigeuner oder die französische Marguerite, die alte Legenden erzählen:

O Marguerite,
Streich mit der Hand
Die Asche von des Herdes Glut.
Es leuchtet auf das alte Blut
Im Feuer der Legenden. (In der Bretagne: HW I, S. 133).

Und für beide spielt das Feuer dabei eine wichtige Rolle. In *Landschaft mit Vögeln* (GW I, S. 50f.) wird das lyrische Ich eins mit einem Baum, wie in Huchels *Im Kun-Lun-Gebirge* (HW I, S. 254-256). Es müssen also nicht immer auf der Hand liegende Bilder sein. Beide Dichter betrachten sich als Übersetzer von Naturzeichen, die sie in menschliche Sprache übertragen müssen, was oft ein mühsames Geschäft ist. Spricht Bobrowski in *Trakl II* von „Das Grün großer Blätter. Zeichen / geschrieben über den Tisch." (GW II, S. 349), in Huchels spätem poetologischem Gedicht *Keine Antwort* (HW I, S. 204) heißt es resignierend:

Schatten von dürrem
Weingerank
an der Zimmerdecke.
Zeichen,

---

24 Ch. Meckel: Erinnerung an Johannes Bobrowski. Carl Hanser Verlag, München/Wien 1989, S. 37.

*von eines Mandarinen Hand
geschrieben.*

*Das Alphabet,
das du besitzt,
reicht nicht aus,
Antwort zu geben
der wehrlosen Schrift.*

Die Schrift der Borkenkäfer, die Boehlendorff auf einem entrindeten Pfahl mit der Hand abtastet (GW IV, S. 99), entspricht Huchels berühmtem *Traum im Tellereisen* (HW I, S. 155f.):

*Wind blättert
Ein Stück Rinde auf.
Eröffnet ist
Das Testament gestürzter Tannen,
Geschrieben
In regengrauer Geduld
Unauslöschlich
Ihr letztes Vermächtnis –
Das Schweigen.*

Das Gedicht endet mit der Schrift des Hagels im Wasser eines Sees: „Der Hagel meißelt / Die Grabschrift auf die schwarze Glätte / Der Wasserlache." Und das entspricht wieder Bobrowskis „Wind / schmilzt / und Regen gerinnt, / eine Zeichnung im Wasser" (*Mit Flügeln*: GW I, S. 157). Diese Vergleichsreihen ließen sich, wie ich an anderer Stelle gezeigt habe, fortführen.[25]

Wie Wilhelm Dehn sagte, war Bobrowskis Zentralthema „die organisierte Gewalt über den sozial Schwächeren."[26] Es geht in seinem Werk um die „Vermenschlichung der Verhältnisse" (GW IV, S. 494), oder wie es in *Boehlendorff* heißt: „Wie muß eine Welt für ein moralisches Wesen beschaffen sein?" (GW IV, S. 103). Das alles kann man auch von Huchels Werk sagen, wobei dieser aber eher die Opfer-

---

25 H. Nijssen: Wo der Frost die Steine hebt, wird grünen ein Baum. Die poetologischen Naturgedichte Peter Huchels und Johannes Bobrowskis. Katholieke Universiteit Nijmegen 1987 (masch). Die Arbeit ist im Marbacher Literaturarchiv und in der Amerika-Gedenkbibliothek (Berlin) einsehbar. Der Huchel-Teil ging dann in meine Dissertation ‚Der heimliche König' ein (S. 493-550).

26 J. Bobrowski: *Lipmanns Leib*. Erzählungen. Auswahl und Nachwort von Wilhelm Dehn. Reclam Verlag, Stuttgart 1981, Nachwort, S. 77. [RUB 9447]

Rolle übernimmt und durch seine Lebenserfahrungen resigniert, während Bobrowski Celan im Dezember 1959 schreibt: „Es ist nicht möglich, zu resignieren."[27] Huchel und Bobrowski konzentrieren sich in ihrem Frühwerk stark auf eine regionale oder heimatliche Kultur. Bei Huchel ist das die der Mark Brandenburg, die er in seiner Jugend erlebt hat. Für Bobrowski ist das die sarmatische Welt, deren Geschichte und Mythen er ausführlich im *Sarmatischen Divan* beschreiben und wiedererwecken wollte. Er gerät denn auch in eine Krise, wenn er diesen Plan aufgegeben hat und sich ein neues Thema, eine neue Welt erobern muß. Wie findet er eine neue Form, einen neuen Inhalt? Die neue Form war die der Chiffren, den Inhalt mußte die Gegenwart liefern. Huchel hatte die Fixierung auf die lokale Kultur schon früher aufgegeben, sowieso hatte er schon Ende der 20er Jahre über seine Frankreich-Erlebnisse geschrieben. Von diesen Erlebnisgedichten der eigenen Vergangenheit war er in die Gegenwart der DDR angelangt, und da diese für ihn nach 1955 immer bedrohender wurde, griff er - im Gegensatz zu Bobrowski - gerade auf die Mythologie zurück. Aber keine Mythologie der Vergangenheit, die wiedererweckt werden mußte, sondern eine Mythologie der Gegenwart, denn Odysseus wird nicht wie bei Wilhelm Lehmann einfach in eine ihm wesensfremde norddeutsche Gegend verpflanzt, sondern irrt weiter in seiner ursprünglichen Landschaft als Sinnbild des modernen Dichters, der das richtige Wort sucht. Hätten Huchel und Bobrowski nichts anderes getan, als das Heimweh nach der Heimat, nach der Jugendzeit zu beschreiben, so könnte ihre Einordnung als Neoromantiker oder als ‚unmodern' zutreffend sein. Aber statt einer Heimweh-Erfahrung der verlorenen Jugendidylle ist das Hauptwerk beider Autoren nun eben die Exil-Erfahrung, die bei Bobrowski mit seiner Kriegsgefangenschaft und bei Huchel mit der Hitler-Diktatur und erneut mit der Isolation in der DDR (1962-1971) anfängt und mit einem richtigen Exil (1971-1981) endet. Diese Exil-Erfahrung führt zu einer Sprachkrise und die ist eins der Hauptprobleme der modernen Literatur weltweit.

Bobrowski und Huchel sprechen in ihrem Werk nur von Zeichen, nicht von Chiffren. Ich übernehme hier die Definitionen von Fritz Minde, wobei Zeichen Bedeutungsträger sind, die mit Außeninformationen (aus der literarischen Tradition) entschlüsselbar sind. Chiffren dagegen sind Bedeutungsträger, deren Bedeutungen nur durch Inneninformation zu entschlüsseln sind, d.h. Information, die den Dich-

---

27 Katalog (Anm. 5), S. 426. Oder Chronik (Anm. 3), S. 48.

ter und sein Werk unmittelbar betreffen.[28] Sie sind also nicht mehr gedichtimmanent zu verstehen, sondern nur noch im Rahmen mehrerer Gedichte oder des Gesamtwerks. Diese Chiffrenhaftigkeit tritt - von einigen Ausnahmen abgesehen - bei Bobrowski 1959 zum ersten Mal deutlich hervor. Dagegen sind die *meisten* Gedichte zu der Zeit noch (relativ) leicht zu deuten, da sie nur ‚reine Zeichen' enthalten. In Kombination mit der Suche nach einer neuen Form in Prosa und Poesie und der politischen Entwicklung in der DDR nach dem Mauerbau kommt es zu einer Schaffenskrise um 1961-62 herum, die für die Poesie etwas länger dauert. Einige Zitate: „Und jetzt probiere ich Prosa. Das ist ein bittres Geschäft, weil ich erst lernen muß zu arbeiten. Bisher hat mich mein Thema getragen." (29.6.1961), „die Prosa stockt" (23.10.1961), „Seit Monaten nichts geschrieben, in einer Dürre lebend." (30.1.1962), „Es ist kein Klima für Kunst." (12.2.1962), *Sprache*, „das seit Monaten erste Gedicht" (26.2.1963), „die einzigen [Gedichte] seit Oktober" (im April 1965), „und alle halbe Jahre ein Gedicht" (11.5.1965).[29] Im März 1963 schreibt Bobrowski zum Gedicht *Sprache*: „Seit langem denke ich bei jedem Gedicht, es könnte das letzte sein, und ich denke es ohne Schmerz."[30] Wenn Bobrowski 1961/62 überhaupt schreibt, sind es leichtverständliche Kurzgeschichten wie *Brief aus Amerika* oder *Lipmanns Leib*. Die paar Gedichte, die ihm gelingen, sind meistens poetologisch (*An Klopstock*) und/oder stark chiffriert (*Schattenland*). Hieraus zeigt sich m.E., daß sich Bobrowski gründlich überlegt, wie er schreiben will, und daß er neue Wege sucht. Er will das Unsagbare sagen und weiß, daß ihm das nur mit Chiffren gelingen kann. Doch diese Technik muß er sich erst einmal erarbeiten. Deshalb schreibt er 1962 wenig Gedichte, aber wohl - nach dem Maßstab ‚chiffriert oder nicht' - gelungene Gedichte. Andererseits merkt er, daß sein Publikum die „alten" Gedichte schätzt (z.B. durch den Preis der Gruppe 47 im Oktober 1962), wodurch er noch einmal über seine Technik nachdenkt, denn er weiß, daß sein Werk durch die Chiffren nicht zugänglicher wird. Aber er ringt sich zu einer Entscheidung zugunsten der Chiffren durch, wie das Gedicht *Sprache* belegt. Gebraucht er die Prosa zunächst, um seine „Botschaft" offen zu sagen, später wird auch sie immer chiffrierter.

Auffällig ist, daß die verstärkte Chiffrenhaftigkeit im selben Jahr auftritt, in dem Bobrowski sich ausführlich mit Paul Celan beschäftigt

---

28 F. Minde (Anm. 1), S. 456.
29 Chronik (Anm. 3), S. 61, 63, 65, 74, 95 und 96.
30 E. Haufe: Johannes Bobrowski: Erläuterungen der Gedichte und der Gedichte aus dem Nachlaß. Deutsche Verlags-Anstalt, Stuttgart 1998. GW V, S. 183.

(1959). Obwohl er dessen Lyrik zunächst nicht versteht, beeindruckt sie ihn sehr und nicht nur wegen der jüdischen Thematik. Die Chiffrentechnik, die es Celan ermöglichte, das eigentlich unsagbare Leid der Juden im Zweiten Weltkrieg doch zu sagen, fasziniert Bobrowski sehr, weil sie diesem ganz neue Wege zeigt. Andererseits muß er Celans Vers „Ein Wort - du weißt: / eine Leiche" [31] ablehnen, weil ihm das wie „Reliquienkult" [32] scheint und dann wäre das Wort sinnlos geworden. Schreiben hätte dann keine Berechtigung mehr gehabt, und für Bobrowski, der nun gerade die Schuld seines Volkes abarbeiten will, war Celan damit zu weit gegangen. Er hat noch ein „ungebrochenes Vertrauen zur Wirksamkeit des Gedichts", oder doch zumindest des Verses, der „wieder mehr Zauberspruch, Beschwörungsformel" wird werden müssen.[33] Doch Bobrowski setzt sich weiter mit der Lyrik von Celan auseinander. Am 5. Januar 1960 schreibt er Celan, daß dessen Band *Sprachgitter* ihm „zunächst schwierig gewesen" sei, „aber auf eine sehr heilsame Art". Er hat eingesehen, daß er „als Ganzes", als „*eine* Komposition" gelesen werden muß.[34] Und ein halbes Jahr später akzeptiert er, daß alles im Grunde schon Vergangenheit sei: „So gibt es keine Gegenwart, und das Zukünftige beginnt nie. Wir halten einen Augenblick fest, aber die Gestaltung im Wort ist schon das Eingeständnis, daß es vorüber ist. Totenschilder, Epitaphe - warum nicht?"[35] Sucht sich Bobrowski die Legitimierung seiner schriftstellerischen Tätigkeit bei den Betroffenen, allen voran den Juden,[36] um sein Sprachproblem zu lösen, liest er dagegen nicht nur Celan und Nelly Sachs sondern auch viele Klassiker (Hölty, Hölderlin, Klopstock) und Gegenwartsautoren wie Huchel oder Bachmann, die den Sarmatischen Rahmen oder den des Holocausts sprengen.

Wie ich zu der Bedeutungsfestlegung der einzelnen Chiffren bei Bobrowski und Huchel gekommen bin, kann hier nicht ausführlich dargelegt werden. Man kann es an anderer Stelle nachlesen. Beide Dichter lesen die Zeichen der Natur und versuchen, diese in mensch-

---

31 Aus dem Gedicht *Nächtlich geschürzt*. Nach: Paul Celan: Gedichte in zwei Bänden. Suhrkamp Verlag, Frankfurt am Main 1981, Bd. 1, S. 125f.
32 P. Jokostra: Celan ist bestenfalls eine Parfümfabrik... In: „Die Welt", 30.9.1971.
33 Chronik (Anm. 3), S. 44.
34 Katalog (Anm. 5), S. 430.
35 Brief an Max Hölzer vom 24. August 1960. Nach: *Katalog* (Anm. 5), S. 440-442.
36 „Das Thema Osten usw. gehört mir ja im Grunde gar nicht, ich bin weder Pole noch Russe und schon gar nicht Jude. Das einzige, was mich berechtigen könnte, ist: wenn ichs nicht sage, ist wieder einer weniger, der es den Deutschen, also meinen Leuten, vor Augen stellt. [...] Aber - legitimieren müßte mich wohl erst einmal die Zustimmung der Betroffenen." (An Christoph Meckel, 12. August 1960) In: Katalog (Anm. 5), S. 421f.

liche Sprache zu übersetzen. Beide werden - wenigstens zum Teil - auf die Naturzeichen aufmerksam, weil sie sich mit älterer Literatur beschäftigen. Für Huchel sind hier Bachofen und Böhme zu nennen, für Bobrowski Hamann. Von dieser Basis ausgehend, bauen beide aber ein eigenes, mehr oder weniger vollendetes „System" auf, das immer mehr von der literarischen Tradition abweicht. Die Zeichen werden immer persönlicher, wodurch sie nur für den Leser, der das Gesamtwerk der Dichter kennt, in ihrer vollen Bedeutung zu verstehen sind. Damit sind die Zeichen zu Chiffren geworden. Wenn man bei Bobrowski vielleicht nicht von einem „System" sprechen kann, weil er noch an seiner Technik arbeitete und zu früh starb, so bin ich doch mit Renate von Heydebrand einer Meinung, daß es Hinweise gibt, wo die Bedeutungsschwerpunkte der Chiffren liegen könnten.[37]

Für beide Dichter ist das Wetter sehr wichtig. Schnee, Nebel, Dunkelheit und Kälte bilden eine Todeslandschaft, in der das dichterische Ich ausharren muß. Der Dichter kämpft mit seinem Feuer, mit seinen Versen gegen diese Bedrohung. Er bringt Licht und Wärme für die Leidenden. Doch oft unterliegt er den negativen Kräften, zum Teil weil er ein Einzelgänger ist: einer, der die Gesellschaft verlassen hat. Viele Gedichte sind deshalb auch von einem elegischen Ton durchdrungen.

Chiffren, die bei Bobrowski und Huchel dieselbe Bedeutung haben, sind:

- *Baum: für das dichterische Werk*
- *Dunkelheit/Nacht: Tod, Bedrohung*
- *Eis: Tod*
- *Licht: Wärme, Leben*
- *Nebel: Tod*
- *Regen: Vermittler der Botschaft*
- *Salz: Leid*
- *Schnee: Tod*
- *Stein: Schweigen; Aufbewahrungsort des Wortes*
- *Wasser: schöpferische, lyrische Kraft*
- *Wind: Vermittler der Botschaft*

---

[37] R. von Heydebrand: Engagierte Esoterik. Die Gedichte Johannes Bobrowskis. In: R. v. H. & Klaus Günther Just (Hg.): Wissenschaft als Dialog. Studien zur Literatur und Kunst seit der Jahrhundertwende.Festschrift für Wolfdietrich Rasch zum 65. Geburtstag. Stuttgart 1969, S. 386-450 und 525-532. Hier: S. 406f.

Einige Differenzierungen müssen hier aber gemacht werden. Der *Baum* (und damit verbunden die Stimmen im *Laub*) kommt bei Huchel viel weniger vor, während er bei Bobrowski eine der Hauptchiffren ist. Das Umgekehrte ist der Fall bei *Stein*. Dieser drückt bei Bobrowski außerdem meistens „nur" das mühsame Sprechen aus, während er bei Huchel sehr oft schweigt. Das *Wasser* strömt bei Huchel in den Durst der Sprache. Es meint das gefundene Wort, das gelungene Dichten. Dagegen braucht das Ich bei Bobrowski nicht vom Flußwasser zu trinken, um dichten zu können (*Gegenlicht*). So bekommt auch der Regen bei Huchel eine zusätzliche Bedeutung (nämlich das gefundene Wort), die bei Bobrowski fehlt. Schließlich tritt der Wind bei Huchel auch noch als Jäger, als Verfolger auf.

Typische Chiffren für Bobrowski sind:
- *Blatt/Laub: das einzelne Gedicht oder das Gesamtwerk eines Dichters*
- *Blut: die gedenkende, belebende Sprache*
- *Feder/Flügel: das einzelne Gedicht*
- *Sand: die Sprache der Dürre*
- *Vogel: der Dichter oder dessen Geistesverwandte*

Typische Chiffren für Huchel sind:
- *Asche: das geschriebene Gedicht*
- *Distel: die Sprache*
- *Engel: die für jeden verständliche und alles ausdrückende Sprache*
- *weißes Feuer: das Gedenken; die schöpferische Kraft eines Dichters*
- *schwarzes Feuer: es kündigt den Tod an*
- *Kalk: fördert das Dichten*
- *Mauer: das mühsam gebildete Gedicht*
- *Mittag: Zeit des Dichtens*
- *Unkraut: das Gedicht*
- *Widder: Huchel*
- *Ziegel: Sprachnot; unmögliche Kommunikation*

Daneben haben beide Dichter einige weniger wichtige Zeichen gemein, die von der literarischen Tradition herkommen. Ihre Bedeutung ist oft sehr „natürlich", z.B.: Raubtiere wie Habicht, Krähe, Eule, Bussard, Wolf, Fuchs, Hecht, Marder und Ratte (Tod, Bedrohung); Singvögel wie Amsel, Lerche, Nachtigall und auch Schwan, die für den Dichter stehen; die Schwalbe, die den Frühling und damit neues Leben repräsentiert, und schließlich die Taube als Friedenssymbol. Im Bereich der Pflanzen aber haben beide kaum Übereinstimmungen, was sich erklären läßt aus der - was die Flora betrifft - völlig unterschiedlichen Herkunft der Dichter. Hier kann für Bobrowski lediglich bemerkt werden, daß Birke, Linde, Raute und Kalmus positiv bewertet werden und Weide negativ.

Es wird deutlich geworden sein, daß Bobrowski sein „Chiffrensystem" nicht so weit ausgebaut hat wie Huchel. Auch wendet er es nicht so konsequent an. Bobrowskis Gedichte wie *An Klopstock, Sprache, Gegenlicht* und *Immer zu benennen* sind als poetologische Aussagen zu vergleichen mit Huchels *Unter der blanken Hacke des Monds* und *Keine Antwort*. Einen Teil ihrer Botschaft sagen sie unchiffriert. Rein chiffrierte poetologische Gedichte wie *Rom* und *Gehölz* gibt es nur bei Huchel. Bobrowskis *Hechtzeit* nähert sich diesen Gedichten noch am meisten. Eine Huchelsche Chiffrenhäufung kommt dagegen bei Bobrowski wohl in einzelnen Versen vor, z.B. „Vogelherz, leicht, befiederter / Stein auf dem Wind" (*Gegenlicht*; GW I, S. 32). Dies alles hat mehrere Gründe:

Erstens starb Bobrowski, während er sein „System" noch aufbaute. Die Gedichte aus *Wetterzeichen* sind chiffrierter als die früheren. Huchel dagegen konnte sein „System" perfektionieren. Zweitens ist es die Frage, ob Bobrowski wohl so chiffriert wie Huchel und Celan dichten wollte. Im Mai 1959, also ein halbes Jahr bevor er Celan schreibt, dessen Band *Sprachgitter* sei für ihn heilsam gewesen, gesteht Bobrowski an Peter Jokostra, daß er seine Mühe mit den Gedichten aus *Sprachgitter* hat:

Konzentration, besser: Verknappung - gewiß, aber wo bleibt das Gedicht? Ich erinnere mich an eine Keuner-Geschichte bei Brecht. Da soll Keuner einen Lorbeerbaum zur traditionellen Kugelform schneiden, aber es klappt nicht, und so schneidet er immer wieder da und dort was weg - zuletzt ist die Kugel gelungen, aber sie ist ganz klein: die Kugel ist da, aber wo ist der Lorbeer? [38]

Er bezeichnet Celans Gedichte als „trocken", „asketisch" und „steril". Und er findet auch „Artistik", „sublime Parfüme". Es sind Konstruktionen für hochspezialisierte Leser und Bobrowski wünscht sich eben eine Breitenwirkung. Noch drei Monate später kommt ihm *Sprachgitter* wie eine „Destillieranstalt" oder eine „Alchimistenküche" vor, und eben dahin traue er sich nicht.[39] Erst später erkennt er, daß Celan

---

[38] An P. Jokostra, 21. Mai 1959. Nach: Katalog (Anm. 5), S. 428.
[39] An P. Jokostra, 14. August 1959. Nach: Katalog (Anm. 5), S. 428.

„ohne Frage Qualität liefert"[40], doch man darf aus all dem schließen, daß Bobrowski selbst andere Wege gehen wollte bzw. mußte. Ein dritter Grund, weshalb Bobrowski sein „Chiffrensystem" nur beschränkt anwendete, liegt wahrscheinlich darin, daß er natürlich nicht imitieren, sondern einen eigenen Stil entwickeln wollte. Die meisten seiner Vorbilder, wie Lorca oder Saint-John Perse, „ahmte" er nur in einem einzigen Gedicht nach, nämlich in dem, das er ihnen widmete.

Chiffrierung war für Bobrowski nur ein Mittel unter anderen, um sein Ziel zu erreichen. Die Grenzen für die Anwendung dieses Mittels waren für ihn deutlich festgelegt. Andere Mittel waren Enjambement, Syntaxzerstörung (wie in *Ebene*), Assonanz und Alliteration. In Huchels Band *Chausseen Chausseen* (1963) gibt es noch einige Jugendgedichte (wie *Caputher Heuweg* oder *Damals*), die sich durch diesen Klangreim auszeichnen. Daneben stehen Reiseeindrücke, Porträtgedichte und Schilderungen der Vernichtungen des Krieges. Es sind nur leicht chiffrierte Gedichte. Diese Kombination von traditionellen und modernen Stilmitteln sorgte dafür, daß Bobrowski nach der Lektüre „wie erstarrt vor Bewunderung" war. „Das ist etwas anderes als ein Gedichtband: eine Rehabilitierung der lyrischen Gattung überhaupt."[41] Und das bezog er sicherlich auf Theodor Adornos Verdikt, nach Auschwitz noch Lyrik zu schreiben sei barbarisch, das Adorno 1951 ausgesprochen und 1962 präzisiert hatte.[42] Einige Wochen später nennt Bobrowski es „ein wunderbares Buch, Polybios u. and. steht da für immer."[43] *Polybios* (HW I, S. 149-152) ist ein mehr als drei Seiten langes erzählendes Porträtgedicht, das von den Schrecken des Krieges handelt. Es könnte ein Bericht des griechischen Historikers sein, doch am Schluss fügt Huchel einige Anachronismen ein, wie „Funksprüche" und „Stacheldraht" und wechselt er vom Präteritum ins Präsens („Stell deine Hunde / vor die Nacht."). Dadurch gibt er zu erkennen, daß sich im Grunde seit der Zerstörung Karthagos, von der Polybios berichtete, nichts gebessert hat. Das Gedicht besteht aus kurzen Versen und die Bilder wechseln sich schnell ab. Diese Dynamik, die versteckten Bibelzitate und einprägende Verse wie „Ich ging durch den Steinschlag / Roher Worte" oder „Hier liegt einer, / Der wollte noch singen / Mit einer Distel im Mund." zeigten Bobrowski, daß Huchel längst nicht mehr zu der traditionellen Lyrik gehörte, wie

---

40 An Peter Hamm, 5. Dezember 1959. Nach: Katalog (Anm. 5), S. 430.
41 Brief an Ludvík Kundera vom 13. November 1963. Nach: *Katalog* (Anm. 5), S. 299.
42 Siehe Petra Kiedaisch (Hg.): *Lyrik nach Auschwitz. Adorno und die Dichter*. Reclam Verlag, Stuttgart 1995. S. 14. [RUB 9363]
43 Brief an Ludvík Kundera vom 16. Dezember 1963. Nach: *Katalog* (Anm. 5), S. 299.

er ihn 1960 in seinem Vortrag über *Lyrik der DDR* (GW IV, S. 434) noch eingestuft hatte. Das zu Polybios gehörende Gedicht *An taube Ohren der Geschlechter* (HW I, S. 152f) war dagegen ganz im Präteritum geschrieben und ein „historisch korrektes" Porträt. Doch es hatte bereits 1962 in *Sinn und Form* gestanden und dadurch war dem zeitgenössischen Leser klar, wer mit den Versen gemeint war: „Und der es aufschrieb, gab die Klage / An taube Ohren der Geschlechter."

Porträtgedichte waren neben den Landschaftsgedichten Bobrowskis beliebteste Gattung. Doch auch Huchel hat viele dichterische Porträts geschrieben. Beide widmeten Lorca, Jahnn, Nelly Sachs, J.M.R. Lenz, Zigeunern, Mägden und Knechten Gedichte, zitierten Hölderlin und Trakl, beriefen sich auf alte Philosophen und Theologen, die sonst kaum einer las. Bei beiden können die beschriebenen Personen sowohl Parallelgestalten wie Masken für den Dichter sein. Bobrowski zeigt aber meistens nur sein Engagement mit der/dem Porträtierten, wie der Tänzerin *Eszther* (GW I, S. 196), *Aleksis Kivi* (Ebd., S. 40f.), Thomas Chatterton (Ebd., S. 103f.) oder *J.R.M. Lenz* (Ebd., S. 190). Manchmal identifiziert er sich aber völlig mit Dichtern, die so gelebt haben, wie er lebte oder leben möchte, z.B. Mickiewicz (Ebd., 144f.), Bezruč (Ebd., S. 110f.), Babel (in *Holunderblüte*: Ebd., S. 94) oder auch Philippi in *Levins Mühle*. Der Weiszmantel ist nur eine Parallelgestalt, da Bobrowski sich eben schuldig fühlte und deshalb kein Weiß-Mantel sein konnte.

Bei Huchel sind die geschichtlichen Masken in der Mehrzahl, bei Bobrowski die literarischen Parallelgestalten. Hat Huchel seine Vorbilder mehr der antiken Mythologie und der Bibel entnommen, bei Bobrowski sind sie sarmatischer Herkunft. Gemeinsam haben die Porträts aber, daß sie Menschen zeigen, die gegen das Unrecht kämpften und deshalb zu leiden hatten. Doch dabei darf ein großer Unterschied nicht übersehen werden. Denn Bobrowskis Gedichte sind öfter durch die Hoffnung auf eine bessere Zukunft gekennzeichnet, während Huchel seine Masken „nur" leiden und anklagen läßt. Seine Gedichte sind mahnend, während die Bobrowskischen auch ein Vorbild geben, ein Wegweiser sind. John F. Flores hat Recht, wenn er sagt, daß Bobrowski durch seinen Glauben mehr ein Gesellschaftsmensch ist als der Humanist Huchel.[44] Doch das kommt m.E. daher, weil die beiden ein anderes „moralisches Gesetz" betonen. Bei Bobrowski ist dies die Verpflichtung, die der Einzelne gegenüber seinem Mitmenschen, also auch gegenüber der Gesellschaft hat. Wäh-

---

44 J.F. Flores: Poetry in East Germany. Adjustments, Visions, and Provocations, 1945-1970. New Haven/ London 1971, S. 207 [Yale Germanic Studies 5].

rend für Huchel die persönliche Freiheit das „Hauptrecht" ist. Deshalb sind seine Vorbilder vor allem Individuen, Einzelgänger. Dagegen sind die Bobrowskischen meistens (nicht immer!) Vertreter eines Volkes, sie sind an erster Stelle Polen, Litauer, Juden, „Sarmaten".

Auch Huchel war ein Einzelgänger – dies wird einer der Gründe gewesen sein, weshalb Bobrowski ihn nicht als Freund, als Kollege, sondern als „Papst" sah. Daß Huchel für ihn mehr war als ein neoromantisches Vorbild, machen in *Meine liebsten Gedichte* das Widmungsgedicht für Hans Henny Jahnn (HW I, S. 134f.) und *Die schilfige Nymphe* (Ebd., S. 89f.) klar. Denn wer in dem letzten Gedicht eine Idylle sieht wie im harmonischen *Havelnacht*, verkennt die Bedrohung und Einsamkeit des frühen Huchel-Gedichts über den selben Fluß. Dem Literaturstudenten Egbert Lipowski sagte Bobrowski 1963: „Der Huchel schreibt für die Ewigkeit." Er stellte ihn auf eine Stufe mit Celan.[45] Doch Huchel war nur ein Gleichgesinnter, kein Betroffener wie Celan, von dem Bobrowski eine Legitimierung erhoffte.[46] In *Die Sokaiter Fähre* (GW II, S. 351) liest das Ich die Zeichen im Geländerbalken, doch sie sind nicht für das Ich bestimmt. Es weiß sie nicht zu deuten, kein Wort taugt. Doch es kommt einer, der es weiß. Vielleicht wird das Ich ihn fragen. Was Huchel und Bobrowski betrifft, ist es bei diesem „vielleicht" geblieben. Ob er Bobrowskis „Suchen mit zitterndem Mund" erleichtert hätte, ist die Frage. Trotz der gemeinsamen Exil-Erfahrung und der Sprachproblematik ist es nicht zu einer echten Begegnung gekommen, weder bei Huchel noch bei Celan. Es ist bei *Nicht geführte Gespräche* geblieben, wie der andere angebliche Naturmagier Günter Eich schrieb.[47]

---

45 Leserbrief von E. Lipowski aus Michendorf. In: „Märkischer Bogen" (Langerwisch), 10. Jg. (2003) H. 5, S. 11.
46 Vgl. Katalog (Anm. 5), S. 425 und 421f.
47 G. Eich: Gesammelte Werke. Bd. I: Die Gedichte *Die Maulwürfe*. Hg. von Axel Vieregg. Suhrkamp Verlag, Frankfurt am Main 1991, S. 109-111.

Johannes Bobrowski und Stephan Hermlin. Ästhetische, philosophische und politische Aspekte einer schöpferischen Verwandtschaft

ILZE KANGRO

Beim Schreiben eines Artikels über das publizistische Werk von Stephan Hermlin, speziell über seinen Band *Lektüre*, ist mir aufgefallen, daß es nur einen Autor gab, dem Stephan Hermlin zwei Beiträge in seinem *Lektüre*-Band gewidmet hat, und dieser Schriftsteller war Johannes Bobrowski. Diese Feststellung führte mich zu weiteren Nachforschungen, als ich in einem Interview mit Stephan Hermlin aus dem Jahr 1983, d.h. zehn Jahre nach dem Erscheinen der *Lektüre*, auf folgende Äußerung stieß:

Ich habe eine gewisse Vorliebe für diese „Lektüre", weil sie aus einem einzigen Auftrag entstanden ist und aus Stücken besteht, die sich im engen Rahmen, in knapper Form zu Schriftstellern äußern, die mir nahe stehen, die ich bewundere.[1]

Johannes Bobrowski hat die vielfältigen Tätigkeiten Stephan Hermlins im Schriftstellerverband bei der Förderung von jungen Talenten begrüßt („eine einsichtsvolle Unterstützung, mit der Stephan Hermlin begonnen hat"[2]). Auch das Schaffen von Stephan Hermlin hat er in seiner Rede *Lyrik der DDR* im Jahre 1960 hoch geachtet:

Stephan Hermlin halte ich für einen sehr bedeutenden Dichter – vor allem in seinen 22 Balladen... Er verfügt über eine wesentlich härtere Sprache als z.B. Arendt, auch als Becher, seine Strophen muten oft an wie gehämmert. Eine

---

1 S. Hermlin: Äußerungen 1944 - 1982. Berlin und Weimar 1983, S. 441.
2 J. Bobrowski: Gesammelte Werke in sechs Bänden, hg. von E. Haufe. Bde. I-IV Stuttgart / Berlin 1987, Bd. V Stuttgart 1998, Bd. VI (hg. von H. Gehle) Stuttgart 1999, hier IV, S. 461; Zitate aus dieser Ausgabe werden im folgenden mit der Sigle GW, der Band- und der Seitenangabe nachgewiesen.

*Verwandtschaft zu den französischen Nachsymbolisten – zu Eluard oder zu Aragon – ist nicht zu übersehen.*³

In den vorhandenen Quellen sind nur vereinzelt Äußerungen von Johannes Bobrowski über Stephan Hermlin zu finden. Eine der aufschlußreichsten Notizen liefert der bewährte Freund Johannes Bobrowskis Christoph Meckel in seinem Buch *Erinnerung an Johannes Bobrowski*: „Er (d.h. Johannes Bobrowski) hatte eine distanzierte, aber anhaltende Sympathie für Stephan Hermlin."⁴

Auf welchem Grund entstand diese vieljährige, wenn auch „distanzierte" gegenseitige Sympathie? Worin bestand die Distanzierung? Beide Schriftsteller wohnten beinahe zur selben Zeit in Berlin (Hermlin seit 1947) Bobrowskis Familie übersiedelte 1937-38 nach Berlin, 1941-42 studierte er Kunstgeschichte in dieser Stadt, nach dem Krieg kehrte der 33jährige aus der sowjetischen Gefangenschaft nach Berlin zurück. Während er 1950 Verlagslektor wurde (bis zu seinem Lebensende 1965 hatte er keinen anderen Posten bekleidet), war der 35jährige Stephan Hermlin zur selben Zeit schon Nationalpreisträger der DDR, engagierter Kulturpolitiker, Autor des in Ost-Berlin 1947 erschienenen dritten Lyrikbandes *Zweiundzwanzig Balladen*, mehrerer Erzählungen, Skizzen u.a.m.

Die erste Begegnung zwischen Johannes Bobrowski und Stephan Hermlin fand im Herbst 1955 statt. Im Juni hatte Johannes Bobrowski fünfzehn Gedichte an Peter Huchel geschickt, wovon fünf im Septemberheft der Berliner Zeitschrift „Sinn und Form" abgedruckt wurden, die ihn, wie Stephan Hermlin sich erinnert, „betroffen"⁵ gemacht hatten.

Worauf beruht die gegenseitige Affinität, gegenseitige tolerante Sympathie⁶ der beiden Literaten? Gibt es mögliche Schnittpunkte – thematische, künstlerische, weltanschauliche oder eher nicht? Der erste flüchtige Eindruck von dem künstlerischen Schaffen von Johannes Bobrowski und Stephan Hermlin könnte eher eine Verwunderung über diese angenommene literarische Nähe auslösen, vielleicht sogar ein leichtes Nichtverstehen.

Die vorliegende Abhandlung soll dem Ziel dienen, diese Fragen zu beantworten. Literaturhistorische Fakten sollen den Weg zu möglichen Schlußfolgerungen untermauern.

---

3 Ebd., S. 432.
4 Ch. Meckel: Erinnerung an Johannes Bobrowski. München, Wien 1989, S. 37.
5 S. Hermlin (Anm. 1), S. 367.
6 Vgl. S. Hermlin: Lektüre 1960-1971. Berlin und Weimar 1983, S. 206.

Stephan Hermlin hat eine besondere Vorliebe für das Schaffen und
für die Persönlichkeit Johannes Bobrowskis gehabt; und obwohl
Hermlin sich deutlich darüber geäußert hat, daß er nicht zum engsten
Freundeskreis von Bobrowski gehörte[7], bestand zwischen beiden
Schriftstellern eine besondere Beziehung, die man als gegenseitige
Bewunderung, Hochschätzung und Toleranz bezeichnen könnte. Auf
der Gedenkveranstaltung in der Berliner Stadtbibliothek zehn Jahre
nach dem Tod von J. Bobrowski sprach S. Hermlin darüber, daß es
„viel und gleichzeitig fast nichts" gab, was ihn an Bobrowski band,
„denn es war Ungesagtes, es war ein Hauch, ein Blick, es war unausgesprochene Achtung, die man erwies, die man empfing."[8] Beide
Schriftsteller schickten einander ihre neu erschienenen Bücher. Stephan Hermlin war sehr angenehm überrascht, als er nach dem Tode
von Johannes Bobrowski erfuhr, daß Bobrowski ein kleines Heft mit
seinen Lieblingsgedichten vollgeschrieben hatte und in diesem Heft
auch Verse von Hermlin waren, in „seiner schönen, einfachen
Schrift."[9]

Der Auftritt beider Schriftsteller in der Öffentlichkeit war grundsätzlich unterschiedlich („Bobrowski wurde leicht übersehen, hielt
keine Reden, er wurde noch kaum fotografiert oder interviewt, er
stand gern abseits... Er blieb, das ist ganz wörtlich zu nehmen, im
Hintergrund."[10]) Für Bobrowski war

Hermlin [...] Verkörperung des écrivain im sozialistischen Staat. Er hatte gute Lyrik und Prosa geschrieben und besaß Fähigkeiten, die ihm selber fehlten, etwa die Fähigkeit, sich zu exponieren. Hermlin – das war die Auseinandersetzung mit der Partei, publizistische Energie, Privatrisiko, Kritik am Sozialismus und unbestechliche literarische Stellungnahme. Das alles konnte Bobrowski nicht („meine Hinterbeine brauche ich für mich"). [...] wenn er, (d.h. Johannes Bobrowski) auf die Verhältnisse in der DDR zu sprechen kam, immer andeutend, immer privat, erwähnte er Stephan Hermlin und wiederholte: Hermlin steht hier wie eine Eins.[11]

Einer der engsten Freunde von Johannes Bobrowski, Christoph Meckel, schreibt über seine Haltung, die gleichzeitig auch sein Erscheinen
in der literarischen Welt und Öffentlichkeit genauestens darlegt:

---

7   S. Hermlin (Anm.1), S. 368.
8   Ebd., S. 367f.
9   Ebd., S. 368.
10 Ebd., S. 367.
11 Chr. Meckel (Anm. 4), S. 37f.

Wenn er zur politischen Stellungnahme aufgefordert wurde, fühlte er sich unwohl, und ich bezweifelte, daß er jemals ein Wort von sich aus sagte. Stellungnahmen brachten ihn in Verlegenheit, die Verlegenheit steigerte sich zur Depression.[12]

Auch die politischen Einstellungen beider Schriftsteller waren divers (wie aus den gedruckten Quellen ersichtlich ist). Johannes Bobrowski hat sich mehrmals „als Christ und Familienvater"[13] bezeichnet, dagegen hat Stephan Hermlin mit Nachdruck betont: „Ich bin ein spätbürgerlicher Schriftsteller. Was könnte ich als Schriftsteller auch anders sein. Ich hörte nicht auf, einer zu sein, während ich Jahrzehnte hindurch Kommunist war und blieb."[14] Die Position des „engagierten" Propagandaredners gab ihm die Möglichkeit zum Vermittler zwischen den „nicht engagierten" Dichtern und Prosaikern (zu denen zweifellos Johannes Bobrowski gehörte) und dem deutschen Leser zu werden (siehe darüber eingehender in meiner Abhandlung über Stephan Hermlins Schaffen im Buch „Deutsche Dichtung und lyrische Prosa des 19. und 20. Jahrhunderts"[15]).

In dieser Studie gilt das Interesse vor allem der Untersuchung des Bleibenden und Vereinenden im Schaffen und Wirken beider Schriftsteller. Stephan Hermlin hat insgesamt drei Aufsätze über Johannes Bobrowski geschrieben – *Grabrede für Bobrowski*, die er auf dem Friedhof Berlin-Friedrichshagen am 7.9.1965 gesprochen hat, *Bobrowskis Selbstzeugnisse*, gesprochen im Deutschlandsender am 25.7.1965, später veröffentlicht in der *Lektüre*, und *Erinnerung* (auch unter dem Titel *Erinnerung an Johannes Bobrowski*), gelesen bei einer Gedenkveranstaltung des Union Verlages für Johannes Bobrowski am 3.9. 1975 in der Berliner Stadtbibliothek. In diesen Aufsätzen wird präzis in klaren und deutlichen Sätzen die Eigenart des Schaffens von J. Bobrowski charakterisiert:

Die Sprache dieses Mannes aus Tilsit, dunkel, kräftig, gleichzeitig von vertracktem Humor und unbezwinglicher Melancholie, streckt ihre Wurzeln bis hin zu Klopstock und Hölderlin, Sturm und Drang, Büchners „Lenz". Das

---

12 Ebd.
13 Ebd., S. 38.
14 S. Hermlin (Anm. 1), S. 386.
15 I. Kangro: Deutsche Dichtung und lyrische Prosa des 19. und 20. Jahrhunderts. Riga 2003, S. 116- 289.

> *ganz neue bei Bobrowski bestand in der Umwertung einer geschichtlichen Landschaft.*[16]

Der Kenner der Weltliteratur S. Hermlin erinnert sich an die erste Begegnung mit Johannes Bobrowskis Gedichten 1955: „Dies war ja nun doch nicht das Gewohnte, Alltägliche, man merkte auf [...] – überall, wo Deutsch geschrieben und gesprochen wurde, gab es dieses Aufmerken."[17] In seiner Rede *Erinnerung an Johannes Bobrowski* bemerkt Hermlin, daß Johannes Bobrowskis Stimme sehr oft überhört wurde, doch in dieser stillen, jedoch nachhaltigen und eigenartigen Stimme, in seinem Ton war „keine Schwäche, sondern eine beharrliche, zurückgestaute Kraft."[18] Doch in den „Zeiten der Lautheit"[19] gilt solche Stimme nicht viel. Hermlin bemerkt, daß diese Stimme erst spät erkannt wurde.[20] Er war davon überzeugt, daß

> *hier nicht nur ein bedeutender Dichter am Werk gewesen, sondern auch die Dichtung in einem großen und konsequenten Versuch für die Veränderung eines nationalen Bewußtseins eingesetzt worden war.*[21]

Bei der Veränderung des nationalen Bewußtseins habe Bobrowski einen neuen Meilenstein gesetzt, indem er solche Themen- und Problembereiche in seinem Schaffen detailliert, präzis und „redlich"[22] aufgearbeitet habe, die bis Bobrowski als Tabu-Themen[23] gegolten hätten: „es war dies Nachsinnen über das Deutsche, schonungslos, unsentimental, ohne Fluch und Rühmen"[24]. Hermlin ist überzeugt, daß die Vergangenheit ununterbrochen weitergelebt werden muß. Weil diese Vergangenheit auch immer eine Gegenwart ist[25], und nur der, der die Geschichte seines Volkes und seines Landes kennt und versteht, die Möglichkeit hat, Zukunft zu antizipieren und die Menschheitsgeschichte als im Prozeß befindliches Phänomen zu verstehen und zu begreifen. Dieses Wissen um die Geschichte des

---

16 S. Hermlin (Anm. 6), S. 159.
17 S. Hermlin (Anm. 1), S. 367.
18 Ebd.
19 Ebd.
20 Vgl. ebd.
21 Ebd.
22 J. Bobrowski (Anm. 2), S. 335.
23 Kelletat A.: Bobrowski-Lektionen. In: Triangulum. Germanistisches Jahrbuch für Estland, Lettland und Litauen. Achte Folge, Riga. 2001. S. 105.
24 Hermlin S. (Anm. 1), S. 368.
25 Ebd., S. 399f.

eigenen Volkes ist ein unentbehrlicher Bestandteil bei der Gestaltung der Beziehungen zwischen den Völkern.

Eine besondere Rolle messen beide Schriftsteller dabei der Literatur zu. Hermlin ist der Ansicht, daß die Literatur, die Dichtung das Gedächtnis der Völker und letzten Endes ihr sicherstes Mittel der Selbstverständigung ist.[26] Seinerseits schreibt Bobrowski in seinem Artikel *Benannte Schuld – gebannte Schuld*:

Literatur arbeitet Vergangenheit auf, Vergangenheit im weitesten Sinne, auch ihre überständigen Erscheinungsformen. Das tut sie [...] im Blick auf Gegenwart, meinetwegen auf Zukunft. Sie will etwas ausrichten.[27]

Die Auseinandersetzung mit der geschichtlichen Vergangenheit im weitesten Sinne ist das Hauptthema des Schaffens sowohl bei Stephan Hermlin als auch bei Johannes Bobrowski. Bobrowskis Blick wandert zurück bis zum XIII. Jahrhundert, zum deutschen Ritterorden, er denkt sehr intensiv über die Schuld der Deutschen seinen östlichen Nachbarn gegenüber nach und fragt sich und die Leser, ob „genannte Schuld gebannte Schuld ist."[28] Diese Thematik – die Auseinandersetzung mit der geschichtlichen Vergangenheit, insbesondere mit dem Zweiten Weltkrieg auf ehrliche[29], möglichst faire Weise – ist nach wie vor ein Thema in der deutschen Gegenwartsliteratur. Davon zeugen die neuesten Bücher, z.B. *Im Krebsgang* von Günter Grass, *Am Beispiel meines Bruders* von Uwe Timm, *Unscharfe Bilder* von Ulla Hahn.

Würde man versuchen, die wichtigsten Themen des Schaffens von Bobrowski zusammenzufassen, müßten sie lauten: Mord, Totschlag, Betrug und Bedrohung, Konflikte aller Art und viel Tristesse[30], bei Hermlin: Krieg, Widerstand, Erinnerung. Bobrowski versteht, daß diese „lange Geschichte aus Unglück und Verschuldung, seit den Tagen des deutschen Ordens" besteht, die seinem Volk „zu Buche steht", die „wohl nicht zu tilgen und zu sühnen" ist, „aber eine Hoffnung wert und einen redlichen Versuch in deutschen Gedichten."[31] Hermlin hat in der Auseinandersetzung mit den Werken von Bobrowski verstanden, daß er mit seiner „gelassenen, halblauten

---

26 Vgl. ebd.
27 J. Bobrowski (Anm. 2), S. 443.
28 Ebd.
29 Ebd., S. 335.
30 Ch. Meckel (Anm. 4), S. 41.
31 J. Bobrowski (Anm.2), S. 335.

Stimme"[32] ein Terrain erfüllte, über dem so lange unreine Stimmen geherrscht haben; er sprach leise und gleichzeitig eindringlich von den östlichen Nachbarn; in seinen Gedichtbänden *Schattenland Ströme* und *Sarmatische Zeit* dröhnte der Hufschlag schweifender Völker, das Geläut der Glocken von orthodoxen Kirchen und das Heulen des Schafar aus niedergebrannten Synagogen.[33] Ein Schaffen, eine Dichtung, in der das Leben der Deutschen und ihrer östlichen Nachbarn, insbesondere dem der Litauer, Polen, Russen und Juden aufeinander treffen, wo sich die Kleinen und die Unterdrückten gegen ihre Unterdrücker vereinen und von ihnen doch am Ende besiegt werden. Im Roman *Levins Mühle* wird ein andauernder Konflikt zwischen den wirtschaftlich stärkeren Bewohnern des Dorfes wie den Großbauern und Unternehmern und den wirtschaftlich schwächeren Bauern und Landarbeitern gezeigt, jedoch wollte er, so Johannes Bobrowski, keinen Nationalitätenkampf schildern.[34]

So bekennt sich Bobrowski zur Liebe, zur Brüderlichkeit[35] zwischen den Völkern, wobei er Eurasien gleich Sarmatien setzt[36]; dieses Interesse ist auf seine Kindheitserinnerungen gestützt, und das Verhältnis der Deutschen zu den Ostvölkern hat er als unglücklich und schuldhaft erfahren, daher sein Verständnis und seine Bestrebung, „Irrtümer und Aversionen abzubauen".[37]

Beim Nachdenken darüber, was Bobrowski und Hermlin eint, kommt man zur Einsicht, daß sie beide eine aufgeschlossene Haltung gegenüber humanistischen Traditionen in der Menschheitsgeschichte und in der Geschichte Deutschlands haben und eine besondere Vorliebe zur Musik (als Zuhörer und als Interpreten). Johannes Bobrowski hat als Lektor des Union Verlags zwei Anthologien – *Die schönsten Sagen des klassischen Altertums* (1954/1956) und *Die Sagen von Troja und von Irrfahrt und Heimkehr des Odysseus* (1955) von Gustav Schwab herausgegeben und Vorworte für beide Ausgaben geschrieben. Im Vorwort des ersten Bandes erläutert er das Anliegen dieser Ausgabe und gibt den uneingeweihten Lesern eine klare und übersichtliche Einleitung in die Welt der griechischen Mythologie. „In den Volkssagen [...] wird uns die tiefe Weisheit vieler Generationen überliefert."[38] J. Bobrowski hat mit diesen Anthologien einen wichtigen Beitrag dafür

---

32 S. Hermlin (Anm. 6), S. 159.
33 Vgl. ebd., S. 158f.
34 J. Bobrowski (Anm.2), S. 473.
35 Vgl. S. Hermlin (Anm. 6), S. 159.
36 Vgl. J. Bobrowski (Anm. 2), S. 336.
37 Ebd.
38 Ebd., S. 340.

geleistet, daß die deutschen Leser in der Nachkriegszeit neue Anhalts- und Orientierungspunkte gewannen, gestützt auf die humanistischen Traditionen und Vorbilder der griechischen Mythologie.

Stephan Hermlins Antike-Rezeption äußert sich im nachhaltigen Popularisieren der antiken Dichtung. Einer seiner wichtigsten Beiträge dazu ist die Nacherzählung des antiken Mythos *Die Argonauten* (1974) für Kinder, die er der Aufnahmefähigkeit der jungen Leser und Zuhörer angepaßt hat; die Sprache ist klar, einprägsam; der Zauber der antiken Welt ist nachzuvollziehen. Eine andere Gestalt aus der antiken Mythologie, die Hermlin mehrmals in seiner Dichtung allusorisch wie auch direkt einbezogen hat, ist Ikarus. Dem kühnen, jedoch uneinsichtigen Helden werden hymnische Strophen gewidmet, auch Jammer nach dem Absturz des Ikarus ist bei Hermlin nicht zu überhören. Allusionen zum Gemälde von P. Brueghel d.Ä. *Der Sturz des Ikarus*, mehrere Interpretationsmöglichkeiten der Textpassagen im *Abendlicht* zeugen von genauer Rezeption und Interpretation der antiken Sage durch Hermlin.

Die deutsche Kultur und die Traditionen der deutschen Kunst, Musik und Literatur ist ein weiterer Bereich, in dem sich die Bemühungen und Bestrebungen Hermlins und Bobrowskis in Vielem ähneln. Stephan Hermlin schreibt, daß „das Vaterländische... die Voraussetzung und ein Teil des Menschlichen ist"[39], er meint, daß Mozart ohne Salzburg, Wien, Mannheim nicht denkbar wäre. „Es ist die Musik des Vaterlandes, die als Musik der Menschheit hörbar wird. Das Vaterländische ist die Voraussetzung und ein Teil des Menschlichen."[40] Grünewald, Holbein, Schütz, Bach, Mozart, Goethe, Hölderlin, die hervorragendsten Vertreter des deutschen Geistes, haben Hermlins Besinnung auf Phänomene des geistigen Lebens der Menschheit genial hervorgebracht. Deshalb empfindet Hermlin die Begriffe „Ideal" und „Wirklichkeit" als tragisch, als eine Kluft, als einen Gegensatz, der durch die konkrete deutsche Geschichte geschaffen, wo der ideelle deutsche Geist verkrüppelt und mißbraucht wurde.[41]

Bobrowski hatte eine besondere Vorliebe für die Dichtung und Musik des XVIII. Jahrhunderts. In seiner Rede *Erinnerung an Johannes Bobrowski* unterstreicht Hermlin, daß Bobrowski mehrmals die Modernität der großen deutschen Dichtung des XVII. und XVIII. Jahrhunderts betonte und darauf hinwies, daß die gegenwärtige Dichtung

---

39 S. Hermlin (Anm. 1), S. 443.
40 Ebd.
41 Ebd., S. 443f.

„auf ihren Entdeckungen aufgebaut wurde"[42]. Hermlin ist überzeugt, daß die Barocklyrik „eine der höchsten Gebirgsketten der deutschen Dichtung und Musik ist, wo sich Gipfel an Gipfel reiht"[43]. Im Erinnerungsband *Ahornallee 26* schreibt Klaus Peter Hertsch darüber, was Bobrowski an die Barockzeit band und was ihm so nah und wichtig war:

weil der Geist des Barock – breit strömende, oft bukolische Lebens- und Daseinsfreude und zugleich Gottessehnsucht und schwermütiges Verlangen nach der Ruhe [sei], die noch vorhanden ist dem Volke Gottes, – weil solch ein Geist großer Polarität seinem Wesen nahe war.[44]

Die Liebe und besondere Affinität zu den Schätzen der deutschen Literatur münden sowohl für Stephan Hermlin als auch für Johannes Bobrowski in der Herausgebertätigkeit. Das Grundpathos lautet: Schätze der deutschen Literatur für das breite Lesepublikum zugänglich machen, Liebe zur deutschen Dichtung und zu deutschen Dichtern zu wecken, vergessene wichtige Werke der Vergangenheit und Vergessenheit entreißen und den Lesern zugänglich und verständlich machen. Stephan Hermlin hat das *Deutsche Lesebuch. Von Luther bis Liebknecht* (1973) herausgebracht – deutsche Dichtung, Prosa und einige literaturkritische Werke aus fünf Jahrhunderten. Das *Deutsche Lesebuch* verfolgt auch didaktische Absichten – „es zeigt Beispielhaftes und den Weg zu ihm"[45].

Bobrowski hat eine Anthologie der Dichtung des XVIII. Jahrhunderts *Wer mich und Ilse sieht im Grase. Deutsche Poeten des achtzehnten Jahrhunderts über die Liebe und das Frauenzimmer* zusammengestellt. Im Nachwort zu diesem Buch bemerkt Bobrowski, daß diese Sammlung „nicht die erste ihrer Art ist, aber seit langem wohl die erste, die mehr auf Lebenslust, Laune und Witz aus ist als auf poetischen Glanz."[46] Dabei werden nicht nur die großen Namen „in diesem Konzert"[47] vorgeführt, sondern, wie Bobrowski schreibt, „es lag mir daran, die

---

42 Ebd., S. 367.
43 Ebd., S. 427.
44 K. P. Hertsch: Zitat. In: Ahornallee 26: Epitaph für Johannes Bobrowski. Hrsg. von Gerhard Rostin. Stuttgart. 1978, S. 69f.
45 S. Hermlin (Anm. 1), S. 379.
46 J. Bobrowski (Anm.2), S. 348.
47 Ebd.

Kleinmeister und sogar völlig vergessene wie Wolson oder Scheffner [...] gebührend vorzustellen".[48]

In der privaten Auswahl von Bobrowski[49] – in dieser „ganz privaten Anthologie deutscher Dichtung von Luther bis Christoph Meckel, in der alle Gedichte in seiner (deiner) schönen Handschrift in Sütterlin säuberlich aufgeschrieben"[50] waren, hat Hermlin eigene Verse gefunden. Für ihn war das eine besondere Freude.[51]

Eine Tätigkeit, in der sich Einfluß, Sympathien und Arbeitsbereiche beider Schriftsteller mehr oder weniger überschneiden, ist die Herausgebertätigkeit und die Übersetzertätigkeit. Hier kann man bemerken, daß die literarischen Vorlieben und Interessen beider Schriftsteller eher unterschiedlich als ähnlich sind, jedoch darf man auch das Verlagsprogramm und die Verlagsinteressen nicht außer Acht lassen. Bobrowski als Lektor des Union Verlages hat Jean Pauls *Leben Fibels, des Verfassers der bienrodischen Fibel* herausgegeben; viele Nachdichtungen von Bobrowski zeugen von seinem Talent als Nachdichter und Übersetzer, z.B. von Boris Pasternak.

Gute Nachdichtungen stellen die Meisterprüfung für einen Übersetzer dar, denn in einer Übersetzung geht es nicht darum, alle Wörter möglichst genau wiederzugeben, es geht vielmehr um den Geist der Dichtung, um Pathos, Wiedergabe des Rhythmus und des Klanges der fremden Sprache, um die Atmosphäre des Gedichtes. Hermlin hat die Leistung des Nachdichters Lew Ginsburg gewürdigt, und diese Aussage trifft genauestens auch die Leistung von Hermlin und Bobrowski als Nachdichter und Übersetzer: „Er hat einen edlen Weg gesucht und gefunden, den Weg des Mittlers, den Weg eines Menschen, der seinem Volk die Dichtung eines anderen Volkes öffnet"[52], denn Hermlin meint: „Die Hauptaufgabe des Übersetzers beruht darin, dem Geist und Wesen des Originals die Treue zu wahren"[53].

Beide Schriftsteller haben sich für die weite Verbreitung der Weltliteratur in Deutschland eingesetzt und auch praktisch Wesentliches dazu beigetragen.[54] Bobrowski hat z.B. zur Ausgabe *Johann Hamanns Hauptschriften erklärt* Rezensionen geschrieben, auch Vor- und Nachworte zu zahlreichen Ausgaben, darunter zur Ausgabe der Erzählun-

---

48 Ebd., S. 349.
49 J. Bobrowski: Meine liebsten Gedichte. Eine Auswahl deutscher Lyrik von Martin Luther bis Christoph Meckel. Stuttgart. 1986. S. 432.
50 G. Wolf: Das fortgesetzte Gespräch. In: Anm. 44, S. 89.
51 Vgl. S. Hermlin (Anm. 1), S. 368.
52 Ebd., S. 428.
53 Ebd., S. 365.
54 Ebd., S. 131f.

gen von Jeremias Gotthelf zu Friedrich Hölderlins Dichtungen und Briefen, Hans Henny Jahnns *Die Nacht aus Blei*, auch Rezensionen zu Kunstbänden, z.B. von Günter Grass *Die Vorzüge der Windhühner (9 Federzeichnungen)*. Mit besonderer Vorliebe hat Bobrowski die Ausgabe des Buches *Die Abenteuer des braven Soldaten Schwejk* von Jaroslaw Hasek betreut („Der brave Soldat Schwejk ist heute schon eine legendäre Gestalt, an deren Unsterblichkeit so wenig zu zweifeln ist, wie an der des Don Quichote und des Eulenspiegel."[55]).

Bobrowski widmete seine Aufmerksamkeit auch dem Italiener Ippolito Niero, dem Franzosen Albert Camus, dem Russen Nikolai Lesskow.[56]

Hermlins Herausgebertätigkeit umfaßt Gedichte von Georg Trakl, Gesammelte Werke von F.C. Weiskopf und von Francois Villon, eine Anthologie *Ungarische Dichtung aus fünf Jahrhunderten*, Nachdichtungen aus dem Französischen, Englischen, Spanischen, Türkischen – von Autoren wie Louis Aragon, Paul Eluard, Pablo Neruda, Attila József u.v.a.m. Als besonders gelungen wird die Neuübersetzung von Voltaires *Candide* gerühmt.[57]

Die Grundhaltung in der Herausgeber- und Übersetzertätigkeit von Hermlin und Bobrowski ist Toleranz („Mir wurde Toleranz anerzogen, und mir ist der Hang zur Toleranz geblieben" – so S.Hermlin[58]). Bobrowskis Bemerkungen zur eigenen Arbeit und zur Arbeit anderer charakterisiert Hermlin als „edle Sachlichkeit"[59].

Sowohl bei Hermlin als auch bei Bobrowski ist eine aufklärerische Note in ihrer Tätigkeit festzustellen. Sie sehen sich als ein etwas mehr Belesener, Erfahrener, der an der Seite eines Unerfahrenen steht, das Buch öffnet, beim Blättern das Papier rauschen hört, einige Zeilen oder Absätze laut vorliest, vielleicht mit einem kleinen Kommentar, und der das Werk auf den Leser wirken läßt.

Große Literatur kommt auf Taubenfüßen. Sie wirkt langsam, aber sehr lange. Die Rolle der Literatur wird in der heutigen Gesellschaft in dem Maße wachsen, als man Klarheit gewinnen wird darüber, was Literatur wirklich leisten

---

55 J. Bobrowski (Anm. 2), S. 379.
56 Ebd., S. 370.
57 Vgl. S. Schlenstedt: Stephan Hermlin. Berlin, 1985, S. 207f.
58 S. Hermlin (Anm. 1), S. 446.
59 S. Hermlin (Anm. 6), S. 164.

*kann. [...] Sie ist vor allem ein Instrument zur Humanisierung des Menschen.*⁶⁰

so meint Hermlin. Eine ähnliche Ansicht vertritt auch Bobrowski, in dem er von der „fortschreitenden Humanisierung" und von der Funktion der „Literatur als Kommunikationsmittel"⁶¹ schreibt.

In seinem Essay *Bobrowskis Selbstzeugnisse* zitiert Hermlin Johannes Bobrowski beinahe zwei Seiten lang (was für Hermlin sehr ungewöhnlich ist und einen exemplarischen Einzelfall in seinem publizistischen Schaffen darstellt) und fügt an, daß er weitgehend mit Bobrowski übereinstimme. 1962 hat Bobrowski in Berlin-Weißensee in der Evangelischen Akademie über die Aufgaben und Möglichkeiten der Literatur einen Vortrag gehalten und dabei betont, daß Literatur Vergangenheit im weitesten Sinne aufarbeitet. Diese Funktion der Literatur bestimmt auch den Blick auf die Gegenwart und Zukunft, weil Literatur etwas ausrichten will;⁶² gleichzeitig ist für Bobrowski „Schreiben" identisch mit „Stellung nehmen"⁶³ in Fragen, die nicht gestellt werden durften. Zu dem Versuch, diese Fragen zu beantworten, gehörte viel Mut und genaue Kenntnis der geschichtlichen Tatsachen, ebenso auch philosophisches Nachdenken über den Gang der Geschichte. In einem Gespräch mit Horst Simon (publiziert unter dem Titel *Fakten und literarische Wahrheit* (1975)) bekennt sich Hermlin zur Tatsache, daß auch in seiner Prosa das eine Rolle spielte, „was ich unmittelbar oder mittelbar erlebte"⁶⁴. Er erinnert sich daran, daß die Erzählung *York von Wartenburg* einige Wochen nach dem 20. Juli 1944 geschrieben worden ist. Der Krieg sei noch nicht beendet gewesen und man habe sehr wenig von den Vorgängen gewußt, deshalb seien die Vorgänge und die Aktionen des Komitees Freies Deutschland und des Grafen Stauffenberg als eine Halluzination dargestellt worden:

*Obwohl die Erzählung den Grafen Stauffenberg meint, wählte ich den Namen Yorks – vor allem aus nahe liegenden historischen Gründen, aber auch zum Zweck der Distanzierung. Auch dadurch sollte deutlich gemacht werden, daß es sich nicht um eine historische Erzählung handelt.*⁶⁵

---

60 Ebd., S. 229.
61 J. Bobrowski (Anm. 2), S. 443,447.
62 Vgl. S. Hermlin (Anm.6), S. 161.
63 J. Bobrowski (Anm. 2), S. 467.
64 S. Hermlin (Anm. 1), S. 363.
65 Ebd.

In seinem viel diskutierten Werk Abendlicht (Antimemoiren[66]) und auch in einigen Erzählungen mit biographischen Details hat Hermlin absichtlich diese Distanz, den Unterschied „von Faktizität und künstlerischer Wahrheit"[67], oder mit Käthe Hamburger, den zwischen Wahrheit und ästhetischer Wahrheit[68] angestrebt. Diese Distanz, die absichtliche Ungenauigkeit einiger historischer Daten diente Hermlin als Zufluchtsort, als Abgrenzung der intimen autobiographischen Szene vor der Öffentlichkeit.[69] Aufmerksame Forscher haben sowohl bei Bobrowski als auch bei Hermlin festgestellt, daß sie sich in ihren Geschichten und Erzählungen eindeutig das „Hausrecht des Autors"[70] eingeräumt haben, d.h. die historischen Fakten (Daten, Orte u.s.w.) stimmen nicht vollkommen mit den in den Geschichten angeführten Namen, Daten, Orten, und Ortsbezeichnungen überein.[71] Bobrowski behauptet, daß für den Erzähler Raum bleiben muß zwischen den Fakten, „eine lückenlose Anordnung der Fakten tötet, glaube ich, das lebendige Erzählen"[72].

Bobrowski ist fest davon überzeugt, daß „es ganz gut ist, wenn der Autor sozusagen das Hausrecht in seiner Erzählung, nicht nur der Sprache gegenüber behält, sondern auch den Fakten gegenüber, auch gegenüber den Figuren"[73]. Historische Figuren und Daten dienen sowohl für Hermlin als auch für Bobrowski als Denkanstoß, als Impuls, über wichtige Probleme der Moral und der Geschichte nachzudenken, den Leser herauszufordern, selbstkritisch mit der Materie umzugehen. (J. Bobrowski: „Ich würde mich glücklich schätzen, wenn ich möglichst vielen Leuten zumindest ein Nachdenken beibringen könnte."[74]) Als besonders wichtig gelten nicht die Daten und Fakten, sondern eher der Versuch, die „Atmosphäre" bestimmter Augenblicke wiederzugeben oder neu zu schaffen. Hermlin versucht im *Abend-*

---

66 M. Durzak. Die deutsche Kurzgeschichte der Gegenwart: Autorenporträts, Werkstattgespräche, Interpretationen. Stuttgart, 1980, S. 47.
67 S. Hermlin (Anm. 1), S. 365.
68 K. Hamburger: Wahrheit und ästhetische Wahrheit. Stuttgart, 1979, S. 3-15.
69 W. Mittenzwei: Die Intellektuellen. Literatur und Politik in Ostdeutschland von 1945 bis 2000. Leipzig, 2003, S. 491f.
70 J.Bobrowski (Anm. 2), S.4 76.
71 Vgl. T. Taterka: "Nahmen und Stimmen! Ihr bleibt zurück!" Vom Hausrecht des Autors und seiner Handhabung in Johannes Bobrowskis Erzählung Boehlendorff. In: Triangulum(Anm.23) S. 140, R.Nikolajeva. Auf der Suche nach Lettland durch Johannes Bobrowskis Landschaften. Ebd., S. 124-135.
72 J. Bobrowski (Anm. 2), S. 475.
73 Ebd., S. 476.
74 Ebd., S. 482.

licht die Atmosphäre in Berlin in den 30er Jahren nachzuahmen. Bobrowski setzt sich und auch gleichzeitig für den Leser das Ziel, das Leben der östlichen Nachbarn, das Leben in einem Dorf, wo vielleicht Levins Mühle steht, in möglichst vielen Details vorzustellen und einprägsam für den Leser darzustellen.

Ich mußte mir – zeitlich wie topographisch – eine Art von neuer Heimat erarbeiten, da sich meine Figuren in i h r e r Geschichte bewegen konnten, unabhängig von der meinigen. [...] Da allerdings beginnt die poetische Arbeit, wenn Sie wollen die Domäne der Phantasie.[75]

Die Landschaft der östlichen Nachbarn hat Bobrowski zuerst in seinen Gedanken, in seiner Phantasie entwickelt, doch vor dieser phantastischen Landschaft hat der Schriftsteller sehr penibel Literatur über das Land und seine Leute, über Karten, Chroniken, Prozeßberichte von der Weichselgegend studiert, wie auch Beschreibungen aus dem vorigen Jahrhundert.[76]

Um über die Petroleumlampe zu schreiben, brauch ich eine helle Birne –, ich trinke einen Whisky und schreib von dem langen Rohr und der einfachen Kühlvorrichtung, mit denen der Großvater seinen Kornschnaps destillierte. Es gibt also erhebliche Diskrepanzen zwischen dem, was ich tue, und dem, was ich schreibe.[77]

Die Wirklichkeit ist als Anlaß für die Erzählung zu verstehen, denn Bobrowski bezieht sich möglichst auf das, was er selbst kennt, denn er will größtmögliche Authentizität, wenn er meint: „Ich denke, daß ‚wahre Geschichten' noch immer eher überzeugen: weil ich eine Wirkung wünsche."[78]

Die Einschätzung des Schaffens eines Schriftstellers durch einen Kollegen strahlt hell den „inneren" Inhalt des Werkes aus. Ein Literaturforscher erreicht dieses Ziel nicht einfach durch Textanalysen anhand eines Systems von literaturwissenschaftlichen bzw. linguistischen, historischen u.a. Kenntnissen, sondern nicht zuletzt durch die Erforschung des geistig-kulturellen Milieus des Forschungsobjekts, seiner künstlerischen, philosophischen, ethischen, persönlich psycho-

---

75 Ebd., S. 490.
76 Ebd., S. 489.
77 Ebd., S. 334.
78 Vgl. ebd., S. 481, 447.

logischen sowie politischen Sympathien als auch Antipathien. Wenn dies unter Künstlern gleichen oder ähnlichen Ranges der Fall ist, so ergibt sich eine Harmonie von besonderer Prägung: es werden solche Tonschattierungen gehört, die ein „Nichteingeweihter" kaum zu vernehmen vermag.

> *Es äußert sich vor allem darin eine Haltung, die Thomas Mann später oft definiert hat, die Haltung des Verständnishabenden und um Verständigung Ringenden, des Hingeneigtseins zum anderen, Andersgearteten, man kann es Toleranz nennen, Thomas Mann nennt es Sympathie. Denn darum geht es wohl in letzter Hinsicht, um Sympathie, um das Vermögen des Mitleidens, Mitfühlens, Mitseins, und vielleicht auch diese Haltung der Kunst gegenüber ist ein Akt der Kunst*[79]*,*

so Stephan Hermlin in seinem Essay *Thomas Mann und die Sympathie*. In vollem Maße gilt dies dem gegenseitigen Interesse und der Anziehungskraft von Johannes Bobrowski und Stephan Hermlin.

---

79 S. Hermlin, Anm. 6, S. 206.

„Aber wir sehn dich".
Zur poetischen Bildlichkeit in Bobrowskis Porträt-Lyrik

SABINE EICKENRODT

Die Vehemenz, mit der sich Bobrowski gegen die Zumutung wehrte, als ein biographisch-lyrischer Porträtist wahrgenommen zu werden, ist vielfach überliefert: Entschieden äußerte er gegenüber Max Hölzer in einem Brief vom 12. 4. 1960, daß das, was er mache, „keine Porträts sind, sondern Anrufe an Sternbilder, nach denen der alte Sarmate die Himmelsrichtung peilt"[1]. Bobrowskis Abwehr gegen Leseerwartungen, die im Porträt lediglich ein Bildnis des Dichters sehen wollten, wurde von seinen Interpreten gleichwohl nicht immer ernst genommen: ein Umstand, der zumindest teilweise der kryptischen Formulierung seiner Vorgabe selbst angelastet werden kann. Will man diesen sich definitorisch gebärdenden Satz hingegen – wie ich vorschlage – zum Ausgangspunkt einer Deutung seines Porträtierungsverfahrens machen, so sind zunächst deren Voraussetzungen zu klären: Erstens: Die Personengedichte Bobrowskis stehen von vornherein in einer Tradition, in der ein je verbürgter Ort der persönlichen Krise eines Dichters dem von ihm zu entwerfenden Bild konstitutiv ist: wie z. B. in den Gedichten *Brentano in Aschaffenburg* (31. 12. 1960) oder *Hölderlin in Tübingen* (30. 5. 1961; GW I, S. 106f.). Zweitens: Bobrowskis Warnung läßt sich darüberhinaus auch für sein lyrisches Verfahren selbst ‚programmatisch' deuten. Denn nicht die chronologische Biographie bestimmt ein je zu verfertigendes Bild einer historischen Gestalt, sondern diese entsteht selbst aus der poetischen Evokation einer situativ beschworenen Landschaft. Drittens: Bobrowski läßt keinen Zweifel daran, daß diese höchst disparaten Orte der von ihm angerufenen „Sternbilder" zentralperspektivisch gebunden und also in eine nicht von vornherein erkennbare Bildordnung einbezogen werden: In einem Brief an Hans Ricke vom 9. 10. 1956 äußert er nicht weniger programmatisch, daß er – ich zitiere nach Eberhard Haufe – das „weite Land zwischen Weichsel und Wolga/Don" in Gedichten

---

1 Bobrowski-Chronik. Daten zu Leben und Werk, zusammengestellt von Eberhard Haufe. Würzburg 1994, S. 51.

„sichtbar werden" lassen wolle: „Gestalten anderer Kulturkreise werden angerufen sein, aber eben *von dort, von der ‚sarmatischen Ebene'* her gesehen."[2]

Nimmt man diese ausdrückliche Perspektivierung seines Schreibens ernst, so gewinnt ein Gedicht, das bisher in der Forschung wenig beachtet wurde, eine neue und zugleich – wie ich im folgenden zeigen möchte – eine poetologische Valenz: Bobrowskis Gedicht *Die Günderrode* gehört zu den frühesten Porträt-Gedichten; die erste (bisher ungedruckte) Fassung, in der der Name der Dichterin noch mit *einem* ‚r' geschrieben wird, ist auf den 9. Februar 1956[3] zu datieren, eine spätere, überarbeitete Fassung wurde (wahrscheinlich im Zusammenhang mit dem 150. Todestag der Günderrode Ende Juli)[4] am 9. August 1956 (GW I, S. 39)[5] geschrieben.

---

2   E. Haufe: „Sarmatischer Divan" – Bobrowskis Entwurf einer lyrischen Enzyklopädie des Ostens. In: Johannes Bobrowski. Selbstzeugnisse und neue Beiträge über sein Werk. Berlin (DDR) 1975, S. 114-137, hier: S. 133 (Herv. d. Verf.).
3   Die bisher unveröffentlichte Handschrift der Erstfassung in Rb. vom 9. 2. 1956 befindet sich im Nachlaß Johannes Bobrowskis im Deutschen Literaturarchiv Marbach. Ich danke dem Urheberrechtsinhaber, Herrn Justus Bobrowski, für die Abdruckerlaubnis des Gedichts, das diesem Aufsatz als Faksimile beigefügt wird.
4   Karoline von Günderrode starb am 27. Juli 1806 durch Freitod am Ufer des Rheins in der Nähe von Winkel.
5   Zur Datierung vgl. J. Bobrowski: Gesammelte Werke in sechs Bänden, hg. von E. Haufe. Bde. I-IV Stuttgart / Berlin 1987, Bd. V Stuttgart 1998, Bd. VI (hg. von H. Gehle) Stuttgart 1999, hier V, S. 46ff; Zitate aus dieser Ausgabe werden im folgenden mit der Sigle GW, der Band- und der Seitenangabe nachgewiesen.

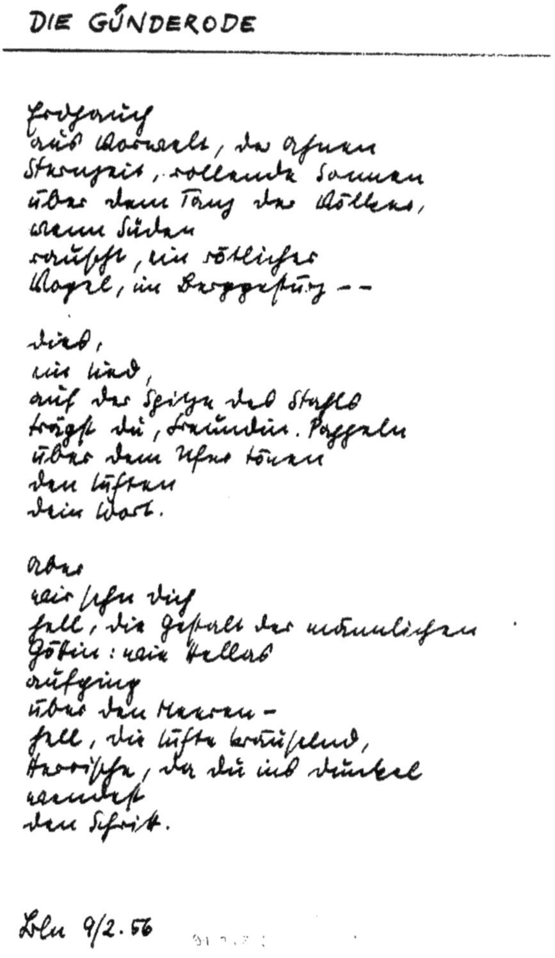

Abb. 8: Erste Fassung des Gedichts Die Günderrode

Die reduzierte Aufmerksamkeit der Forschung gegenüber diesem Gedicht[6] mag mit der Tatsache zusammenhängen, daß Bobrowski es erst verspätet (zusammen mit dem Gedicht *Gestorbene Sprache* (17. 4. 1960; GW I, S. 26) in den Band *Sarmatische Zeit* (1961) integrierte: als Ersatz für die *Pruzzische Elegie* (1952; GW I, S. 33-35) deren Aufnahme von der Deutschen Verlagsanstalt Stuttgart zuvor abgelehnt worden war.[7] Die Folgen dieser Ablehnung für die kompositorische Anlage des Gedichtbands, in dem Bobrowski der *Pruzzische[n] Elegie* – analog zur *Todesfuge* in Celans erstem Gedichtband *Der Sand aus den Urnen* (1948) – einen dominierenden Ort zugedacht hatte, waren gravierend.[8] Aber andererseits ist zu bedenken und für meine Untersuchung nicht unwesentlich, daß Bobrowski dieses von ihm ersatzweise ins Zentrum gerückte Gedicht über die Günderrode keineswegs als bloße Gelegenheitslyrik, sondern zweifellos als einen höchst wichtigen Bestandteil seines sarmatischen Projekts ansah. Es wird von den Porträtgedichten (im folgenden GW I, S. 36-43) *Trauer um Jahnn*

---

6 Bisher hat ausschließlich Alfred Kelletat eine differenzierte Einzelstudie des Günderrode-Gedichts vorgelegt, ohne allerdings dessen Erstfassung zu berücksichtigen: A. Kelletat: Die Gestalt der männlichen Göttin. Johannes Bobrowskis Widmung an Karoline von Günderrode. In: Zeitwende. Wissenschaft, Spiritualität, Literatur, 51. Jg., H. 4, 1980, S. 217-227. Im Kontext mit anderen Porträtgedichten wurde die zweite Fassung des Gedichts in folgenden Untersuchungen interpretatorisch berücksichtigt bzw. zumindest erwähnt: B. Gajek: Johannes Bobrowskis Porträtgedichte. Zur Auseinandersetzung eines Autors mit seiner Gesellschaft. In: Sprache und Bekenntnis. Sonderband des literaturwissenschaftlichen Jahrbuchs. H. Kunisch zum 70. Geburtstag. Hg. von Wolfgang Frühwald und Günter Niggl. Berlin 1971, S. 403-422. Ferdinand van Ingen: Des Dichters Bildnis. Zu Bobrowskis lyrischen Porträts. In: Dichter und Leser. Studien zur Literatur. Hg. von Ferdinand von Ingen, Elrud Kunne-Ibsch, Hans de Leeuwe und Frank C. Maatje. Groningen 1972, S. 234-260. U. Heukenkamp: Dichterporträts. In: Lyriker im Zwiegespräch. Traditionsbeziehungen im Gedicht. Hg. von Ingrid Hähnel. Berlin und Weimar 1981, S. 217-264. Vgl. zuletzt E. Adelsbach: Bobrowskis Widmungstexte an Dichter und Künstler des 18. Jahrhunderts. Dialogizität und Intertextualität. St. Ingbert 1990, S. 146-150. Diese (in bezug auf die Thematik bisher singuläre) Monographie ist problematisch, weil sie Bobrowskis Vorbehalte gegen das traditionelle Genre des Porträts übergeht und eine Verbindung mit dem sarmatischen Kontext zwar benennt, jedoch nicht zu zeigen unternimmt. Zudem bleibt unverständlich, warum die Autorin Kelletats intensive Untersuchung des Gedichts nicht zur Kenntnis genommen hat.

7 J. Bobrowski: Sarmatische Zeit. Gedichte. Stuttgart 1961. In dieser Ausgabe fehlt die *Pruzzische Elegie*.

8 Eine zusammenfassende Darstellung der bisherigen Rezeption dieses Sachverhalts findet sich bei T. Taterka: „Der Nachlass ist / gesichtet, der Dichter / beruhigend tot"? Das Bild Johannes Bobrowskis in der Forschung des letzten Jahrzehnts. Ein Literaturbericht. In: studi germanici (nuova serie) Anno XXXVIII, 1, 2000, S. 129-183, hier: S. 140f.

(1959), *Villon* (1957), *Góngora* (1959), *Aleksis Kivi* (1958), *Joseph Conrad* (3. 7. 1956) und *Dylan Thomas* (1959) eingerahmt und behält auch in der späteren Buchausgabe des Union-Verlags der DDR zumindest numerisch eine mittlere Position (GW I, S. 31). Die zweite Fassung des Gedichts vom 9. August 1956 lautet:

DIE GÜNDERRODE

1 Erdhauch
aus Vorwelt, der Ahnen
Sternzeit, rollende Sonnen
über dem Tanz der Völker,
wenn Süden
rauscht, ein rötlicher Vogel,
im Berggestürz.

Dies,
ein Lied,
auf der Spitze des Stahls
trägst du, Freundin. In Lüften
über dem Ufer Stimmen
der Vögel nun.

Aber
wir sehn dich
hell, die Gestalt der männlichen
Göttin, unter dem Eichbaum,
Herrische, im Gezweig
das Haupt. Deine Hände greifen
20 träumrisch den Schlaf.

Bisher wurde übersehen, daß dieses Porträt mit dem für das Gesamt-Projekt entscheidenden frühen Gedicht *Die Sarmatische Ebene* (dessen Entstehung auf den 27. Mai 1956 zu datieren ist) zumindest in *einem* Bild auffällig korrespondiert: In der letzten Strophe heißt es dort:

[...] Ich seh dich:
die schwere Schönheit
des ungesichtigen Tonhaupts
– Ischtar oder anderen Namens –,
gefunden im Schlamm. (GW I, S. 31; Herv. d. Verf.).

Und die letzte Strophe des Günderrode-Gedichts schließt mit den Versen:

Aber
wir sehn dich
hell, die Gestalt der männlichen
Göttin, unter dem Eichbaum,
Herrische, im Gezweig
das Haupt. [...] (GW I, S. 39; Herv. d. Verf.).

Eberhard Haufe hat in seinem Kommentar zum Gedicht *Die Sarmatische Ebene* (GW V, S. 36ff.) darauf hingewiesen, daß Bobrowski wahrscheinlich die Reproduktion des berühmten „Frauenkopfes aus Uruk" (2800 v. Christ.) im Vorderasiatischen Museum Berlin vor Augen hatte, eine marmorne Kopfplastik, die zu den ersten künstlerischen Darstellungen des menschlichen Gesichts überhaupt zu rechnen ist: Dieser Kopf ist buchstäblich blicklos, weil sich in seinen jetzt leeren Augenhöhlen vormals Augäpfel befanden, die aus einem anderen Material gefertigt waren. Das Adjektiv „ungesichti[g]" bezieht sich also auf diesen Umstand und meint im alten Wortsinn, daß dieser Kopf ohne Augen, ohne Sehvermögen und zugleich auch ausdruckslos sei. Für eine Korrespondenz dieser beiden Strophen spricht zudem, daß ca. zwei Monate nach der Niederschrift dieses programmatischen Gedichts eine Umarbeitung des *Günderrode*-Porträts erfolgte, die diese in die Nähe der sumerischen Plastik rückt: Bobrowskis Stilisierung der Günderrode noch in der ersten Fassung zu einer ‚Griechin' wird damit revidiert: So wird nicht mehr wie noch in der Februar-Fassung eine Göttin angeredet, die

[...] wie Hellas
aufging
über den Meeren –
hell, die Lüfte kräuselnd,
Herrische, da du ins Dunkel
wendest
den Schritt.

Vielmehr tritt an die Stelle dieser antikisierenden Beschreibung in der späteren August-Fassung ein höchst verdichtetes Bild, eine Chiffre, die sich als Reminiszenz an das „ungesichtig[e] Tonhaup[t]" der *Sarmatische[n] Ebene* zu erkennen gibt: „Aber / wir sehn dich [...] / Herrische, im Gezweig / das Haupt." Während im Gedicht *Die sarmatische*

Ebene die poetisch evozierte Landschaft im Bild des blinden Tonhaupts selbst eine figurative Bedeutung erhält und somit der historischen Zeitentiefe übergeben wird, gleicht der Dichter in der zweiten Fassung des Günderrode-Gedichts gerade umgekehrt die Gestalt der Dichterin einer vorzeitlichen Landschaft – Sarmatien – mimetisch an.

Der Bruch, den Bobrowski auf diese Weise zugleich mit der idealisierenden Rezeption der Günderrode durch den George-Kreis vollzieht, ist kaum zu übersehen. Zwar hatte auch Otto Heuschele in seinem 1932 erschienenen Buch *Karoline von Günderrode*, das sich in der Bibliothek Bobrowskis befindet, die Dichterin unter die „Sternbilder am Geisteshimmel"[9] gezählt, ihre Stilisierung zur „echte[n] Griechin",[10] zur „deutschen Sappho" aber ausdrücklich von ihrer „äusseren Erscheinung", dem „Leuchten in diesen Augen", ihrem „Antlitz einer Prophetin, einer Priesterin" abhängig gemacht. Gerade die durch zeitgenössische Berichte verbürgte Klassizität ihrer Schönheit gilt ihm als unzweifelbares Zeugnis für ihre Berufung zur Seherin und früh im (Frei)tod vollendeten Dichterin.[11] Heuschele geht mit seiner begeisterten Feier der Günderrode über die poetische Diktion seines Meisters selbst, Stefan Georges, übrigens hinaus, der in einer *Tafel* des *Siebente[n] Ring[s]* (1907) deren Visualisierung weit vorsichtiger betrieben und an den Ort ihres selbstgewählten Todes gebunden hatte. Diesen imaginiert George zudem seinerseits bereits im Bild, das Bettina von Arnim vom Sterben der Freundin überliefert hat. George übernimmt und variiert das in ihrem Bericht als Traum eingeführte Bild eines Kahns auf dem Rhein: das Bild eines „Nachens":[12]

---

9   O. Heuschele: Karoline von Günderrode. Giebichenstein 1932, S. 69.
10 Vgl. im folgenden ebd., S. 18-21.
11 In diesem Geist ist auch Heuscheles Dedikation „Dem Andenken Hugo von Hofmannsthals" zu verstehen, die eine Passage aus *dem Turm* zitiert: „Diese Tat und alle meine Taten habe ich / getan unter deiner Gewalt. Du hast mir / gezeigt: eine heilige Ordnung, gesetzt / von Gott. Die hiessest du mich schützen, / und in ihrem Dienst waren wir verbunden".
12 Der Bericht ist enthalten in B. von Arnim: Goethe's Briefwechsel mit einem Kinde. In: Dies.: Werke und Briefe in vier Bänden. Hg. von Walter Schmitz und Sibylle von Steinsdorff, Bd. 2. Frankfurt a. M. 1992, S. 62-84, hier: S. 83: „In der Nacht träumte mir, sie käme mir auf einem mit Kränzen geschmückten Nachen entgegen, um sich mit mir zu versöhnen; ich sprang aus dem Bett in des Bruders Zimmer und rief: es ist alles nicht wahr, eben hat mir's lebhaft geträumt! Ach, sagte der Bruder, baue nicht auf Träume! – Ich träumte noch einmal, ich sei eilig in einem Kahn über den Rhein gefahren, um sie zu suchen [...]."

WINKEL: GRAB DER GUENDERODE

Du warst die Huldin jener sagengaue:
Ihr planlos feuer mond und geisterscheine
Hast du mit dir gelöscht hier an der aue...
Ein leerer nachen treibt im nächtigen Rheine.[13]

Mit dieser Anrede an ein „Du" ist zugleich das ‚Muster' der lyrischen Situation in Bobrowskis Gedicht vorgegeben, in dem nun allerdings – dies unterscheidet es von Georges *Tafel* – behauptet wird, sie (die Tote) dennoch zu sehen: „Aber / wir sehn dich". „Aber" – diese adversative Bestimmung präzisiert die paradoxe Aussage, daß die Angeredete gegen allen Augenschein wahrgenommen werden könne. Es ist naheliegend, daß die lyrische Anrede in Bobrowskis Günderrode-Gedicht den berühmten Satz Johann Georg Hamanns („Rede, daß ich Dich sehe!")[14] variiert, den dieser theologisch-ästhetisch verstanden wissen wollte. Hamann gehörte bekanntlich zu Bobrowskis Leitfiguren und bestimmte insbesondere im Entstehungsjahr des Günderrode-Gedichts – Anfang 1956 hatte der Dichter die erste Gesamtausgabe der Schriften Hamanns erworben[15] – intensiv seine Lektüre und literarische Planung. Am Anfang der *Aesthetica in nuce* (1762) mit der Bobrowski vertraut war, wird gerade die Unsichtbarkeit exponiert, die der ‚innere' „Mensch mit GOTT gemein hat";[16] und der Autor der *Aesthetica* spricht der Leiblichkeit – er nennt u. a. das „Antlitz des [menschlichen] Hauptes" – eine korrespondierende Zeichenfunktion zu: Die sichtbare Gestalt des Menschen und seine Rede – sprachtheoretisch gesprochen also: die ‚Hülle' des Leibs und die ‚Hülle' des Wortes – sind ihm demnach „eigentlich nichts als ein Zeigefinger des verborgenen Menschen in uns". Und ‚Reden' will Hamann ausdrück-

---

13 S. George: Der Siebente Ring (1907). In: Ders.: Gesamt-Ausgabe der Werke. Endgültige Fassung. Erschienen bei Georg Bondi., Bd. 6/7. Berlin 1907, S. 185-213, hier: S. 202.
14 J. G. Hamann: Aesthetica in nuce. Eine Rhapsodie in Kabbalistischer Prose (1762). In: Ders.: Sämtliche Werke. Historisch-kritische Ausgabe. Hg. von Josef Nadler. 6 Bde. Wien 1949ff., Bd. 2, S. 198.
15 Vgl. Bobrowski-Chronik (Anm.1), S. 36: Haufe nennt die Ausgabe von Hamanns Schriften ‚in der ersten Gesamtausgabe von Friedrich Roth (7 Bände 1821-1825) und C. H. Gildemeisters ‚Leben und Schriften Hamanns einschließlich des Briefwechsels mit Friedrich Heinrich Jacobi" (6 Bände 1857-1873).
16 Vgl. auch im folgenden J. G. Hamann (Anm.14), S. 198.

lich (im Kontext eines von Gott gestifteten Commerciums) als ‚Übersetzen' im Sinne des metaphorischen Ausdrucks verstanden wissen. Das bei Bobrowski in der dritten Strophe einsetzende „Aber / wir sehn dich" steht insofern in der poetischen Logik des Gedichts, als die ersten beiden Strophen ja gerade das ‚Ungesichtige' und das Verstummte dieser Dichterin, die gleichwohl als „Freundin" angeredet wird, zum Ausdruck bringen. Der sie Anrufende hört nicht ihre lebendige Rede, sondern ist auf schriftliche Überlieferungen angewiesen, die in den poetischen Akt der Bildgebung, also in das vorliegende Gedicht als einem produktiven Lektüreprozeß selbst eingehen. Denn als Transformation von Gelesenem, als intertextuelles lyrisches Bild muß die erste Strophe zweifellos dechiffriert werden. Und es wäre an anderer Stelle nachzuweisen, daß Bilder wie „rollende Sonnen" (Vers 3), „wenn Süden / rauscht" (Vers 5f.) oder „im Berggestürz" (Vers 7) selbst bereits als poetisch transformierte Lektüre-Reminiszenzen an erdichtete Landschaften zu verstehen sind. Ihre Anregungen beziehen sie aus der Bibel, insbesondere aus dem *Buch Hiob*, dem Hamann das Motto zur *Aesthetica* entnahm.[17] Aber auch Günderrodes *Ein apokaliptisches Fragment* (ca. 1802-04)[18] und ihre poetische Adaption *Darthula nach Ossian* (ca. 1801-02)[19] sind als literarische Bildspender des mehrfach codierten Gedichts für eine Interpretation heranzuziehen. Bobrowski waren beide Dichtungen über seine (von Heinz Amelung 1925 herausgegebene) Ausgabe des Briefromans *Die Günderode* (1839)[20] von Bettina von Arnim zugänglich.

Wie kombinatorisch Bobrowski in der poetischen Umarbeitung dieser Lektüren verfährt, zeigen bereits die ersten beiden Verse der Eingangsstrophe „Erdhauch / aus Vorwelt, der Ahnen / Sternzeit". Sie stehen in einem keineswegs eindeutigen Überlieferungszusammenhang und verzichten zudem ausdrücklich auf eine suggestive Vergegenwärtigung der Zitierten. Denn sie können – so meine These – als Adaptionen der Grabsteininschrift in Winkel am Rhein verstanden

---

17 Das Motto bezieht sich auf Elihus erste Rede (Hiob 32, Vers 19-22), in der er Hiob wegen seiner Selbstrechtfertigung gegenüber Gott tadelt.
18 K. von Günderrode: Sämtliche Werke und ausgewählte Studien. Historisch-kritische Ausgabe. Hg. von Walter Morgenthaler unter Mitarbeit von Karin Obermaier und Marianne Graf. Frankfurt a. M. 1990, Bd. I: Texte, S. 52-54. Zur Datierung vgl. Bd. II: Kommentar, S. 88.
19 Ebd., Bd. I, S. 11-17. Zur Datierung vgl. Bd. II: Kommentar, S. 69.
20 B. von Arnim: Die Günderode. Hg. von Heinz Amelung. Leipzig 1925. Dieser Ausgabe folgt Christa Wolfs Neuherausgabe: B. von Arnim: Die Günderode. Mit einem Essay von Christa Wolf. Lizenzausgabe für die Bundesrepublik Deutschland, West-Berlin, Österreich und die Schweiz. Frankfurt a. M. 1982. Die angegebenen Dichtungen befinden sich ebenda, S. 22-24 und S. 252-257.

werden, die Bobrowski kannte[21] und die einer (übrigens ungesicherten) Niederschrift der Günderrode selbst folgt. Das Epigramm wurde in der Günderrode-Forschung als Umdichtung von Herders *Abschied des Einsiedlers* (1792; in der 4. Sammlung der *Zerstreuten Blätter*)[22] identifiziert:

> *Erde du meine Mutter u du mein Ernährer der Lufthauch*
> *Heiliges Feuer mir Freund und du o Bruder der Bergstrom*
> *Und mein Vater der Äther ich sage euch allen mit Ehrfurcht*
> *Freundlichen Dank mit euch hab ich hienieden gelebt*
> *Und ich gehe zur andern Welt euch gerne verlassend*
> *Lebt wohl denn Bruder u Freund Vater und Mutter lebt wohl.*[23]

Nicht nur wird der erste Vers dieses Epigramms „Erde [...] Lufthauch" bei Bobrowski in einem einzigen Wort „Erdhauch" zusammengezogen, sondern das gesamte Gedicht nimmt die thematische Vorgabe auch insofern auf, als es die Anrede an ein freundschaftliches Du variiert und die Formel der Anrede „du, Freundin" exakt in dessen Zentrum stellt.[24] Warum aber legt Bobrowski auf diese (am traditionellen Freundschaftsmodell orientierte) formale Symmetrie des Gedichts, die in der ersten Fassung noch nicht zu finden ist, einen so großen Wert? Die freundschaftliche Anrufung ist bereits im Epigramm, dem der Dichter thematisch erkennbar folgt, ausdrücklich an den Abschied vom Leben gebunden und tritt somit ins Zeichen des Todes. Die Günderrode galt lange selbst – wie Bobrowski zweifellos bekannt war – als Verfasserin ihrer eigenen Grabsteininschrift, als Dichterin also, die sich nicht scheute, ihre Dichtung als Nachruf auf ihr eigenes Leben zu imaginieren. In dieser größtmöglichen Distanznahme von der Welt wie auch von sich selbst aber werden bei ihr die

---

21 Die Grabsteininschrift ist dem Buch O. Heuscheles (Anm.9) vorangestellt.
22 J. G. Herder: Gedanken einiger Bramanen. In: Ders.: Sämmtliche Werke. Hg. von Bernhard Suphan, 33 Bde. Berlin 1877f., Bd. 26, 1882, S. 416. Der Wortlaut bei Herder weicht von dieser Niederschrift geringfügig ab.
23 Vgl. K. von Günderrode (Anm.19), Bd. I, S. 472.
24 Auf diese Position des Wortes „Freundin" im Gedicht – es ist das 34. Wort von insgesamt 67 Wörtern – hat A. Kelletat (Anm.6), S. 221), der sich ausschließlich auf die zweite Fassung stützt (obgleich er diese irrtümlich mit der Überschrift der ersten Fassung versieht), bereits hingewiesen. In seiner Erläuterung dieser exakten kompositorischen Anordnung geht er von der Annahme aus, daß der Dichter sich mit der Anrede „Freundin" in das „persönlichste Verhältnis zur Günderrode setzt". Dieser Deutung ist m. E. nur zu folgen, wenn die poetischen Schwierigkeiten einer solchen Schaffung von Nähe, die ja als eine erinnernde Vergegenwärtigung gedacht werden muß, zugleich mit reflektiert werden.

Redeweise des Anrufs an die Natur (an Erde, Lufthauch, Feuer, Bergstrom und Äther) und die des Nachrufs ununterscheidbar miteinander verbunden und leiten auch modellhaft die Bildgebung in Bobrowskis Gedicht. Denn dieses zeigt ein höchst ambivalentes Verfahren der Vergegenwärtigung, in dem mit der Anrufung der Günderrode als „Freundin" nicht nur das Spannungsverhältnis zwischen äußerster zeitlicher Distanz und vergegenwärtigender Nähe, sondern auch das zwischen schriftlicher Fixierung und mündlicher Rede gezeigt *und* zugleich reflektiert wird. Von diesem höchst gebrochenen – und somit nur bedingt ‚dialogisch' zu nennenden – Verhältnis zeugt die zweite Strophe des Gedichts:

Dies,
ein Lied,
auf der Spitze des Stahls
trägst du, Freundin. In Lüften
über dem Ufer Stimmen
der Vögel nun.

Die einleitende Wortfügung „*Dies, / ein Lied*" (Herv. d. Verf.) bezieht sich unmißverständlich auf die erste Strophe des vorliegenden Gedichts, die wir ihrerseits als bereits poetische Adaption und mehrfache Transformation der Günderrode-Dichtungen ausgewiesen haben: Der deiktische Bezug („Dies") ist also in Bobrowskis Gedicht zugleich eindeutig selbstreferentiell bestimmt, insofern dieses dafür bürgt, nicht nur in seiner ersten Strophe ein ‚lebendiges' Zeugnis von der Angeredeten zu *geben*, sondern dieses selbst bereits zu *sein*: also ein Lied.[25]

Für diese Deutung spricht auch ein Vergleich mit korrespondierenden Parallelstellen: Denn mit Hilfe dieses Vergleichs ist das vorliegende Gedicht ausdrücklich im thematischen Kontext des Gedichts *Die sarmatische Ebene* zu verorten: Am Anfang der dritten Strophe heißt es hier in einer Ansprache an die Ebene, die zuvor als eine ‚singende'

---

25 Bobrowski stellt auf diese Weise die Anrufung der Günderrode zudem in einen poetologischen Kontext, in dem wiederum Hamanns Schrift mit evoziert scheint: Im Schlußteil der *Aesthetica in nuce* (Anm.14, S. 215f.) hatte dieser mit Blick auf das „freye Gebäude, welches sich Klopstock, dieser große Wiederhersteller des lyrischen Gesanges erlaubt", eine Verbindung zu Volksliedern in „Curland und Liefland" gezogen, „wo man das lettische oder undeutsche Volk bey aller ihrer Arbeit singen hört, aber nichts als eine Cadenz von wenig Tönen, die mit einem Metro viel Ähnlichkeit hat. Sollte ein Dichter unter ihnen aufstehen", so heißt es bei Hamann weiter, „so wäre es ganz natürlich, daß alle seine Verse nach diesem eingeführten Maasstab ihrer Stimmen zugeschnitten seyn würden."

aufgerufen wird: „*Aber / sie hören dich ja,* / lauschen hinaus, die Städte" (GW I, S. 30; Herv. d. Verf.). Und der Schluß wiederum des Günderrode-Gedichts variiert das „Ich seh dich" in der Schlußstrophe der *Samartische[n] Ebene* in ein polyphones „Wir": „Aber / wir sehn dich". Die Position eines lyrischen Ichs wird im Günderrode-Gedicht also ganz zurückgenommen und ist hier kaum noch eindeutig zu identifizieren: Das interpretierende Ich ist der vielstimmigen Überlieferung dieses Liedes vielmehr selbst bereits immer schon zugehörig: Gerade dieser vermittelte Umweg der Anrufung der Günderrode macht aber zugleich deutlich, daß nicht ohne weiteres von einer Verschmelzung der Positionen zwischen Anrufendem und Angerufener gesprochen werden kann. Die zweite Strophe – „auf der Spitze des *Stahls / trägst* du, Freundin" (Herv. d. Verf.) – nimmt durch ihre Mittelzäsur rhythmisch das antithetische Verhältnis zwischen dem polyphonen „Lied" und dem Verstummtsein der angerufenen Dichterin auf. Die auf diese Weise hergestellte intersubjektive Verbundenheit zeigt sich erst in der imaginären Evokation des Augenblicks der Krise und der tödlichen Verzweiflung: „Dies, / ein Lied, / auf der Spitze des Stahls / *trägst* du, Freundin" (Herv. d. Verf.). Auch diese Formulierung muß wörtlich genommen werden: Das bezeichnete Lied, welches selbst Teil des Gedichts ist und mit dem Requisit des Todes der Günderrode, ihrem Dolch, konnotiert wird, eröffnet zugleich einen weiteren Kontext. Denn die Wortfolge „trägst du, Freundin" ‚verschiebt' den Assoziationsradius des Dolches, den die Günderrode vielen zeitgenössischen Berichten zufolge als annoncierte persönliche Katastrophe stets bei sich trug[26], in den temporalen Kontext eines kollektiven Überlieferungszusammenhangs.

Das Günderrode-Gedicht, das die Stelle einer Elegie – die der *Pruzzische[n] Elegie* – vertritt, übernimmt damit zugleich den Status eines poetologischen Modells: Jörg Schuster hat in einer systematischen Untersuchung zur klassischen Elegie von einer „Poetologie der Distanz"[27] gesprochen. Die Elegie verweise demnach – so der Autor dieser gleichlautenden Studie – auf die Notwendigkeit eines temporalen und reflexiven Abstands als „produktionsästhetische[r] Möglichkeitsbedingung der Dichtung"[28] und damit zugleich auf die grundsätzliche Diskrepanz zwischen Empfindung und schriftlichem bzw. bildlichem Ausdruck. Das traditionelle Konzept der vermischten oder ge-

---

26 Vgl. z. B. B. von Arnims Bericht (Anm.12), Bd. 2, S. 73f.
27 J. Schuster: Poetologie der Distanz. Die ‚klassische' deutsche Elegie 1750-1800. Freiburg im Breisgau 2002.
28 Ebd., S. 28.

mäßigten Empfindung, die das stete Miteinander von Trauer und Vergegenwärtigung, Empfindung und Reflexion zum wesentlichen Charakteristikum der Elegie macht, wird auch in der letzten Strophe des vorliegenden Gedichts selbst thematisch. Denn diese Strophe führt mit ihren Anfangsworten: „Aber/ wir sehn dich" nicht nur die bereits zuvor initialisierte Anrufung fort, sondern sie beharrt buchstäblich nun doch in einer Anrede auch auf einer bildlichen Darstellbarkeit der Toten.[29]

Daß in der dritten Strophe des Gedichts der Ort des Todes Karoline von Günderrodes in Winkel am Rhein aufgerufen wird, ist in der Forschung unstrittig. Gleichwohl ist bisher nicht klar genug gesehen worden, daß auch der im Schlußbild erwähnte und die lyrische Bildassoziation leitende „Eichbaum" sich einer Lektüre-Reminiszenz verdankt. In der früheren Fassung des Gedichts werden Bäume ausdrücklich nur in der zweiten Strophe erwähnt, und auch dort folgt diese Nennung von „Pappeln" nicht dem realen Uferbewuchs, der aus Weiden[30] besteht. Warum wurde das Bild „unter dem Eichbaum" also explizit der zweiten Fassung eingefügt? Alfred Kelletats Deutung des Eichbaums als Zeichen für die Integration der – über Klopstock vermittelten und an Günderrodes Ossian-Dichtung orientierten – „nordische[n] Vorwelt"[31] ins Gedicht ist zwar plausibel, insbesondere dann, wenn man die Parallelstellen im Eingangsgedicht *Anruf* („Wilna, Eiche / du – / meine Birke, / Nowgorod" (GW I, S. 3) und in der *Pruzzisch[n] Elegie* („[...] wo uns / rauchender Opferhaine / Schauer befiel [...]" (GW I, S. 33)[32] zum Vergleich heranzieht.

Allerdings unterdrückt diese interpretatorische Festlegung eine Lesart, die im Hinblick auf Bobrowskis Hamann-Anspielungen m. E. nicht weniger nahe liegt: Mit Sicherheit kannte Bobrowski Hamanns

---

29 In diesem Kontext wäre auch an Gerhard Wolfs Bemerkung anzuknüpfen, die sich auf die frühen Gedichte bezieht: „Nach antiker Überlieferung hat man sich die Elegie als eine Nymphe oder Genie vorzustellen, die, das Haupt in die Hand gestützt, in Erinnerung versunken ist. Ein zerrissener Kranz im Haar und welke Blumen im Schoß lassen an bessere Tage denken. Hinter der Nymphe ragt eine Grabstätte aus Zypressen hervor. [...]". Vgl. ders.: Beschreibung eines Zimmers. Fünfzehn Kapitel über Johannes Bobrowski. Berlin 1993, S. 61.
30 Diese ebenfalls in B. von Arnims Bericht überlieferte Ortsbeschreibung wurde etwa in Christa Wolfs Prosastück *Kein Ort. Nirgends* (1983) adaptiert.
31 A. Kelletat (Anm.6), S. 222.
32 Dalia Bukauskaite hat mich darauf aufmerksam gemacht, daß das Bild „unterm Eichbaum" später von Bobrowski wörtlich in den Roman *Litauische Claviere* (GW III, S. 249) übernommen wurde. Haufe (GW VI, S. 214f.) weist für die dort zitierten Verse folgende Vorlage nach: Dainu Balsai. Melodien litauischer Volkslieder, gesammelt und hg. von Christian Bartsch. Heidelberg 1886 (Lied Nr. 120) sowie Louis Nast: Die Volkslieder der Litauer, inhaltlich und musikalisch. Tilsit 1893.

Attacke in der *Aesthetica in nuce* gegen zeitgenössische rationalistische Exegeten der Heiligen Schrift, die die *philologia sacra* mit nüchterner Akribie betrieben und sich (so Hamann) „die Augen ausgestochen"[33] hätten, um nur ja für Propheten gehalten zu werden. Hamann spottet, die „Wunderwerke" dieser aufgeklärten Naturbeherrscher würden noch sogar jene Wunderwerke der Götter übertreffen, die (wie einst die Priesterinnen im Zeusheiligtum) „durch Eichen" gesprochen hätten. Seine Anspielung auf den *Phaidros* ist deutlich, wo Sokrates im Dialog über die Schriftkritik gegen den Vorwurf seines Schülers, statt logischer Ableitung und eines soliden Tatsachenberichts nur Erdichtetes zu liefern, folgendes einwendet: In des Zeus dodonäischem Tempel seien immerhin „einer Eiche *Reden* die ersten prophetischen"[34] Worte gewesen, denen man zugehört und die man für wahr befunden habe.

Diese Implikation legt die Spur zum Verständnis des poetischen Bildes in der Schlußstrophe des Günderrode-Gedichts. Denn die hier höchst vermittelt aufgerufene platonische Kritik an geschriebenen Reden richtet sich ja gerade gegen deren Privilegierung einer nur (reproduzierenden) Erinnerung gegenüber dem sich (unmittelbar) erinnernden Gedächtnis. Bobrowskis programmatische Wendung gegen lyrische ‚Porträtisten' gewinnt in diesem Kontext ihre poetologische Validität. Der durch die Verse „Aber / wir sehn dich" eingeleitete Visualisierungsprozeß setzt somit nicht nur die Trauer um die für immer verlorene Präsenz der angerufenen Person je schon voraus, sondern weiß zugleich um die Gewalt schriftlicher und bildlicher Festschreibungen, die ihr in der Rezeptionsgeschichte nicht erspart blieb. Das, was ein kollektives „Wir" hier zu sehen vorgibt, ist also nicht eine durch Zeit und Überlieferung verdeckte Tote in ihrer nunmehr ‚wahren Gestalt'. Das Gedicht erhebt vielmehr den Anspruch, sie den Sinnen im lyrischen Prozeß, also ausdrücklich *als* poetische Sprache zuzuführen, die nicht Reproduktion ist, sondern (im alten Sprachgebrauch) ein ‚Traum-Gesicht', also *Vision*. In ihr erst ist ein synchroner Blick[35] möglich, der das Bild der historischen Gestalt und

---

33 Vgl. auch im folgenden J. G. Hamann (Anm.14), S. 207f.
34 Platon: Phaidros. In: Ders., Werke in acht Bänden. Griechisch und Deutsch. Hg. von Gunther Eigler (Bd. 5, bearbeitet von Dietrich Kurz). Darmstadt 1990, S. 179 (Herv. d. Verf.).
35 Vgl. in diesem Zusammenhang auch die Untersuchung von Andreas Degen: „Ich kenne einen Friedhof." Temporale Koinzidenz als Leistung mythischer Formen bei Johannes Bobrowski. In: Topographie der Erinnerung. Mythos im strukturellen Wandel. Hg. von Bettina von Jagow. Würzburg 2000, S. 165-182. Der Autor zeigt (ebd., S. 172), daß in den Gedichten *Pruzzische Elegie* und *Friedhof* der „authentisch-

ihrer Überlieferung mit dem der versunkenen sarmatischen Landschaft bzw. „[g]estorbene[n] Sprache" überblendet und somit neu entwirft.

Ein solchermaßen kollektiv-visionärer Blick nimmt das Objekt seines Gedenkens gleichwohl immer auch schon als ein fragmentiertes ins Visier: In seiner Abhandlung *Von der Nachahmung der Lateinischen Elegien*[36] vergleicht Herder die Elegie mit einem Traum und begründet diesen Vergleich mit der Qualität der „Bilderreihe, die vor ihrem Auge vorbeistreicht". Diese Bildfolge sei – so Herder – „an sich verbunden, so wie die Folgen der nächtlichen Gedanken, nur das Band ist nicht so regelmäßig und sichtbar, als im Wachen: dazu kömmt, daß in der Elegie, so wie im Traume, Einbildungskraft und Gegenwart zusammengemischt wird"; und er betont, „mit wie viel Macht Zeit, Ort und Umstände in die Elegie sich eindrängen, nicht blos *Gedanken* nähren, sondern auch *erzeugen* [...]". Die Elegie geht somit in ihrer Funktion, empfundene Trauer und Klage poetisch angemessen zu fassen, keineswegs auf. Herder sieht in ihr vielmehr selbst eine hochassoziative Kraft der Gedanken- und Bilderzeugung. Diese Auffassung bildet die Brücke zu den beiden letzten Versen in Bobrowskis Günderrode-Gedicht: „Deine Hände greifen / träumrisch den Schlaf". Nicht nur ist hier das sehende Wir sich dessen bewußt, daß es die Gestalt der Günderrode wie in einem Traum sieht. Darüberhinaus wird diese historische Gestalt bereits selbst ja als eine Träumende geträumt, die sich der Voraussetzung ihres Träumens – des Schlafs, des Nicht-Bewußten, der Vorzeit – unvermittelt innewird, die sich also ihrerseits träumend als Schlafende ‚be-greift'. Auch dieses der zweiten Fassung hinzugefügte Bild des Traums und des Schlafs korrespondiert auffällig mit dem wenig früher erschienenen Gedicht *Die sarmatische Ebene*, in dem die sechste Strophe mit den Worten „Ebene, /riesiger Schlaf, /riesig von Träumen" (GW I, S. 31) anhebt. Es wird auf diese Weise im Günderrode-Gedicht eine zirkulare Bildfolge erzeugt: Denn das geträumte Objekt dieser poetisch evozierten historischen Gestalt – der Schlaf – ist ja zugleich auch die metaphorisierte Voraussetzung, die lyrische Ausgangsbasis des elegisch träumenden „Wir": Die programmatische Äußerung Bobrowskis, daß die Gestalten seiner ‚Nicht-Porträts' von der „sarmatischen Ebene" her zu

---

auratische Ort gegen Naturelemente ausgetauscht [werde], die für sich genommen geschichtslos sind und erst in der Wahrnehmung des Ich, durch Sehen oder Lauschen, als historisch bedeutsam akzentuiert werden."

36 Vgl. auch im folgenden J. G. Herder: Ueber die neuere Deutsche Litteratur. Fragmente, als Beilagen zu den Briefen, die neueste Litteratur betreffend (1767). In: Suphan (Anm.22), Bd. 1, 1877, S. 477-491, hier: Anm. S. 489 (Herv. d. Verf.).

sehen seien, muß also wörtlich genommen werden: Nur *von dort her*, vom blinden Fleck der sarmatischen Vorzeit, als dem vertrautesten und fremdesten Ort zugleich, wird Geschichte als individuelle und zugleich als kollektive Leidensgeschichte in poetische Bilder übersetzbar und damit zugleich auch lesbar *und* sichtbar gemacht.

Der ungeschundene Marsyas.
Bobrowskis Gedicht *Doppelflöte*

ANDREAS F. KELLETAT

> *Bald wird der Wind aus seiner Höhe fallen,*
> *Die Tiefe nicht mehr sein.*
>
> Loerke Pansmusik
>
> *als redete nochmal*
>
> *Maske des Bergtiers Pan*
> *eh es gehäutet*
> *gekappt sein Gehörn*
>
> Hein Amorgos, 1980

Johannes Bobrowskis Gedicht *Doppelflöte* entstand im Oktober 1958. Der Autor hat es in die von ihm selbst zusammengestellten Gedichtbände *Sarmatische Zeit* (1961), *Schattenland Ströme* (1962) und *Wetterzeichen* (1966) nicht aufgenommen. Zuerst veröffentlicht wurde *Doppelflöte* in dem von Eberhard Haufe aus dem Nachlaß ausgewählten Band *Im Windgesträuch* (1970). In seinen 1974 bei Insel (Leipzig) und 1990 bei Reclam (Leipzig) erschienenen Auswahlbänden ließ Haufe den Text unberücksichtigt.[1] Größere Aufmerksamkeit der Interpreten hat *Doppelflöte* bisher nicht auf sich gezogen. Der Text lautet:

Doppelflöte

Im Hirtenlande tönen die Flöten auf
im Flutwind um den Mittag und steigen schnell,
zwei Stimmen, zornig beieinander,
leichter im wiegenden Lichte. Eine,

---

1 Aus Qualitätsgründen wohl und vielleicht auch, weil das 1958 entstandene Gedicht jener Zäsur, jenem „Neubeginn [...] von Form und Inhalt" nicht entspricht, die Haufe für das Jahr 1952 postuliert hat: „kunstvolles Aufbrechen der antiken Odenstrophen hin zu einer freirhythmischen Verssprache" – E. Haufe: Nachwort. In: Johannes Bobrowski: Gedichte. Eine Auswahl. Hrsg. von E.H. Leipzig 1990, S. 115-130, hier S. 121.

hinfloh sie schon, am Dornicht vorüber, ihr
in Sprüngen eilt' die andere schreiend nach,
im Felsgestürz, an überwachsnen
Hängen hinunter, hinauf erscholl es.

Enttaucht dem phryg'schen Flusse, o Marsyas,
blas fort und fort, bis wieder der Nachtfisch lärmt:
aufrauscht er aus der Tiefe, Seufzer
wehen im Schilf, wo die Tiere schlafen.

Das Gedicht arbeitet durch seine Landschaftsbilder, seinen Titel und vor allem durch die Erwähnung von Phrygien und Marsyas mit klar erkennbaren Anspielungen auf Elemente der antiken Mythologie.[2] Die mögen nicht jedem Leser voll präsent sein, weshalb das Wichtigste etwas ausführlicher in Erinnerung gerufen werden darf: Die Flöte war im frühen Altertum das beliebteste Instrument, sie wurde meist doppelt verwendet. Sie stammt aus dem Inneren Kleinasiens, aus Phrygien. Alte Mythen erzählen, daß der Satyr Marsyas sie erfunden hat. Nach späterer klassisch-griechischer Lesart allerdings verdient den Erfinderruhm die aus dem Haupt des Zeus entsprungene Göttin Athene. Aber sie warf das Instrument fort, als sie bemerkte, daß das Spielen auf der Flöte ihr Gesicht entstellte.[3] Franz Fühmann hat in seinem 1977 entstandenen, Heinrich Böll zum 60. Geburtstag gewidmeten Prosatext *Marsyas* die antike Episode neu erzählt und das Entsetzen der jungfräulichen Athene psychologisch überzeugend interpretiert.[4] Bei Fühmann heißt es:

[...] Athene hatte [die Doppelflöte] erfunden, es gehört ja zu ihrem Wesen, einen Blick für das Hilfreiche zu haben, das in den nahesten Dingen steckt. Ein daumenstarker Erlenzweig; sie klopfte ihn aus und erkannte dabei, daß diese Höhlung erst vollkommen war, wenn ihr Klang von der Tiefe des Nachtigallenschlags bis zur Helle des Lerchengeschmetters reichte. Dazu bedurfte es

---

2 J. Bobrowski: Gesammelte Werke in sechs Bänden, hg. von E. Haufe. Bde. I-IV Stuttgart / Berlin 1987, Bd. V Stuttgart 1998, Bd. VI (hg. von H. Gehle) Stuttgart 1999, hier II, S. 319; Zitate aus dieser Ausgabe werden im folgenden mit der Sigle GW, der Band- und der Seitenangabe nachgewiesen. Der Erstdruck in J.B.: Im Windgesträuch. Gedichte aus dem Nachlaß. Berlin 1970, S. 57.

3 Eine konzise Übersicht über die antiken literarischen Quellen (Platon, Herodot, Ovid, Hygin, Pseudo-Apollodor, Diodor) gibt Katharina Volk: Marsyas in der antiken Literatur. In: R. Baumstark / P. Volk (Hrsg.): Apoll schindet Marsyas. Über das Schreckliche in der Kunst. München 1995, S. 13-18.

4 Diese Einschätzung teilt Irene Tobben: Die Schindung des Marsyas. Nachdenken über Tizian und die Gefährlichkeit der Künste. Berlin 1997, S. 105.

*zweier Rohre; sie vereinigte sie in einem Mundstück. Der Klang war süß.
Nymphen traten aus den Weiden, und brüllende Stiere besänftigten sich.
Athene eilte in die Burg, den Göttern die neue Milde zu gönnen, doch kaum
daß die ersten Töne erklangen, begann die Hohe, Hera, zu lachen, und gleich
darauf lachte auch Aphrodite und beugte sich aus ihrem goldenen Sessel zum
gähnenden Ares an ihrer Seite und flüsterte ihm etwas von solcher Eindringlichkeit
zu, daß der, sich auf die Schenkel klatschend, vor Lachen brüllte.
Verwirrt, noch im Spiel, schaute Athene auf Hermes, der ihr, gesenkten Kopfes,
lauschte, doch unter ihren Blicken blickte auch er auf, und da er sie ansah,
lachte auch er.
Bestürzt verließ Athene den Olymp.
Es war nicht ihre Art, sich Kränkungen willenlos hinzugeben. – Beim Nachsinnen
über ihr Mißgeschick fiel ihr bald ein, daß Hermes nicht gelacht hatte,
solange er, zuhörend, seine Augen gesenkt hielt. Sie eilte zum Spiegel des nächsten
Sees, und dort sah sie es: Prustender Mund, geblähte Backen, die Schläfenadern
dick und blau. Und plötzlich begriff sie den kichernden Ton im Lachen
gerade Aphrodites: Zwei Mannsruten an ihren Lippen.
Der Ekel, mit dem die Unberührte die Flöte wegwarf, trug die in der Heftigkeit
ihres Wurfs über den Pontos bis nach Phrygien. Athene sandte ihr einen
Fluch nach: Wer immer dies Instrument an die Lippen hebe, möge sich keinem
Himmlischen nahen, seine Strafe werde sonst grimmender sein als ein Gelächter.
Dann wusch sie ihr Gesicht im salzigen Meer.
Marsyas, den Strand durchstreifend, fand die Flöte. – Wir sagten schon, daß
er ein Silen war, Nachfahre des berühmten Gefährten des Bakchos, eines jener
zottigen, arglosen Geschöpfe von der Geduld des Esels, der Zutraulichkeit von
Ziegen und dem schaukelnden Gang, den ein Schmerbauch verleiht. Sie trinken
Wein, tragen Hufe und lange Ohren, und manche, so Marsyas, sind ein wenig
geschwänzt. Man leidet sie gern, auch wenn sie manchmal betrunken in den
Gärten schnarchen. Sie sind lustige Saufkumpane, ausgepicht, Durchwacher
von Nächten, und nun noch die Flöte: die Luft voll von Wein! Marsyas spielte,
und Phrygien, das sich nach der Schleifung Trojas in die Höhlen der Berge zurückgezogen
hatte, kroch wieder an den Tag und begann zu tanzen.
Athene war fern.
Die Flöte lockte auch Kybele an, die schwarzäugige Göttin des phrygischen Ida,
von den Bauern und Schmieden dort auch Ammas genannt. Sie erschien als
Tempelmagd, mit nackter Brust, lagerte sich, trank Wein, wiegte sich zu den
Klängen, lachte, und es gefiel ihr zu sagen, daß Marsyas schöner als Apollon*

spiele. Der Silen war harmlos genug, auf sie zu hören, und selig die Flöte in den Westwind schwenkend, forderte er den Gott zum Wettstreit heraus.[5]

Der Mythos vom Wettstreit, vom musikalischen Zweikampf zwischen dem Flötenspieler Marsyas und dem Lyra bzw. Kithara spielenden Apoll (bei dem übrigens König Midas von Phrygien als Schiedsrichter zugunsten des Marsyas votiert haben soll) wird heute so verstanden, daß die Griechen zwar um die Herkunft ihrer Musik aus Kleinasien wußten, daß ihr kulturelles Überlegenheitsgefühl aber im 5. Jahrhundert für eine Ablösung der eher barbarisch orgiastischen Flötenmusik durch das höherstehende harmonischere Saitenspiel sorgte.[6] Weil der Asiate Midas über die Schönheit des Flötenspiels anders urteilte, ließ ihm Apoll zur Strafe Eselsohren wachsen – bis heute das Zeichen für den inkompetenten Kunstrichter[7]. Womit schon gesagt ist, daß der Wettkampf für Marsyas übel ausging, auch weil Apoll mehrfach die Regeln des musikalischen Streits änderte. So verlangte er, daß man auf den Instrumenten von beiden Seiten spielen solle, was bei einer Leier leidlich geht, aber nicht bei einer Flöte. Ebenso kindisch kurios war die Forderung Apolls, das musikalische Spiel durch Gesang zu begleiten – auch hier konnte Marsyas natürlich nicht mithalten. Thomas Brasch hat in seiner Mitte der 70er Jahre entstandenen Geschichte *Der Zweikampf* den ungleichen Wettstreit nacherzählt. Als Schiedsrichter

---

5 F. Fühmann: Marsyas. Mythos und Traum. Leipzig 1993, S. 8f.
6 „Aufgrund ihrer Lautstärke und ihres großen Tonumfangs war die Doppelflöte [die sich seit dem 8. Jahrhundert in Griechenland ausbreitete] der traditionellen Leier als Begleitinstrument überlegen und konnte auch als Soloinstrument gespielt werden. Gegen die zunehmende Popularität der Flöte erhoben sich jedoch bald konservative Stimmen. Laut Plutarch weigerte sich der junge Alkibiades, das Instrument zu erlernen, das eines freien Mannes nicht würdig sei, Platon verbannte es wegen seiner als verweichlichend empfundenen Vielfalt an Tönen und Tonarten aus dem Idealstaat, und Aristoteles hielt es für ungeeignet für die Ausbildung der Jugend: Es sei zu orgiastisch und trage nichts zur geistigen oder ethischen Bildung bei. Alle drei beriefen sich bei ihrer Ablehnung der Flöte auf die Geschichte von Athene, Marsyas und Apollon." – K. Volk: a.a.O., S. 16.
7 „Midas war auch jener König, der beim musikalischen Wettstreit zwischen den Göttern Pan, der die Flöte blies, und Apoll, der die Kithara zupfte, entgegen der Meinung des anderen Schiedsrichters, der Tmolos hieß, den Siegespreis dem großen alten Pan zuerkannte. Der eitle Schönling Apollo geriet darob in Zorn und ließ dem König Midas Eselsohren wachsen, worauf dieser hinfort nur noch mit einer Tiara auf dem Kopf gesehen wurde. Aber sein Barbier entdeckte die Ohren und flüsterte das Geheimnis in eine Grube, aus der alsbald Schilf wuchs, das schon beim ersten Windchen nicht an sich halten konnte, sondern ins Raspeln und Flüstern geriet, und der Wind hat dann selbstverständlich überall herumgetratscht." – G. Späth: Komedia. Roman [1980]. Frankfurt/M. 1983, S. 132.

treten bei Brasch – wie auch in einzelnen antiken Quellen – die Musen auf[8]:

[...] Heute werden dich die Musen hören, rief Apoll und gab das verabredete Zeichen zu den Büschen hinüber.
Sie traten aus ihrem Versteck, stellten sich im Halbkreis um die beiden auf, hoben die Arme und sagten:
Der Wettbewerb beginnt mit einem Vergleich der Instrumente. Dein Instrument, Apoll.
Apoll setzte sich ins Gras und stellte die Leier auf seine Knie. Er zupfte einige Töne, drehte das Instrument auf seine Spitze und zupfte wieder einige Töne.
Mein Instrument ist von beiden Seiten spielbar, sagte er.
Kannst du auch dein Instrument von beiden Seiten spielen, fragten sie Marsyas.
Nein, sagte Marsyas.
Erster Vorteil des Apoll im Wettbewerb, sagten sie und schritten einen Kreis um die beiden.
Die zweite Übung, Zweck und Mittel.
Apoll setzte ein Bein vor, warf den Kopf in den Nacken und begann mit hoher Stimme zu singen:
Ich will von Atreus Söhnen / und will von Kadmos singen / doch wollen meine Saiten / nur von der Liebe klingen. / Sie singen nur von Liebe / drum wechsle ich die Saiten / will Herakles besingen / sein Leben und sein Streiten. / Doch auch die neuen Saiten / nur von der Liebe klingen / Auf Wiedersehen, ihr Helden / bis mir die Saiten springen.
Marsyas begann zu lachen. Er hielt sich den Bauch, er warf sich auf die Erde. Sein Körper bog sich. Doch auch die neuen Saiten nur von der Liebe singen, stöhnte er unter Lachen.
Dann stand er plötzlich auf und sagte:
Weiter. Die nächste Übung.
Diese Übung ist noch nicht beendet, sagten sie. Kannst du zu deinem Instrument einen Text vortragen. Oder bist du nur fähig, Töne hervorzubringen, ohne einen Inhalt auf den Zuhörer zu übertragen?
Das ist eine Flöte, sagte Marsyas.
Zweiter Vorteil für Apoll. Die dritte Übung [...][9]

---

8 Vgl. Benjamin Hederich: Gründliches mythologisches Lexicon. Leipzig 1770, Sp. 1532 (Reprint Darmstadt 1996).
9 Th. Brasch: Vor den Vätern sterben die Söhne. Berlin 1977, S. 21-26, hier S. 22. – Zu Braschs Marsyas-Erzählung vgl. Antje Janssen-Zimmermann: „Kunst war nie ein Mittel, die Welt zu ändern, aber immer ein Versuch, sie zu überleben." Die Gegenwart des Mythos im Werk Thomas Braschs. In: Mythen in nachmythischer Zeit. Die Antike in der deutschsprachigen Literatur der Gegenwart. Hrsg. von B. Seidensticker und M. Vöhler. Berlin, New York 2002, S. 3-16.

An dem schließlich besiegten Konkurrenten vollzieht Apoll eine der schrecklichsten Bestrafungen, die in der an Strafphantasien ja nicht armen antiken Mythologie überliefert sind: Der Gott schindet Marsyas, er zieht ihm bei lebendigem Leib das Fell, die Haut vom Körper. Ovid hat in seinen *Metamorphosen* die gräßliche Szene festgehalten. Die Schilderung beginnt mit einem Aufschrei des Marsyas:

[...] „Was ziehst du mich ab von mir selber!
Weh! Mir ist's leid! O weh! Soviel ist die Flöte nicht wert!"
So schrie er, doch ward ihm die Haut von allen Gliedern geschunden.
Nichts als Wunde war er. Am ganzen Leibe das Blut quoll.
Bloßgelegt offen die Muskeln; es schlagen die zitternden Adern
frei von der deckenden Haut. Das Geweide konntest du zucken
sehen und klar an der Brust die einzelnen Fibern ihm zählen.[10]

„Wer kann die Strafe des Marsyas, beim Ovid, sich ohne Empfindung des Ekels denken?" fragt Lessing zu dieser Passage 1766 im *Laokoon*, um dann einzuschränken: „Aber wer empfindet auch nicht, daß das Ekelhafte hier an seiner Stelle ist? Es macht das Schreckliche gräßlich; und das Gräßliche ist selbst in der Natur, wenn unser Mitleid dabei interessieret wird, nicht ganz unangenehm; wie viel weniger in der Nachahmung?"[11] Lessings Verständnis für die gräßliche Darstellung der Schindung kann vielleicht auch durch die ihr folgende bewegende Schilderung des Mitleidens erklärt werden, denn Ovid fährt fort:

Ihn beweinten die Götter des Feldes und Waldes, die Faune,
auch seine Brüder, die Satyrn, Olympus, der jetzt ihm noch teuer,
auch die Nymphen und jeder, der dort in den Bergen die Herden
wolliger Schafe geweidet und hörnertragender Rinder.
Naß ward die fruchtbare Erde, sie nahm die fallenden Tränen
auf und trank sie ein in die Adern der Tiefe und ließ ein
Wasser sie werden und sandte es wieder hinaus in das Freie.
Strömend in steilen Ufern von dort zu dem raffenden Meere,
führt es des Marsyas Namen als klarster der phrygischen Flüsse.[12]

---

10 Ovid: Metamorphosen. In deutsche Hexameter übertragen von E. Rösch. München 1979, VI. Buch, Vers 385-391.
11 Lessing: Werke. Hrsg. von H. G. Göpfert. Bd. VI: Kunsttheoretische und kunsthistorische Schriften. München 1974, S. 261.
12 Ovid, a.a.O., Vers 392-400.

Der phrygische Fluß, der Name Marsyas, die Berge mit den weidenden Herden und natürlich das Spiel auf der Flöte verbindet Bobrowskis Gedicht *Doppelflöte* mit dem aus der Antike überlieferten Marsyas-Mythos. Aber das zentrale Moment dieses Mythos, die Niederlage im Kampf gegen Apoll und die Schindung des Marsyas, hat Bobrowski ausgeblendet. Nur bedingt also kann ich der Lesart Fritz Mindes folgen, der in seiner von Alfred Behrmann angeregten Dissertation über „Johannes Bobrowskis Lyrik und die Tradition" (1981) behauptet, daß *Doppelflöte* „den Wettstreit Apolls mit Marsyas" schildere:

Der Mythos ist insofern verändert, als Apollo ursprünglich natürlich nicht ebenfalls Flöte, sondern Leier spielte. Nur so konnte er Marsyas besiegen. Die Ode bietet den musikalischen Wettstreit ganz vom Akustischen her und suggeriert mit ihm zugleich die körperliche Überwältigung und Züchtigung des Marsyas. Die letzte Strophe spielt auf die Verwandlung des Marsyas in den gleichnamigen, bei Kelainai in Phrygien entspringenden Nebenfluß des Mäander an.[13]

Als eine Art Verfolgungsjagd scheint Minde das in den ersten beiden Strophen Geschilderte zu verstehen. Marsyas bläst auf der einen Flöte, deren Töne fortfliehen, und Apoll auf der zweiten, deren Töne dann den anderen „schreiend" nachsetzen, „hinunter, hinauf" an „überwachsnen Hängen"[14]. Zwingend ist diese Zuordnung nicht, denn der Titel spricht doch bereits von einer Doppelflöte und nicht etwa von zwei Flöten. Die beiden „Stimmen" stammen m.E. aus nur einem aus zwei Flöten bestehenden Instrument, aus einer Doppelflöte halt. Und das „hinunter" und „hinauf" mag bei Bobrowski jene erstaunliche Variationsbreite der Töne wiedergeben, die Fühmann mit dem Bild von der „Tiefe des Nachtigallenschlags" und der „Helle des Lerchengeschmetters" charakterisiert. Daß die „Stimmen" der Flöten „zornig beieinander" sind, kann indes durchaus als Anspielung auf den Wettkampf mit Apoll gedeutet werden, Bobrowski schildert keine arkadische Szenerie, in der ein Hirte in der Mittagshitze in kargbergiger Landschaft auf seiner Doppelflöte spielt. Daß jedoch durch die Lautstruktur des Gedichts „zugleich die körperliche Überwältigung und Züchtigung des Marsyas (suggeriert)" wird, erscheint mir als

---

13 F. Minde: Johannes Bobrowskis Lyrik und die Tradition. Frankfurt/M. 1981, S. 423f.
14 Läßt es sich vermeiden, hier an Platens *Grab im Busento* zu denken, wo es „aus den Wassern" Antwort „schallt" und „den Fluß hinauf, hinunter" die „Schatten tapfrer Goten" ziehn?

Vorgriff des Interpreten, der das Gedicht zu konsequent als Paraphrase eines Eintrags im Lexikon der Antike liest. So leuchtet mir auch nicht ein, daß in der Schlußstrophe von dem – aus den Tränen der Nymphen und Feld- und Waldgötter entsprungenen – phrygischen Strom mit Namen Marsyas die Rede sein soll. Der Anruf richtet sich an Marsyas selbst, an eine jener noch halb tiergestaltigen Wald-, Berg-, Fluß- und Vegetationsgottheiten, die noch nicht von den olympisch-homerischen Göttern entmachtet sind. Oder auch: Evoziert wird Marsyas als phrygischer Flußgott und nicht als Namensgeber des Flusses Marsyas in Phrygien. Doch das Ende der Naturgottheiten ist nahe – das gibt dem Gedicht seinen bedrohlichen Ton aus Zorn und Schrei und Flucht.

Eberhard Haufe übernimmt für seinen Kommentar im fünften Band der *Gesammelten Werke* (1998) Fritz Mindes Informationen zum Streit zwischen Marsyas und Apoll samt der Einschränkung, daß Apoll „jedoch die Leier spielte". Das ist nur so zu verstehen, daß auch Haufe in Bobrowskis Gedicht einen Flöte spielenden Apoll hineinliest. Der Kommentar gerät durch ein simples „jedoch" zur Interpretation. Dem Benutzer wird Mindes Lesart aufgedrängt sowie die abwegige Frage, ob Bobrowski – Absolvent eines humanistischen Gymnasiums und Herausgeber von Gustav Schwabs klassischem Sagenbuch – vielleicht nicht gewußt hat, welches Instrument Apoll „in Wahrheit" gespielt hat.[15] Statt zu spekulieren, welche Passagen in *Doppelflöte* sich als versteckte Hinweise auf den tödlichen Ausgang des Wettstreits aufdecken lassen, könnte man auch schlichter fragen: Warum eigentlich wird die gräßliche Schindung in diesem Marsyas-Gedicht *nicht* erwähnt?

Ich verstehe Bobrowskis Text somit etwas anders. Das Gedicht will bewußt *nicht* vom Ausgang des Streites mit Apoll berichten. Marsyas soll (gegen Apoll) weiter spielen, den Mittag hindurch, bis die schützende Nacht kommt, von der die dritte Strophe spricht. In der der „lärmende Nachtfisch" allerdings als erneutes Zeichen der Gefahr gelesen werden kann. Natürlich wissen wir – oder können in jedem Lexikon nachlesen – was mit Marsyas schließlich geschah. Aber dieses enzyklopädische Wissen darf nicht dazu führen, jeden Text, in dem der Name Marsyas auftaucht, stracks als Beschreibung seiner Schindung und seines Untergangs zu lesen.

---

15 *Über die Göttervorstellungen der Griechen* heißt ein Text von Johannes Bobrowski, der 1954 in der von ihm hrsg. Ausgabe der Schwabschen Sagen erschien. Dort liest man u.a.: „Phöbos Apollon ist der Gott der Weissagung, des Gesanges, des Saitenspiels und der Dichtkunst." (GW IV, S. 344).

Bobrowski benutzt in *Doppelflöte* eine Sprache und Form, die zu der evozierten Hirtenfrühe nicht zu passen scheint. Nicht roh und grob – wie wir uns den schmerbauchigen, gehörnten und bocksfüßigen Marsyas doch wohl denken müssen – stehen die Verse da, sondern fast gipsern klassizistisch. Wobei sich der Eindruck des Gipsernen aus der Art und Weise aufdrängt, in der Bobrowski sein sprachliches Material den selbst gestellten formalen Anforderungen anpaßt. Zu drei alkäischen Strophen hat er die Wörter und Szenen gefügt. Dazu brauchte er je elf Silben für die beiden ersten Zeilen jeder Strophe, dann neun Silben für die dritte und zehn Silben für die vierte Zeile. Und weil das mit der Silbenzahl der in Betracht kommenden Wörter nicht immer genau übereinstimmen wollte, mußte dort eine Silbe zugefügt, dort eine verschluckt werden. Aus „Hirtenland" wird ein verlängertes, nach 19. Jahrhundert und gehoben klingendes „Hirtenlande", aus „Licht" „Lichte", aus „Fluß" „Flusse". Das „eilte" hingegen wird zu „eilt'" verkürzt (als ob es da mit der Aussprache besonders rasch gehen müßt), „überwachsenen" zu einem nachlässig gesprochenen „überwachsnen", „phrygischen" zu „phryg'schen". Das sonderbare Kompositum „Flutwind" könnte ebenfalls dem Silben- und Betonungszwang geschuldet sein, denn rechten Sinn macht der Neologismus nicht: Um welche „Flut" soll es da gehen im phrygischen Binnenland? Auch daß am Ende der ersten Strophe mit dem verloren stehenden „Eine" der zweite Satz anhebt, der dann in der nächsten Strophe fortgeführt wird, scheint mir weniger inhaltlich überzeugend als durch das Diktat der zu erfüllenden Silbenzahl bedingt. Andere Gestelztheiten in *Doppelflöte* resultieren daraus, daß die alkäische Odenstrophe nicht nur die Silbenzahl für jeden Vers vorschreibt sondern auch deren Bewegungsverlauf, die Abfolge markierter und unmarkierter Silben. Bobrowski mußte seine Wörter so wählen und aneinanderfügen, daß sie auf folgendes Schema paßten, wobei das Häkchen für eine unbetonte, der waagrechte Strich für eine betonte Silbe steht und der senkrechte für eine feste Zäsur[16]:

$$
\begin{array}{c}
v - v - v \mid - v\,v - v - \\
v - v - v \mid - v\,v - v - \\
v - v - v - v - v \\
- v\,v - v\,v - v - v
\end{array}
$$

---

16 Einführend zur alkäischen Strophe und ihrer Nachbildung in der deutschen Literatur s. H. J. Frank: Handbuch der deutschen Strophenformen. München, Wien 1980, S. 259-264 sowie A. Behrmann: Einführung in den neueren deutschen Vers. Von Luther bis zur Gegenwart. Stuttgart 1989, S. 73-88.

Die für die ersten beiden Verse jeder Strophe vorgesehene Zäsur nach der fünften Silbe wird in *Doppelflöte* nur in der ersten Zeile beachtet. Aber bei der Abfolge der Betonungen hält sich Bobrowski strikt an das Bewegungsmuster. Es hindert ihn zu sagen: „Eine / floh schon am Dornicht vorüber" (– v / – v v – v v – v), denn solch doppelter daktylischer Schritt ist nur für die vierte Zeile vorgesehen, die ersten drei Zeilen müssen immer unbetont beginnen und brauchen zu Beginn jeweils einen regelmäßigen Wechsel der Betonungen. Also muß Bobrowski die Standardwortfolge aufbrechen und kommt dann zu der verschachtelten Formulierung: „Eine / hinfloh sie schon, am Dornicht vorüber", wobei sich das „hinfliehen" statt „fliehen" wieder primär metrischen Anforderungen verdanken dürfte. Am Übergang von Vers 5 zu Vers 6 kann Bobrowski nicht relativ schlicht sagen: „in / Sprüngen eilte die andere ihr schreiend nach", denn dann gäbe es eine Silbe zu viel und es wäre die letzte Silbe in Vers 5 unbetont und die erste in Vers 6 betont. Das Schema verlangt aber genau die umgekehrte Reihenfolge der Betonungen, so daß es nun heißen muß: „ihr / in Sprüngen eilt' die andere schreiend nach". Solche Abweichungen von der Wortfolge der Standardsprache, verbunden noch mit ungewöhnlichen Neubildungen, können durchaus die Expressivität eines Textes erheblich steigern, etwa wenn C.F. Meyer aus der Frühfassung seines *Römischen Brunnens* die läppischen Verse „Der Springquell plätschert und ergießt / Sich in der Marmorschale Grund" in der Schlußfassung in eine regelrechte Wortfontäne verwandelt: „Aufsteigt der Strahl und fallend gießt / Er voll der Marmorschale Rund". Aber in *Doppelflöte* wird gerade dieser Effekt bei den Verben überzogen. Das „aufrauscht er aus der Tiefe" der vorletzten Zeile ist fast so gelungen wie Meyers „Aufsteigt der Strahl", aber durch die vorangegangenen analogen Bildungen „tönen die Flöten auf" (V. 1), „hinfloh sie schon" (V. 5) und „Enttaucht dem phryg'schen Flusse" (V. 9) ist der die Verb- und Versbewegung dynamisierende Mechanismus bereits ausgeleiert. Trotzdem: hätte die ganze Ode in der Behandlung des sprachlichen Materials die Schönheit der letzten drei Zeilen, so wäre es wohl ein wirklich bedeutendes Gedicht. Dort, wo das leicht kakophone mittägliche Flötengetön mit dem Anruf an Marsyas verstummt ist, gibt es einmal keine gekünstelten syntaktischen Umstellungen, kein Dehnen und Pressen an einzelnen Wörtern. Alles in diesem phrygisch-sarmatischen Nachtbild klingt schlicht und einfach und ist doch höchst kunstvoll gemacht:

blas fort und fort, bis wieder der Nachtfisch lärmt:
aufrauscht er aus der Tiefe, Seufzer
wehen im Schilf, wo die Tiere schlafen.

Als *Lehrling der Griechen* bzw. als Lehrling der deutschen Griechen-Lehrlinge Klopstock und Hölderlin[17] will Bobrowski den phrygischen Marsyas in sein Gedicht bringen. Das erscheint so widersinnig, als ob der „eitle Schönling Apollo" – wie ihn Gerold Späth in der Midas-Episode seines Romans *Commedia* bezeichnet[18] – zu den Klängen der Lyra das Lob des nach Dung und Wein stinkenden Marsyas gesungen hätte.

In Erinnerung ist zu rufen, daß in der antiken und europäischen Tradierung des Mythos die Schindung des Marsyas durch Jahrhunderte als gerechte Strafe für dessen Hybris angesehen wurde[19]. In den Eingangsversen zum Paradies-Buch seiner *Göttlichen Komödie* ruft Dante den Musengott Apoll um Hilfe für das Gelingen des Werkes an: „Füll meine Brust und gib mir deinen Atem, / Wie einst, da du den Marsyas zur Strafe / Gezogen aus der Hülle seiner Glieder"[20]. Noch Heinrich Heine beschließt die Vorrede zur dritten Auflage seines *Buchs der Lieder* von 1839 mit der Frage an den „großen schönen Gott" Apoll: „Erinnerst du dich auch noch des Marsyas, den du lebendig geschunden? Es ist schon lange her, und ein ähnliches Beispiel

---

17 Vgl. zu diesem Komplex neben der frühen Studie von A. Kelletat: Zur lyrischen Sangart Johannes Bobrowskis. In: Seminar (Toronto) 8 (1972), S. 117-136, F. Minde: Johannes Bobrowskis Lyrik und die Tradition. Frankfurt/M. 1981, O. Schütze: Natur und Geschichte im Blick des Wanderers. Zur lyrischen Situation bei Bobrowski und Hölderlin. Würzburg 1990, sowie Th. Taterkas Diskussion der beiden Arbeiten in seinem Literaturbericht: Der Nachlaß ist / gesichtet, der Dichter / beruhigend tot"? Das Bild Johannes Bobrowskis in der Forschung des letzten Jahrzehnts. In: Studi Germanici 38 (2000) 1, S. 129-183, bes. S. 158-164.
18 G. Späth: Commedia. Roman [1980]. Frankfurt/M. 1983, S. 132.
19 Einen ersten Überblick über die Tradierung des Stoffes (z.B. bei Raffael, Tizian, Tiepolo, Liss usw.) vermitteln E. M. Moormann und W. Uitterhoeve: Lexikon antiker Gestalten. Mit ihrem Fortleben in Kunst, Dichtung und Musik. Übersetzt von M. Pütz. Stuttgart 1995, S. 436-438. – Bei den Nachweisen zur bildenden Kunst ist das Fußmann-Gemälde von 1981 nachzutragen (s.u.), bei denen zur Literatur alle in diesem Aufsatz erwähnten nicht-antiken Texte einschl. Dante, bei denen zur Musik W Rihms *Marsyas. Rhapsodie für Trompete mit Schlagzeug und Orchester* (1998/99).
20 Dante Alighieri: Die Göttliche Komödie. Übersetzt von Hermann Gmelin. Stuttgart 2001, S. 269 (Paradiso I, 19-21). Was mag der kräftige Atem mit der Schindung Apolls zu tun haben? Hat Dante hier den Vorgang des Aufblasens des Tieres vor Augen, den man heute noch im Süden bei der Häutung von Schafen beobachten kann? Vgl. meine Hinweise zu M. P. Heins Pan-Gedicht *Amorgos*, 1980 in: Annäherung an das Gedicht M. P. Heins. In: Der Ginkgo-Baum. Germanistisches Jahrbuch für Nordeuropa (Helsinki) 10 (1991), S. 9-34.

tät wieder not... Du lächelst, o mein ewiger Vater!"[21] Und in der *Romantischen Schule* rühmt Heine in seinem Tieck-Kapitel den Dichter und Kritiker durch den Vergleich: „Er war trunken von lyrischer Lust und kritischer Grausamkeit, wie der delphische Gott. Hatte er, gleich diesem, irgend einen literarischen Marsyas erbärmlichst geschunden, dann griff er, mit blutigen Fingern, wieder lustig in die goldenen Saiten seiner Leier und sang ein freudiges Minnelied"[22].
Marsyas als der minderwertige Künstler, dessen Anmaßung von Apoll zu recht bestraft wird – so wird der Mythos durch Jahrhunderte tradiert, seltener in der Literatur, häufig in Malerei und Plastik der Antike und dann wieder von der Hochrenaissance an. Eine Ausnahme von dieser dominanten Interpretation ist Tizians großes Alterswerk *Die Schindung des Marsyas* aus den 70er Jahren des 16. Jahrhunderts, ein Gemälde, das sich nicht am Leiden berauscht, sondern den Betrachter zur Meditation zwingt über das Verhältnis von Macht, Kunst und Gewalt, Leiden, Tod und Erlösung. Daß Bobrowski Tizians Bild gekannt hat, glaube ich nicht, denn das im mährischen Kremsier aufbewahrte Werk war bis zu Jaromir Neumanns herausragender Monographie von 1962 fast völlig unbekannt.[23] Eher mag Bobrowski einmal Hermann Bahrs (1863-1934) zuerst 1905 erschienenes Insel-Bändchen *Dialog vom Marsyas* in die Hände gefallen sein, mit dem eine Neuinterpretation der antiken Sage beginnt, nach dem Motto: „Wie man die Menschen braucht, so ändert man den Mythos um"[24]. Auf der Folie von Nietzsches Unterscheidung zwischen Apollinischem und Dionysischem betreibt Bahr eine Rehabilitierung des Marsyas, wobei der Gegensatz Apoll – Marsyas auch auf die deutsche Literatur übertragen wird, etwa auf das Verhältnis Goethe – Kleist. Wenig später, in Hanns Meinkes (1884-1974) sechs Sonetten *Masken des Marsyas* von 1910, wird Apolls Herausforderer und Gegenspieler schon zum Urahn der Moderne, zum Stammvater von Poe, Baudelaire, und E.T.A. Hoffmann, von Oscar Wilde, Verlaine und Rimbaud ausgerufen. Meinkes Auftaktsonett *Marsyas* klingt so[25]:

---

21 H. Heine: Sämtliche Schriften. Hrsg. von K. Briegleb. Bd.I. 2. Aufl. München 1975, S.16. – Den Hinweis auf dieses und das folgende Heine-Zitat sowie viele weitere Anregungen verdanke ich dem faszinierenden Essay von M. Sperlich: Dialog der Bilder. In: K. Fußmann: Die Schindung des Marsyas. Berlin 1984, S. 3-12.
22 H. Heine (Anm. 21): Bd. III. 2. Aufl. München 1978, S. 421f.
23 J. Neumann: Die Schindung des Marsyas. Deutsch von G. Solar. Prag 1962.
24 H. Bahr: Dialog vom Marsyas. Leipzig o.J. [1905], S. 44.
25 H. Meinke: Masken des Marsyas. Sechs Holzschnitte und sechs Sonette. Privatdruck o.O. 1910. – 1917/18 gibt F. Bruckner (alias Th. Tagger) die expressionistische Literaturzeitschrift „Marsyas" heraus, in deren erstem Heft u.a. Kafkas *Ein altes Blatt* und *Ein Brudermord* erscheinen.

Im sang besiegt hat ihn der gott geschunden
Voll heissen neides. aus dem braunen felle
Zog er die glieder: Bachus-standbild: quelle:
Blutwein sprudelnd zu qual-fest-rase-stunden.

Die götterfaust wollt diesen mund verspunden
Der süsser sang dass nur noch wimmern gelle
Aus weher kehle. aber es schwillt helle
Neutönend noch aus spätster dichter munden.

IHN konnt gott töten doch nicht seine töne.
Jede wunde sperrt rot: ein mund der lache!
Und wir: in lied und leiden seine söhne:

Wie sich die wunden mehren tiefen röten
Trotzen wir singend schauerlicher rache:
O gott: hör tausend tote faune flöten!

Marsyas als der wahre und der Anti-Künstler, als der, der der offiziell protegierten und gerühmten Kunst entgegentritt, als verfolgter und scheiternder Außenseiter – so sehen ihn auch Autoren wie Thomas Brasch und Franz Fühmann in den 70er Jahren und zuvor schon der Lyriker Zbigniew Herbert in seinem fast zeitgleich mit Bobrowskis *Doppelflöte* entstandenen, zum polnischen Schulbuchklassiker gewordenen Gedicht *Apollo i Marsjasz*.[26] Zbigniew Herbert ist „ein Poet, der im klassischen Konflikt die Partei des geschundenen Marsyas gegen den Schinder Apoll ergriff," heißt es in Harald Hartungs Porträt zum siebzigsten Geburtstag des polnischen Dichters.[27] Die Hauptaufmerksamkeit gilt in all diesen Marsyas-Texten des 20. Jahrhunderts (aber auch z. B. in Klaus Fußmanns auf Tizian antwortendem Marsyas-Gemälde von 1981[28]) dem Vorgang der Schindung selbst. Schmerz und Blut, Schrei und Kunst, das scheint ungebrochen das Faszinosum des Marsyas-Mythos auszumachen. Besonders das Thema Haut und

---

26 Eine deutsche (nicht ganz unproblematische) Übersetzung findet sich in: K. Dedecius (Hrsg.): Panorama der polnischen Literatur des 20. Jahrhunderts. Poesie Bd. II. Zürich 1996, S. 136-138.
27 In: Frankfurter Allgemeine Zeitung, 29.10.1994.
28 Vgl. den o.e. Essay von M. Sperlich sowie D. Bieber: Die Schindung des Marsyas – Ein alter Mythos neu gedeutet. In: K. Fußmann: Gemälde, Gouachen, Aquarelle, Zeichnungen, Druckgraphik 1966-1987. o.O. 1987, S. 45-52. – Auf S. 81 des Bandes eine Reproduktion des Gemäldes.

Häutung ist in den aktuellen Körperdiskursen gefragt[29], ob beim Wiener Internationalen Forschungszentrum Kulturwissenschaften, das im Oktober 2002 ein hochkarätiges Symposium zu *Lesarten des Marsyas-Mythos* durchführte[30], ob in der Wolfenbütteler Herzog-August-Bibliothek, in der Ulrike Zeuch in diesen Monaten ihre Kulturgeschichte der Haut ausstellt[31], ob bei den Millionen Schau- und Schauderlustigen, die zwischen Mannheim, Tokio und London in die Plastinationsausstellungen des „Event-Anatomisten" Dr. Gunther von Hagens strömen[32], oder bei den Fans des Rock-Idols Robbie Williams, der als Tänzer auf dem skandalumwitterten Videoclip zu seinem Lied *Rock DJ* die Aufmerksamkeit seines ausschließlich weiblichen Publikums erst dadurch auf sich lenken kann, daß er sich selbst seine Haut vom Leibe zieht. Die Häutung läßt das Körperspektakel zum Horror werden, und den Horror zum Spektakel, so deutet Claudia Liebrand die popkulturelle Variation des Marsyas-Mythos aus dem Jahre 2000.[33]

Erst wenn man von den oft so brutal grellen Dokumenten zur Rezeption des Marsyas-Mythos in der Antike, der Renaissance, dem Barock, der Heine-Zeit, dem Expressionismus oder der neuesten

---

29 Vgl. z.B. C. Benthien: Haut. Literaturgeschichte, Körperbilder, Grenzdiskurse. Reinbek 1999, 2. Aufl. 2001
30 Vgl. P. Jandl: Äusserstes und Inneres. Ein Symposium zum Marsyas-Mythos. In: Neue Zürcher Zeitung, 16.10.2002. Die Abstracts der Wiener Marsyas-Vorträge kann man sich aus dem Internet herunterladen: A. Angemendt: Vom blutigen Opfer zum geistigen Opfer, C. Benthien: „The big strip tease". Selbstschindung und Kreativität in Sylvia Plaths Gedicht ‚Lady Lazarus', L. Ellrich: Gewalt und Wahrheit, L. Giuliani: Marsyas als Märtyrer. Zur Parteinahme des Betrachters bei antiken Darstellungen von Gewalt, G. Körner: Inversion als Mythos grenzenlosen Schmerzes, C. Liebrand: Robbie Williams meets Marsyas. Popkulturelle Variationen des Mythos, S. Muth: Warten auf Marsyas. Als die griechische Bildkunst die Gewalt entdeckte, W. Pircher: Die herr-liche Kunst des Krieges, M. Schneider: Management of Pain: Nietzsche und Heiner Müller, David Wellbery: Kunst und Agon: Eine Grundfigur ästhetischer Reflexion, Th. Zaunschirn: Von der Musik der Bilder.
31 vgl. A. Kosenina: Licht fällt ins Aderngeflecht. Natur des Buches, Buch der Natur: In Wolfenbüttel wird die Kulturgeschichte der Haut erzählt. In: Frankfurter Allgemeine Zeitung, 27.10.2003.
32 Die Formulierung „Event-Anatomist" findet sich in St. Groß: Auf dem Weg zum Menschen-Museum provoziert Gunther von Hagens seine Skandale. In: Mannheimer Morgen, 26.11.2002. – Eine Frühform der Plastinationen konnte Goethe auf seiner Italienischen Reise in Rom studieren, unter dem 20. Januar 1787 notiert er: „In dem großen Lazarett San Spirito hat man den Künstlern zulieb einen sehr schönen Muskelkörper dergestalt bereitet, daß die Schönheit desselben in Verwunderung setzt. Er könnte wirklich für einen geschundenen Halbgott, für einen Marsyas gelten." – Goethes Werke. Hamburger Ausgabe. 10. Aufl. München 1981, Bd. XI, S.163.
33 Auf der o.e. Wiener Marsyas-Tagung.

Neuzeit auf Johannes Bobrowskis Gedicht von 1958 zurückschaut, wird dessen Singularität deutlich. Es dürfte nämlich der einzige Marsyas-Text sein, in dem *nicht* von Häutung, Blut, Gewalt, Schmerz und Tod gehandelt wird. Bobrowski läßt den Wettkampf unentschieden und Marsyas ungeschunden. Das körperliche Leiden anderer sezierend zu betrachten, um es im Akt der Transformation ins Kunstwerk eben doch auch genießen zu müssen, das war seine Sache offenkundig nicht. Vielleicht liegt in dieser Zurückhaltung, diesem Zurückschrecken des Johannes Bobrowski vor der Ästhetisierung der Schindung des Anderen sogar die auf einen ersten Blick kaum wahrnehmbare Größe des kleinen Textes *Doppelflöte*.[34]

---

34 Auf den Mythos vom geschundenen Marsyas hat mich vor knapp 20 Jahren Manfred Peter Hein aufmerksam gemacht, der mir auch Martin Sperlichs Essay zukommen ließ. Aus intensiver Arbeit in einem studentischen Übersetzerkreis in Vaasa (Finnland) ging 1988 ein deutsch-finnisch-schwedisches Fäkätä-Heft (Nr.3) hervor, das neben Heins *Amorgos*, 1980 die in vorliegendem Aufsatz erwähnten Prosatexte von Thomas Brasch und Gerold Späth enthielt. Auch der multinationale Molsak-Übersetzerkreis des Germersheimer Fachbereichs der Johannes Gutenberg-Universität Mainz hat sich 1997/98 mit dem Marsyas-Mythos übersetzend und interpretierend befaßt (vgl. www.fask.uni-mainz.de; „Molsak" sowie das Molsak-Heft 1.2 1998). Zuletzt konnte ich im Sommer 2003 in Masuren mit Rafal Zytyniec über Herberts Marsyas-Gedicht und dessen Übersetzung durch Karl Dedecius ein längeres Gespräch führen. Den Studenten in Finnland, Germersheim und Polen danke ich für ihre Anregungen.

185

Bobrowskis Gedicht *Im Strom.*
Hinweise zu Kontextualität und Intertextualität

JÜRGEN HENKYS

I.

Johannes Bobrowski hat sein Gedicht selbst datiert: „11/8.61". Es stammt aus einer Krisenzeit des Dichters. Auch die deutsche Krise trieb einem Höhepunkt entgegen. *Im Strom* ist zwei Tage vor dem Bau der Mauer entstanden. Eine handschriftliche Fassung ist im Marbacher Ausstellungskatalog[1] zu betrachten: die Überschrift in Versalien und zusätzlich unterstrichen, die Strophenfugen durch kleine Zwischenstriche gesichert, dreimal deutliche Großschreibung des „Niemand" in der Schlußposition der Verse 24-26. Nur eine Korrektur weist die Handschrift auf: In 15 ist nach „offen" ein „immer" gestrichen – und die Verbesserung leuchtet unmittelbar ein. Hier der ganze Text:

IM STROM

(1) Mit den Flößen hinab
(2) im helleren Grau des fremden
(3) Ufers, einem
(4) Glanz, der zurücktritt, dem Grau
(5) schräger Flächen, aus Spiegeln
(6) beschoß uns das Licht.

(7) Es lag des Täufers Haupt
(8) auf der zerrissenen Schläfe,
(9) in das verschnittene Haar
(10) eine Hand mit bläulichen, losen
(11) Nägeln gekrallt.

---

1 Johannes Bobrowski oder Landschaft mit Leuten. Eine Ausstellung des Deutschen Literaturarchivs im Schiller-Nationalmuseum Marbach am Neckar (Marbacher Kataloge 46), Marbach 1993, S. 151. Dieses von Reinhard Tgahrt und Ute Doster betreute Werk heißt im folgenden: Katalog.

(12) *Als ich dich liebte, unruhig*
(13) *dein Herz, die Speise auf schlagendem*
(14) *Feuer, der Mund, der sich öffnete,*
(15) *offen, der Strom*
(16) *war ein Regen und flog*
(17) *mit den Reihern, Blätter*
(18) *fielen und füllten sein Bett.*

(19) *Wir beugten uns über erstarrte*
(20) *Fische, mit Schuppen bekleidet*
(21) *trat der Grille Gesang*
(22) *über den Sand, aus den Lauben*
(23) *des Ufers, wir waren gekommen*
(24) *einzuschlafen, Niemand*
(25) *umschritt das Lager, Niemand*
(26) *löschte die Spiegel, Niemand*
(27) *wird uns wecken*
(28) *zu unserer Zeit.*[2]

Wann Bobrowski sein Gedicht *Im Strom* an die Jury des Wiener Alma-Johanna-Koenig-Preises eingereicht hat, weiß ich nicht. Daß er es erst im Hinblick auf die Ausschreibung verfaßt hätte, ist ganz und gar unwahrscheinlich. Erfordert war ein Liebesgedicht in deutscher Sprache, und Bobrowski wählte einen seiner ungedruckten Texte aus. Unter 357 Einsendungen erhielt das durch Chiffre anonymisierte Gedicht *Im Strom* den Preis. Der Dichter erfuhr es telephonisch am 4. Mai 1962, und am 17. Juli, elf Monate nach der Niederschrift, nahm er die Urkunde in Wien entgegen.[3]

II.
Eine Interpretation kann unterschiedlich einsetzen. Ich wähle als Ausgangspunkt zwei Gegebenheiten, die eben schon berührt wurden: die Überschrift *Im Strom* und die Gattung Liebesgedicht. Beide Bestimmungen sind durch den Autor selbst verfügt. Das heißt allerdings nicht, daß sie eindeutig wären. Sie bedürfen auch selbst der Interpre-

---

2 J. Bobrowski: Gesammelte Werke in sechs Bänden, hg. von E. Haufe. Bde. I-IV Stuttgart / Berlin 1987, Bd. V Stuttgart 1998, Bd. VI (hg. von H. Gehle) Stuttgart 1999, hier I, S. 154; Zitate aus dieser Ausgabe werden im folgenden mit der Sigle GW, der Band- und der Seitenangabe nachgewiesen.
3 E. Haufe, Bobrowski-Chronik. Daten zu Leben und Werk, Würzburg 1994, 66f. Dieses Werk heißt im folgenden: Chronik. Vgl. auch Katalog, S. 145-150.

tation und werden beide – die Überschrift als Bestandteil des Textes und die Gattungsangabe als an den Text herangetragenes Urteil über ihn – erst durch das Gedicht als ganzes ins Recht gesetzt.

Die Überschrift *Im Strom* hält das Gedicht mit allen ähnlich überschriebenen zusammen und setzt sich zugleich von ihnen ab: *Am Strom* „Du kamst / den Mondweg, von Ostra Brama"[4], *Über dem Strom* „Sand, / kalt, lebendig"[5], *Der Strom* „Ihr hundert Ströme! Einmal erfuhr das Herz"[6], *Stromgedicht* „Hoch / mit Flügen der Elstern"[7], *Stromgedicht* „Traum, /jählings"[8], *Stromland* „Heimat, / in meinem Traum"[9], *Winterlicher Strom* „Erstarrt ist unter Schollen von Eis der Strom"[10]. Hinzu kommen *Am Fluß* „Himmel, / die Bläue, Bogen"[11] und *Wiesenfluß* „Kalt ist der Sommer, Licht"[12], ebenso die Gedichte, die mit Strom- und Flußnamen überschrieben sind *Don, Düna, Jura, Memel*. Mag sein, daß „in den Gedichten ‚Strom' für die Memel, ‚Fluß' für die Jura steht"[13]. Jedenfalls sagte man, wo Bobrowski geboren wurde und wo er später bei den Großeltern die Ferien verbrachte, häufig Memelstrom und nicht einfach Memel. Aber „Strom" ist über das geographisch identifizierbare Gewässer hinaus eben auch Inbegriff für die in sarmatisch überformter Erinnerung geschauten Ströme überhaupt. So ist der motivische Kontext, den diese Gedichte füreinander darstellen, nur ein sehr allgemeiner. Um so stärker tritt im Titel unseres Gedichtes die Ortsbestimmung „im" hervor. Sie eröffnet ebenso konkrete Anschauung wie „am" oder „über", läßt aber auch Unanschauliches zu, und gerade das ist ihr poetischer Vorteil. „Im Strom" können Flöße sein oder Schwimmer, Fische jedenfalls, auch Ertrunkene. Jedoch kann es sich auch um das Umschlossen- und Mitgenommensein von einer Bewegung handeln, die durch das starke Dahinziehen des Wassers eher bildhaft vergegenwärtigt als konkret bezeichnet wird. So findet sich jemand im Strom der Ereignisse vor,

---

4 GW I, S. 23.
5 Ebd., S. 127.
6 Ebd., II, S. 67.
7 Ebd., S. 83.
8 Ebd., I, S. 54.
9 Ebd., II, S. 280.
10 Ebd., S. 40.
11 Ebd., I, S. 84.
12 Ebd., S. 167.
13 Katalog, S. 449. Die Auskunft bezieht sich auf einen Brief Bobrowskis, zitiert in GW V, S. 71.

im Strom der Überlieferung, der Zeit oder des Lebens. Und „segellos, in der Strömung", ziehen auch „Träume an Flüssen" hinab.[14]

Bobrowski hat sich nicht gescheut, in den Titel von Gedichten auch die Liebe aufzunehmen: *Liebeslied* („Aus Wolkenwehn der Mond")[15], *Liebesgespräch* („fliegend flügellos zeit")[16]. Bei *Liebesgedicht* (Mond, Ölschwamm, Laterne)[17] handelt es sich sogar um einen Text, den er selbst veröffentlicht hat. Aber solche Titelentscheidungen sind Ausnahmen. Gedichte der Liebe sind z.B. auch *Am Strom*, *Am Fluß*, und *Seeufer* („Was noch lebt / im Treibsand")[18], mit *Im Strom* unterschiedlich verbunden durch bestimmte Wörter (Strom, Ufer, Sand, Fische, Schläfe, Schlaf, Mund, bläulich, kommen) und durch die Ich-Du-Wir-Rede. Auf einzelne Texte wird kurz zurückzukommen sein.

III.

1. „Mit den Flößen hinab" – wer? Das Subjekt der Bewegung stromab erscheint erst am Ende der Versgruppe, und auch dort nur versteckt im grammatischen Objekt „uns: aus Spiegeln / beschoß uns das Licht". So tritt das Wir nicht handelnd in das Gedicht ein, sondern mit einem Widerfahrnis. Auch ist das Ufer aus der Perspektive des Gedichtsanfangs ‚fremd' statt vertraut, anders als in *Uferweg*, wo es heißt:

Wir

sind gegangen am Fluß,
das Holz vom Ufer zu stoßen.
Fahr dahin, Holz, fahr
rindenlos.[19]

Und nicht die Farbe Grün bestimmt das Bild, „Grün und Blau, / Himmel und Erde", wie im Liebesgedicht *Am Fluß*.[20] Sondern in einem „helleren Grau" läßt die Gegend sich sehen. Es ist das „Grau schräger Flächen" ansteigenden Geländes. Gleichwohl wird Glanz

---

14 *Absage* (GW I, S. 73)
15 GW II, S. 218
16 GW II, S. 348.
17 GW I, S. 12.
18 GW I, S. 65
19 Ebd., S. 166.
20 Ebd., S. 84.

wahrgenommen, doch ein „Glanz, der zurücktritt". Das hellere Grau und der verdeckte Glanz bestimmen einander und bewirken darin die Atmosphäre dieser Flußlandschaft. Gehen die Augen aber über den Strom hin, sind sie geblendet vom Reflex der Strahlen, die hier und dort durch aufgerissene Wolken aufs Wasser fallen: „aus Spiegeln / beschoß uns das Licht". – So etwa sind die Verse zu deuten, wenn es um ihre Aufgabe ginge, Landschaft sichtbar zu machen. Aber sie tragen doch auch mehr in sich. Dann wäre „Glanz, der zurücktritt" (man beachte das Präsens) Ausdruck für eine Erinnerung, die gefährdet oder schon beeinträchtigt ist, und „das Licht" träfe, gebündelt und gebrochen, nur noch im Medium der Überlieferung gewordenen Manifestationen einstigen Lebens ein.

2. „Es lag des Täufers Haupt" – die zweite Versgruppe ist die kürzeste des Gedichts. Sie ist auch die einzige, die ohne Wortbildungen der 1. und 2. Person auskommt. Es fehlt schließlich alles, was auf Strom und Ufer verweist. Mit dem Täufermotiv unterbricht die Strophe das Gedicht. Sie läßt sich, wie es scheint, übergehen, ohne daß eine Lücke bliebe. Andererseits: Wer mit diesem Gedicht Umgang hat und sich vorstellt, er hätte sich womöglich mit Versgruppe 1, 3 und 4 zu begnügen, wird widersprechen. Die befremdliche Einlagerung gehört dazu und macht mit allem Übrigen ein Ganzes aus.

Eberhard Haufe in seinem so vielfach bewährten Kommentarwerk verweist auf den biblischen Täufer Johannes und zieht einen bestimmten Typus der Darstellung von dessen Enthauptung heran. Bobrowski könne ein solches Bild des Niederländers J. S. Francken in Aschaffenburg gesehen haben. Im übrigen sei überliefert, daß der Dichter einmal zu vorgerückter Stunde bekannt hat, diese Strophe „aus lauter Übermut von einem andern Gedicht" übernommen zu haben.[21] Das Geständnis des verschmitzten Johannes Bobrowski erscheint glaubhaft. Daß es sich aber bei dem „andern Gedicht" um ein solches handelt, das er selbst verfaßt hat, bezweifle ich – wie denn auch Haufe feststellt, es sei bei ihm nicht nachweisbar. Für die Herkunft des Täufermotivs gibt es, wie ich meine, eine bessere Lösung, und sie bewährt sich auch für die Frage, wie es zur Einfügung der Versgruppe in das Gedichtganze kommen konnte. Im Versepos *Pan Tadeusz* von Adam Mickiewicz handelt der 9. Gesang vom blutigen Kampf der im Schlaf überfallenen polnischen Edelleute, der Schlachta, mit einer Gruppe russischer Soldaten. Einer der Schlachtschitzen, weil er mit seiner gewaltigen Steinknotenkeule so behende wie mit einem Weihwasserwedel umzugehen versteht, trägt den Spitz-

---

21 Ebd., V, S. 161.

namen „der Täufer". Ein anderer, Gerwazy mit Namen, meist „der
Schließer" genannt, heißt nach seiner überaus scharfen Waffe auch
„Federmesser". Im hin- und herwogenden Kampf rettet der Täufer
den alten Edelmann Matthias (Maciek), indem er im letzten Augenblick dem auf Maciek eindringenden Feind seine Keule an die Beine
wirft, so daß er selbst für den Augenblick waffenlos ist. Und nun
zitiere ich aus der alten Übersetzung von Siegfried Lipiner:

Den Täufer, der für Matthias die Keule dahingegeben,
Kostete dieser Dienst gleich drauf beinahe das Leben.
Von hinten packen ihn zwei Russen, ein kräftiges Paar,
Vier Hände flechten sich ihm zu gleicher Zeit in's Haar,
Sie stemmen sich mit den Füßen und ziehen, wie an den Strängen,
Die am Mast des Flußbootes festgebunden hängen.
Nichts hilft es, daß er blind nach rückwärts um sich haut,
Schon wankt er, als er den Schließer unfern im Kampf erschaut;
„Jesus Maria!" ruft er, „Federmesser, herbei!"

Der Schließer, der seine Bedrängnis erkennt am lauten Schrei,
Wendet sich, schwingt die feine Klinge über dem Kopf
Und senkt sie zwischen die Hände und des Täufers Schopf.
Sie weichen, gräßlich schreiend, zurück. Doch eine Hand,
Die sich schon mit den Haaren allzustark verband,
Bleibt blutausströmend hängen, vom Rumpf abgehackt:
[...]
Frei ist der Täufer [...][22]

Bobrowski besaß die relativ freie poetische Nachgestaltung des *Pan
Tadeusz* in deutscher Sprache von Walter Panitz mit den Illustrationen
von Elviro Andriolli (Berlin 1955). Die Nachdichtung von Hermann
Buddensieg erschien erst 1963 (München) bzw. 1976 (Berlin und
Weimar). In den für uns entscheidenden Punkten stimmen aber alle
drei Versionen überein: Die fragliche Kampfszene ist so geschildert,
daß sich von ihr her leicht erklärt, was beim Rückgang auf das Gemälde vom Johanneshaupt in der Schüssel dunkel bliebe: die „zerrissene" Schläfe (obwohl das Wort ‚Schläfe' bei allen drei Übersetzern
fehlt[23]), das „verschnittene" Haar, die ins Haar „gekrallte"[24] Hand und
deren leichenhafter Anblick. Diese unverwechselbar anschaulichen

---

[22] A. Mickiewicz: Poetische Werke, übersetzt von S. Lipiner, Band I, 1898, S. 211.
[23] Weiteres s. u. zu Versgruppe 4.
[24] Panitz und Buddensieg: „verkrallen".

Besonderheiten sind durch das Johannesbild nicht gedeckt, sehr wohl aber durch die Erzählung vom Kampf im Schloß der Familie Soplica. Doch völlige Sicherheit erhält die Interpretation erst durch die Abkunft dieses neuen „Täufer"-Bildes: Es stammt ja von Adam Mickiewicz, und nur um seinetwegen hat es Bobrowski der eigenen Sprache anverwandelt und in sein Gedicht geholt. Ist nämlich, wenn auch noch so versteckt, Mickiewicz ins Gedicht eingezogen, so beherbergt es gerade keinen Fremdkörper! Die Präsenz des polnisch-litauischen Dichters (selbst in einem solch bizarren poetischen Siegel) verstärkt nur, was Bobrowski ohnehin intendiert und leistet: nämlich nicht einfach Gegend zu schildern, sondern Landschaft herbeizurufen, geschichtlichen Raum von Völkern, Gestalten und Poesien. In einem frühen Brief an Peter Jokostra schrieb Bobrowski: „Ich bin vom Lande, vom allerplattesten, aus dem äußersten Winkel der ehemaligen deutschen Ostgebiete, wo man mehr litauisch sprach und wo Mickiewicz herstammt."[25] Mickiewicz, der wohl gemerkt polnisch schrieb, nicht litauisch, und dessen litauischer Geburtsort wahrhaftig nicht in der Umgebung von Tilsit zu suchen ist![26] Das Briefzitat zeigt, wie sich für Bobrowski damals die äußere politisch-geographische Herkunft mit der inneren geschichtlich-kulturellen Beheimatung zusammenschob. Der Name dieses Einen, des Autors von *Pan Tadeusz*, mußte mitgenannt werden, als er brieflich kurze Auskunft gab über das eigene Woher. Verknappte Entlehnungen aus dem *Pan Tadeusz* bzw. Anspielungen auf einzelne Stellen finden sich mit Nennung des Autornamens in den Gedichten *Wilna*[27] und *Mickiewicz*[28], ohne Autornamen in den Gedichten *Anruf*[29] und *Der Wachtelschlag*[30]. Das Gedicht *Im Strom* reiht sich hier ein, hat aber eine Ausnahmestellung darin, daß (um im Bilde zu sprechen) eine Verputzung der Fugen unterblieb und das Rätsel des Einschubs durch den grausigen Inhalt gesteigert wurde. Intertextualität als Moment des Stils ist auch Mittel des Spiels.

Nach mündlicher Überlieferung ist hier Übermut am Werk gewesen. Warum nicht? Das Spiel mit den Lesern gehört zur Kunst. Jedenfalls hat Bobrowski gewußt, warum er bei seinem Einfall blieb. Die Versgruppe „Es lag des Täufers Haupt", aus ihrem ursprünglichen

---

25 Zitiert aus: Katalog, S. 29.
26 Mickiewicz wurde in Zaosie bei Nowogródek geboren, nördlich von Grodno. Vgl. E. Haufes Anmerkung zu *Pan Thadeusz* und *Gronower Chaussee* aus dem Gedicht *Der Wachtelschlag* in GW V, S. 81f.
27 GW I, S. 21f.
28 Ebd., S. 144f.
29 Ebd., S. 3.
30 Ebd., S. 76f.

Zusammenhang verstanden, hält ja die Erinnerung an Bedroht- und Entronnensein fest. Bin ich, sind wir wirklich entronnen? Oder immer noch bedroht? Läßt Liebe vergessen, daß wir am Rande des Todes lagern? Oder vertieft sie noch, was wir zu fürchten haben? Indem ich so formuliere, greife ich schon auf die letzte Zone des Gedichtes vor, in der ebenfalls Intertextualität zum Zuge kommt. Doch zuvor ist bei Versgruppe 3 zu verweilen.

3. „Als ich dich liebte" – der im berichtenden Imperfekt anhebende Satz zerbricht alsbald. Die gewesene Liebe läßt sich nicht einfach wiedererzählen, nicht diesem Du, weil es sogleich gegenwärtig ist: „unruhig / dein Herz [...] der Mund, der sich öffnete, / offen". Dazwischen, eigenartig plaziert: „die Speise auf schlagendem Feuer". Man könnte sich mit der Reminiszenz an das gemeinsame Abkochen im Freien zufrieden geben: Es geschieht mehr dabei, als daß man nur Holz nachlegt und in die Flamme schaut. Aber die Zwischenstellung sowie die Formulierung des unvollständigen Satzes zeigen anderes an, vielleicht dies: Sonst schlägt das Herz, hier auch das Feuer. Das Herz ist das Feuer. Sonst öffnet der Mund sich zum Reden, beim Essen, hier bleibt er offen. Der Mund ist die Speise. Und unvermittelt dann, in der kurzen Zeile nur durch Komma vom Vorigen getrennt, tritt als neues Subjekt der Strom nach vorn. In der dritten Person redend, läßt der Dichter eine aus der Fassung geratene Natur zu Ende bringen, was mit stockender Ich-Erzählung begann:

[...] Der Strom
war ein Regen und flog
mit den Reihern, Blätter
fielen und füllten sein Bett.

Der Regen strömt?[31] Umgekehrt: „Der Strom war ein Regen". Mehr noch, er „flog mit den Reihern". Er verließ seine Stätte, aufwärts machte er sich davon. Anders die Blätter. Aber eine Herbsttönung gehört nicht zu diesem Gedicht. So ist es also ein Sturm, der das Laub von den Bäumen reißt? „Blätter / fielen und füllten sein Bett". Bei diesem schon durch die Schlußposition hervorgehobenen Satz achte man einmal auf die chiastische Anordnung der konsonantischen Alliterationen (b f f b) und vokalischen Assonanzen (ä i ü ä). Oben und unten sind verkehrt. Das Bett des nach oben entflogenen Wassers füllt sich neu mit den nach unten wirbelnden Blättern. Hier, im aufgedeckten Grund, in der Tiefe, die die Blätter aufnimmt, wird die Gedichtüberschrift anschaulich, ohne bloße Augenwirklichkeit abzubil-

---

31 Vgl. den Vers „Hör den Regen strömen" in *Gedenkblatt*, GW I, S. 97.

den: *Im Strom.* Mehr noch: Der Augenschein führt vor die metaphorische Valenz der tragenden Wörter. Sinnliche Rede will sich von ihrer Innenseite her auftun.

Wenige Wochen zuvor hatte Bobrowski die zweite Fassung seines *Stimme*-Gedichts niedergeschrieben.[32] Das dortige „Blatt"-Motiv (losgelöste Blätter, fliegend, wirbelnd) ist nicht ohne den Hintergrund der an hervorgehobenen Stellen von J. G. Hamann gebrauchten Metapher zu verstehen.[33] Für das *Stimme*-Gedicht gilt: „Laub- und Papierbedeutung sind im Bild kaum zu unterscheiden"[34], wie denn „Blatt" bei Bobrowski oft genug die Chiffre für Gedicht ist.[35] „Blätter / fielen und füllten sein Bett", das Bett des Stromes. Aber wofür steht dann „Strom"?

4. „Wir beugten uns über erstarrte / Fische" – in dieser Tiefe zum ersten Mal: „Wir". Immer schon gemeint, war das Wort in den bisherigen Versen doch nie ausgesprochen worden. Jetzt ist es da und wird gleich noch einmal erscheinen. – Erstarrte Fische sind tot. Ihr Element hat sie verlassen, und nur so lassen sie sich aus der Nähe betrachten. Tod meint vielleicht auch „der Grille Gesang".[36] Wenn dieser Gesang hier „mit Schuppen bekleidet", also den Fischen gleich, „über den Sand" tritt, dann ist auch er nicht mehr in seinem Element, den grünen Lauben des Ufergebüschs.

„[...] wir waren gekommen / einzuschlafen". Zunächst etwas zur Zeitform. Das sonst herrschende Imperfekt (Ausnahme V. 4) ist an dieser einen Stelle durch das Plusquamperfekt ersetzt: Ich blicke auf eine Handlung als schon in der Vergangenheit abgeschlossene zurück. Prosaisch: Unser Kommen hatte dem Ziel gegolten einzuschlafen. Es darf jetzt also gefragt werden, ob das Erstrebte auch eintrat. Damit wäre die Antwort vorbereitet, die in den drei abschließenden Niemand-Sätzen steht. Aber was heißt einschlafen, was ist der dem Einschlafen folgende Schlaf? Soll man dem christlichen Euphemismus folgend an Sterben und Tod denken? „Aber ich kam zu schlafen", sagt der Angekommene im Gedicht *Wiederkehr*.[37] Und später:

---

32 Abdruck in J. Bobrowski *Im Windgesträuch*, Berlin 1970, S. 90f., und in GW V, S. 395.
33 J. Henkys: Bobrowskis Jona-Strophe. Hinweise zur Interpretation eines Nachlaßgedichtes, in: Johannes Bobrowski. Selbstzeugnisse und neue Beiträge über sein Werk, Berlin 1975, S. 167-188, 395-400.
34 E. Haufe in GW V, S. 397.
35 Vgl. den Beitrag von H. Nijssen in diesem Band.
36 Vgl. E. Haufe GW V, S. 34.
37 GW I, S. 63.

Aber ich schlaf nur.
Ich bin nicht hier.
Ich such eine Stelle,
nur ein Grab breit, den kleinen Berg
über den Wiesen. Von dort
kann ich sehen
den Fluß.

Schlafen ist so viel wie träumend vergegenwärtigen, etwas Vergangenes als anwesend imaginieren. So auch in *Absage*: „Und wie Schlaf/ das Vergangene, Träume/ an den Flüssen hinab".[38] Einen unzugänglichen Schlaf schlafen aber auch die Naturwesen:

Und wer lehrt mich ,
was ich vergaß: der Steine
Schlaf, den Schlaf
der Vögel im Flug, der Bäume
Schlaf, im Dunkel
geht ihre Rede.[39]

Diese Beziehung von Schlaf und verhüllter Rede erinnert an Johann Georg Hamann. Bei den gleich zu bedenkenden Schlußversen unseres Gedichts hat der „Magus in Norden" ohnehin die Hand im Spiel. In *Entkleidung und Verklärung*, Hamanns Fliegendem Brief „an Niemand, den Kundbaren", rechtfertigte er die eigene Autorschaft und Schreibart unter einem Aufgebot von biblischen Anspielungen. Hinter den folgenden Zeilen steht der Anfang von Psalm 45, eines Brautliedes, das Hamann mit der christlichen Tradition messianisch verstand:

Ein feines Lied, dessen Gegenstand nicht das Herz, sondern der Griffel eines
gutes Schreibers dichten muß! Weil der Kopf immer vergißt, und die Linke nie
weiß, was die Rechte pflügt und mahlt: so würken träumende Bilder und Ge-
fühle im Schlummer der Besonnenheit –[...].[40]

---

38 Ebd., S. 73.
39 *Immer zu benennen* (GW I, S. 143), vgl. auch E. Haufes Erläuterung GW V, S. 145.
40 Johann Georg Hamann, Entkleidung und Verklärung. Eine Auswahl aus Schriften und Briefen des „Magus in Norden", hg. von M. Seils, Berlin 1963, S. 495. Die Stelle ist auch für Bobrowskis Verwendung des Wortes ‚vergessen' wichtig. Die „Linke" ist dem Herzen nah und versteht sich nicht auf die Ökonomie der Rechten.

Bobrowski hat die Hamann-Auswahl von Martin Seils nicht nur angeregt, er hat sie auch intensiv betreut. Er hat sie am 27. Januar 1962 der staatlichen Genehmigungsbehörde gegenüber mit einem starken Lektoratsgutachten vertreten, und am 12. Februar hat er dem Herausgeber als Gesamttitel *Entkleidung und Verklärung* vorgeschlagen.[41] Dieser von Martin Seils im Kontakt mit Bobrowski zusammengestellte Hamannband ist für die über das ganze Werk verstreuten Hamann-Anspielungen Bobrowskis sozusagen die Erste Hilfe. Alles, was Seils aus Hamann aufgenommen hat, war Bobrowski in jener Zeit präsent (nicht nur das, natürlich, aber das auf nächstliegende Weise). So halte ich es nicht für eine Überinterpretation, wenn ich „träumende Bilder und Gefühle im Schlummer der Besonnenheit" als einen Topos bewerte, der für manche Schlaf-Stellen in Bobrowskis Sarmatischer Lyrik zu beanspruchen ist – und der darüber hinaus für seine Poetologie überhaupt zu Buche schlägt. Was unser Gedicht betrifft: In den Schlaf der Liebenden trägt der Dichter sich selbst als Schreibenden ein!

5. *Exkurs im Rückblick auf Vers 8:* In der Täufer-Strophe ist das Wort ‚Schläfe' durch die Übersetzungen von Lipiner, Panitz und Buddensieg nicht gedeckt. Bobrowski hat damit Eigenes eingetragen. ‚Schläfe' ist von ‚Schlaf' bzw. ‚schlafen' abzuleiten: Im Schlaf liegt man auf der Schläfe. Bobrowski hat mündlich darauf hingewiesen, daß die Schläfe „eine besonders sensible Stelle des Menschen" sei. Eberhard Haufe fügt hinzu: „Durch das Schläfenbein treten u.a. Kopfschlagader und Gesichtsnerv hervor."[42] Daß ‚Schläfe' zu den Zentralworten der Lyrik Bobrowskis gehört, liegt auf der Hand. Eine Wortstatistik könnte die Basis einer ausführlicheren Darstellung sein, als sie hier möglich ist. Nur so viel: Ich habe in den Gedichtbänden *Sarmatische Zeit, Schattenland Ströme, Wetterzeichen* und *Im Windgesträuch* 16 Schläfe-Stellen geprüft.[43] Zehn davon gehören in die Jahre 1960/61, von *Einmal haben* (18.2.60) bis *Im Strom* (11.8.61). Das ist eine auffällige Häufung. Sieben von diesen zehn Vorkommen finden sich in Liebesgedichten (der Begriff sei hier weit gefaßt) bzw. in Textpassagen, die vom Liebesmotiv durchtönt sind. Auf die Verteilung und die Konstellation der Begleitwörter „Schlaf", „Haar", „Mund" gehe ich nicht ein. Interessant im Vergleich mit der Täufer-Strophe sind besonders die Verse „Abend,

---

41 Abdruck des Gutachtens: Katalog, S. 408-410.
42 GW V, S. 86.
43 In der Werkausgabe: Band I, S. 38, 65, 66, 69, 81, 84, 93, 137, 138, 154, 208, 213; Band II, S. 241, 280, 336, 339 Vermutlich habe ich aber nicht alle Vorkommen erfaßt.

die Schläfe, / in die sich die Hand schmiegt, der Mund / singt ohne Laut".[44] Die Hand schmiegt sich in die Schläfe, eine fremde Hand also, eine liebende, nicht die eigene. Sonst müßte es heißen: Die Schläfe schmiegt sich in die Hand. „Schmiegen" und „reißen", „zerreißen" bilden einen schroffen Gegensatz. Die Schläfe als Ort zärtlicher Berührung (so auch in einer Reihe weiterer Vorkommen) ist nun aber ebenfalls eine Art Organ des poetischen Schlafs, der „träumenden[n] Bilder und Gefühle im Schlummer der Besonnenheit". Und Bobrowskis Gedichte sind durchwirkt von der Vorstellung, die Geliebte habe mit ihrem eigenen Schlaf teil am Quellort des Dichtens:

Was noch lebt
im Treibsand
unter der großen Fische
Flossenflügel [...]
ist wie ein Wort, ungesagt,
gehört in der Höhlung des Mundes,
im Beben der Schläfe,
im Haar. Wir treiben ans Ufer,
mit bläulichen Händen Liebe, weiß.
[...] der Schlaf, ein Geflüster,
legt sich zu uns.[45]

Oder: „Auf deiner Schläfe / will ich die kleine Zeit / leben, vergeßlich, lautlos / wandern lassen / mein Blut durch dein Herz".[46] Oder: „es liegt deine Schläfe (ein Klopfen / langsam, nicht mehr zu hören, / nie mehr) auf meinem Mund".[47] Oder: Schöne Geliebte, / mein Baum, / dir im Gezweig / hoch mit offener Schläfe / gegen den Mond / schlaf ich, begraben / in meine Flügel".[48] Im Gedicht *Im Strom* bildet die „zerrissene Schläfe" des mit knapper Not geretteten „Täufers" die Folie für den Wunsch der Liebenden, gemeinsam „einzuschlafen".

6. „[...] Niemand / umschritt das Lager" – die Gestalt eines „Niemand", der unter diesem Un-Namen agiert und seinen wahren Namen verbirgt, ist durch Homers Odyssee in die Literatur eingetreten.[49]

---

44 Gedächtnis *für B. L.* (GW I, S. 138), datiert auf den 31.5.60.
45 *Seeufer* (GW I,S. 65), datiert auf den 23.3.60.
46 Einmal *haben* (GW I, S. 66), datiert auf den 18.2.60.
47 *Am* Fluß (GW I, S. 84), datiert auf den 15.2.61.
48 Russische *Lieder* (GW I, S. 137), datiert auf den 26.9.60.
49 Vgl. G. Schwab: *Die Sagen von Troja und von der Irrfahrt und Heimkehr des Odysseus,* hg. von J. Bobrowski, Berlin 1959, S. 375f.

Zweimal wendet sich Hamann mit einer Buchzuschrift an „Niemand": in *Sokratische Denkwürdigkeiten* und in *Entkleidung und Verklärung*. Beide Male heißt es aber: „An Niemand, den Kundbaren".[50] Kundbar ist jemand, von dem es Kunde gibt: Er ist bekannt und insofern gerade kein Niemand. So spricht Hamann in den *Sokratischen Denkwürdigkeiten* das anonyme „Publicum" als jenen Niemand an – und damit auch die sehr wohl bekannten Kunstrichter, von denen das Publikum sich am Gängelband führen läßt. *Entkleidung und Verklärung* (ich habe aus dieser Schrift schon zitiert) ist Hamanns „Abrechnung mit einer Rezension"[51]. Insofern kann er die gleiche Adressierung verwenden. Die ungreifbare und gleichwohl gelenkte öffentliche Meinung als Drohmacht über dem Autor, das scheint mir die nächstliegende Auflösung für Bobrowskis Rückgriff auf den Niemand-Topos zu sein.

Zwischenein: Hamann hat natürlich auch die Autorgestalt in seine ironischen Rätselreden aufgenommen, den unverstandenen und auf das Schaffott kunstrichterlicher Überheblichkeit gezerrten Verfasser, so etwa in „Schriftsteller und Kunstrichter; geschildert in Lebensgröße, von einem Leser, der keine Lust hat Kunstrichter und Schriftsteller zu werden".[52] Die Vignette auf dem Titelblatt der von C. F. Nicolai herausgegebenen Briefe über die neueste Literatur wird für Hamann zum Bild für die enthauptete Muse des göttlichen Homer:

Dann gleichwie der Kopf Holofernis über die Mauer hinaushieng, den eine jüdische Betschwester im Sack steckte, samt der Decke, worunter er lag, als er trunken war; oder gleichwie das Haupt Johannis auf einem Credenzteller –: so sah ich das Haupt Homers, als das Wapen jedes platonischen Kunstrichters.[53]

Das Haupt des Täufers assoziiert Hamann, als er der musenfeindlichen Literaturkritik unterstellt, sie habe sich das (im Bilde wie abgeschlagen wirkende) Haupt des Homer zum Wappen erkoren. Bei Bobrowski löst Hamanns Vision eine poetische Idee aus, nur dass er über die biblische Geschichte vom Konflikt des Johannes mit dem Despoten hinwegspringt und den anderen „Täufer" ins Gedicht holt, den er aus dem *Pan Tadeusz* kennt.

---

50 In der Hamann-Ausgabe von M. Seils (s. Anm. 40) S. 125 und 493.
51 Ebd., S. 500.
52 Bei Seils (Anm. 40), S. 354-369.
53 Bei Seils (Anm. 40), S. 365f., vgl.: S. 363. Vgl. auch die von Seils gegebene Erklärung in den Anmerkungen.

Zurück zu 24-28: „Niemand" groß geschrieben wirkt als fraglicher, aber gefährlicher Jemand. Der könnte allerdings auch die Ausgeburt der eigenen Furcht sein, also klein geschrieben einfach: keiner. Das Oszillieren gehört zum Topos. Nun darf aber nicht übersehen werden: Die beiden ersten Niemand-Sätze verbleiben im berichtenden Imperfekt: „Niemand / umschritt das Lager, / Niemand / löschte die Spiegel". Die anonyme Macht, die Traum und Wort und das Licht der Erinnerung zu bestreiten droht, wird am ehesten diesen beiden ersten Sätzen zuzuordnen sein. Der dritte Satz dagegen wendet die Rede ins Zukünftige: „Niemand / wird uns wecken / zu unserer Zeit". Und nicht nur das: Er zielt statt auf fremd bestimmte Zukunft auf „unsere" Zeit. Zudem ist die Wendung „wecken zu unserer Zeit" biblisch getönt. Zu ihrer Zeit werde Gott seine Worte erfüllen, sagt die Schrift.[54] Oder zu eurer Zeit werde er euch erhöhen.[55] Und sollte es ganz ausgeschlossen werden, daß sich im Hintergrund auch die dreimalige Bitte aus dem Hohenlied regt: „Ich beschwöre euch, ihr Töchter Jerusalems, bei den Rehen oder bei den Hinden auf dem Felde, daß ihr meine Freundin nicht aufweckt noch regt, bis es ihr selbst gefällt"?[56] Jedenfalls liegt hier das Gefühl der Hoffnung näher als das der Bedrohung. Dann aber würde „Niemand" zu einer Chiffre, die auch die (verwaiste?) Stelle des Wortes „Gott" einnehmen kann. Um einen Reflex auf Paul Celans Gedicht *Niemand knetet uns wieder aus Erde und Lehm* kann es sich dabei aber nicht handeln. Der Band *Die Niemandsrose*, der Celans *Psalm* enthält, ist erst 1963 erschienen. So führt der letzte Niemand-Satz auf eine Schwelle, hinter der wirklich „unsere" Zeit anbrechen könnte.[57]

IV.

Die *intertextuellen* Möglichkeiten der Dichtung auszunutzen hat Bobrowski nicht erst in der Lyrik der Moderne gelernt. Durch den „Magus" und dessen Indienstnahme des Cento war er längst darauf vorbereitet. Was das Gedicht *Im Strom* betrifft, so sticht es in Bobrowskis Poesie nicht schon dadurch hervor, daß es Fremdtexte in sich aufnimmt. Seine Besonderheit liegt darin, daß der Autor hier zwei

---

54 Vgl. Lk 1, 20.
55 Vgl. 1. Petr 5, 6.
56 Hld 2, 7; 3, 5; 8, 4: Fassung des Luthertextes vor der letzten Revision (1984). Heutige Fassung: „daß ihr die Liebe nicht aufweckt und nicht stört".
57 Vgl. die eschatologisch anmutenden Verse „Einmal haben / wir beide Hände voll Licht" (GW I, S. 66) und „[...] so bin ich im Schlaf/ so werd ich erwachen/ zuletzt/ so werd ich erwachen" (am Schluß von *Eichendorff*, GW II, S. 356).

der großen Leitbilder seiner dichterischen Existenz zugleich heraufruft: eben den „Magus" Johann Georg Hamann und zuvor noch Adam Mickiewicz. Gibt es ein anderes Bobrowski-Gedicht, das sich in dieser Hinsicht mit *Im Strom* messen kann?

Intertextualität gehört zur Absicht des Autors. Anders steht es mit der werkimmanenten *Kontextualität*: Sie ergibt sich. Die Interpretation eines Gedichtes durch Beachtung kontextueller Sachverhalte voranzubringen, ist eine Selbstverständlichkeit. Bei Bobrowski stößt man hier allerdings auf erhebliche Schwierigkeiten: Die Gebilde aus Versen, Sätzen und Wörtern sind so gewebt, daß Alles mit allem zusammenhängt. Die Vielfalt der Beziehungen zwischen den Gedichten scheint das Deutungskriterium Kontext stark zu relativieren. Im vorliegenden Versuch haben die Größen Titel, Gattung, Entstehungszeit und Vokabular zur ersten Orientierung über möglicherweise aufschlußreiche Kontexte geholfen. Aber manche Spuren habe ich liegen gelassen oder gar nicht erst aufgenommen. Fruchtbarer ist es, so schien mir, sich auf Weniges zu konzentrieren und so eine Überdehnung der Interpretation zu vermeiden. Die Fokussierung von ‚Schlaf', ‚schlafen' und ‚Schläfe' ließ schließlich Kontexte auftauchen, die geeignet sind, einen Zusammenhang zwischen den Versgruppen 7-11 und 19-28 und den beiden darin beanspruchten Fremdtexten sichtbar zu machen. Durch die Einbeziehung eines weiteren Hamann-Zitates („das Haupt Johannis auf einem Credenzteller") ließ dieser Zusammenhang sich noch verstärken. Allerdings gilt nach wie vor: Keine Interpretation hat das letzte Wort. Der Rang des Kunstwerks erweist sich gerade am Streit seiner Ausleger.

V.
Nachtrag. Nach dem Bobrowski-Colloquium im November 2003 hat mir Dalia Bukauskaite freundlicherweise Einblick in die sorgfältigen Eintragungen und Anstreichungen vermittelt, die sich in Bobrowskis Taschenausgabe des Neuen Testaments (mit angebundenem Psalter) finden. Richtig befragt, gibt diese Quelle teils bestätigende, teils überraschende Auskünfte zu Person und Werk. Sie kommt vielleicht auch der Deutung von *Im Strom* zugute.

Unter den letzten Versen des Neuen Testaments steht in Bobrowskis Schrift das Augustin-Wort: „fecisti nos ad te et inquietatum est cor nostrum donec requiescat in te". Die Wendungen „unruhig dein Herz" in Bobrowskis Gedicht und „inquietatum cor nostrum" in Augustins Gebet bilden sprachlich wie sachlich einen Einklang, der es verbietet, in der Interpretation einfach darüber hinwegzugehen. Auch ohne das Gedicht theologisch zu überlasten, darf behauptet werden: *Im Strom* lotet als Liebesgedicht das Leben der Liebenden in einer Tiefe aus, die auch deren letzte Bestimmung einschließt.

Im Psalm 90 hat Bobrowski die Verse 3-5 angestrichen. Darin heißt es von den Menschen: „[...] Du lässest sie dahinfahren wie einen Strom; sie sind wie ein Schlaf [...]". „Strom" ist hier Metapher für das Menschenleben in seiner unaufhaltsamen Vergänglichkeit. Noch zweimal (unangestrichen) kommt Luthers „dahinfahren" in den nächsten Versen vor: „Darum fahren alle unsre Tage dahin durch deinen Zorn [...] Unser Leben [...] fähret schnell dahin, als flögen wir davon". (Ps 90, 9f). Im Gedicht *Uferweg* (22.4.1962) sind die Liebenden zum Fluß gegangen, „das Holz vom Ufer zu stoßen". Da sprechen sie zu den geflößten Stämmen: „Fahr dahin, Holz, fahr/ rindenlos [...]". Klingt „dahinfahren" aus Psalm 90 in *Uferweg* nach, so die dazugehörige Strom-Metapher (schon einige Monate zuvor) im Titel und im Text von *Im Strom*.

Die oben in den Teilen I-IV vorgelegte Interpretation war für das Bobrowski-Colloquium im November 2003 bestimmt. Impulse aus der dortigen Diskussion sind eingearbeitet worden. Aber für ein neues Bedenken meines Versuchs insgesamt kam die Begegnung mit den Eintragungen in Bobrowskis Taschentestament zu spät. Es müssten dafür ohnehin auch die Eintragungen in der von ihm benutzten Vollbibel berücksichtigt werden. Aber die liegen mir noch nicht vor. So genüge vorerst dieser Nachtrag. Die intertextuellen Einfärbungen und Anreicherungen des Bobrowskischen Werkes durch die Sprache der von Luther verdeutschten Bibel bleiben ein weites Feld – für Leser und auch für Forscher.

Lebendige Geschichte im Roman. Erzähltöne und Zeitrhythmen in Johannes Bobrowskis *Litauische Claviere*

MARIA BEHRE

Nach Abschluß seiner Projekte „Sarmatischer Divan" und „Sarmatische Prosa" in Gedichtbänden, Kurzprosa-Sammlungen und Romanen hat Johannes Bobrowski sein Vorhaben, ein Theaterstück zu schreiben, nicht mehr verwirklicht, aber seine Prosatexte, speziell sein letztes Werk, der Roman *Litauische Claviere*, können als Musterbeispiele „szenischen Erzählens"[1] gedeutet werden.

Im Erzählen von der Genese einer Oper entfaltet Bobrowskis Roman *Litauische Claviere* die Konzeption einer Hörspiel-Ästhetik[2], wie sie Heinz Schwitzke 1960 mit seiner Veröffentlichung unter dem Diktum Johann Georg Hamanns: „Sprich, damit ich dich sehe" skizziert. Schwitzkes These von der „Sendebühne" als Schicksalsort auf dem „Weg vom gedruckten Buchstaben zum gesprochenen Wort"[3] wird mit der Ästhetik des 18. Jahrhunderts konfrontiert. Diese bewahrt die Mündlichkeit als Sinnlichkeit und führt sie in Einklang mit den Verschriftlichungs-Aufgaben dokumentierender Kulturgeschichtsfeldforschung. Dabei gilt stets das Anliegen, die eigene Kultur im großen Rahmen der Kulturen zu entwickeln und sie gleichzeitig als eine lebendige poetische Genese in geschichtlich und geographisch

---

1 Vgl. O. Ludwig: Romanstudien, in: ders., Gesammelte Schriften, Hg. A. Stern/ E. Schmidt, 6 Bde, Leipzig 1891, Bd.6, S.203: Der szenisch erzählende Narrator „bedient sich sogar der Licenzen des Dramatikers, z.B. durch die Reden der Gestalten", wodurch der „Leser zu einer Art Zuschauer und Zuhörer" gemacht wird, „der seine Gestalten sieht und ihre Reden hört".
2 Die Nähe von Oper und Hörspiel zeigt sich zeitgeschichtlich auch in Bezug auf die Inszenierung von Nelly Sachs Werk *Eli. Ein Mysterienspiel vom Leiden Israels*, 1951 veröffentlicht, 1958 als Hörspiel, 1959 als Oper inszeniert (vgl. J. Bobrowski: Gesammelte Werke in sechs Bänden, hg. von E. Haufe. Bde. I-IV Stuttgart / Berlin 1987, Bd. V Stuttgart 1998, Bd. VI (hg. von H. Gehle) Stuttgart 1999, hier VI, S. 164; Zitate aus dieser Ausgabe werden im folgenden mit der Sigle GW, der Band- und Seitenangabe nachgewiesen).
3 Waschzettel zu: Sprich, damit ich dich sehe. Sechs Hörspiele und ein Bericht über eine junge Kunstform. Hg. Heinz Schwitzke, München 1960.

neu zu entdeckenden Kulturräumen wiederzufinden[4]. *Litauische Claviere* beschreibt das Opernprojekt dreier an litauischer Kultur interessierter Künstler. In Tilsit und im Memelland verbindet sie um die Johannisnacht des Jahres 1936 Musik und Text zu einer Szenenfolge, die einen ostpreußischen deutsch-litauischen Dichter des 18. Jahrhunderts vorstellt. Da Bobrowski das Leibniz-Diktum von der Musik als ‚geheimer arithmetischer Übung des unbewußt zählenden Geistes'[5] zu seinem Poetologem erklärt, sind die numerischen Hinweise zu der erzählten Zeit wie der Erzählzeit, d. h. zu den im Roman angesprochenen historischen Schichten und zur Kapitelgliederung, bedeutsam.

Die Korrelation zwischen den Mitte des 18. Jahrhunderts geschaffenen Ästhetiken und Kunstwerken zu einer Selbstfindung der Menschen im deutsch-litauischen Grenzland des 20. Jahrhunderts wird zu zeigen sein. Das entscheidende Kriterium dieser Wechselwirkung ist das Vermögen der poetischen Sprache, individuelle Lebenskonflikte im politisch-sozial-ethischen wie historisch-geographisch strukturierten Lebenszusammenhang zu thematisieren, ohne eine anthropologische Verengung durch einseitige Beanspruchung des Intellektuellen oder des Sentimentalen vorzunehmen. Als Definition einer solchen Sprache wird nach der selbstreflexiven, poetologischen Äußerung des Erzählers Hamanns Diktum „Rede, daß ich dich sehe"[6] in Abwandlung gegeben, so dass es als paradoxe Erweiterung der alltagsüblichen Aufforderung ‚Rede, daß ich dich höre' die Betrachtung der poetischen Sprache unter szenisch-ganzheitlichem Aspekt anzeigt. Als zwei Kennzeichen einer solchen alle Sinne umfassenden Artikulation werden „Erzählton" und „Zeitrhythmus" zu Augenmerken der stilistischen Betrachtung, die sich auf die musikalischen Strukturen einer Ordnung in der Unordnung konzentriert und den Wechsel von Beschleunigung und Verlangsamung durch klares Setzen von Zäsuren verdeutlicht. Die Termini ‚Erzählton' und ‚Zeitrhythmus' bezeichnen Aspekte innerhalb der traditionellen Erzählkategorien „Sprachstil" und „Erzählgeschwindigkeit"[7], indem die Variationen und Modula-

---

4 Vgl. GW III, S. 233.
5 Leibniz: Epistulae ad diversos, Hg. C. Kortholt, 1734, S. 240f., 17.4.1712, ep. Nr. 154, zit. n. G. Scholtz: Musik, in: Historisches Wörterbuch der Philosophie, Hg. J. Ritter / K. Gründer, Bd.6, Darmstadt 1984, Sp. 247; vgl. lateinisch, GW IV, S. 424; GW VI, S. 532.
6 J. G. Hamann: Aesthetica in nuce, in: ders.: Schriften über Philosophie/ Philologie/ Kritik. 1758-1763, Sämtliche Werke, Historisch-kritische Ausgabe von J. Nadler, Wuppertal:1999 (ND Wien 1947-1957), Bd. 2, S. 198.
7 Nach J. H. Petersen: Erzählsysteme. Eine Poetik epischer Texte, Stuttgart - Weimar 1993, S. 81 u. 44.

tionen im Erzählerverhalten und im Figurenstil zur Konkretisierung von Zeitstrukturen genutzt werden.

Eine solche Sprachbetrachtung konnte Bobrowski als Spezifikum des 18. Jahrhunderts bezeichnen, speziell als theoretisch-poetologisch entfaltetes Anliegen Klopstocks, der sprachgeschichtliche und sprachwissenschaftliche Analysen aus dem Vergleich zwischen den metrischen Möglichkeiten der antiken Sprachen und des Deutschen auf den Ausdruck von „Bewegung" zurückführt. Nur durch die Spannung von Satz, Grammatik und Metrum in der „gehinderten", gestauten, körnigen Bewegung[8] entsteht nach Klopstock die Form von Lebendigkeit, der thematisch-inhaltlich das Ideal einer unlyrischen Lyrik entspricht[9]. Was bei Klopstock im Kontext der Verslehre als ‚Erneuerung der deutschen Dichtersprache' intendiert ist, wird bei Hamann auf der Ebene der Essayistik und untheologischen Theologie als ‚Erneuerung des Menschen' durch die Sprache philosophisch-anthropologisch fundiert. Eine Verbindung dieser beiden Richtungen, von seiten der Lyrik und der Anthropologie, erkennt Bobrowski beim Dichter Donelaitis, dessen Werk er im Lichte der Perspektive seiner eigenen Romanfiguren-Konstellation neu entdeckt.

Die im Roman *Litauische Claviere* erzählte Zeit, das Datum 1936, würde in einer Geschichtsschreibung als kleines Datum kaum Berücksichtigung finden; es ist allerdings historisch rekonstruierbar als eine symbolische Mitte, 1936, 3 Jahre nach der Machtergreifung Hitlers, 1933, und 3 Jahre vor dem Kriegsbeginn, 1939: Zudem gibt es eine lokale Überlieferung: bei Freveltaten reißt die Memel, der Strom der Litauer, vom heiligen Götterberg, dem Rombinus, im Vorbeifließen ein Stück des Berges mit sich fort. Die letzte Notiz über ein solches Ereignis stammt aus dem Jahre 1936. Eine entsprechende Untat hätte auf der fiktionalen Ebene des Romans einen Bezugspunkt im nicht strafrechtlich verfolgten Mord deutscher Nationalisten an einem sich deren Umtrieben entgegenstellenden Litauer am Fuß des Rombinus, am Memel-Ufer.[10]

Das Vorhaben der Protagonisten in Bobrowskis Roman, eine Oper über einen Dichter zu planen, der zwei Nachbarkulturen repräsentie-

---

8 W. Menninghaus: Nachwort, in: Friedrich Gottlieb Klopstock: Gedanken über die Natur der Poesie. Dichtungstheoretische Schriften, Hg. W. Menninghaus, Frankfurt/M. 1989, S. 272.
9 Ebd.
10 Vgl. Stadtchronik Tilsit (www.ostpreussen-forum.de/tilsit/chronik.html), ebenso Ludwig Bechstein: Deutsche Sagen, Leipzig 1853 (www.sagen.at/texte/sagen/-polen/preussen/deropferstein.html): Bei Frevel am Opferstein schwemmt die Memel ein Stück des Götterberges weg: 1835, 1878, 1932.

ren und sich für die Schwächere einsetzen soll, geschieht in einem Umfeld, das in sich steigernder Weise durch gewaltsame Übergriffe deutscher Nationalisten auf Litauer geprägt ist. Die Musik der Oper mit ihren Quellen in litauischen Liedern basiert auf synkopisch freien Modulationen, die zum Geschrei der militanten Gruppen, zu den automatisiert-funktionalen Hetzliedern, kontrastieren.

Im Roman wird in neun Kapiteln ein Künstlerkreis, zwei Deutsche, der Gymnasialprofessor Martin Voigt, der Konzertmeister oder Primgeiger Gawehn, und ein Litauer, der Volksschullehrer Potschka, mit dessen künstlerisch-autonomen Intentionen, vorgestellt und gegenüber historistisch-nationalistischen Modellen der Vergangenheitsverherrlichung abgegrenzt. In dem Bemühen um konkrete Anschauung in ihrer Feldforschung wenden sich die Künstler dem Lebensweg des Pfarrers Christian Donelaitis (1714-1780) zu, um mit einer singulären Biographie den ersten Dichter in litauischer Sprache zu würdigen, der nach seinen Studien und Dichtanfängen 1736 in Königsberg durch sein Hexameter-Epos *Die Jahreszeiten*, auch übersetzbar mit *Die Zeiten* (um 1763), hervortrat.[11] Donelaitis' Hexameter-Text wurde also 200 Jahre vor der Entstehungszeit des Romans *Litauische Claviere* geschrieben, somit gab es Dichtung in deutschen Hexametern schon vor Klopstocks 1748 in Auszügen veröffentlichtem, 1773 abgeschlossenen Werk *Der Messias*. Donelaitis' Epos schildert das Schicksal der Bauernbevölkerung Litauens im Konflikt mit deren Herren und den damaligen sozialen Mißständen.[12]

Donelaitis' Nationalepos als literarische Geschichtsschreibung bildet den Kern litauischer Sprach-Kultur und wurde in der Nachfolge der Forderungen Herders nach einem Europa als Gemeinschaft der Nationalkulturen durch deutsche Sprachforscher als erstes schriftli-

---

11 K. Donelaitis: Die Jahreszeiten. Nachdichtung von Hermann Buddensieg, München 1966. L. J. Rhesa übersetzt (Königsberg 1818), vgl. L. Passarge: Donelaitis' Leben und Dichtungen, in: Christian Donalitius' Littauische Dichtungen. Übersetzt und erläutert von L. Passarge, Halle a. S. 1894, S. 1.

12 Die Struktur des Epos *Die Jahreszeiten* ist nach dem ruralen Zeitrhythmus der vier Jahreszeiten entwickelt und wird unterschiedlich übersetzt und auch unterschiedlich geordnet: im Roman *Litauische Claviere* wird die von Louis Passarge 1894 gewählt (GW III, S. 302): Die Gaben des Herbstes, Die Sorgen des Winters, Die Freuden des Frühlings, Die Arbeiten des Sommers; 1947: Des Frühlings Freuden, Des Sommers Arbeiten, Des Herbstes Gaben, Des Winters Sorgen (W. Storost-Vydunas: Die Lebenswelt im Preussischen Litauen ums Jahr 1770 nach den Dichtungen des Pfarrers Christian Donelaitis mit ihrer völkischen Bedeutung, [Kassel 1947]. 1966: Frühlingsfreuden, Sommermühen, Herbstfülle, Wintersorgen (Hermann Buddensieg). Auch Rhesa und Schleicher beginnen mit dem Frühling, vgl. L. Passarge (Anm.11), S. 12.

ches Zeugnis der Litauer ediert, tradiert und übersetzt. Es war Sprachwissenschaftlern früh bewußt, daß das Litauische die älteste lebende indogermanische Sprache ist, die, weder mit dem Slawischen noch Germanischen direkt verwandt, Ähnlichkeiten mit dem Lateinischen und Griechischen aufweist, was einer metrischen Übertragung des Hexameters außerordentlich entgegenkam. Silbenreichtum ist im Litauischen durch die Vielzahl der Präfixe, Suffixe, Diminutive und Partizipien gegeben[13], ebenso die Möglichkeit, durch den Vokalreichtum eine schwebende Tonart durch dehnende Längen wie beschleunigende oder stauende Zäsuren zu erreichen und durch Alliteration und Assonanz zu unterstreichen.

Im Gegensatz zu den Pastoren in seiner unmittelbaren Umgebung, in Walterkehmen, der Pastor Philipp und sein Sohn Paul Friedrich[14], die 1744-47 das erste größere Wörterbuch und „Anfangsgründe einer Littauischen Grammatick in ihrem natürlichen Zusammenhange" – mit systematisierendem Impuls - erstellten, wendet sich Donelaitis phänomenologisch den Dainos, Fabeln und dem Epos zu, um eine Volkssprache mit Sitz im Leben aufzuzeichnen. Analog kritisiert Lessing 1759 in seinem 33. „Literaturbrief", daß die Sprachforscher Ruhig litauische Dainos als an den Rand gedrängte „Eitelkeiten" im „Wörterbuch" verstecken und damit der Rezeption vorenthalten.[15] Lessings Kritik an der Verdrängung der Lebendigkeit des Litauischen ins Museale trägt Bobrowskis Roman.

In seinen litauischen Szenen bäuerlichen Lebens deckt Donelaitis auch die Mängel auf, die allerdings erst 100 Jahre nach seinen Aufzeichnungen, im sogenannten polnischen Aufstand von 1863, zu einer Erhebung der Bauern, über die Nationalitäten hinweg, gegen die ungerechte Herrschaft der Deutschen, Polen und Russen führte. Obgleich die Bauern 1861 aus der Leibeigenschaft entlassen wurden[16], galten die grundsätzlichen Fragen weiter: wie organisiert sich das Verhältnis der Völker, nach dem Prinzip sozialer Lebensfähigkeit oder nach dem Prinzip von Macht und Ohnmacht.

---

13 J. G. Herder: Litauen, in: ders.: Sämmtliche Werk, Hg. B. Suphan, Berlin 1877-1913, Bd. 5, Sp. 1371.

14 F. Scholz: Die Litauische Literatur, in: Kindlers Neues Literaturlexikon, München 1992, Bd. 20, S. 369; U. Lachauer: Tolmingkehmen – ein Ort der Weltliteratur, Annaberger Annalen Nr. 2/1994, S. 7-50, hier S. 11; vgl. GW III, S. 230, 248, 313.

15 Vgl. A. Domeikaite: Die litauischen Volkslieder in der Deutschen Literatur, Inaugural Dissertation München 1928, S. 22.

16 A. Schmidt: Geschichte des Baltikums. Von den alten Göttern bis zur Gegenwart, München – Zürich 1992, S. 122f.

So zeigt Professor Voigts Statement in *Litauische Claviere*, daß Donelaitis in seiner Kunst auf die „Herrschaftsverhältnisse" ziele, kein leeres revolutionäres Pathos, vielmehr rekurriert es auf die ursprüngliche Bedeutung des Wortes „Herrschaft" im Sinne von „Würde".[17] Kunst wird zum Ort der Selbstbeherrschung und der exakten Beobachtung der Bedingungen der Möglichkeit würdevoller Relationen. ‚Herrschaftsverhältnisse' im Sinne der Kunst des Donelaitis sind als Modulationsgrößen ablesbar an den ‚Wetterverhältnissen' eines fruchtbaren Jahres und an den ‚Stimmungsverhältnissen' einer Musikaufführung, womit Donelaitis' Konstruktion eines Barometers genauso als Kunst angesprochen ist wie sein Klavierbau als Kunst. Die Fundierung der Kunst ist jedoch nicht als eine abstrakte Formel entwickelt worden, sondern aus dem auf Beobachtung basierenden Wissen um eine Potenz.[18]

Das im Roman entwickelte ästhetische Konzept wird von politischen, nationalen und sozialen Fragen begleitet, die nicht von außen herangetragen, sondern vom Interesse der drei Künstler geleitet sind. In Donelaitis' Werk sehen sie die dichterische Umsetzung ästhetischer Forderungen, wie sie Hamann in seiner *Aesthetica in nuce* (1762) abschließend anklingen läßt: ein Dichter sollte unter uns aufstehen, der die biblische und die antike Tradition unter dem Poetologem „Rede, daß ich dich sehe" zusammenfaßt und für seine Zeit vorführt. Hamann sieht sich in der Nachfolge Klopstocks, der den lyrischen Gesang vom Reim befreit und ihn als ‚freyes Gebäude' nach der ‚rätselhaften Mechanik der heiligen Poesie bei den Hebräern' wiederaufbaut, was zur ‚Ungebundenheit' der freien Rhythmen führt und Klopstock den Titel ‚deutscher Pindar' einbringt. Hamann sucht jedoch nach einer Mitte zwischen der strengen Ordnung des Reims und der scheinbaren Unordnung der freien Verse, die er bei Homer und dessen monotonischem Metrum als unvergleichlicher, einmaliger Leistung der Antike zu erkennen glaubte, bis er auf einer Reise durch Kurland und Livland die Letten bei ihrer Arbeit singen hörte. Diese kulturgeschichtliche Beobachtung kann er jedoch in ihrer Bedeutung

---

17 J. und W. Grimm: Deutsches Wörterbuch, Bd.10, München 1984 (1877), Sp. 1152.
18 Eine solche Beschreibung der Vorbildlichkeit der Litauer in der Gestaltung lebendiger, lebensfähiger Verhältnisse gibt bezeichnender Weise Immanuel Kant (1724-1804) in seiner Vorrede zu Mielkes Deutsch-Litauischem Wörterbuch. Kant betont, daß der Litauer, „von Kriecherei weiter als die ihm benachbarten Völker entfernt, gewohnt ist, mit seinen Oberen im Tone der Gleichheit und vertraulichen Offenherzigkeit zu sprechen, welches diese auch nicht übelnehmen oder das Händedrükken spröde verweigern, weil sie ihn dabei zu allem Billigen willig finden" (U. Lachauer [Anm. 14], S. 20).

für die praktischen Folgen seiner Ästhetik nicht mehr ausführen; er schließt die *Aesthetica in nuce* mit den Worten:

> *Sollte ein Dichter unter ihnen aufstehen: so wäre es ganz natürlich, daß alle seine Verse nach diesem eingeführten Maasstab ihrer Stimmen zugeschnitten seyn würden. Es würde zu viel Zeit erfordern, diesen kleinen Umstand [...] in sein gehörig Licht zu setzen, mit mehreren Phaenomenen zu vergleichen, den Gründen davon nachzuspüren, und die fruchtbaren Folgen zu entwickeln.*[19]

Initiiert Bobrowski in seinem Roman die von Hamann angedeutete Würdigung des Donelaitis, wenn er dessen Dichtungsprogramm rekonstruiert?

Daß es so ist, zeigt Bobrowski schon „in nuce" in seinem Gedicht *Das Dorf Tolmingkehmen*, datiert auf den 18.4.1962[20].

Das Dorf Tolmingkehmen

Die Mittagsfeuer verbrannt,
über der Linde Rauch,
dort geht er mit weißem Haar,
die Leute sagen:
Bald wird kommen der Abend,
einer beginnt den Gesang,
die Felder tragen ihn fort.

Komm noch ein Stück, Donelaitis,
der Fluss will sich heben mit Flügeln,
ein Habicht, ein Taubenfeind,
der Wald mit den schwarzen Häuptern
richtet sich auf, es ruft
windig über den Berg.
Dort leben die Gräser.

Auch dieser Tag fährt herab,
unter die Galgenschatten
der Brunnen, das Fensterlicht
windlos, das Kienlicht sagt
mäusestimmig
den Segen auf.

---

19 J. G. Hamann: Aesthetica in nuce (Anm. 6), S. 216.
20 Anders GW V, S. 172: 13.4.1962.

Du schreib über das Blatt:
Der Himmel regnete Güte,
und ich sah die Gerechtigkeit
warten, dass sie herabführ
und käme der Zorn.

In dem vierstrophischen Gedicht sind die Hamannschen Kriterien als thematische Leitlinie gegenwärtig:
- Donelaitis lebt unter den Leuten, die zur Vesper singen (Strophe 1);
- er wird von ihnen angerufen, weil er die Stimmen der Natur zum Wandel, speziell die „Wetterzeichen", die Atmosphäre, den Luftdruck, das Wetterwendische des Windes, erkennt (Strophe 2),
- er deutet das Vergehen der Zeiten als Schatten gebenden Schmerz und Segen gebende Hoffnung (Strophe 3),
- er schreibt für die Menschen über seine Visionen von der Gerechtigkeit (Strophe 4).

Die Ausdrucksmöglichkeiten der Sprache steigern sich: vom gemeinsamen Gesang auf den Feldern über den freien Bergwind und das ‚mäusestimmige', d. h. sehr leise, aber doch verwirrend ausdrucksstark sich bewegende Licht im Haus zur Ermöglichung des Schreibens über die Durchsetzung des Guten und Rechten allein mittels der spontanen, gebündelten Energie der „Sinne und Leidenschaften" (nach Hamann).

Die Programmatik der Ästhetik des 18. Jahrhunderts erscheint klar:
- die Orientierung der Dichtung am Singen; diese Kunst ist integriert in die Arbeitstätigkeit der Leute; die Beobachtung einer Kleinigkeit im Alltag als Basis hoher Dichtung, die jede Beschönigungstendenz und Verflüchtigung in Erhabenheitssphären der Kunst desavouiert;
- die Bindung des Phänomens an die Lokalität, die baltischen Länder als ‚gewisse Striche in Regionen an der Peripherie' großer Reiche; die Aufmerksamkeit für die ‚Undeutschen' als Kulturträger in unmittelbarer Nachbarschaft des geistigen Zentrums Königsberg und die Methode des Kulturvergleichs;
- die historische Betrachtung der Kunsterscheinung in ihrem rückverweisend-genetischen und vorverweisend-utopischen Gehalt,
- die Bindung an die drängende Zeit, die Verpflichtung der Einbettung der ästhetischen Fragen in einen ethischen Komplex der Verantwortung für die rechte, d. h. lebensgerechte Ordnung, gleichnishaft gefaßt im Maßstab der menschlichen Stimmen, die

im zugleich antiken wie biblischen Mythos der Sintflut die ‚Zeit des Gerichts Gottes' berücksichtigen, wie der Abschluß der *Aesthetica in nuce* vorgibt.

Wie Hamann sucht auch Donelaitis durch die komplementäre Betrachtung der antiken und der biblischen Poesie die Darstellung eines Lebens zu erreichen, in dem Brüche artikulierbar sind. In einem Brief (16.8.1777) charakterisiert er die *Bucolica* des Vergil mit der zugleich stilistischen wie anthropologischen Aussage: „in tono molli, mit untermischten Tonbrüchen". Donelaitis' Jahreszeitengesänge zeigen Bauern, die die wechselnden Arbeiten des Landbaus vollziehen, nicht als Schäfer, nicht im Wechsel erotischer Anmutungen in einem ungebundenen nomadischen Immer-weiter-Ziehen-Können. Der Jahreszeitenmythos versinnbildlicht nicht anakreontisch-sentimentale Tändeleien, sondern psychophysische Zustände im Kontrast, wie in Vivaldis barocker Programm-Musik *Die vier Jahreszeiten*. Ebenso wie in Donelaitis' Epos erscheint in Bobrowskis Donelaitis-Roman und in der dort projektierten Donelaitis-Oper kein idyllisches Glück in der Zeitlosigkeit, sondern die Eröffnung von Zeitfeldern durch eine erzählerische Zeitgestaltung, in der nicht der Vollkommenheit suggerierende, geschlossene, konzentrische Kreis der idyllischen Welt gilt, sondern der elliptisch-mangelhaft-unvollkommene Zeitraum des Vergänglichen, bloß Angedeuteten, noch zu deutenden Fragmentarischen.

Bobrowskis Roman ist somit nicht nur aus dessen Anliegen der Erinnerung an einen historisch vergessenen, gemeinsamen Lebensraum der Deutschen mit den Ostvölkern entstanden, sondern zugleich auch als Konkretion der Forderung nach einer formalen Wiederanknüpfung an die kulturgeschichtliche und kulturkritische Einbettung der Ästhetik in die philosophischen Entwürfe des 18. Jahrhunderts. Nach der Andeutung im Titel *Litauische Claviere* zielt der Roman auf die Vermittlung von - in Schillers Terminologie - naiven und sentimentalischen Zugängen. Der Titel lautet nicht „Litauische Lieder" oder „Litauische Geschichten", wie zu erwarten wäre, sondern die Kunstfertigkeit des Instrumentenbaus als Vollendung der Polyphonie wird thematisiert und durch das Attribut einer Gegend benannt, der sonst nur Volkskunst zugestanden wird. Der Titel argumentiert gleichsam im Bild für den Übergang von der Mündlichkeit zur Schriftlichkeit als eine Leistung, die Donelaitis für die litauische Sprache vollbrachte. Die Musik steht als Gleichnis für die Sprache und zeigt sich in den drei von Boethius[21] beschriebenen Formen als musica mundana (die Rhythmik der Natur, des Kosmos, hier als Wechselhaftigkeit des Geschicks), musica humana (die Lieder der Menschen in leib-seelischer Einheit, hier als Erfahrungen des Leidens und der Freude) und musica instrumentalis (die Musikkunst, hier das Register des Klaviers als Schlüssel im wörtlichen Sinne zur Gestimmtheit des Ganzen).

In der Künstlergruppe des Romans ist auch die aufklärerisch-strukturierte Rekonstruktion der Genialität und Inspiration, wie sie in der Vermögenspsychologie des 18. Jahrhunderts vollzogen wurde, präsent, die Weise, wie das Gedächtnis als Ort historischer Vergegenwärtigung organisiert werden kann. Friedrich Hölderlin bezeichnet die „Vermögen" in seinen *Anmerkungen zur Antigonae* (1804) unter der Triade: „Räsonnement", „Vorstellung", „Empfindung"[22], eine Benennung der Vermögen, mit der Bobrowskis Aufnahme anhand der drei Protagonisten präzisierbar wird:

- „Räsonnement" im Schrift-Text, das der Büchermensch, Übersetzer und Intellektuelle Voigt repräsentiert, der auch die Intentionen gegenüber Journalisten auf den Punkt bringt,
- „Vorstellung" in der Musik-Struktur, die der Primgeiger Gawehn in seinen Kompositionsskizzen über Gehörtes in den Stimmen des Marktes, in den Geräuschen einer Eisenbahn, in dem Durcheinander eines Hochzeitsfestes entwirft,
- „Empfindung" in der szenischen Imagination, die der Lehrer Potschka auf seiner leiblich-visionären Bühne mit Enthusiasmus und sich unbedingt anverwandelnder Liebe zum Volk der Litauer vollzieht.

Mit der Formulierung einer solchen Vermögenslehre kann aber auch die Vorstellung verbunden sein, durch eine Mechane, eine Organisationsform, die der Kunst den Anflug des Naturwüchsigen nimmt, entstehe das Kunstwerk als ein handwerklich anspruchsvolles Gebilde. Dagegen steht ein alle Kenntnisse der Tradition analytisch einbeziehendes Kalkül im Dienste der enthusiasmierenden Energie der freien Schöpfung, die Ästhetik des 18. Jahrhunderts.

Für die zu gestaltende Oper des Bobrowski-Romans sind *TEXT, MUSIK* und *SZENE* nur durch Kombination der drei Vermögen zu einem Ganzen zusammenzuführen und damit für die Verbindung und

---

21 De institutione musica I,2, Hg. G. Friedlein (1867); O. Paul: Fünf Bücher über die Musik, 1872, (ND 1973), zit. n. G. Scholtz (Anm.5) Sp. 245.
22 F. Hölderlin: Sämtliche Werke, Große Stuttgarter Ausgabe, Hg. F. Beißner, Bd. 5, Stuttgart: Kohlhammer 1952, S. 265.

Zusammengehörigkeit der drei Künstler notwendig konstitutiv. Der Prozeß der Entstehung der Oper wird im Roman in neun Kapiteln szenisch vollzogen, als eine Reise, in der einfachsten Struktur, als Reise von der Stadt ins Dorf, im steten Wechsel von Außen- und Innenräumen. Der epische Vorgang führt aus den Arbeitsräumen Gawehns und Voigts, Stadttheater und Stadtgymnasium, auf die öffentlichen Lebensräume der Märkte, dann zu der Wohnung Voigts in der Grabenstraße bis zur Eisenbahnfahrt zu Potschka (Kapitel I). Die dörflichen Konflikte zwischen Deutschen und Litauern werden in einem Gasthaus deutlich (Kapitel II). Dagegen steht Potschkas friedfertige Empfindungsfähigkeit in der freien Natur, in den Wiesen (Kapitel III); die Konzeption der Oper im Kontrast zu den nationalistischen Feiern wird zum Problem bei den nächtlichen Veranstaltungen auf dem Berg am Fluß (Kapitel IV). Die ekstatische Landschaftserfahrung eines ländlichen Sommers erscheint als Lektüreereignis mit Donelaitis' Text (Kapitel V). Diese Verbindung in Form einer Parallele von wahrgenommenem Außenraum und literarisch strukturiertem Innenraum bleibt im folgenden gewahrt, wenn die Tiefen menschlicher Triebbestimmtheit bei einem Mord am Flußufer nach nationalistischer Aufheizung im Gasthaus sichtbar werden (Kapitel VI) und Potschka, im labilen Innen-Außen-Raum auf einem Holzgerüst, drei Szenen in Donelaitis' Dorf Tolmingkehmen imaginiert, von Donelaitis' Haus (Kapitel VII) über eine Hochzeit in einem Dorfhaus (Kapitel VIII) zum Musikzimmer des Donelaitis (Kapitel IX).

TEXT

Strukturgebend für die Textgestalt der Oper im Roman ist der Lebenslauf des Dichters und Pfarrers Christian Donelaitis. Der Romanerzähler strukturiert nach den Orten des Lebenslaufes die ‚poetische Topographie'[23], im Großen – Sarmatien – und im Kleinen – das Memelland. Donelaitis' Herkunft aus dem Deutschen oder Litauischen ist nicht geklärt und von ihm selbst bewußt im Unklaren gelassen[24]; um so klarer ist seine Entscheidung für das Litauische, die der Romanerzähler in der Vorstellung seines Protagonisten exponiert: ‚ein litauischer Dichter' (230). Die drei großen Lebensstätten sind sein

---

23 A. Kelletat: 'Wo bin ich?' Erwägungen zur poetischen Topographie Johannes Bobrowskis, in: Actio formans. Festschrift für Walter Heistermann, Hg. G. Heinrich u.a., Berlin 1978, S. 33-48.
24 Vgl. U. Lachauer (Anm. 14), S. 12.

Geburtsdorf (Lasdinehlen bei Gumbinnen) (1), seine Ausbildung in Königsberg (2) und seine Wirkungsstätten, zunächst eine Kleinstadt (Stallupönen) und nachfolgend die eigentliche, das Dorf Tolmingkehmen (3). Donelaitis' Verdienst liegt in der sozialen und politischen Ermutigung seiner Gemeinde, nach den Bedingungen der Gerechtigkeit zu fragen, ausgehend von sich selbst als Vorbild und Beispiel, wenn er bei seinen Vorgesetzten Einspruch durch freimütige Rede wagt. Zur Veranschaulichung der in seinen wenigen Briefen und in den Lebensläufen seiner Herausgeber divers gegebenen biographischen Informationen werden Figuren-Reden aus der literarischen Quelle *Die Jahreszeiten* dem Autor Donelaitis in den Mund gelegt.

Die in Hamanns Diktum angestrebte Rede wird im Roman als „Rede ohne Form und Schnörkel" bezeichnet, die so gehen soll, „wie sie gehn will" (312).[25] Diese Aussage formuliert ein singulär im Roman auftretendes Erzähler-Wir, das im Zentrum des Geschehens den Bewegungen Potschkas auf einem Holzgerüst folgt. Der Übergang vom sokratisch tradierten Wort zum konkreten Vollzug wird hier vorgeführt.

Der Handlungsablauf der Oper ist somit sehr genau aus den skizzierten Hinweisen zu rekonstruieren:
wohl fünf Akte, zwei auf den Höhepunkt vorbereitende Akte,

(I) der erste Akt mit den Szenen: Auszug von Zuhause (1) und Studentendasein in der Litauischen Stiftung in Königsberg (2),

(II) der zweite Akt mit den Szenen: Amtseinsetzung (3) und Besuch eines Amtsbruders, Sperber, der im Gegensatz zu Donelaitis keinen Mut zum Einspruch bei den Behörden aufbringt (4).

(III) Im dritten Akt werden die Szenen 5 und 6 ineinander verwoben, scharfzüngige Dialoge mit dem Amtmann und Lehrreden des Donelaitis in seiner Gemeinde über Zivilcourage im Klagen über die ungerechten Arbeitsbedingungen werden gerahmt von einer litauischen Hochzeit, auf der Donelaitis aus Anlaß dieses Festes an den Wandel der Zeiten gemahnt, Szenen, die in Donelaitis' Werk *Die Jahreszeiten* überliefert sind.

(IV) Der vierte Akt ist bestimmt durch die Präsentation des Donelaitis als Barometerbauer und botanisch interessierter Reformator des Landbaus, der vor dem Hintergrund der Klagen über sein Alter für seine Hinterbliebenen sorgt, Szene 7, als Klavierbauer, der auf das Fortwirken seiner Anstrengungen hofft, Szene 8.

---

25 Seitenzahlen im Text aus *Litauische Claviere*, GW III, S. 227-332.

(V) Für den fünften Akt denkt der Literat Voigt an eine Szene aus den *Jahreszeiten*, die die Zeit um Johanni, den Höhepunkt und Umschlag der Vegetation an einem Sommerabend, beschreibt und zum Gleichnis des verlöschenden Lebensabends wird.

Damit wird im Opern-Projekt in fünf Akten mit neun Szenen ein Lebenslauf vorgeführt, der den ästhetischen Anspruch des Exemplarischen, Besonderen, nicht Allgemeinen, erfüllen soll, wie Voigt die Stofforientierung begründet (287). Die Eigenheit des Protagonisten Donelaitis ist es, innerhalb einer deutsch-litauischen Bikulturalität zum Litauertum zu stehen, obgleich die Möglichkeiten beruflichen Aufstiegs und literarischen Ruhms nur über das Deutsche gegeben wären.

Das Engagement für die litauische Sprache hat einen weiteren Grund, der über die Würdigung einer kleinen Sprachgemeinschaft hinausgeht. Die Sprache droht unterzugehen, wird verdrängt von Süden nach Norden. Gegen die Okkupation durch eine fremde Sprache setzt Donelaitis die einzige Gegenwehr, eine Verschriftlichung im Literaturdenkmal, allerdings überliefert nur durch Nachlaß-Texte. So übergibt Donelaitis der Nachwelt die Aufgabe, zu entscheiden, ob die Sprache zu tradieren sei, ob es ein Zeugnis darüber geben solle und verstehende Leser zu gewinnen seien. Der Autor Donelaitis baut auf die Verantwortung seiner Leser, ordnet sich damit allein einem rezeptionsästhetischen Kriterium unter.

Voigts Medium sind Zettel, ebensolche Überlieferungsträger wie die Nachlaß-Papiere Donelaitis', leicht in der Hand zu halten und erweiterbar. Sie gleichen Schriftrollen für die Aufführung, so daß ihre Präsentation schon den Charakter einer Opernszene hat. Die Oper in statu nascendi wird im Roman und seinem Erzählton und Zeitrhythmus proleptisch vorweggenommen. Dabei liegt die Dramaturgie in den „Reden"; konzentriert um die Reden des Donelaitis betreffen sie alle wichtigen Figuren im Roman. Hamanns Diktum „Rede, daß ich dich sehe" wird erweitert auf die sozial ausgedehnte Dialogik „Rede, daß wir dich sehen", so daß der Erzähler in Solidarität mit den Lesern die auftretenden Figuren der Jahre 1936 und 1763 (Besuch Sperbers bei Donelaitis, 241) hinsichtlich ihrer Artikulationsweise in einer bestimmten, analogen Situation betrachtet, das Kriterium, das den Akt des Redens überhaupt ausmacht, seine Situationsangemessenheit, seine Wirkung auf die Angesprochenen und in ein Geschehen Integrierten.

Redesituationen durchziehen deshalb wie ein roter Faden alle neun Kapitel des Romans. Im Kapitel I sind drei kontrastive Redeweisen vorgestellt, das Reden auf den verschiedenen Märkten (Töpfer-, Butter-, Gemüse-, Fischmarkt), je nach den besonderen Bedingungen des Verkaufens funktional differenziert. Dieses eingespielte Verhältnis wird durchbrochen von nationalistisch-militaristischen gewaltsamen Übergriffen, die durch Reden gerechtfertigt oder geahndet werden, wie beim Niederschlagen eines alten Mannes während der Kneipenfeier eines Dienstjubiläums. Volkshetzerische Verurteilungen werden durch die Gegenrede des Musikers Gawehn beendet; dieser unterbricht mit einer Aufklärung über Wirtschaftszusammenhänge das von Unmut gegenüber Fremden bestimmte Eisenbahnabteilgespräch verschiedener Kaufleute. Der soziale Erfahrungsraum des Marktes im konkret-anschaulichen wie abstrakt-politischen Sinne zeigt unter ökonomischer Perspektive die notwendige Bedingung des freien Austausches. Die Eisenbahnfahrt selbst ist ambivalent, sie ermöglicht ethnographische Erkundung, trägt aber gleichzeitig als Medium der Erschließung durch den Fortschritt zur Zurückdrängung des Ursprünglichen bei[26], ebenso wie das Dampfboot, mit dem die Rückreise angetreten wird, Gleichnis für den politischen Aufbruch mit nationaler Polarisierung um die Zeitung des „Memelländer Dampfbootes".

Im Kapitel II erscheinen wieder drei Redeformen im Kontrast, wobei die erste und dritte den Hauptakzent des Gegensatzes bestimmen, während die mittlere das schon im ersten Kapitel präsentierte Motiv der nationalistischen Rede zur nationalsozialistischen verschärft. Der historische Bezugspunkt des Vaterländischen Frauenvereins ist die Königin Luise, die 1807 Napoleon in Tilsit um Gnade für ihr Volk bat, und nun in einem jährlich wiederholten Laienspiel des Oberlehrers Brühfisch als Landesmutter mit feudalen Reden gegenüber ihren vor ihr knienden und devote Lieder singenden Landeskindern verherrlicht wird. Potschkas Bezugspunkt für sein Engagement ist seine Mutter, vor deren Photographie die drei Männer ihre Oper explizieren. In der Bildbeschreibung des Erzählers wird die Zuwendung der Frau als differenzierter Blick auf die Dinge des Alltags und als differenzierte Rede über die Dinge des Alltags zum Vorbild für eine Orientierung am Leben. Hier liegt das durch Hamann überlieferte Diktum als Aufforderung an ein Gegenüber „Rede, daß ich dich sehe" in einer Umkehrung vorbereitet. An den Betrachter ist die Aufforderung gerichtet: „Sieh, daß ich dich anrede". Diese Linie wird Potschka in seinem Beitrag zur Oper, der szenischen „Empfindung", weiter entwickeln.

---

26 Vgl. U. Lachauer (Anm. 14), S. 45.

Bevor die Reden des Donelaitis in den Kapiteln VI, VII und VIII im Kontrast zur Festrede des nationalsozialistischen Führers Neumann, mit sprechendem Namen ein Erneuerer alter Vorurteile, als direkte Quellenbezüge von ungeahnter Aktualität folgen, wird im mittleren, als Symmetrieachse betonten Kapitel, Kapitel V, eine Rede über die Rezeptionswirksamkeit des Donelaitis eingeschaltet, als Zugleich von Erzähler- und Figurenrede. Es sind zu Händen des Professors Storost von Indra Budrus nachgelassene Papiere, Blätter und Zettel, mit einer Lebensgeschichte in Rezeptionszeugnissen und Briefen, analog der Tradierung des Donelaitisschen Nachlasses durch Professor Johannes Rhesa. Storost repräsentiert seinem Kollegen Voigt das Zeugnis des Indra Budrus als historisches Vermächtnis, Budrus datierte seine Eintragungen an den Rand der Donelaitis-Ausgabe von Schleicher (1865)[27] genau, und als erlebte Literatur, der bäuerliche Lebenszusammenhang bleibt gewahrt; Schleicher bietet in seiner zweiten Donelaitis-Ausgabe, im Gegensatz zur ersten und dritten, ein Glossar, so daß die Zweisprachigkeit nachvollziehbar ist; eine Übersetzung muß und kann damit selbständig erstellt werden. Das Vermächtnis umfaßt außerdem nicht abgeschickte Briefe, so daß die Verbindung zum Adressaten, dem zur See fahrenden Verlobten, auch so gewahrt bleibt. In dieser Rede Storosts vor Voigt wird die Materialität als Basis und Chance der Überlieferung solcher Lebenszeugnisse im Bewußtsein ihrer Exemplarität als Einmaligkeit und Individualität in Frage gestellt und damit die Abgeschlossenheit des Vergangenen als Gegebenen radikal konstatiert.

Wie eine gegenläufige Bearbeitung der Geschichte, die Erweckung aus dem musealen Schlaf bzw. historisch überflüssigem Schutt auszusehen hat, die auf zukunftsweisende, lebenermöglichende Aspekte achtet, zeigt sich in der Weise des Zitierens aus den *Jahreszeiten*. Neun Anspielungen sind vorhanden; ihre Auswahl wird nach den Vorlieben der Beteiligten begründet. Die ausgewählten Verse sind fast zu gleichen Teilen Erzähler- und Figurenrede in den „Metai" (Erzähler; Selma; Enskys; Erzähler; eine Figur, Erzähler, Selma; Erzähler und Figuren; Lauras). Die Verteilung auf die einzelnen Gesänge zeigt auch Schwerpunkte auf die dunkleren Zeiten des Jahres: Herbst, Herbst, Winter, Herbst, Frühling, Winter, Herbst, Sommer, Herbst.

Die Integration der Quelle, Donelaitis' Epos *Die Jahreszeiten*, soll im folgenden im Verlauf des Romans betrachtet werden:

---

27 A. Schleicher: Christian Donelaitis Litauische Dichtungen. Erste vollständige Ausgabe mit Glossar, St. Petersburg 1865.

Quellenbezug 1: Im Kapitel I wird der Erzählgestus der Quelle direkt, vom Erzähler den Figuren nachgerufen, aufgenommen; Figuren des Dorfes treten in ihren Erfahrungen und Deutungen der Lebensereignisse auf: „Priszkus [der Schulze Fritz] pflegte viel wunderlich Zeug zu erzählen" (240). Hier handelt es sich um die erste Textüberlieferung zu Donelaitis' Epos, um das Fragment *Fritzens Erzählung von einer Littauischen Hochzeit*, die später in den ersten Gesang des Epos, die „Gaben des Herbstes", integriert wurde, aber bei Passarge gesondert überliefert ist.[28] In dem im Roman *Litauische Claviere* aufgenommenen einzelnen Satz, den nur um eine Apposition gekürzten und um Passarges Anmerkung erweiterten ersten beiden Versen des Fragments[29], ist damit auch historisch-genetisch der Ursprung der *Metai* aufgenommen, der Beginn der Erzählung einer litauischen Hochzeit als Gleichnis sozialer Spannungen.

Quellenbezug 2 und 3: Mit dem drastischen Ausruf „Schwein, wie lebst du, schämst du dich nicht?" (241 und 304) aus den „Gaben des Herbstes" liegt ein grundlegender Vergleich des Verhältnisses des Menschen zu seinen Tieren mit dem der Herren zu ihren Knechten vor. So wie der Bauer seinen Hof in Ordnung halten muß, gilt dies für die Herrscher, die keine Unordnung in den sozialen Verpflichtungen aufkommen lassen dürfen. Storost findet Gefallen an diesen sittenpredigenden Mahn- und Lehrreden über die Wahrung der Ordnung in Haus und Hof (6 Verse, 304).

Quellenbezug 4: Potschka wählt als Lieblingsstelle gegenläufig dazu die Beschreibung eines hungrigen Ochsen, dessen sprechender Blick für die Fütterung und Beherbergung im Stall dankt, aus den „Sorgen des Winters" (7 Verse, 302).

Die folgenden wichtigsten Reden imaginiert Potschka szenisch:

Quellenbezug 5: In der Romanmitte erscheint das Modell für die wahre Herrschaft, die Nachtigall, die das unscheinbare Kleid der Bauern trägt und in ihrem Gesang sich bis zum Zeitpunkt der Sommersonnenwende steigert[30]; das Sinnbild einer Kunst, im Anschluß an

---

28 L. Passarge: Christian Donelaitis' Littauische Dichtungen, S. 59-79; L. Passarge: Donelaitis' Leben und Dichtungen, S. 12; A. Schleicher: Christian Donelaitis Litauische Dichtungen, S. 2.

29 „Fritz, der sonst so verständige Schulze, des Blebberis Eidam,/ Pflegte viel wunderlich Zeug zu erzählen, wenn etwas betrunken" S. 61; Anm. 40, S. 352: „Fritz, litt. Priczkus, weil diese Sprache kein ,f' kennt".

30 Bobrowski orientiert sich nach einer auktorialen Nachbemerkung an der Übersetzung der „Metai" von L. Passarge, die er als „Nachdichtung" bezeichnet, von der sich seine Zitate als „frei gestaltete Neufassungen" abheben, vgl. Anm. 11: hier S. 223 ff., vor allem Vers 114, und S. 367.

einen Brief des Donelaitis vom 26.6.1780 (313), der parallel zu einem Brief Hamanns an Herder vom 11.6.1780 steht[31].

Quellenbezug 6: Die Reden des Donelaitis gegen die Ungerechtigkeit des Amtmanns bilden den Höhepunkt szenischer Eindringlichkeit, aus den „Sorgen des Winters" (18 Verse, 314).

Quellenbezug 7: Die litauische Hochzeit, eingegangen in die „Gaben des Herbstes", wird ausführlich „mit dem Reden und Singen" (324, Schlußwort) inszeniert (319-324).

Quellenbezug 8: Wie bei dem ersten Quellenbezug ergreift auch beim letzten der Erzähler wieder das Wort, wenn er Donelaitis' Stimme – in der Figurenrede des Lauras - über das Vergehen der Zeit aus den „Mühen des Sommers" zitiert (325f.), aber auch die ersten Verse der „Gaben des Herbstes", die das Leitmotiv, das Zeitsymbol der als Feuerrad ‚rollenden Sonne' als Ouvertüre benennen.

Quellenbezug 9: Potschkas Tod ist angedeutet durch die Formulierung „Giltine sticht" (328); diese Todesart als Äußerung der litauischen Todesgöttin erscheint versteckt in einem Kommentar zur dritten Idylle, „Gaben des Herbstes".[32]

MUSIK

Im Gegensatz zur Textkultur bietet die Musikkultur eine andere Stufe der Vergegenwärtigung, obgleich das subjektive Zeugnis in der gemeinschaftlichen Aufführung aufgehoben liegt. Ein Tradieren der Musik als Liedgut entfaltet sich gegenüber den Archivierungs- und Übersetzungsproblemen des Schriftlichen lebendiger. Das Interesse des Konzertmeisters und Primgeigers Gawehn an Donelaitis liegt aber nicht auf einer anderen Ebene, sondern ist statt aus der literargeschichtlichen Leistung aus der musikgeschichtlichen begründet. Donelaitis beschreibt die Litauer als ein Liedervolk, berichtet, wie Geselligkeiten und Schwellensituationen in der Gemeinschaft durch Lieder bestimmt sind. Auch aus solchen Würdigungen der Vielfalt und Kreativität im spontanen Liederdichten und -komponieren entsteht das Selbstbewußtsein, das im 19. Jahrhundert zu den Liedersammlungen führt. Anstelle des Staunens über Quantitäten formuliert Gawehn in deutlicher Absetzung zu einer fremdartigen Sammelleidenschaft das

---

31 Vgl. jetzt auch in: GW VI, S. 212.
32 Passarge vermeidet jedoch den Götternamen „Giltine" (Sommer: Vers 37, 88, im Unterschied zu Buddensieg), nennt ihn Vers 440 wohl nur wegen des Metrums (S. 370).

ihn Faszinierende der Dainos: „die wie jenseits aller Kriterien sind, so völlig entwaffnend mit ihren offenbaren Regellosigkeiten, und doch alle Kriterien vertragen" (231). Dieser Aspekt bildet auch die Erzählperspektive des Romans, der mit der Vorstellung des Musikers Gawehn beginnt.

Durch den Wechsel zwischen Erzählung aus Ich- und Er-Perspektive mit beschreibendem und dramatisierendem Akzent sowie den Dialogen und Quellenzitaten ist eine Stimmenvielfalt erreicht, die sich nicht artifiziell präsentiert, sondern als lebendiges Hin und Her, gleichnishaft in Gawehns Körperhaltung des Schlenkerns, der „Entspannung". Diese Bedeutung als ganzheitliche, psychophysische Leistung der Musik wird den Liedern im Roman zugesprochen, an deren paradoxer Regelhaftig-/ Regellosigkeit Gawehns Aufzeichnung zunehmend scheitert (321).

Die Lieder weisen in ihrer Struktur ein besonderes Zeitverhältnis auf, haben „kreisläufige Melodien" (229), sind als Zirkellied „auf unentwegte Wiederholung eingerichtet", wie ein Suktinis, ein Drehtanz (237). Unter dem eindeutigen Obertitel, Heimat- und Liebeslieder, verbirgt sich anderes: Themen des Heimatverlustes, ökonomischer Armut und des Verlustes eines sozialen, familiären Bezugs, sowohl im Scherz- als auch im Klagelied. Es gibt Lieder, zu deren Melodie Texte in verschiedenen Sprachen passen, Texte, die von den benachbarten Sprachgemeinschaften verstanden und durchaus gewürdigt werden, z. B. das bekannteste litauische Lied *Zogen einst fünf wilde Schwäne*.

Gawehn entwirft analog zur Handlungsstruktur des Donelaitischen Lebenslaufes, den Voigts Texte vorgeben, Musikstücke, deren Abfolge aus den ungeordnet, situativ eingebrachten Hinweisen im Text zusammengestellt werden kann; ebenso wie von fünf Akten die Rede ist, mit 14 Personen plus Chor (229), gilt dies auch für fünf große Musiknummern (284):

- nach einer Ouvertüre, die durch „Anklänge an volkstümliche Lieder" bei den Leuten und ihrer Lebenswelt anknüpft, Donelaitis in seinem Umfeld, dem Dorf Tolmingkehmen, zeigt, ist
- der erste Akt bestimmt von einem Hungerduett des Donelaitis mit einem Kommilitonen, über die von Hamann überlieferten Persius-Verse „O curas hominum o quantum est in rebus inane / O über die Sorgen der Menschen, o wieviel Nichtiges gibt es";
- vom zweiten Akt wird nur der Hinweis auf einen Monolog des Donelaitis gegeben, mit dem er seine Amtsauffassung vorstellt;
- im dritten Akt wechseln ein Ensemblesatz zu einem Hochzeitslärm mit den Lehrreden des Donelaitis, die keine Wagner-Mono-

loge sein sollen, bis ein Unisono aller Hochzeitsgäste (277) den Akt beschließt,
- im vierten Akt wird die Altersklagen-Arie über zittrige Hände: „Ach wenn ich noch Barometers machen könnte!" und die Herstellung der drei Klaviere mit dem musikalisch zu fassenden Wunsch an die Hinterbliebenen präsentiert „dandum quandoquidem etiam posteritati aliquid est / ein Gedanke sollte schon auf die Nachwelt gehen" (248),
- im fünften Akt wird Gawehn Aufzeichnungen von litauischen Trauergesängen und Klageliedern aus dem Weihespiel verwenden, die er memorieren wollte durch Mitsummen, und zwar ohne „Begleitung", weil diese Gesänge „frei schweben können und durch die Luft gehen wie Regen und Wind" (284).

Gawehns kompositorisches Interesse gilt, im Gegensatz zu den Liedersammlungen Potschkas, der Aufzeichnung der Takte. Seine Inspirationen leiten sich einerseits aus den Liedern her, andererseits aus der Beschreibung der Bewegung im Raum, der Zeiterfahrung. Das auf der Stelle tretende Zirkellied erfindet er bei der Eisenbahnfahrt über ein mooriges Gewässer; die entscheidende Tonfolge, die den ständige Taktwechsel umfassenden „Erzählton" bildet, findet er bei einer Fahrt auf der Eisenbahnbrücke (1875) über die Memel, beim Überschreiten dieser beweglichen Grenze zwischen deutschem und litauischem Gebiet, eben nicht auf der touristischen Hauptattraktion der Stadt, der Königin-Luise-Brücke (1907). Der Erzählton wird nicht als Melodie gefaßt („noch gar keine Melodie oder keine Melodie mehr"), wie auch die Oper keine durchgehende Handlung aufweist. In den nach Orten strukturierten fünf Akten werden immer neue Konflikte perspektiviert. Es bildet sich ein schwingender, nicht geschlagener Rhythmus, so wie bei strömendem Wasser.

Durch das Stichwort „schwingend" ist auch das Leitmotiv in *Litauische Claviere* im Roman gedeutet. An drei Textstellen wird auf ein Klavier hingewiesen, entsprechend dem Faktum, daß Donelaitis der „Hersteller dreier Claviere" (230) ist:
- bei der ersten Liedszene in der Kneipe begleitet ein altes Tafelklavier ohne Pedal-Modulation die Melodie (235),
- bei der Betrachtung der Wohnung Potschkas mit dem volkstümlich gestalteten Holz-Interieur sind es „die schwingenden Hölzer eines alten Claviers" (257),
- vor der Schlußimagination Potschkas auf dem Holzgerüst, nach der Präsentation der direkten Bezüge auf Donelaitis' Werk: „Es hat ein altes Clavier angefangen, brüchig, wie ohne Stimme. [...]

Töne, Akkorde, über verzogenen Saiten" (326). In der altersbedingten Hinfälligkeit des Instruments ist auch die Zeitbestimmtheit angesprochen, die durch das Sinnesorgan des Gehörs deutlich wird, entsprechend Hamanns Diktum: „Wie die Natur uns gegeben, unsere Augen zu öffnen; so die Geschichte, unsere Ohren"[33].
Der Effekt der Parallelisierung von Musik und Text in Lied und Oper zeigt sich, wenn sich die drei Künstler der Übersetzung der litauischen Lieder zuwenden: aus dem Kontrast zwischen Sprachmelodie und Rhythmus entsteht ‚sperrig Anmutendes', eine ‚Dehnung' (248). Diese Tendenz zur Verlangsamung durch Gegenläufigkeit macht die Erzählstruktur des Romans aus, die bewußt herbeigeführte Langsamkeit. Mit ihr wird die Schwierigkeit, die notwendige Überlegungszeit und die Dauer des Erlernens und Erst-Finden-Müssens ausgedrückt (331).[34]

SZENE

Diese Langsamkeit gewinnt der begeisterungsfähige litauische Lehrer Potschka zunächst nicht, so daß er sich, angefeuert durch die Idee der Oper, verausgabt. Potschkas Wohnung mit den Schätzen seiner Liedersammlung und sein Lebenskontext in einem Dorf bilden den Zielpunkt der Reise der Deutschen Voigt und Gawehn aus Tilsit, die das Litauische in Augenschein nehmen wollen; in der Person Potschka werden die Außen- und Innenräume des Geschehens miteinander verknüpft. Er trägt bei zur Inszenierung der Oper durch seine ganzheitliche Imagination auf der Basis der Identifikation mit Donelaitis. Wie Voigt und Gawehn eine Reise in das Litauische unternehmen und von dort her die Raum- und Zeitgliederung auf der erzählten Ebene konturiert ist, durch den Kontrast der Gefühle bei der Hin- und bei der Rückreise, bewegt sich Potschka in der Johannisnacht ins Freie, um allein seine blaue Blume zu suchen, im litauischen Brauchtum die Suche des Rainfarns, ein Kraut, das nur in dieser Nacht blüht, die Menschen, die es finden, unsichtbar macht, so

---

33 J. G. Hamann: Sokratische Denkwürdigkeiten, in: ders.: Schriften über Philosophie/ Philologie/ Kritik (Anm. 6), S. 64.
34 K. Wagenbach: Undatierte Postkarte im Juli 1965 an Johannes Bobrowski: „Und spiel schön langsam auf den litauischen Klavieren!", in: Johannes Bobrowski oder Landschaft mit Leuten. Eine Ausstellung des Deutschen Literaturarchivs im Schiller-Nationalmuseum Marbach am Neckar, Hg. R. Tgahrt, Marbach 1993, S. 763. Wagenbachs Satz steht im Kontrast zur außergewöhnlich schnellen Entstehung des Romans Litauische Claviere in zwei Monaten unmittelbar vor dem Tod.

daß ihnen fremde Räume und Zeiten zugänglich werden. In der Johannisnacht geschieht eine Überbrückung der Getrennten, gleichnishaft gefaßt in dem bestimmenden Refrain der Lieder, einer langgezogenen Melodie: „ligo, ligo", was ‚schwanken und schaukeln', dadurch auch ‚schwingen' bedeuten soll.[35] Das Verbindende, erinnernd an das Lateinische im Ausdruck ‚Ligatur', bestimmt auch die - neben dem Liedersingen - zweite kultische Ausdrucksform der Johannisnacht, das Suchen und Binden der Kräuter zu Kränzen, die getrocknet, das ganze Jahr über heilende Wirkung zeigen. Dieses Motiv bildet das letzte Zitat aus den *Jahreszeiten* des Donelaitis, der es am Johannistag - in Figurenrede - als Zeichen der Dauer im Prozeß des Vergehens deutet.

Während Voigt und Gawehn intellektuell ethnographisches Wissen über Text und Musik einer sich durch Jahrhunderte gleichbleibenden (248) traditionsorientierten Kultur auf der Ebene der Gegenwart zu erreichen suchen, die aufgrund einer räumlichen Ortsveränderung zugänglich wird, erfährt Potschka durch seine Reise in die Vergangenheit leiblich-sinnlich sowohl die Dimensionen der totalen Annäherung als auch der Distanz und Unerreichbarkeit. Er schwingt sich auf und fällt, vollzieht im wörtlichen Sinne den Spannungsbogen und gewinnt dadurch eine Standortbestimmung, die Erkenntnis der Kluft zwischen den Zeiten, die sich als Brückenpfeiler ohne Verbindung gegenüberstehen.

Die Position Gawehns auf der Brücke über die Memel als Inspiration des entscheidenden „Erzähltons" der Schwingung erfährt Potschka in der Vertikalen auf dem Holzgerüst als „eine Art Bühne". Das Holzgerüst bezeichnet einen „Trigonometrischen Punkt" (310 f.), von dem aus eine Kartographierung der Gegend anhand eines streng wissenschaftlichen Verfahrens, der Triangulation, zur angewandten Geodäsie vorgenommen wird. Es sind aber jeweils zwei weitere Punkte, meist Erhöhungen, zum Vermessen notwendig, z. B. Kirchturmspitzen und, wenn diese nicht vorhanden sind, Signaltürme, das sind zunächst vergängliche Türme wie Holzgerüste, dann eventuell feste. Er kennzeichnet das Prinzip der Drei innerhalb des Männer-Dreierbundes, geometrisch-graphisch auf Grenzsteinen, sogenannten Pyramiden, als trigonometrischen Punkten in der napoleonischen Zeit, bei der französischen Okkupation um 1807, durch ein gleichseitiges Dreieck und drei konzentrische Kreise symbolisiert.[36] Gawehn repräsentiert die Opern-Musik als den erstgenannten Punkt, es folgt als zweiter Punkt Voigt mit dem Opern-Text und schließlich im drit-

---

35 A. Schmidt (Anm. 16), S. 16.
36 So auf dem Tranchot-Grenzstein der Botrange im Belgischen Hohen Venn, 1810.

ten Punkt Potschka mit seiner szenischen Opern-Imagination. Die aus den drei trigonometrischen Punkten entstehende Landkarte dient dem Gedächtnis, es ist eine Aufzeichnung, die sich allerdings allegorisierender Fixierung auf die Orte Stadttheater (1893), Zellulosefabrik, barockes Rathaus mit Turm (1752-55), Kirche (Alte oder Deutsche Kirche, Deutschordenskirche [1598/1610], 1702 mit dreifacher Turmkrone) zu entziehen scheint.[37] Es erscheint demnach höchst fraglich, ob Bobrowski sich an Enzensbergers Gedicht *Trigonometrischer Punkt* (1960) orientiert haben soll, wie der Kommentar angibt[38], stattdessen ist der Plural „trigonometrische Punkte" und „trigonometrische Zeichen" in Günter Eichs poetologischem Text mit dem Titel *Bemerkungen zum Thema Literatur und Wirklichkeit* bzw. *Der Schriftsteller vor der Realität* (1956) einschlägig.[39] Diese poetische Kartographie, die in Bobrowskis Roman nicht nur mit dem Finger auf einer Landkarte, sondern mit der ganzen Leiblichkeit Potschkas – nach dem Vorbild des Donelaitis und der Ästhetik des 18. Jahrhunderts „aus Liebe" (230) „mit Liebe" (233) – erschlossen wird, dient der Spurensuche in einer Sprach- und Zeichenlandschaft, einer durch Kunst ermöglichten Bewegung auf eine Politik und Ethik jenseits des Begrifflich-Geschiedenen.

Einen solchen in der Kunst gestalteten trigonometrischen Blick ermöglicht der Romanerzähler in Kapitel I aus der Perspektive der Figur Gawehn, der in Voigts Wohnung die Bilder des Malers Gisevius betrachtet, drei Darstellungen der Berge „Rombinus", „Engelsberg" und „Schlossberg", gerahmt von Volkstumsszenen (233). Diese Berge können auf dem ansteigenden Weg vom Tilsiter Fletcherplatz zur Luisenbrücke tatsächlich in einer Linie flussaufwärts am Memelufer betrachtet werden;[40] der historisch-politisch nicht mehr zugängliche Landschaftsblick wird durch die Aufstellung, Ausstellung und Reihung der Bilder in einem Innenraum, dem der Kunst, im Gedächtnis gehalten und dient weiter als Wegweisung, Orientierung auf das Litauische, Verdrängte hin.

Anstelle des melodisch zielgerichteten Wasserstromes – wie Gawehn – hört Potschka an seinem trigonometrischen Punkt die Stimmen des nicht kalkulierbaren Windes, ein Rauschen, in dem die Rufe seiner Geliebten und die Rufe seines Mörders gemischt sind. Der

---

37 Vgl. aber die topographische Karte in: Johannes Bobrowski oder Landschaft mit Leuten, Vorsatzblatt.
38 GW VI, S. 210.
39 Theorie der Lyrik, Hg. Ludwig Völker, Stuttgart 1986, S. 83 f.
40 GW VI, S. 171 zu 233, 17.

„hölzerne Turm" verbindet die drei Zeitekstasen an einem fiktiven Ort, in der mythischen Vorstellung eines Turmbaus, einer Himmelsleiter, eines pflanzlichen Sprossens (315), getrieben von der Begeisterung, angesteckt vom Feuer, dem dramaturgisch gegenbildlichausgleichend der Fall vom Holzgerüst folgen muß. Holzgerüst wie Klavier sind gleichsam Übersetzungen des für die litauische Mythologie charakteristischen Baumkultes in die Neuzeit: Die archaischmythische Imaginationskraft geht eine Verbindung ein mit der Handwerkskunst des technisch versierten Menschen. Potschkas Vermessung des Ortes dient nicht der Okkupation und der Gebietseinverleibung; er sieht und erfährt die Grenzen einer vermessenen Aneignung des Fremden in körperlicher Unmittelbarkeit.

Das Kapitel IX in *Litauische Claviere* repräsentiert einen Höhepunkt, weil es eine neue, nicht durch Quellen tradierte Szene aus dem Leben des Donelaitis, seine letzte Handlung vor seinem Tod, darstellt. Donelaitis will die Fertigstellung seines dritten Klaviers bei einem gemeinsamen, hausmusikalischen Singen eines Chorals von Paul Fleming mit befreundeten Pfarrersehepaaren feiern; das Vorhaben mißlingt, weil menschliche Stimmen und Klavierstimme nicht zueinander passen, erst aufeinander eingestellt werden müßten, wozu keine Zeit mehr bleibt.

Dadurch wird im Gleichnis die schriftlich-textuelle und musikalisch-mündliche Überlieferung an ein Ende geführt und am Maßstab der Bedingungen des Handwerks geprüft; Donelaitis tätigt dies durch eine innere Rede über die technischen Fragen der Wohltemperiertheit des Klaviers und ein inneres Hören des Verstimmtseins, eine würdigende Einschätzung des Kunstcharakters des Verstimmten, die er für sich behält; diese höchste Ästhetik ist nicht einfach erklärbar und didaktisch nicht schnell vermittelbar. Im Ursprungsinn erscheint hier die musikalische Stimmung als normale, übliche Stimmung der Saiteninstrumente, die Accordatura von italienisch accordatura „das Stimmen" zu accordare „abstimmen", als ästhetische Kunst zugleich eine soziale Sensibilität.

Die innere Rede des Donelaitis wird vorbereitet durch die innere Rede Potschkas im Park, die er in den Armen seiner Geliebten Tuta vollzieht. Potschkas Sinnesorgan sind seine Hände, die die Funktionen des Redens und Hörens übernehmen: „Rede ohne Mund. [...] Gehör ohne Ohr". Aus der Erotik der Situation heraus entwickelt sich die Vorwegnahme des Tastens, des Berührens und Stimmens eines Musikinstrumentes, entsprechend den Klaviersaiten und -tasten in Kapitel IX.

Potschkas Betasten der Steine im Park und auf dem Berg Rombinus erfährt eine Steigerung im Steigen mit Händen und Füßen im Holzgerüst, das den Trigonometrischen Punkt bezeichnet. Das Gerüst gleicht einem Klavier, Geländer und Bretter ermöglichen den Aufstieg und die gesteigerte Imagination, wie Tasten und Pedale für die Musikerzeugung dienen. Beide Medien/Instrumente, Gerüst und Klavier, werden durch Hände und Füße genutzt. Damit wird die besondere Schreibung „Claviere" deutbar, die im Buchstaben „C" Altertümlichkeit suggeriert und damit auf den etymologischen Ursprung verweist, die Klaviatur, die Tastenreihe. Ihre Schwingung erzeugt Resonanzen, die Zeit und Raum durchqueren.

Den weiterreichenden Wortursprung von „clavis", ausgehend von Holzstück über Riegel und Schlüssel zu Taste[41], exemplifiziert Hamann:

Alle unsere Gliedmaaßen sind ‚Claves' der Seelen, die mit den blos hörbaren Tönen in einem bewundernswürdigen Verhältnis stehen. Nicht das Holz, nicht die Saiten, nicht die Finger sind die Harmonie derselben; ohngeachtet ihre Vereinigung selbige hervorbringt.[42]

Die Vision Potschkas wird jedoch, als den Körper überwältigend und auf eine unmenschliche Höhe verführend, durch die Audition beendet, ebenso das Schauspiel vor dem geistigen Auge durch die Verstimmung von Gesang und Klavierspiel.

Das Mißverhältnis von Spontaneität und Konstruktivität ist als Grundspannung der geschichtlichen Entwicklung im Gleichnis des Instrumentenspiels gefaßt; die Begleitstimme der Kunst bleibt gegenüber der Lebendigkeit der Natur, den Ansprüchen zurück. Die Hände der Geliebten berühren den durch den Sturz vom Gerüst ohnmächtigen Potschka und lassen ihn eine neue Stimme erlernen, die Stimme der Liebe.

Die im letzten Satz formulierte Bestimmung des trigonometrischen Punktes „hier [...] wo wir sind" zeigt die neue Sprache als „Gespräch in halben Sätzen", „ein Gespräch. Aber aus lauter Lücken" (288) ein syntaktisch, d. h. vom Takt der Syntax, intermittierender Rhythmus. Der „Erzählton" wird beschrieben unter Notationen der Verlangsa-

---

41 Schülerduden. Die Musik, Hg. u. bearb. v. Meyers Lexikonredaktion, Mannheim u. a. 2. A. 1989, S. 178 (Klaviatur und Klavichord).
42 J. G. Hamann: Tagebuch eines Christen, 1758; in: ders., Sämtliche Werke, Bd. 1, Wuppertal 1999, S. 229; vgl. J. Saltzwedel: Das Gesicht der Welt. Physiognomisches Denken in der Goethezeit, München 1993, S. 46.

mung, unter der Fermate, dem Ritardando, wodurch er schwerer und genauer ist als ein Parlando (238) einer leichten, komischen Opernarie im italienischen Stil.

Die Zeitverlangsamung bleibt in besonderer Weise mit der erzählten Zeit des Romans verbunden, der Johannisnacht. Am höchsten nationalen Feiertag in Litauen und Lettland, dem Datum des längsten Tages und der kürzesten Nacht, eröffnen die Johannisfeuer das Erscheinen der Geister, in mythischer Komplexität sowohl der glückwie auch der unglückbringenden. Aber auch historische Daten werden durch die Erinnerung präsent, Napoleon überquerte die Memel am 24.6.1812 beim Rombinus, so daß die imperiale Kriegslust in Gestalt der Vision der hier hinterlassenen Kriegskasse, Objekt archäologisch präzise geplanter Grabungen, wie die Leiden des Rußlandfeldzugs als Spuren zum Vorschein kommen. Historisch ist am Johannistag des Jahres 1940 ebenfalls ein allerdings vergeblicher Aufstand der Litauer gegen die Bolschewisten, die Litauen am 15.6. besetzten, bezeugt.

Auf der Folie der besonderen Bedingungen des Autors Bobrowski in der ehemaligen DDR ist die Thematisierung einer Grenze und des Überschreitens dieser Grenze durch Künstler mit einer „Grenzkarte für den Tagesstempel" (238), dem Ziel einer Dichtung im „Rhythmus [...] aus schwingenden Bögen" mit Grenzen überschreitendem Erzählton, geflissentlich übersehen worden. Neben dieser Raumerfahrung steht die Zeiterfahrung, das Sich-Verhalten zu Zeitlichkeit, Geschichtlichkeit und Tod als Wartenkönnen und gleichzeitig Nicht-Wartenkönnen[43].

SPRACHE ALS HÖRSPIEL[44]

Bobrowskis Roman gewinnt durch die Inszenierung eines Ideals der Stimmung unter realistischen Bedingungen, inspiriert durch den Realismus des Donelaitis-Epos, einen Rückbezug auf ein Projekt um 1800, das Wilhelm von Humboldt programmatisch formulierte, wenn er die Sprache als Bindeglied, Verständigungsmittel und Wechselwir-

---

43 J. Bobrowski: *Rainfarn, Immer zu benennen.*
44 Den Terminus „Hörspiel" bildet initiativ Friedrich Nietzsche in *Also sprach Zarathustra* analog zum Begriff „Schauspiel", um den inneren Notschrei in der Höhle, der sich aus vielen Stimmen zusammensetzt, aber wie ein Schrei aus einem einzigen Munde wirkt, zu benennen (F. Nietzsche: Also sprach Zarathustra, in: ders.: Sämtliche Werke. Kritische Studienausgabe, München 1988, Bd. 4, S. 346; St. B. Würffel: Das deutsche Hörspiel, Stuttgart 1978, S. 18).

kungsenergie, ein Netzwerk zwischen Mensch und Welt, Tatsache und Idee, äußerem Eindruck und innerer Empfindung, Objektivität und Subjektivität, Nationalität und Internationalität definiert. Humboldt förderte 1809, als er dem Kirchen- und Schulwesen von Königsberg aus vorstand, entschieden die erste Edition des Donelaitis-Epos durch Rhesa[45]; Rhesa widmete ihm seine Übersetzung des Donelaitisschen Epos[46]. In seiner Abhandlung „Sprache und Nationalcharakter" (1806) konzentriert sich Humboldt auf das Symbol der ‚musikalischen Stimmung', um die auditiv-intuitiv zugängliche Synthese-Kraft der Sprache für die Bildung des ganzen Menschen auszudrücken:

Es soll eine freie Übereinstimmung zwischen den ursprünglichen, das Gemüt und die Welt beherrschenden Grundformen geben, die an sich nicht deutlich geschaut werden können, die aber wirksam werden, sobald der Geist in die richtige Stimmung versetzt ist – eine Stimmung, die hervorzubringen gerade die Sprache, als ein absichtslos aus der freien und natürlichen Einwirkung der Natur auf Millionen von Menschen durch mehrere Jahrhunderte und auf weiten Erdstrichen entstandenes Erzeugnis, als eine ebenso ungeheure, unergründliche, geheimnisvolle Masse, als das Gemüt und die Welt selbst, mehr als irgend etwas andres hervorzubringen imstande ist.[47]

Humboldt verwendet das Symbol der musikalischen Stimmung, um der Spracheneinheit wie der Sprachenvielfalt Ausdruck zu verleihen. Er verbindet die menschliche Stimme als „vox" eines Schallgebildes und „votum" eines gleichberechtigten Staatsbürgers sowie Weltbürgers, ähnlich wie Herder, der 1805 seine Sammlung nicht „Stimmen der Völker", sondern „Stimme der Völker" nannte, worauf Storost in seiner Donelaitis-Monographie von 1947 aufmerksam macht.[48] ‚Stimmung' bedeutet für Humboldt eine Dimension des Unbewußten (‚Gemüt', ‚ursprünglich', ‚frei', ‚natürlich'), die durchaus dem „Geist" entspricht und damit paradoxerweise auch im Bewußtsein besteht. Diese unbewußte Bewußtheit und bewußte Unbewußtheit wird 1869 Eduard von Hartmann mit dem Symbol einer „Claviatur im Gehirn",

---

45 D. L. J. Rhesa: Vorbericht, 20.5.1818, S.XXI, zit. n. A. Schleicher: Christian Donelaitis Litauische Dichtungen, S. 5.
46 „W. v. Humboldt zugeeignet", GW VI, S. 172.
47 W. v. Humboldt: Über die Natur der Sprache im allgemeinen (aus: Latium und Hellas [1806]), in: ders.: Schriften zur Sprache, Hg. M. Böhler, Stuttgart 1995 (1973), S. 9.
48 W. Storost (Anm. 12), S. 9.

bei der durch das Anschlagen von ‚Tasten' ‚Töne' und ‚Akkorde' entstehen, bezeichnen.[49] Was Hartmann im Rahmen des psychophysischen Parallelismus anführt, belässt Humboldt in seiner Sprach- und Bildungsphilosophie des Dialogischen, Analogischen und Reziproken, um die Grundstruktur zu zeigen, wie Ich und Du wie „Hall und Gegenhall" aufeinander reagieren, im „Ideen und Empfindungen wahrhaft umtauschenden Wechselgespräch" von „Anrede und Erwiderung". In dieser Stimmung gelingt Verstehen, indem bei beiden Beteiligten „dieselbe Taste ihres geistigen Instruments" angeschlagen wird. Dieses technische Symbol einer hohen Kulturleistung korrespondiert immer mit der anthropologischen Grundbestimmung, der Mensch „ist ein singendes Geschöpf", „Gedanken mit den Tönen verbindend".[50] Humboldts Anregung zur Edition des Donelaitisschen Hexameter-Werkes wird nicht aufgenommen und so bleibt über das litauische Volk verborgen, was dem griechischen aufgrund seiner Hexameter-Kunst zugesprochen wird: „Nie hat sich die Dichtung irgend eines Volks in einem so weiten, sich allen Empfindungen sogleich anschmiegenden, so voll wogenden Elemente bewegt. [...] So viel mehr scheint dieser Vers dem Rhythmus der Welt, als dem Stammeln menschlicher Laute anzugehören."[51]

Humboldt greift auf die Ästhetik und Anthropologie des 18. Jahrhunderts zurück, wo das Klavier als Instrument den Gesang des Menschen unterstützt, deshalb eine psychotechnische Apparatur darstellt, die durch Abstraktion eine Konkretion des Seelischen im Gesang, eine Darstellung der Nervenimpulse auf den schwingenden Saiten, ermöglicht. Durch den bautechnisch komplexen Mechanismus des Klaviers kann der subjektive Ausdruck eine Form und damit intersubjektive Vermittlung in einem Zeichencode als Wechselwirkung von Körper und Seele sowie Textuierung der Kommunikation über die Vergangenheit, Gegenwart und Zukunft finden, ein Gedanke, den Hölderlin in seiner Poetik vom ‚Wechsel der Töne' als Mechane/Kunst zu höchster Form und zum Ausdruck des Geistigen in der Triade des Naiven, Heroischen und Idealischen als Grund-Empfindungen des Menschen trieb. Gemeinsames Musizieren am Klavier zielt auf das gleichfühlende, sympathetische Echo, erweist dieses aber zugleich als Echo eines verlorenen Ideals – in Bobrowskis Roman die Pfarrerspaare ohne die Gemeinde, eine private Ge-

---

49 E. v. Hartmann: Philosophie des Unbewußten, 1869.
50 W. v. Humboldt: Über die Verschiedenheit des menschlichen Sprachbaus (1827-29), ders.: Sämtliche Werke, Hg. W. Stahl, o. O.: Mundus o. J., Bd. 5, S. 54.
51 W. v. Humboldt: Latium und Hellas (1806), ders.: Sämtliche Werke, Bd. 2, S. 40.

meinschaft im stillen Kämmerlein, Vorstufe des einsamen Spielers in totaler Verinnerlichung[52], wie ihn Potschka verkörpert und wie sich Bobrowski wohl auch sah.

---

[52] Vgl. dazu jetzt St. Mezger: Geklemper, in: Hölderlin Texturen 1.1, Hg. U. Gaier u. a., Marbach 2003, S. 320-326.

Figuren des Jüdischen in Bobrowskis Dichtung. Poetisches Idiom oder gefälschtes Kaddisch?

EKKEHARD W. HARING

Das hier zu diskutierende Thema und sein Fragehorizont mögen provokatorisch, vielleicht sogar impertinent klingen: Poetisches Idiom oder gefälschtes Kaddisch – ? Freilich führt eine solche Entscheidungsfrage in diesem Fall nicht zu einer zufriedenstellenden Antwort, sondern geradewegs in ein Labyrinth von Argumenten, Zuschreibungen, Zitaten, Thesen, Nachweisen und anderen diskursiven Elementen. Wenn ich mich einem so brisanten Thema verschrieben habe, dann sollte ich zunächst wohl auch meine eigene Ratlosigkeit eingestehen, die mich bei der Lektüre der Bobrowskischen Selbstauskünfte befallen und zu weiterer Beschäftigung gedrängt hat. Ein Blick auf die Forschungsliteratur zeigt eine gewisse interpretatorische Zurückhaltung, was überraschen mag. Bobrowski und die Juden – eine unbewältigte Thematik? Eine Behauptung wie diese, zu stark betont, geht selbstverständlich auf sehr dünnem Eis. Das bedeutet nicht, daß der Versuch, dem jüdischen Thema sein besonderes Gewicht zu verleihen, scheitern muß.

Gewiß, die Auseinandersetzung mit dem Judentum, speziell mit dem Ostjudentum, ist nicht der literarische Schwerpunkt Bobrowskis – und doch gibt es Hinweise auf eine besondere Affinität des Schriftstellers zu gerade diesem Themenkomplex. Etwa wenn er erklärt:

Jeder Jude ist mir das unbegreifliche Wunder, ohne das ich nicht leben kann

oder:

[...] für mich entscheidet sich der Wert eines Menschen an seiner Stellung zu den Juden".[1]

---

1 An Jokostra, 6.2.1959 und an Christoph Meckel, um den 25.8.1960, zitiert nach R. Tgahrt: Johannes Bobrowski oder Landschaft mit Leuten. Katalog der Ausstellung des Deutschen Literaturarchivs im Schiller-Nationalmuseum. Marbach a. N. 1993, S. 424.

Zeilen wie diese lesen sich, aus ihrem Zusammenhang herausgerissen, wie klare Signaturen und bleiben doch irritierend. Man kann sie nicht einfach als Euphemismen abtun, man kann sie aber auch nicht als vollgültige Interpretationsschlüssel, als „Paßwort" zu Werk und Autor betrachten. Sie bleiben, was sie sind: verstörende Disjunktionen eines ostdeutschen Nachkriegsautors, den man seinerzeit in westlicher Hemisphäre nur allzu gern als „Daniel in der Löwengrube" mißverstehen wollte.

Die besondere Aufmerksamkeit, die Bobrowski immer wieder dem „Jüdischen" zuteil werden läßt, sei es in der Gestaltung literarischer Figuren, sei es in persönlichen Reflexionen wie oben, kann freilich nicht allein mit der Neigung zu Philosemitismus erklärt werden. Heftig – um auch nicht in die Nähe des Verdachts gerückt zu werden – wendet er sich gegen ein einseitig verklärendes Judenbild mit nostalgischer Färbung:

Die Beschäftigung der Literatur mit dem Antisemitismus hat diesen nicht überwunden. Er ist da. [...] Auch bei den Lesern von Martin Buber. Die Beschäftigung mit den Juden hat etwas hervorgebracht, was man als Philosemitismus bezeichnet. Da wird also ein Idealtyp hergestellt, eine romantisierte Gestalt von abgeklärter Weisheit und unbegreiflicher Leidensfähigkeit, und damit ist es geschafft. Der betreffende Philosemit hat sich salviert: er hat seinen Juden bronciert und hinter Glas gesetzt, nun soll ihm einer sagen, er hätte nichts getan [...].[2]

Interessant ist diese Absage Bobrowskis nicht nur hinsichtlich seiner persönlichen Konzeption von literarischer Aufarbeitung, sondern auch mit Blick auf den Zustand der deutschsprachigen zeitgenössischen Literatur überhaupt.[3] In diesem Zusammenhang erklärt Bobrowski an anderer Stelle, „[...] daß den Deutschen nicht einmal objektive Feststellungen über die Juden erlaubt sein können." Der Forderung nach selbstkritischer Schuldaufarbeitung der Deutschen steht hier die Mahnung zu äußerster Zurückhaltung bei diesem The-

---

2 Akademie-Vortrag *Benannte Schuld – gebannte Schuld?* von Dez. 1962, in: J. Bobrowski: Gesammelte Werke in sechs Bänden, hg. von E. Haufe. Bde. I-IV Stuttgart / Berlin 1987, Bd. V Stuttgart 1998, Bd. VI (hg. von H. Gehle) Stuttgart 1999, hier IV, S. 445f.; Zitate aus dieser Ausgabe werden im folgenden mit der Sigle GW, der Band- und der Seitenangabe nachgewiesen.
3 Interessant hierzu die jüngsten Diskussionen um Klaus Brieglebs Publikation „Wie antisemitisch war die Gruppe 47?", Berlin / Wien 2003. Bezeichnenderweise wird Bobrowski in der Polemik ignoriert.

ma scheinbar entgegen. Es sind keineswegs zwei widersprüchliche Haltungen, die sich hier vehement aussprechen; das Schreiben des Autors jedenfalls versucht stets beiden Forderungen gerecht zu werden. Es steht gleichsam für die sensible Balance nicht romantisierender, nicht verdrängender, nicht großsprecherischer, nicht ideologisierender Literatur, die in dieser Form im deutschsprachigen Raum der 50/60er Jahre eher singulär erscheint.

I.

Die Frage muß hier einmal mehr in aller Deutlichkeit gestellt werden: Was ist das für ein Autor, der mit einer gewissen selbstquälerischen Obsession immer wieder die alten Wunden umkreist und nicht abläßt, diese Schmerzzonen in Erinnerung zu rufen? Was ist das für ein Schriftsteller, den bei seinem Schreiben immer wieder das aussichtslose Verlangen nach Aufarbeitung von Schuld, nach Anamnese des Vergessenen bedrängt?

Bobrowskis Aufforderung, nicht vergeßlich zu sein, korrespondiert in seiner Dichtung auffallend häufig mit jüdischen Figuren. Um nur drei Beispiele anzuführen: Der Jude Levin im Roman *Levins Mühle*, der allein durch seine Präsenz die verdrängte Schuld des Großvaters einmahnt; *Lipmanns Leib*, dessen unauslöschliche Erinnerung in der Zwiesprache mit dem Strom und der Natur nachhallt; und schließlich die Erinnerung Isaak Babels (*Holunderblüte*) an den Pogrom von Odessa, seine Blutspur auf der längst weiß gescheuerten Türschwelle.

Die tragisch-exemplarische Leidensgeschichte der Juden bringt im Fall des Verdrängens oder Vergessen-Wollens ihre eigenen Erinnyen, ihre Wiedergänger hervor:[4] Der Großvater in *Levins Mühle* wird von Gespenstererscheinungen heimgesucht, und sogar dann noch, als er sich durch den Verkauf seines Anwesens von der alten Schuld freigekauft wähnt, wird er von der unnachgiebigen Zudringlichkeit eines Künstlers an seine Vergangenheit erinnert. In der Erzählung *Lipmanns Leib* wird der Strom, in welchem man den Juden Leib ermordet hat, „ganz weiß" und läßt im Nebel Stimmen vernehmen: „Man hält die Hand ans Ohr und hört, was es nicht gibt", heißt es da. Und von den blutigen Stätten der Pogrome zeugen in Bobrowskis Gedichten die

---

[4] Bekanntlich bilden Widergänger typische Erscheinungen im Motivgefüge ostjüdischer Legenden. An-Skis „Dibbuk" ist eine der berühmtesten davon und wurde v.a. in Wilna und Warschau zum Theaterereignis.

Augen der darüberwachsenden Natur – hier immer wieder in der
Metapher des Holunders:[5]

Leute, es möchte der Holunder
Sterben
An eurer Vergeßlichkeit

(aus Holunderblüte, *GW I, S. 94*)

oder:

Wilna, du reifer Holunder
Mit grünen Augen
Ist deine Wolfszeit versunken

(aus Wilna, *GW I, S. 21*)

Und noch etwas fällt bei genauerer Betrachtung auf: die offenbar
besondere Verbindung bzw. Zwiesprache jüdischer Gestalten mit der
Natur. Eine Motivverflechtung, die am eindrücklichsten in den Erzählungen zu beobachten ist. In *Mäusefest* (1962) ist es der alte Jude Moise, ein einfältiger frommer Am-ha'arez[6], der sich mit dem Mond und
den Mäusen unterhält. Dieser natürliche Zugang zu den elementaren
Dingen ist nur ihm vorbehalten; dem dazukommenden jungen deutschen Soldaten ist er bereits versagt. Bobrowski tut hier etwas ganz
Erstaunliches: er verknüpft den Namen des Protagonisten allusiv mit
dem bekannten Stereotyp des Mauschelns.[7] Ein sprechender Name
also, der dem Bild des Ostjuden auf naive, fast banale Weise entspricht. Bobrowski legt Moise sogar drei gesprochene Sätze in den
Mund. Doch klingt das imitierte Jiddisch nicht überzeugend und darf
wohl eher als Simulakrum Bobrowskis betrachtet werden.

Dieses kleine Detail macht deutlich, was für die Darstellung der
meisten jüdischen Figuren gilt: Bobrowski hat keine wirklichen Erfahrungen mit Ostjuden, auf die er zurückgreifen kann oder die ihn zu

---

5 G. Wolf: Der Name des Unhörbaren. Zu Johannes Bobrowski – zwanzig Jahre
   nach seinem Tod. In: Wespennest 63 (1986), S.116-122.
6 *Am-ha'arez*, bzw. *Amhorez*, hebr. Unwissender in der Lehre, auch amorez, jiddisch
   der Ignorant; unter Ostjuden gebräuchlicher Ausdruck für naive gläubige Person.
7 „Mauscheln", pejorativ für „Jiddischer Jargon", bezeichnete die Unfähigkeit von
   Juden sauberes Deutsch zu sprechen. Abgeleitet wurde dieser Ausdruck von „Mose" bzw. „Moshe", und steht in direktem Zusammenhang mit „Maus" als Inbegriff
   des Schmutzigen. Sh. auch U. Weinreich: College Yiddish. An introduction to the
   Yiddish language and to Jewish life and culture, New York, 1965.

einer differenzierteren Sicht befähigen.[8] Was er besitzt, sind vage Erinnerungen von Begegnungen aus Kindheit und Krieg und überdies eine Vielzahl angelesener Informationen. Die Optik des Autors bleibt daher befangen in der Ikonografie charakteristischer jüdischer Gestalten: der Amhaaretz, der Chassid, der jüdische Händler. Bezeichnend für diese Unschärfe ist nicht zuletzt die Metaphorik des wandernden Juden: „Da zog ein grauer Jude mit seinem Wägelchen vorbei [...]."

Mag es auch stimmen, daß Bobrowskis Beziehung zum Judentum zunächst durch Verehrung und Schuldgefühle geprägt ist, so ist diese Haltung doch weit diffiziler, komplizierter aufzufassen. Sie drückt sich nicht einfach in der Verwandlung von historischen Ereignissen in literarischen Historizismus aus.[9] Auch geht es hier nicht um die bloße Verwendung literarischer Motive oder um die Ausbreitung eines Stoffes, dem der Dichter neue effektvolle Nuancierungen abzugewinnen weiß. Bobrowski vertritt eine Wirkungsästhetik mit durchaus aufklärerischen Absichten. Worum es ihm aber eigentlich geht, ist die legitime Zeugenschaft seiner Dichtung unter modernen Bedingungen.[10]

II.

Judentum und Dichtung stehen für Bobrowski in einem gemeinsamen Erfahrungshorizont. Insofern beide nämlich, Jude wie Künstler, die Erfahrung des Nichtzugehörigen, heimatlosen Fremden, kurz: des *Anderen* machen, nehmen sie in der Geschichte und nicht zuletzt in der Geschichte Osteuropas einen besonderen Platz ein. Sie sind die kritischen Chronisten am Projekt der „fortschreitenden Humanisierung". Zugegeben, diese Haltung erscheint aus heutiger Sicht fast wie ein Allgemeinplatz. Erinnert sei hier nur an das vielzitierte Diktum Marina Zwetajewas „alle Dichter sind Juden...", in welchem die Erfahrung universaler Fremdheit zur Grundlage moderner – jüdischer oder literarischer – Identität erklärt wird. Ein Erfahrungsraum, in dem sich immerhin auch Bobrowskis imaginative Heimatsuche abarbeitet.

---

8 Die Vielfalt ostjüdischen Lebens beschränkt sich in Bobrowskis Darstellungen auf wenige Typen. Selten werden individuelle Züge gezeichnet.
9 Eine Ausnahme, die Bobrowski mit Hinweis auf das spezifische Sujet, das keine „Poetisierung" vertrage, rechtfertigt, ist *Bericht* (1961).
10 In seiner Bestimmung des Standortes realistischer Dichtung schreibt Bobrowski:„Ich glaube auch, daß es nicht Aufgabe des Schriftstellers ist, vergangene Zeit zu repräsentieren aus sich heraus, sondern immer von der Gegenwart her gesehen und auf die Gegenwart hinwirkend, daß also diese Bereiche, der historische Bereich und die zeitgenössische Zeugenschaft, ständig durchdringen." An Jokostra, 12.1.1960. Zur Wirkungsästhetik gibt Bobrowski in seinem Akademie-Vortrag *Benannte Schuld – gebannte Schuld?* ausführlich Auskunft.

Aus der Perspektive der Nachkriegsära und des Traumas des Holocaust freilich mußte ein solcher Universalismus, eine solche Zeugenschaft par exellance weitaus schwerer lasten als heute.

Gleichwie, ob Bobrowski als Dichter sich nun mit der leidvollen Erfahrung der Juden identifiziert oder nur solidarisiert, sieht er in ihnen doch etwas Überhistorisches.[11]

„Jüdische Geschichte ist immer für mich die einzige universal Geschichte gewesen [...]" – diesen Satz unterstreicht er in der Briefausgabe Hamanns an Herder [12] und es besteht kaum Zweifel, daß dies auch seine Zustimmung findet. Bobrowskis Konzeption einer literarischen Aufarbeitung der Verschuldungen kommt an der oft vergessenen Universalgeschichte der Juden nicht vorbei. Er sieht in ihnen nicht bloß die Opfer antisemitischen Hasses, sondern auch die unabkömmlichen Zeugen menschlicher Hoffnungen und Leiden. So zeigt sich hinter jeder jüdischen Figur in Bobrowskis Dichtung vage auch die Masse der vergessenen Völker und Minderheiten, der vertriebenen und ermordeten Ostjuden, der Kuren oder der Pruzzen. Sie alle haben in der Geschichte ihre Sprache verloren und sind zu einem Schweigen verurteilt, wie die Angehörigen eines Schattenreiches, denen der Dichter zuruft: „Kommt Juden, slawische Völker, kommt, ihr anderen, kommt [...]."[13] – Eine lange Reihe von marginalisierten Gestalten. Und Bobrowski hat diese Reihe am eindücklichsten vielleicht in seinem ersten Roman vor Augen geführt, indem er hinter dem Juden Levin eine ganze Kette gesellschaftlicher Außenseiter erscheinen läßt: Zuerst – fast schablonenhaft – die Allianz der machtlosen drei: Der Jude, der Zigeuner, die Frau, gefolgt von weiteren unangepaßten Gestalten wie Weiszmantel, Habedank, Tante Huse, Schlomo (der Chederlehrer), Scarletto und sein italienischer Zirkus, und schließlich die frommen Juden im Schtetl und die trotz deutschen Namens (Germann, Lebrecht) nicht assimilierten Polen. Eine Weltgeschichte, besser noch: eine Allerweltsgeschichte, im und um das Dorf; die verdunkelte Schuld an einem Juden ihr repräsentatives Exempel.

Wie wir gesehen haben, ist bei Bobrowski immer wieder – und zwar genreübergreifend – von dieser Konstellation exemplarischer Verschuldungen an Juden zu lesen, und so verwundert es nicht, wenn

---

11 Zudem ein Volk von biblischer Observanz, von dem der bekennende Christ Bobrowski hervorhebt: „die heiligen Erfahrungen eines alten Volkes, gegen das gestellt wir alle Barbaren sind". Siehe. Brief an Jokostra vom 21.5.1959 in R. Tgahrt (Anm. 1), S. 421.
12 Aus einem Brief Hamanns an Herder, 1.1.1780. In: Briefwechsel Bd. 4, ersch. 1959, S.147.
13 Aus *Die Daubas II* (GW II, S. 311).

er anläßlich einer Lesung in Westberlin 1960 ausgerechnet alle Judengedichte seines Oeuvres vortragen will, um seine „sarmatische Konzeption" zu verdeutlichen: „[...] dafür such ich alle meine Judengedichte zusammen und will das so machen, daß keine Erörterungen über ein sogenanntes Judenproblem mehr möglich sind [...]."[14]

Eine besondere Form von Zeugenschaft also verbindet sich in Bobrowskis Weltsicht gerade mit dem Thema Judentum. Vergessen wir dabei nicht, daß die biblische Aufforderung *Zakhor!* (hebr. Erinnere dich!) ein grundlegendes Paradigma jüdischer Geschichtsvorstellung – im Gegensatz zur europäisch tradierten Geschichtsschreibung – bildet und schon deshalb Bobrowskis Interesse weckt. Der Imperativ des *Zakhor!* bedeutete für das jüdische Volk nicht nur eine lebendige Form des Vergegenwärtigens, sondern stets auch ein Schlüssel für sein Überleben. Davon abgesehen ist Zeugenschaft für Bobrowski bei weitem kein abstraktes Thema, das sich in der literarischen Manufaktur des Autors willkürlich „produzieren" ließe. Es ist vielmehr ein maßgebliches Kriterium für Gelungenes oder Nicht-Gelungenes.

Über Dichter wie Paul Celan und Nelly Sachs heißt es:

Die haben es leichter [...] da ist der Bereich, der so dunkel sein soll, wie er will, aber er ist ihnen doch gemeinsam, und er ist legitim. Aber bei mir: Das Thema Osten usw. gehört mir ja im Grunde gar nicht, ich bin weder Pole noch Russe und schon gar nicht Jude. Das einzige, was mich berechtigen könnte, ist: wenn ich's nicht sage, ist wieder einer weniger, der es den Deutschen [...] vor Augen stellt. Aber da taucht die Frage nach dem Wahrheitsgehalt auf. Es könnte ja auch alles Schmuh sein bei mir, reizvoll vielleicht, weil gelind exotisch und eben nicht häufig. Aber – legitimieren müßte mich wohl erst einmal die Zustimmung der Betroffenen.[15]

Das sind Zeilen aus der Feder des Dichters, die noch einmal deutlich machen, wie ernst Bobrowski den Prozeß des Schreibens nahm. Jedes Wort bedarf seiner eigenen *und* des Anderen Legitimation. Die Frage nach dem Wahrheitsgehalt, wir kennen sie bereits aus Reflexionen Kafkas, führt auf eine Schneide, die messerscharf ist und die noch über dem längst fertigen Text wie ein Damoklesschwert schwebt. Lakonisch, zuweilen übertrieben selbstkritisch, bewertet auch Bobrowski seine literarischen Versuche als fragwürdig. Eine doppelte

---

14 An Jokostra, 12.1.1960, zitiert nach R. Tgahrt (Anm. 1), S. 420.
15 An Christoph Meckel, 12.8.1962, zitiert nach R. Tgahrt (Anm. 1), S. 421f.

Schrift also, Authentizität und Rechtfertigung gleichsam verbürgend wie immer wieder neu einholend.

III.

Einer, der das legitimierende Gegenüber hätte sein können, es letztlich aber verweigert, ist der aus Czernowitz / Bukowina stammende Paul Celan. Bobrowski bezeichnet ihre kurze gemeinsame Korrespondenz als einen „Ausweis [...], der gilt".[16] Betrachtet man diesen Ausweis und seine Briefzeugnisse näher, so erfährt man sehr Wesentliches über Bobrowskis literarische Affinität zum Thema Judentum.

Nur soviel zu der viel beachteten ästhetischen Debatte Bobrowski – Celan: Es scheint, daß beide Autoren die Opfer ihrer eigenen Projektionen von der „Wirksamkeit der Lyrik" und den daraus resultierenden Mißverständnissen geworden sind. Bobrowskis beinahe grenzenlose Verehrung des Juden Celan mußte an dem Punkt enttäuscht werden, da Celan die Sprache verweigerte und das „Wort" im Prozeß der Schuld nur als „Leiche" bezeichnete.[17] Die entscheidende Stelle im Gedicht *Nächtlich geschürzt* lautet:

Sie tragen die Schuld ab, die ihren Ursprung beseelte,
sie tragen sie ab an ein Wort, das zu Unrecht besteht, wie der Sommer.
Ein Wort – du weißt:
eine Leiche[18]

Damit entzieht sich der Verfasser – in den Augen Bobrowskis – seiner Verantwortung, die Stimme zu erheben und Zeugnis abzulegen. Die Reaktionen lassen denn zunächst auch eher Enttäuschung als wirklich sachliche Auseinandersetzung erkennen: Celans Verse erinnern den enttäuschten Leser aufgrund ihrer hermetischen Dichte

---

16 Bobrowski an Celan, 3.12.1959., zitiert nach R. Tgahrt (Anm. 1), S. 426.
17 Jokostra gegenüber verwies Celan auf den Rest des Gedichts: „Laß uns ihr Aug / himmelwärts wenden". Celan verteidigte seinen Glauben an die Dichtung mit einem Diktum Kafkas: „ ‚Die Tatsache, daß es nichts gibt als eine geistige Welt, nimmt uns die Hoffnung und gibt uns die Gewißheit'. Ich habe das immer so gelesen, als wäre es ein Grund, dazusein, zu leben, zu atmen".
18 P. Celan: Gesammelte Werke in fünf Bänden, hrsg. v. Beda Allemann u.a., Bd. 1, Frankfurt a.M. 1986, S.125.

zuweilen nur mehr an eine „Parfümfabrik" oder eine „Alchimistenküche".[19]

Immerhin holt Bobrowski in Gedichten wie *Antwort* (1963) oder *Wiedererweckung* (1964) diese Auseinandersetzung nach. Hier liest man tatsächlich eine angemessene Antwort auf Celans „ein-Wort-du-weißt-eine-Leiche" in der für Celan eigentümlichen Metaphorik des „Schaufelns von Erde" und des „Zählens":[20]

> *Die mich einscharren*
> *unter die Wurzeln,*
> *hören:*
> *er redet*
> *zum Sand, der ihm den Mund füllt – so wird*
> *reden der Sand [...]*
> (GW I, S. 185)

und

> *Zähl die Gräser*
> *und zähl Fäden aus Regenwasser*
> *[...] beleb*
> *mit Worten*
> *das Blut in den Bäumen* (GW I, S. 203)

Daß auch Celan kein unproblematisches Gegenüber war, sei hier nur angedeutet: Zu Bobrowskis Widmungsgedicht *Wiedererweckung* bemerkte er abwinkend „Es geht mich nichts an".

Fehleinschätzungen auf beiden Seiten also – denn betrachtet man die geistigen Physiognomien beider Autoren *sine ira et studio* im Kontext ihrer Zeit einmal genauer, so zeigen sich eher Gemeinsamkeiten als Differenzen. Beide umkreisen mit ihrem Schreiben *eine* Narbe – freilich jeder aus eigener Perspektive. Gerade Bobrowski und Celan hätten den zerstörten Dialog von Juden und Deutschen, die totgesagte Symbiose, auf ein Niveau bringen können, das in dieser Ära nur wenigen möglich war.

---

19 In Günther Blöckers Essay *Gedichte als graphische Gebilde* (Der Tagesspiegel 11.10.1959) wird Celans Lyrik als „duftlos" und „stumme Tasten einer Augenmusik" bezeichnet.
20 So z.B. *Todesfuge* (1948) oder *Es war Erde in ihnen* (1959).

Ami Collins hat einmal Paul Celans Gedichte und speziell die „Todesfuge" als das Kaddisch eines säkularisierten Poeten interpretiert.[21] Eine Auslegung, die in diesem Fall sicherlich zulässig und aus mehreren Gründen nachvollziehbar ist. Die von Bobrowski aufgeworfene Frage nach der Legitimität, nach dem Wahrheitsgehalt eines poetischen Auftrags, beantwortet sich hier jedenfalls ganz von selbst. Doch die Auseinandersetzung mit Celan bedeutet für ihn zugleich eine Auseinandersetzung mit den eigenen dichterischen Möglichkeiten. Und hier neigt Bobrowski zu äußerster Skepsis. Viele seiner Gedichte und Prosastücke scheinen gerade im Selbstzweifel ihren fruchtbaren Nährboden zu haben. Und obgleich die Bezeichnung „gefälschtes Kaddisch" nur eine rhetorisch provokative Übertreibung sein kann, leistet er einer solchen Lesart zuweilen selbst Vorschub. In einem Brief an Peter Jokostra heißt es:

Wir müssen unsere Litaneien in die gräßlichen Prospekte hineinsagen, ganz einfach sagen, nicht lautstärker als vorher. Das muß so sein, - zwischen allen Stühlen, das ist eine Position ... Wir pflanzen auf das Chaos Blumen und ziehen uns mit einer Zeile Davids oder Deborahs wieder ans Tageslicht.[22]

Natürlich drückt sich in Notizen wie diesen Bobrowskis zunehmende Desillusionierung seines ursprünglichen lyrischen Credos aus. Ähnlich wie bei Ingeborg Bachmann verliert Orpheus die Fähigkeit mit seinen Worten den Tod zu bannen. Der aufkommende Zweifel nagt nicht allein am eigenen künstlerischen Werturteil; er stellt überdies die Frage nach der Berechtigung als Dichter die Stimme zu erheben. Ein Grundzweifel, der insbesondere den Lyriker Bobrowski allmählich stummer werden läßt. So ist den letzten lyrischen Versuchen das Verstummen sichtbar eingeschrieben. In dem Gedicht *Steh. Sprich. Die Stimme*, das Bobrowski kurz vor seinem Tod 1965 ausarbeitet, kommt dieser Zweifel klar zum Ausdruck: Daß die eigene Stimme nicht genügen könnte, da sie weder die singende schöne Stimme Orpheus' sein will, noch die Stimme eines jüdischen Propheten sein kann.

---

21 „Perhaps, the *Todesfuge* is the Kaddish of the secularized poet Celan, who has called upon the entire European tradition to create poems in which he could utter the unspeakable. Perhaps, this is the Kaddish of the agnostic, who lost his famaly, his home, his people, but who unconsciously continues the gestures of the religious person in Mircea Eliades sense, that is, in the way the profane takes on characteristics of the sacred." Amy Colin: Paul Celan – Holograms of darkness, Bloomington, Indianapolis 1991, S.45.
22 An Peter Jokostra, 4.3.1959, zitiert nach Peter Jokostra: bobrowski & andere. Die chronik des peter jokostra. München/Wien 1967, S. 201.

Weltuntergang.
Zu Johannes Bobrowskis Erzählung *Mäusefest*

THOMAS TATERKA

Andreasam Kelletatam 2004. gada decembrī

Mäusefest gehört zu den Geschichten, die Johannes Bobrowski vorzulesen liebte. Einer, der sie von ihm hat lesen hören, war Hans Mayer. Dieser habe den Text für ein Gedicht gehalten, und dabei sei er auch geblieben.[1] Man mag dies für eine Idiosynkrasie halten. Bei genauem Zuhören jedoch findet sich manches, was sich stützend anführen ließe. Nicht nur wird die Erzählung dem Wort Herders von der Poesie als sinnlich vollkommener Rede gerecht. Sie erfüllt auch Roman Jakobsons Bedingung der Dominanz der poetischen Funktion der Sprache. Die bei Jakobson genannten elementaren Mittel poetischer Rede, Parallelismus und Wiederholung, bestimmen die Textur der Erzählung, die Befangenheit gegenüber identischer Wiederholung ebensowenig kennt wie Scheu vor der kaum abwandelnden Wiederaufnahme. Beides wird exzessiv verwendet, auch in seiner Verwendung nachgerade demonstrativ vorgewiesen. Die ungewöhnliche Dichte auf Äquivalenz beruhender paradigmatischer Bezüge läuft, ein fundierendes Prinzip, durch alle Ebenen der Erzählung. Sie macht *Mäusefest*, mit Jürgen Link zu sprechen, zu einem überstrukturierten Text, und der kanonische Fall des überstrukturierten Textes ist allerdings das lyrische Gedicht. *Mäusefest* trägt die Privilegierung paradigmatischer Beziehungen gleichsam auf der Stirn. Der Gleichklang zwischen zwischen Moise /moyze/ und Mäuse /moyze/ stiftet eine für einen Zuhörer nicht aufzulösende Intransparenz. Von einem Hörer ist schlechterdings nicht zu entscheiden, wer der Namensgeber ist für diesen /moyzefest/ betitelten Text. Bobrowski hat an dem Gleichklang gelegen, der einen der Impulse für die Niederschrift der Erzählung lieferte.[2] Die Homophonie ist nicht schmückendes Beiwerk, sondern Funktionsträger. Sie stiftet Bedeutung. Sie ist nicht aufgefunden, sie ist hergestellt. Und sie liefert eine Lektürehilfe, wie diese Erzählung, in der so oft die Rede ist von sprechen und reden, aufzufassen sei: nämlich auch mit den Ohren.

---

1 GW VI, S. 299.
2 Ebd., S. 298.

Repetition und Variation finden sich auch im Lexikalischen. Als an sich gleichgültiges Beispiel greife ich die Verwendung des Verbs *kommen* im Eingangsabsatz heraus, auch als Bestandteil im Komplex *hereinkommen*: „die Sonne, die immer *hereinkommt*", „Der *kommt* auch immer *herein*", „Er ist *hereingekommen*", „weil der Mond *hereinkam*", „Der Mond ist also *gekommen*". Das sind fünf Nennungen auf acht Zeilen. Oder, ein anderes Beispiel aus der nämlichen kurzen Passage: „weil die Sonne [...] Platz braucht und der Mond *auch*. Der kommt *auch* immer herein, wenn er vorbeigeht. Der Mond also *auch*." Dreimal *auch* auf nicht drei Zeilen. Überdies sind beide Ketten von Wiederholungen effektsteigernd ineinander verschränkt. Man muß es sich nur einmal laut vorsprechen, um dies zu spüren: „weil die Sonne, die immer *hereinkommt*, Platz braucht und der Mond *auch*. Der *kommt auch* immer *herein*, wenn er vorbeigeht. Der Mond also *auch*. Er ist *hereingekommen*, der Mond".[3]

Wiederholungen finden sich aber nicht nur im Phonetischen und im Lexikalischen. Greifbar werden sie auch auf der Ebene der Handlung, der *histoire*, im Jargon zu reden. Sie stiften Zusammenhänge, die von der schlichten Parallele bis hin zu nachgerade axialsymmetrischen Figuren reichen und die Handlung ganz wesentlich strukturieren. So drängt sich mit Blick auf das Personal eine Gliederung in drei deutlich unterschiedene Sequenzen nachgerade auf: 1. Handlung mit Moise und dem Mond, 2. Handlung mit dem Soldaten, 3. Handlung wiederum mit Moise und dem Mond. Die Anwesenheit des Soldaten bildet eine Achse, um die herum die Konstellation des Anfangs – Moise/Mond – zum Ende hin gespiegelt wird. Das ist nun sehr deutlich eine durch Wiederholung um eine Achse gelegte symmetrische Figur, und von solchen Figuren lassen sich ohne Forcierung weitere ausmachen. Ungleich häufiger noch freilich begegnen einfache Parallelen. So tritt der Soldat durch die Ladentür und wiederholt damit, was der Mond vor ihm tat. Er wird auch von Moise angesprochen in genauer Wiederholung der Sprachhandlung, des gleichen perlokutionären Aktes, der zuvor dem Mond galt: „Aber nun sei mal still", wird der Mond aufgefordert; „Jetzt sind Se mal ganz still", das gilt dem Soldaten. Und auch das Mäusefest selbst zerfällt eigentlich in zwei Feste: eines, das Moise dem Mond, ein zweites, das er dem Soldaten gibt.

Wiederholung und Nicht-Wiederholung, Identität und Nicht-Identität, ,immer dasselbe' oder ,immer anders': das wird aber nicht nur in der Handlung ausgeführt. Es wird auch mehrfach benannt und

---

3 Zitate aus *Mäusefest* hier wie im folgenden nach GW IV, S. 47-49. Sämtliche Hervorhebungen im Text des Aufsatzes von Th. T.

in eingeschobenen Reflexionen eigens erörtert. Wiederkehr und Wandel oder, in den Worten der Erzählung, „immer ganz genau dasselbe" und „immer anders" bilden, so ist man versucht zu sagen, ein die Figurenhandlung überspannendes Thema. Zunächst wird gesprächsweise darüber räsoniert, zwischen Moise und dem Mond, in der ersten Sequenz: „Das ist aber auch jeden Tag *anders* mit den Mäusen, mal tanzen sie so und mal so". Darauf Moise an den Mond, diesen nachgerade beschwörend: „außerdem ist es gar nicht jeden Tag *anders*, sondern *immer ganz genau dasselbe* [...] Es wird wohl eher so sein, daß du jeden Tag *anders* bist [...] Siehst du, es ist *immer dasselbe*. [...] Siehst du, so ist es. *Immer dasselbe*." In der zweiten Sequenz, unterdessen ist der Soldat eingetreten und hat sich gesetzt, folgt beim zweiten Mäusefest die doppelte Wiederaufnahme: als Handlung der Mäuse – die jetzt vor dem Soldaten tun, was sie zuvor vor Moise und dem Mond taten – und als Beschwörung in der Stimme des Erzählers: „Die Brotrinde liegt noch immer da, und siehst du, da kommen auch die Mäuse wieder. *Wie vorher*, gar nicht ein bißchen langsamer, *genau wie vorher* [...] *Ganz genau wie vorher.*" Hier wird die Reflexion über Repetition und Variation nun ihrerseits wiederholt, und zwar eben so: in Repetion und Variation.

All dies spricht für Hans Mayers Ohren und für eine Untersuchung der Erzählung, die länger als bei Prosatexten gewöhnlich bei deren Textur verweilt, bei der Textoberfläche in ihrer Materialität. Mit anderen Worten: es wäre tatsächlich einen redlichen Versuch wert, den Text der Geschichte einmal mit der anders gerichteten Aufmerksamkeit zu untersuchen, die sonst eher der Auslegung von Gedichten gilt und den Text nicht allein als sukzessiv abrollenden Erzählfaden zu begreifen, also dominant syntagmatisch entwickelt, sondern als entschieden paradigmatisch geordnet, als eine zu entfaltende Erzählfläche.

Man könnte den Text aber auch mit Gewinn in den Horizont einer anderen Gattungskonvention einrücken. Die Geschichte erlaubt nicht nur eine Lektüre als Gedicht. Mit gleichem Recht ließe sie sich auffassen als ein dramatischer, nämlich dominant szenisch angelegter Text. Als ein Kammerspiel, wenn man so will. Moise Trumpeters Laden, der einzige Handlungsraum der Geschichte, läßt sich zwanglos begreifen als ein Bühnenraum. In dem Moise Trumpeter, das Zentrum aller und jeder Interaktion in der Geschichte, von Anfang bis Ende anwesend ist, gewissermaßen vom Heben des Vorhanges bis zu seinem Sinken, während die anderen Figuren, der Mond und der Soldat, ihren Part haben, also auftreten und abgehen und damit den Szenenschnitt bestimmen: Moise/Mond, Moise/Soldat/Mond, Moise/Mond. Kopräsenz oder Abwesenheit der Figuren ist in dieser Erzählung erste Bedingung aller Handlung. Diese erscheint eminent raumgebunden, und die Elemente der Figurentätigkeit sind vorzüglich jene, die auch das Spiel auf dem Theater ausmachen. Der Erzähler akzentuiert sie mit der Deutlichkeit einer Regieanweisung: die Anwesenheit oder Abwesenheit der Figuren auf der Bühne, ihr Auftreten und ihr Abtreten, ihr Sitzen und Stehen und Gehen und Lehnen, ihr Setzen und Aufstehen und Anlehnen, ihre Ordnung im Raum und damit zueinander. Die vom Erzähler so überaus sorgfältig kartierte topologische Ordnung der Figuren bildet in dieser Geschichte eine eigene Dimension. Alle Figurenbeziehungen erscheinen gleichsam in Verräumlichungen, und die Bewegung im Raum, in denen diese Ordnung von den Figuren etabliert und verschoben wird, scheint mir für das Verständnis der Erzählung kaum weniger wesentlich als die Figurenrede. Wenn irgendwo in erzählender Literatur, dann passen hier Lotmans Konzepte von Semiosphäre und Raumsemantik.

Zugleich wird die Bühne, auf der in Bewegung und Rede, aber ebenso in Nicht-Bewegung und Nicht-Rede gehandelt wird, nicht eigentlich beschrieben. Das Aussehen des Raumes wird abstraktszenographisch fixiert: ein Laden (der klein ist und leer), eine Ladenecke (in der erst Moise Trumpeter sitzt und in der später der Soldat sitzen wird), dünne Dielenbretter (auf denen die Mäuschen „so laufen und herumtanzen"), eine Tür (durch die erst der Mond hereinkommt und dann der Soldat kommt und geht), eine Ladenklingel, eine Wand. Eine Wand mit Tür und Ecke, davor Dielenbretter: Das legt die Szene fest. Ein Raum, der keine Fenster hat und Fenster auch nicht braucht. Denn die Wand, der Erzähler trägt es ausdrücklich nach, ist eine „Rückwand". Dieser Raum ist nach vorn offen gedacht, offen den Blicken der Leser als der Zuschauer dieses Kammerspiels. Im ganzen doch ein sehr genaues Bild des berühmt-berüchtigten Guckkastens. Requisiten gibt es auch, eine Ladenklingel und ein Stühlchen, „das Stühlchen in der Ladenecke". Welches so, den bestimmten Artikel voran, eingeführt wird, in einem Satz, der grammatikalisch mindestens einen anderen Satz voraussetzt, nämlich einen solchen, in dem *das* Stühlchen vorerwähnt würde, als *ein* Stühlchen. So aber verletzt der Eingangssatz die grammatischen Implikationen pragmatischer Rede. Eben durch diese Verletzung erzeugt er den Eindruck des medias in res. Leichter zu verstehen ist seine Funktion, liest man ihn mit dem zweiten zusammen. Beide Sätze gemeinsam geben das Bild, das dem Zuschauer vor Augen stehen soll, wenn der Vorhang sich hebt. Sie tun dies mit der Luzidität einer Regieanweisung: „Moise Trumpeter sitzt auf dem Stühlchen in der Ladenecke. Der Laden ist klein, und er ist leer." Das ist die Szenographie der Bühne, auf der das Spiel beginnt, dem der Leser zusieht, wie die Figuren im Spiel den Mäusen zusehen: „Da sitzt man und sieht zu." Damit ist der Spiel-Raum abgesteckt, in einer Weise, die etwas von der elementaren Kargheit einer Versuchsanordnung im Labor hat.

So klein der Bühnenraum ist, so ist er doch geräumig genug, zwei Welten zu fassen. Sie erscheinen sukzessiv. Da ist zunächst die Welt, in der das Mäusefest beginnt. Es ist die Welt Moises und des Mondes: „Da sitzen die beiden Alten". Nennen wir diese Welt *die alte Welt*. Die zweite Welt ist die Welt, in der das Mäusefest wieder aufgenommen wird – wie vorher, gar nicht ein bißchen anders, ganz genau wie vorher, versichert der Erzähler. Es ist die Welt Moises und des Soldaten. Mit dessen Auftritt strömt sie in den Laden ein. Das aber ist nicht einfach ein Soldat, auch nicht einfach ein deutscher Soldat. Es ist ein *junger* deutscher Soldat, „so ein Schuljunge", ein „Junge", der die Tür öffnet und schließt und den Mond als Gesprächspartner Moises ablöst. Diese Welt soll hier *die junge Welt* heißen.

Die alte Welt wird eingeführt nicht im ersten Satz der Erzählung. Auch nicht im zweiten, der die Szene vervollständigt: „Moise Trumpeter sitzt auf dem Stühlchen in der Ladenecke. Der Laden ist klein, und er ist leer." Die alte Welt wird eingeführt mit dem dritten Satz. Dieser Satz steht in einem anderen Modus. Die beiden ersten Sätze waren konstatierend, der dritte ist begründend. Der Erzähler versucht eine Erklärung, warum der Laden leer ist: „Wahrscheinlich weil die Sonne, die immer hereinkommt, Platz braucht und der Mond auch." Das aber ist nicht einfach ein Satz. Es ist der Vorschlag einer Antwort auf eine ungestellte Frage. Dieser Satz insgesamt ist ein indexikalisches Zeichen, ein Symptom: Er zeigt an, in welcher Welt wir hier sind. In einer Welt nämlich, in der die Antwort auf die Frage, warum wohl der Laden leer sein mag, lauten könnte: weil Sonne und Mond Platz brauchen, wenn sie hereinkommen. Diese Begründung nimmt sich aus wie die Antwort auf eine Kinderfrage, und die alte Welt ist jene Welt, in deren Logik diese Begründung ein vollgültiges Argument ist: Der Laden ist leer, weil Sonne und Mond Platz brauchen, wenn sie hereinkommen.

Eine Seite weiter findet sich ein anderer Satz, der eine andere Antwort liefern könnte auf die Frage, warum der Laden leer ist: „Der Krieg ist schon ein paar Tage alt." Aber dies wäre ein Argument aus einer anderen Welt, einer Welt, in der wir anfangs noch nicht sind.

Dies erlaubt einen Seitenblick auf ein wichtiges Charakteristikum der Prosa Bobrowskis, nachgerade eines ihrer Merkzeichen, das nie außer acht gelassen werden darf. Aufeinander Bezogenes muß nicht topologisch zusammenstehen. Übersetzt in den Jargon: Zu rechnen ist in dieser Prosa immer mit der Möglichkeit paradigmatisch-virtuell angelegten Zusammenhangs, der verschiedene Realisierungen erlaubt und ihrer auch bedarf. Bobrowskis Prosa kultiviert die Distanzstellung. Zusammengehöriges liegt wie Brocken über den ganzen Text verstreut; es muß aber zusammengesehen und in Zusammenhang gerückt werden. Die Antwort auf eine Frage oder die mögliche Alternative zu einer gegebenen Antwort oder auch die Frage selbst kann Seiten später nachgetragen sein, im Falle der Romane gern auch viele Seiten später. Das Erkennen oder auch Herstellen solcher Beziehungen, zu denen der Text zwar die Elemente liefert, nicht aber die Ordnung vorgibt, in der sie zueinander stehen, ist das Geschäft des Lesers. Eine mühsame Arbeit, aber eine notwendige. Nur sie nämlich läßt die möglichen Ordnungen erkennen, in der diese Elemente in der Welt des Textes zueinander stehen. Dieses Verfahren aber erinnert wiederum – Hans Mayers Ohren! – an Strukturprinzipien, die man eher in der Lyrik suchen wird.

Doch kehren wir zurück in die alte Welt, in die Welt, da Sonne und Mond „Platz brauchen" wenn sie „hereinkommen" in Moises Laden. Dieses Argument ist in doppeltem Sinne buchstäblich zu nehmen. In der alten Welt brauchen Sonne und Mond in der Tat *Platz*, wenn sie hereinkommen. Denn sie *kommen* buchstäblich herein. Sie scheinen nicht etwa in den Laden. Sie *kommen herein*, und sie kommen herein nicht durch das Fenster, das dieser Laden nicht hat und auch nicht braucht. Denn Sonne und Mond kommen durch die Tür. Die Ladenklingel rührt sich, als der Mond hereinkommt, „nur einmal und ganz leise nur", aber sie rührt sich. Das Hereinkommen des Mondes ist kein Hereinscheinen. Und gleich gar nicht scheint der Mond durch die Tür, denn die Tür ist zunächst geschlossen. Erst der Mond öffnet sie, und das Öffnen der Tür durch den Mond rührt die Klingel, mag sie jedenfalls gerührt haben. In der alten Welt ist der Mond nicht nur mit Rede und Gehör begabt, auch mit Gesicht („Nun sehen sie beide den Mäuschen zu"), sondern zugleich mit einem Körper. Moise und der Mond sind Ihresgleichen. In der solidarischen Kette der Wesen der Naturphilosophen hätten sie den gleichen Ort. Sprachen, die so glücklich sind, einen Dualis zu besitzen, würden von ihnen auch im Dualis sprechen: „Da sitzen die beiden Alten und freuen sich". Von hier aus wäre zurückzuschauen auf den dritten Satz, der das Argument von Sonne und Mond liefert, die *Platz brauchen*, wenn sie *hereinkommen*. In der Tat: sie kommen herein, und sie brauchen Platz. Aber der Mond ist nicht einfach unbestimmt körperhaft gedacht, so daß er beim Hereinkommen durch die Tür die Ladenklingel rührt, sie jedenfalls rühren könnte. Er ist auch keineswegs die am Himmel stehende gesichtstragende Scheibe oder Kugel – Punkt, Punkt, Komma, Strich, fertig ist das Mondgesicht – des Kinderbuches, die vielleicht durch die Ladentür gerollt sein mag. Denn in der alten Welt *sitzt* der Mond, nicht anders als Moise auf seinem Stühlchen. Ganz ausdrücklich ist es gesagt, ausgestellt und verborgen in einem und demselben verblüffenden Satz: „Da sitzen die beiden Alten". Eine Kugel aber sitzt nicht. Sitzen kann nur, was Beine hat. In dieser Welt, der alten Welt, hört und sieht und spricht der Mond nicht nur wie Moise. Er sitzt auch wie dieser. Er hat Beine, und auf diesen Beinen, eine nachgetragene Bekräftigung des dritten Satzes, kommt er herein. Sein Hereinkommen durch die zuvor verschlossene Tür unter Anschlagen der Klingel läßt sich schwerlich anders vorstellen als das Eintreten eines Menschen. In der alten Welt ist der Mond nicht allein Gesellschafter und Gesprächspartner Moises. Auch sein Körper ist menschenförmig. Die Morphologie des Mondes muß erkennen, wer verstehen will, wovon in der Geschichte überhaupt die Rede ist, soll heißen: In welcher Welt wir hier sind. Dabei hängt zunächst wenig daran, wie man die alte Welt klassifiziert: Welt des Märchens? des Mythos? der Naturphilosophie? Wichtiger ist der Kontrast, in dem diese Welt mit unbefragbarer Selbstverständlichkeit erscheint. Die alte Welt ist eine Gegenwelt. Sie ist nicht die Welt, in der die Erzählung *Mäusefest* gehört oder gelesen wird, gleich ob bei Mondschein oder Lampenlicht. Die alte Welt ist nicht die Welt des Lesers oder Zuhörers oder Zuschauers. Es ist nicht unsere Welt.

Zugleich versteckt der Satz, der die Gestalt des Mondes und damit die Natur der alten Welt vollends erhellt, ein Paradox. In dieser Welt sitzt der Mond, ganz so wie Moise sitzt: „Da sitzen die beiden Alten". Moise Trumpeter, das weiß man mit dem ersten Satz, Moise Trumpeter sitzt auf dem Stühlchen in der Ladenecke. Aber worauf sitzt der Mond? Auf einem anderen Stuhl? Die Antwort liefert – erneut das paradigmatische Prinzip – die parallele Situation, ein Mäusefest später. Lang und breit hat der Erzähler den Vorgang vorgeführt, ihn nachgerade ausgemalt, der dazu führt, daß schließlich an Moises Statt der Soldat sitzt, während Moise an der Wand lehnt. Gut, das hat man verstanden, erst sitzt Moise auf dem Stühlchen, dann der Soldat. Aber der Mond der alten Welt, der Mond mit Körper und Beinen, worauf sitzt dieser Mond? Auf einem anderen Stuhl? Nein: „Moise Trumpeter sitzt auf dem Stühlchen in der Ladenecke", heißt es im ersten Satz, und wie so vieles in dieser Geschichte erscheint „*das* Stühlchen" noch einmal in Wiederaufnahme, eine Welt später, in Moises Worten an den sich hier noch zierenden Soldaten: „Kommen Se man, andern Stuhl hab ich nicht." Der bestimmte Artikel im Eingangssatz, *das* Stühlchen, war tatsächlich quantifizierend und nicht etwa identifizierend. Es gibt im Laden nur den einen Stuhl, doch beide, Moise und der Mond, sitzen, und der Mond sitzt mit solcher Selbstverständlichkeit, daß man davon – und zwar in allerschärfstem Kontrast zu der sonst so deutlich parallelisierenden Situation um das Sich-Setzen des Soldaten – kein Aufhebens machen muß. Worauf der Mond sitzt: das ist eine nicht zu beantwortende Frage. Es ist ein Problem, das nicht gelöst werden kann, sondern erkannt werden muß. Es weist zurück auf die Natur, auf die Ordnung der alten Welt, in der dieses Sitzen mit der gleichen Selbstverständlichkeit geschieht, mit der der Mond spricht und hört und sieht, und alles dies ganz wie Moise Trumpeter. Erneut: Wir sind in der alten Welt in einer Ordnung der Dinge und Wesen, die nicht diejenige ist, in der wir sitzen und lesen. Niemand sagt es, und doch können wir es begreifen. Es wird vorgeführt, wie so vieles in dieser Geschichte in einem performativen Modus erscheint, im Modus körpergebundener Demonstration.

Die durch die Morphologie des Mondes und seine Interaktion mit Moise bezeichnete Welt verschwindet mit dem zweiten Öffnen der Tür, ganz so, wie die Mäuse zunächst verschwinden. Die alte Welt wird suspendiert mit dem Auftreten des jungen deutschen Soldaten, in der Szene, die die Achse der Geschichte bildet. Der junge deutsche Soldat tritt herein durch die Ladentür, wie der menschengestaltige Mond vor ihm tat – aber eben nicht wie der Mond: Die Ladenklingel nämlich hat sich hier *nicht* gerührt. Der Erzähler, ganz anders als beim Hereinkommen des Mondes, erwartet auch gar nicht, daß sie sich etwa hätte rühren sollen. Mit dem Passieren des Soldaten wird die unscheinbare Ladentür zu einer Schleuse zwischen zwei Welten. Mit dem Soldaten zieht auf die Bühne eine andere Welt ein, das ist, eine andere Ordnung der Dinge und Wesen. Dasselbe erscheint in der jungen Welt als etwas anderes. Dinge und Wesen ordnen sich in einem gänzlich anders beschaffenen Feld von Kategorien, die allerdings kein harmloses Sprachspiel bilden, sondern, das besudelte Wort zu gebrauchen, eine in sich geschlossene Weltanschauung ausmachen. Zuerst trifft es Moise, in überdeutlicher Wiederaufnahme des szenographisch wichtigen Eingangssatzes der Geschichte. „Moise Trumpeter sitzt auf dem Stühlchen", hieß es dort in der Stimme des Erzählers, und nun heißt es, unter dem Blick des jungen deutschen Soldaten: „Aber jetzt sitzt da der alte Jude auf seinem Stühlchen". *Alt*, das war Moise auch in der ersten Welt. Zum *alten Juden* wird er in genau dem Moment, in dem jemand durch die Tür tritt als ein junger deutscher Soldat. Die mit diesem eingezogene Welt besteht aus Deutschen und Juden, aus Soldaten und einem Krieg – der „erst ein paar Tage alt ist", ein Anthropomorphismus in Parallele zum anthropomorphen Bild des Mondes in der alten Welt –, sie kennt Länder, die Polen heißen oder England oder Deutschland. Selbst die Szene ist in den Augen des Soldaten eine andere geworden. Was im zweiten Satz *Laden* genannt wurde, das ist nun ein *Judenladen*. Der Mond wiederum, der in der alten Welt viel Platz braucht, hat in dieser Welt gar keinen. Er braucht aber auch keinen, weil es ihn in der jungen Welt nicht gibt, obwohl er doch keineswegs abgetreten ist, sich später dem Moise ja auch redend in Erinnerung bringt. Er ist die ganze Zeit hindurch auf der Bühne sichtbar. Allerdings, mit den Augen des Soldaten, in einer kategorial verschiedenen Gestalt, gleichsam einem anderem Aggregatzustand: „der Laden ist hell vom Mondlicht". Die nämlichen Elemente bilden in beiden Welten kategorial verschiedene homologe Reihen: Moise Trumpeter – Laden – Mond – ein Junge; der alte Jude – Judenladen – Mondlicht – ein deutscher Soldat.

Die junge Welt, in der der alte Mond keinen Ort hat und als *Mondlicht* auch keinen Platz mehr braucht, ist nicht die Welt der Kinder, der Märchen, des Mythos, der Naturphilosophen. Die junge Welt, in der der Mond zu Licht wird, steht unter einer Ordnung, in der die Wesen nach belebten und unbelebten auseinanderfallen wie die Menschen nach Völkern und Vaterländern. Man könnte sie wohl die Welt der Geschichte nennen. Ganz folgerichtig steht in der jungen Welt ein anderes Idiom in Geltung. Sie kennt nicht nur das Sprechen, sie kennt auch Sprachen. Eine dieser Sprachen wird beim Namen genannt. Moise redet den jungen deutschen Soldaten an, und dieser „wundert sich gar nicht, daß der Jude Deutsch kann". Was hier Deutsch genannt wird, das klingt so: „Wenn Se mechten hereintreten, Herr Leitnantleben". Das ist eine Sprache, die in der Erzählung bis dahin nicht begegnete. Es ist nicht die Sprache des Erzählers, die auch Moise und der Mond in ihren Gesprächen im Munde führen. Es ist in neutraler Umgebung deutlich genug ein vielfach markiertes Idiom: phonetisch (Se, mechten), syntaktisch (mechten hereintreten), lexikalisch (Leitnantleben). „Judendeutsch", Jiddisch? Mauscheln? Deutsch auf jiddischem Substrat? Daneben ostpreußischer Einschlag? Das ließe sich philologisch herausfärben, und es sollte dem Kommentar der Werkausgabe allerdings einen gediegenen Eintrag wert sein statt des traurigen Loches, das zu dieser Stelle klafft. Für uns aber ist es hier nicht wichtig, diese Sprache zu taufen. Denn bei den zwei Sätzen, die Moise in ihr sagt, geht es nicht um Kolorit. Es geht um Kontrast. Die Sprache, in der Moise den Soldaten anredet, mag heißen, wie sie will: es ist nicht die Sprache, derer sich Moise und der Mond – „die beiden Alten" – in ihren Gesprächen bedienen. Es ist eine Sprache der jungen Welt. Es ist eine Sprache, die der junge deutsche Soldat versteht. Zwischen alter und junger Welt läuft eine Grenze, die man hören kann, eine Sprachgrenze. Zwischen alter und junger Welt herrscht Diglossie. Die junge Welt ist eine Welt nach Babel, eine Welt nicht der Sprache, sondern der Sprachen. Die Sprache, in der Moise mit dem Soldaten spricht, diese Sprache hätte, wie immer man sie klassifiziert, im Jargon den Status einer historischen Einzelsprache. Es ist nicht die Sprache, in der Moise und der Mond sich unterhalten, und es ist nicht die Sprache der Erzählerstimme. Welche Sprache spricht Moise mit dem Mond, wenn es nicht die Sprache ist, die der Erzähler Deutsch nennt? Die Sprache, in der Moise mit dem Mond spricht, ist nicht *eine* Sprache. Es ist *die* Sprache, die Sprache überhaupt. Es ist *die allgemein verständliche Sprache*, wie es an einer wunderschönen Stelle in Jurek Beckers Roman *Jakob der Lügner* heißt, dessen Ghetto man sich auf dem gleichen Sprachatlas eingetragen denken darf wie Moise Trumpeters Laden.

Die allgemein verständliche Sprache, so allgemein verständlich, daß selbst der Mond sich ihrer bedient im Gespräch mit Moise: der junge deutsche Soldat spricht diese Sprache nicht. Er versteht sie auch nicht. Dies ist allerdings ein Urteil. In der Ordnung der alten Welt, in der die allgemein verständliche Sprache in Geltung steht, hat er keinen Ort. Das wird nicht gesagt. Das wird gezeigt, wie so vieles in dieser Geschichte gezeigt wird: im variierenden Parallelismus – paradigmatisches Prinzip – und im damit möglichen Kontrast. Der junge deutsche Soldat ist rundum defekt. Nicht nur versteht er die allgemein verständliche Sprache nicht. Er wird auch gezeigt als taub: Er hört die Mäuse nicht, den „ganz winzigen Schnaufer, den nur Moise hört und vielleicht der Mond auch". Er hört nicht, wie Moise und der Mond sich unterhalten, vor seinen Ohren. „Weißt du, sagt der Mond zu Moise, ich muß noch ein bißchen weiter. Und Moise weiß schon, daß es dem Mond unbehaglich ist, weil dieser Deutsche da herumsitzt. Was will der denn bloß? Also sagt Moise nur: Bleib du noch ein Weilchen."

Doch unser junger deutscher Soldat wird nicht nur gezeigt als taub. Er wird auch gezeigt als blind. Dabei war er doch gekommen, mutmaßt der Erzähler, um zu sehen: „Mal sehen, wie das Judenvolk haust, mag er sich draußen gedacht haben. Aber jetzt sitzt da der alte Juden auf seinem Stühlchen, und der Laden ist hell vom Mondlicht." Das adversative *aber* zu Beginn des Anschlußsatzes ist ernst zu nehmen. Er mag wohl sehen wollen – aber. Aber er sieht nicht, was zu sehen wäre. Er sieht nicht Moise Trumpeter, sondern den „alte[n] Jude[n] auf seinem Stühlchen". Ebensowenig sieht er den Mond, er sieht den Raum „hell vom Mondlicht". Der Leser hat Moise Trumpeter gesehen und den Mond auch; der Soldat hingegen sieht beide nicht als das, als was sie eingeführt worden sind. Das Ausstellen dieses Defektes im Gesichtssinn wird noch einmal wiederholend bekräftigt, beim zweiten Mäusefest, jenem, das Moise dem Soldaten gibt: „Da sitzt man und sieht zu." Sitzen und zusehen: das gab es auch in der alten Welt, bei Moise und dem Mond. Sie haben das Mäusefest gesehen: „nun sehen sie beide den Mäuschen zu. Das ist aber auch jeden Tag anders mit den Mäusen, mal tanzen sie so und mal so". Was sieht der junge deutsche Soldat auf seinem Stühlchen? Das Mäusefest jedenfalls läßt der Erzähler ihn *nicht* sehen: „Da sitzt man und sieht zu. Der Krieg ist schon ein paar Tage alt. Das Land heißt Polen." Was nun hat unser junger deutscher Soldat gesehen, in diesem Land? Was ist das für ein Land, dieses Polen? „Es ist ganz flach und sandig. Die Straßen sind schlecht, und es gibt viele Kinder hier. [...] Nun kommt man in der Welt herum, wird er denken, jetzt ist man in Polen, und später vielleicht fährt man nach England, und dieses Polen hier ist ganz polnisch." „Dieses Polen hier ist ganz polnisch" – auch dieser Satz, den der Erzähler dem Soldaten in den Kopf legt, ist ein Urteil. Man muß ihn sich nur einmal laut vorsprechen. Schlagender als in das grammatikalische Spiel von Substantiv und abgeleitetem Adjektiv läßt sich die alle und jede Wahrnehmung verhindernde Zirkelstruktur von Wissen und Sehen, von Nicht-Wissen und Nicht-Sehen, nicht bannen. Dieser Junge, wie ihn Moise bei sich nennt, ist nicht einfach unfähig zu sehen. Er ist ein Verblendeter, gefangen in einem Zirkel von Vorurteilen, die ihn gegen jede Möglichkeit von Erfahrung abdichten. Aus der weiten Welt – „in der man nun herumkommt" – ist für unseren jungen deutschen Soldaten nichts anderes zu gewinnen als Bestätigungen des mitgebrachten Gewußten: „dieses Polen hier ist ganz polnisch". Er sieht, was er weiß, und was er weiß, das sieht der Leser hier.

Der Soldat aber wird nicht nur gezeigt als taub und blind. Den Bewohnern der alten Welt gegenüber ist er noch in anderer Hinsicht ein Mängelwesen. Er wird auch gezeigt als stumm, genauer, sein Stumm-Werden wird gezeigt. Dieses Verstummen zeigt die Erzählung, anders als Taubheit und Blindheit, als Bewegung in der Figur. Hier gibt es einen räumlich inszenierten Lernvorgang. Er wird breit ausgemalt. Der Lernvorgang beginnt mit dem einen Satz, den der Junge auf der Bühne bekommt: „Danke, ich kann stehen". Abgeschlossen ist er mit dem Satz, den der Junge sagen will, aber dann, als deutscher Soldat in Polen im Judenladen, doch nicht sagt: „Er überlegt, ob er Aufwiedersehn sagen soll, bleibt also einen Augenblick noch im Laden stehen und geht dann einfach hinaus." Der junge Soldat verabschiedet sich nicht einfach nicht. Er verweigert Moise den Abschiedsgruß, in einer erwogenen Entscheidung. Das anfängliche „Danke, ich kann stehen", dem das Aufwiedersehen geantwortet hätte, war anders zustande gekommen. Es folgte als konditionierter Reflex aus einer Verhaltenslehre, nicht aus einer überlegten Entscheidung. Unter den vielen Metamorphosen in dieser Erzählung um „jeden Tag anders" und „immer ganz genau dasselbe" ist diese vielleicht die gravierendste. Der Mond wird Mondlicht, Moise Trumpeter wird ein alter Jude, der Laden wird ein Judenladen. Alles dies aber sind nicht eigentlich Verwandlungen. Es sind eher Perspektiven je nach der Ordnung der Welten, in der jemand oder etwas dieser oder dieses ist oder aber etwas anderes. Der vom Erzähler – und nicht etwa in der Vorstellung des Moise Trumpeter – so ausdrücklich mit menschlicher Gestalt begabte Mond ist für den Soldaten Mondlicht, der alte Moise Trumpeter ist ihm ein alter Jude, der kleine Laden ist ihm ein Judenladen. Aber all dies, auch wenn das Vorrücken der Erzählung zunächst diesen Anschein erwecken mag, sind nicht wirklich Verwandlungen. Die Wesen und die Dinge bleiben, was sie sind, auch wenn sie andere Namen bekommen. Was wechselt, das ist die Perspektive auf sie, der Platz, der ihnen in der Ordnung der beiden Welten angewiesen wird. Anders aber steht es mit dem jungen deutschen Soldaten selbst. Denn dieser, die Erzählung führt es szenisch vor, dieser verwandelt sich tatsächlich. Die Verwandlung ereignet sich zwischen dem linkisch anmutenden „Danke, ich kann stehen" und dem grußlosen Hinausgehen, in einer Spanne Zeit, die kürzer ist, als ein Mäusefest „in kleinem Rahmen" dauert. Das „Danke, ich kann stehen" führt den Menschen vor, den Moise in der Tür hat stehen sehen. „In der Tür steht ein Soldat, ein Deutscher", das kündigt ihn an. Aber das ist die Stimme des Erzählers. Moise – „Moise hat gute Augen" – sieht anders. Moise sieht nicht, was wir schon vom Erzähler wissen – „ein Soldat, ein Deutscher" –, sondern er sieht, was er sieht. Was sieht Moise? „er sieht: ein junger Mensch, so ein Schuljunge, der eigentlich gar nicht weiß, was er hier wollte". Moise, den der junge deutsche Soldat als „alten Juden" gesehen hat, verweigert sich einer symmetrischen, einer heimzahlenden Ordnung der Blicke. Er sieht keinen Soldaten. Er sieht auch keinen Deutschen. Einen jungen Menschen sieht er, einen Schuljungen. Und wirklich heißt es bestätigend in der durch Moises Blick belehrten Stimme des Erzählers gleich darauf: „Der Junge schließt die Tür". Der Junge – nicht der Deutsche, nicht der Soldat; und noch nach dem grußlosen Abzug muß der Mond Moise beschwörend erinnern: „Das war ein Deutscher, das hast du doch gesehen. Sag mir bloß nicht, der Junge ist keiner, oder jedenfalls kein schlimmer."

„Danke, ich kann stehen", so führt sich der Junge ein. Mit einer Floskel also. In dem Land, aus dem er kommt, hört man sie im Wartezimmer oder in der Straßenbahn. Sie nimmt sich seltsam deplaziert aus im „Judenladen", in Polen, im Krieg, aus dem Mund eines verblüfften jungen deutschen Soldaten. Hier mutet sie an wie ein dysfunktional gewordener Erziehungsrest, der die zivilisatorisch akzentuierte Hierarchie älterer Menschen und junger festhält. Ein Stück höflicher Kommunikation unter dem Einfluß der Kinderstube, gewiß in der Schwundstufe, aber immerhin: Der Junge redet zu Moise. Hier spricht, Moise hat ganz richtig gesehen mit seinen guten Augen, tatsächlich ein „Schuljunge", „ein ganz junger, ein Milchbart", der weiß, ‚was sich gehört', wenn ihm ein Älterer seinen Platz anbietet. Der es *noch* weiß, denn der Satz „Der Krieg ist schon ein paar Tage alt", läßt sich auch anders lesen: Der Krieg ist erst ein paar Tage alt. Die bürgerlichen Umgangsformen, die der „Milchbart", der „Schuljunge" mitgebracht hat, die Zivilisationskruste, mit Arnold Zweig zu sprechen: sie hält noch. Der Erzähler hat die deutsche Uniform in der Tür stehen sehen, Moise mit seinen guten Augen den Menschen in ihr. Der da in der Tür steht, der trägt zwar die Uniform, aber er ist noch kein deutscher Soldat.

Doch die Szene zeigt in der Bewegung des Soldaten die Bewegung im Soldaten. Die Metamorphose – hier trifft das Wort – ist bereits im Gange. Die in den Krieg und nach Polen mitgebrachte Erziehung wird überwunden. Sie wird zersetzt. Diese Zersetzung wird in der Geschichte nicht behauptet. Auch sie wird szenisch vorgeführt, auf der Bühne des Ladens, von dem der Junge weiß, daß er ein „Judenladen" ist. Sie wird vorgeführt wie in einer Versuchsanordnung. Eine regelrechte demonstratio ad oculos. Der Leser „sieht zu"; nur zu erkennen bleibt ihm noch, was er sieht. Auch hier ist das Requisit entscheidend, das Stühlchen, ganz wie es beim Erkennen des Mondes und der alten Welt wichtig war. Vorgeführt wird zunächst die linkisch-stolze Zurückweisung des Stühlchens, ganz im Einklang mit der erhaltenen Erziehung. Doch dabei bleibt es nicht. Eine Grenze wird verrückt, schrittweise, im Anschluß wiederum an ein *aber*: „Danke, ich kann stehen, aber er macht ein paar Schritte, bis in die Mitte des Ladens, und dann noch drei Schritte auf den Stuhl zu. Und da Moise noch einmal zum Sitzen auffordert, setzt er sich auch." Ein paar Schritte – und dann noch drei Schritte – und dann setzt er sich. Der gezeigten Bewegung der Figur im Raum korrespondiert eine Bewegung in der Figur, die sich am Ende „ganz anders" verhält als anfangs. Der Soldat steht auf, er überlegt, ob er sich verabschieden soll, erneut meldet sich die Erziehung mit ihren Geboten der Höflichkeit – dann aber entscheidet er sich dagegen, Aufwiedersehen zu sagen und geht grußlos, „einfach hinaus". Da ist etwas anders geworden – nicht mehr „wie immer" und auch schon nicht mehr, wie noch kurz zuvor. Den in der Floskel „Danke, ich kann stehen" gerade noch exemplarisch vorgeführten Konventionen der Gesittung unter Menschen wird abgesagt. Der Verzicht auf den Abschied ist ein Akt der Kommunikationsverweigerung. Mit Moise Trumpeter, der selbst mit dem Mond sprechen kann, mit diesem zum Juden gewordenen Alten spricht der zum deutschen Soldaten werdende Junge nicht mehr. Moise steht dem Mond, den er begrüßt – „Guten Abend, Mond" – näher als er dem deutschen Soldaten steht, der ihm den Gruß verweigert. Aus der alten Ordnung der Wesen ist der Soldat ausgeschlossen, und wie im Gegenzug schließt er Moise in der Ordnung der neuen Welt aus der Reihe derer aus, die Seinesgleichen sind: derer, mit denen man spricht. Die Entscheidung, nicht mehr mit Moise zu sprechen – und als eine wohlerwogene Entscheidung wird dies vorgeführt – ist die Entscheidung dafür, Moise etwas abzusprechen. Der Leser hat zugesehen, wie in der Szene des Ladens, auf dem Stühlchen in der Ladenecke und während der Dauer eines Mäusefestes aus einem „jungen Menschen", „einem Schuljungen", „einem ganz jungen", einem „Milchbart", etwas anderes geworden ist: ein deutscher Soldat in Polen. Was ihm zuvor fremd anlag wie eine Rolle, etwas ungewohnt noch – noch einmal: der Krieg ist erst „ein paar Tage alt" –, das wird etwas anderes. Der Junge wächst zusehends in seine Rolle hinein, buchstäblich zusehends. Man könnte versucht sein zu sagen: er mutiert. Die Reminiszenzen an überkommene zivile und zivilisierte Verhaltensmuster – „Danke, ich kann stehen" – dringen nicht mehr durch. Der Schuljunge ist am

Ende ein anderer geworden, in einer blitzartig beleuchteten Metamorphose, die man wohl Soldatisierung nennen darf. *Soldat* wird er nur zweimal genannt, in der ersten Erwähnung, als er die alte Welt sprengt und nur an der Uniform überhaupt als Soldat kenntlich ist, dann in der letzten Erwähnung, als er beginnt, sich soldatisch zu verhalten. Nicht, daß er ein schlimmer Mensch wäre – aber er beginnt zaghaft, sich zu verhalten, wie sich ein deutscher Soldat im Judenladen in Polen zu verhalten hat. Dies Verhalten ist noch längst nicht spontan, es ‚kommt' ihm noch nicht reflexionslos, aber es setzt ein mit der Absage an die elementaren Gebote der Höflichkeit. Der Junge, den Moise in der Tür stehen sah, ist kein schlimmer Mensch. Aber er ist im Begriff, tatsächlich zum deutschen Soldaten zu werden, und ohne Bedeutung für Moise und seine Leute wird sein, was man trostspendend seinen Charakter nennen könnte: „Das macht jetzt keinen Unterschied mehr."

Der Auftritt des Soldaten und dessen demonstrierte Verwandlung bilden deutlich das Gelenkstück der Handlung, den Akt, der die Geschichte zerlegt in Zuvor und Danach. Mit dem Abgang des Soldaten ist diese Sequenz beendet. Auf der Bühne zu sehen sind nun wiederum allein Moise und der Mond. Das Personal ist das gleiche wie am Anfang. Hier drängt sich eine Frage auf, die der Text nicht mehr stellt, nachdem er sie vorn gleich zweimal aufgeworfen hat, erst im Gespräch Moises mit dem Mond, dann in der Wiederaufnahme durch den Erzähler: Immer dasselbe? Immer ganz genau dasselbe? Wie vorher? Genau wie vorher? Ganz genau wie vorher? Diese Frage wird nicht mehr gestellt. Aber sie muß gestellt werden. Die Architektur des Textes erzwingt sie geradezu, schon aus Gründen der Symmetrie. Nach den Figuren erst (in der ersten Sequenz) und dem Erzähler dann (in der zweiten Sequenz) ist die Reihe nun, in der dritten Sequenz, am Leser. Dem die Sekundärliteratur beherrschenden Drang nach der umstandslosen Entschlüsselung des letzten Satzes, den ich hier ausklammern möchte, wäre vielleicht eine Frage vorzuordnen, auf die sich eine begründete Antwort finden ließe: In welcher Welt wird dieser Satz gesagt? In welcher Welt sind wir nach dem Abtreten des jungen deutschen Soldaten? In der jungen Welt, die er mitbrachte? Oder wieder in der alten Welt, nach dem Verschwinden dessen, der in ihr einen nicht integrierbaren Fremdkörper bildete?

Der Text liefert Indizien. Die Mäuse sind fortgelaufen beim Aufstehen des Soldaten: „Aber dafür erhebt sich der Soldat jetzt. Die Mäuse laufen davon". Fortgelaufen waren sie schon zuvor, um dann zurückzukehren, als der Soldat sich gesetzt hatte. Diesmal aber bleiben sie fort, auch als der Soldat die Bühne längst verlassen hat. Der Erzähler bekräftigt es eigens noch einmal: „Die Mäuse sind fort, verschwunden". Die Bühne gehört wieder Moise und dem Mond, ganz wie in der Eingangsszene. Moise sitzt freilich nicht mehr auf dem Stühlchen. Er lehnt weiter an der Wand, unverändert, seit er dem Jungen den Stuhl angeboten hat, und er setzt sich auch nach dessen Abgang nicht wieder. Aber dies sind im Vergleich zur Ausgangsszene nur verschobene Zustände innerhalb ein und derselben Ordnung. Die Frage nach der Natur der Welt in der dritten Sequenz beantworten sie nicht. Dann aber ereignet sich unter den Augen des Lesers eine zweite Metamorphose. Erinnern wir uns: In der alten Welt ist der Mond wie Moise: „Da sitzen die beiden Alten". Vor allem eines ist der Mond hier nicht: er ist nicht Licht. Licht ist er allein für den Soldaten, in der gleichen Ordnung, in der Moise ein alter Jude und der Laden ein Judenladen ist. Für Moise indessen bleibt er auch während des Regiments der jungen Welt der nämliche Mond, der er vor dem Auftreten des Soldaten war. Selbst in dessen Beisein spricht der Mond Moise an – ganz genau wie vorher, und noch nach dem Abgang des Soldaten meldet sich der Mond, da Moise beharrlich schweigt, wieder zurück als eben der menschengestaltige Mond, der er selbst im Beisein des Soldaten war für Moise und für den Erzähler und für uns Leser. Eine eindringliche Rede hält er Moise, fast ist man versucht zu sagen: eine Predigt: „Wenn sie über Polen gekommen sind, wie wird es mit deinen Leuten gehen?" Diese abschließende Frage aber – „wie wird es mit deinen Leuten gehen", die einzige Frage des Mondes in der Geschichte, das sind zugleich seine letzten Worte. Schon das „Ich hab gehört", mit dem Moises Erwiderung einsetzt, hört der Mond nicht mehr. Zwischen den beiden antwortenden Sätzen Moises hat der Mond die Bühne der Figuren verlassen. Aber nicht durch die Tür, durch die er hereinkam, wie er „immer" tat: „Es ist jetzt ganz weiß im Laden. Das Licht füllt den Raum bis an die Tür in der Rückwand." Der Mond, der durch die Tür in den Laden trat und dabei die Klingel gerührt haben mag, der Mond, der mit Moise sprach und bei ihm saß und mit ihm den Mäusen zusah: dieser Mond ist Licht geworden. Was der Mond in den Augen des jungen deutschen Soldaten war, und nur für diesen, das ist er nun für den Erzähler und für uns. In diesem Licht, dem Licht des Mondes, ist Moise zu sehen in der letzten Passage des Textes: „Das Licht füllt den Raum bis an die Tür in der Rückwand. Wo Moise lehnt, ganz weiß, daß man denkt, er werde immer mehr eins mit der Wand. Mit jedem Wort, das er sagt." Diese Worte aber finden keinen Adressaten. Der Mond, an den Moise seine Worte richtet – „da hast du ganz recht" –, diesen Mond gibt es nicht mehr. Der Mond ist Licht geworden und aus dem Dialog zwischen Moise und dem Mond ein Selbstgespräch Moises, der die Metamorphose des Mondes nicht wahrnimmt. Moise mit seinen „guten Augen", Moise ist blind für die neuveränderte Gestalt des Mondes wie der Soldat für die alte. Cum grano salis: Er ist blind für die junge Welt, wie es der Soldat für die alte war. Der Soldat war blind und taub für den Mond der alten Welt, Moise spricht mit einem Mond, den es am Ende der Erzählung nicht mehr gibt. Mit dem Aufgehen des Mondes in Licht für den Erzähler und für uns ist die alte Welt hinab. Wir alle, Moise, der Erzähler, der zuschauende Leser: wir alle sind in der jungen Welt. Aber Moise weiß es nicht.

Zeitschichten in Bobrowskis lyrischer Archäologie der Landschaft

ANNETTE GRACZYK

Bobrowski gilt als Autor, der mit dem Begriff Sarmatien seine Heimat Ostpreußen und die angrenzenden östlichen Gebiete in das Zentrum seines lyrischen Werks gestellt hat.[1] Auch wenn diese etwas plakative Zusammenfassung den Autor in die Nähe eines Heimatschriftstellers rückt, ist sie nicht falsch. Ergiebig wird die Formel aber erst, wenn es gelingt, Bobrowskis Blickwinkel auf die antike Landschaftsbezeichnung Sarmatien näher zu klären.

I. Sarmatien

Bobrowski wuchs bekanntlich in der Grenzregion Ostpreußens zu Litauen auf, in der es, den Nationalstaaten zum Trotz, eine Mischbevölkerung von Deutschen, Litauern, Polen und Russen sowie Juden gegeben hat. Im II. Weltkrieg diente er als Gefreiter in einem Nachrichtenregiment zunächst in Polen, dann in Frankreich; schließlich wurde seine Einheit vor dem Überfall auf die Sowjetunion an die künftige Ostfront verlegt. In der Folge führte ihn der Krieg von Ostpreußen durch die angrenzenden Gebiete des Baltikums und des westlichen Rußlands. Gegen Ende des Krieges wurde seine Einheit in Lettland eingeschlossen. Nach der Kapitulation geriet Bobrowski in russische Gefangenschaft.[2]

---

1 Vgl. zuletzt J. P. Wieczorek: Between Sarmatia and Socialism. The Life and Works of Johannes Bobrowski. Amsterdam-Atlanta 1999.
2 Eberhard Haufe hat die Stationen der Truppenbewegung im einzelnen dokumentiert und auch die verschiedenen russischen Arbeits- und Antifa-Lager aufgeführt, in die Bobrowski während seiner Gefangenschaft verlegt wurde. Dabei verweist er verdienstvoller Weise auch auf Gedichte, die Bobrowski entweder an den jeweiligen Orten und vor allem über sie geschrieben hat, so daß wir einzelne datierte Einblicke in den Zusammenhang von geschichtlicher Erfahrung und poetischer Werkgenese haben: Bobrowski-Chronik: Daten zu Leben und Werk. Zusammengestellt von E. Haufe. Würzburg 1994, S. 19ff.

Als Soldat wurde Bobrowski in unlösbare Widersprüche hineingezogen. Als protestantischer Christ lehnte er es ab, in die NSDAP einzutreten. Während er positiv zur ethnischen Vielfalt seiner weiter gefaßten Heimat stand, diente er nun dem Eroberungs- und Zerstörungskrieg des „Dritten Reiches", der unter anderem die rassistisch motivierten ethnischen Säuberungen zum Ziel hatte. Auch konkret wurde er während des Vormarsches Zeuge eines Pogroms. Schließlich begann er am russischen Ilmensee (bei Novgorod), den inneren Druck in Gedichte zu fassen. Er schreibt in naturalen und religiös-architektonischen Chiffren der erlebten Kriegslandschaft über das zertretene Bild des Menschen, über Not, Einsamkeit und Hoffnung. Einige dieser sich zunächst in konventionellen Ausdrucksformen bewegenden Gedichte erschienen noch während des Krieges in der nur geduldeten, tendenziell kritischen Zeitschrift *Das Innere Reich*.[3] Darüber hinaus tastet sich Bobrowski mit Hilfe der Odenform auch an Ausdrucksformen heran, in denen er die subtileren Beschädigungen des Ichs durch den Krieg zur Sprache bringen kann: die Zerrissenheit zwischen innerer Wut und äußerer Regungslosigkeit.[4]

Bobrowskis unfreiwillige Erfahrung des Eroberungskrieges östlich seiner Heimat treibt seine lyrischen Themen hervor.[5] Als er später die Idee eines sarmatischen Gesamtprojekts faßte, war ihm klar, daß er sich selbst als Soldat in Uniform mitten hinein setzen müsse.[6] Die Bewegung des Soldaten und Lyrikers kennzeichnet daher nicht nur die Gedichte, die im Krieg entstanden sind, sondern auch die späteren, die er in den beiden sarmatischen Sammelbänden zusammengefaßt hat. Mit der Truppe bewegt sich das Ich durch den landschaft-

---

3 Das Innere Reich. Hg. v. P. Alverdes. Zehnter Jahrgang (April 1943 - März 1944). Vgl. die Zusammenstellung in Schattenfabel von den Verschuldungen. Johannes Bobrowski zur 20. Wiederkehr seines Todestages. (Katalog zur Ausstellung der Amerika-Gedenkbibliothek, Berlin, 2. September - 12. Oktober 1985). Berlin 1985, S. 26-29.

4 In diesem Sinne hebt Jürgen Joachimsthaler die Ode *Die Spur des Krieges* als entscheidenden Durchbruch in Bobrowskis Lyrik der Kriegszeit heraus: „Abschied von der ‚Innerlichkeit'. Zu Johannes Bobrowskis Lyrik während des Krieges", in: Convivium 1995, S. 49-64; S. 57f.

5 Später wird er in einem Interview erklären, daß er von einer inneren „Kriegsverletzung" zu seinem Thema getrieben worden sei. Vgl. J. Bobrowski: Gesammelte Werke in sechs Bänden, hg. von E. Haufe. Bde. I-IV Stuttgart / Berlin 1987, Bd. V Stuttgart 1998, Bd. VI (hg. von H. Gehle) Stuttgart 1999, hier IV, S. 471; Zitate aus dieser Ausgabe werden im folgenden mit der Sigle GW, der Band- und der Seitenangabe nachgewiesen.

6 Vgl. den Brief an Hans Ricke v. 9. Oktober 1956, in dem Bobrowski seine Pläne zum lyrischen Sarmatien-Projekt darlegt. In: Gesammelte Werke, Bd. I, Einleitung, S. XLIV.

lich-natural bestimmten Raum, der in den Einzelgedichten in wechselnden Stationen, Orten, Kulturzeichen, Daten und Namen aufgerufen wird. Diese unfreiwillige Beweglichkeit im Krieg unterscheidet sich grundlegend von der Freiheit des Wanderers bei Hölderlin.[7] Das Unterwegssein, die Unruhe, die Evokation von Straßen und Wegen, der Wunsch nach Ankunft und Heimat ist in Bobrowskis Gedichten ein poetischer Reflex auf eine Erfahrung des II. Weltkrieges, die der Dichter zunächst als Soldat, dann als Kriegsgefangener in russischen Lagern und schließlich als Vertriebener aus seiner Heimat erfährt. Diesen Erfahrungsraum, Sarmatien genannt, formt Bobrowski in den wechselnden, oft düster-existentiellen Naturstimmungen auch lyrisch zu einer Einheit. Das lyrische Ich seiner Gedichte befaßt sich aber nicht nur mit dem eigenen Leid, sondern auch mit dem Leid der anderen. Nicht zuletzt ist Sarmatien selbst ein Konstrukt, das die vermeintlichen Gegner vereinen soll. Mit seiner riesigen Ausdehnung von der Weichsel über Ostpreußen hinaus, weitere 2000 km in östlicher Richtung, ist Sarmatien der Versuch von Bobrowski, die Heimat transnational zu begreifen.

1961 und 1962 kommen seine ersten beiden Gedichtbände *Sarmatische Zeit* und *Schattenland Ströme* heraus.[8] Im Rahmen dieses Beitrags möchte ich mich auf die Zeitschichtung in diesen beiden von

---

7 Oliver Schütze arbeitet in seiner einschlägigen Untersuchung einerseits den „Wanderer auf seiner Suche nach Heimat" als gleichen Ausgangspunkt der Lyrik bei Bobrowski und Hölderlin heraus. Andererseits führt er selbst (S. 75f.) aussagekräftige Belege zu Bobrowskis ganz anders gearteter Heimatlosigkeit am Ende des II. Weltkriegs an. Natur und Geschichte im Blick des Wanderers. Zur lyrischen Situation bei Bobrowski und Hölderlin. Würzburg 1990. - Allgemeiner zur Stellung Bobrowskis in der Tradition der Odendichtungen Klopstocks und Hölderlins sowie der Lyrik im weiteren Umfeld der naturmagischen Schule vgl. F. Minde: Johannes Bobrowskis Lyrik und die Tradition, Frankfurt/M. 1981.

8 Eberhard Haufe hat im einzelnen dokumentiert, wie das sarmatische Projekt sich in diesen beiden Bänden konkretisierte: „Bobrowskis Konzeption eines ‚Sarmatischen Divan' und die Genese der Gedichtbandtitel ‚Sarmatische Zeit' und ‚Schattenland Ströme'". In: Sarmatische Zeit - Erinnerung und Zukunft. Dokumentation des Johannes Bobrowski-Colloquiums 1989 in der Akademie Sankelmark, hg. v. A. Kelletat. Sankelmark 1990, S. 22-42. Ich werde mich im folgenden vor allem auf bislang wenig beachtete Aspekte des zeitlichen Gesamtkonstrukts der beiden Zyklen beziehen. Für die mikropoetische Einzelinterpretation kann hier, neben der schon genannten Arbeit von Minde, auf Stefan Reichert verwiesen werden: Das verschneite Wort. Untersuchungen zur Lyrik Johannes Bobrowskis, Bonn 1989. Materialreiche Hilfestellungen bietet überdies E. Haufes Erläuterungsband zu den Gedichten im Rahmen der von ihm herausgegebenen Werkausgabe: Johannes Bobrowski. Erläuterungen der Gedichte und der Gedichte aus dem Nachlaß. Stuttgart 1998 (= Gesammelte Werke, Bd. V). Vgl. darüber hinaus B. Leistner: „Bobrowskis Gedichtsprache der Erinnerung". In: Convivium 1998, S. 157-177.

Bobrowski selbst zusammengestellten Zyklen konzentrieren, da sie eine relativ geschlossene Einheit bilden. Ausgehend von der engeren Heimat der Kindheit läßt der Autor den landschaftlichen Großraum des Ostens in einer weitgehend natural bestimmten Kulturgeographie entstehen. Auch wenn Bobrowski für diesen Erfahrungsraum die aus der Antike stammende geographische Bezeichnung „Sarmatien" einsetzt und so in eine ferne Vergangenheit zurückzugehen scheint, entsteht kein geschichtsferner Zufluchtsraum, sondern ein zeitgenössisches Feld mit historischer Tiefe, in das auch Angst, Gewalt, Verbrechen und Verlust sowie Schweigen, Verdrängung und Vergessen aufgenommen und poetisch reflektiert werden. Der II. Weltkrieg ist für Bobrowski nicht nur Anstoß seiner Lyrik; der Krieg ist mit seiner zerstörerischen Kraft in den beiden Zyklen präsent, wenn auch in der verhaltenen, andeutend-meditativen Sprache und Bildlichkeit der 50er Jahre. Zerstörung und Schuld sind die zentralen Themen von Bobrowski, die er unter dem Signum von Sarmatien im Naturraum und in der Lebenswelt des europäischen Ostens vorträgt.

Bobrowski kann als Naturlyriker gelten, wenn man dabei bedenkt, daß er wesentlich zur Veränderung dieser Gattung beigetragen hat. Er war sich bewußt, daß er mit seinen Gedichten auch weit über die als „modern" bezeichnete Naturlyrik hinaus strebte, die gegen Ende der 1920er Jahre, an Romantik und Klassik anschloß, um sich als Gegenmittel zu den Zerfallserscheinungen der Moderne zu profilieren. Diese Naturlyrik war aber keineswegs nur restaurativ, denn sie wurde während des Nationalsozialismus für Autoren wie Wilhelm Lehmann und Oskar Loerke zum Fluchtraum der inneren Emigration. Nach 1945 wurde sie im Westteil Deutschlands vor allem von Lehmann als Heilmittel und Antidepressivum für eine niedergedrückte Bevölkerung bis weit in die 50er Jahre hinein weitergeführt. In den 1950er Jahren entsteht aber bereits eine Selbstkritik der traditionellen Naturlyrik, sowohl im Westen als auch im Osten Deutschlands.[9] In diesem kritischen Kontext beginnt Bobrowskis zweite und prägende Phase als Lyriker in der DDR. Bobrowski selbst hat Peter Huchel als Vorbild benannt; darüber hinaus ist auch an Günter Eich zu erinnern, dessen *Botschaften des Regens* von 1955 auf vielfältige Weise in Bobrowskis „tönenden" Landschaften nachhallen. In Eichs Gedichten hilft die Natur nicht mehr über die Krise hinweg, sondern wird zur Botschafterin ungeliebter Erinnerungen und Fragen. Sie wird zu einem Projektionsraum, in den sich auch das Verdrängte, Unerledigte,

---

9 Mein Beitrag ist Teil eines größeren Arbeitsprojektes, das die Veränderungen der Naturlyrik von der Nachkriegszeit bis zur Gegenwart untersucht.

Unbewältigte und Unbewußte einschreiben kann. Bobrowski gestaltet diesen Ansatz freilich in eigenständiger Weise aus.

Über die Naturlyrik hinaus wird für Bobrowski auch die Auseinandersetzung mit Paul Celan und Nelly Sachs wichtig. Beide schreiben die Asche von Auschwitz so in die Tiefenschichten der poetischen Sprache ein, daß sich das überkommene poetische Sprachmaterial von Landschaft, elementarer Natur, Kosmos und Religion nicht mehr davon freihalten kann. Celan, später auch Eich, gehen von der Zerstörung des positiv besetzten Natursymbols durch Politik und Geschichte aus und stellen das besonders in der Naturlyrik aufbewahrte Versöhnungskonzept[10] von Natur grundsätzlich in Frage. Bobrowski jedoch hält an einem positiven Natur- und Kosmosverständnis fest. Er erweitert zwar die Natur um das Thema Gewalt, aber er destruiert sie nicht. Im Gegenteil: „Sarmatien" wird zu einem prägenden Natur- und Kulturraum, der in seinen überzeitlich-elementaren Eigenschaften und in seinen konkreten Verhältnissen aufgerufen und bejaht wird. Er wird zum Bezugsfeld des lyrischen Ichs, das sich im landschaftlich-naturalen Wortfeld auf eine Suche nach Ursprung und Verankerung begibt, die weit über das individuelle Bewußtsein hinaus ins Menschheitsgeschichtlich-Existentielle strebt.[11]

Der Impuls zu dieser meditativen Konstruktion und Selbstbefragung entstand aus Bobrowskis Verstörung, die Landschaft seiner Kindheit als Soldat wiedererleben zu müssen und mit Tod und Zerstörung in die angrenzenden Weiten des europäischen Ostens vorzudringen. Um durch das Graue, Nebulöse und Vage seiner Gegenwart

---

10 Zum Versöhnungskonzept der Naturlyrik und seiner Trivialisierung bereits im 19. Jahrhundert vgl. U. Heukenkamp: Die Sprache der schönen Natur. Studien zur Naturlyrik. Berlin/Weimar 1982. Zur Wiederbelebung des mit dem Versöhnungsideal verbundenen alten Topos von der Chiffrensprache der Natur in der Dichtung der naturmagischen Schule und dessen Nachleben in der Lyrik jüngerer Autoren vgl. A. Goodbody: Natursprache. Ein dichtungstheoretisches Konzept der Romantik und seine Wiederaufnahme in der modernen Naturlyrik. Neumünster 1984.

11 Aufschlußreich ist in diesem Zusammenhang auch Bobrowskis spätes Gedicht *Wiedererweckung*, das 1966 posthum in dem von ihm noch selbst geplanten Band *Wetterzeichen* erschienen ist. Das Gedicht entwickelt in der dialogischen Aufnahme Celanscher Motive Bobrowskis kritische Gegenposition: Wenn auch Verbrechen und Schuld nicht mehr aus dem Evolutionszusammenhang von Natur und Geschichte zu tilgen sind, so setzt Bobrowski doch auf die Kraft des wiedererweckenden Wortes: die Dichtung soll sich in den Dienst des Lebens stellen und den Zustand der Mortifikation überwinden. Im einzelnen zu Bobrowski und Celan vgl. John P. Wieczorek: „Paul Celan and Johannes Bobrowski. Legitimacy and Language". In: Jackman, Graham (Hg.): Finding a voice. Problems of language in East German society and culture. Amsterdam-Atlanta. 2000, S. 191-212. Zum genannten Gedicht, S. 197ff.

nach 1945 hindurch zum Vergessenen, Verschütteten, ja sogar zu einem Ursprünglichen zu gelangen, ruft er Motive der Bewegung und Verbindung auf: immer wieder nennt er Wege und Ströme. Die Natur kommuniziert mit dem dafür empfänglichen Menschen; und die menschliche Sprache sucht den Weg zum Nachbarn. Das Haus schließlich und die häusliche Schwelle werden zu positiven Zeichen einer intimen Ankunft, Heimkehr oder doch der allernächsten Näherung.[12]

II. In der Strömung

Bobrowskis Gedichte beschwören die innige Bindung an die vormoderne, noch unzerstörte Welt der kindlichen Heimat. Die Gedichte setzen oft mit primären Naturerlebnissen, einfachen Lebensformen oder einfachen Gegenständen der ländlichen Heimat ein. Oft beginnt das Gedicht mit einem Anruf oder einem einzelnen Begriff, auf dem die rhythmische Bewegung zunächst in meditativer Bedeutungsschwere verharrt. Dem evokativen Akt wird Zeit gegeben; die Phänomene erhalten Raum, sich zu zeigen; man kann ermessen, wie sie aus der Tiefe der Erinnerung oder aus der Ferne der Vergangenheit auftauchen. Nur allmählich werden sie zu landschaftlichen oder szenischen Erinnerungssequenzen erweitert. Bobrowski gestaltet die Verlaufsform einer tastenden, suchenden Erinnerungsbewegung nach, die nur zögerlich in Fluß kommt, um dann aber ihrer ganz eigenen, unwillkürlichen Dynamik zu folgen. Eine wichtige Rolle spielt dabei die elementare Natur, vor allem Wind und Strom, die in ihren Bewegungs-

---

12 Gaston Bachelard hat in seiner Poetik des Raumes die anthropologische Bedeutung des Hauses für das individuelle und kollektive Tiefengedächtnis herausgearbeitet. Indem er auf archetypische Grundsituationen rekurriert und damit den Ansatz von Carl Gustav Jung weiterführt, ist für ihn das Haus ein anthropologisches, überzeitliches Symbol der Geborgenheit jedes Einzelnen seit der Frühgeschichte der Menschheit. (La poétique de l'espace. Paris 1981, S. 23ff.) Auch bei Bobrowski ist das Haus eine Scharnierstelle, in der individuelles und anthropologisch-kulturelles Gedächtnis zusammengeführt werden. Im Unterschied zu Bachelard, dessen Buch zwar 1957 erschien, aber bezeichnenderweise die Verlusterfahrung der Nachkriegszeit nicht thematisiert, kämpft Bobrowski gegen die Zerstörungen, Brüche und Verwerfungen des Weltkriegs, um eine erinnernde Rückverortung überhaupt möglich zu machen. Dieser existentiellen Dimension entspricht auch umgekehrt Bobrowskis religiöse Inanspruchnahme des Hauses als Chiffre für die Schwellensituation zum Tod. Im Gedicht *Holzhaus* aus Schattenland Ströme überlagert Bobrowski beide Dimensionen. (Zu weiteren Aspekten des Gedichts vgl. A. Behrmann: Facetten. Untersuchungen zum Werk Johannes Bobrowskis. Stuttgart 1977, S. 70ff.).

formen vergegenwärtigt werden. Das Ich verfolgt sie, nimmt sie gleichsam in sich auf. Es entsteht ein Zustand der inneren Strömung, in der das lyrische Ich den Anschluß an ein tieferes Bewußtsein mit seinen andersgearteten Rhythmen, Zeitgefühlen, Wahrnehmungen und Erlebnisqualitäten zu erreichen versucht.

Bobrowski schließt in dieser Hinsicht durchaus an Vorstellungen an, wie sie die naturmagische Dichterschule um Lehmann, aber auch Benn in seiner naturwissenschaftlich inspirierten Poetik vertraten. Beiden ging es darum, mittels des Naturkonstruktes, aber auch des Mythos, tiefere Bewußtseinsdimensionen freizulegen, um hinter die Anpassung des Subjekts an die moderne Zivilisation zurückgehen zu können. Natur und Mythos sollten helfen, im Gedicht kurzfristig das technisch-rationale Verständnis von Raum und Zeit außer Kraft zu setzen. Während die Naturmagier auf die besondere, evokative Kraft der Natursymbolik setzten und den Topos von der geheimnisvollen Chiffrensprache der Natur wiederbeleben, versucht Benn, das als verengt und oberflächlich betrachtete rationale Bewußtsein mittels starker Lebens-, Trieb- und Suchtzeichen zu durchstoßen. Deren narkotisierende Vergegenwärtigung sollte gleichzeitig durch die artistische Form, die das Gemachte und Konstruierte betonte, ausbalanciert werden.

Auch bei Bobrowski lassen sich in diesem Zusammenhang Momente des Ekstatischen beobachten. Doch ist bei ihm, im Unterschied zu den Naturmagikern und Benn, die Entgrenzung kein Selbstzweck. Bobrowskis Rückgriff auf das Elementare dient dazu, das erinnernde, vergegenwärtigende und eingedenkende Subjekt zu einem vertieften Bewußtsein zu bringen, aus dem heraus es seine ethische Verpflichtung erfüllen kann.

Bobrowski profiliert ein lyrisches Ich, das ständig auf der Suche nach dem Bewegenden der elementaren Natur ist. Es wandert mit dem Wind, belauscht das Rauschen der Wälder, nimmt die Schwingungen der Ebene in sich auf; vor allem aber begibt es sich in die Strömungsdynamik der großen Flüsse. In der Evokation einer immer bewegten, sich jahreszeitlich und tageszeitlich verändernden, windbewegten und von Strömen durchzogenen heimatlichen Landschaft sammelt das lyrische Ich gleichsam die Energie, um Sarmatien aus der Erinnerung und Imagination entstehen zu lassen. Zugleich sammelt es in der Kraft der Natur die Energie, mit der es die zerstörerische Kraft des Weltkrieges durchstehen kann, wie sie vor allem im Gedicht *Wetterzeichen* vorgeführt wird. Dieses Gedicht ist der Kulminationspunkt der sarmatischen Energie bzw. des sarmatischen Bewußtseins.

III. Kindheit und Tod

Die Erinnerung an die eigene Kindheit wird gleich am Anfang der *Sarmatischen Zeit* mit einer Heraufbeschwörung überpersönlicher, kollektiver Bewußtseinszustände parallel gesetzt. Die Zeit der Kindheit wird eng mit der frühgeschichtlichen Tiefendimension Sarmatiens und sogar der Menschheitsgeschichte verbunden. Es erscheinen Jäger und Märchenerzähler, die für die archaische Zivilisationsstufe der Menschheit einstehen bzw. diese durch Mythen und Märchen lebendig machen und sie in die jüngste Geschichte, nämlich die persönliche Zeit des lyrischen Ichs, weiterreichen. Bobrowskis Gedichte setzen aber bereits mit einem Zustand Sarmatiens ein, bei dem dem Märchenerzähler die jüngeren Zuhörer ausbleiben. Auch der Spruch der Ahnen weist prophetisch andeutungsweise auf die kommenden Vertreibungen voraus. Sarmatien wird von Anfang an in einer Weise heraufbeschworen, die seine Relativierung und Negierung einschließt.

Das autobiographische Fundament von Bobrowskis Lyrik legt es nahe, den Dichter mit seiner persönlichen und überpersönlichen Erinnerungsarbeit selbst in der Entwicklungslinie von Jäger und Märchenerzähler zu sehen, wie sie in den Gedichten angedeutet wird. Bobrowski ist so als deren Nachfolger zu verstehen. Diese Vermutung wird dadurch gestärkt, daß der Autor nicht nur den Märchenerzähler, sondern auch die Figur des Jägers mit einer künstlerischen Frühform, in diesem Fall der Höhlenmalerei, verbindet. Der Autor setzt die Linie Jäger, Märchenerzähler im Dichterischen fort und er ermächtigt sich mittels dieser Figuren selbst zu einem frühen Bewußtsein und Gedächtnis, das er sogar in Schamanenart zu erlangen sucht. Das lyrische Ich stellt sich bei Bobrowski in den Kontakt zur Tiefennatur der sarmatischen Landschaft und denkt sich in die Frühformen der Menschheitsgeschichte ein. Insgesamt entstehen verschiedene Gesten des dichterischen Evozierens, die von der schamanistischen Anverwandlung an elementare und frühe Zustände bis zur prophetischen Gebärde reichen. Die verschiedenen Zeitebenen werden teilweise auch durch traumähnliches Verschieben und Gleiten vernetzt und ineinander geschoben.

Die erste der beiden Sammlungen setzt mit der Kindheit des lyrischen Ichs ein. Ihr schreibt Bobrowski einen Stellenwert zu, der über eine nur individuelle Erinnerung hinausgeht. Während er die Kindheit in die Traumwelt vertieft, geht er beim parallelen Thema Sarmatien in die zeitliche Tiefe der Frühgeschichte zurück. Für das lyrische Ich entsteht eine Koinzidenz von Phylogenese und Ontogenese. Der

Preis für diesen Zugewinn an Reichweite ist die rein naturgeschichtliche Annahme, daß sich die Kindheiten gleichen und sich in jeder Generation die gleichen Fragen stellen: daß die grundlegenden Konstellationen immer gleich sind.

Während der erste Band *Sarmatische Zeit* mit der Rückversetzung in die Kindheit beginnt, schließt der zweite Band, *Schattenland Ströme*, mit dem Thema Tod. Dieser Band dringt noch weiter als der erste in die Regionen des Tiefenbewußtseins, der kollektiven Verdrängungen und der persönlichen Kriegserlebnisse vor. So wie Bobrowski die Rückversetzung in die Kindheit mit einem Zustand frühen Kulturgedächtnisses parallelisiert und beide in einer Folge von mehreren Gedichten vernetzt, so stuft er nun auch das Thema Sterben in einer Folge von Gedichten perspektivisch ab und variiert es. Einerseits gibt sich das lyrische Ich als eine Person zu erkennen, die sich nunmehr in verhaltener Weise mit dem Sterben auseinandersetzt. Andererseits wird der Tod auch überpersönlich als existentielles Thema behandelt. Auch spezifisch gesellschaftliche Vorgänge werden in einer vorgesellschaftlichen, naturalen Sicht gezeigt.

IV. Überzeitlichkeit: Natur und Religion

Während die Zerstörungskraft des Krieges in ihrer technischen Konkretheit in den sarmatischen Zyklen ausgeblendet wird, erscheint sie - wie in *Wetterzeichen* - in naturaler Überformung als elementare Naturgewalt. Das erscheint zunächst befremdlich, denn damit rücken Natur und Krieg sprachlich in größte Nachbarschaft. Bobrowski überformt nicht nur einen militärischen Sturmangriff zu einem elementaren „Wetterzeichen", das man freilich auch in der apokalyptisch-religiösen Tradition lesen kann. Er belegt die Kriegserlebnisse auch mit den Chiffren des Hechtes oder des Wolfes. Seine naturalen Metaphern, aber auch seine mythischen, archaischen und biblischen Symbole zeigen an, daß er den II. Weltkrieg aus der Perspektive einer langzeitlichen und existentiellen Naturbetrachtung deutet. Die Feststellung von Wolfram Mauser, daß es sich hierbei um Ausdruckszeichen der Anfechtung handelt,[13] ist in diesem Sinne zu erweitern: Wolfszeit und Hechtzeit sind unheilvolle Zustände, in denen archaische Energien frei werden. Ihnen entspricht ein innerer Zustand des Menschen, den Bobrowski v.a. mit der Chiffre „Feuer" bezeichnet.

---

13 W. Mauser: Beschwörung und Reflexion. Bobrowskis sarmatische Gedichte. Frankfurt/M. 1970.

Das Feuer gehört - besonders in der Verbindung mit Sturm und Gewitter - dem tradierten Symbolbereich des Krieges zu. In der Kunst und Literatur des Expressionismus wird es - zum Teil in der Amalgamierung mit vitalistischen Einflüssen in Anlehnung an Nietzsche - mit Kampf, Revolte und Krieg verbunden. Die Zerstörung wird mit der Lebenskraft verkoppelt; es resultieren höchste Tatkraft und Lebensintensität.[14] Vor allem aber hatte Ernst Jünger in seinen Kriegstagebüchern aus den 1920er Jahren das Feuer und seine verwandten Elementarmetaphern als Chiffren für die konkreten Materialschlachten des I. Weltkrieg eingesetzt; er deutete die Kampfhandlungen als rauschhaft-ekstatisches Geschehen, in der Betäubung, Blutdurst und Trunkenheit unter den Soldaten herrschten. Eines seiner Kriegstagebücher hatte er unter den Titel „Feuer und Blut" gestellt.[15] Aus Feuer und Blut der Materialschlachten, die Jünger als Symbiose von Industrie und elementarer Naturgewalt verstand, sollte ein neuer Typus des soldatischen Menschen hervorgehen. Im programmatischen Schlußgedicht „Absage" am Ende der *Sarmatischen Zeit* spielt Bobrowski kritisch-negierend auf diese Formel vom neuen Menschen aus Feuer und Blut an.[16] Anders als Jünger oder die ekstatischen Künstler des Expressionismus bindet Bobrowski den von ihm mit dem Feuer charakterisierten Zustand durch den komplementären Gegenbegriff des Schnees zurück. Das menschliche Handeln ist zwischen die Gegensätze von Feuer und Schnee gespannt. Mausers Begriff der „Anfechtung" hilft zu verstehen, daß Bobrowski damit auch

---

14 Zum Vitalismus der Kriegs- und Revolutionsmetaphern in der Literatur des Expressionismus vgl. G. Martens: Vitalismus und Expressionismus. Ein Beitrag zur Genese und Deutung expressionistischer Stilstrukturen und Motive. Stuttgart 1971. Vgl. darüber hinaus auch Theo Meyer, der die nur scheinbar unvereinbare Verbindung dionysisch-ekstatischer Elemente im Einflußbereich von Nietzsche mit sozialethischen und religiösen Bestrebungen in expressionistischen Dichtungen und Programmschriften belegt: Nietzsche und die Kunst. Tübingen; Basel 1993, Kap. IV, S. 243-321.

15 E. Jünger: Feuer und Blut, 1925. In: Sämtliche Werke. Erste Abteilung, Bd. 1. Stuttgart 1978.

16 Der neue bzw. „schöne" Mensch erscheint ihm als „Lockung"; er ordnet ihn wie „Feuer" und „Blut" einer durch „Finsternis" und „Angst" charakterisierten „alten" Zeit zu, die Bobrowski durch den pruzzischen Donnergott Perkun mit seinen rätselhaften heidnisch-archaischen Attributen verkörpern läßt. Dessen Ära erstrecke sich bis in die Gegenwart. Das Neue: die Zeit einer Menschlichkeit im Sinne des Christlich-Humanen habe nie begonnen; sie könne nur ein Vermächtnis an die Zukunft sein. (Johannes Bobrowski: Sarmatische Zeit. Schattenland Ströme. Neuausgabe in einem Band. Stuttgart 1961/62, S. 52f. - Zu den in diesem Zusammenhang wichtigen Hamann-Bezügen vgl. B. Leistner: Johannes Bobrowski. Studien und Interpretationen. Berlin 1981, S. 14-16.).

von der Situation des Soldaten im Krieg spricht: In dichterischen Zeichen hält Bobrowski die innere Gefährdung des Subjekts fest.
Die zentrale positive Elementarkraft ist für Bobrowski das Wasser. Er betont seine lebensspendende und kommunikative Kraft und nutzt das Verbindungssystem von Strom und Meer, um Aspekte geschichtlicher, existentieller, wenn nicht sogar eschatologischer Kontinuität zwischen Ursprungsquell und Mündung zu formulieren.

Sarmatien ist als Naturkonstrukt, das die friedliche Zeit der Kindheit wie auch die Kriegszeit umfaßt, in mancher Hinsicht problematisch. Es blendet die zivilisatorisch-gesellschaftlichen Ursachen des Krieges zu Gunsten einer anthropologisch-naturalen Sicht aus. Und es mag scheinen, daß Bobrowskis Naturkonstrukt für die Zeit des II. Weltkriegs die Grenzen zwischen Angreifern und Angegriffenen, zwischen Tätern und Opfern verwischt. Doch geht der Autor davon aus, daß der Gewaltzustand des Krieges nicht von außen, also durch Fremde über die sarmatische Landschaft verhängt wird, sondern fundamental zum Sarmatischen selbst gehört. Wolf und Hecht sind Chiffren, die das Potential gewaltsamen Handelns symbolisieren und die zeitweilige Vorherrschaft einer wölfischen Natur im Menschen thematisieren. In der naturgeschichtlichen Sicht muß es aber offen bleiben, warum das eine Mal eine wölfische Natur und das andere Mal eine friedliche Natur vorherrscht. Bobrowski wird daher nicht nur aus persönlicher Einstimmung, sondern auch aus der Logik des Denkens zu einer ergänzenden Sicht geführt, die diese Frage klären könnte: zur religiösen Perspektive. Sie wird in den Gedichten nur sehr verhalten aufgenommen. Am Ende des zweiten Bandes, in der Nähe des Themas „Tod", wird jedoch die Frage nach einem Gott gestellt:

Wär da ein Gott
und im Fleisch,
und könnte mich rufen, ich würd
umhergehn, ich würd
warten ein wenig. [17]

Das lyrische Ich bekennt sich hier nicht nur zum Fleisch gewordenen Gott des Christentums, sondern auch positiv zur Fleischlichkeit der menschlichen Existenz. Daß er mit seinem Weib ein Leib sei, der in seinen Kindern fortlebe, hieß es bereits in einer betont biblischen Sprache am Ende der *Sarmatischen Zeit*. Mit seinem innig-bejahenden

---

[17] *Immer zu benennen*. In: J. Bobrowski: Sarmatische Zeit. Schattenland Ströme, S. 104.

Bekenntnis zum Elementaren, Natürlichen und Kreatürlichen in den beiden sarmatischen Zyklen befindet sich Bobrowski in einer kritischen Distanz zur spiritualisierten christlichen Subjektauffassung. Sein Naturkult und seine Auffassung des Elementaren verbinden sich mit seinem Christentum, gehen aber selbst auf den Vitalismus der 20er Jahre zurück. Auch seine eingehende Auseinandersetzung mit dem Archaischen, Mythischen, Naturreligiösen, Dämonischen bzw. - wenn man es christlich fassen will - dem Heidnischen, bestätigen die Distanz zum spiritualisierten Glauben, die nicht zuletzt in der Bezeichnung „Sarmatien" selbst zum Ausdruck kommt.

V. Existentielle Reduktionen

Die sarmatische Landschaft wird durchgängig in ihren hervorstechenden Kennzeichen benannt: besonders in ihren Wäldern, Seen, Strömen und als Ebene. Dem entspricht ein großflächig-panoramatischer Grundgestus; Städte, Dörfer sind oft nur durch komprimierte Zeichen, wie etwa dem Rauch, in die Weite einer weitgehend unbesiedelt erscheinenden Landschaft eingelassen. Diese Zeichenhaftigkeit erinnert zum einen an die Abstraktionen der Geographen, vor allem aber an die expressionistische Einfachheit. Bobrowski nutzt sie für den übergreifenden Raumaufbau, manchmal auch für die Konstruktion historischer Epochenzäsuren, wie für den Wechsel vom Nomadentum zur Sesshaftigkeit. Dem entspricht auch der Gebrauch eines verallgemeinernden Singulars, wie z.B. beim Kulturtypus „Jäger". Im einzelnen läßt sich dieses Konstrukt dann mit folkloristischen Szenen, ethnographischen Portraits, Besonderheiten der Fauna und Flora sowie mit Elementen des Mythischen und Religiösen ausfüllen und mit Erinnerungen anreichern.

Besonders wo Bobrowski auf Existentielles zielt, erinnern seine Abstraktionen und Typisierungen an die expressionistischen Verfahren, Grundsituationen des Menschlichen vorzustellen und mit (kultur-)anthropologischem Pathos aufzuladen. Auch wenn sich Bobrowski vom Expressionismus darin unterscheidet, daß er auf Formsprengungen verzichtet, greift er dessen Typisierungen auf und verstärkt damit die Tendenz zu bedeutungsträchtigen Abstraktionen und Singularbildungen. Der Märchenerzähler im nunmehr leer gewordenen Kreis seiner Zuhörer, der nomadische Jäger, der vom Gras eingefangen und damit seßhaft wird, der immer wieder beschworene Ahn', der graue Jude mit seinem Wägelchen, die Närrin, aber auch Gruppen, wie die Frauen der Nehrungsfischer, sind solche Stilisierungen. Ihre Eindringlichkeit beruht nicht auf reichhaltiger Entfaltung und Detailgenauigkeit, sondern im Gegenteil auf herausgehobenen gestischen oder sprachlichen Ausdruckszeichen, die zwar von größter Schlichtheit und Verknappung sind, aber gerade deshalb pathetisch wirken. Sie treten wie in vergrößerter Bedeutungsperspektive in den Vordergrund und stehen für Grundsätzliches, Menschliches, Existentielles, Archaisches und schicksalhaft Schweres. In ihrer kargen bedeutungsschweren Existenz treten sie vielfach wie isoliert, beziehungslos, unvermittelt, rätselhaft aus der menschenleeren Weite des Raumes, dem Dunkel früher Geschichtsepochen oder dem Unbestimmten der Erinnerung hervor.

Ihnen entsprechen die Singularbildungen einer personalisierten Natur, die angerufen wird, als solche selber handelt oder ihrerseits in ein kommunikatives Verhältnis mit der Umgebung tritt: vor allem der Strom, der Wald, der Wind, die Ebene; aber auch das Gras, das den nomadischen Menschen einfängt, der Stein, der diesem das Schweigen lehren soll. Auch die Naturelemente treten bedeutungsschwer hervor, bleiben aber nicht so isoliert wie die Menschen, sondern kommunizieren, greifen Raum, verzweigen und vernetzen sich untereinander.

VI. Zeitdarstellung

In Sarmatien ist nur der Raum im wesentlichen konstant. Die Zeitebene ist dagegen mit ihren Verschachtelungen, Rückverweisen und Vorausdeutungen sehr vielschichtig. Diese Komplexität entsteht nur ansatzweise im einzelnen Gedicht; sie stellt sich erst umfassend über die Zusammenstellung der Gedichte in den Sammelbänden her. Bobrowskis Zeitdarstellung ist von der Forschung mehrfach untersucht worden, wobei hier vor allem die größeren Arbeiten von Wolfram Mauser, Werner Schulz und Oliver Schütze hervorzuheben sind. Mauser hat die charakteristische Evokationsstruktur untersucht und an Einzelgedichten gezeigt, wie kalkuliert Bobrowski das heraufbeschworene Glück der frühen Erinnerungen durch verstörende Zeichen und Hinweise bricht, um auf die kommende Katastrophe vorauszuweisen.[18] Schulz hat v.a. das filmisch anmutende Heranfahren an die Sujets, das Gleiten der Perspektive sowie die nach Traummustern erfolgende Erinnerungsarbeit herausgearbeitet.[19] Und Schütze hat auf

---

18 W. Mauser: Beschwörung und Reflexion (wie Anm. 13).
19 W.: Die aufgehobene Zeit. Zeitstruktur und Zeitelemente in der Lyrik Johannes Bobrowskis. New York [u.a.] 1983.

die besondere Bedeutung der Strömungsmetaphern hingewiesen, sie aber vielleicht zu einlinig auf die Poetik Hölderlins rückbezogen.[20]

Bei Bobrowski nimmt, ähnlich wie seit der kritischen Wendung der Naturlyrik in der Nachkriegszeit, die Landschaft die über sie hinweggehende Geschichte in sich auf. Ihre Spuren werden in einer Archäologie der Landschaft zum lyrischen Thema, so daß eine sarmatische Gedächtnislandschaft entsteht. Bobrowski steuert die immateriellen Zeugnisse der Geschichte bei: Helden, Götter, Sagen, aber auch Fakten der Frühgeschichte. Er verläßt dabei sogar den geographischen Einzugsbereich und bezieht Mythen aus der griechisch-römischen Antike oder Gestalten und Gottheiten weiter entfernter Regionen ein. Auch daran läßt sich erkennen, daß er im Rahmen des Sarmatischen eine menschheitsgeschichtlich erweiterte Reflexion und Meditation von existentiellen Grundsituationen anstrebt.

Insgesamt läßt sich für die beiden Gedichtszyklen sagen: Es wird eine lineare Zeit von der Kindheit bis zum Tod aufgebaut, die man über das Biographische hinaus als existentielles Grundkonstrukt verstehen muß. In ihm gehen die persönliche Entwicklung Bobrowskis und die kollektive Geschichte des Ostens bis zum II. Weltkrieg ineinander über. Das existentielle Konstrukt ist insgesamt überaus komplex und bezieht die Begebenheiten, Daten, Orte, Zustände, Zeugnisse sowie Namen der Menschheitsgeschichte ein. Diese Themen haben ihre genuine Zeit - sei sie Vorzeit der verschiedenen Schauplätze, sei sie jüngste Vergangenheit, Gegenwart, Traumzeit oder Vision - und bekommen zugleich ihre spezifisch poetische Zeit im Gedicht. Sie entsteht durch Vorausdeutungen oder Rückbezüge und wird im einzelnen durch Rahmungen, Stufungen, Parallelen, aber auch durch asymmetrische Spiegelungen, Auffächerungen, Engführungen, Variationen und Kontrastierungen eingefaßt und vernetzt. Insgesamt führt die Zeit von der Archaik bis zur Gegenwart der 50er Jahre (mit dem Thema der Atomversuche in „Vogelstraßen") zu Ausblicken in die eher geschichtliche Zukunft am Ende des ersten Bandes und zur offenen Frage nach einer eschatologischen Zukunft am Ende des zweiten Bandes.

Das lyrische Ich ist der Angelpunkt zwischen den Zeitebenen und versammelt in besonderem Maß die Zeitdimensionen. Es versetzt sich sowohl in die eigene als auch in die kollektive Vergangenheit. Anrufen, Annähern, Heraufbeschwören, Eintauchen und Anverwandlung sind wiederkehrende Grundformen, die im Gestus der Sprache wie im Aufbau der traumähnlich verbundenen Bildsequenzen vorgeführt

---

20 O. Schütze: Natur und Geschichte im Blick des Wanderers (wie Anm. 7).

werden. Es ist daher Werner Schulz zuzustimmen, wenn er von einer Durchstoßung der gegenwärtigen Alltagsrealität zugunsten einer traumhaft wirkenden, fernen Erinnerungsschicht spricht. Sie wird vom lyrischen Ich in einer Art Aufhebung der Zeit, teils meditativ, teils prophetisch errungen und erweist sich, wenn die Erinnerung sich in der unverfügbaren Eigenlogik ihrer Bilder zeigt und zu fließen beginnt.

Da das lyrische Ich auch in der Nachfolge des Künstlertums von Jäger und Märchenerzähler steht, kann es noch eine weitere Dimension der Zeitlichkeit einbringen. Es steht in einer die Zeiten übergreifenden Kontinuität mit anderen Dichtern, Dichterinnen oder verwandten Künstlern, die Bobrowski in Widmungsgedichten als eine Familie von Geschwistern aufnimmt. (Wie schon mit einigen Mythen und Artefakten sprengt er auch mit ihnen den geographischen Einzugsbereich Sarmatiens.)

Die Überlast an Vermittlung führt allerdings zu einer Aufblähung des lyrischen Ichs. Sie läßt eine Überfigur entstehen, die die panoramatische Weite der sarmatischen Landschaft als gestaltete Ganzheit erfassen und sich ihren elementaren Rhythmen wie auch den vorbewußten Tiefenschichten der Menschheit anverwandeln will und sich auch auf ein Bewußtsein einstellt, das den menschlichen Horizont übersteigt. Das lyrische Ich kommt daher expressionistischen Seher- und Prophetenfiguren samt ihren ekstatisch-nervösen und seismographischen Sensibilitäten nahe. Die vieldeutige Beschwörung des Dunklen, Unbewußten, Vergessenen, Verschwiegenen ist ihnen ebenso gemeinsam wie die Bewußtseinszustände des Überhellen, Überwachen, Übersensiblen und Hellhörigen.

Verloren geht Bobrowski dabei die zivilisatorische Signatur einer Gegenwart. Man merkt es den Gedichten nicht an, daß ihr Autor im Nachrichtendienst seiner Einheit tätig war. Die mediale Kompetenz und Vernetzung, auch die nur partielle Medienwahrnehmung sind weder ein Thema, noch gehen sie in die Konstitution seines lyrischen Gegenstandes ein. Im Gegenteil: Das lyrische Ich wird so präsentiert, als hätte es direkt Zugang zu den Dingen der Natur oder den Zuständen früherer Epochen. Auch die gesellschaftliche Infrastruktur, die Bobrowski erst zu einem Wissenden gemacht hat, bleibt fast unerwähnt. Obgleich er selbst Kunstgeschichte in Berlin studiert hat, fehlen die Orte und Institutionen des Wissens, die Städte mit ihren Kultureinrichtungen, Schulen, Universitäten, Bibliotheken, Museen, es fehlen die Zeitungen, Abbildungen, Photographien. Der Nachrichtensoldat spricht nicht vom Radio und nach dem Krieg nicht vom Fernsehen. Auch Buchläden, Studierzimmer und Schreibtisch werden in der Regel nicht erwähnt.

Diese Feststellungen sollen Bobrowskis Werk kennzeichnen, aber es nicht kritisieren. Wie groß muß während der Nazizeit seine Abscheu und in den 50er Jahren seine Abkehr vom Gesellschaftlichen gewesen sein, daß er sich ganz in die existentiellen Fragen vertieft hat! Es liegt in der Konsequenz seiner Fragestellung, daß sie andere Perspektiven ausblenden muß. Umgekehrt ließe sich sagen, daß andere Autoren mit anderen Fragestellungen die existentiellen Fragen vermissen lassen. Vielleicht sind die formalen Brechungen und Relativierungen anderer Autoren ein (Kunst-)Mittel, um die Widersprüche doch noch zusammen zu zwingen. Die Fragen werden allerdings von den modernen Autoren an die Leser nur weitergegeben.

‚Weibliches' Sarmatien.
Osteuropa zwischen Exotismus und Identifikation
in der Lyrik Johannes Bobrowskis

SABINE EGGER

Johannes Bobrowskis Dichtung hat als zentrales Thema das „Verhältnis der Deutschen zu ihren östlichen Nachbarvölkern".[1] Unter dem Begriff „Sarmatien" wird besonders in den ersten beiden Gedichtbänden, *Sarmatische Zeit* (1961) und *Schattenland Ströme* (1962), ein Raum der individuellen Erinnerung und gemeinsamen Geschichte entworfen, der von immer neuen Beispielen deutscher Gewalt gegenüber den slawischen, baltischen und anderen osteuropäischen Völkern bestimmt ist, angefangen mit der deutschen Ostkolonisation bis hin zum Zweiten Weltkrieg.[2] Als Grundkonstellation stehen in den Gedichten negativ besetzte deutsche Täter- bzw. Mitläuferfiguren positiv konnotierten „östlichen" Opferfiguren gegenüber.[3] Letztere werden dabei als paradigmatische Gestalten evoziert, die sich durch ihre Passivität, sowie mythische Verbundenheit mit der sie umgebenden Natur und Gemeinschaft von den aggressiven Täterfiguren unterscheiden, die ihrerseits als Fremdkörper im Raum stehen. Besonders häufig tragen die Opfer weibliche Züge. Die geschichtliche Gewalt, die sie erfahren, wird dagegen implizit oder explizit als männlich markiert. Mein Beitrag untersucht die ‚Weiblichkeit' der osteuropäischen Opfer in Hinblick auf ihre Funktion innerhalb des sarmatischen Gedächtnisraums in Bobrowskis Lyrik. Darüber hinaus soll kurz auf Parallelen und Traditionslinien zwischen seinem Osteuropabild und anderen Darstellungen des ‚Ostens' in der deutschsprachigen Literatur hingewiesen werden.

---

1 J. Bobrowski: Benannte Schuld - Gebannte Schuld. Vortrag in der Evangelischen Akademie Berlin-Brandenburg. In: J. Bobrowski: Gesammelte Werke in sechs Bänden, hg. von E. Haufe. Bde. I-IV Stuttgart / Berlin 1987, Bd. V Stuttgart 1998, Bd. VI (hg. von H. Gehle) Stuttgart 1999, hier IV, S. 443-447, hier S. 447; Zitate aus dieser Ausgabe werden im folgenden mit der Sigle GW, der Band- und der Seitenangabe nachgewiesen.
2 GW V, S. 17. Vgl. J. Bobrowski: Notiz für Hans Benders Anthologie „Widerspiel - Deutsche Lyrik seit 1945". In: GW IV, S. 335.
3 J. Bobrowski: 3 Gesichtspunkte. In: GW IV, S. 336.

Während in der Bundesrepublik der fünfziger Jahre das Antitotalitarismusmodell den gesellschaftlichen und literarischen Diskurs weitgehend bestimmte und es erlaubte, den Antikommunismus - und damit auch ‚Antislawismus' - aus dem ‚Dritten Reich' fortzuführen,[4] ist die Auseinandersetzung mit der jüngsten deutsch-osteuropäischen Geschichte ein Anliegen des offiziellen antifaschistischen Diskurses in der SBZ/DDR, der, wie Thomas C. Fox zeigt, auch in einer Reihe von literarischen Texten reflektiert wird.[5] Die Autorinnen und Autoren sehen sich in der Pflicht, durch ihr Schreiben zum Abbau negativer Vorstellungen über die sowjetischen und polnischen Nachbarn beizutragen. Dabei lassen sich Fox zufolge zwei Hauptrichtungen unterscheiden: Texte von Anna Seghers oder Stephan Hermlin höben aus einer marxistischen Perspektive Gemeinsamkeiten mit den Bewohnern der „sozialistischen Bruderstaaten" hervor. Dabei werde die Bedeutung von Nationalität, Ethnizität oder Religion weitgehend ausgeblendet.[6] Andere Texte, wie Rolf Schneiders *Die Reise nach Jaroslaw* (1974), stilisierten osteuropäische Figuren dagegen innerhalb einer romantisierenden Darstellung zum ganz Anderen eines defizitären DDR-Alltags. Dabei würden negative Klischees mit einer langen Geschichte im deutschen Diskurs wie das des östlichen Barbaren als Gegenstück westlicher Zivilisiertheit ins Positive umgewertet.[7] Der Farblosigkeit des eigenen Alltags in einer technisierten und rationalisierten Welt würden osteuropäische Sinnlichkeit und Naturhaftigkeit, oft in Gestalt weiblicher Figuren, gegenübergestellt.[8]

---

4   Vgl. J. Danyel: Vom schwierigen Umgang mit der Schuld. In: Zeitschrift für Geschichtswissenschaft 10 (1991), S. 915-928.
5   Vgl. T. C. Fox: Imagining Eastern Europe in East German Literature. In: K. Bullivant / G. Giles / W. Pape: Germany and Eastern Europe: Cultural Identities and Cultural Differences. Amsterdam 1999, S. 284-303. Zur gegenseitigen Wahrnehmung von Deutschen und Bürgern der Sowjetunion in der Nachkriegszeit, vgl. zudem E. Mehnert: Menschen im Krieg - ein imagologischer Sonderfall? - Gegenseitige Wahrnehmung von Deutschen und 'Sowjetbürgern'. In: U. Heukenkamp (Hg.): Schuld und Sühne? Kriegserlebnis und Kriegsdeutung in deutschen Medien der Nachkriegszeit (1945-1961). Amsterdam 2001, S. 67-77, hier: S. 73-77.
6   Vgl. T. Fox (Anm. 5), S. 290; 286ff.
7   Vgl. E. Mehnert (Anm. 5), S. 69. Danach gehöre zum positiven Stereotyp deutsch-sowjetischer Beziehungen auch das „Schuld-und -Sühne-Syndrom" sowie die Darstellung ‚der Russen' als Asiaten, nicht als Europäer. Ibid. S. 74; 76.
8   Ein weiteres Beispiel für diese Richtung sei neben W. Heiduczeks *Tod am Meer* (1977) und anderer Prosa der 70er Jahre auch J. Bobrowskis Roman *Levins Mühle* (1964), vgl. Th. Fox (Anm. 5), S. 294-300.

Hier deuten sich Parallelen zur oben skizzierten Darstellung in Bobrowskis Gedichten an. Wie die von Fox genannten Autoren wendet er sich gegen die im Nationalsozialismus instrumentalisierten Klischees osteuropäischer Minderwertigkeit[9], wobei seine Hinwendung zur ethnischen Identität osteuropäischer Juden in diesem Kontext eine Ausnahme in der DDR-Literatur der fünfziger Jahre darstellt.[10] 1956 beschreibt er in einem Brief sein Projekt eines „sarmatischen Divans":[11]

> *Ich will [...] in einem großangelegten Gedichtbuch gegenüberstellen: Russen, Polen, Aisten samt Prużżen, Kuren, Litauern, Juden - meinen Deutschen. Dazu muß alles herhalten: Landschaft, Lebensart, Vorstellungsweise, Lieder, Märchen, Sagen, Mythologisches, Geschichte [...]. Eins muß aber sichtbar werden am meisten: die Rolle, die mein Volk dort bei den Völkern gespielt hat.*[12]

Zwar läßt sich dieses umfassende Programm in seiner enzyklopädischen Breite im Medium der Lyrik für den Autor nicht verwirklichen, dennoch steht das umschriebene sarmatische Thema im Zentrum der beiden ersten Gedichtbände, denen die folgenden Textbeispiele größtenteils entnommen sind. In den spezifischen poetischen Verfahren des „mehr summierende[n] oder mehr grundsätzliche[n] Gedicht[s]"[13], wie es Bobrowskis Lyrik zunehmend prägt, manifestiert

---

9 Gedichte wie Europäische Ode (1951/52) oder Östlicher Reiter (1955), in denen er direkt auf dieses Klischee Bezug nimmt, bleiben jedoch unveröffentlicht, GW II, S. 192f.; 266ff.
10 Vgl. I. Dinter: Unvollendete Trauerarbeit in der DDR-Literatur. Ein Studium der Vergangenheitsbewältigung. New York u.a. 1994, S. 1-6. Zum offiziellen DDR-Diskurs der 50er Jahre: P. O'Doherty: The Reception of Heine's Jewishness in the Soviet Zone/GDR, 1945-1961. In: German Life and Letters 52 (1999), S. 85-96.
11 J. Bobrowski in einem Brief an P. Huchel vom 1.6.1956, zit. nach R. Tgahrt, in Zusarb. m. U. Doster: Johannes Bobrowski oder Landschaft mit Leuten. Eine Ausstellung des Deutschen Literaturarchivs im Schiller-Nationalmuseum Marbach am Neckar. Marbach / N. 1993, S. 319.
12 J. Bobrowski in einem Brief an H. Ricke vom 9./10.10.1956, zit. nach R. Tgahrt (Anm. 11), S. 320.
13 J. Bobrowski: Die Deutschen und ihre östlichen Nachbarn: In: GW IV, S. 464. In außerliterarischen Äußerungen weist er wiederholt auf die unterschiedliche Form und Wirkungsmöglichkeiten von Prosa und Lyrik hin. So betont er 1965 in einem Interview, ihn habe die didaktische Absicht, seinen Landsleuten Unbekanntes oder Verdrängtes aus der deutsch-osteuropäischen Geschichte nahezubringen, dazu bewogen, „wieder zu erzählen", Meinen Landsleuten erzählen, was sie nicht wissen: In: GW IV, S. 480. Doch wolle er „das Verhältnis zu den östlichen Nachbarvölkern" auch, allerdings auf andere Art und Weise, „mit dem Mittel des Gedichtes in etwa für mich klären", Ibid.

sich eine über die persönliche Erfahrung hinausweisende Auseinandersetzung mit der deutsch-osteuropäischen Geschichte sowie mit den eigenen und fremden Denkweisen, die einen interpretativen Zugang zu ihnen als literarischer Form des Fremdverstehens eröffnet.

Fremdverstehen bezieht sich im Forschungszweig der Interkulturellen Kommunikation auf den Dialog mit Angehörigen einer fremden Kultur. Damit ist das über die unmittelbar sprachliche Kommunikation hinausgehende Gespräch mit den lebendigen Vertretern der anderen Kultur wie auch mit ihren materialen Kulturgegenständen gemeint. Es ist nur dann erfolgreich, wenn zumindest ein Dialogpartner den kulturellen Kode des anderen, also dessen kulturspezifische Konventionen und Denkweisen, versteht. Verinnerlichte Vorurteile oder Stereotypen über die fremde Kultur und ihre Angehörigen verhindern dagegen einen solchen Dialog. Fremdverstehen setzt also zum einen das faktische Wissen über die fremde Kultur voraus, auf einer grundsätzlicheren Ebene aber auch das Bewußtsein der eigenen und fremden Wahrnehmungsstrukturen und damit der Kulturspezifik menschlicher Wahrnehmungsweisen.[14] Im Hinblick auf die Kommunikationsstruktur der Gedichttexte ist Fremdheit, einfach gesagt, auf zwei Ebenen von Bedeutung: Auf der konzeptuellen Ebene geht es darum, was im Verständnis von Autor und solchen Lesern, die er als ‚meine Deutschen' oder ‚meine Landsleute' anspricht, das kulturell Eigene und Fremde beinhaltet. Das äußert sich beispielsweise in intertextuellen Bezügen zu den jeweiligen kulturellen Traditionen im Text. Auf dieser Ebene konkretisiert sich Fremdheit zudem in der Raumstruktur bzw. Bildlichkeit der in den Gedichten entworfenen Landschaften. Dabei werden Vorstellungen über die eigene und die fremde Kultur beispielsweise durch die Anordnung von Figuren und Gegenständen im Raum, ihr Verhältnis zueinander und zum Naturraum, der häufig den Werthorizont des Textes darstellt, reflektiert oder konterkariert.

Bobrowskis ‚summierende' Gedichte wenden sich weniger spezifischen nationalen oder ethnischen Gruppen als den ‚östlichen Nachbarvölkern' bzw. den Bewohnern Sarmatiens in ihrer Gesamtheit zu.[15] Während der Name Sarmatien die räumliche Weite und zeitliche Tiefe

---

14 Vgl. S. Egger: Komparatistische Imagologie im interkulturellen Literaturunterricht. In: Zeitschrift für Interkulturellen Fremdsprachenunterricht [Online] 6.3 (2002), S. 1-19, hier: 4ff.
15 In einem Brief von 1961 spricht er vom „größeren, panslawischen Themenkreis" der Texte des zweiten Gedichtbandes. Zit. nach GW V, S. 79.

der thematisierten deutsch-osteuropäischen Geschichte andeutet und bewußt jegliche politischen und nationalen Grenzen transzendiert, hebt der Begriff der östlichen Nachbarn stärker den Gegensatz zwischen osteuropäischen Opfern und deutschen Tätern in den Vordergrund. Das geschieht durch typisierende poetische Verfahren auch in den einzelnen Gedichten, die sich den Traditionen und dem geschichtlichen Leid von Litauern, Polen, Russen und osteuropäischen Juden zuwenden und die im Gesamtkontext der sarmatischen Lyrik durch ein begrenztes Vokabular an Zeichen und Motiven, das eine komplexe Motivsprache bildet, zusammengefügt werden. Ein in verschiedenen Gedichten wiederkehrendes Motiv ist ein Mädchen im roten Rock. So heißt es im Gedicht *Kaunas 1941* (1957/58), dessen Titel auf das historisch dokumentierte, von den deutschen Besatzern initiierte Massaker an den jüdischen Einwohnern der Stadt verweist:[16]

Stadt,
über dem Strom ein Gezweig,
kupferfarben, wie Festgerät. Aus der Tiefe die Ufer
rufen. Das hüftkranke Mädchen
trat vor die Dämmerung damals,
sein Rock aus dunkelstem Rot.

Und ich erkenne die Stufen,
den Hang, dieses Haus. Da ist kein
Feuer. Unter dem Dach
lebt die Jüdin, lebt in der Juden Verstummen,
flüsternd, ein weißes Wasser
der Tochter Gesicht. Am Tor
lärmen die Mörder vorüber. Weich
gehn wir, im Moderduft, in der Wölfe Spur.
[...][17]

---

16 Vgl. D. Deskau: Der aufgelöste Widerspruch. „Engagement" und „Dunkelheit" in der Lyrik Johannes Bobrowskis. Stuttgart 1975, S.34. J. Wieczorek vermutet, daß das Gedicht auf Bobrowskis persönlicher Erfahrung beruht. Vgl. J. Wieczorek: Between Sarmatia and Socialism. The Life and Works of Johannes Bobrowski. Amsterdam 1999, S. 50.
17 GW I, S. 60f.

Im Gedicht findet ein Erinnerungsprozeß statt, dessen Subjekt sich in der zweiten Strophe als Teil der lyrischen Situation zu erkennen gibt. In derselben Strophe wird die ethnische Identität der Opfer der evozierten Vernichtungsaktion genannt, dabei repräsentiert eine weibliche Gestalt – „die Jüdin" - das Schicksal ihrer Gruppe. Sie stellt das Hauptziel der Verfolgung durch „die Mörder" dar. Ihre Identität mit dem Mädchen im roten Rock aus der ersten Strophe wird stärker oder schwächer suggeriert, je nachdem, ob man das Geschehen in dieser Strophe in seiner Gesamtheit auf der Gegenwarts- oder Vergangenheitsebene ansiedelt. Im ersten Fall erinnert sich das Subjekt an die ehemalige Bewohnerin des jetzt verlassenen Hauses, in dem kein Herd- oder Ofenfeuer mehr auf menschliches Leben deutet. Das Pronomen „wir" in der letzten Zeile der zitierten Strophe umfaßt dann auch das Kollektiv derer, die in den im Gedicht konkretisierten Prozeß des Gedenkens einbezogen werden und das Subjekt beim Verfolgen der Erinnerungsspuren gewissermaßen begleiten. Im zweiten Fall befindet sich das Subjekt auf der Zeitebene des evozierten Geschehens. Die Bewohner der Häuser verstummen oder flüstern; sie haben ihre Feuer ausgelöscht und ihre Töchter versteckt, um deren Leben zu retten. Damit schließt das „wir" in der obigen Zeile das zu den deutschen Besatzern gehörende Subjekt mit ein. Diese folgen am Tag des Massakers den Totschlägern, die auf ihren Befehl handeln, auf ihrer Vernichtungsspur durch die Stadt. Da kein eindeutiger logisch-syntaktischer Zusammenhang gegeben ist, sind beide Deutungen möglich und verbinden, gerade wenn man sie als komplementäre Lesarten nimmt, das zentrale Thema des Gedichts mit der Erinnerungsthematik der sarmatischen Lyrik. Den thematischen Mittelpunkt des Gedichts bildet die individuelle Auseinandersetzung mit der Schuld des Mitläufers, wie die fünfte und sechste Strophe, in denen die Beschreibung von der Reflexion des Geschehens abgelöst wird, verdeutlichen. Dabei kann das „du" der folgenden Zeile auch als Anrede an den Leser verstanden werden, der so in das Kollektiv der Schuldigen aufgenommen wird, falls er sich der Pflicht, des Vergangenen zu gedenken, entzieht:

[...]
Wirst du über den Hügel
gehn? Die grauen Züge
- Greise und manchmal die Knaben -
sterben dort. Sie gehn
über den Hang, vor den jachernden Wölfen her.
Sah ich dich nicht mehr an,
Bruder? An blutiger Wand
schlug uns Schlaf. So sind wir
weitergegangen, um alles
blind. [...]

Gleichzeitig wird im jüdischen Mädchen eine archetypische Opferfigur geschaffen, die durch ihre Zugehörigkeit zum ‚schwachen' Geschlecht, ihre Jugend und Krankheit doppelt verletzlich und hilflos anmutet, und somit in mehrfacher Hinsicht die Rolle des schutzbedürftigen Mitglieds einer Gemeinschaft ausfüllt. Zwar werden im weiteren Verlauf auch Greise und Knaben als Opfer des Genozids genannt, aber die zentrale Konstellation, die im Gedicht die historische Verfolgungssituation abbildet und ins Archetypische überhöht, ist die des von Wölfen verfolgten Mädchens. Die Assoziation mit dem Märchen von Rotkäppchen und dem bösen Wolf, die sich beim Lesen einstellt, ist sicher nicht zufällig. Das Rot des Rockes und der „blutigen Wand" ist sowohl Lebens- als auch Todeszeichen. Während die archetypische Bedeutung des Blutes und seiner Farbe synekdochisch auf das Leben verweist,[18] deutet das vergossene Blut im Gedichtkontext auf die vom Subjekt miterlebte Beendigung von menschlichem Leben. Die Farbe Weiß oder Grau, die hier und in anderen Gedichten mit dem Rot einen Kontrast bildet, markiert eine größere zeitliche und sinnliche Distanz zwischen Subjekt und getötetem Objekt.[19] Die graue Fellfarbe des Wolfes symbolisiert also die Abwesenheit des Lebens, die er mit sich bringt und welche die vom Krieg verwüsteten

---

18 Auch in der vitalistischen Metaphorik expressionistischer Gedichte, deren Einfluß auf Bobrowskis Bildlichkeit merklich ist, fungieren „Blut", das oft weiblich besetzte „Rot" und „Feuer" als Zeichen des Lebens. Vgl. Th. Anz: Literatur des Expressionismus. Stuttgart 2002, S. 57.
19 Zur Bedeutung der Farbe weiß als Zeichen des Todes bzw. der Abwesenheit, vgl. F: Minde: Johannes Bobrowskis Lyrik und die Tradition. Frankfurt / M. 1981, S. 523. Dadurch, daß Weiß die Todesfarbe der heidnischen Litauer ist, wird das Spektrum der möglichen kulturellen Bezüge ausgeweitet, wenn auch nicht in jedem Text realisiert. Vgl. J. Katauskiene: Land und Volk der Litauer im Werk deutscher Schriftsteller des 19./20. Jahrhunderts. Vilnius 1997, S. 128f.

Landschaften kennzeichnet:[20] So bleibt vom roten Rock als Zeichen der lebendigen jüdischen Kultur und des Lebens an sich nur noch ein „weißes Wasser" und die „grauen Züge" der Opfer, die zu ihrem Tod getrieben werden.

Mit dem Wolf als zentralem Zeichen für Tod und Zerstörung in den Gedichten greift Bobrowski ein archetypisches Symbol des Bösen auf, das aus der slawischen und deutschen Mythologie bekannt ist, in der nationalsozialistischen Rhetorik aber positiv umgewertet und - wie im Namen von Hitlers Hauptquartier „Wolfsschanze" bei Rastenburg - auf das Selbstbild bezogen wird. Diese unterschiedlichen Bedeutungsschichten sind in Bobrowskis sarmatischer Lyrik insgesamt präsent, wobei das Zeichen des Wolfs im obigen Beispiel überwiegend negativ bewertet ist. Seine Farbe, sein nomadisches Wesen und seine bedrohliche Wildheit machen ihn zum Fremdkörper im intakten sarmatischen Kultur- und Naturraum. Aufgrund der kontrastiven Gegenüberstellung mit der Mädchenfigur und angesichts der Kenntnis des historischen Hintergrundes wird die männliche Konnotation, die der Wolf in den verschiedenen Mythologien hat, noch verstärkt. Bezieht sich „Wolfzeit" in *Wilna* auf eine nicht genauer definierte kriegerische Vorzeit und „der Wölfe Zeit" im unveröffentlichten Gedicht *Die Mainau* auf die gewaltsame Kolonisation des Baltikums durch den Deutschen Ritterorden ab dem dreizehnten Jahrhundert,[21] so wird Geschichte im Gedicht *Lettische Lieder* in eine männliche Ahnenreihe von Raubtieren umgesetzt. Dort heißt es: „Mein Vater der Habicht. / Großvater, der Wolf. / und der Ältervater der räubrische Fisch im Meer".[22]

Archetypisierung und „Polymythie", d.h. die Verknüpfung unterschiedlicher mythologischer Bezüge, sind zwei charakteristische Verfahren der sarmatischen Lyrik, mit deren Hilfe die konkrete historische und kulturspezifische Erfahrung auf eine zeit- und kulturüber-

---

20 Der Wolf erscheint; oft als kongruenter Teil des unbewohnbaren Kriegsraums, in GW I, S. 16; 21; 53; 60; 91. Seine zeichenhafte Bedeutung hat eine weitere historische Grundlage. Denn der seit dem neunzehnten Jahrhundert in Ostpreußen und Litauen ausgerottete Wolf kommt mit dem Zweiten Weltkrieg wieder, vgl. U. Lachauer: Die Brücke von Tilsit. Begegnungen mit Preußens Osten und Rußlands Westen. Reinbek 1994, S. 67f.
21 GW II, S. 303f.; GW I, S. 21f. Vgl. außerdem Wolfzeit sowie eine frühe Version des Gedichts Die Memel , GW II, S. 253f.; 255ff.
22 GW I, S. 57. Eine ähnlich zerstörerische diachrone Reihe von Ahn, Kindern und Enkeln wird in Der Ahn zusammen- und friedlich-passiven Frauen gegenübergestellt: „[...] Dann standen mit ihren / Tüchern die Frauen am Zaun.", GW II, S. 274f.

greifende Bedeutungsebene versetzt wird.[23] Im Hinblick auf das Motiv des roten Rocks geschieht das mit Hilfe der archetypischen Bedeutungspolarität, die aufgrund von Bobrowskis Nominalismus bzw. Poetik des „Benennens" im Text kaum eingeschränkt wird: Einzelne Nomen oder Satzteile werden nebeneinander gestellt, ohne daß ihre Bedeutung durch den syntaktischen Kontext eindeutig determiniert wird. So werden einzelne, disparate Erinnerungsbilder aufgerufen, statt einer kausal verknüpften und in sich geschlossenen Geschichtserzählung. Die elementare Gestalt und Bedeutungsambivalenz der durch die Nomen evozierten Bilder wird nicht nur syntaktisch, sondern auch rhythmisch noch hervorgehoben. Daran ändert sich nichts, wenn man den roten Rock als biblisches Symbol liest, was aufgrund der häufigen Bezüge zum Alten Testament in Bobrowskis Lyrik naheliegt.[24] In den Büchern Moses ist die Farbe Rot zugleich Zeichen des Lebens, des Todes und der Auszeichnung vor Gott.[25] Dieselbe Bedeutungsambivalenz hat die Farbe in der Offenbarung.[26] Die kulturelle Verweisungsrichtung des Farbsymbols ist also nicht auf die Juden beschränkt, sondern umfaßt Konzepte von Leben, Tod und Opfer, die alle Religionen teilen. Denn Archetypen gehören zum Reservoir kommunikativer Universalien im kollektiven Unbewußten, gehen also über kulturspezifische Codes hinaus.[27] Trotzdem beruht der Werthorizont auf humanistischen bzw. judäo-christlichen Vorstellungen von Schuld, Sühne und Nächstenliebe. Das wird in der biblischen Bedeutungsdimension der Zeilen „Sah ich dich nicht mehr an, Bruder [...]"

---

23 R. Böschenstein: Mythologie zur Bürgerzeit. Raabe - Wagner - Fontane. In: J. Daum / H.-J. Schrader (Hgg.): Jahrbuch der Raabe-Gesellschaft 1986. Braunschweig 1986, S. 7-35, hier: 25.
24 Vgl. A. Stock: Warten, ein wenig. Zu Gedichten und Geschichten von Johannes Bobrowski. Würzburg 1991, S. 46-55.
25 Rot ist die Farbe der Opfer, deren Darbringung Gott von den Kindern Israel verlangt, vgl. 3. Mose 7.2; 1. Mose 22. Rot ist auch das Blut, mit denen sie als Angehörige des auserwählten und unschuldigen Volkes ihre Türpfosten bestreichen sollen, um von der Strafe die Gott über die Ägypter, die sich durch die Unterdrückung der Juden versündigt haben, verschont zu bleiben, vgl. 2. Mose 12. Blut und Wasser sind zudem Zeichen der Fruchtbarkeit und des Lebens, vgl. 2. Mose 4. 9.
26 Hier ist Rot Zeichen der Sündhaftigkeit und Bedrohung der Menschen, aber gleichzeitig ihrer Rettung durch den Tod des Lamm Gottes. So reitet die „große Hure" Babylon auf „scharlachrotem Tier", Offenbarung 17. Der „rote Drache" ist die Verkörperung des Teufels, der durch des „Lammes Blut" überwunden wird, Offenbarung 12.3; 11.
27 Vgl. G. Hoffmann: Raum, Situation, erzählte Wirklichkeit. Poetologische Studien zum englischen und amerikanischen Roman. Stuttgart 1978, S. 341. Zur bipolaren Bedeutungsstruktur archetypischer Symbole, vgl. Ibid. S. 340-354.

deutlich.²⁸ Hier ist Bobrowskis Aneignung von Hamanns Vorstellung des Alten Testaments als „Elementarbuch" menschlicher Geschichte einschließlich der eigenen Erfahrungen mitzudenken.²⁹

Zwar schöpft der Autor für seine Motive, Zeichen und intertextuellen Verweise aus der Tradition der spezifischen Opfergruppe, ordnet diese aber seiner universalisierenden Deutung der jüdischen Erfahrung als Paradigma menschlichen Schicksals unter. Darauf deutet die das Gedicht und die sarmatische Lyrik insgesamt strukturierende kontrastive archetypische Symbolstruktur, die in den Farbwerten wie im Gegensatz männlich-weiblich konkretisiert wird und hier ähnlich wie im Expressionismus auf die existentielle Situation des Menschen verweist. Sämtliche Personenbeschreibungen sind mit dem Lebensalter („Greise", „Knaben") oder den familiären Beziehungen („Tochter", „Bruder") auf allgemein menschliche Merkmale und Beziehungen beschränkt und gleichzeitig symbolisch überhöht. Hier ist nicht nur die Bibel als Intertext, sondern auch ein expressionistisches „Pathos der Brüderlichkeit" herauszuhören.³⁰ Es geht nicht um individuelle Schicksale oder Ereignisse, sondern um einen negativen Modellfall unmenschlichen Verhaltens, für den die ethnische Identität der Opfer zwar den Anlaß bietet, die eigentliche Ursache jedoch, so impliziert es die archetypische Struktur, auf einer grundlegenderen Ebene des menschlichen Wesens gesucht werden muß. Dementsprechend wird auch die konkrete Zeitangabe des Titels im Text auf ein vages „damals" reduziert.

Darauf, daß ethnische Identität zwar thematisiert wird, jedoch in einer existentiellen Deutung aufgeht, deutet auch, daß der rote Rock in verschiedenen Gedichten in ganz unterschiedliche kulturelle Kontexte versetzt wird.³¹ So bestehen die Schlußzeilen in *Französisches Dorf* (1958) in der emphatischen Aufforderung: „hiß, Angélique, den Sommer, / den roten Rock, aus dem höchsten / Fenster schrei mich

---

28 Neben neutestamentlichen Vorstellungen der Brüderlichkeit ruft diese Stelle in Verbindung mit dem Bild des roten Rocks die alttestamentliche Geschichte Josephs und seiner Brüder auf. Vgl. 1. Mose 37.
29 J. G. Hamann: Sämtliche Werke. Bd. III., hrsg. von J. Nadler. Wien 1949-1957, S. 311. Bobrowski greift auf diese Vorstellung zurück, wenn er schreibt: „Jeder Jude ist mir das unbegreifliche Wunder, ohne das ich nicht leben kann." Brief an Peter Jokostra vom 6.2.1959, zit. nach R. Tgahrt (Anm. 11), S. 424. Vgl. dazu J. Wieczorek: „Ein Wunder aller Wunder": Johannes Bobrowski's Sarmatian Poems to Jews. In: P. O'Dochartaigh (Hg.): Jews in German Literature since 1945: German-Jewish Literature? Amsterdam 2000, S. 367-378, hier: S. 367.
30 Th. Anz (Anm. 18), S. 38.
31 Im unveröffentlichten Gedicht *Gianina* will das Subjekt die Trägerin des russischen Namens mit „rötlichem Band" schmücken , GW II, S. 255.

ins Licht!".[32] Die Französin, die hier angerufen wird, gehört angesichts des historisch-biographischen Hintergrundes zu den Kriegsopfern, ist aber ausnahmsweise keine passiv Leidende, sondern fungiert - durch ihr erhofftes Handeln - als Lebenszeichen.[33] Weit häufiger ist die Figur des Mädchens oder der Frau in der passiven Opferrolle, die anhand von wenigen charakteristischen Zügen wie Alter, Körperhaltung und dem ikonographischen Frauengewand Rock bzw. Schürze skizziert und zur Metapher bedrohten Lebens verdichtet wird.[34] Im unveröffentlichten Gedicht *An**** läuft ein jüdisches Mädchen mit „gesenktem Scheitel" am Fluß entlang.[35] Selbst die Berlinerin Gertrud Kolmar wird in dem mit ihrem Namen überschriebenen Gedicht als „Mädchen, mit glattem Haar" in eine sarmatisch-mythische Landschaft versetzt: „Dort ist eine gegangen, / Mädchen, mit glattem Haar, / die Ebene unter den Lidern / lugte herauf, in den Mooren / vertropfte der Schritt.[...]".[36]

Ebenso werden Angehörige anderer ethnischer Gruppen und Nationalitäten, die Verfolgung und Vernichtung zum Opfer fallen, in weiblicher Gestalt evoziert.[37] Dabei ist die Konstellation östliche Opfer - deutsche Täter nicht immer im einzelnen Text realisiert, im Gesamtkontext der Gedichte aber als weitere Bedeutungsschicht stets präsent. In *Die Tomsker Straße* (1961) wird eine Jelisaweta, die hier die Rolle des „Fremdlings" einnimmt, aus ihrer Heimat verbannt.[38]

---

32 GW I, S. 105.
33 Bobrowski ist während des Zweiten Weltkrieges als Wehrmachtssoldat auch in Frankreich, vgl. E. Haufe: Bobrowski-Chronik. Daten zu Leben und Werk. Würzburg 1994, S. 12. Zur Verbindung von Frauengestalten mit dem Licht als Zeichen des Lebens, vgl. auch *Góngora*. In: GW I, S. 38.
34 Vgl. u.a. *Im Strom*. In: GW I, S. 23. Zwar erinnert die Kleidung an mittelosteuropäische Trachten, allerdings ist sie in den Gedichten auf ihre regionenübergreifenden, archetypischen Merkmale reduziert. Ich verdanke diesen Hinweis E. Fricke und J. Barfod.
35 GW II, S. 312. Das Gedicht basiert auf der Geschichte der polnischen Jüdin Wronka, die in Treblinka vergast wurde. Vgl. P. Jokostras Brief an D. Deskau vom 31.10.1971. D. Deskau (Anm. 16), S. 35.
36 GW I, S. 116.
37 Vgl. Gedenkblatt. In: GW I, S. 97.
38 GW I, S. 135. „Fremder", „Fremdling" oder „Entfremdung" erscheinen in einzelnen Gedichten mit unterschiedlichen Bedeutungsaspekten, vgl. GW I, S. 3; 158; 214. In den im Beitrag betrachteten Gedichten bezieht sich das Fremde nicht auf die mit dem Entfremdungsbegriff der Moderne gemeinte Situation des modernen Menschen an sich, sondern bezeichnet einen auf historische Ursachen zurückzuführenden konkreten Zustand der Heimatlosigkeit und kulturellen Fremdheit, wie er die geschichtliche Situation in Ostmitteleuropa u.a. im Umfeld des Zweiten Weltkrieges kennzeichnet, bzw. die aus der Mitschuld am historischen Geschehen herrührende Fremdheit des Subjekts in der Landschaft.

Durch den Titel und andere Hinweise ist der historische Bezug auf die Deportation unliebsamer Untertanen im russischen Zarenreich gegeben. Der Klang der Harfe und das Bild des Bahndamms in der ersten Strophe assoziieren aber gleichzeitig die Waggons, in denen die Opfer des von den Deutschen im Zweiten Weltkrieg betriebenen Genozids abtransportiert wurden, sowie die Wanderschaft der Kinder Israel als Urbild menschlichen Vertreibungsschicksals. Wieder wird die Bedeutung des konkreten historischen Beispiels auf die universelle menschliche Situation hin erweitert, und zwar zum einen durch das Ineinander der genannten historischen und biblischen Bezüge, zum anderen durch die archetypische Gegenüberstellung eines weiblichen Opfers mit den männlichen ‚Verwandten' am Gedichtende: „[...], es kam / Jelisaweta nach Jahren, / die Brüder standen am Ufer, / der Enkel trat auf den Weg, / warf die Angel ins Gras." Die männlichen Gestalten nehmen einerseits eine Zuschauerrolle ein. Durch ihren Standort am Ufer und die Geste des Hinwerfens der Angel werden sie andererseits mit den zerstörerischen Kräften der Geschichte in Verbindung gesetzt.[39] Denn zum Ufer gehört in dem meisten sarmatischen Gedichten der Strom oder Fluß, dessen Strömung den linearen Ablauf von Zeit und damit Geschichte als überwiegend negativ konnotiertes männlich-geistiges Prinzip repräsentiert.[40] Das Gedicht *Russische Lieder* (1960) erinnert in der Form des litauischen Daino an das Schicksal einer polnischen Adligen, die russischer Machtpolitik und dem Fremdenhaß des Volkes zum Opfer fällt.[41] Die volkspoetische ‚Sprache' einer spezifischen Kultur wird im Text adaptiert, um der Erfahrung der Angehörigen einer anderen Ausdruck zu geben. Gleichzeitig repräsentiert das mythische Denken, wie es sich in den

---

39 Vgl. Bobrowskis mündliche Bemerkung, daß diese Geste den - in der sarmatischen Lyrik durchweg männlichen Gestalten zugeschriebenen – „Zorn" schon im Kind ausdrücke, GW V, S. 139.

40 Vgl. O. Schütze: Natur und Geschichte im Blick des Wanderers. Zur lyrischen Situation bei Bobrowski und Hölderlin. Würzburg 1990, S. 208-230. Wie bei Hölderlin repräsentiert der Fluß oder Strom auch in den Texten des von Bobrowski intensiv rezipierten J. G. Hamann männlichen Genius, vgl. G. Nebel: Hamann. Stuttgart 1973, S. 207.

41 GW I, S. 137. Bei der historischen Marina Mnsiek handelt es sich um die polnische Frau des „falschen Demetrius", der 1605 den russischen Zarenthron besteigt, aber „acht Tage nach der Hochzeit [...] vom Volk, das über die katholische Marina und ihre zweitausend Polen empört war", ermordet wird, GW V, S. 140. Sie selbst wird 1613 in einem Turm bei Nishni-Nowgorod eingeschlossen und dem Hungertod preisgegeben. Vgl. Ibid. Auf einen vergleichbaren historischen Fall, in dem eine russische Zarenwitwe zum Opfer wird, bezieht sich *Die junge Marfa*. In: GW I, S. 148. Zur Adaption der litauischen Volkslieder in Bobrowskis Lyrik:, vgl. J. Katauskiene (Anm. 19), S. 114-131.

archetypischen Strukturen, Themen und Motiven in Mythologie, Volksliedern und sogar den oben angesprochenen biblischen Mythen, deren Formen und Stoffe in den Gedichten polymythisch miteinander in Bezug gesetzt werden, die eigentliche Menschheitssprache.

Die Hinwendung zum Leid von Angehörigen verschiedener ‚Ostvölker' in den Gedichten spiegelt einerseits die im Lauf der Geschichte im osteuropäischen Raum wechselnden Machtverhältnisse. Ausschlaggebend ist jedoch die historische und persönliche Situation des Autors. Seine Teilnahme als Wehrmachtsoldat am deutschen Vernichtungskrieg im ‚Osten' markiert den Bruch in Bobrowskis persönlicher Geschichte, der in den Gedichten den Blick auf die eigene Biographie wie auf die deutsch-osteuropäische Geschichte bestimmt. Beide können nicht mehr voneinander getrennt erinnert werden, sondern erfahren im Bewußtsein des eigenen und kollektiven ‚Sündenfalls' eine christlich-moralische Wertung. Die Unterdrückung und Vernichtung der Bewohner Osteuropas durch die Deutschen ist im Sinnmodell der Gedichte Beispiel eines umfassenden Prinzips, das sich in der Geschichte immer wieder zeigt: der Verfolgung eines schwächeren Anderen, der nach christlicher Auffassung als ‚Nachbar' respektiert werden soll. Diese antinomische Grundstruktur konkretisiert sich im Gegensatzpaar Mädchen-Wolf wie auch in den weiblich bzw. männlich konnotierten Raumbildern Kindheit und Krieg, die sich in einzelnen Texten teils überlappen und gemeinsam den sarmatischen Erinnerungsraum bilden. Sie korrespondieren mit den zwei grundsätzlichen Erfahrungen des ‚Ostens', die der Autor gemacht hat: seinen intensiven Kindheitserlebnissen im Memelgebiet und seiner Kriegserfahrung in Nordrußland. Ist der Kriegsraum ein dunkler, leerer, von der Kälte des Winters bestimmter, unbewohnbarer Nicht-Ort, zu dem die umherstreifenden Wölfe in einem Kongruenzverhältnis stehen, so ist der Kindheitsraum ein Ort der Geborgenheit, seine Merkmale sind das Licht und die harmonische Beziehung seiner Bewohner untereinander sowie mit der umgebenden Natur.

Das Gedicht *Die Memel* (1959) entwirft eine solche Kindheitslandschaft, die sich dem Idyllisch-Arkadischen annähert. In den letzten Zeilen der vierten Gedichtstrophe wird ein szenisches Bild von mehreren Frauen, die mit ihren Kindern am Flußufer stehen evoziert, das durch seine Stellung im Gedicht vor dem Anruf der letzten Strophe besonders hervorgehoben ist und inhaltlich und strukturell eine Miniatur der im Gesamttext gezeichneten bedrohten Idylle darstellt:

[...].
An den Birken,
über dem Ufer nun
stehn die Frauen, mit Bändern,
gelben und roten - eine,
an den gewölbten Leib
zieht sie die Töchter, die jungen
Söhne baden im Strom.[42]

Die gelben und roten Bänder der Frauen erinnern entfernt an eine litauische Tracht. Dieses eine Zeichen nationaler oder ethnischer Identität rückt aber vor dem durch ihre Hauptmerkmale assoziierten Archetypus der „großen Mutter" in den Hintergrund.[43] In diversen Schöpfungsmythen verkörpert diese das tellurische, zyklische Prinzip der Dauer. Auch in Bobrowskis Lyrik erscheint sie als Figur des Vor und Nach der Geschichte und stellt daher, wie in Gestalt der „Angélique" in *Französisches Dorf* ein Hoffnungszeichen dar.[44] Die „eine" aus der Gruppe hervorgehobene, für die Gesamtheit der Frauen und die sarmatische Kindheitslandschaft exemplarische Figur verkörpert in *Die Memel* mit ihrem „gewölbten Leib", den sie umgebenden Kindern und ihrer Nähe zum Wasser die fruchtbare, Leben und Geborgenheit spendende Seite der magna mater.[45] Die Vorboten künftigen Unheils sind jedoch bereits anwesend: In den Anfangszeilen der vierten Strophe kündigen „Vogelheere", die den Himmel verdunkeln, den Einbruch der Geschichte in die vor- oder überzeitliche Kindheitswelt dar. Während die Söhne durch ihre Aktivität im Strom mit der linearen Geschichte in Bezug gesetzt werden, wird die naturhafte Bindung der passiven Töchter an die Mutter dadurch verstärkt, daß diese die Töchter an ihren gewölbten Leib zieht, also eine enge, physische Verbindung mit dem darin verkörperten zyklischen Lebensrhythmus hergestellt wird.

Auch andere Frauengestalten sind aufgrund ihrer äußeren Merkmale, ihrer Position im Raum, ihrer Verbindung mit Brunnen, Haus oder Ackerbau, sowie durch mythologische, geschichtliche oder literarische Verweise als Figurationen der magna mater erkennbar, wie z. B. die

---

42 GW I, S. 67f.
43 C. G. Jung: Die Archetypen und das kollektive Unbewußte. Gesammelte Werke, hrsg. v. L. Jung-Merker, Bd. IX,1. Zürich u.a. 1985, S. 96.
44 Anm. 33. Zum zyklischen Prinzip, vgl. A. Assmann: Erinnerungsräume. Formen und Wandlungen des kulturellen Gedächtnisses. München 1999, S. 231.
45 Vgl. C. G. Jung (Anm. 43), S. 96.

Schöpferin in *Der litauische Brunnen*⁴⁶, die „Herrin der Felder" in *Die Kirche 'Lindere meinen Kummer'*⁴⁷ oder die Frauen der „Zigeuner" in *Gedenkblatt*.⁴⁸ Häufig befinden sich Frauengestalten in schützenden Innenräumen, in die Männer eindringen und dadurch die sarmatische Welt als Ort der Geborgenheit zerstören, wie in *Kindheit*'⁴⁹ oder *Das Holzhaus über der Wilia*⁵⁰. Da die negative Seite des dualistischen Modells vom männlichen Prinzip belegt ist, wird die Nachtseite der großen Mutter, die in Schöpfungs- und Endzeitmythen nicht nur als eine Leben spendende, sondern auch Leben zerstörende Kraft, als Gebärende und Todesgöttin auftritt, bei Bobrowski so gut wie nicht realisiert.⁵¹ Ihre Integration in eine zeitkritische Ästhetik des Humanen erfordert die Preisgabe ihrer dämonischen Bestandteile zugunsten der Aufrechterhaltung eines reinen Gegenbildes zur zerstörerischen Geschichtswelt.

Dadurch unterscheidet sich Bobrowskis Adaption der magna mater zwar von der zahlreicher deutschsprachiger Autoren in der ersten Hälfte des zwanzigsten Jahrhunderts, als Johann Jakob Bachofens *Mutterrecht* (1861) breit rezipiert wurde. Es gibt aber auch Parallelen. Bachofens Vorstellung einer vor der geschichtlichen Zeit existierenden matriarchalischen Welt findet sich in den Texten einer Reihe von Autoren, die Bobrowski in verschiedener Weise beeinflußt haben, wie

---

46 GW I, S. 24.
47 GW I, S. 48. Die Figur geht wahrscheinlich auf die Mittagsfrau der westslawischen und nordrussischen Mythologie zurück, vgl. N. Reiter: Mythologie der alten Slawen. In: H.W. Haussig (Hg.): Wörterbuch der Mythologie. Bd. II. Stuttgart 1973, 163-208, hier: S. 187
48 GW I, S. 97.
49 GW I, S. 6.
50 GW I, S. 19f.
51 In *Die Kirche 'Lindere meinen Kummer'* wird zwar mit „der Moore bittere Luft", welche die „Herrin der Felder" als Trunk an den Mund führt, eine Verbindung des Weiblichen zur negativen Seite des Daseins angedeutet, allerdings empfängt sie die Bitterkeit und schafft sie nicht, GW I, S.48. Anders ist es mit der Marienfigur in *Pruzzische Elegie* und der Ragana in Schattenland, welche die einzigen weiblichen Verkörperungen eines aktiv-zerstörerischen Prinzips in der veröffentlichten Lyrik sind. Vgl. GW I, S. 33; 160. Die Figur im letztgenannten Gedicht geht auf die griechische Göttin der Unter- und Totenwelt zurück. Im Text trägt sie den Namen der Ragana, einer „unheilbringende[n] Hexe der litauisch-lettischen Mythologie", R. Tgahrt (Anm. 11), S. 339. In Alfred Brusts, *Die verlorene Erde* (1926) kommt sie auch vor und hat Züge der großen Mutter, wobei insgesamt ihr zerstörerisches Potential überwiegt, da sie die Verbindung zur Erde verloren hat: „Sie hatte sich selber [...] mißverstanden. [...]. Und wäre Mutter geworden allen Menschen in dieser Landschaft [...]", A. Brust: Die verlorene Erde. Berlin 1926, S. 121. Bobrowski ist von dem Roman als Jugendlicher beeindruckt und verarbeitet einige Motive und Vorstellungen daraus in seiner Lyrik, vgl. GW V, S. 39.

R. M. Rilke, Alfred Brust oder die Dichter der naturmagischen Schule.[52] Bachofens Buch hat Bobrowski erst 1958 gelesen.[53] Für die naturphilosophische Geschichtsdeutung Oskar Loerkes und Wilhelm Lehmanns sowie für die frühen Texte von Bobrowskis Mentor und Vorbild Peter Huchel ist die Vorstellung des tellurischen Ewig-Weiblichen grundlegend.[54] Dabei verbindet sich die Hinwendung zum Mythos, wie bei Bobrowski, mit der Faszination exotischer Denk- und Lebensformen. Das kulturell Fremde - ‚Östliche', ‚Chinesische' oder ‚Irische' - wird von einer inneren Topographie her erfaßt, nämlich als eigentliches, naturhaftes Leben.[55] Um eine Form des Fremdverstehens im interkulturellen Sinne handelt es sich dabei also nicht. Diesem Denken steht nicht nur Bobrowski nahe, sondern auch die eingangs genannten Vertreter der ostdeutschen, aber auch der westdeutschen Nachkriegsliteratur[56], die im ‚Osten' das ganz Andere suchen und damit einen exotisierenden und archaisierenden Osteuropa-Diskurs fortführen, der über Rilkes von tiefreligiösen Frauenfiguren, orthodoxen Kirchen und Ikonen geprägtes ‚altes Rußland'[57] zeitlich hinwegreicht bis hin zum weiblich-mythischen Osten in Zacharias Werners Theaterstück *Wanda, Königin der Sarmaten* (1808).[58]

---

52 Vgl. Anm. 51; zu Bobrowskis Rilke-Rezeption s.u. Anm. 57.
53 Vgl. E. Haufe (Anm. 33), S. 36.
54 Die „große Mutter" tritt in Huchels frühen Gedichten als „Erdmutter" oder „Mutter der Frühe" auf, in Gestalt der Leben spendenden Magd und der Leben nehmende Greisin. Im Zuge des zunehmenden Geschichtspessimismus des Autors wird sie zur negativen Figur bzw. ist abwesend. Vgl. H. Nijssen: Der heimliche König. Leben und Werk von Peter Huchel. Würzburg 1998, S. 497.
55 Vgl. A. Goodbody: Natursprache. Ein dichtungstheoretisches Konzept der Romantik und seine Wiederaufnahme in der modernen Naturlyrik (Novalis - Eichendorff - Lehmann - Eich). Neumünster 1984, 194f. Zur naturmagischen Lyrik und ihrer Rezeption durch Bobrowski, vgl. Ibid.., S. 161-252; 349-362.
56 Vgl. J. Hermand: Die Kriegsschuldfrage im westdeutschen Roman der fünfziger Jahre. In: U. Heukenkamp (Anm. 5), S. 429-442.
57 Die ‚weibliche' Dimension des russisch-orthodoxen Glaubens wird u.a. in den Gedichten *Die Kirche ‚Lindere meinen Kummer', Kathedrale 1941* oder *Erfahrung* aufgerufen, GW I, S. 48; 130f.; 162. Vgl. zu seiner Rilke-Rezeption allgemein: H. Nalewski: Sich finden heißt: sich abstoßen: Johannes Bobrowski / Rainer Maria Rilke. In: R. Schweikert (Hg., in Zusarb. mit S. Schmidt): Korrespondenzen: Festschrift für Joachim W. Storck aus Anlaß seines 75. Geburtstages. St. Ingbert 1999, S. 549-564.
58 Den Hinweis auf Z. Werner verdanke ich A. Degen und D. Albrecht. Zwar ist mir kein Nachweis über Bobrowskis Kenntnis des Königsberger Dramatikers und Dichters bekannt, doch wäre diese aufgrund von Werners ostpreußischer Herkunft, seiner Hinwendung zu ‚östlichen' historischen Stoffen und ihrer Mythisierung, sowie seiner Rezeptionsgeschichte nicht abwegig. Bobrowskis Einschätzung historischer Zusammenhänge, insbesondere der von Werner positiv bewerteten Tätigkeit des Deutschen Ritterordens und nationaler Bestrebungen Preußens, unterscheidet sich aber grundlegend von der des älteren Autors. Vgl. G. Kozielek:: Friedrich

Man könnte argumentieren, daß gerade die strukturelle und thematische Funktion der ‚Weiblichkeit' in Bobrowskis Lyrik das Eigene mit dem Anderen verbindet und so einer einsinnigen Stereotypisierung des ethnisch oder kulturell Fremden entgegenwirkt. Demnach stellt das ‚Abbilden' der Formen mythischen Denkens in archetypischen Bildern, mythologischen Bezügen und im Weiblich-Dauernden eine Wiederbelebung einer untergegangenen Lebensform dar, welche die Kindheit mit den zerstörten fremden Kulturen gemeinsam hat. Dadurch wird das Fremde als das unter der Oberfläche des imaginierten (Innen)Raumes verborgene, ‚versunkene' weibliche Eigene erfahren, die mythische Welt der chassidischen Juden, orthodoxen Slawen und heidnischen Litauer als verlorene oder verdrängte psychische Realität wiederentdeckt. Gleichzeitig wird einer regressiven Idealisierung Sarmatiens als Ort mythisch-irrationaler All-Einheit dadurch vorgebeugt, daß es in den Gedichten die Grundlagen der historischen Gewalt immer schon mitenthält. Die kontrastive Grundstruktur impliziert, daß das weibliche Prinzip nicht ohne das männliche denkbar ist. Ganz deutlich wird das im Gedicht *Absage* (1959) ausgesprochen, wo es heißt:

[...]
Dort
war ich. In alter Zeit.
Neues hat nie begonnen. Ich bin ein Mann,
mit seinem Weibe ein Leib,
der seine Kinder aufzieht
für eine Zeit ohne Angst.[59]

Hier wie in anderen Gedichten wird eine Liebesbeziehung zwischen Mann und Frau, in der Sinnlichkeit und Rationalität, das weiblichstoffliche und männlich-geistige Prinzip gleichberechtigt verwirklicht

---

Ludwig Zacharias Werner. In: B. von Wiese (Hg.): Deutsche Dichter der Romantik. Berlin 1983, S. 485-504. Zum Frauenbild Werners: U. Beuth: Zacharias Werners Mädchen und Frauen. In: H. Thoma / G. Adler (Hgg.): Romantik und Moderne. Neue Beiträge aus Forschung und Lehre. Festschrift für H. Motekat. Frankfurt / M. u.a. 1986, S. 77-106.
59 GW I, S. 73.

sind, als Modell menschlichen Zusammenlebens postuliert.[60] Eine bessere Zukunft kann, wenn überhaupt, nur durch ein Gedenken ermöglicht werden, das sowohl die Erinnerung an die zerstörte Vielvölkerwelt, als auch die rationale Reflexion der Gründe ihrer Zerstörung beinhaltet.

Dennoch ist die Identifikation mit der fremden Perspektive der Opfer, die dem Konzept zugrundeliegt, aus interkultureller Sicht ebenso fragwürdig wie das dabei entstehende Bild der mythischweiblichen ‚Ostvölker'.[61] Bis auf wenige, untypische Ausnahmen - wie die Partisanin in *Bericht* oder die biblische Eszther im Gedicht gleichen Namens gibt es in der gesamten sarmatischen Lyrik keine weiblichen Opfergestalten, die aktiven Widerstand leisten.[62] Betrachtet man die Frauenfiguren in der Lyrik insgesamt in Verbindung mit den Entstehungsdaten der Gedichte, fällt auf, daß es ab 1961 mehr Gedichte gibt, die wie das bereits 1956 geschriebene *Die Günderrode* starke, „männliche" Frauen zeigen, die sich nicht in die traditionelle Rolle weiblicher Duldsamkeit fügen.[63] Dem entspricht eine steigende Zahl von Frauen gewidmeten Portraitgedichten. Texte, in denen wie in den besprochenen Beispielen weibliche Gestalten einerseits einer be-

---

60 Vgl. die Liebesgedichte Bobrowskis sowie die Bedeutung der Liebesgöttin Ishtar in *Die sarmatische Ebene*. In: GW I, S. 30. In einem Interview von 1964 betont er die Notwendigkeit der „intensive[n] Ich-Du-Beziehung", wie sie im Liebesgedicht thematisiert wird, als „Vorbedingung für Gesellschaft". J. Bobrowski: Ansichten und Absichten. In einem Interview des Berliner Rundfunks. In: GW IV, S 470. Diese Vorstellung teilt er im Ansatz nicht nur mit J. G. Hamann: G. Nebel (Anm. 41), S. 101; 103. Sie entspricht in ihren Grundzügen auch der „Androgynentheorie" Z. Werners: G. Koziełek: (Anm; 57), S. 492.
61 Th. Foxs Urteil hinsichtlich Levins Mühle wäre für die Prosa insgesamt zu untersuchen. Vgl. Anm. 5.
62 GW I, S. 196; 133. Die biblische Esther bewahrt im babylonischen Exil ihr Volk vor dem Genozid durch die Perser. Vgl. J. Henkys: Nachlese zu *Eszther*. Über Annäherungen an ein Gedicht von Johannes Bobrowski. In: Berliner Theologische Zeitschrift 11 (1994), S. 101-106. In Bobrowskis Text wird mit dem Satz der Jüdin „Komme ich um, so komme ich um" der Versuch des Widerstands trotz der damit verbundenen Gefahr befürwortet, während diese Möglichkeit in den übrigen Gedichten nicht einmal angedeutet wird. Die historische Bajla Gelblung ist eine Jüdin die einem Todestransport aus dem Warschauer Ghetto entkommen kann, sich polnischen Partisanen anschließt, später von der Wehrmacht gefaßt wird: Vgl. GW V, S. 134-135.
63 GW I, S. 39. Bei den veröffentlichen Gedichten wäre das neben dem genannten vor 1961 nur *Die Droste* (GW I, S. 227), ab 1961 hingegen *Bericht* (GW I, S. 133), *Im Strom* (GW I, S. 154), *Schattenland* (GW I, S. 160), *Märkisches Museum* (GW I, S. 195), *Eszther* (GW I, S. 196), *Mit Liedern Sapphos* (GW I, S. 206), *Undine* (GW I, S. 210). Die 1960/61 entstandenen Portraitgedichte *Gertrud Kolmar* (GW I, S. 116), *Else Lasker-Schüler* (GW I, S. 117f.) und *An Nelly Sachs* (GW I, S. 120f.) sind Grenzfälle, da sie die passive Opferrolle betonen.

stimmten ethnischen Gruppe zugeordnet werden, durch ihre Mythisierung und Typisierung gleichzeitig die ‚östlichen' Opfer in ihrer Gesamtheit repräsentieren und als Vehikel existentieller Selbstbefragung fungieren, gibt es nach 1961 nicht mehr. *Absage*, das Schlußgedicht von *Schattenland Ströme* markiert insofern auch einen Schritt in Bobrowskis Entwicklung weg von der identifikatorischen Existentialisierung der Opferperspektive in der Lyrik und hin zu einer stärkeren Individualisierung und Differenzierung der Opfer - zunehmend im Medium der Prosa.[64]

---

64 Bobrowski erklärt in einem Interview 1964: „Das mehr summierende oder mehr grundsätzliche Gedicht, wie ich es auffasse, kann ganz bestimmte Sachverhalte nicht vermitteln. Dazu bedarf es des Details, [...] der Charakterisierung von Personen. Das ist für mich nur möglich in der Erzählung [...]", J. Bobrowski (Anm. 13), S. 464. Der Wechsel zur Prosa im Hinblick auf das sarmatische Thema geht mit einer Entwicklung der späteren Lyrik hin zu menschenleeren elementaren Landschaften als poetischen Orten existentieller Selbstverständigung einher.

Kuppeln und Ruinen.
Zur Funktion der architektonischen Leitmotivik in Bobrowskis Lyrik

JÜRGEN JOACHIMSTHALER

> *mein Schatten*
> *lehnte am Holzzaun, er sagte:*
> *Nimm mich zurück.*
> *(GW I, S. 163)*

Der Schmerz wandert mit. Bobrowski sollte ihn später als seine „Kriegverletzung" (GW IV, S. 471) bezeichnen, als eine moralische Verwundung, die ihn nicht nur durch alle Lebensphasen und -orte begleitete, sondern auch durch alle Häutungen und Wandlungen seines literarischen Werks. So verdankt seine Lyrik ihre Komplexität nicht zuletzt auch der steten Arbeit an einigen zentralen Motiven, der immer wieder erneuten Aufnahme jener werkbiographischen Urmotive aus dem „Oden-Vorrat"[1] der während der Kriegsjahre entstandenen Gedichte, in denen die Dilemmata des unfreiwilligen Besatzungssoldaten im Umfeld des Völkermords ersten Ausdruck gefunden hatten.[2] Da die Themen und Bilder dieser Texte nach 1945 nicht einfach ruhten, sondern, in einzelnen Schaffensphasen fast unsichtbar und doch selbst dann noch ex negativo immer mit anwesend, wenn sie aus seinem Werk bereits verschwunden zu sein schienen, wieder und wieder aufgegriffen und überarbeitet wurden, tragen sie Palimpsesten gleich immer auch die Spuren früherer Beschäftigung Bobrowskis mit ihnen an sich; der Eindruck vielschichtig sich überlagernder Stimmen, die in eine ungewisse Zeitenfrühe hinabweisen, ist so auch werkgenetisch bedingt, Bobrowskis von Hamann inspirierte Cento-Technik[3] Widerspiegelung auch seiner eigenen Arbeitsweise,

---

1 R. Tgahrt (Hrsg.): Johannes Bobrowski oder: Landschaft mit Leuten. Eine Ausstellung des Deutschen Literatur-Archivs im Schiller-Nationalmuseum Marbach am Neckar. Marbach 1993, S. 267.
2 Vgl. J. Joachimsthaler: „Kein Bild fügt sich dem andern..." Zerbrechende Bildlichkeit in Bobrowskis früher Lyrik. In: Weimarer Beiträge 47 (2001), S. 221-240.
3 Die Bedeutung Hamanns für Bobrowski ist zum festen Topos der Bobrowski-Forschung geworden. Die erste eingehende Annäherung stammt von B. Gajek: Autor – Gedicht – Leser. Zu Johannes Bobrowskis Hamann-Gedicht. In: R. Grimm,

seines Umgangs mit den Stufungen und Schichtungen seines eigenen Werks.

Bobrowskis Lyrik hat ja vor dem Erscheinen seines ersten Gedichtbandes *Sarmatische Zeit* in formaler wie in thematischer Hinsicht vielfache Wandlungen durchgemacht, die seine spätere Lyrik vorbereiteten, ja überhaupt erst ermöglichten und grundlegend mitstrukturierten, ohne in dieser immer sichtbar zu sein. Nicht umsonst arbeitete er ein Leben lang intensiv an einigen sich gleichbleibenden zentralen Motivkomplexen, die in immer wieder neuer Konfiguration sein Werk durchziehen und von Werkphase zu Werkphase an Komplexität gewinnen. Diese Werkphasen folgen bei ihm nicht einfach nur aufeinander, die in den früheren Schaffensepochen dominanten Bestrebungen werden in späteren Werkphasen in reflektierter Form in die Lyrik wieder mit aufgenommen, so daß im Laufe der Jahre einander widerstrebende Intentionen aus unterschiedlichen biographischen Situationen sich oft innerhalb ein und desselben Motivs zu einem dialektisch komplexen Gesamtgefüge verdichten, in dem etwa idyllisierend sich sehnendes Heimatbedürfnis und Sinnzertrümmerung aufgrund der Kriegserfahrung, ästhetische Schulung an der Tradition und der Wille zu einem zeitgemäß modernen Ausdruck ineinander übergehen[4] – Bobrowskis späte Lyrik gewinnt ihr multipolares Spannungsgefüge[5] aus ihrer eigenen Vorgeschichte, sie ist durchdrungen von den Anfängen und früheren Epochen seines Schaffens. Daß er seine früheren Texte eher geheimhalten wollte, ja geradezu verleugnete, bestätigt dies nur, waren sie durch die stete Überarbeitung doch aufgehoben in der jeweils letzten Fassung des entsprechenden Motivs. Und dennoch: Gerade weil diese Aufhebung vorangegangener Fassungen zumindest noch ex negativo auf diese zurückverweist und ihre Bedeutung auch aus dem gewinnt, wodurch sie sich von diesen unterscheidet, ist Bobrowskis Lyrik ohne den Rückblick auf sein Schreiben vor der Veröffentlichung seiner Gedichtbände nicht wirklich zu verstehen.

Vor dem Hintergrund des lyrischen Gesamtwerks jedenfalls erscheint das von ihm selbst in Buchform veröffentlichte Spät- und Hauptwerk als eine deutliche Akzentverschiebung, fast so, als sollte

---

C. Wiedemann (Hrsg.): Literatur und Geistesgeschichte. Festgabe für Heinz Otto Burger. Berlin 1968, S. 308-324.

4 Vgl. B. Leistner: Bobrowskis Gedichtsprache der Erinnerung. In: Convivium 1998, S. 157-177.

5 Von „Dreipoligkeit" spricht Leistner ebd. (etwa gleich im abstract auf S. 157) mit Bezug auf die in der Kriegsgefangenschaft entstandenen Heimatlieder. Übertragen auf das noch weit komplexere Gesamt- und Spätwerk muß dementsprechend von Multipolarität gesprochen werden.

das schon rein quantitativ überwiegende Haupt- und Zentralmotiv seiner Gedichte in deren öffentlich publizierter Erscheinungsform verborgen oder zumindest doch in eine zweitrangige Rolle hinabgedrängt werden: Architektonische Motive, in Bobrowskis früher und mittlerer Lyrik überaus häufig und dort von ihrer Bedeutung her zentral, spielen in *Sarmatische Zeit* kaum eine Rolle und tauchen erst in *Schattenland Ströme* in stark veränderter, eigenartig reduzierter und oft fast unkenntlicher Form wieder auf. Diese „Absenz"[6] eines zentralen Leitmotivs des eigenen Schaffens kann nicht zufällig sein, ist also als vom Autor bewußt gewollte Leerstelle der eigenen Schaffensbiographie gegenüber mit bedeutungskonstituierend.

Da Bobrowski noch während der NS-Zeit Kunstgeschichte zu studieren begonnen hatte[7], braucht sein von Anfang an in seine Gedichte mit eingeflossenes Interesse für architektonische Motive nicht zu verwundern. Doch spätestens seit Kriegsausbruch und seinem Einsatz im besetzten Rußland gewinnen architektonische Motive eine zusätzliche Bedeutung in seiner Lyrik, werden sie zum tragenden Moment drängender Sinnfragen. Herausragende Bauwerke, insbesondere – aber nicht nur – Kirchenbauten werden in der ersten Phase seiner im Krieg geschriebenen Lyrik zur Verkörperung bleibender Werte, „zur ‚unzugänglichen Burg' seines Ernstes und seiner Innerlichkeit"[8], die bis in die traditionelle Formgebung hinein die Ruhe und Unzerstörbarkeit jener humanistisch-protestantischen Wertvorstellungen symbolisieren sollen, in deren Tradition Bobrowski sich ganz im Geiste der „Inneren Emigration" im moralischen Gegensatz zur Unmenschlichkeit des NS-Regimes sieht:

Ordenskirche / Tilsit

Der altersgraue Bau am breiten Fluß
weiß gut, wie man dem Herren dienen muß
in Ruh und Sicherheit und treuem Sinn
und tat's schon lang und tuts noch fürderhin. (GW II, S. 28)

---

6 Vgl. diesen Begriff bei J. Hawthorn: Grundbegriffe moderner Literaturtheorie. Tübingen, Basel 1994, S. 1f.
7 G. Wolf: Johannes Bobrowski. Leben und Werk. Berlin 1982, S. 14.
8 So unter Verwendung eines Zitats (Goethes an Schiller) aus Bobrowskis Tagebuch Eberhard Haufe: Zu Leben und Werk Johannes Bobrowskis. In: J. Bobrowski: Gesammelte Werke in sechs Bänden, hg. von E. Haufe. Bde. I-IV Stuttgart / Berlin 1987, Bd. V Stuttgart 1998, Bd. VI (hg. von H. Gehle) Stuttgart 1999, hier I, VII-LXXXVI, hier S. XXVI; Zitate aus dieser Ausgabe werden im folgenden mit der Sigle GW, der Band- und der Seitenangabe nachgewiesen.

Traditionelle Form, Jambus und Paarreim, vereinen sich mit der „Ruh und Sicherheit" eines stark ummauerten Sinns zu einer verstechnischen Panzerung, die die unübersehbaren Greuel im besetzten Rußland an der Gewißheit abprallen lassen, in einer ethisch gesicherten Innenwelt einen moralisch unangreifbaren Rückzugsort gefunden zu haben, der das lyrische Ich (das sich bezeichnenderweise selbst nicht explizit zu erkennen gibt) davor schützt, sich in eine Beziehung zu dem begeben zu müssen, was um es herum vorgeht; moralische Betroffenheit sucht den Rückzug in moralische Unverletzlichkeit, tritt aber damit in Widerspruch zu sich selbst, denn Unverletzlichkeit und Betroffenheit schließen einander aus – aus dieser krisenhaften Einsicht heraus sollte Bobrowski noch während des Krieges sein Schreiben radikal ändern und seine Texte öffnen für das, was sie anfangs auszuschließen hatten.

In epigonaler Form und traditionalistischer Motivwahl entsprach das Gedicht *Ordenskirche / Tilsit* völlig dem Zeitgeist der „Inneren Emigration", deren Lieblingsform die kleine gefühlvolle Idylle war, die in ihrer Konzentration auf quasi eingerahmte und durch die Einrahmung geschützte kleinste Wirklichkeitsausschnitte nur eine emotionale Panzerung jenem größeren Zusammenhang gegenüber widerspiegelte, vor dem sie Zuflucht suchte in jener „besseren Welt", die die Literatur (nicht unbedingt zu ihrem Vorteil) herbeizurufen hatte. Auch Bobrowskis Gedicht auf die Ordenskirche in seiner Geburtsstadt verweist auf einen fern vom besetzten Russland zu lokalisierenden „besseren Ort" moralisch befriedeten Beheimatetseins und mündet in eine Verlebendigung der Architektur, die als ganz auf die thematische Immanenz beschränkter Motivausschnitt zur Projektionsfläche jener unbeschwert fröhlichen Leichtigkeit wird, die der Wehrmachtssoldat sich während seines Einsatzes nur ersehnen konnte – man beachte die geradezu biedermeierlichen Attribute, die die architektonischen Einzelheiten zu einem gemütvoll gemütlichen Ensemble vereinen, dessen nach oben gerichtete Bewegung zwar eine deutlich steigende Stimmung, aber keinen Überblick, keinen Ausblick auf das umliegende Land und die in ihm herrschenden Zustände eröffnet:

Ein braves Uhrgesicht am starken Schaft
des Turms. Der trägt ein grünes Kuppeldach,
darauf erhebt sich luftig eine Laube,
die auf acht Kugeln sorgsam hält die Haube,
aus deren sanftem Schwung acht Säulchen sich

erheben (und sie rufen dich und mich,
emporzusteigen), und darüber schwingt
das Dach zur Spitz aus, wo die Fahne winkt. (GW II, S. 28)

Das lyrische Ich steigt mit seiner Anthropomorphisierung architektonischer Details geradezu in die von ihm beschriebenen Bauteile hinein und füllt sie von innen her an mit eigenen Gefühlswerten, um sich dann von ihnen dazu aufrufen lassen zu können, der emotionalisierten Bewegung der Architektur zu folgen und mit ihr „emporzusteigen". Der Beobachter verschmilzt nicht nur mit seinem Gegenstand, sondern beginnt auf Basis dieser Verschmelzung einen Dialog mit sich selbst, wobei die ‚eigentlich' sprechende Subjektrolle sich vom Betrachter auf das betrachtete Objekt verlagert, so daß das Subjekt nur noch ‚seinem' Objekt zu folgen braucht. (Aber wohin? Zur „Fahne"? Motiv und Bewegung bleiben letztlich blind und ziellos, wo nicht unfreiwillig affirmativ.) Solch Perspektiven verdrehende Verfremdung erleichtert es dem lyrischen Ich, in der Evokation einer scheinbar unberührten Objektwelt mit dieser zu verschmelzen und von sich selbst frei zu werden. Leichtigkeit bleibt als ersehnter Gefühlswert zugänglich durch die ‚richtige' Auswahl projektionsoffener lyrischer Gegenstände.

Pittoreske Fröhlichkeiten dieser Art schwinden in der Folge rasch aus Bobrowskis Gedichten. Gerade die architektonischen Motive werden nun zum Kristallisationspunkt seiner Ängste, Zweifel und von Bedrängnis durchwobenen Hoffnungen, Bauwerke (insbesondere der Kirchenbau mit seinem metaphysisch-religiösen Heilsversprechen) mit ihren Sicherheit suggerierenden dicken und hohen Mauern, das Hohe und Ragende werden zum durchlittenen Leitmotiv einer Lyrik, in der die moralischen Nöte des als Besatzungssoldat wider Willen Mitschuldigen Ausdruck finden – am architektonischen Motivkomplex beginnt bereits während des Krieges die Aufarbeitung dessen, was Bobrowski dann als seine „Kriegsverletzung" bezeichnen sollte.

Zu Beginn der nun einsetzenden Entwicklung wird die der Architektur unterstellte Unzerstörbarkeit in Kontrast gesetzt zu einer sich wandelnden Umgebung – dieser Kontrast ist anfangs noch unspektakulär in Landschaftsbildern aufgehoben, die die Kriegswirklichkeit nicht reflektieren:

Kreml

Hoch, unzerstörbar steht der Berg ob dem Fluß, –
den treibt mit trägen Wellen der See hinaus
wie blicklos aus dem Kreis des goldnen
Turmdaches dort und der Mauerkränze. (GW II, S. 50)

Hier wird die Unzerstörbarkeit des Bauwerks in Opposition zum wandelbaren und unsteten Flußlauf gesetzt, die stabilitas loci erscheint dem ins Land eingedrungenen Besatzungssoldaten, der aufgrund seiner berufsbedingten Mobilität eher dem Fluß zuzurechnen wäre, als ein substantiellerer Wert denn das rasche Verschwinden des Flußes aus dem Blickfeld des Kreml. Mit der Entscheidung für die Form der Ode geht freilich bereits ein Verzicht auf Reim und alternierende Metren einher, trotz des strengen Gedichtbaus verzichtet der Text damit (zumindest etwas) auf den Eindruck von Wucht und Abpanzerung. Etwas später wird dasselbe Motiv so behandelt:

Kreml

Kein Weg des Todes, den du geschritten nicht,
Vernichtung keine, die dir vorüberging,
und was noch stirbt an deinem Leibe,
sinkt nur dem Anderen nach und lautlos.

Doch wer die tausend Tode wie du empfing
und nicht in Klag auftönt aus geborstnem Mund,
der kann nicht sterblich sein, der hält noch
in einem Mauerstück hoch das Große.

Der Dächer und der Kreuze beraubt, noch blickt
der Kirchenbau dem niederen Flusse nach
und überstiege doch die alten
Mauern, wenn einmal das Schweigen sänke. (GW II, S. 53)

Der Kontrast zwischen Bauwerk und Umgebung ist nun deutlicher und schmerzvoller, die Umgebung beinhaltet bereits deutlich Verweise auf Tod und Zerstörung, auf das Grauen des Krieges. Der Kirchenbau selbst wird evoziert als von den Leiden seiner Umgebung berührt, ist selbst mitbetroffen, wenn ihm auch noch ein letztlich unzerstörbarer Kern zugeschrieben wird, der selbst noch in der Zertrümmerung, „noch in einem Mauerstück" eine Unverletzlichkeit impliziert, die über alle Zerstörung triumphiert (und dabei blickt der Kirchenbau dem wandelnden Fluß sehnsuchtsvoll nach, als bedauerte er seine eigene Härte und Standfestigkeit). Und doch ist auch diese Sicherheit gewährende Stabilität bereits fraglich geworden, das Wörtchen „noch" läßt es als fraglich erscheinen, wie lange das Bauwerk und mit ihm die von ihm verkörperten Werte „noch" überstehen können. In der Folge erscheinen die architektonischen Motive zunehmend als untergehende, in ihrer Aufeinanderfolge belegen die folgenden Strophen aus verschiedenen der im „Inneren Reich" veröffentlichten Gedichte die zunehmende Verwandlung des Motivs von einem Sicherheit implizierenden zu einem der Zerstörung:

Der Berg trägt widerwillig und müde nur
Die mächt'ge Krone, die sich zur Höhe zwingt,
daß endlich sich die Kuppel rünäe
über der Türme verlor'ner Mühe. (GW I, S. 220)

Noch stehen Türme, die ihrer Kuppeln Last,
zerbrochnen Kronen gleich, aus der Trümmer Leid
aufheben, doch es fügt der Himmel
nur das zertretene Bild zusammen. (GW I, S. 222)

Leer sehn die Fensterhöhlen, leer bleibt die Tür,
geborsten ist das Dach, und es neigt der Turm
sich schon herüber, und es wäscht der
Regen zerbrochnes Gerät des Frommseins. (GW I, S. 222f.)

Bleibt in der ersten Strophe die „Kuppel" als architektonische Vollendung des Sakralbaus eine zwar irreale, im Konjunktiv aber noch immer formulierbare Möglichkeit, so erweist sich in der zweiten alle Anstrengung der Türme als ausgerichtet auf „das zertretene Bild", also als letztlich vergebliche (weil auch vom „Himmel" nicht mehr gerettete) Mühe, während in der dritten die Bilder der Zerstörung bereits übergreifen auf jenen religiös-ethischen Bildkern, den die architektonischen Motive doch in sich als ihr quasi unzerstörbares innerstes Arcanum hatten bewahren sollen. Der Kirchenbau ist deutlich in Auflösung begriffen – und mit ihm die ethische Haltung, für die er stand. Damit freilich verliert er seine grundsätzliche Funktion als Kontrastmotiv zur vom Krieg zerstörten Umwelt und wird Bestandteil derselben, ja mehr noch: Indem er durch seine Zerstörung

Bestandteil jener Umgebung wird, vor der er doch hatte innere Sicherheit gewähren sollen, ist er schon wieder mehr als nur ihr Bestandteil, sondern, deshalb bleibt er als Motiv zentral, Chiffre für die Zerstörung der Hoffnungen, die er einst hatte verkörpern sollen. In gewisser Weise bleibt er damit der Landschaft noch immer als semantisch stark markierter Bedeutungsträger entgegengesetzt, nur eben jetzt nicht mehr als Hoffnungsträger, sondern als Ausdruck von Verzweiflung.

In der relativen Stille des von der Roten Armee abgeriegelten und umgangenen kurländischen Kessels und in der sich anschließenden Kriegsgefangenschaft ändert sich Bobrowskis Schreiben ab 1944 abermals, die moralische Bedrängnis des Besatzungssoldaten macht Sehnsucht nach der unzugänglichen Heimat Platz, Wortfügungen entstehen, die Heimatbilder evozieren und das Verlorene aus Worten zusammensetzen, die nun nicht mehr Zerstörung reflektieren sollen, sondern bis in den traditionellen Strophenbau und die musikalisch virtuose Lautmalerei hinein als eine „Art klangmagisch-erinnerungsseliger Kompensationsdichtung"[9] dem nun seinerseits Verlorenen Trost spenden sollen in bedrückender Lage. Zu Beginn dieser Phase verlieren die architektonischen Motive an Dominanz, im kurländischen Kessel werden vorrangig Naturgedichte geschrieben, Motive wie „Fluß" und „Ebene" beginnen erstmals eine ähnliche Rolle für das lyrische Ich einzunehmen wie einst die architektonischen Motive: Sie werden zu identifikationsoffenen Projektionsbildern. Die Neigung zum absoluten Nominativ in der Titelgebung (*Die Ebene, Der Strom*) verrät schon jetzt eine Neigung zu jener mythisierenden Grundierung dieser Motive, dank derer sie in Bobrowskis späterer Lyrik zu vieldeutigen Chiffren der sarmatischen Landschaft werden können und schließlich oftmals mehr bedeuten, als jeder konkrete Strom in einer konkreten Ebene Osteuropas für sich allein je bedeuten könnte.[10] Fast scheint es, als wollte Bobrowski bereits 1944 endgültig Abschied nehmen von der architektonischen Leitmotivik, wird doch nun im Gedicht *Der Strom* so vom Strom, dem ewig fließenden Element schlechthin, aus auf Bauten geblickt wie einst von ihnen aus auf den – damals – bloße Vergänglichkeit implizierenden Fluß:

[...] Und mächtiger wird ihn dann
der Morgen finden, wenn er nicht Umschau mehr

---

9 B. Leistner (Anm. 4), S. 164.
10 Zu diesem Motiv vgl. auch Joachim von der Thüsen: Flußmythen, Strombilder. Zur Lyrik Johannes Bobrowskis. In: Euphorion 1998, S. 47-67.

hält, ob auch Städte, vielgetürmte,
in seine Fluten ihr Abbild warfen. (GW II, S. 68)

Hier deutet sich bereits jener Perspektivenwechsel an, der erst in späteren Jahren wirkungsvoll werden wird: Strom und Fluß, die Unvergänglichkeit des Vergänglichen und die Einheit der fließenden Zeit werden zum perspektivischen Fluchtpunkt, von dem aus die Landschaft der sarmatischen Gedichte organisiert werden wird. Doch während der Kriegsgefangenschaft entstehen bald darauf, als hätte es die Krise seines bisherigen Zentralmotivs nicht gegeben, plötzlich wieder gereimte Strophen mit alternierendem Versfuß, in denen Kirchenbauten unverrückbare Werte und Gewißheiten verkörpern, intensiviert wohl durch das Wissen um den endgültigen Verlust der Heimat, die nun nicht mehr auf der Landkarte gesucht, die nur noch im Gedicht gefunden werden kann. Fast scheint es, als wollte Bobrowski nun vor jenem Punkt erneut zu schreiben beginnen, an dem die erste Krise seines Schreibens einsetzte, seine eigene Entwicklung zurückdrehen um die schlimmsten Jahre des Krieges. Fortfahren beim Entwicklungsstand von *Ordenskirche / Tilsit*. 1946 entsteht das Gedicht *Die Vaterstadt*:

Am Ufer kniet seit vielen hundert Jahren
Der Kirchenbau, ergraut längst und gestillt.
Und wer noch je den Strom dahin gefahren,
dem griff ins Herz des heitern Turmes Bild: (GW II, S. 82)

Doch Erfahrungen lassen sich nicht einfach leugnen. So wird nun, ähnlich wie in der Kriegszeit, die architektonische Leitmotivik zum Austragungsort innerer Konflikte, wenn auch in gänzlich anderer Art. Nicht mehr um moralisches Standhalten in widermoralischer Umgebung geht es nun, um unfreiwilliges Beteiligtsein (wenn natürlich auch in der Kriegsgefangenschaft von Freiwilligkeit kaum wird die Rede sein können), sondern um Verstehen, um einen Zwiespalt zwischen Heimatbedürfnis und Einsicht. Das frühe Gedicht *Ordenskirche / Tilsit* mußte ja aus Bobrowskis späterer Sicht problematisch allein deshalb sein, weil es mit dem lyrischen Anruf einer Kirche des Deutschen Ordens eine Vergangenheit affirmierte, die ihm in seiner späteren Lyrik den Beginn deutscher Schuld im Osten bezeichnen sollte. Entstanden im Sommer 1947, also just zu der Zeit, zu der Bobrowski „mit einigen verdienten Antifaschisten" zu einer ersten Antifa-

Schulung eingeteilt war[11], spiegelt der Zyklus *Backsteingotik* (GW II, S. 106-113) die Spannung zwischen sich sehnendem Erinnern der Heimat und dem Bewußtsein um eine historische Schuld wieder, die in konsequenter Umdrehung nationalsozialistischer Geschichtskonstruktionen (und wie diese) den Deutschen Ritterorden nationalisierte und ihn als mythischen Kern, als deren ursächliche Vorgeschichte einer Historie einverleibte, die ihren Höhepunkt schließlich im Eroberungs- und Vernichtungskrieg des NS-Regimes gefunden haben sollte. Wieviel von diesem Geschichtsbild primär Bobrowski eigenem Nach-Denken, wieviel der Antifa-Schulung zuzuschreiben ist, wird sich wohl nie restlos aufschlüsseln lassen. Jedenfalls mußte diese historische Ableitung Bobrowskis Erinnern auch an seine Heimat mit dem Bewußtsein einer Schuld durchtränken, war doch die von ihm einst besungene Ordenskirche in Tilsit demnach zugleich sehnsüchtig erinnertes Kindheitsbild und bleibendes Zeugnis grausamer Eroberungskriege, in deren schuldhafte Tradition die nationale Geschichtskonstruktion auch sein eigenes Heimatbedürfnis noch stellte – dem realen Schuldbewußtsein des unfreiwilligen Besatzungssoldaten gesellte sich so eines aus historischer Erklärung, das über nur individuelle Verstrickung weit hinausreichte und gerade die ihm (noch dazu während der Kriegsgefangenschaft) so wichtigen heimatlichen Erinnerungsbilder in ihrer scheinbar unschuldigen Idyllik in Frage stellen mußte. Dieser Widerspruch prägt den Gedichtzyklus. Er besteht aus insgesamt 12 Gedichten. Abgesehen vom ersten werden in ihnen auf den ersten Blick traditionelle Motive aus kirchlichen Bauwerken zur Emanation eines dem Menschen übergeordneten und in seiner Allmacht tröstlichen Göttlichen erhoben. Doch ist diesen Gedichten, und dies ist nun neu, historische Reflexion einverschrieben, das Bauwerk ist nicht mehr nur wieder Garant unvergänglicher Werte, sondern auch das Ergebnis historischer Prozesse, von denen aus es mit neuen Bewertungen aufgeladen wird; insgesamt ergibt sich daraus eine deutliche Spannung zwischen Historizität und ersehnter Ewiggültigkeit übergeordneter Werte. Das erste, einführende Gedicht nun thematisiert die historisch problematische Rolle von Bauwerken im Gebiet des ehemaligen deutschen Ordens, dessen Bauten zugleich Festungen von Eroberern im eroberten Land waren:

---

11 E. Haufe: Bobrowski-Chronik. Daten zu Leben und Werk. Würzburg 1994, S. 27.

Die Burg

Stumm war das Land, das sie erobert hatten.
Was Blut erwarb, blieb fremd und kahl und kalt.
Und jeder Pfad, den Mann und Roß eintraten,
verwuchs schon hinter ihrem Tritt, der Wald
brach über sie herein gestrüppverkrallt,
noch eh' die Nacht herschlich und Drachensaaten
auswarf, und ihre Feuer glommen kalt.

Und immer drang der Wald bis an die roten
getürmten Mauerfelsen, maßlos stieg
die Wand empor. Da starrten nur die toten
verengten Luken und die Zinnen drohten,
daß es den eignen Atem überschwieg.

Und nur im Ring der Mauern und der Steine
im Hofe stand die Sonne wie von je.
Da blieben sie noch oft im Abendscheine
Lang beieinander, aber so alleine,
als wär' ihr Sein vergangen in den Schnee.

In ihren Hallen brannten oft die Feuer,
und doch drang Frieren lärmend in sie ein,
und draußen schwoll das Dickicht ungeheuer
heran, aufschreiend, bis an ihr Gemäuer –
da bauten sie im Hof aus kaltem Stein
der Laubengänge klare Säulenreih'n
und Bögen, so als könnt' der Stein getreuer
und heimatlicher ihren Herzen sein. (GW II, S. 106)

Fast möchte man Mitleid mit der Einsamkeit der Eroberer bekommen. Das Gedicht ist denn auch keine platte Anklage, eher offenbart es die Absurdität, einem Land, wie ja es der offizielle Auftrag der Kreuzritter war, das Heil mit dem Schwert bringen zu wollen – die Eroberer bleiben heimatlos, fremd und isoliert. Die starken Mauern bekommen nun freilich eine neue Bedeutungsnuance: Zwar beschützen sie ihr Inneres, die Glaubenskrieger, offenbaren aber gerade dadurch umso deutlicher die Feindseligkeit der ins Land eingefallenen Fremden, der moralische Schutz, den Bobrowski einst in diesem Bild gesucht hatte, erweist sich nicht nur als historisch problematisch, sondern auch als kontraproduktiv dem zu Schützenden gegenüber. Das hinter seiner Ummauerung versteckte und isolierte gute Gewissen wird zum Bestandteil des Schreckens, den seine Träger über die Welt bringen und der in Form heimatloser Isolation auf sie zurückschlägt. Im zweiten Gedicht des Zyklus jedoch, es widmet sich nun einem reinen Kirchenbau, wird im Gegensatz zur *Burg* wieder ein Wertezusammenhang evoziert, der zugleich in einen deutlichen Gegensatz zu den Ordensrittern gebracht wird, denen dieser Bau gleichwohl doch überhaupt erst zu verdanken ist. Diesen Widerspruch sucht Bobrowski hier aufzulösen in einen Gegensatz zwischen Erbauern und Bauwerk, dem damit ein Sinn zugeschrieben wird, der das beschränkte Wollen seiner Bauherren übersteigt, so daß das Werk frei zu sein scheint von den Intentionen seiner Erbauer, erhaben über sie: „Die deinen Grund ausmaßen und den Stein / Bereiteten [...] // [...] über ihr Vermögen / erwuchs der Bau [...] // [...] wie wenn sie entschwänden / in ihrem Werk // Oh unbegreiflich weite Herrlichkeit!" (GW II, S. 107)

Architektur bleibt in diesen Jahren für Bobrowski das lyrisch zentrale Selbstvergewisserungsmotiv[12], in sie fließen seine Kämpfe und Zweifel ein (während die der Architektur bei ihm kontradiktorisch entgegengesetzten weiten und fließenden Bildbereiche „Strom" und „Ebene" sich langsam, langsam anreichern mit dem, was später in befreiten Rhythmen „Sarmatien" werden soll).

Die ersten Jahre nach der Rückkehr aus der Kriegsgefangenschaft sind dann Jahre der Neubesinnung, Jahre des Sich-Wieder-Einfindens, die Lyrik oftmals Bildungslyrik über traditionelle Motive aus der Kunstgeschichte, manchmal scheint es, als wollte Bobrowski vergessen, abermals dort beginnen, wo er mit *Ordenskirche / Tilsit* einst aufgehört, die *Marienkirche in Danzig* (GW II, S. 187) etwa erscheint als „Entstiegene", ihr „Jubel" als versöhnender Triumph oberhalb des Widerstreits ihrer Bestandteile. Doch solche Bilder der Sehnsucht nach innerer Beruhigung sind nun eingelassen in eine nach wie vor zweifelnde Verwendung architektonischer Motive, die Cestius-Pyramide wird gar „zum Gleichnis des Ungenügens" (GW II, S. 183), in dem Zyklus *Die Kathedralen Frankreichs* – man beachte die zeitweilige Zweiteilung der architektonischen Motive: Bauten aus dem deutschen Osten versinnbildlichen in die Architektur projizierte Sehnsucht,

---

12 Aus Platzgründen nicht näher eingegangen werden kann hier auf die *Klassizistische Ode (für Dr. Anton Grundmeier)* (GW II, S. 116) vom Herbst 1947, in der architektonische Bilder und poetologische Aussage ineinander übergehen, Architektur explizit auf den Gedichtbau verwiesen wird.

Zweifel und Auflösung werden in Gebäude anderer geographischer Gebiete eingeschrieben – verändert das Kirchenmotiv sich in bisher nicht gekannter Radikalität:

1
Vor Zeiten stießen sie die harten Kiele
durch See und Sund und brachen auf die Häfen
und brandschatzten die Seelen. Voller Schwielen
und Narben war ihr Land und die Gebete.
Der Wächter Hornruf gellte in den Nächten.
und Feuer fraß.

2
Die Kathedrale von Verdun fährt über
den Dächern hin der Stadt, eine Galeere
vergessner Tage, leer. Kein Ruderschlag
tönt auf. Gewölk –

(GW II, S. 188)

Auch wenn der Zyklus dann noch einmal mit religiös tröstenden Bildern endet: Gerade am Anfang verlieren die Kirchen ihr statisches, Sicherheit gewährendes Sein und geraten in Bewegung, ihre metaphorische Gleichsetzung mit Schiffen weist ebenso wie die Neigung, den Text aus bewegten Bildern und assoziativ aneinandergereihten Landschaftsfragmenten zusammenzusetzen, auf den Bobrowski der *Sarmatischen Zeit* voraus, gleichzeitig wird den Kathedralen ihre Unschuld genommen, „sie brandschatzten die Seelen" wie Glaubenskrieger, ein Bild, das Bobrowski, mochte er auch an die Katharer- oder die Hugenottenkriege gedacht haben, doch auch mit dem Deutschen Orden verbunden haben wird. Inhaltliche Bedeutung und Art der Verbildlichung der architektonischen Motive beginnen sich hier in einer Art zu wandeln, die die Wiederaufnahme der ursprünglichen Bedeutung stabil stehender Kirchen als Gewähr für die Unverrückbarkeit christlicher Werte nicht zuletzt auch aus ästhetischen Gründen unmöglich machen wird – nach diesen dichterisch kühnen Bildern wäre ein abermaliges Beginnen beim lyrischen Stand von *Ordenskirche / Tilsit* auch rein künstlerisch nicht mehr zu rechtfertigen gewesen. Die *Europäische Ode* (GW II, S. 192f.) wirkt denn auch wie eine abschließende Bilanz der bisherigen Verwendung des Motivs:

Deine Kathedralen umraucht Verwesung.
Noch ist an den Türen die Blutschrift deiner
Zwingherrn nicht verblaßt. Und der Bosheit Siegel
Prägt deine Stirn noch.

[...]
Anders kannten sie dich. In deinen Türmen
Schwang ihr Herz, noch als du die Läuteseile
Henkern übergabst und zum Richtbock schlugst das
Erz deiner Glocken.

[...]
Aber auch im Aschenstaub der Ruinen
Lebt deine Rühmung.

Die „Kathedralen" werden hier zum bezeichnenden (und dann auch metaphorisch verwendeten) pars pro toto Europas, in ihnen spiegeln sich die „Blutschrift deiner / Zwingherren" ebenso wie deren von den „Henkern" ins Gegenteil verkehrten Hoffnungen, so daß „im Aschenstaub der Ruinen" zwar noch eine „Rühmung" lebt, die aber den „Aschenstaub" nicht zurückverwandeln, sondern bestenfalls aus ihm, aus dem Eingeständnis der Zerstörung, eine neue Zukunft gewinnen kann.

In etwa zeitgleich mit dieser lyrischen Bilanz vollzieht sich die entscheidende Wende in Bobrowskis Schaffen: An die Stelle hoch aufragender Mauern treten nun endgültig „Strom" und „Ebene" als lyrische Zentralmotive, das lyrische Ich sucht nicht mehr nach Bildern des sich Abschließens, nach Einkapselung in fest gefügten Räumen, die vor dem Außen schützen, es taucht ein in Motive der Weite, des Fließens und Strömens, die offen sind, offen für Stimmen und Geschichten, die sie durchziehen, offen für Schuldreflexion und Sehnsucht, offen für die nationale Vielfalt und historische Vielschichtigkeit Sarmatiens. „Strom" und „Ebene" lösen so die architektonische Leitmotivik nicht einfach ab, sie stellen auf struktureller Ebene ihre Transformation in das dar, wovor die architektonischen Bilder einst hatten schützen sollen. Die Grundsemantik kehrt sich um: 'Fest' wird zu 'fließend', 'ragend' zu 'eben', 'eng' zu 'weit', 'geschlossen' zu 'offen', 'unvergänglich' zu 'vergänglich und in den größeren Kreislauf des Lebens integriert'.

Nicht, daß architektonische Motive jetzt überhaupt keine Rolle mehr spielten in Bobrowskis Lyrik, doch sie ordnen sich nun der neuen Leitsemantik unter und werden selbst tendenziell[13] fließend, weit und offen, vergänglich:

Städte sah ich im stäubenden
Wind, gehäuft aus verwirrten
Dächern, gilbenden Wänden, Getürm.
Die versinken im Land. (GW II, S. 221)

Neue architektonische Motive tauchen auf, übernehmen neue Bedeutung, wichtig werden nun eher Straße, Tor, Tür (GW I, S. 88) und Fenster, die geöffnet werden (GW I, S. 89), also Bilder architektonischer Offenheit und Gastfreundlichkeit, zwischenmenschlicher Begegnung und Kontaktaufnahme (sei es mit Fremden, sei es mit der Natur): „Wer des Weges kommt, / trete herein" (GW I, S. 184). Straßen gehen jetzt nicht umsonst über in die vieldeutigeren Wege (GW I, S. 90), gewinnen also analog zur sarmatischen Landschaft symbolische Bedeutung und verweisen auf grundlegend Menschliches. Architektonische Motive dienen nun, mit dem Verzicht auf „Unvergänglichkeit" auch der Vergangenheit gegenüber offen, der Erinnerung (GW I, S. 94), oder, sich öffnend für zuvor verdrängte Emotionen, als Chiffren der Schwermut (GW I, S. 107), gegenüber ihrer einstigen Schwere erhalten sie eine neue Leichtigkeit: „das Dach auf meiner Schulter / war leicht" (GW I, S. 108). Im Gedicht *Kathedrale 1941* (GW I, S. 130f.), das vom Titel her zurückverweist auf die im Krieg entstandenen Gedichte mit architektonischer Motivik, ist nun alles nur noch Bewegung und Erinnerung, architektonische Details tauchen nur noch in der Benennung rauchgeschwärzter Wände, verbrannter Türen und leerer Fensterhöhlen auf, wobei freilich nicht das architektonische Detail beschrieben wird, sondern der erinnerte Zerstörungsvorgang als Teil einer umfassenderen Reflexion im Gedächtnisraum des lyrischen Ichs. Gleiches gilt für *Dorfkirche 1942* (GW I, S. 132), während in *Kloster bei Nowgorod* (GW I, S. 134) Naturmotive die architektonischen überwuchern und ersetzen. An die Stelle der Kathedralen und Burgen tritt als neues programmatisches Bauwerk in Bobrowskis Lyrik das Holzhaus: „lebendig im fließenden Harz, / redend durch die Nacht, Balken und Bretter umsaust / von Träumen [...] // [...] Du bist / alt zum Weinen. So kehren / wir alle zurück, wir tragen / unse-

---

13 Deutlich starre Bauten, motivlich sehr selten, werden nun mit dem Vordringen des Deutschen Ordens bzw. der Wehrmacht assoziiert und stellen eindeutige Fremdkörper in der sarmatischen Landschaft dar, verweisen auf den von Fremden in die Landschaft getragenen Krieg vgl. etwa GW II, S. 295.

re Toten unter dein Dach. // [...] // Haus, / einst, wenn du uns stirbst, / fällt zusammen alles, die Liebe stürzt" (GW I, S. 140). Die Architektur ist organisch geworden, Teil des Lebens, das sie birgt, aus dem sie nun besteht: (GW I, S. 168):

> *[...] ein Haus,*
> *ein Nebelhaus, steht vor dem Wald,*
> *Dächer aus Rauch,*
> *Türme aus Vogelrufen,*
> *Birkenzweige abends verschließen die Tür. (GW I, S. 168)*

In den späten Gedichten *Haus* (GW I, S. 201), *Das verlassene Haus* (GW I, S. 207) und *Alter Hof in Häme* (GW I, S. 208) werden die Häuser gar nicht mehr beschrieben, sie fungieren nur noch als Kulisse für Stimmen, lösen sich auf in das, was sich in ihnen abspielt, und bestehen nur noch aus dem Leben, dem sie dienen. Auf exemplarische Weise deutlich wird dies bereits in einem der wenigen Gedichte aus der *Sarmatischen Zeit*, die einem Bauwerk gelten:

> *Die Kirche „Lindere meinen Kummer"*
>
> *Über den Wänden,*
> *Stein, über den Bögen*
> *die Kuppeln aus Wind, gefügt*
> *unter den Himmel, alt,*
> *der mit Fähren und Flößen kommt,*
> *der vor den Abenden her*
> *singt, Bienenrauch fährt mit ihm, Atem*
> *vom Himbeerstrauch, spät –*
>
> *wenn die Herrin der Felder,*
> *runden Auges, weißhaarig,*
> *erstarrt mit den schmalen Armen,*
> *leicht, eine Esche,*
> *Hände aus Laub wie Gewölk,*
> *der Moore bittere Luft*
> *fängt und den Trunk*
> *führt an den Mund. (GW I, S. 48)*

Mir geht es hier nicht um eine Gesamtinterpretation dieser Verse, sondern nur darum, wie der Gegenstand des Gedichts (er ist ja im

Titel deutlich als eine Kirche benannt) nach wenigen architektonischen Details, die in einer Art Selbstauflösung in ein Natur- und Vergänglichkeitsmotiv übergehen („Kuppeln aus Wind"), sich vom bloßen Bauwerk verwandelt in ein Ensemble aus Naturbildern und mythischen Motiven, die in eine Vergangenheit hinabweisen, die älter sein dürfte als der Kirchenbau – durch seine Auflösung freilich wird er offen für das, was er als fest gemauertes Bauwerk (auch als geistige Bastion einer Heiden missionierenden und bekämpfenden Kirche) aus sich hätte ausschließen müssen. Die Tröstlichkeit des Kirchennamens findet ihre paradoxe Erfüllung in der sich öffnenden Auflösung der Kirche als Kirche(nbau). Diese Auflösung der architektonischen Motivik (und ihrer Bedeutung) ist eines der wichtigsten und bedeutungsträchtigsten Momente in der Entwicklung des Lyrikers Bobrowski, die architektonische Leitmotivik gerade deshalb aber auch in ihrem scheinbaren Verschwinden noch ex negativo zentral für Bobrowskis auch späte Lyrik – ihre Zurücknahme ist Teil der lyrischen Welt, aus der sie zurückgenommen wurde.

Bildbeschreibungen im Prosawerk von Johannes Bobrowski

STEFANIE RENTSCH

Also erstmal: Zur Literatur bin ich ja ganz zuletzt gekommen. Früher habe ich gemalt. Und dann wollte ich eigentlich Musiker werden, das heißt, ich habe so herumkomponiert. – Als nun einer meiner Freunde anfing zu malen und sehr gut malte, und der andere anfing zu komponieren und sehr gut war darin, da habe ich mir gesagt, mir bleibt jetzt nichts anderes übrig, dann werde ich also schreiben.[1]

Mit diesen eher scherzhaften Worten berichtete Johannes Bobrowski 1965 in einem Interview von seiner im Ausschlußverfahren getroffenen Entscheidung, Schriftsteller zu werden. Auch wenn Bobrowski sich letztlich gegen eine Karriere als Musiker oder Maler und für den Weg der Literatur entscheiden sollte, verabschiedete er sich nicht von den anderen Künsten, die ihn sein ganzes Leben lang begleiteten und die in verschiedenster Form Eingang in sein schriftstellerisches Œuvre fanden.[2] Als Beispiel sei an das Motiv der Architektur der russischen Stadt Nowgorod erinnert, die Bobrowski mehrfach in seinen Gedichten thematisiert.[3] Daneben hatte er eine besondere Vorliebe für altrussische Ikonenmalerei. In der Erzählung *Die Seligkeit der Heiden*

---

1 Johannes Bobrowski in einem Interview von Irma Reblitz im März 1965: Meinen Landsleuten erzählen, was sie nicht wissen, in: J. Bobrowski: Gesammelte Werke in sechs Bänden, hg. von E. Haufe. Bde. I-IV Stuttgart / Berlin 1987, Bd. V Stuttgart 1998, Bd. VI (hg. von H. Gehle) Stuttgart 1999, hier IV, S. 478-488; Zitate aus dieser Ausgabe werden im folgenden mit der Sigle GW, der Band- und der Seitenangabe nachgewiesen. In den Analysen der Bildbeschreibungen wird zur besseren Orientierung außer der Seite noch die Zeilennummer angegeben.
2 Sigfrid Hoefert betont in seinem Aufsatz besonders das enge Verhältnis zu den bildenden Künsten: „Bei kaum einem anderen DDR-Schriftsteller von Rang ist das Verhältnis zu den bildenden Künsten so stark ausgeprägt wie bei Johannes Bobrowski (1917-1965)." In: S. Hoefert: Kunst und Literatur: Die Ikonen-Gedichte Johannes Bobrowskis, in: Monatshefte für deutschen Unterricht, deutsche Sprache und Literatur 64/3 (1972), S. 218-228, hier: S. 218.
3 Vgl. die unter dem Eindruck des Krieges 1941 und 1943 in verschiedenen Versionen verfaßten kurzen Gedichte *Steinkreuz, Anruf, Klosterkirche, Kreml* und *Abend* (GW I, S. 222f. und GW II, S. 49-51) sowie *Kathedrale* 1941 (GW I, S. 130f.), *Kloster bei Nowgorod* (GW I, S. 134) und *Nowgorod* (GW II, S. 297f.) aus den Jahren 1955 und 1956 sowie schließlich *Nowgorod (Ankunft der Heiligen)* (GW I, S. 158f.) von 1961.

(1964; GW IV, S. 91-96) stehen Ikonen, „die Bilder der Mönche" (GW IV, S. 96), für die gewaltsame Christianisierung Litauens. Den Ikonen als christlichen Bildern steht ein heidnisches Kunstwerk gegenüber: „ein Stück geschmiedetes Silber, das Bild eines Hirschs mit vielfach verzweigtem Geweih [...], ein Hirsch in fliegendem Lauf" (GW IV, S. 91).[4] Auch in seinem lyrischen Œuvre hat sich Bobrowski immer wieder mit Ikonen beschäftigt. So verfaßte Bobrowski 1960 das Gedicht *Ikone* (vgl. GW I, S. 122), zu dem ihn wahrscheinlich eine Miniatur-Ikone inspirierte, die er auf einem der Bücherborde in seinem Friedrichshagener Arbeitszimmers plaziert hatte.[5] Einige Jahre vor *Ikone* schrieb er das Gedicht *Der Ikonenmaler*, in dem er seine Stimme dem Künstler leiht, welcher in Form eines Gebetes um göttliche Inspiration für sein Tun und die Wirkung der Ikone bittet (vgl. GW II, S. 194-198).

In seinen letzten Lebensjahren (1964/65), die er fast ausschließlich in Berlin-Friedrichshagen verbrachte, wandte Bobrowski sich eingehend solchen Kunstwerken zu, die er besonders gut kannte und die sich in seiner nächsten Umgebung befanden. Dies gilt zunächst für die Erzählung *Im Guckkasten: Galiani*, die Bezug nimmt auf das Bild einer venezianischen Stadtansicht.[6] Die Vedute hing als kolorierter Kupferstich in Bobrowskis Büro im Union Verlag. Diese, für die Gestaltung der Bildbeschreibungen bei Bobrowski wichtige Erzählung, kann ich an dieser Stelle nicht näher behandeln, möchte aber auf die Textanalyse von Alfred Behrmann zur Figur des Galiani hinweisen.[7]

In dieser Untersuchung werde ich der Frage nachgehen, welche Rolle Bilder und insbesondere deren Beschreibungen in Bobrowskis Prosa spielen. Im Mittelpunkt soll dabei die Frage stehen nach den Möglichkeiten, Erinnerung mit Hilfe von Texten und Bildern hervorzurufen und als Gedächtniskultur weiterzugeben. Ein Thema, das von

---

4   In dieser Beschreibung erinnert der Hirsch an ein Stück aus der Sammlung des sogenannten „Goldes der Skythen", jenen Funden aus skythischen Hügelgräbern, die sich heute in der Eremitage in Sankt Petersburg befinden. Der Erzähler bezeichnet den Herkunftsort des Kunstwerks als die „skythische Erde [...] des Landes Rus." (GW IV, S. 92).
5   Vgl. S. Hoefert (Anm. 2), S. 225-227.
6   Es handelt sich um den Kupferstich „Ein Theil des großen Canals biß über die Juden Bruck, zu Venedig" (29 x 40 cm) von Georg B. Probst. Eine gute Abbildung befindet sich in: R. Tgahrt (Hg.): Johannes Bobrowski oder Landschaft mit Leuten. Eine Ausstellung des Deutschen Literaturarchivs im Schillermuseum Marbach am Neckar, Tübingen 1993, Abb. 149, S. 486.
7   Vgl. A. Behrmann: Facetten. Untersuchungen zum Werk Johannes Bobrowskis, Stuttgart 1977, hier besonders: S. 16-27.

elementarer Bedeutung für Bobrowskis gesamtes Œuvre ist. Dazu möchte ich zunächst den Stellenwert der Bildbeschreibung als potentielles Speichermedium von Erinnerungen anhand der Erzählung *Betrachtung eines Bildes* beleuchten. In einem zweiten Schritt soll der kurze Text *Gedenkblatt* und seine Aufnahme in den Roman *Litauische Claviere* als Paradigma für die Bedeutung der Bildbeschreibung im Zusammenhang mit Bobrowskis intensiver Beschäftigung mit osteuropäischer, insbesondere mit litauischer Geschichte und Kultur vorgestellt und mit der Gedächtnisthematik verknüpft werden.

I. Text und Bild als Zeichensysteme der Erinnerung – *Betrachtung eines Bildes*

Die Kurzerzählung *Betrachtung eines Bildes* bezieht sich, ähnlich wie *Im Guckkasten: Galiani*, auf ein wirklich existierendes Bild, das Bobrowski aus eigener Anschauung sehr gut kannte: Die Lithographie „Pjaliza an der Südküste von Russisch-Lappland", wie sie – leicht fehlerhaft – auch in der Erzählung benannt wird, bekam Bobrowski zu Weihnachten 1964 geschenkt und brachte sie an einer Wand seines Arbeitszimmers in Friedrichshagen an, wo sie sich auch heute noch befindet.[8]

Ausgehend von der auf der Lithographie dargestellten Landschaft wird ein Ausschnitt aus dem Leben eines schiffbrüchigen Mannes erzählt. Er ist nach einem Schiffsunglück an dem Küstenstreifen von Pjaliza geblieben und widmet sich seit seiner Ankunft dem Aufstellen von großen Holzkreuzen, denen eine zweifache Funktion beigelegt wird. Zum einen dienen sie als Grabkreuze, als Zeichen der Erinnerung an diejenigen, die den Unfall nicht überlebt haben: „Also ist der Mann hier geblieben, als er sich herausgerettet hatte bis auf den Sand, er allein. Und die Leichen der anderen aufgesucht hatte, auf dem Strand, und bestattet, oben auf der Höhe, und die ersten Kreuze gesetzt. Gedenkzeichen" (GW IV, S. 154, 7-10). Zum anderen will der Mann weitere Schiffsunglücke verhindern, indem er mit seiner Tätigkeit fortfährt und noch mehr Kreuze als Warnzeichen am Rand des Kaps errichtet. Die Kreuze unterschiedlicher Funktion gehen räumlich und intentional ineinander über, bis schließlich die ganze Küste voll von ihnen ist:

---

8 Auch zu diesem Druck (20 x 36 cm) vgl. die Abbildung in R. Tgahrt (Anm. 6), Abb. 151, S. 488.

Und dann stellte er, so nah an das Wasser, wie es ging, ein hohes Kreuz, ein Warnzeichen, und nun kommen immer mehr Kreuze hinzu, die ganze Küste entlang, vom Kap her bis an das Dorf. Und er muß sie sichern gegen den Sturm, und die umgestürzten muß er aufrichten. (GW IV, S. 154, 11-15)

Die Erfahrung des Mannes hat jedoch gezeigt, daß die Kreuze allein ihren Dienst als Warnsignal nur unvollständig erfüllen können, denn bei Nebel und Dunkelheit sind sie vom Meer aus nicht mehr zu sehen. Er entscheidet sich deshalb dafür, Feuer zu entzünden und „läßt sie in Flammen brennen bis zum Morgen und im Winter auch den Tag über" (GW IV, S. 154, 19f.). Um diese Warnzeichen zu errichten und zu unterhalten, mußte erst ein Unglück, der Schiffbruch im Sturm, geschehen.

Die Erzählung will jedoch nicht nur von dem persönlichen Unglück des in das Bild imaginierten Mannes handeln. Seine Geschichte und sein Handeln werden vielmehr als ein positives, allgemeingültiges Exempel präsentiert und die Erzählung wird damit zur Parabel:[9] „Es war hier ein Verdienst aufzuzeichnen. Kein geringes, wie man zugeben wird" (GW IV, S. 154, 27f.). Ähnlich wie das Leben des Schiffbrüchigen um das Aufstellen der Kreuze und deren Pflege kreist, ist die Thematik von Erinnerung und Gedenken immerwährender Grundton und zugleich Zielpunkt der ganzen Erzählung. Den Kreuzen kommt dabei eine zentrale Rolle zu, wenn der Text nach ihrer Bedeutung fragt: „Was ist das, ein Kreuz?" (GW IV, S. 153, 1f.) Die Antwort des Betrachters lautet:

Ein Zeichen. Ein Gedächtnis. Eine Erinnerung. Etwas, das an Früheres gemahnt, an Vergangenes. Das aber das Gedächtnis an dieses Vergangene wachhalten soll, nicht wahr. Also auch ein Warnungszeichen, und nicht nur gegen das Vergessen, auch vor der Unachtsamkeit. Da muß es hoch sein und weithin sichtbar. (GW IV, S. 153, 3-7)

Mit diesen Worten unterstreicht der Erzähler die tiefergehende Bedeutung des Kreuzes als Warn- und Gedenksignal auf abstrakter Ebene. Dazu wird das Kreuz in *Betrachtung eines Bildes* mit dem Begriff des ‚Zeichens'[10] belegt, in welchem das Gedenken an Vergangenes

---

9 Zur literarischen Form der Parabel vgl. W. Habicht u.a. (Hgg.): Der Literatur-Brockhaus in 8 Bänden, Mannheim/Leipzig 1995, Bd. 6, S. 188.
10 Bobrowski verwendet den Begriff Zeichen unsystematisch, also nicht im sprachwissenschaftlichen oder semiotischen Sinne; vgl. W. Mauser: Beschwörung und Refle-

und die daraus resultierende Warnung für die Zukunft verquickt werden. Die Deutung der auf der Lithographie abgebildeten Kreuze als Warn- und Gedenkzeichen, auf die sich der Erzähler zunehmend konzentriert, verleiht schließlich dem ganzen Bild den Status eines ‚Zeichens': Es wird selbst zu einem „Gedenkzeichen, Warnzeichen, beides" (GW IV, S. 154, 34). Damit wird auch die moralischpoetologische Bedeutung des Kreuzeszeichens in bezug auf das Bild ausgeweitet: „Indem er [Bobrowski] davon erzählt, setzt er ein Gedenkzeichen und schafft ein Stück Überlieferung, von dem Zuspruch und Mahnung ausgehen können. Er vertieft das durch das Bild Tradierte mit seiner Erzählung ins Moralische."[11]

Indem sich das Verständnis des Bildes von einer Archivalie zu einem Mahn- und Gedenkzeichen verändert, verliert die konkrete Lithographie „Pjaliza an der Küste von Russisch-Lappland" an Bedeutung. Auch die Aufforderung: „Nimm das Bild vom Tisch und häng es vor dich an deine Wand. Damit du es siehst" (GW IV, S. 154, 33f.), mit der die Erzählung schließt, erfährt eine weitergehende Deutungsmöglichkeit. Der Leser, an den sich der Auftrag direkt wendet, kann und soll nicht die Lithographie von Russisch-Lappland an seiner Wand plazieren. Vielmehr ist dem Erzähler daran gelegen, daß sein Leser das aus der Geschichte resultierende, unsichtbare Bild des Mannes, der Kreuze errichtet und Feuer entzündet, als Zeichen für verantwortungsbewußtes, um die Vergangenheit wissendes Handeln im Gedächtnis, vor seinem inneren Auge behält. Die explizite Aufforderung, das Bild – und nicht etwa den Text – als Mahnzeichen im Blick zu behalten, rekurriert auf die wichtige Rolle, die Bilder als Merkhilfen für das menschliche Gedächtnis spielen.

Die Methode, die Gedächtnisleistung unter Zuhilfenahme von Bildern zu unterstützen, wurde bereits in der Antike im Rahmen der Mnemotechniken in der Rhetorik erkannt und ist überliefert.[12] Hier

---

xion. Bobrowskis sarmatische Gedichte, Frankfurt a. M. 1970, S. 24, Fußnote 35.
Bei Bobrowski entspricht ‚Zeichen' am ehesten der alltagssprachlichen Verwendung von ‚Symbol' oder ‚Sinnbild' als „[Kenn-, Wahr]zeichen, durch das ein bestimmter geistiger Sachverhalt stellvertretend sinnlich wahrnehmbar angezeigt, dargestellt, verkörpert, umrissen wird [...]." In: R. Köster (Hg.): DBG Lexikon der deutschen Sprache, Berlin/Darmstadt/Wien 1969, S. 867.
11 M. Dehn / W. Dehn: Johannes Bobrowski. Prosa. Interpretationen, München 1972, S. 60.
12 Die folgenden Überlegungen beziehen sich auf die für den Bereich der Mnemotechnik in der Antike noch immer gültige Abhandlung von F. A. Yates: The Art of Memory, London 1966, hier: S. 1-26. Sie verweist auf die wichtigsten Quellen zur Gedächtniskunst in der Antike: Ciceros De oratore, die anonyme Lehrschrift Ad Herennium und die Institutio oratoria von Quintilian.

gehörte Gedächtnistraining zum festen Bestandteil der Ausbildung eines Redners. Nachdem dieser seine Rede nach bestimmten Regeln erstellt hat, muß er sein Werk memorieren, um es dann frei aus dem Gedächtnis heraus präsentieren zu können.[13] Die jeweiligen Inhalte oder sogar einzelne Wörter, die in einer Rede zur Sprache gebracht werden sollen, werden vom Redner nacheinander in eine Flucht imaginärer Räume (loci) transferiert. In diesen Räumen bringt der Redner im Geiste Bilder (imagines) an, die einzelne Sachverhalte der Rede verdichtet darstellen. Die Bilder sollen dabei möglichst markant und prägnant sein, um gut im Gedächtnis haften zu bleiben.[14] Text und Bild stehen dabei in beständiger Wechselwirkung:

Beim Vortrag der auf diese Weise verinnerlichten Rede durchlief der Rhetor die Räume seines Gedächtnisses und schaute während des Sprechens mit vorauseilendem inneren Auge die dort von ihm plazierten Bilder an, die ihm den Text wieder in Erinnerung riefen.[15]

Doch nicht nur in der Schule der Rhetorik kam dieses Verfahren zur Anwendung. Es ist ebenso bekannt aus kognitionswissenschaftlichen Beschreibungen von Erinnerungsabläufen und findet bis heute Anwendung als Lerntechnik in der Pädagogik. Die antike Mnemotechnik hat damit eine Methode festgehalten, „die sich aufgrund der kognitiven Disposition des Gehirns zu verschiedenen Zeiten auf immer ähnliche Weise ausgebildet hat."[16] Die Erzählung *Betrachtung eines Bildes* reflektiert diese bekannte mnemotechnische Strategie, die von einem ergiebigen Miteinander von Text und Bild ausgeht, und bedient sich ihrer.

Das Gedächtnisbild des kreuzebauenden Mannes trägt dabei in verdichteter Form die Aussage der Erzählung in sich. Sein Vorteil ist die relativ unmittelbare visuelle Wirkungsmächtigkeit, die es auf den

---

13 Vgl. G. Ueding / B. Steinbrink: Grundriß der Rhetorik. Geschichte, Technik, Methode, 2. Auflage, Stuttgart 1986, S. 195-216.
14 Vgl. Yates (Anm. 12), S. 10-12.
15 S. Goldmann: Statt Totenklage Gedächtnis. Zur Erfindung der Mnemotechnik durch Simonides von Keos, in: Poetica 21 (1989), S. 43-66, hier: S. 59. Auffallend ist, daß die ‚Erfindung' der Mnemotechnik sowohl dem antiken Mythos nach als auch in Bobrowskis Betrachtung eines Bildes in den Zusammenhang des Totengedenkens gerückt wird; vgl. zum Ursprung des Erinnerns im Totenkult auch A. Assmann, Erinnerungsräume. Formen und Wandlungen des kulturellen Gedächtnisses, München 1999, S. 33-35.
16 N. Pethes: Mnemotechnik, in: Pethes / Ruchatz: Gedächtnis und Erinnerung, Reinbek bei Hamburg 2001, S. 380-383, hier: S. 382.

Betrachter ausüben kann. Allerdings sind die vielfältigen assoziativen Varianten, die ein Bild freisetzen kann, schwerer zu lenken als in einem fortlaufenden Prosastück.[17] Die Erzählung Bobrowskis, die, wie es dort heißt, das „Verdienst [des Mannes] aufzuzeichnen" (GW IV, S. 154, 27) sich als Aufgabe setzt, schafft den Kontext zu dem im Medium des Bildes Gespeicherten. Sie steuert damit die potentielle Deutungsvielfalt des Gedächtnisbildes. Der Text von *Betrachtung eines Bildes* liefert, wie in der von der Rhetorik ausgearbeiteten Mnemotechnik, den Schlüssel zum ‚richtigen', d.h. vom Redner oder Erzähler intendierten Verständnis des Bildes. Das Bild wird dabei als Speicher des Wortes funktionalisiert; beim Anblick des unsichtbaren Bildes soll das gelesene Wort wieder vor Augen des Lesers treten. So ergänzen sich Text und Bild in ihren unterschiedlichen ‚Fähigkeiten' als Speichermedien der Erinnerung.[18]

Betrachtung eines Bildes ist somit ein zentraler Text in Bobrowskis Prosawerk. Das Thema von Gedenken und Erinnerung mit Blick auf gegenwärtiges Handeln, das er in den meisten Werken in bezug auf die Menschen Osteuropas behandelt, reflektiert die vorliegende Erzählung auf einer Metaebene: Die Geschichte des Schiffbrüchigen und seine ‚Erinnerungsarbeit' werden in der Erzählung direkt als zeichenhaft und exemplarisch benannt. Dabei erscheint der literarische Text nicht als das einzig mögliche Speichermedium im menschlichen Gedächtnis. Im Prozeß des Erzählens schafft *Betrachtung eines Bildes* ein imaginäres Gedächtnisbild, das auf die Notwendigkeit der Erinnerung und des Gedenkens verweist, und welches, wie Hubert Faensen bemerkt, als Motto über dem Gesamtwerk Bobrowskis stehen könnte.[19] Die Erzählung *Betrachtung eines Bildes* reflektiert und nutzt die unterschiedlichen, sich ergänzenden Kompetenzen der Medien Text und Bild hinsichtlich ihrer Dienste für das Gedächtnis.

---

17 Vgl. A. Assmann, die auf das Verhältnis von Text und Bild u.a. bei Aby Warburg eingeht, in: Erinnerungsräume. Formen und Wandlungen des kulturellen Gedächtnisses, München 1999, S. 227.
18 Vgl. S. Goldmann (Anm. 15), S. 59f.
19 Vgl. H. Faensen: Gedenkzeichen und Warnzeichen, in: G. Rostin / G. Wolf (Hgg.): Johannes Bobrowski. Selbstzeugnisse und Beiträge über sein Werk, Berlin 1967, S. 91-107, hier: S. 102.

II. Das Erinnerungspotential der Künste – *Gedenkblatt* und *Litauische Claviere*

Ab dem Frühsommer 1965 befaßte sich Bobrowski intensiv mit dem Stoff für den Roman *Litauische Claviere*. Die Niederschrift des Buches erfolgte in weniger als zwei Monaten (vgl. GW VI, S. 149f.), was selbst für einen so disziplinierten Autor wie Bobrowski eine außergewöhnlich kurze Zeitspanne bedeutete. Kurz vor seiner Einlieferung ins Krankenhaus, das er nicht mehr verlassen konnte, beendete er das letzte Kapitel. Der Roman erschien erstmals posthum 1966 im Union Verlag in Ostberlin und 1967 im Klaus Wagenbach Verlag in Westberlin.

Die Möglichkeit, den Roman so rasch fertigstellen zu können, ergab sich u.a. aus der Tatsache, daß Bobrowski auf Vorarbeiten zurückgreifen konnte, die er für vorhergehende Werke angefertigt hatte. Tatsächlich „mündet in den Roman fast alles ein, was Bobrowski je beschäftigt hatte."[20] Die Bezüge zu seinen Gedichten, zum Roman *Levins Mühle* und den Erzählungen sind dementsprechend vielfältig.[21] Wie in der weitaus überwiegenden Zahl seiner Gedichte und Prosaschriften bilden wieder Ostpreußen und Litauen, in diesem Fall das Memelgebiet, den landschaftlichen und politischen Hintergrund der *Litauischen Claviere*.[22] Aber auch einzelne Figuren wie z.B. der litauische Pfarrer Donelaitis, dessen Leben im Zentrum der Handlung steht, interessierten Bobrowski schon vor seiner Arbeit an dem Roman und wurden teilweise bereits in früheren Werken thematisiert.[23]

Daneben hat Bobrowski einen, nur kurze Zeit vor dem Beginn seiner Arbeit an dem Roman entstandenen Text, in *Litauische Claviere* eingeflochten. Es handelt sich hierbei um eine Bildbeschreibung mit dem Titel *Gedenkblatt*, die im folgenden näher analysiert werden soll.

---

20 B. Leistner: Zusammenschau und Bilanz. Zum Roman Litauische Claviere, in: ders.: Johannes Bobrowski. Studien und Interpretationen, Berlin 1981, S. 134-185, hier: S. 134.
21 Vgl. ebd., S. 135.
22 „Landschaft, Hintergrund, Stoff, Motiv und Thema in einem ist Litauen; denn was sich abspielt, ist ohne dieses Land nicht zu denken, mit Leuten an dieser Grenzscheide zwischen Ost und West" G. Wolf: Litauische Claviere – Improvisationen über ein Thema und seine Variationen bei Johannes Bobrowski, in: G. Rostin / G. Wolf / E. Haufe / B. Leistner (Hgg.): Johannes Bobrowski. Selbstzeugnisse und neue Beiträge über sein Werk, Berlin 1975, S. 340-350, hier: S. 341.
23 Vgl. das Gedicht *Das Dorf Tolmingkehmen* (GW I, S. 165) von 1962, das sich bereits mit Donelaitis auseinandersetzt.

Wie auch im Fall der Erzählungen *Im Guckkasten: Galiani* und *Betrachtung eines Bildes* befand sich das diesem Prosastück zugrunde liegende Bild in Bobrowskis Umfeld. Die Fotografie der litauischen Schriftstellerin Julija Žemaitė (1845-1921) hatte Bobrowski in der Zeitschrift *Tevynes balsas* [*Stimme der Heimat*] im Mai 1965 entdeckt und sich einen Abzug der Fotografie zuschicken lassen (vgl. GW VI, S. 430).[24]

Die Fotografie ist in Schwarzweiß aufgenommen und zeigt die Dargestellte im Format des Brustbildes. Das frontal aufgenommene Gesicht der Frau wendet sich dem Betrachter zu. Es wird von dem Schein einer Lampe so hell ausgeleuchtet, daß die in Bobrowskis Bildbeschreibung geäußerte Vermutung, das „leichte Mißvergnügen, an der Nasenwurzel und im rechten Mundwinkel" gehe auf den Fotografen zurück, „der wohl zulange braucht für die Prozedur" (GW III, S. 257, 20-22) und sie mit dem Licht blendet, durchaus plausibel erscheint.

Der auffallende Gesichtsausdruck der Frau fesselt das Interesse des Beschreibenden als erstes. Er wendet sich deshalb zunächst den Augen der Frau zu, die ihn besonders anziehen: „Ein Blick, der sein Gegenüber erfaßt, ihm entgegengeht, oder es erwartet. Und immer schon begonnen hat, Erwarten und Entgegenkommen in Übereinstimmung, schließlich zur Deckung zu bringen" (GW III, S. 256, 25f.). Einerseits schlägt dieser Blick sein Gegenüber in Bann, andererseits bewahrt er aber eine gewisse Distanz zwischen dem Betrachter und der Frau. Diese abwartende Haltung wird von Bobrowski positiv als Freiraum interpretiert, in dem sich der Angeblickte bewegen kann: „Bereite Freundlichkeit. Die nicht zugreift, die einen oder einen halben Meter vorher verhält, den Raum läßt: für die Bewegung des anderen, der nicht gezwungen sein soll" (GW III, S. 256, 28-30). Ihre feste Haltung verbietet auch den Impuls des Betrachters, den Raum, den der Blick zwischen ihm und der Frau erzeugt hat, zu durchqueren, um sie aufgrund ihres Alters zu stützen (vgl. GW III, S. 256, 31f.). Mit diesem Hinweis auf die für ihr Alter ungemein kraftvolle geistige und körperliche Konstitution der Dargestellten wird die starke Präsenz der Frau nochmals unterstrichen.

Von der Festigkeit und Entschlossenheit, die der Dargestellten als Charaktereigenschaften zugesprochen werden, zeugen nicht nur der gerade Blick ihrer Augen, sondern auch ihre sonstige Erscheinung, der „feste Mund zum Reden" (GW III, S. 257, 10) und ihr „so kräftig gewebte[s] wie entschlossen zugeknöpfte[s] Kleid" (GW III, S. 257, 19f.). Der Großteil der Bildbeschreibung ist geprägt von den Gedan-

---

24 Eine Abbildung findet sich in: Rostin / Wolf (Hgg.) (Anm. 19), nach S. 320.

Perspektiven auf Landschaft und Kunst

ken des Betrachters, die von dem sichtbaren Erscheinungsbild abschweifen und in denen Vermutungen über ihre Lebensgeschichte angestellt werden. Indem der Erzähler sich auf die Vergangenheit der Frau konzentriert, wechselt er von der Zeitstufe des Präsens, die für die Beschreibung des Sichtbaren verwendet wurde, ins Präteritum:

> *Diese Augen haben geprüft, was zu prüfen war. Das heißt nur: sie haben gesehen, und es ist nicht hergegangen wie mit den Erbsen im Märchen. Das war ein braves Kind: Die guten, die schlechten, aber doch eben flink und schlicht, hierhin, dorthin. So brav ist die Welt nicht gewesen.*
> *Das Licht tat sich ein bißchen irritant. Manchmal schien es, als wechselten die Dinge in der Beleuchtung, als schwankten Form und Konsistenz. So zogen sich die Lider ein wenig zusammen, der Blick verengte sich, aber es war doch zu spüren, wenn er es tat,– ein vorübergehender Zustand, vorüber mit dem irritanten Licht, dann wieder wie eh und je: der Blick aus Gehen und Warten.*
> *(GW III, S. 256, 33-S. 257, 9)*

Der Erzähler erwähnt keine konkreten Daten und Informationen zu ihrer Vergangenheit; der Bildbetrachter schließt vielmehr, ausgehend von seiner Wahrnehmung der Frau, allgemein auf ihr Schicksal. Er versucht damit, aus dem Anblick des Bildes die „Summe des gelebten Lebens"[25] zu ziehen. Das Hauptindiz für seine Vermutung bleibt der Blick ihrer Augen, die Anfangs- und Endpunkt seiner Reflexionen bilden. Mit den Hinweisen auf das brave Kind, die Erbsen und das Märchen spielt der Erzähler auf die Geschichte des *Aschenputtel* an. Die schlichte Weisheit des Märchens – „Die guten ins Töpfchen, die schlechten ins Kröpfchen"[26] –, bei der klar zwischen gut und schlecht getrennt werden kann, gilt nicht für das viel komplexere Leben, das die Frau gesehen und „geprüft" hat: „So brav ist die Welt nicht gewesen".

„Das Licht tat sich ein bißchen irritant": Auch hier konzentriert sich die Aufmerksamkeit des Erzählers auf das Licht. Der Gedanke, daß es sich hierbei um eine weitere Anspielung auf die störende Ausleuchtung des Szenerie durch den Fotografen handeln könnte, liegt nahe. Die Frau muß die Augen zusammenkneifen, um noch klar

---

[25] H. Ohl: Johannes Bobrowskis Roman *Litauische Claviere*. Struktur und Thematik, in: W. Paulsen (Hg.): Revolte und Experiment. Die Literatur der sechziger Jahre in Ost und West. Fünftes Amherster Kolloquium zur modernen deutschen Literatur 1971, Heidelberg 1972, S. 186-206, hier: S. 203.
[26] Aschenputtel, in: Die Brüder Grimm, Kinder- und Hausmärchen, hg. von H.-J. Uther, 4 Bde., München 1996, hier: Bd. 1, S. 122.

sehen zu können. Dieser Mangel an ‚Klarsicht' wird von dem Erzähler wiederum auf das Leben der Dargestellten bezogen: Die Verwirrung, wenn die „Dinge" sich ändern und verunklaren, kann diese starke Frau nur vorübergehend treffen. Und hinter der Formulierung „vorüber mit dem irritanten Licht" meint man als Leser sogar sehen zu können, wie sie die Irritationen kurzerhand wegzuscheuchen sucht. Der „Blick aus Gehen und Warten", den der Betrachter als Mischung von Nähe und Distanz bereits vorher bewundert hat, wird wieder aufgegriffen und erscheint als ihr lebenslanges festes Kennzeichen.

Doch die Haltung aus sehendem Warten und Entgegenkommen bleibt nicht passiv. Der Betrachter unterstreicht, daß die Dargestellte in ihrem Leben auch aktiv das Wort ergriffen hat,

[weil] nicht weniges zu sagen war und Überlegen und Denken nicht ohne Rede vorging. Dann, als die Kinder heranwuchsen, die andere Rede, die Mitteilung, aber nicht mehr auf Fragen gerichtet. Die verlor an Wirklichkeit, was sie gewann, an Prägnanz. [...] Zuspruch, Mahnung – Moral, was gemeint war, fand sich zurückgetan in erlebbare Zustände, das Gute und Rechte als tägliches Verrichten. (GW III, S. 257, 10-17)

Die Auskünfte zur Person der Dargestellten bleiben an dieser Stelle ebenso vage, ja rätselhaft, wie in dem vorhergehenden Absatz. Indem der Beschreibende die heranwachsenden Kinder der Frau erwähnt, spielt er nochmals auf ihre Lebenserfahrung an. Sie hat die Fragen der Kinder beantwortet und über sie zu der, wie es der Beschreibende nennt, „andere[n] Rede" gefunden. Diese scheint im Lauf des Lebens immer mehr an konkretem Wirklichkeitsbezug zu verlieren, um gleichzeitig aber ihre Überzeugungen immer treffsicherer zum Ausdruck zu bringen. Das ‚sehende Reden' der Frau wird schließlich als exemplarische Lebenspraxis – „das Gute und Rechte als tägliches Verrichten" – dargestellt.

In ihrem als vorbildlich präsentierten Handeln ähnelt sie dem schiffbrüchigen Mann, dessen „Verdienst" (GW IV, S. 154, 27) die Erzählung *Betrachtung eines Bildes* aufzeichnen sollte. Die Bewunderung des Betrachtenden gilt in beiden Fällen nicht dem Bild als Medium oder der künstlerischen Meisterschaft, mit der die Fotografie oder die Graphik ausgeführt wurden. Vielmehr konzentriert er sich auf das, was er glaubt, hinter dem Sichtbaren zu erkennen. Das bestimmte und zugleich gütige Aussehen der Frau dient dem Betrachter als Vehikel und Grund für seine Reflexionen, ähnlich wie in *Betrachtung eines Bildes* die Kreuze, die auf der Lithographie „Pjaliza an der Südküste von

Russisch-Lappland" erkennbar sind, ihn zu der Geschichte über den Schiffbrüchigen stimulieren. Beide Bilder erhalten durch die im Text festgehaltenen Gedanken des beschreibenden Betrachters die Funktion von – im wörtlichen Sinne – Vorbildern, die für den, der sie anschaut und über sie reflektiert „Zeichen und Anspruch zugleich"[27] werden sollen. Einerseits dienen damit die Bilder als Inspirationsquelle für die Gedanken des Betrachters, andererseits werden sie durch die Erzählung zu einem Mahnzeichen erhoben, das den Betrachter zumindest in Gedanken stets begleiten soll.

Wie bereits erwähnt, wurde das kurze Prosastück *Gedenkblatt* nur mit geringfügigen Änderungen in den Roman *Litauische Claviere* eingearbeitet. Die auf der Fotografie dargestellte Frau wird dort als Potschkas Mutter apostrophiert. Jedoch lassen sich mit dem Wissen um den Ursprung der in den Roman eingefügten Bildbeschreibung weitere Bedeutungsebenen der Beschreibung erschließen. Am wichtigsten ist dabei neben dem Bezug zu Julija Žemaitė derjenige zu dem litauischen Maler Mikalojus Čiurlionis (1875-1911). Letzterer wird in *Litauische Claviere* als Maler von zwei in Potschkas Zimmer als Farbdrucke hängenden Bildern[28] namentlich genannt (vgl. GW III, S. 256, 6); die Drucke werden kurz beschrieben:

Das eine: Die beiden Könige. Bräunliche und bläulich-grüne Töne, vor einem Gewirr von dunkleren Stämmen und Astwerk, durch das der Himmel mit weißen Sternfeuern scheint. Der jüngere König hält dem älteren auf den flachen Händen ein Bauerngehöft, über dem sich ein Sonnenrund geöffnet hat, entgegen, und der alte, langbärtige König neigt sich mit Ernst darüber. Und das andere Bild: Zwei Kreuze. Eigentlich zwei gekantete Stangen, die unter einem aufgesetzten Spitzdach kleine, von geweihartig ausgesägten Verzierungen umgebene Kreuze tragen. Beide auf einer Wiese aufgestellt, in der man Marguerite und Campanula erkennt, vor einer Schlucht, in der vielleicht Wasser läuft. Dahinter steigen die Hänge mit Feldstreifen auf, zu einem mit Birken bestandenen Höhenweg. (GW IV, S. 256, 6-19)

Die sparsame, aber prägnante Beschreibung der beiden Bilder reicht aus, um festzustellen, daß sie tatsächlich von Čiurlionis angefertigt

---

27 Ohl (Anm. 25), S. 203.
28 Bei diesen Bildern handelt es sich ausdrücklich nicht um Originale, sondern um Farbdrucke, worauf der Leser einige Textseiten vorher aufmerksam gemacht wird (vgl. GW III, S. 247, 27f.).

wurden, und sie im Gesamtwerk des Künstlers ausfindig zu machen.[29] Es handelt sich bei dem zuerst vorgestellten um das Bild „Das Märchen von den Königen" (1909), bei dem zweiten um „Die Žemaitenkreuze" (1909).[30]

Bei „Das Märchen von den Königen" handelt es sich um ein Nachtbild. Die beiden Männer tragen Kronen und stehen vor einem dunklen Gewirr von Ästen und Baumstämmen, durch das Sterne, die „weißen Sternenfeuer" am schwarzen Himmel besonders hell funkeln. Ihr Glitzern wird allerdings überstrahlt von dem gelben Licht, welches das Miniaturgehöft umgibt, das der junge König dem älteren auf seinen Händen präsentiert. Das Bild bezieht sich wohl auf kein bestimmtes litauisches Märchen; die gütigen, beschützenden Könige sind jedoch ein gängiges Motiv traditioneller Volksmärchen.[31]

„Die Žemaitenkreuze" ist im Gegensatz zu „Das Märchen von den Königen" ein reines Landschaftsbild, das mit seinen klaren Farben Hellgrün, Hellblau und Gelb einen Kontrast zu dem nur partiell aufleuchtenden Nachtbild bildet. Das Bild ist menschenleer und widmet sich ganz der weiten Landschaft der litauischen Region Žemaitija[32] mit den einfachen, regionaltypischen Wegkreuzen, die weit in den Himmel hineinragen.

Über die Person des Malers Čiurlionis erfährt der Leser des Romans wenig; der Erzähler spielt lediglich auf seine unglückliche Lebensgeschichte an: „Bilder dieses Čiurlionis, der nichts sein konnte, damals, der es versucht hatte in Wilna, zuletzt in St. Petersburg, der krank gestorben ist, 1911" (GW III, S. 256, 19-21). Tatsächlich war Čiurlionis zu Lebzeiten weniger anerkannt als heute, wo er als einer der bedeutendsten Maler Litauens gilt.[33] Im Zusammenhang mit dem

---

29 In Rostin / Wolf / Haufe / Leistner (Anm. 22) finden sich zwei Schwarzweißabbildungen der Gemälde, vgl. ebd. nach S. 344.
30 Bobrowski kannte die beiden Bilder gut, denn er besaß eine Mappe mit guten, farbigen Reproduktionen einiger Werke des Malers; vgl. M. K. Čiurlionis. 32 reprodukcijos, Vilnius 1964. Die betreffenden Bilder entsprechen den Blättern 23 und 31; vgl. GW VI, S. 185. Aus der in vier Sprachen verfaßten Einleitung könnte Bobrowski Informationen über Leben und Werk von Čiurlionis bezogen haben.
31 Vgl. B. Verkelytė-Fedaravičienė: Mikalojus Konstantinas Čiurlionis. Gemälde, Entwürfe, Gedanken, Vilnius 1997, S. 23.
32 Žemaitija wird häufig als Niederlitauen (dt. Schemaiten oder Samogitien) bezeichnet und entspricht der Landschaft im Nordwesten Litauens; vgl. R. Tuchtenhagen: Art. „Litauen", in: H. Roth (Hg.): Studienhandbuch östliches Europa, Köln/Weimar/Wien 1999, Bd. 1: Geschichte Ostmittel- und Südosteuropas, S. 244-250, hier: S. 244.
33 In Kaunas befindet sich heute das für seine Werke begründete Čiurlionis-Museum, vgl. M. K. Čiurlionis. 1875-1911, Katalog der Ausstellung der Berliner Festwochen 1979, Berlin 1979, S. 7.

Roman *Litauische Claviere* ist bedeutsam, daß er, bevor er sich der Malerei zuwandte, eine Ausbildung als Komponist in Warschau und Leipzig absolvierte.[34] Er schrieb vor allem Symphonien und Werke für Chor und Kammermusikensembles, die auch heute noch zur Aufführung kommen, und war daneben als Orchester- und Chorleiter tätig. Ab 1903 konzentrierte Čiurlionis sich auf die bildende Kunst und schuf zartfarbige, fließende, häufig ungegenständliche Bildkompositionen in Aquarell, Tempera und Pastellfarben. Dabei versuchte er immer wieder, seine musikalischen Vorstellungen in Malerei umzusetzen. Er schuf mehrere Bilderzyklen, die bereits im Titel auf musikalisches Formenrepertoire Bezug nehmen, wie beispielsweise das Diptychon „Fuge" (1908) oder die Bilderzyklen wie „Sommer-" oder „Sonnensonate" (alle 1908). In *Litauische Claviere* wird aber, obwohl das Thema der Musik in dem Roman eine zentrale Rolle einnimmt, auf keines dieser abstrakten Werke angespielt. Bobrowski entscheidet sich vielmehr für zwei gegenständliche Werke des Malers mit einem besonders starken Bezug zur litauischen Volkskultur und Landschaft. Die Beschäftigung mit litauischen Märchen und Mythen als wichtige Bestandteile litauischer Geschichte und Kultur verbindet sich mit den Interessen der im Zentrum des Romans stehenden Figur des Donelaitis. Sie klingen gerade in dessen Hauptwerk, dem Jahreszeiten-Epos *Metai*, immer wieder an.[35] Der Grund, „Die Žemaitenkreuze" in dem Roman vorzustellen, ist vermutlich ein doppelter. Zum einen eröffnet das Bild den Blick auf die von den litauischen Traditionen geprägte litauische Landschaft; zum anderen aber verschränkt seine Erwähnung das künstlerische Werk Čiurlionis' mit der sich kurz danach anschließenden Beschreibung der Fotografie von Julija Žemaitė.

Die Analogie zwischen dem Nachnamen der Schriftstellerin und der litauischen Region, deren Name wiederum in den Titel von Čiurlionis' Bild einfließt, ist kein Zufall. Der ursprüngliche Name der Schriftstellerin ist Julija Beniuševičiūtė-Žymantienė. Sie wurde in der Ortschaft Plunge in der Region Žemaitija[36] geboren, worauf der zweite Teil des Nachnamens hinweist, der wiederum verkürzt in dem Namen Julija Žemaitė aufgenommen wird. In *Litauische Claviere* wird die Person der Schriftstellerin zusätzlich durch den Titel des Land-

---

34 Vgl. Čiurlionis und die litauische Malerei 1900-1940, Katalog der Ausstellung des Wilhelm-Lehmbruck-Museums, Duisburg 1989, S. 14.
35 Vgl. H. Buddensieg: Geleitwort, in: Kristijonas Donelaitis: Die Jahreszeiten. Ein litauisches Epos, Nachdichtung und Geleitwort von Hermann Buddensieg, Leipzig 1970, S. 105-122.
36 Vgl. die Landkarte von Litauen auf der Umschlaginnenseite in: N. Angermann: Die Deutschen in Litauen. Ein geschichtlicher Überblick, Lüneburg 1996.

schaftsbildes „Die Žemaitenkreuze" mit dieser Region und deren Natur in Verbindung gebracht. Bereits in dem 1956 entstandenen Gedicht *Žemaite* identifiziert Bobrowski die Künstlerin ausdrücklich mit ihrer Heimat Litauen und dabei besonders mit den Flüssen Wilia, Jura, Mitwa und Nemona.[37]

Žemaite

Immer
den Fluß hinauf
will gehen dein Lied, ein Gewölk,
das kam auf der Wilia her,
eine Waldtaube, dunkel abends
rief es im Windgesträuch.

Und ich bin aus dem Staub
der Jahre unter den Stiegen,
in der großen Tiere
weglosem Fürchten, nie mehr,
in der Kindheit zu schlafen,
ist mir erlaubt.

Dir noch,
dem langsamen Laut
aus völliger Stille,
will ich lauschen,
Trinkender, nach den Feuern
der Sommer, dem Hörnergeschrei:

wie du kamst, zu singen
die Flüsse hinunter,
Jura und Mitwa, die waldigen,
eh sich die Wiesen auftun,
die Ebene nun, Nemona
strömt, ihre Wellen am schwarzen
Berg, am Rombinus,
grün. *(GW II, S. 292f.)*

---

37 Vgl. K. Brazaitis: Bobrowskis Litauen, in: Annaberger Annalen 6 (1998), S. 161-182, hier: S. 178.

Der Dichter verbindet hier die Trauer um die verlorene Kindheit („nie mehr, / in der Kindheit zu schlafen, / ist mir erlaubt") mit Elementen der ursprünglichen litauischen Natur sowie mit alten, vergessenen Bräuchen und Volksliedern. Die Feuer und das „Hörnergeschrei" im Sommer erinnern zusammen mit dem Hinweis auf den „schwarzen Berg" namens Rombinus an die Feuer der Sonnwendfeiern, die in *Litauische Claviere* den Hintergrund der feindlichen Auseinandersetzung zwischen Deutschen und Litauern bilden. Das Werk Žemaitės erscheint als Sprachrohr für die melancholische Sehnsucht des lyrischen Ich „Dir noch, / dem langsamen Laut / aus völliger Stille, / will ich lauschen, / Trinkender". Allerdings geht Bobrowski sowohl in dem Gedicht als auch in *Gedenkblatt* nicht näher auf den Inhalt ihres schriftstellerischen Œuvres ein, welcher aber gerade in bezug auf den Roman *Litauische Claviere* von Interesse ist. Žemaitė beschäftigte sich nämlich, ähnlich wie der Seelsorger und Schriftsteller Donelaitis, zeitlebens intensiv mit dem Leben und den Bräuchen der einfachen Dorfbevölkerung in Litauen. In ihren bekanntesten, auch ins Deutsche übersetzten Erzählungen *Petras Kurmelis*, *Die Schwiegertochter* und *Topylis*[38] beschreibt sie mehrfach Hochzeitsbräuche und -feste sowie den entbehrungsreichen Alltag auf dem Land.[39]

Mit Donelaitis, Čiurlionis und Žemaitė eröffnet Bobrowski den Blick auf drei für das Nationalbewußtsein des modernen Litauens bedeutende Künstler, die sich alle drei auf ihre Weise für den Aufbau und Erhalt litauischer Sprache und Kultur eingesetzt haben.[40] Indem er die in Westeuropa weitgehend unbekannten Künstler als durchweg positive Gestalten in *Litauische Claviere* darstellt, folgt Bobrowski seinem engagierten Credo „[s]einen deutschen Landsleuten etwas zu erzählen, was sie nicht wissen."[41] Zugleich will er mit der in den Ro-

---

38 Die Erzählungen sind auf deutsch erschienen in dem Band: J. Žemaitė: Die Schwiegertochter, Berlin/Weimar 1973.

39 Žemaitės Beschreibung einer Hochzeitsgesellschaft in *Die Schwiegertochter* erinnert an das achte Kapitel der *Litauischen Claviere*, in dem ausführlich die Hochzeit von Donelaitis und Anna Regina geschildert wird; vgl. S. 317-326 und Žemaitė: *Die Schwiegertochter*, S. 70-78. In der Forschungsliteratur weist Brazaitis in dem Aufsatz „Bobrowskis Litauen" auf diesen Zusammenhang hin (S. 179f.).

40 Sowohl Čiurlionis als auch Žemaitė versuchten, die litauische Kultur unter dem starken Einfluß Rußlands und Polens zu erhalten. Čiurlionis schrieb 1906 über seine Kunst: „Ich bin bereit, alle meine früheren und zukünftigen Arbeiten Litauen zu widmen"; zitiert nach Verkelytė-Fedaravičienė: Mikalojus Konstantinas Čiurlionis, S. 182. Žemaitė beteiligte sich 1863 an der Rebellion gegen die russische Unterdrückung; vgl. Brazaitis: Bobrowskis Litauen, S. 177.

41 Bobrowski in dem Interview *Meinen Landsleuten erzählen, was sie nicht wissen*, GW IV, S. 480.

man eingepaßten Bildbeschreibung verhindern, daß das Werk der litauischen Künstler in Vergessenheit gerät, und reiht sich mit seinen Bemühungen, das Andenken an Litauens Kultur und Geschichte zu bewahren, in ihren Kreis ein.[42]

Die Bildbeschreibung in *Litauische Claviere* dient Bobrowski damit als literarische Projektionsfläche, auf der sich sein Wissen um die litauische Geschichte und Kultur sowie seine geistige Verbundenheit mit dem Land auf exemplarische Weise manifestiert. Gerade in der Beschreibung der Bilder, die sich in Potschkas Stube befinden, verbinden sich Anspielungen auf die bildende Kunst (Čiurlionis), Literatur (Žemaitė) und Musik (Donelaitis als Klavierbauer und Held der geplanten Oper) zu einer künstlerischen Gemeinschaft. Die Kraft, die von den Künsten ausgehen kann, wird in dem Roman von einem raumgreifenden Ton versinnbildlicht: Das von den Akteuren des Romans verlassene Zimmer Potschkas scheint erfüllt von einem „summende[n] Ton", der im Raum ‚steht' „wie um die angerissene Saite einer Gitarre oder um die schwingenden Hölzer eines alten Claviers" (GW III, S. 257, 31-33).

Mit der Anspielung auf die vibrierenden Hölzer eines „Claviers" wird auch an dieser Stelle der Leser wieder auf den Romantitel und damit auf Donelaitis und das Opernprojekt der Figuren Gawehn und Voigt verwiesen. Formal erlaubt dieser Verweis dem Erzähler, den Übergang von der Bildbeschreibung zurück zur Haupthandlung des Romans zu vollziehen, da im Anschluß berichtet wird, daß die beiden Protagonisten Gawehn und Voigt den Raum wieder betreten und bevölkern werden (vgl. GW III, S. 257f.). Im Kontext des Romans in seiner Gesamtheit reicht der „summende Ton [...] um die schwingenden Hölzer eines alten Claviers" aber weiter: Indem Bobrowski sich in eine Reihe mit den erwähnten litauischen Künstlern stellt, kann der Roman als sein Beitrag zu dem Klang der ‚Litauischen Claviere' verstanden werden: als ein literarischer Versuch, die Saiten der Erinnerung zum Schwingen zu bringen.

---

42 Bemerkenswert ist in diesem Zusammenhang auch die Widmung „Den litauischen Freunden", die Bobrowski der Erzählung *Gedenkblatt* voranstellt. Sie gilt wahrscheinlich dem Dolmetscher und Übersetzer E. Jurkschat (Berlin) sowie dem litauischen Dichter J. Marcinkevičius (Vilnius), die Bobrowski beide beim Internationalen Schriftstellertreffen im Mai 1965 in Weimar kennengelernt hatte. Mit dieser Widmung gedenkt Bobrowski zwei weiterer Männer, die sich um den Erhalt und die Verbreitung litauische Kultur bemühten (vgl. GW VI, S. 429f.).

Verfärbter Blick.
Visualisierte und zitierte Erinnerung in *D. B. H.*
und anderen Prosatexten Johannes Bobrowskis

ANDREAS DEGEN

In ihrer frühen, für die Beschäftigung mit Johannes Bobrowskis Poetik noch immer grundlegenden Studie „Engagierte Esoterik" von 1969 weist Renate von Heydebrand darauf hin, daß die Gedichte Bobrowskis häufig zweistufig gegliedert sind. Zunächst werde ein erinnertes Bild aufgerufen, das anschließend zur gegenwärtigen und künftigen Situation des Sprechenden in Beziehung gesetzt wird.[1] In der Tat ist die Kategorie des Bildes, zumal des Bildes als Präsentationsform von Vergangenem, zentral für Bobrowskis Schreibweise. Unter Bild soll hier die Beschreibung eines auf wenige polare Komponenten reduzierten (visuellen) Wahrnehmungseindruckes verstanden werden, der eine spezifische Erfahrungssituation stabilisiert, die durch die Imagination desselben nacherlebbar wird.[2] Diese räumlich-perzeptiven Bilder haben weniger den Charakter von literarisierten Abbildern einer konkreten Landschaft als von bereits zeichenhaft verdichteten Sinnbildern, deren räumliche Struktur in Hinsicht auf die gemachte Erfahrung prägnant ist und die innerhalb der übrigen Wahrnehmungs- und Raumbeschreibungen des Textes eine normative Funktion einnehmen. Diese literarisierten Bildimaginationen sind einem biographischen Subjekt zugewiesen, sei dieses ein anonymes lyrisches Ich oder, wie in zahlreichen adressierten Personengedichten,

---

1 Vgl. R. von Heydebrand: Engagierte Esoterik. Die Gedichte Johannes Bobrowskis. In: Wissenschaft als Dialog. Festschrift für Wolfdietrich Rasch, hg. von R. von Heydebrand und K. G. Just. Stuttgart 1969, S. 386-450, hier: S. 388.
2 Der Begriff ‚Bild' ist vieldeutig; er fällt in den Grenzbereich von Kunstwissenschaft, Physiologie, Psychologie, Literaturwissenschaft und Philosophie. Er wird hier (text-immanent) verwendet für die Bezeichnung des physiologisch-psychologischen Phänomens des Vergegenwärtigens (einer konkreten früheren Wahrnehmung), freilich in einer sprachlichen Beschreibung. Die Art und Weise dieser Beschreibung beeinflußt – im rhetorischen Sinne – wiederum die affektive Imagination des Bildes im Rezipienten.

eine durch einen historischen Namen authentifizierte Person. So sehr die Texte Bobrowskis immer wieder einen Mangel an Erinnern und Eingedenken konstatieren, ihre zentralen Stimmen oder Protagonisten sind häufig gerade durch ein Andauern von Vergangenem ausgezeichnet bzw. stigmatisiert. Diese das Wahrnehmen und Erleben der Gegenwart deformierende Unabweisbarkeit und Überpräsenz früherer Erfahrung wird in dem autobiographischen Gedicht *Die Daubas* aus dem Jahre 1954 am Beispiel der dem Sprecher-Wir einst Heimat gewesenen Daubas, einer Landschaft am linken Memelufer, reflektiert:

Das ist vergangen.
Wir ließen die Dörfer dem Sande.
[...]

Aber die Gärten, der Schilfstrich
am Strom – jenes Uferland Daubas –
[...]

noch verfärbts uns die Blicke. (GW I, S. 70)[3]

Der im Gedächtnis haftende Anblick des Uferlandes beeinflußt das Erlebnis der gegenwärtigen Situation, d.h. diese wird durch die Augen und nach Maßgabe der Daubas-Erfahrung subjektiv verzerrt bzw. ‚verfärbt' wahrgenommen. An dieser visuellen Deformation läßt sich die Diskrepanz zwischen der erinnerten und der gegenwärtigen Situation des Sprechers auffassen. Die Verfärbung des Blicks kann mithin auch als eine Bilanz aufgefaßt werden, in der die (subjektiven) Nach-, Fort- oder Auswirkungen vergangener Erfahrung anschaulich werden.

Dieses anhand der Lyrik Bobrowskis eingeführte Darstellungsverfahren des verfärbten Blicks findet sich ganz ähnlich in einer Reihe seiner Prosatexte wieder.[4] Es handelt sich bei diesen meist um monologische Texte, die – den Personengedichten vergleichbar – anhand einer historischen Perspektivgestalt einen allgemeinen Konflikt zwischen Erwartung und Verlust, Möglichkeit und Wirklichkeit darstel-

---

[3] J. Bobrowski: Gesammelte Werke in sechs Bänden, hg. von E. Haufe. Bde. I-IV Stuttgart / Berlin 1987, Bd. V Stuttgart 1998, Bd. VI (hg. von H. Gehle) Stuttgart 1999; Zitate aus dieser Ausgabe werden mit der Sigle GW, der Band- und der Seitenangabe nachgewiesen.

[4] Zur Darstellungsweise vgl. auch A. Degen: Bildgedächtnis. Zur poetischen Funktion der Sinneswahrnehmung im Prosawerk Johannes Bobrowskis. Berlin 2004, S. 139ff.

len, der erzähltechnisch zugleich als faktisch-konkret und exemplarisch-paradigmatisch ausgewiesen ist. Dieses Verfahren soll im folgenden am Beispiel der Prosatexte *D. B. H.*, *Boehlendorff* und *Junger Herr am Fenster* erläutert werden. In diesen Texten manifestiert sich die ‚verfärbende' Schlüsselerfahrung des Protagonisten in einem im Gedächtnis willkürlich aufrufbaren Wahrnehmungseindruck, dem Erinnerungsbild. Der daran anschließende Prozeß des Verfärbens der Gegenwartswahrnehmung wird als Imaginationsvorgang beschrieben, in welchem der Protagonist das Erfahrene auf seine gegenwärtige, gegenüber der erinnerten als defizitär erfahrene Situation appliziert.

Der 1963 entstandene Prosatext *D. B. H.* beschreibt aus der Innenperspektive des Barockkomponisten und -organisten Dietrich Buxtehude den Tag, an dem sein aus Husum stammender künftiger Meisterschüler Nikolaus Bruhns in Lübeck ankommt. Die Handlungsfolge ist in knapp skizzierte Szenen aufgeteilt, von denen die meisten Lichtwahrnehmungen Buxtehudes beschreiben. Diese werden teils als erinnerte Wahrnehmungen aus der Zeit Buxtehudes in Helsingör und teils als in der Lübecker Gegenwart ablaufende Wahrnehmungs- und Imaginationsvorgänge dargestellt. Zwischen den erinnerten und den gegenwärtigen Wahrnehmungen liegt somit auch die räumliche Entfernung zwischen Lübeck und der alten Heimatstadt an der dänischen Küste des Öresunds, die durch die Wasserfläche der Ostsee verstärkt wird. Bobrowskis Prosatext erwähnt mehrfach ein durch die Ich-Figur Buxtehude einst in Helsingör beobachtetes Licht; gleich eingangs heißt es: „Und dann gibt es dort in Helsingör das Schloß, gegen den Sund gebaut, und über dem Wasser das Licht." (GW IV, S. 68). Die Flucht des Protagonisten vom Öresund nach Lübeck, über deren Gründe bei Bobrowski nichts mitgeteilt wird, ist gleichfalls an die Lichtbeobachtung gebunden; das Licht erhält hier Konturen einer bedrohlichen Instanz: „Darauf also zugehen, auf dieses Licht, das wie das schwedische ist, damals, das hinter mir her war, auf der Flucht hier herunter ins Nebelland. Hinter der Eider, den Seen, dem Travebogen, hinter dem Huck." Die lokaldeiktische Angabe „hinter", die von einem nördlichen Standort, etwa vom Öresund aus, perspektiviert ist, konnotiert die dazwischenliegenden natürlichen Raumgrenzen (Gewässer, Hügel) als Hindernis und Trennungslinien: Lübeck liegt in dieser Perspektive abseits. Zugleich wird die zeitlich und räumliche Differenz zwischen Helsingör und Lübeck um eine visuelle erweitert. Helsingör war für die Ich-Figur ein Ort intensiven Lichtes, Lübeck hingegen liegt unten im „Nebelland". Die anhaltend hohe emotionale Valenz des Lichtortes Helsingör wird daran erkennbar, daß der Protagonist den zwar nicht vom Öresund („Von dort kommt niemand.", GW IV, S. 70), doch gleichfalls aus dem Norden („von oben") kommenden Bruhns sofort nach diesem Licht befragt. Von Höflichkeitsfloskeln abgesehen handelt sich bei dieser in der Mitte von in *D. B. H.* stehenden Passage um die einzige Dialogsequenz des Textes. Zunächst fragt Buxtehude den Ankommenden nach der für Schleswig, Helsingör und Lübeck offenbar gleichermaßen geltenden Normalsituation des Nebels: „Geht er da auch um, der Nebel, bei euch? / Er sagt Ja, der Bruhns. Wenn er aus Helsingör käme, sagte er auch Ja." Nach dieser Vergewisserung einer übereinstimmenden Ausgangssituation spricht er Bruhns auf das Licht an. Dabei geht es nicht um eine einfache Wahrnehmung von Helligkeit, sondern um den Moment eines fast gewaltsamen Hervortretens („aufreißen", „aufziehen") des Lichtes aus dem dichten Nebel: „Erzähl von euch da oben. Wie es ist, wenn der Nebel aufreißt, wenn das Licht über der Schlei aufzieht. Nicht wahr, eine Säule Licht? Über dem Nebel. Und das Wasser schwarz." (GW IV, S. 70). Der Protagonist fordert von seinem neuen Schüler eine Zustimmung zu dem, was er selbst einst erlebt hat, der Bruhns jedoch ausweicht.

Diese Beschreibung des über Nebel und Wasser aufziehenden Lichtes kann als das Erinnerungsbild Buxtehudes aufgefaßt werden. Keine andere Stelle im Text geht so ausführlich auf die Lichterfahrung von Helsingör ein wie diese. Das auf wenige Kontrastelemente reduzierte Erinnerungsbild wird außer durch das Verhältnis von Nebel bzw. Dunkelheit und Licht vor allem durch die vertikale Gestalt der „Säule Licht" strukturiert. Erinnert wird von Buxtehude das Sichtbarwerden einer Himmel und Erde verbindenden numinosen Energie. Die Säulenstruktur des Erinnerungsbildes korrespondiert innerhalb des Textes mit anderen vertikalen Relationen, die teils religiös-metaphysisch, teils im Sinne einer außerordentlichen (Buxtehude, Bruhns) oder gewöhnlichen (die übrigen Schüler Buxtehudes) musikalischen Begabung konnotiert sind. Das dem Text vorangestellte Motto, ein verändertes Zitat aus Johann Kaspar Ulrichs Trauergedicht auf Buxtehude, spricht beispielsweise von einem „Steigen aus dem E ins H", wobei die Buchstaben für Erde als Jammertal bzw. Himmel als Ort der Erlösung stehen. Der unterschiedliche Grad an musikalischer Inspiration bei den Buxtehude-Schülern wird im Bild einer Besteigung des Berges Libanon veranschaulicht, die räumliche Distanz zwischen Helsingör im Norden und Lübeck im Süden erscheint mehrfach im Text kartographisch umgelesen als eine Distanz zwischen oben (Norden) und unten (Süden). In einer Vertikalstruktur wird auch die

Komposition der Buxtehude-Figur über den im 1. Buch Mose berichteten Kampf Jakobs mit dem unerkannten Gott („Und der Segen mit der Viola darüber, über der Menschenstimme."; GW IV, S. 71) dargestellt, ferner der Versuch Buxtehudes, die göttliche Ordnung der Welt, den „Gang der Planeten", aufs Notenpapier „herab[zu]hole[n]" (GW IV, S. 71). In den genannten vertikalen Relationen geht es um eine je unterschiedlich geartete Kontaktaufnahme zwischen dem menschlich-heimatlich-irdischen und einem fernen, himmlisch-göttlichen Bereich. Das ihnen chronologisch vorausgegangene Erinnerungsbild Buxtehudes an das Licht über dem Sund hat diese Relation in der prägnanten Gestalt der „Säule Licht" vorgezeichnet.

Auf der Gegenwartsebene des Prosatextes *D. B. H.* werden insgesamt drei Lichtwahrnehmungen beschrieben, die jeweils horizontal strukturiert sind: während des Stimmens in der Orgel, auf der Straße und während des Komponierens am Fenster. Von diesen wird nur das in die Orgel einfallende Licht ausführlicher dargestellt; aufgrund der angefügten Landschaftsschilderungen kann diese Beschreibung als die für den hier untersuchten Zusammenhang ausschlaggebende angesehen werden. Die Lichtsäule des Erinnerungsbildes ist in dieser Wahrnehmungsbeschreibung in eine horizontal vom Sund über das Wasser nach Lübeck heranschwebende Lichtpfeife umgekippt. Eingeleitet wird die visuelle Verbindung zwischen Vergangenheits- und Gegenwartsort durch ein Wechselspiel zwischen dem in die Orgel einfallenden Licht und dem daraufhin sichtbar werdenden Glanz auf einer der Pfeifen:

Hier hält man sie [die Zinnpfeife] in der Hand, ein Rohr, am oberen Ende zu einem Trichter verbreitert, und hebt sie auf, in das Licht. Es versammelt sich um ihren trüben Glanz. Der zu antworten beginnt. Dem Licht.
(GW IV, S. 68)

Stimuliert von dieser Wechselrede zwischen Licht und Pfeife legt sich für den Protagonisten die Matrix der vertikalen „Säule Licht" über das visuelle Wahrnehmungsfeld. Die Verbindungsstruktur bleibt erhalten, gilt aber nun der horizontalen Distanz zwischen Helsingör und Lübeck. Der Übergang von der Wahrnehmung des Lichtes zur erinnerungsgeleiteten Imagination wird grammatikalisch durch den Wechsel in den Irrealis markiert: „Als schwebte sie [die Zinnpfeife] über dem Sund. Triebe über Helsingör heran unter glattem Himmel, auf das Flachland zu, und käme immer tiefer, und vielleicht wieder über das Wasser [...]." (GW IV, S. 68).

Verbindet im Erinnerungsbild das Licht den Standort des Protagonisten am Sund mit dem (göttlichen) Himmel, verbindet es hier den gegenwärtigen Standort in der Orgel mit eben dieser, nun räumlich wie zeitlich fernen Erfahrung. Nicht zufällig wird die Initiale H innerhalb des Gesamttextes doppelsinnig verwandt: Im Motto steht sie für den Himmel, im Titel *D. B. H.* hingegen für Buxtehudes Herkunftsstadt Helsingör, worauf im Text noch einmal angespielt wird[5]. In beiden Fällen wird eine Verbindung lediglich durch das Licht und – als dessen menschlich-irdische Antwort – durch Musik ermöglicht. Diese Parallele von (empfangenen) Licht- und (ausgesandten) Schallwellen wird mehrfach als regelrechte Transposition von Licht in Töne angesprochen:

Sie [die Pfeife] steht über den Hügeln, mit dem Licht um sich. Und jetzt hinab, auf die Ebene zu, langsam fliegend, beginnt sie zu tönen [...].
(GW IV, S. 68)
Weit zurück, über der Bucht, das Geleucht. Nicht das Licht selber, ich weiß: der Widerschein. Oder das Echowerk: draußen über der Bucht. Wie in Helsingör: es erlischt. Erst noch Flöte und Terz, Gedackt und Krummhorn eine Weile, dann Gemshorn allein, am Ende nur: über dem Sund der Wind.
(GW IV, S. 71)

Wenn es am Ende der Beschreibung von Buxtehudes Komposition „Herr, ich lasse dich nicht" heißt, nun sei das „Ende mit dem Alternieren, das Alleluja tutti" (GW IV, S. 71) gekommen, so bezeichnet dies musikalisch jenes polyphone Zugleich der zuvor wechselweise erklingenden Stimmen, das in räumlicher Hinsicht in der menschliche und göttliche Sphäre koinzidierenden „Säule Licht" visualisiert ist. Insgesamt lassen sich die musikalischen Schöpfungen der Ich-Figur, die allesamt in Verbindung mit Lichterscheinungen erwähnt werden, als Reaktionen auf das Erinnerungsbild auffassen. Dessen Erfahrungsgehalt ließe sich dann als der ausschlaggebende Moment künstlerischer Inspiration und gleichsam göttlicher Auserwählung Buxtehudes konkretisieren.

Das beschriebene Darstellungsverfahren bezieht zwei biographische Situationen im Modus visueller Wahrnehmungen aufeinander:

---

5   „Di D.B.H. / Und die Abschreiber, gewöhnlich, setzen dafür: A Dieterico Buxtehude. Das ist wohl mehr? / Und soll ich jetzt sagen: Es ist alles vorüber, es zählt nicht?" (GW I, S. 70f.) Zur musikhistorischen Erläuterung der Initialen s. auch H. Gehle: Johannes Bobrowski. Erläuterungen der Romane und Erzählungen, der vermischten Prosa und der Selbstzeugnisse. Stuttgart 1999, S. 323.

das Erinnerungsbild vom Öresund und die von diesem beeinflußte Imagination einer fliegenden Lichtpfeife. Der bilanzierende Charakter dieser Imagination, d.h. die Bedeutung der einst gemachten Erfahrung in der Gegenwart, läßt sich in der musikalischen Produktivität des Protagonisten fassen. Anders gesagt: Im Musizieren und Komponieren vollzieht sich ihm die Annäherung an das irdische wie das transzendente H.

Am Ende des Prosatextes wird ein Wiedersehen der Heimat zwar nicht für den Protagonisten, doch für dessen Schüler Bruhns in Aussicht gestellt[6]: „Aber nicht hingehn, hintreten an das Ufer. Mit diesen Augen, die so müde nicht sind, wie ich vorgebe. [...] Aber was ich gesehen habe und nicht mehr sehen werde: sie du es für mich." (GW IV, S. 71f.) Eine derartige Perspektive auf den Versuch einer Figur, die eigene Erfahrung an andere zu vermitteln, findet sich mehrfach im Werk Bobrowskis, neben *D. B. H.* etwa in *Boehlendorff*, *Levins Mühle* und *Litauische Claviere*. Sie ließe sich produktionsästhetisch der erklärten Absicht des Autors anschließen, seine während des Nationalsozialismus und des Zweiten Weltkrieges gemachten Erfahrungen literarisch vermitteln und mit dem eigenen Werk etwas „aus[ ]richten"[7] zu wollen. Die Protagonisten der genannten Texte werden als Zeugen dargestellt, deren Vermächtnis es zu erfüllen gilt. Dem liegt die geschichtsphilosophische Hoffnung des Autors zugrunde, aus Geschichte könne gelernt werden, sowie die christliche Vorstellung, daß nichts, was sich ereignet hat, umsonst gewesen oder vergessen ist.

Eberhard Haufe weist in seiner Studie zu *D. B. H.* darauf hin, daß Bobrowskis Kennzeichnung der Buxtehude-Figur in starkem Maße durch das Bild bestimmt sei, das Hans Henny Jahnn im zweiten Teil seiner Romantrilogie *Fluß ohne Ufer* von dem Barockkomponisten zeichnet.[8] Entsprechende Anstreichungen und Notizen finden sich in Bobrowskis Exemplar des Romans.[9] Es spricht einiges für die An-

---

6 Nach zweijährigem Aufenthalt in Lübeck ging Bruhns auf Empfehlung Buxtehudes nach Kopenhagen.
7 Vortrag Benannte Schuld – gebannte Schuld? vom 2.12.1962, GW IV, S. 447.
8 E. Haufe: Johannes Bobrowski und Dietrich Buxtehude. In: Johannes Bobrowski, Selbstzeugnisse und neue Beiträge zu seinem Werk, hg. von G. Rostin in Zusammenarbeit mit E. Haufe und B. Leistner. Berlin 1975, S. 189-236.
9 Jahnn gehört für Bobrowski zu den wenigen wichtigen zeitgenössischen Autoren. Er kannte und besaß zahlreiche Erzähl- und Theaterwerke Jahnns, eine von diesem besorgte Notenausgabe Buxtehudes sowie einige von dessen theoretischen Aufsätzen. *Fluß ohne Ufer* gehörte nach eigener Aussage zu den stärksten Leseeindrücken der 50er Jahre (vgl. R. Tgahrt: Johannes Bobrowski und Landschaft mit Leuten. Katalog zur Ausstellung des Deutschen Literaturarchivs im Schiller-Nationalmuseum Marbach a. N. Marbach a. N. 1993, S. 443). Neben der mehrfachen Ver-

nahme, daß Bobrowski neben biographischen, charakterlichen und religiösen Auskünften und Akzentuierungen auch das Schlüsselmotiv des Lichtes in seiner Verbindung zur Musik aus Jahnns Roman übernahm. Die ausschlaggebende Passage bei Jahnn, die auch mit vielen anderen Details in die Darstellung der Lübecker Verhältnisse des Protagonisten in *D. B. H.* eingegangen sein dürfte, lautet wie folgt:

> *Dietrich Buxtehude, nachdem er einmal Hochverrat begangen, zweimal sein Vaterland gewechselt und vielmals in der Liebe geirrt, kam zu Wohlstand [...]; er lernte es, die Landschaft des Ostmeeres zu genießen und seine Musiken in den Zauber schwingender Meereswellen zu tauchen; er bildete die Natur ab, die schweigende Bahn der Planeten, die Eigenschaften ihres Lichtes um zehntausend Oktaven tiefer transponiert; - das war in Lübeck [...].*[10]

Während Bobrowski in seinem 1952 innerhalb des Gedichtzyklus *Der Regenbogen. Improvisationen über alte Musik* entstandenen Buxtehude-Gedicht eine Lichtbeobachtung am oder über dem Wasser nicht erwähnt, findet sich in allen drei Texten mit Buxtehude-Bezug, die nach Bobrowskis Lektüre von Jahnns Roman entstanden sind, eine solche Beobachtung als Schlüsselerfahrung des Komponisten wieder: So heißt es in dem Gedicht *J. S. Bach* von 1958 über Bachs Verhältnis zu dem älteren Buxtehude: „Daß er die Meerbucht sah – / einen dort, der herging / hinter Feuern unsichtbar, / der die Planeten rief / mit einer alten Qual, – " (GW I, S. 149); und in dem Gedicht *Nänie* von 1960: „über dem Sund / die Küste, gestreckt / gegen den Himmel, dort / auf dem Absturz steht, / der mich gerufen hat, / Helios" (GW I, S. 101). Das Erinnerungsbild der Licht-Säule im Prosatext *D. B. H.* folgt dann als eine dritte Variante dieses Motives. Neben den erwähnten Buxtehude-Passagen in *Fluß ohne Ufer*, in denen der Komponist als Beispiel auserwählten Künstlertums fungiert, lassen sich weitere Parallelen zwischen Jahnns Roman und Bobrowskis *D. B. H.* aufzeigen: die Ostseelandschaft, die Erinnerungsthematik, das Fluchtmotiv, die vielfältigen Verbindungsmotive im Zusammenhang meteorologischer Phänomene, die Rückführung von Musik auf einen naturhaften Ursprung, die Tendenz zu Hybris bei den Protagonisten.[11] In einem

---

arbeitung des Buxtehude-Stoffes hat Bobrowski mit seiner *Ode auf Thomas Chatterton* sowie mit *Trauer um Jahnn* auf Jahnns Werk reagiert.
10 H. H. Jahnn: Fluß ohne Ufer. Die Niederschrift des Gustav Anias Horn, Bnd. II. Hamburg 1998, S. 473f.
11 Zu den vielfältigen Verbindungs- und Verschmelzungsmotiven in den Naturbeschreibungen von Fluß ohne Ufer vgl. R. Schieb: Das teilbare Individuum. Körper-

Punkt freilich bietet Jahnns Roman keinerlei Vorlage: für das Verhältnis Buxtehudes zu seinem Schüler Bruhns. Hier wäre noch einmal auf den erwähnten Gedichtzyklus über Musiker der Barockzeit zu verweisen. Dessen Titel *Der Regenbogen* läßt bereits das alttestamentliche, für Bobrowskis Verständnis der Musik jener Zeit offenbar aussagekräftige Zeichen eines Bundes zwischen Gott und den Menschen anklingen. In dem Zyklus ist auch ein Gedicht über Nikolaus Bruhns enthalten, das mit einer Lichterscheinung über dem Meer endet; diese wird als eine „Brücke der Gnade" bezeichnet:

Ist's genug:
Geleucht dort zum Bogen
schwebend gezogen
im Wolkenflug?

über den Städten,
dem Meer, dem Gestade?
Licht, unbetreten,
und Brücke der Gnade - - (GW II, S. 210)

Wenn auch nicht als eine „Brücke der Gnade", so doch als Brücke zum Göttlichen läßt sich das Inspirationserlebnis der „Säule Licht" in *D. B. H.* auffassen. Möglicherweise bezog Bobrowski auch dieses frühe, für die literarische Behandlung barocker Musik erprobte Brückenmotiv in seine Ausarbeitung des Erinnerungsbildes ein und stellte es in den weniger demütigen Kontext eines durch Jahnn beeindruckten Buxtehudebildes.

Bobrowski, der seine aufs Exemplarische gehenden Texte häufig mit fingierten oder tatsächlichen Authentifizierungen in Form von Zitaten oder Namen historisch konkretisiert, greift auch in der 1964 entstandenen Erzählung *Boehlendorff* bei der Gestaltung des Erinnerungsbildes auf eine literarische Vorlage zurück. Die Landschafts- und Wahrnehmungssituation, mit der sich in der Erzählung der um 1810 erfolg- und mittellos in seine kurländische Heimat zurückgekehrte Dichter Boehlendorff an die Helvetische Revolution von 1798 erinnert, dürfte – wie zahlreiche andere Motive, Namen und Zitate des

---

bilder bei Ernst Jünger, Hans Henny Jahnn und Peter Weiss. Stuttgart 1997, S. 204: „Diese Suche nach Entsprechungen vor allem zwischen Naturwahrnehmung und reaktivem musikalischem Empfinden im Subjekt wird in äußerst emphatischer Weise vorgeführt, da sie einen versöhnenden Ausgleich zwischen Subjekt und Natur ermöglichen kann."

Textes – dem Werk und Leben Friedrich Hölderlins entnommen sein. In dessen Gedicht *Kanton Schweiz. An meinen lieben Hiller* von 1791 wird eine gemeinsam unternommene Reise an den Vierwaldstätter See und den Ort des „ewigen Bundes", mit dem die Urkantone ihre Unabhängigkeit gegenüber den Habsburgern behaupteten, erinnert. Für die Gestaltung des Erinnerungsbildes in *Boehlendorff* ausschlaggebend dürften folgende Verse gewesen sein:

nun schau'n wir hinab, hinab, und erfüllt ist
Was der Ahndungen künste versprach

Von den ewigen Wächtern geschirmt, den Riesengebirgen,
Lachte das heilige Thal uns an, die Quelle der Freiheit.
Freundlich winkte der See vom fernen Lager; die Schreken
Seiner Arme verbarg die schwarze Kluft im Gebirge:
Freundlicher sahn aus der Tiefe herauf, *in blühende Zweige*
Reizend verhüllt, und kindlichfroh der jauchzenden Heerde
Und des tiefen Grases umher, die friedlichen Hütten.[12]

Für das lyrische Ich in Hölderlins Gedicht ist, ähnlich wie für den unverstandenen Idealisten Boehlendorff bei Bobrowski, die hier gemachte Erfahrung von Freiheit und Gleichheit unvergeßlich:

Könnt' ich dein vergessen, o Land, der göttlichen Freiheit!
[...]
Doch ich vergesse dich nicht! ich hoff' und harre des Tages,
Wo in erfreuende That sich Schaam und Kummer verwandelt.[13]

Bobrowski übernimmt für die Erinnerung Boehlendorffs an die Helvetische Revolution aus Hölderlins Schweiz-Gedicht den Blick von den Bergen hinab zum gegenüberliegenden Ufer, verstärkt das schon in der Vorlage als wechselseitig metaphorisierte Wahrnehmungsgeschehen und verlegt alles an den Genfer See:

Wir standen über dem See, der See ist groß, aber es war gute Sicht, das Ufer drüben zum Greifen. Wir riefen hinüber, sie mußten es hören drüben, in Evian, in Thonon, im ganzen Chablais, uns schien, alle Welt ginge umher mit offenen Armen. (GW IV, S. 100)

---

12 F. Hölderlin: Sämtliche Werke. Stuttgarter Hölderlin-Ausgabe, hg. von Fr. Beißner, Bd. I., Tübingen 1943ff., S. 144, Zeile 41f. u. 49-55 (Hervorhebungen A.D.).
13 Ebd., S. 145, Zeile 79-85.

Der See trennt die Wir-Gruppe der Schauenden von einer Gruppe, die sich am anderen Ufer befindet. Die große Distanz des Sees kann visuell, dann offenbar auch durch Rufe überwunden werden. Die haptische Metaphorisierung des Wahrnehmungsgeschehen nimmt die angestrebte Nähe und Vereinigung mit denen, die sich „drüben" befinden, vorweg („zum Greifen", „mit offenen Armen") und steigert es zu einem Gefühl enthusiastischer Entgrenzung: „drüben, in Evian, in Thonon, im ganzen Chablais, uns schien, alle Welt ginge umher mit offenen Armen". Anders als in Hölderlins Gedicht ist – dies läßt sich aus den Verben „mußte", „schien" und „ginge" schließen – die von Boehlendorff erinnerte Situation nicht frei von Zweifeln, ob eine Verständigung über die Grenzlinie des Sees tatsächlich stattgefunden hat und das ersehnte Gemeinschaftsideal in jenem Moment tatsächlich hätte Wirklichkeit werden können. Das Erinnerungsbild ist, ähnlich der Lichterscheinung in *D. B. H.*, die einzige in der Erzählung geschilderte Begebenheit aus der Vergangenheit des Protagonisten.

Die Situation, in der der Protagonist sich gegenwärtig befindet, ist der erinnerten gerade entgegengesetzt. Obwohl nach Jahren in Süddeutschland und der Schweiz wieder in seine Heimat zurückgekehrt, nimmt die Einsamkeit und Fremdheit Boehlendorffs zu. An der Feudalordnung wie am Elend der Landbevölkerung hat sich im Vergleich zu der Zeit vor den revolutionären Bewegungen faktisch nur wenig geändert. Sein Ideal eines den ethischen Geboten entsprechenden Gemeinwesens und seine Erinnerungen an die Helvetische Revolution stoßen bei den deutschbaltischen Landadligen ebenso auf Ablehnung, wie sie bei den einheimischen Intellektuellen Erheiterung und bei den livländischen Bauern Unverständnis auslösen; die einst revolutionär Gesinnten fügen sich in Opportunismus, die Jungen interessiert die Vergangenheit nicht. Die allgemeine Anpassung an den Status quo sozialer Ungleichheit beschneidet Boehlendorffs Verständigungsversuche und treibt ihn in die einsame Wahnvision einer seine Heimat überrollenden Flut, deren Vorboten er in Regen und Nebel heraufziehen sieht. Diese Flutvisionen können als Negation der Raum- und Wahrnehmungsstruktur des Erinnerungsbildes aufgefaßt werden. Die Matrix der (für Auge und Stimme) überwindbaren Seefläche verkehrt sich in ihnen zu einer unüberwindbaren Flutwelle, d.h. die horizontale Distanz staut sich zu einer vertikalen Mauer auf, die einen visuellen oder akustischen Kontakt zu einem Gegenüber nicht zuläßt. Ausgangspunkt der insgesamt vier ähnlich gebauten Flutvisionen des Protagonisten ist – darin die Fernsicht des Erinnerungsbildes negierend – eine zunehmende Entleerung und Schrumpfung des Blickfeldes:

Der Blick geht über die Wiesen. Immer leerer wird es draußen. Der Roggen ist herunter. Vom Erbsenfeld fliegen *die Vögel* auf, stehen *in der Luft, als wären dort, weit hinten, Zäune errichtet worden,* hoch hinauf *in die Luft, aber nicht für die Vögel, die sich niederlassen darauf,* ehe sie darüber hinwegfliegen. Diese *Zäune, die Boehlendorff erkennt, hoch und weißgewaschen, aber gar nichts für das Meer, wenn es* aufkommt, wändehoch, eine Wand über die andere türmt, und herabschlägt über das Stangenholz, stürzt, das eingetretene Tal füllt, *gurgelnd hinfährt dann über Galtern, Strasden, Rittelsdorf, Walgalen, Birsch [...]. (GW IV, S. 101, Hervorhebungen A.D.)*

Die Imagination der Flutwelle geht von einer Aufwärtsbewegung aus, der ein Umschlagen am Kulminationspunkt und ein anschließendes Herabstürzen auf das Land folgt. Die Flutimagination, geschichtsphilosophisch verstanden als Alternative zum Erinnerungsbild, zieht visuell-antizipierend jene vernichtende Bilanz für eine Verwirklichung der Boehlendorffschen Ideale, wie sie der Umherirrende auch in seinen Begegnungen mit den verschiedenen Schichten der kurländischen und livländischen Bevölkerung konstatieren muß. In der Restitution des gesellschaftlichen Status quo, die das Ideal von Gleichheit und Brüderlichkeit, das in dem wechselweisen Annäherungsgeschehen des Erinnerungsbildes („Wir riefen [...], sie mußten [...], uns schien, alle Welt ginge umher mit offenen Armen.") dargestellt ist, negiert, sieht Boehlendorff jedwede Hoffnung auf ein glücklicheres Zusammenleben der Menschen gescheitert. Seine Selbsttötung auf der Düne ist Ausdruck seiner persönlichen Vereinzelung und radikale Konsequenz des in Bildern einer Flut vorhergesehenen Untergangs des Landes in Ungleichheit und Unrecht. Die Matrix der zu überwindenden Wasserfläche aus dem Erinnerungsbild aufnehmend werden die letzten Jahre und der Tod Boehlendorffs als ein Schwimmen und schließlich Ertrinken metaphorisiert: „mit seinem Gerede von der See", „einem Seemann namens Sinclair" (GW IV, S. 99), „mit den Armen rudernd" (GW IV, S. 102), „Warf meinen Kranz in die Fluten", „von den Stürmen der Verzweiflung" (GW IV, S. 110). Von anderer Seite berührt die Kontrastfigur Marienfeld das gleiche semantische Feld: Die Sicherheit, die mit dem Titel ‚Wir werden nicht untergehen' eines allegorisch-erbaulichen Gemäldes Marienfelds, das die Beobachtung eines Schiffbruchs darstellt, angegeben ist, markiert eine Gegenposition zu Boehlendorffs Versuch, das Trennende (der See, die See) zu überwinden.

Bobrowski führt seine Erzählung *Boehlendorff* über die Selbsttötung der Hauptfigur hinaus. Mit der Gruppe der einfachen „Leute", die wie ehedem unterdrückt werden, eröffnet der Text einen zweiten Handlungsstrang. Diese „Leute" verkörpern jene Instanz in Bobrowskis literarischen Geschichtsentwürfen, die das, woran der Protagonist scheitert, möglicherweise fortzuführen vermag. Dieser Handlungsstrang weist über den individuellen Tod des Idealisten in eine Zukunft, die über die Alternative von Vereinigung und Vergemeinschaftung (Erinnerungsbild) oder Ungleichheit und zwischenmenschliche Distanz (Flutimagination) zu befinden haben wird. Entscheidend ist die Vermittlung dieser geschichtsphilosophischen Perspektive Boehlendorffs an die „Leute". Seinen Bericht von der Helvetischen Revolution, dargestellt in einer Variante des Erinnerungsbildes („Um einen See herum und unvorstellbar hohen Bergen. Was sagen die Leute?", GW IV, S. 104), wehren die „Leute" mit Gesten ab, die dem dialogischen Wahrnehmungsgeschehen des Erinnerungsbildes entgegenstehen: „Sitzen und schlagen die Hände vors Gesicht, seufzen zwischen den Fingern hindurch: Gräßlich. Mit geschlossenen Augen." Daß Boehlendorffs Zeugnis bei ihnen dennoch nicht ungehört geblieben ist, läßt sich außer an aufkommenden „Abgabeverweigerungen" und an „Unwillen" (GW IV, S. 109) auch an der Beschreibung einer Lichterscheinung über der Rigaer Bucht erkennen, mit der die Erzählung endet. Die Wahrnehmungsbeschreibung ist zwar personal an die Perspektive der Leute gebunden („Das sagen die Leute, die am Grab stehn. Da blicken sie alle hinauf.", GW IV, S. 111), der Bewegungsablauf der Naturerscheinungen und ihre Metaphorik folgt jedoch einerseits den Flutvisionen Boehlendorffs, andererseits seinem Erinnerungsbild:

Der Lichtschein hat sich dem finsteren Himmel über das Haupt geworfen, ganz hoch steht er, und beginnt zu stürzen, jetzt, zu sinken, und breitet sich von oben her über die ganze Verfinsterung aus, über den harten Himmel, an dem der Sturm aufkommt und dieses Knirschen umherführt, von der Bucht heran, landeinwärts über Galtern, Strasden, Rittelsdorf, Walgalen, Birsch, über das Tal hin, tiefer nun, um den Ginster, aber dann wieder hinaus auf die Bucht, eine weiße Straße legt sich weithin über das Wasser. (GW IV, S. 111f.)

Die Aufwärtsbewegung des Lichtes, sein Hinüberstürzen und Absinken vollzieht die Bewegung der imaginierten Flutwelle, der dabei aufkommende Sturm nimmt den gleichen Weg durch die kurländischen Dörfer wie es Boehlendorff für die Flut voraussagt. Mit der „weiße[n] Straße [...] über das Wasser" wird hingegen das Motiv des Erinnerungsbildes, die (nun physische) Überquerung des trennenden Wassers, aufgerufen. Die Reaktion der zuschauenden „Leute" auf diese ambivalente Naturerscheinung ist Flucht ins Dorf. Ausschlaggebend ist jedoch, daß sie die Erscheinung zeichenhaft verstanden haben, daß sich ihre Wahrnehmung entsprechend der Revolutionserfahrungen Boehlendorffs ‚verfärbt' hat. Es ist schließlich das Urteil dieser „Leute", das der im Gestus historischer Recherche agierende Erzähler als die gültige Aussage über den Menschen Boehlendorff übernimmt.

Intertextualität ist in den Texten Bobrowskis üblich; sie gehört zum kalkulierten Bestandteil seiner Poetik. Von Bobrowskis *Boehlendorff* etwa konnte die Forschung intertextuelle Verbindungslinien außer zu Werken Boehlendorffs und Hölderlins auch zu einzelnen Texten von Robert Walser, Georg Büchner, Paul Celan und Karl Philipp Moritz ziehen.[14] Alfred Brusts kurzer expressionistischer Prosatext *Endrup* ist hinzuzufügen, der das Vorbild für das Motiv des Satz-Sagens des umherirrenden Boehlendorff lieferte.[15] Gegenüber diesen intertextuellen Einlagerungen besteht die Besonderheit der Anleihe in Form eines literarischen Erinnerungsbildes darin, daß mit ihr eine räumlich-perzeptive und emotional relativ fest konturierte Situation aus einem Prätext übernommen wird, die im späteren Text zu einem die Konnotation seiner räumlichen Struktur entscheidend bestimmenden literarischen Bild verdichtet wird. Dies ist auch in Bobrowskis Prosamonolog *Junger Herr am Fenster* von 1963 der Fall, eine Art biographisch-psychologischen Begründung der pessimistischen Philosophie Arthur

---

14 Ausführlich auf die zahlreichen Hölderlin-Verweise geht O. Schütze ein: Natur und Geschichte im Blick des Wanderers. Zur lyrischen Situation bei Bobrowski und Hölderlin. Würzburg 1990. Das Wahnsinns-Motiv und die Erwähnung des Schicksals von J.M.R. Lenz weisen auf Georg Büchners Erzählung *Lenz*; Bernd Jentzsch versteht Bobrowskis Erzählung als bewußten Gegenentwurf zu Paul Celans Prosa *Gespräch im Gebirg* (B. Jentzsch: Schöne Erde Vaterland. In: Johannes Bobrowski, Selbstzeugnisse und Beiträge zu seinem Werk. Berlin 1967, S. 128-133, hier: S. 130), Günter Hartung weist auf Parallelen zu Robert Walsers Erzählung *Kleist in Thun* hin (G. Hartung: Bobrowskis Boehlendorff. In: Johannes Bobrowski, Selbstzeugnisse und neue Beiträge zu seinem Werk, hg. von G. Rostin in Zusammenarbeit mit Eberhard Haufe und Bernd Leistner. Berlin 1975, S. 261-291, hier: S. 268), Holger Gehle schlägt vor, den erfundenen dritten Vornamen Boehlendorffs (Anton) auf Moritzens Roman *Anton Reiser* zurückzuführen (H. Gehle (Anm. 3), S. 364).

15 „Endrup wanderte durch die Lande und sprach seinen Satz, wo er ging und war: 'Wie doch die Menschen alle sich selber und einer dem andern dies bißchen Leben so unerhört schwer und schmerzvoll machen.'" A. Brust: Himmelsstraßen. München 1923, S. 74.

Schopenhauers. Der als der junge Schopenhauer identifizierbare Protagonist schaut aus dem Fenster des Danziger Elternhauses auf den Hof und zum Giebel eines Speichergebäudes, wo er kurz zuvor den Vater erhängt aufgefunden hat.[16] Der Grund, der ihn hatte die Treppe zum Giebel hinaufeilen lassen, war indessen ein anderer gewesen: Er wollte, da ein Wetterumschwung das seltene Aufklaren des Nebels ankündigte, die Fernsicht zum Meer genießen:

Ich bin die enge Treppe hinaufgerannt. Auf die Bucht zu sehen. Vom Giebel aus. Oder die Glocke hinter den Teichen zu hören. Wenn das Geläut bis zum Speicher herüberkommt, schlägt das Wetter um. Hinaufgerannt. Stehn geblieben. Da fällt das Licht in einem schrägen Streifen von der Luke hinunter auf die Bretter. Und seitwärts, wo der Schatten den Streifen Licht abschneidet, hängt der Mann. Der Erhängte. (GW IV, S. 74)

Zunächst wird die ersehnte Wahrnehmung, die Fernsicht und das Geläut der Glocke, genannt, dann der an ihre Stelle tretende Blick hinab auf den Vater, der sich das Leben genommen hat. Der emotionale Umschlag der Erwartung in Entsetzen wird durch den Bewegungswechsel „Hinaufgerannt. Stehn geblieben." angezeigt. Das Erinnerungsbild des Erhängten ist zeichenhaft überhöht durch den von Schatten abgeschnittenen Streifen jenes Lichtes, das der junge Herr zu sehen gehofft hatte. Der Fernblick und die damit verbundene, dem Protagonisten nun in Resignation und Passivität umschlagende existentielle Euphorie dürften dem zehnten Kapitel von Thomas Manns Roman *Buddenbrooks* folgen. Erzählt wird dort eine nächtliche Vision Thomas Buddenbrooks, die er nach der Lektüre des Kapitels *Über den Tod und sein Verhältnis zur Unzerstörbarkeit* aus Schopenhauers Hauptwerk *Die Welt als Wille und Vorstellung* hat:

Und siehe da: plötzlich war es, als wenn die Finsternis vor seinen Augen zerrisse, wie wenn die samtne Wand der Nacht sich klaffend teilte und eine unermeßliche tiefe, eine ewige Fernsicht von Licht *enthüllte ... Ich werde leben ! sagte Thomas Buddenbrook beinahe laut [...].*[17]

---

16 Vgl. hierzu sowie zum Gesamtverständnis des Textes die Untersuchung R. von Heydebrands: Überlegungen zur Schreibweise Johannes Bobrowskis. Am Beispiel des Prosastücks Junger Herr am Fenster. In: Der Deutschunterricht (5/1969), S. 100-125.

17 Th. Mann: *Buddenbrooks. Verfall einer Familie*. Gesammelte Werke in zwölf Bänden, Bd. I. Frankfurt / M. 1960, S. 656, gesperrte Hervorhebung im Original, die ande-

Das hiermit antizipierte Umschlagen der Lebenssituation Thomas Buddenbrooks wird als Befreiung zum Glück vorgestellt: „Aber ich liebe euch ... ich liebe euch alle, ihr Glücklichen, und bald werde ich aufhören, durch eine enge Haft von euch ausgeschlossen zu sein [...]."[18] Die Finsternis bzw. – bei Bobrowski – der Nebel, der das Dasein des Protagonisten bestimmt, kann in *Junger Herr am Fenster* jedoch infolge des unheilvollen Fundes nicht zerreißen, die Euphorie verkehrt sich in ihr Gegenteil, eine Ermutigung bleibt aus. Das diesen Schock zeichenhaft verdichtende Erinnerungsbild eines aus der Giebelluke herabfallenden, auf die Fernsicht hinweisenden „Streifen[s] Licht", der dort, wo sich der Vater erhängt hat, von einem Schatten abgeschnitten wird, bestimmt strukturell die später einsetzende Imagination des aus dem Fenster schauenden Protagonisten. In dieser meint der junge Herr zu sehen, wie der einstige Sehnsuchtsort Giebel auf seine Mutter, die er für den Freitod des Vaters verantwortlich macht, niederstürzt:

[...] wenn ich hinuntersehe, als wartete ich: daß da jemand käme, über den Hof ginge, die rechte Hand hebt den Rock etwas an, die Person dreht sich ein bißchen, [...] worauf warte ich noch? Daß sich der Giebel vorneigt, langsam, über den Hof, seinen Schatten wirft, ihn ausschickt, schnell, die Person da unten einzufangen, mit einem Griff, da bleibt sie stehen, mitten in einer lebhaften runden Bewegung, [...] ein ratloses Gesicht, gewiß, aber sehr gefällig noch immer, auch als ein Schattenbild jetzt, zitternd, [...] – warum höre ich nicht, wie das Holz kracht, die Balken sich knirschend ineinanderschieben, Zapfen springen, Schwellen und Ständer sich verdrehn und Riegel und Streben die Bundsäulen herausdrücken und seitwärts die Sturmbänder? Neigt sich der Giebel nicht vor? Warte ich darauf? Warte ich, daß er stürzt, hinstürzt über das Bildchen da unten? (GW IV, S. 75, Hervorhebungen A.D.)

Der Schatten, der den Zugang des jungen Arthur zum Licht des Giebels endgültig verstellt hat, wird in dieser hypothetischen Wahrneh-

---

ren A.D. Vgl. dazu in *Junger Herr am Fenster.* „Weil der Nebel *zerreißt*, aber nicht vor dem Landwind" bzw. „Auf die Bucht *hinauszusehen*. Vom Giebel aus." und „Da fällt das *Licht* in einem schrägen Streifen von der Luke hinunter [...]". (GW IV, S. 73f., Hervorhebungen A.D.). – In Bobrowskis Text gibt es weitere Hinweise auf Manns Roman, etwa der Name „Bendix" oder die Benennung des Vaters als „Senator"; vgl. R. von Heydebrand: Überlegungen zur Schreibweise Johannes Bobrowskis. Am Beispiel des Prosastücks *Junger Herr am Fenster*. In: Der Deutschunterricht (1969) H. 5, S. 100-125, hier: S. 119.
18 Th. Mann (Anm. 15), S. 658, Hervorhebung A.D.; vgl. bei Bobrowski: „die enge Treppe hinaufgerannt".

mung wie ein Netz vorgestellt, welches die Mutter einfängt und in jene Erstarrung versetzt, unter der der Sohn seit dem Tod des Vaters leidet. Als „Schattenbild" imaginiert er ihren Tod als Rache für den Tod des Vaters, der zugleich sein eigenes Leben dauerhaft beschädigt hat. Die Imagination überträgt die Matrix der Vertikalbewegung des herabfallenden Lichtes auf den zuerst nur visuell, als Schatten, dann auch physisch herabstürzenden Giebel. Das Ausbleiben der Geräusche macht den Protagonisten das Imaginäre seiner Wahrnehmung bewußt, zugleich läßt es ihn seine in der Racheimagination hervortretenden Regungen eines Willens hinterfragen. Das Erinnerungsbild des abgeschnittenen Lichtes ist zwar präsent und bestimmt seine Vorstellungen, wird jedoch nicht in ein Handeln überführt. Statt sich zu rächen wird der Protagonist der gehaßten Mutter folgen, unfähig, ohne ihr fortgesetztes „Geschwätz" (GW IV, S. 76) zu leben.

D. B. H., *Boehlendorff* und *Junger Herr am Fenster* sind nicht die einzigen Erzähltexte Bobrowskis, in denen sich ein signifikanter Zusammenhang zwischen Erlebtem und Erleben im Modus von Erinnerungsbild und Imagination feststellen läßt.[19] Sie sind jedoch die einzigen, in denen dieser Zusammenhang so eng mit einer literarischen Vorlage verknüpft ist. Der Rückgriff auf eine Vorlage dürfte dabei nicht nur einem Bemühen um Authentizität und – durch die damit produktionsästhetisch angelegte Ausweitung des Verweishorizontes auf Jahnn, Hölderlin und Mann – Exemplarizität geschuldet sein. Als Grund wäre ebenso anzuführen, daß in den Intertexten der genannten Autoren Wahrnehmungsbeschreibungen bereits zu prägnanten und emotional konnotierten räumlichen Bildkomplexen verdichtet sind, die Bobrowski für seine Konzeption modifizierend übernehmen konnte.

---

19 Ein solcher Zusammenhang findet sich beispielsweise auch in der Erzählung *Die Seligkeit der Heiden*. Bobrowski griff hier zum Teil auf altrussische Ikonendarstellungen als Beschreibungsvorlage zurück.

Die Erzählerfigur in der Kurzprosa Johannes Bobrowskis

SIGITA BARNIŠKIENĖ

Im Vortrag *Benannte Schuld – gebannte Schuld?*, den J. Bobrowski am 2. Dezember 1962 in der Evangelischen Akademie Berlin-Brandenburg gehalten hat, setzt er sich mit dem Problem der gesellschaftlichen Bestimmung der Literatur auseinander. Am Ende des Vortrags lehnt der Schriftsteller die im Titel unter Fragezeichen formulierte These ab und veranschaulicht durch einige Beispiele aus der Geschichte, daß die Literatur keinen bedeutenden Einfluß auf die historischen Ereignisse und keine direkte Wirkung auf das gesellschaftliche Bewußtsein haben kann. Trotzdem drückt Johannes Bobrowski die Hoffnung aus, daß sein zentrales Thema im literarischen Schaffen – „das Verhältnis der Deutschen zu ihren östlichen Nachbarvölkern"[1] – unter den Lesern ein Interesse erwecken und ein Echo finden wird. In diesem zweideutigen Verhältnis des Schriftstellers zur gesellschaftlichen Funktion der Literatur – einerseits der Feststellung der Machtlosigkeit der Literatur in Bezug auf die Veränderungen der Gesellschaft und andererseits des Wunsches der Einwirkung durch die eigene Dichtung auf den Leser – ist der zweite Aspekt für die Analyse der Erzählerfigur in der Kurzprosa von Johannes Bobrowski von Bedeutung. Der Autor formuliert einen aktiven Standpunkt bezüglich des Lesers seiner Werke:

Ich benenne also Verschuldungen – der Deutschen –, und ich versuche, Neigung zu erwecken zu den Litauern, Russen, Polen usw. Da ein solches Thema von historisch gewachsenen Vorurteilen und von aus Unkenntnis oder Voreiligkeit resultierenden Ressentiments weitgehend verdeckt ist, kann eine einfache Propagierung von Ansichten oder Empfehlungen nichts ausrichten. Ich beziehe mich also möglichst auf das, was ich selber kenne, ich will möglichste Authenti-

---

[1] J. Bobrowski: Gesammelte Werke in sechs Bänden, hg. von E. Haufe. Bde. I-IV Stuttgart / Berlin 1987, Bd. V Stuttgart 1998, Bd. VI. Hg. von H. Gehle. Stuttgart 1999, hier: IV, S. 447; Zitate aus dieser Ausgabe werden im folgenden mit der Sigle GW, der Band- und der Seitenangabe nachgewiesen.

*zität, weil ich denke, daß "wahre Geschichten" noch immer eher überzeugen: weil ich eine Wirkung wünsche.*²

Den Leser von der Richtigkeit seiner Position zu überzeugen, war das Anliegen von Johannes Bobrowski. In der Kurzprosa wird diese Bestrebung meistens durch den auktorialen Erzähler verwirklicht. Der auktoriale Erzähler wird in der Literaturwissenschaft als der allwissende Narrator, als der Urheber der Geschichte beschrieben. Doch die auktorialen Erzähler sind in verschiedenen Werken durch subjektive Eigenschaften geprägt – „von unbeteiligter Allwissenheit bis zu mühsamer Erforschung der Zusammenhänge und von kühler, sachlicher Distanz bis zu tiefster innerer Ergriffenheit"³. Welche Eigenschaften hat der Bobrowskische Erzähler? Mit welchen Mitteln erstrebt er die Einwirkung auf den Leser? Auf diese Fragen versuchen wir im Laufe der Analyse von zwei Kurzerzählungen *Der Mahner* und *Der Tänzer Malige* eine Antwort zu geben.

Der französische Literaturwissenschaftler Gerard Genette unterscheidet fünf Funktionen des Erzählers: 1) die narrative Funktion; 2) die Regiefunktion (Bezüge auf den Text, seine innere Organisation, Gliederungen); 3) die Kommunikationsfunktion (Bemühen des Erzählers, einen Kontakt zu dem Adressaten herzustellen); 4) die testimoniale oder Beglaubigungsfunktion (Verifizierung oder Bekräftigung des Berichteten durch den Erzähler); 5) die ideologische Funktion des Erzählers (ein autorisierter Kommentar der Handlung).⁴

Die Analyse der genannten Kurzerzählungen von J. Bobrowski soll erschließen, welche Funktionen der Erzähler in ihnen ausübt. Auch die Kategorien der Erzählsituation nach Franz K. Stanzel sind für unsere Analyse von entscheidender Bedeutung, d. h. die Seinsbereiche des Erzählers und der Figuren, der Wechsel der Innen- und Außenperspektive, die Opposition Erzähler – Reflektor.⁵

Nachdem wir kurz den uns interessierenden Problemkreis skizziert haben, können wir uns konkreten Texten von J. Bobrowski zuwenden. Die Erzählung *Der Mahner*, geschrieben am 10. 1. 1965, ist für die Erzählweise J. Bobrowskis sehr typisch: die Erzählung fängt mit der Beschreibung des Handlungsortes im Präsens an. Der Erzähler nennt

---

2 Ebd.
3 G. v. Wilpert: Sachwörterbuch der Literatur, Stuttgart 2001, S. 237.
4 G. Genette: Die Erzählung. Aus dem Französischen von Andreas Knop. München 1998, S. 183-184.
5 F. K. Stanzel: Theorie des Erzählens. 4. durchgesehene. Aufl., Göttingen 1989, S. 68-89.

einige authentische Ortsnamen Ostpreußens (Heinrichswalde, Linkuhnen) und kommt auf diesem Umweg zum tatsächlichen Handlungsort – Königsberg, ohne den Stadtnamen direkt zu nennen. Man kann gleich am Anfang der Erzählung feststellen, daß der Erzähler durch das Nennen der authentischen Ortsnamen den Leser von der Wahrhaftigkeit der zukünftigen Geschichte zu überzeugen versucht, was der Beglaubigungsfunktion von G. Genette entspricht. Die folgende detaillierte Beschreibung oder genauer gesagt Benennung der sieben Hügel, der Kirche, des Friedhofs, der Mietskasernen, der Straßen, der Giebelhäuser und anderer Objekte erfolgt mit dem Ziel, den Leser zu interessieren, in ihm ein Erwartungsgefühl zu wecken.

Der Erzähler kann als auktorial bezeichnet werden, weil er alles von der zu erzählenden Geschichte weiß, aber sein Seinsbereich ist in der erzählten Zeit und am zu schildernden Ort. Da am Anfang der Erzählung keine andere Figur auftaucht, entsteht der Eindruck, daß der Erzähler seinen Blick über das alte Königsberg schweifen läßt und den Leser in seine Besichtigung miteinbezieht. Zwei lebendige Subjekte nehmen am Geschehen der Erzählung teil: der Erzähler und der Leser. Der Erzähler verrät seine Anwesenheit durch sprachliche Mittel, wie z. B. durch seine Kommentare, die das unpersönliche Pronomen „man" beinhalten: „man denkt nicht, daß es wirklich so viele Hügel sein könnten, sieben".[6] „Wäre man gerecht, man erwähnte noch einige hübsche Plätze, der eine sogar auf einem schrägen Abhang angelegt".[7]

Deiktische Ausdrücke wie „*Das* sind die Giebeldächer. *Da unten*, im Halbdunkel, gehen die Straßen" (ebenda) zeugen von der Situierung des Erzählers in der vergegenwärtigten Vergangenheit und am Ort, von dem erzählt wird. Der Erzähler gebraucht einen Gesprächston, er ist bestrebt, mündlich mit dem Leser zu kommunizieren und ihn als einen Gesprächspartner, als einen guten Freund anzusprechen. Das äußert sich im Übergang vom unbestimmten Pronomen „man" zum viel persönlicheren „wir", das sowohl den Erzähler als auch den anonymen Leser bezeichnet: „Man kann, wie gesagt, hinaufsteigen, aber *wir* tun es nicht, *wir* stellen uns vor den Turm an der Südwestecke, mit Blick nach Süden, aber noch oben an den Abhang, *lehnen uns* meinetwegen an die Turmwand".[8]

---

6 GW IV, S. 145.
7 Ebd.
8 Ebd., S. 147.

Der Leser wird nicht nur angesprochen, er wird freundlich eingeladen, sich am Geschehen der Erzählung zu beteiligen. Man könnte in diesem Fall von einem agierenden Leser sprechen, dem der auktoriale Erzähler eine Überraschung nach dem Spaziergang und der Besichtigung Königsbergs bereitet, indem er sagt: „Da stehen schon zwei". Auf diese originelle Weise wird ganz plötzlich die Titelfigur, der Mahner, in die Welt der Erzählung eingeführt. Der auktoriale Erzähler erlaubt es sich, sich ein wenig ironisch über ihn auszudrücken, indem er den kleinen Mann, der immer wieder „Haltet Gottes Gebote" sagt, neben dem Denkmal des Kaisers erscheinen läßt.

Der eine sagt: Haltet Gottes Gebote. Er ist klein. Der andere ist groß, er sagt nichts. Dafür ist er auch Kaiser und aus Bronce und steht auf einem steinernen Sockel, wo er nicht herunterkann. Der andere kann fortgehn, dorthin wo er benötigt wird, um seinen Spruch aufzusagen.[9]

Der Erzähler verfolgt mit dem Blick noch eine Weile den Mann, der die Treppe hinuntergeht, den alten Generalsuperintendenten trifft, ihn begrüßt und „Aufwiedersehn" sagt. Diese Handlungen werden durch den Erzähler wiedergegeben, er verleiht seinen Figuren nicht das Recht, einen Dialog zu führen. Der Erzähler erinnert sich immer wieder an den Leser, der als sein Begleiter aufzufassen ist, weil beide in das Pronomen „wir" integriert werden, wie der folgende Satz bezeugt: „Und *wir* gehn ihm, denke ich, nicht nach, *wir* kennen ihn ja nun".[10]

Diese Aussage betrifft den sonderbaren Mann, über den der Leser erfährt, daß er „aus dem Litauischen gebürtig" ist. Der Gedanke über die Herkunft des Mannes ruft eine neue Assoziation im Kopfe des Erzählers hervor, und er erzählt dem Leser eine sich vor dreihundert Jahren zugetragene Geschichte über einen „aus dem Litauischen gekommenen" Mann, der ebenfalls Gottes Worte gepredigt hat. Diese Rückwendung ist durch den Gebrauch des Perfekts gekennzeichnet und hebt sich aus dem Text der Erzählung hervor, denn der Erzähler kehrt bald wieder in die Jetzt-und-hier-Situation zurück und berichtet über den litauischen Mann im Präsens. Der Leser erfährt, daß der Mann von den Leuten nicht ernst genommen wird: „Nur Kinderge-

---

9 Ebd.
10 Ebd.

schrei tönt ihm nach, und einiges Kopfschütteln bleibt hinter ihm zurück, und eine kräftige Anekdote geht hinterdrein".[11]

Bevor der Erzähler diese Anekdote über einen Säufer zum Besten gibt, der von Kirche zu Kirche geht und nur zur Kommunion rechtzeitig kommt, um einen Schluck Wein vom Pfarrer zu bekommen, beteuert er dem Leser, daß er, der Erzähler, im Unterschied zu der allgemeinen Meinung diese Geschichte nicht auf den litauischen Mann bezieht. Das ist eine klare Parteinahme durch die Erzählerfigur und sie läßt sich auch weiter in der Erzählung verfolgen. Nach der Anekdote wiederholt der Erzähler in Form eines kollektiven „wir", das auch den Leser mitmeint, und mit Hilfe des familiären Gebrauchs des Possessivpronomens „unser" die Bestätigung, daß die Anekdote nicht „unseren stillen Litauer", sondern eine andere Person, betrifft: „Aber wir wissen ja, es handelt sich nicht um unseren stillen Litauer. Wir reden ihm die Geschichte nicht hinterher. Wir treffen ihn vielleicht wieder, jetzt wo wir ihn kennen".[12] Das Gefühl der Sympathie, das der Erzähler zu der Figur des Litauers verspürt, wechselt mit der ironischen Betrachtungsweise, als der Erzähler den stillen Litauer als eine Skurrilität bezeichnet und ihn „vielen ordentlichen Leuten" gegenübersetzt. Eine böse Vorausdeutung ist in der folgenden Aussage herauszuhören: „Was sind da schon ein paar Skurrilitäten, sie verschwinden einfach".[13]

Der Erzähler berichtet über eine Demonstration der Nationalsozialisten, die er zu sehen bekam, während er nach dem „stillen Litauer" spähte. Diese Begebenheit wird im Erzähltempus Präteritum geschildert und die Figur des Erzählers nähert sich dem Ich-Erzähler, denn sein Seinsbereich scheint unter den anderen Figuren zu sein. Über die Nazis äußert er sich mit Sarkasmus: „ein ganzer Zug, braun in braun, bis auf die Augen, die blau sein sollten, nach Möglichkeit".[14]

Bald schlägt die Erzählung wieder ins Präsens um und der Erzähler wird wieder auktorial, herrscht über die anderen Figuren, schätzt sie ein, stellt rhetorische Fragen an den Leser. Der Bobrowskische Erzähler meidet es nicht, ernste oder tragische Sachen mit den komischen zu vermengen. Das ist auch bei der Figur des Straßenflötisten Preuß der Fall, der die Nationalsozialisten für Kommunisten hält und sie als „Tagediebe, Rumtreiber, Liederjahne" beschimpft. Der Erzähler versteht diesen Irrtum, aber da sein Daseinsbereich ein anderer ist als

---

11 Ebd., S. 148.
12 Ebd., S. 149.
13 Ebd.
14 Ebd.

der von den dargestellten Figuren, kann er sich in die Handlung nicht einmischen, er kann nur rhetorische Fragen an den Leser stellen und seine handelnden Figuren nach dem Wunsch gestalten. Der Erzähler wirft die Frage auf, wer von den agierenden Figuren dem Straßenflötisten Preuß den Unterschied zwischen den Nationalsozialisten und den Kommunisten hätte erklären sollen. Auf diese Frage sucht er selber eine Antwort und zieht Schlüsse: dem stillen Litauer würde Preuß nicht zuhören und ihn auslachen (der Erzähler reagiert darauf vorwurfsvoll: „Ach, Preuß"[15]), der Sonntagssäufer aus der Anekdote versteht nicht viel, nur daß „ihr Führer [nicht] trinkt"[16], der Dompfarrer „ist zu gelehrt, um mit dem Preuß reden zu können, oder doch vielleicht nicht gelehrt genug"[17].

Nach der Erwähnung, daß Preuß in die Steindammer Kirche zum Pfarrer Motz geht, wendet der Erzähler seinen Blick in die Zukunft (für den auktorialen sich erinnernden Erzähler ist das Vergangenheit) und berichtet über die tragischen Schicksale seiner Figuren: Preuß, der Dompfarrer, der Säufer und der stille Mann werden in einem halben Jahr von den Hitlerleuten gefangen genommen. Preuß und der Dompfarrer werden von den Nationalsozialisten als Staatsfeinde oder Volksfeinde betrachtet, der Sonntagssäufer als asoziales Element, der stille Litauer „als geistig minderwertig".[18] Die Erzählung endet mit den folgenden Worten des Mahners und des Erzählers: „Haltet Gottes Gebote, ruft er ihnen entgegen, als sie kommen. Aber das tun die nicht".[19]

Der letzte Satz des Erzählers ist eine Bezichtigung der Faschisten, die Verbrechen gegen die Menschen und gegen Gott verübt haben.

Die schrittweise durchgeführte Analyse der Erzählung *Der Mahner* hat gezeigt, daß in ihr die auktoriale Erzählsituation vorherrscht, doch der Erzähler eine so ausgeprägte Figur ist, daß er manchmal zum Übergang in einen Ich-Erzähler tendiert. Manche Literaturwissenschaftler unterscheiden Zwischenformen in den drei Erzählsituationen[20] und eine von ihnen, die die Merkmale der auktorialen Erzählsituation und der Ich-Erzählsituation enthält, entspricht der Erzählsituation in der Erzählung *Der Mahner*. Sie ist durch das primäre Merkmal der Erzählerfigur, durch Identität der Seinsbereiche des Erzählers

---

15 Ebd.
16 Ebd., S. 150.
17 Ebd.
18 Ebd.
19 Ebd.
20 Vgl. Th. Eicher / V. Wiemann: Arbeitsbuch: Literaturwissenschaft. Paderborn, München, Wien, Zürich 1996, S. 109-113.

und der Charaktere im größeren Teil der Erzählung und durch Außenperspektive gekennzeichnet. Alle fünf Funktionen des Erzählers, die G. Genette erwähnt hat, kann man in der analysierten Kurzerzählung finden. Die Regiefunktion ist hier eine nicht so oft ausgeübte Funktion des Erzählers, aber vor der Erklärung der Aneinanderreihung der Gottesdienste in verschiedenen Kirchen Königsbergs, die dem Sonntagssäufer seinen Rundgang und Besuch aller Kirchen ermöglicht, findet man die Bemerkung des Erzählers, die als Hinweis der Erzählerfigur auf die kommende Explikation zu verstehen ist: „Zu dieser Anekdote muß man einiges wissen".[21]

Jürgen Schutte betont die Wichtigkeit der Bestimmung des Verhältnisses der Erzählsituation zur erzählten Geschichte selbst und unterscheidet zwei Pole: „Entweder wird der Erzählvorgang zu einer unergriffenen Möglichkeit; die Erzählsituation bleibt vollkommen implizit und der erzählte Vorgang steht beherrschend im Vordergrund. Oder es dominiert der Erzählvorgang über das Erzählte".[22] Wir haben schon gezeigt, daß der Erzählvorgang in der Bobrowskischen Kurzerzählung von ausschlaggebender Bedeutung ist und den ästhetischen Wert der Erzählung konstituiert. Ohne den besonderen Sprechduktus des Erzählers würde die Erzählung äußerst schrumpfen und den eigentlichen Sinn verlieren: sie würde nur aus einer Beschreibung der Straßen Königsbergs, der Vorstellung einiger skurriler Gestalten aus den dreißiger Jahren des 20. Jahrhunderts in dieser Stadt und der mit ihnen in Verbindung stehenden Geschichten bestehen. Erst die Kommunikation mit dem Adressaten und das Bestreben des Erzählers auf ihn intellektuell und emotionell einzuwirken (ideologische Funktion), schaffen die Originalität und den ästhetischen Reiz dieses Werks.

In der Forschung zum Werk von Bobrowski wird der umgangssprachliche Ton seines Erzählsubjekts und die Mündlichkeit des Erzählens hervorgehoben.[23] Man findet Ähnlichkeiten mit Hermann Sudermanns Erzählweise und man vermerkt den Einfluß des Bobrowskischen Erzählers auf die Ausdrucksweise der zeitgenössischen Schriftsteller der DDR:

---

21 GW IV, S. 148.
22 J. Schutte: Einführung in die Literaturinterpretation. Stuttgart, Weimar 1997, S. 133.
23 E. Ribbat: Erzählte Mündlichkeit. Aspekte der Sprache im Prosawerk Johannes Bobrowskis. In: Sarmatische Zeit. Erinnerung und Zukunft. Hrsg. v. A. Kelletat., Husum 1991, S. 43-56, S 44-49; B. Leistner: Johannes Bobrowski: Studien und Interpretationen. Berlin 1981, S. 118-122.

Diese Erzählweise wurde folgenreich. Sie wurde als ein Modell begriffen, das in der DDR-Literatur zu freier Nachgestaltung reizte. [...] Der Bogen solcher, dabei auf eine Nachwirkung Bobrowskis keineswegs reduzierbarer Prosaarbeiten reicht von Helga Schütz (Vorgeschichten oder Schöne Gegend Probstein) oder Jurek Becker (Jakob der Lügner) bis hin zu Fritz Rudolf Fries (Das Luft-Schiff).[24]

Die zweite Erzählung, die wir analysieren möchten und in der das Erzähler-Ich eine ausschlaggebende Rolle spielt, ist *Der Tänzer Malige*. Im Unterschied zu der Erzählung *Der Mahner*, in der der Erzähler sich auf der gleichen zeitlichen Ebene der vergegenwärtigten Vergangenheit zusammen mit den anderen Figuren befand, bestimmt der auktoriale Erzähler der Kurzerzählung *Der Tänzer Malige* gleich im ersten Satz die historische Zeit der Geschichte – die letzten Tage im August 1939. Eine Beschreibung des Handlungsortes – einer kleinen Stadt in Polen – bildet die Exposition der Geschichte. Der Erzähler benutzt auch in dieser Erzählung die beliebte Zeitform – das Präsens. Die detaillierte Beschreibung des Marktplatzes, die Erwähnung der benachbarten Dörfer und der Gebrauch des unbestimmten Pronomens „man" soll den Leser von der Authentizität der Geschichte überzeugen und zeigen, daß der Erzähler selbst Zeuge der beschriebenen Ereignisse gewesen ist. Diese Tatsache wird vom Erzähler explizit nicht ausgedrückt und wir als Leser erfahren nicht, auf welche Weise der Erzähler mit den dargestellten Figuren verbunden ist, woher er sie kennt.

Die Hauptfigur ist der Tänzer Malige, dessen Name am Anfang der Erzählung zweimal in der gleichen syntaktischen Konstruktion und in der gleichen lexikalischen Umgebung wiederholt wird:

Was zu erzählen ist vom Tänzer Malige, ist eine Geschichte und fängt an im August 39 [...] Was findet man nicht alles an Gründen, nur um nicht über einen Marktplatz gehen zu müssen, allein, in diesem Jahr 39. [...] Im Spätsommer. Der sehr warm ist. Wo beginnt, was zu erzählen ist vom Tänzer Malige.[25]

---

24 B. Leistner: Bobrowski, S. 122; vgl. auch Ders.: Zur Nachwirkung Bobrowskis in der Literatur der DDR. In: Sarmatische Zeit. Erinnerung und Zukunft. Hrsg. v. Alfred Kelletat. Husum 1991, S. 101-109.
25 GW IV, S. 164.

Nach der zweimaligen Beglaubigung, daß der Erzähler diese Geschichte zu erzählen hat, schildert er eine Szene, in der die Reservisten in Soldatenuniformen in der Kaserne Karten spielen. Unter ihnen ist auch Malige, der durch den Erzähler vorerst nicht näher vorgestellt wird, sondern es wird von ihm gesagt, daß er Kartentricks macht: „es ist schon beinahe lästig, wie ihm die Karten in der Hand immer wieder zu einem Kunststück ansetzen".[26]

Der bewertende Ausdruck „es ist [...] lästig" bezieht sich auf die Mitspieler Maliges, die mit den Namen Blömke, Kretschmann, Naujoks benannt und in kurzen komischen Situationen vorgestellt werden. Der Leser sowie der Erzähler gewinnen durch die Zeitdistanz einen Vorrang vor den handelnden Figuren und können über ihre naive Denkweise staunen:

Man redet viel, auch vom Krieg, aber mehr von Mannestugenden, deutschen Tugenden, man glaubt nicht sehr an einen neuen Krieg, es gibt da Städte nach Masuren hinunter, die tragen noch die Spuren des letzten. Also denkt man: eine Militärübung, wie gehabt. Es gibt da ja diesen Nichtangriffspakt, das sollte einen beruhigen können.[27]

Johannes Bobrowski benutzt in den Erzählungen für die Hervorhebung der direkten Rede keine Interpunktionszeichen. Das ist eines der Mittel, um zu zeigen, daß das Sprechen der handelnden Personen nur im Fluß der Rede des Erzählers erscheint. Die handelnden Figuren gewinnen keine selbstständige Existenz, sie sind Objekte des Erzählens. Deswegen vereinen manche Aussagen sowohl die Stimme des Erzählers als auch die der handelnden Figur. Das ist der Fall in dem Absatz, wo Maliges frühere Beschäftigungen im Lunapark, im Zirkus und im Varieté vorgestellt werden. Der Absatz fängt mit einer Frage an und endet mit einem Imperativsatz, beide Äußerungen und die Anrede „du, Malige" weisen auf ein Redesubjekt hin, das aber nicht genannt wird. Man kann annehmen, daß das der vorher erwähnte Reservist Kretschmann ist, doch der Erzähler ist daran auch beteiligt und seine Stimme ist in diesen Phrasen herauszuhören:

Ach, Malige, was ist das alles? Du hast deine Arbeit gehabt, zuletzt im Lunapark, vorher im Bremerhaven, vorher in Kopenhagen im Tivoli, deswegen füllst du noch einen Zettel aus: letzter Auslandsaufenthalt, deine Arbeit, Kraf-

---

26 Ebd., S. 164f.
27 Ebd., S. 165.

*takt genannt: Handstand einarmig auf einem grünen Flaschenhals [...] Sag uns was rechtes, Malige, statt deiner Späße.*²⁸

Nachdem der Handlungsort, die Zeit und auch die Figuren der Erzählung charakterisiert worden sind, kommt der Erzähler zur wichtigsten Begebenheit – Maliges Widerstand und Protest gegen die Erniedrigung der Juden durch den Leutnant Anflug. Der Leutnant hat Juden von der Synagoge geholt und sie gezwungen, eine Kabeltrommel den Abhang hinauf zu zerren. Diese sinnlose Arbeit und die Tatsache, daß die Juden dem bewaffneten deutschen Leutnant gehorchen, machen Anflug Spaß. Der Erzähler verrät seine Stellungnahme zu der geschilderten Szene nicht, auch Maliges Reaktion wird zuerst nicht kommentiert, damit der Leser selbst durch die Entwicklung der Geschehnisse den Sinn seines Verhaltens versteht. Der Wunsch des Erzählers, die Spannung und das Interesse des Lesers am Ereignis aufrechtzuerhalten, spiegelt sich in den folgenden Worten wider:

Maschke findet es komisch.
*Malige wohl auch. Denn er springt ein paar Schritte vor, hat jetzt die Beine in einen Tanzschritt gebracht, so eine Art Prozessionsschritt, Hüpfer, schnelle Schrittfolgen, plötzliches Stehnbleiben, vor, zwei Schritte zurück.*²⁹

Die elliptische Äußerung „Malige wohl auch" ist nicht nur lexikalisch-grammatisch mit dem vorhergehenden Satz verbunden. Das Modalwort „wohl" signalisiert, daß der Erzähler durch diese Äußerung die Zweifel und Unsicherheit von Maschke ausdrückt. Der Erzähler findet hier wieder eine Ausdrucksform, die sowohl seine Stimme als auch die Stimme der Figur innehat.

Weiter schildert der Erzähler Anflugs Wut und Verblüfftheit, wobei die narrative Funktion des auktorialen Erzählers realisiert wird. Indem der Erzähler sagt: „Das ist eigentlich schon die ganze Geschichte"³⁰, übt er eine Regiefunktion aus, weil er Bezug auf die Gliederung der Erzählung nimmt. Nach dieser Feststellung wechselt die Zeitperspektive: der auktoriale Erzähler berichtet über die Schicksale der handelnden Personen nach einigen Jahren. Über Maliges weiteres Leben drückt er Zweifel aus, an dieser Stelle erscheint der Erzähler in Ich-Form, um seine narrative Handlung und die Glaubwürdigkeit des Erzählten zu bestätigen: „Dann kommt er wohl zu einem Frontkaba-

---

28 Ebd., S. 166.
29 Ebd., S. 168.
30 Ebd., S. 169.

rett, bei seinem Können wahrscheinlich oder immerhin möglich, obwohl sie da lieber Damen nehmen, ich weiß es nicht. Ich weiß nur, was ich erzählt habe".[31]

Die testimoniale Funktion des Erzählers schließt die Erzählung noch nicht ab: Der Erzähler will noch etwas zur Geschichte hinzufügen, deshalb kehrt er wieder zu dem polnischen Städtchen zurück, erinnert sich an den Abend nach der Geschichte mit Tänzer Malige und beendet die Erzählung mit einem rätselhaften Satz, der das unbestimmte Pronomen „einen" beinhaltet. Der Leser bleibt im Ungewissen, auf wen sich dieses Pronomen bezieht – auf Malige, auf den Erzähler oder auf jeden deutschen Soldaten, der sich damals vor Beginn des Krieges an der polnischen Grenze befand. „Und daß nichts einen hindern würde, über die Brücke zu gehn und durch die Stadt, jetzt in der Dunkelheit,- begegnete man sich nicht selber, ausgerechnet hier, in dieser polnischen Stadt, ohne auch nur einen Grund dafür zu finden".[32]

Diese Aussage kann als Einladung des Lesers zum Nachdenken aufgefaßt werden: Man hätte vielleicht über die Brücke zu den polnischen Nachbarn gehen sollen, um sie und sich selber besser kennen zu lernen. Die letzte Äußerung übt eine ideologische Funktion aus, wenn auch der Kommentar vieldeutig und verschleiert bleibt.

In den zwei analysierten Erzählungen spielt der Erzähler eine außerordentlich wichtige Rolle, er erfüllt alle fünf genannten Funktionen als Narrator, Kommentator, Regisseur, als derjenige, der die Figur des Lesers entstehen läßt und mit ihr kommuniziert, die Authentizität des Berichteten bekräftigt. In der Erzählung *Der Mahner* nähert sich die auktoriale Erzählsituation der Ich-Erzählsituation, weil der Erzähler an manchen Stellen auf die Ebene der handelnden Figuren hinübertritt.

In der Erzählung *Der Tänzer Malige* begegnen wir einer originellen Erzählweise, die es dem Erzähler ermöglicht, seine Stimme mit der Stimme einer handelnden Person zu vereinigen. Dieser Eindruck wird durch den Nicht-Gebrauch der konventionellen Interpunktionszeichen für die direkte Rede verstärkt.

Nicht in allen Kurzerzählungen von J. Bobrowski ist die Figur des Erzählers so stark ausgeprägt. In der Erzählung *Brief aus Amerika* beispielsweise erfüllt der Erzähler fast ausschließlich die Funktion des Narrators, sein Ich bleibt im Hintergrund. Nur in einer rhetorischen Frage kann man seine Hinwendung an den Adressaten feststellen und

---

31 Ebd.
32 Ebd., S. 169.

seine philosophischen Gedanken über das Alter wahrnehmen: „Was braucht der alte Mensch denn schon? Das Tageslicht wird dunkler, die Schatten werden heller, die Nacht ist nicht mehr zum Schlafen, die Wege verkürzen sich. Nur noch zwei, drei Wege, zuletzt einer".[33]

In der Erzählung *Rainfarn* ist der Erzähler wieder sehr gut sichtbar und bedeutend: Er schafft die eigene Welt mit seinen Symbolen, er läßt die authentische Figur von Doktor Storost-Vydūnas auftreten, um dann sich mit einem verallgemeinernden Satz an den Leser zu wenden: „Helft ihm, da ist vielleicht die litauische Geschichte in Gefahr".[34]

Der Bobrowskische Erzähler ist ein Mittler zwischen der fiktiven Welt der Erzählung und dem imaginierten Adressaten. Er verbindet beide Ebenen und bringt die Sehweise des Autors zum Vorschein. Deswegen ist ihm eine zentrale Stelle in den Erzählungen von J. Bobrowski zugeteilt. Die ideologische und die Kommunikationsfunktion des Erzählers sind für viele Prosastücke J. Bobrowskis typisch. Der Erzähler führt ein Gespräch mit dem Leser, schafft gleichzeitig die implizite Figur des Lesers im Rahmen der Erzählung. Wir haben auch versucht zu zeigen, daß der Erzähler sich an die Stimme einer handelnden Figur anzuschließen vermag, so daß es manchmal schwer fällt, die beiden Stimmen zu unterscheiden.

Das vielseitige und flexible Handeln des Erzählers in der Kurzprosa J. Bobrowskis läßt uns die sinnkonstituierende Funktion der Erzählerfigur schlußfolgern. Der Erzähler erweist sich in vielen Prosastükken als wichtigster Träger der originellen Erzählweise und als Übermittler der ethisch-moralischen Stellungnahme des Verfassers.

---

33 Ebd., S. 25.
34 Ebd., S. 115.

Durch Liebe verschmerzen:
Das Wort Mensch

NICOLAS YUILLE

Unverschmerzt: dieses Stichwort Bobrowskis klingt negativ. Wer nicht vorsichtig geht, stürzt bald vom Unverschmerzten ins Unbewältigte, und nur ein außergewöhnlicher Optimist sieht in die unbewältigte Vergangenheit, ohne das zu sehen, was überhaupt nicht zu bewältigen ist. Bewältigung wäre schön, wir haben uns aber schon daran gewöhnt, sie für einen Prozeß ohne Ende zu halten. Wir kennen das Wort ‚bewältigen‘, das Wort ‚bewältigte‘ als Vergangenheitsform bleibt uns fremd. Und oft genug steht Bobrowski in der Sekundärliteratur zitiert als einer, der mittels seiner Gedichte nicht Schuld tilgen wollte. Seine Gedichte bringen uns gut in die Vergangenheit zurück, und wir werden zu Zeugen von allerlei Untaten und Unrecht. Da bleibt uns aber nur, diese historische Szene zu bereuen. Wir können daran nichts mehr ändern. Die Zeitreise, mit der man in die Vergangenheit als Eingreifender, nicht nur als Zeuge kommt, bleibt Stoff der Science-fiction. Durch Gedichte Schreiben und Lesen machen wir historische Untaten nicht ungeschehen.

Bobrowski ist zu diesem Schluß in seiner Rede „Benannte Schuld – gebannte Schuld?" gekommen.[1] In dieser Rede heißt es, daß Literatur machtlos ist. Er wählt Beispiele aus der Geschichte, um zu zeigen, daß Literatur höchstens eine indirekte Beziehung zu großen politischen und sozialen Wasserscheiden hat. Er schließt daraus, daß Literatur an sich für Bewältigung nicht geeignet ist. In diesem Zusammenhang ist zu wiederholen, daß die Schuld bei Bobrowski etwas ist, das wegen historischer Ereignisse existiert. Man muß nicht bloß die Schuldgefühle loswerden. Zum Verschmerzen und Bewältigen gehört auch, daß einem vergeben wird. So geht es um etwas Relationales. Es ist nicht nur eine Frage des Unrechts und der Untaten, sondern auch der Beziehung zwischen dem Geschädigten und dem Schuldigen. Natürlich ist diese Beziehung hier recht kompliziert, da es nicht um zwei Men-

---

[1] J. Bobrowski: Gesammelte Werke in sechs Bänden, hg. von E. Haufe. Bde. I-IV Stuttgart / Berlin 1987, Bd. V Stuttgart 1998, Bd. VI (hg. von H. Gehle) Stuttgart 1999, hier IV, S. 443-48; Zitate aus dieser Ausgabe werden im folgenden mit der Sigle GW, der Band- und der Seitenangabe nachgewiesen.

schen geht, sondern um Völker, um Generationen von Völkern. Ungeachtet des Umfangs kommt das Verschmerzen in einem relationalen Kontext in greifbare Nähe. Man muß sich nicht mehr bemühen, ob durch Schreiben, Reue oder sonst durch eigene Anstrengung, bewältigt zu sein. Man kommt so weit, wenn der eine dem anderen vergibt. So sind die Schuldigen begrenzt, denn es kommt nur auf die Initiative des Geschädigten an. Es geht um etwas, das man erhält, nicht gewinnt. Der Fachbegriff aus der uns wichtigen jüdisch-christlichen Tradition heißt Gnade: etwas, was man erhält, ohne es zu verdienen. Bemühungen, Anstrengungen, auch schriftstellerische Tätigkeiten auf Hoffnung beruhend sind lobenswert, aber es gibt lediglich eine indirekte Beziehung zwischen diesen Bemühungen und der Bewältigung, dem Verschmerzen, der Vergebung.

Soweit, so negativ. Bobrowski ist aber positiver. Der Dichter erkennt an, wozu Dichtung nicht fähig ist, aber indem er schreibt, zeigt er, daß Gedichte ihre Funktion haben. Er schließt sich dem modernistischen Ästhetizismus nicht an. Bobrowskis Schreiben zeigt ohne theoretische Unterstützung, daß Dichtung die Prioritäten einer relational bestimmten menschlichen Gesellschaft darstellen und fördern kann. Bobrowski schreibt „auf Hoffnung", eine Hoffnung, die bei Bobrowski in der biblischen Tradition zusammen mit Glaube und Liebe gehört. Und für Bobrowski sowie für den Apostel Paulus ist die Liebe die größte unter ihnen. Die Antithese der Liebe ist der Haß, und der Haß ist eines der großen Übel im Bobrowskischen Œuvre. Der Haß taucht in Bobrowskis Gedichten in Form der rassistischen Gewalt und der Verfolgung von Minderheiten auf und wird nie entschuldigt oder gerechtfertigt. Der Zweck heiligt die Mittel nicht, auch wenn die Verfolgten vorchristliche Heiden, wie die Pruzzen, oder Mörder sind, wie der Franzose Villon. Die überwiegende Mehrheit der Beispiele bei Bobrowski stellt lieblose Beziehungen dar. Nur selten kommen positive vor. Wo er seine „Liebe zu den Völkern"[2] äußert, ist sie oft von Reue über Untaten überschattet. Auch in seinen Gedichten äußert Bobrowski Liebe zu Individuen selten. Sein *Liebesgedicht* in *Sarmatische Zeit* ist eine Ausnahme unter den Gedichten, die zu Lebzeiten des Dichters gedruckt wurden. Manchmal verehrt er seine Vorbilder wie Hamann und Klopstock, die er gekannt haben will. Bobrowski erklärt selten in seiner Lyrik, was von der Liebe zu erwarten ist. Das wird gezeigt.

---

2 R. Tgahrt: Johannes Bobrowski oder Landschaft mit Leuten. Marbach am Neckar, 1993, S. 324.

Ein Gedicht, in dem Bobrowski die Liebe am deutlichsten zeigt, ist *Das Wort Mensch*.[3] Bobrowski datiert dieses Gedicht auf den 15.6.1965, er hat es also drei Monate vor seinem Tod geschrieben. Es erschien ein Jahr später in der „Neuen Deutschen Literatur" und der Union Verlag hat es dem Band *Wetterzeichen* hinzugefügt. Bobrowski hatte den Inhalt dieses Bandes schon im Frühjahr 1965 gewählt, er erschien aber erst zwei Jahre später. Das Gedicht steht also als letztes Gedicht in Bobrowskis letztem Band, und so erhält es etwas Abschließendes. Das ist aber nicht auf den Dichter zurückzuführen, denn er hat die Stelle oder Aufnahme des Gedichts in den Band nicht geplant. Die Beziehung zwischen diesem Gedicht und Bobrowskis Dichtung im allgemeinen soll jedoch nicht Thema dieser Untersuchung sein. Was uns beschäftigen soll, ist das Maß, in dem Bobrowski die Liebe sichtbar gemacht hat, eine Liebe, die sonst bei Bobrowski eher implizit dasteht.

Das ‚Wort' dieses Gedichts ist nicht ‚Liebe', sondern ‚Mensch'. Dieses Wort wird auf zwei Weisen vorgestellt. In der ersten Strophe steht das Wort ‚Mensch' als bloßes Konzept da. Es hat nicht einmal eine Beziehung zu den Wörtern, die es umstehen. Es steht nicht als Subjekt dicht neben Verb und Objekt. Es steht arbiträr neben anderen Wörtern, nicht wegen grammatischer oder semantischer Verbindungen, sondern weil es alphabetisch eingereiht ist „zwischen Mensa und Menschengedenken". So ist ‚Mensch' eine trockene Vokabel, die passiv „eingeordnet" ist. Dagegen steht ‚Mensch' in den folgenden zwei Strophen nicht mehr als Wort da, sondern als Wesen. Das Wort wird jetzt in einen Zusammenhang gesetzt und wird verkörpert. ‚Mensch' „gehört" nicht mehr, man „hört" ihn, indem er aus der lexikalischen Liste gehoben und im Alltagsleben ausgesprochen wird. In der zweiten Strophe sehen wir die Stadt als Kontext des verkörperten Menschen. Das Wort wird verkörpert, soweit es ausgesprochen wird, aber auch weiter, als es keine bloße Vokabel mehr ist, sondern auf das handelnde Wesen deutet. Das belebte Wort spricht und hört man. Hier ist Dialog und Interaktion, wo Interaktion keine durch Technologie vermittelte Multimedia-Show ist, sondern unmittelbarer zwischenmenschlicher Kontakt. Der Mensch wird in Beziehung zu anderen Menschen wesentlich.

Bobrowskis Humanismus fördert, daß wir mit Menschen ihrem Wesen nach umgehen, und dazu gehört, daß wir das Schlechte wie das Gute am Menschen sehen. Um den Menschen mit möglichst viel Integrität zu behandeln, strebt Bobrowski nach einer holistischen

---

3 GW I, S. 217.

Vision der Menschheit. In einem Staat, in dem die Vernunft Prestigewert hatte und die Geschichte ein klar definierter Pfad war, untersuchte Bobrowski die Dimensionen, die über das begrenzt Physisch-Rationale hinausgehen, und verfolgte das, was bewußt sowie unbewußt vergessen worden war. Seine Figuren sind keine sozialistisch-realistischen Helden, die eine marxistische Ethik verkörpern. Sie werden eher von Schuld, Haß, Bewunderung und der Furcht vor Mitmenschen oder Gott motiviert als von der Sehnsucht nach der Produktion. Oft ersetzt Pessimismus den amtlich vorgeschriebenen Optimismus. Hier treten Götter und die Natur ins menschliche Leben nicht als Gestalten einer bildhaften Ideologie, sondern als real existierende Wesen, deren Abwesenheit gespürt wird und eine Wirkung unter den Zurückbleibenden hat. Bobrowskis geschichtliche Quellen sind zwar oft dunkel, aber so konkret, daß man umsonst in allgemeinen Lexika nach Erklärungen sucht. Diese geschichtlichen Ereignisse werden in ein Ganzes zusammengewebt, das den in der Moderne geliebten privaten Mythologien ähnelt, so daß kein statischer Mensch geschildert wird, sondern einer, der aktiv in seiner Umgebung steht. Bobrowski stellt mehrdimensionale Menschen dar, die auf den Ebenen der Natur, der Religion, der Mystik, der Skepsis und der Mythologie tätig werden und zu verstehen sind. Bobrowskis Leser begegnen dem Menschen auf diesen Ebenen, und Liebe muß ihr Treiben in diesen vielfältigen Zusammenhängen kennzeichnen.[4]

Es gibt in den fünfzehn Zeilen unseres Gedichts einige Hinweise darauf, daß der Mensch nach Bobrowskis Konzept ein Tätiger ist. Das trockene, lexikalische Einordnen reicht nicht aus, um seinen Umfang erkennen zu lassen. In der zweiten Strophe stellt der Dichter die städtische Umgebung dar. Tätige Menschen haben sich diese Umgebung geplant und gebaut, was implizit in den Epitheten „alt" und „neu" steckt – die Altstadt ist der Zenit der architektonischen Begabung ehemaliger Generationen, während die Neustadt, wenn auch nicht unbedingt eine ästhetische Gipfelleistung, unsere Kraft zeigt, die Welt um uns für uns zu ordnen. Es reicht aber nicht aus, den Menschen durch die Darstellung seines Schaffens zu erklären. In der dritten Strophe wird deshalb das Wort durch Atem lebhaft gemacht, indem es gesprochen wird. Das Subjekt des Gedichtes kann anfangen aufzuzählen, wie das sonst trockene Wort mit Leben erfüllt wird. Im Entwurf von *Das Wort Mensch* hat Bobrowski wirklich ange-

---

4 Diese Ideen über die Vision in Bobrowskis Dichtung werden in meiner unveröffentlichten Dissertation entwickelt: „Visionary Poetry in the German Dictatorships: Peter Huchel and Johannes Bobrowski", University of Manchester (2001).

fangen aufzuzählen. Da wird das Wort ‚Mensch' von Soziologen, Bühnenleuten, Turnlehrern, Zeitungsleuten und Zahnärzten, oder Krankenpflegern und Ärzten benutzt.[5] Diese verschiedenen Berufe deuten auf unterschiedliche soziale Rahmen, in denen die Menschen da sind und verstanden werden. Für den Soziologen ist der Mensch Teil der Gesellschaft, Bühnenleute versuchen, ihn dramatisch darzustellen. Turnlehrer und Mediziner verstehen die physischen Dimensionen der Menschen aus unterschiedlichen Perspektiven. Wie der Mensch in Zeitungen präsentiert wird, ist noch komplexer, aber Bobrowski hat ja damit erst angefangen, mögliche lebendige Kommunikationsrahmen des Wortes ‚Mensch' aufzuzählen.

Der Mensch gehört also in den Kontext der Gesellschaft eher als ins Lexikon. Zum Gedichtschluß verlangt Bobrowski Liebe beim Aussprechen des Wortes - da im Gedicht das Wesen mehr wert ist als die Vokabel, finden wir in diesen Zeilen eine Forderung für Liebe in zwischenmenschlichen Begegnungen. Durch die humoristische Banalität der theoretischen Definition des Menschen in der ersten Strophe lehnt Bobrowski ein von Theorien bestimmtes Konzept der Menschheit ab. Bobrowskis Humanismus verlangt, daß man Individuen kennt, um den Menschen zu verstehen. Das Ich des Gedichtes hört das Wort häufig, es hört es wohl oft da, wo keine Liebe ist, sonst wäre seine Aufforderung in den letzten zwei Zeilen überflüssig. Bobrowskis Humanismus beruht nicht auf einem blinden Glauben an den Menschen. Er glaubt nicht, daß das Individuum oder die Gesellschaft von alleine besser werden. In seinen bekanntesten Gedichten zeigt er wiederholt die Geschichte der Unmenschlichkeit des Menschen gegenüber seinen Mitmenschen auf, ob im Mittelalter oder im zwanzigsten Jahrhundert, ob in Sarmatien, in Villons Frankreich oder im biblischen Persien. Wenn wir den Menschen auch nicht überschätzen sollten, so sollten wir ihn doch schätzen.

Der Dichter muß das fordern, da man dies selten von Natur aus tut. Manche erkennen die Notwendigkeit der Liebe auch nicht an. Sehr knapp deutet Bobrowskis Bild der Stadt auf die Würde des Menschen. Diese Stadt, der Ort, wo Menschen leben, ist keine häßliche Betonwüste. Sie wird mit Bäumen geschmückt, denn die Natur hat bei Bobrowski ein gewisses Prestige. Das läßt sich in der Erzählung *Epitaph für Pinnau* sehen.[6] Hier kritisiert der Autor:

---

5 GW V, S. 217.
6 GW IV, S. 53-57.

> *Vor Kants Haus steht kein Baum. Ist die Straße eigentlich so eng? Wie kommt es, daß man an dem zweigeschossigen kahlen Kasten nie vorbeikommt, ohne mit Ärmel und Schulter die Fassadenwand zu streifen? Und wieder etwas von dem hellen Verputz mitzunehmen? Eines Tages, das kann man jetzt schon sagen, werden die heute noch verdeckten Mauerziegel hervorschauen: ein helles Rot, dem dann die Farbe Grün fehlen wird, denn vor Kants Haus steht kein Baum. (GW IV, S. 53)*

In der Stadt in *Das Wort Mensch* hat man jedoch Bäume gepflanzt. Da blühen nicht nur Institutionen und Bürokratie. Auch in den hochpolitisierten Gesellschaften, in denen der Dichter gelebt hat, konzentriert er sich nicht auf politische Fehler. Obwohl die staatliche Politik keine zentrale Stelle in diesem Gedicht hat, ist Politisches hier zu finden. Eberhard Haufe bemerkt, daß die letzten zwei Zeilen „offensichtlich gegen den inflationären Gebrauch der Vokabeln Mensch und Menschlichkeit im Parteijargon der DDR gerichtet" sind.[7] Um den Exzessen der menschlichen Gesellschaft zu entkommen und Bobrowskis Zustimmung zu finden, muß sich die Stadt nicht in ein Dorf verwandeln. Die Komplexität der Gesellschaft mindert ihren Wert nicht. Hier schreibt nicht nur der Bobrowski, der seine Sommerferien in der litauischen Dorflandschaft verbracht hat, sondern auch der, der in Königsberg aufgewachsen und nach der Kriegsgefangenschaft nach Berlin gezogen ist. Die Fahrzeuge symbolisieren die technischen Leistungen des Menschen sowie die entwickelte und organisierte Gesellschaft, das tägliche Miteinander der kleinen Geschäfte und des internationalen Handels.

Die Komplexität der Gesellschaft zählt also wenig. Was zählt, ist die Qualität der Liebe, die dort ausgesprochen und in die Tat umgesetzt wird. Ein reineres und tieferes Verständnis für die Vielschichtigkeit des Menschen und der Gesellschaft hilft einem, mit den Mitmenschen ihrem Wesen nach umzugehen, das heißt, Liebe zu praktizieren. Die Priorität der Liebe bei Bobrowski spiegelt ihren Vorrang in einer biblischen Tradition wider, obwohl sich Bobrowski auf diese Tradition nur indirekt beruft. In den zwei vornehmsten Geboten des Alten sowie des Neuen Testaments geht es um die Liebe: „Du sollst lieben Gott, deinen Herrn, von ganzem Herzen, von ganzer Seele und von ganzem Gemüt", und „Du sollst deinen Nächsten lieben wie dich selbst"[8] Diese Befehle, Gott und andere zu lieben, sind darauf gegründet, daß wir Gottes Charakter nachahmen sollen. So der Apostel

---

7   GW V, S. 217.
8   Mattäus 22: 37, 39; 5. Mose 6: 5; 3. Mose 19: 18.

Johannes: „Wer nicht liebhat, der kennet Gott nicht; denn Gott ist die Liebe".[9] Obwohl Bobrowski das Epitheton ‚christlich' für seine Dichtung ablehnte, gilt es für sie grundsätzlich, insofern die „Liebe zu den Völkern" die Motivation seiner Dichtung ist.

Liebe kommt hauptsächlich als Mittel im Bobrowskischen Œuvre vor. Seine Gedichte können wirken, solange die Liebe in der Darstellung von Mitmenschen und von anderen Volksgruppen anwesend ist. Die Liebe ist kein Endpunkt, den man einmal erreichen sollte. Sie ist eine Haltung, eine leitende Lebensphilosophie, die in die Praxis umgesetzt werden muß. Liebe ist eine Konstante in Bobrowskis reifer Dichtung. Oft geht es im Zusammenhang mit dem sarmatischen Thema darum, daß man Liebe für die benachbarten Völkergruppen äußern sollte; in manchen Gedichten, unter anderen in den Personengedichten, geht es um Individuen. Bobrowski versucht, Verständnis für Einzelne zu fördern, damit Außenseiter auch mit Liebe behandelt werden. Dies gilt auch in seinen späteren Werken, wo der Dichter seine Aufmerksamkeit Rassen, Gruppen und Individuen zuwendet, die dem sarmatischen Komplex nicht angehören.

Zum Schluß kommen wir zu unserem Thema zurück, Verschmerzen. Wir können es gewissermaßen für möglich halten, obwohl das kein Recht auf Vergebung einschließt. Die Liebe reißt nicht die Zäune vor dem Verschmerzen, Tilgen und Bewältigung nieder. Vielleicht sind wir nicht so weit vorangekommen. Wo wir wagen, das Wort ‚bewältigen' zu benutzen, gibt es immer noch keine Vergangenheitsform. Es bleibt im Präsens, denn wir wollen auch nur von ‚lieben' sprechen, nicht davon, daß man schon ausreichend geliebt hat. Den Mangel an Vergangenheitsform kann man doch für positiv halten. Man kann bewältigen und verschmerzen, solange man nach dem Prinzip Liebe lebt. Bei Bobrowski ist die Liebe die Notwendigkeit, Verständnis für Menschen zu haben, und sie nach diesem Verständnis zu behandeln. Bobrowskis Dichtung steht als Äußerung dieses Prinzips da und ist eine Mahnung an die Leser, zu lieben. Das Wort ‚unverschmerzt' in Bobrowskis letztem Lyrikband steht auch als Mahnung, die mit den Worten aus dem Römerbrief interpretiert werden kann: „Seid niemand nichts schuldig, denn daß ihr euch untereinander liebet; denn wer den andern liebet, der hat das Gesetz erfüllet."[10]

---

9 1. Johannes 4: 8.
10 Römerbrief 13: 8.

„Ein lauter Frieden, das gibt es."
Zum literarischen Modus der Parteinahme für Eintracht und Toleranz in Bobrowskis Prosa

MONIKA SZCZEPANIAK

I. Ein gelassener Mitwisser

Bobrowskis Generalthema „die Deutschen und der europäische Osten", sein Anliegen, den Landsleuten zu erzählen, was sie nicht wissen bzw. nicht wissen wollen und seine Intention, zu den Völkern Osteuropas Neigung zu erwecken, sind allesamt eng verbunden mit seiner Abstammung, seinem Lebensschicksal, seinen persönlichen Erfahrungen:

> *Weil ich um die Memel herum aufgewachsen bin, wo Polen, Litauer, Russen, Deutsche miteinander lebten, unter ihnen allen die Judenheit. Eine lange Geschichte aus Unglück und Verschuldung, seit den Tagen des deutschen Ordens, die meinem Volk zu Buche steht. Wohl nicht zu tilgen und zu sühnen, aber eine Hoffnung wert und einen redlichen Versuch [...].*[1]

Das friedliche Miteinander der Völker hat damals, in Bobrowskis Kindheit und Jugend, in diesem Memelgebiet noch funktioniert, doch was später kam, kann der Idee der Verständigung und der Symbiose der Völkerschaften im Osten Europas höchsten hohnsprechen. Bobrowskis Arrangements mit der brutalen Wirklichkeit des Krieges, sein Soldatendasein, seine Kriegsgefangenschaft, seine Zeugenschaft beim Völkermord liefern weitere Impulse für die unermüdliche Arbeit an der Geschichte, die Hans-Georg Mann knapp, aber treffend charakterisiert: „Auch Geschichte kann unter die Mörder fallen, geprügelt, geschunden, beraubt und liegengelassen werden. Viele sehen das

---

[1] J. Bobrowski. Selbstzeugnisse und neue Beiträge über sein Werk. Berlin 1975, S. 23.

und gehen vorüber. Dann aber kommt einer, hebt auf, pflegt, fühlt sich betroffen."[2] Bobrowski verfolgt die Spuren historischen Unrechts, das den östlichen Völkern von den Deutschen angetan worden ist, er rückt den Deutschen ihre Gewalt- und Bluttaten ins Gedächtnis, er versucht, den Leser für mitunter harmlos scheinende Denk- und Verhaltensmechanismen zu sensibilisieren, die allmählich und kaum sichtbar in Abwertung des Anderen, in Fremdenhaß und Aggressivität umzuschlagen vermögen. Bobrowskis Sujet ist im gegebenen historischen Kontext eine höchst delikate Materie, „die mit Voreingenommenheiten und Tabus durchsetzt ist, voll von Nicht-zu-Ende-Gesagtem, Nicht-Verarbeitetem, Nicht-beim-Namen-Genanntem"[3] – ein provozierend Unbequemes, mit Peter Albert formuliert: „gegen die Verdrängung der Vergangenheit in der Bundesrepublik als auch gegen die selbstgefällige 'Sieger der Geschichte'-Mentalität der offiziellen DDR"[4]. Die genaue Kenntnis des wirklich Geschehenen soll sich in Bobrowskis Werk durchsetzen gegen Tabuisierungen, fromme Legenden, Geschichtslügen, Unkenntnis und negative Klischeevorstellungen. Die Vertrautheit des Autors mit den deutsch-slawisch-baltischen Grenzländern kommt dem gewagten Unternehmen, die Idee der Völkerverständigung lebendig zu machen, freilich besonders zugute, sind es doch immer in der neuesten Geschichte die Mischkulturräume, in denen interethnische Konflikte ausbrechen, nationale „Erbfeindschaften" gedeihen oder das Konfrontationsverhältnis vorherrscht.

Im Bewußtsein der eher nichtigen Wirkungschancen der Literatur als einer Gewissensinstanz formuliert Bobrowski sein bescheidenes Programm: „Das will ich: eine große tragische Konstellation in der Geschichte auf meine Schultern nehmen, bescheiden und für mich, und das daran gestalten, was ich schaffe. Und das soll ein (unscheinbarer, vielleicht ganz nutzloser) Beitrag sein zur Tilgung einer unüber-

---

2 H.-G. Mann: Schattenfabel von den Verschuldungen. Versuch einer Annäherung. In: F. Hagemann (Hrsg.): Schattenfabel von den Verschuldungen. Johannes Bobrowski. Zur 20. Wiederkehr seines Todestages. Berlin 1985, S. 11-16, hier S. 12.
3 M. Szczepaniak: „Grunddeutsche Männer" gegen die „Überfremdung". Ein Modell des Umgangs mit dem nationalen Gegner in Johannes Bobrowskis Levins Mühle. In: Wschód – Zachód. Pogranicze kultur. Kultura – Literaturoznawstwo – Językoznawstwo. Materialy z II Międzynarodowej Konferencji Naukowej Słupsk 14-15.09.2000 r., pod redakcją Oleksija Prokopczuka. Słupsk 2001, S. 163-168, hier: 163.
4 P. Albert: Die Deutschen und der europäische Osten – „Vergangenheitsbewältigung" als Historismuskritik im Erzählwerk Johannes Bobrowskis. Erlangen 1990, S. 110.

sehbaren historischen Schuld meines Volkes, begangen eben an den Völkern des Ostens"[5]. Bobrowskis Stimme – unaufdringlich und dezent wie sie ist, nimmt sich aus wie der Spruch des stillen Litauers aus der Erzählung *Der Mahner*: „Haltet Gottes Gebote."[6] Der „Mahner" ist ein „einfacher Mensch, aus dem Litauischen gebürtig"[7], er geht durch die Welt und sagt seinen Spruch – „vielleicht bloß in den Wind", aber er „sagt ihn doch hin über die Autos, Wagen, Motorräder, Fahrräder, Straßenbahnen, Gemüsekarren, da unten führt die Hauptstraße vorbei, und das hat alles seine Ermahnung nötig, da unten"[8]. Vielleicht wird ihm gar nicht zugehört, vielleicht wird er ausgelacht. Es ist kein Spektakel mit diesem litauischen Mann, nur Kindergeschrei tönt ihm nach, einiges Kopfschütteln bleibt zurück und „eine kräftige Anekdote geht hinterdrein"[9].

In kleinen Schritten, gelassen und unpathetisch, in behutsamen Tönen, im Duktus beiläufig-mündlichen Erzählens oder leisen Dreinredens versucht Bobrowski seinen Landsleuten das Nachdenken beizubringen bzw. wie Hans-Georg Mann es ausdrückt, ihre „östliche[...] Bewußtseinshälfte" zu rekultivieren[10]. Sein Erinnerungs- und Trauerwerk will an ein kollektives europäisches Gedächtnis appellieren, das zu seinen beiden Hälften steht: der westlichen und der östlichen, und das die aus der Vergangenheit überlieferte Erfahrung in Bezug auf das Miteinander von Menschen in Europa für die Gegenwart und für die Zukunft verwertet.

II. Ver-rückte Ordnungen

Bobrowskis Erzählungen kommen eigentlich ohne Fabel und ohne psychologische Ausdifferenzierung der Figuren aus. Der Charakter seiner Gestalten wird „mit zwei, drei Strichen umrissen, ihre Gedanken und Gefühle mit wenigen Ausnahmen nur knapp geschildert"[11].

---

5 Zit. nach: P. Albert (Anm. 4), S. 88.
6 J. Bobrowski: Gesammelte Werke in sechs Bänden, hg. von E. Haufe. Bde. I-IV Stuttgart / Berlin 1987, Bd. V Stuttgart 1998, Bd. VI (hg. von H. Gehle) Stuttgart 1999, hier IV, 147; Zitate aus dieser Ausgabe werden im folgenden mit der Sigle GW, der Band- und der Seitenangabe nachgewiesen.
7 Ebd., S. 147.
8 Ebd.
9 Ebd., S. 148.
10 Vgl. H.-G. Mann (Anm. 2), S. 14.
11 G. I. Rathaus: Der Erneuerer. Betrachtungen zum Werk und zur Poetik Johannes Bobrowskis. In: Selbstzeugnisse (Anm. 1), S. 75-113, hier: S. 97.

Diese „Skizzenhaftigkeit, eine Art Punktiermanier"[12] korrespondiert mit der Neigung, periphere Begebenheiten zu schildern, die sich abseits der großen Geschichte abspielen, irgendwo im dörflichen Alltag, an abgelegenen Orten – scheinbar nichtige Vorgänge, unbedeutende Gespräche. Es passiert wenig und man weiß nicht immer so recht, wie man das einordnen soll. Die kleinen überschaubaren Welten, in denen sich die Menschen eingerichtet hatten, geraten bei Bobrowski in leichte Unordnung. Die geordneten Systeme, die üblichen Denkweisen, die erprobten Verhaltensmuster büßen plötzlich an Verläßlichkeit ein und dies sorgt für mitunter aufwühlende Irritationen. Das ist der Fall des überzeugten kleinen Nazis aus der Erzählung *Unordnung bei Klapat*, der sich am Weihnachtsabend von seiner Frau nur schwer zu einem Kirchenbesuch überreden läßt; er ist nämlich nicht bereit, sich das Gerede des Dompfarrers vom Krieg oder gegen den Krieg anzuhören. Des Pfarrers ansichtig geworden denkt Klapat bei sich:

Der will bloß jedem querkommen. Aber mir nicht. Heute nicht. Hier sitz ich, Klapat, in Uniform, Beamter, Frontkämpfer, EK II, und mein Sohn ist im Felde. Soll er bloß wieder anfangen von Soldaten und Krieg, soll er bloß wieder anfangen, der Mensch, wird schon sehen, was dann ist. Na was denn, Klapat? Dann steh ich auf und geh raus. Und die Lina mit. Aber Hochwürden redet nicht von Krieg, sondern von Frieden, je länger Klapat hinhört, desto verdächtiger hört sich das an. Wieso Frieden, wo wir jetzt Krieg haben? Aber soll er denn von Krieg reden? Also doch von Frieden? Soll er oder soll er nicht? Auf jeden Fall aber: Was er da oben redet, ist ja wohl nicht das, was man sich anhören kann, jetzt im Krieg und in Uniform: Daß die Friedfertigen die Friedenmacher sind und nicht solche, die mit dem Frieden fertig geworden sind.[13]

Klapats ideologisch gestütztes Denkgebäude gerät aus den Fugen. Wider besseres Wissen diktiert ihm seine Vorstellungskraft Bilder aus der Friedenszeit (die Weihnachtsfeste seiner Kindheit) und, zu Hause angekommen, holt er seine Geige hervor und zelebriert mit seiner Frau das stille Fest. In der Kirche ist er bis zum Ende des Gottesdienstes geblieben. Es gab keinen Grund zum Aufstehen. Und mit der Botschaft des Testaments wird er nicht fertig: „Das ist das Buch von der Geburt. Da wird etwas getan: Frieden, wo jetzt Krieg ist. Paßt alles nicht, hinten und vorne nicht, denkt Klapat."[14] Die Geschichte geht offen aus. Klapat versucht, seiner Verwirrung ein Ende zu berei-

---

12 Ebd.
13 GW IV, S. 45.
14 Ebd., S. 46.

ten: „Kein Wort mehr davon. Aber sind denn solche Feste dazu da, daß man durcheinander kommt? Daß man daliegt und nicht schläft? Das weiß ich nicht."[15]

Freilich wird der kleine Mitläufer nicht „schlagartig zum politisch Aufgeklärten"[16], aber seine unscheinbare Reflexion führt ihn möglicherweise zu der Schlußfolgerung, daß Krieg doch nicht gerade die glänzendste Zeit ist, auch in seinem Leben nicht.

Bobrowski ist deklarierter Anhänger der offenen Form ohne genauen Handlungsablauf, weil sie ihm erlaubt, mit besonderer Leichtigkeit Dinge nebeneinander zu stellen und in ihrer Eigenart einzufangen, ohne das sie zurechtgebogen und zu Ende gedacht sind. Dabei hat er eine besondere Lieblingstechnik:

Ich bringe mit Vorliebe den Spaß herein in die ernsthaften Geschichten und will damit so eine kleine Schocktherapie. Ich möchte den Hörer und den Leser zu einem Gelächter kriegen und möchte dann durch den Fakt, den ich dahintersetze, bewirken, daß ihm das Lachen im Hals stecken bleibt.[17]

Das Changieren zwischen Ernst und Unernst, zwischen Gemütlichkeit und Schrecken, zwischen Poesie und Terror ist eines der wichtigsten Attribute der literarischen Strategie von Johannes Bobrowski.

Ein Bild der friedvollen Harmonie wird in der Erzählung *Mäusefest* entworfen. Über diesen Text sagt der Autor, daß er seine Methode paradigmatisch illustriert: „Das fing an, so wie die Geschichten bei mir alle anfangen: ohne Plan und ohne Überlegung, einfach mit solch einem Spiel von Licht und Schatten..."[18] Der Mond nimmt an dem seltsamen Fest teil, das der polnische Jude Moise Trumpeter in seinem kleinen Laden immer zu abendlicher Stunde vergnüglich genießt. Und auch diesmal kommt der Mond zur Tür herein und wird freundlich begrüßt. In der Stille des Augenblicks bewundern die beiden die anmutigen Bewegungen der tanzenden Mäuschen. Es passiert etwas – nicht viel: Da steht plötzlich ein deutscher Soldat in der Tür – „ein junger Mensch, so ein Schuljunge, der eigentlich gar nicht weiß, was

---

15 Ebd.
16 M. Durzak: Die deutsche Kurzgeschichte der Gegenwart. Autorenporträts, Werkstattgespräche, Interpretationen. Stuttgart 1980, S. 248.
17 Formen, Fabel, Engagement. Ein Interview von Irma Reblitz. In: Selbstzeugnisse (Anm. 1), S. 83-88, hier: S. 87.
18 Meinen Landsleuten erzählen, was sie nicht wissen. Ein Interview von Irma Reblitz. In: Selbstzeugnisse (Anm. 1), S. 54-65, hier: S. 57.

er hier wollte"[19], vielleicht mal schauen, wie das Judenvolk haust. Die Mäuse verschwinden sofort, aber als sich der Soldat hinsetzt und auf Moises Anforderung ganz still wird, kommen sie wieder und lassen sich – genau wie vorher – nicht stören. Nun hat das Mäusefest drei Zuschauer:

> *Da sitzt man und sieht zu. Der Krieg ist schon ein paar Tage alt. Das Land heißt Polen. Es ist ganz flach und sandig. Die Straßen sind schlecht und es sind viele Kinder hier. Was soll man da noch reden? Die Deutschen sind gekommen, unzählig viele, einer sitzt hier im Judenladen, ein ganz junger, ein Milchbart.*[20]

Der historischen Konstellation zum Trotz dauert das friedliche Zusammentreffen von Aggressor und Opfer einen Augenblick. Man schreibt das Jahr 1939 und es ist möglich, daß ein deutscher Soldat und ein polnischer Jude ein paar Worte wechseln und zusammen ein Schauspiel der Mäuse beobachten. Der deutsche Soldat tut dem Juden nichts, der Jude sieht sich nicht gezwungen, sofort die Flucht zu ergreifen. Aber der Mond, „der weise Räsoneur der seltsamen Begegnung"[21], er weiß, „was mit diesen Deutschen ist", er richtet an Moise eine Warnung: „Das war ein Deutscher, das hast du doch gesehen. Sag mir bloß nicht, der Junge ist keiner, oder jedenfalls kein Schlimmer. Das macht jetzt keinen Unterschied mehr. Wenn sie über Polen gekommen sind, wie wird es mit deinen Leuten gehen?"[22] Moise versteht es, er ist nun ganz verstört, seine Welt gerät in Unordnung, die naive Vertrautheit, mit der er den potentiellen Mörder zur Teilnahme an seinem gewohnten Vergnügen eingeladen hat, verflüchtigt sich rasch. Es ist ganz weiß im Laden, Moise – unschuldig und doch gefährdet, lehnt wehrlos an der Wand und gibt dem Mond recht: „ich werde Ärger kriegen mit meinem Gott"[23]. Und die Mäuse sind davongelaufen. Verschwunden. „Mäuse können das."[24] Die Metapher der „Mäuse" enthält, wie Holger Gehle ausführt, auch „Sinnschichten, die kulturell tradiert und von einer Erzählung nicht einfach umzuwer-

---

19 GW IV, S. 48.
20 Ebd.
21 H. Orlowski: Ein sarmatisches Triptychon. Zur anthropologischen Deutung nationaler „Begegnung" bei Johannes Bobrowski. In: Selbstzeugnisse (Anm. 1), S. 292-308, hier: S. 301.
22 GW IV, S. 49.
23 Ebd.
24 Ebd.

ten sind, da sie in komplexe Diskurse oder Ideologien eingebunden sind"[25].

Moise scheint die Spontaneität der *first-contact*-Szene verloren zu haben. Sein „Laster" bei der Konfrontation mit dem deutschen Soldaten war es, die vorgeprägten Diskursteile, Elemente aus dem Register der historischen und sozialen Erfahrung ignoriert zu haben. Dafür wird er vom weisen Mond zurechtgewiesen. Doch wie Moise auch immer reagiert hätte, die Geschichte ist bereits 1939 im Begriff, die Befürchtungen des Mondes zu bestätigen.

Bobrowski inszeniert die unspektakulären Versuche, der durch Fremdenhaß, Gewalt und Mord vergifteten Welt mit tätiger Humanität, mit unbestechlicher Menschlichkeit zu begegnen. Der stille Litauer aus der Erzählung *Der Mahner* wird von den Hitlerleuten als „geistig minderwertig" gefangengenommen: „Haltet Gottes Gebote, ruft er ihnen entgegen, als sie kommen. Aber das tun sie nicht."[26] Und trotzdem läßt ihn Bobrowski die Schinder ermahnen, als wollte er verkünden, daß es darum geht, daß man sich „hohen Sinn bewahrt in den Widrigkeiten der Welt"[27].

III. Feste Urteile

Auf den ersten Seiten des Romans *Levins Mühle* erläutert der Erzähler – eine die Handlung mit überlegener Weisheit kommentierende Figur – seine Motivation: „Feste Urteile hat man schon gern, und vielleicht ist es manch einem egal, woher er sie bekommt, mir ist es jetzt nicht egal, deshalb werde ich die Geschichte auch erzählen."[28] Gegen diese „festen Urteile", gegen die Vor-urteile, die reflexionslos übernommenen Denkschemata und Klischeevorstellungen soll angeschrieben werden. Die im Roman erzählte Neumühler Geschichte hat Modellcharakter – „sie hätte an so vielen Orten und in so vielen Gegenden passieren können"[29], überall dort, wo im Zeichen der Expansionspolitik nationalistische Ressentiments und Fremdenhaß geschürt werden, wo die Kopfgeburt von der Überlegenheit einer Nation (Rasse, Kon-

---

25 H. Gehle: Verständigung und Selbstverständigung. Zur Prosa Johannes Bobrowskis. In: St. Braese (Hrsg.): In der Sprache der Täter. Neue Lektüren deutschsprachiger Nachkriegs- und Gegenwartsliteratur. Opladen/Wiesbaden 1998, S. 79-102, hier: S. 92.
26 GW IV, S. 150.
27 Ebd., S. 110.
28 GW III, S. 10.
29 Ebd., S. 222.

fession etc.), die sich als erstrangig oder zentral empfindet, über das Andere, das man als peripher oder minderwertig ausweist, an die Fahnen geschrieben wird.

Exemplarisch für den negativen Umgang mit anderen Nationalitäten steht im Roman der „großdeutsch" denkende, kaisertreue und nationalistisch gesinnte Großvater, der sich eines zugewanderten jüdischen Konkurrenten auf gesetzwidrige Weise entledigt, indem er seine Mühle wegschwemmt. Mit Hilfe von Beziehungen und Bestechungen bewirkt der Großvater, daß der gerichtliche Prozeß zu seinen Gunsten entschieden wird, wobei er sein hauptsächlich sozialökonomisches Motiv mit Hilfe der nationalistisch-fremdenfeindlichen Ideologie geschickt zu kaschieren vermag. Seine militante Hetze gegen die „Polacken" als fremdes Volkstum sowie die Versuche, auch andere Nationen durch kränkende Formulierungen wie „Jud" oder „Zigahn" zu diskreditieren, korrespondieren mit dem politischen und geistigen Klima im Kaiserreich der Gründerjahre, das durch den Kulturkampf und die Germanisierung geprägt ist. Der Neumühler Konflikt zwischen dem frommen deutschen Baptisten Johann und dem Juden Levin ist in einer Welt angesiedelt, die scharfe Trennlinien zieht zwischen deutsch und polnisch, Mensch und Unmensch, Christ und Unchrist, Musikant und Nicht-Musikant, reich und arm. Die Polen bezeichnen den Großvater als „Deiwel", die Frau des Pfarrers benutzt das Schimpfwort „Schweine" in Bezug auf „die Katholischen, die bedauernswert sind und polnisch"[30], von der Predigersgattin Josepha heißt es, sie sei „nicht mehr katholisch, sondern deutsch"[31], die deutschen Beamten klagen über das Zigeunervolk, „dieses Gesindel, mit dem unsere Verwaltung ihre schwere Not hat"[32], der Großvater fährt zu den „Feinden des Glaubens" und gründet die Union von Malken, weil er „als Deutscher" zu seinem Recht steht und natürlich meint, daß die Deutschen zusammenhalten müssen, ganz im Sinne der Deklaration von Pfarrer Glinski: „In unserem Abwehrkampf gegen die polnische Überfremdung, in unserer Position als Eckpfeiler unseres stolzen Reiches, ich will mal sagen: die Gesetze reichen hier einfach nicht aus."[33] Die großdeutsche Attitüde des Großvaters gipfelt in der von Bobrowski genüßlich ausgemalten Szene des „Gegentanzes" während einer multinationalen Veranstaltung, die auch die konfessionellen, nationalen und sozialen Grenzen paradigmatisch illustriert. Da

---

30 Ebd., S. 49.
31 Ebd., S. 75.
32 Ebd., S. 142.
33 Ebd., S. 52.

tanzen sie zusammen: die Deutschen, die Braven, die Frommen, die Baptisten, die etwas aufzuweisen haben: Acker, Vieh und alle Güter. Und in der anderen Gruppe nur Zigeuner, Polen, Halbkossäten, Häusler, ein weggejagter Lehrer, ein paar Altsitzer, Liederfreund Weiszmantel.[34]

Und der auch sonst bei jeder Gelegenheit über „diese Polackei", die sich breitmachenden Juden und die schlampigen Zigeuner herziehende Großvater ist in seiner verbohrten Überheblichkeit brillant porträtiert, wenn er in Ermangelung besserer Einfälle „die Zunge ausstreckt gegen den Zigeunerhaufen, ihnen einen Vogel zeigt oder den Hintern, ungehörige Wörter schreit"[35].

In diesem grenzländischen Universum ist es kein Leichtes, sich eine Existenz aufzubauen nach eigenem Plan. Wer die Absicht hat, in Frieden zu leben, der kann nicht leben, wie er will, sondern am besten nach der Vorstellung vom Großvater bzw. den Deutschen Kossakowski und Tomaschewski. Das „dunkle Wort" des Großvaters, daß man den Zigeuner Habedank loswerden muß, hat für den letzteren schwerwiegende Konsequenzen – er wird einer Brandstiftung bezichtigt und verhaftet. Der Jude Levin wird so lange unter Druck gesetzt, bis er schließlich resigniert aus dem Culmerland fortzieht: „So ein Jud, [...], kommt an mit dem blanken Arsch und macht Geschäft."[36] Für den Großvater scheint sich Harmonie einzustellen, als er konstatieren kann: „Der Jud ist weg, von Prozeß keine Rede, dieser Zigeuner eingesperrt."[37] Weder die schmutzigen, unordentlichen, schlampigen, rachsüchtigen Zigeuner und Landstreicher noch die in der ganzen Welt „herumlaufenden" Juden, „das Kainszeichen der Jesusmörder auf der Stirn"[38] haben hier etwas zu suchen – in dieser Gegend, „alt und fromm, wo man, so fern man etwas besitzt, Geld oder Ehre, deutsch ist und stolz auf seine edle Herkunft [...]"[39].

Der Großvater, dessen Ruf dermaßen angeschlagen ist, daß er sich gezwungen sieht, seinen Besitz zu verkaufen, seine Position im Dorf aufzugeben und nach Briesen zu ziehen, ist aus der Neumühler Geschichte um kein Jota klüger geworden. Im Gegenteil: Er zeigt sich empfänglich für jene Radikalisierungen der nationalistischen Ideologie, die die im Neumühler Konflikt noch nicht so stark ausgeprägte

---

34 Ebd., S. 92.
35 Ebd.
36 Ebd., S. 131.
37 Ebd., S. 128.
38 Ebd., S. 132.
39 Ebd., S. 35.

rassistische Komponente enthalten. Der scheinbar etwas geläuterte Großvater liest in der „Gartenlaube" einen Artikel, in dem es heißt:

Nicht länger dürfen Toleranz oder leidige Schwäche uns Christen abhalten, gegen die Auswüchse, Ausschreitungen und Anmaßungen der Judenschaft vorzugehen. [...] Nicht länger dürfen wir dulden, daß die Juden sich überall – allüberall – in den Vordergrund drängen. Sie schieben uns Christen [...] stets beiseite, sie drücken uns an die Wand, sie nehmen uns die Luft und den Atem.[40]

Zutiefst betroffen fordert der Großvater den Autor des Artikels auf, die Judenfrage nach seinem Beispiel zu lösen. Die Urteile der Mitmenschen, die ansetzende Reflexion, die Suggestionen der Geistererscheinungen[41] – all das zerbricht an der Macht der „festen Urteile", der habituellen Konstanten, der hierarchisierten Konstruktionen, die einst die großväterliche Aktion legitimierten, Levin als „Abkömmling eines Unvolks" (P. Handke) zu schikanieren und loszuwerden.

Die Geschichte der als „nationaler Abwehrkampf" ideologisierten Abwertung und „Abschiebung" des jüdischen Konkurrenten wird von einem erzählt, der viel mehr weiß als seine hellsichtigsten Gestalten befürchten können. In der Fabel des Romans, die in den alten Eroberungs- und Siedlungsgebieten spielt und die negativen Folgen der deutschen Präsenz im Osten vorführt, ist das Kommende bereits keimhaft angelegt. Man weiß: Das Neumühler Paradigma wird bald weltgeschichtliche Dimension annehmen. Günter Butzer konstatiert treffend: „Neumühl und Auschwitz sind zwei Orte, die nichts miteinander zu tun haben und doch sehr nahe aneinander liegen."[42]

---

40 Ebd., S. 216.
41 Die dritte Geistererscheinung verbindet das Gesicht Levins mit der Stimme des Vaters des Großvaters und dekonstruiert die genealogische Eindeutigkeit. Auch die vierte Geistererscheinung löst die für den Großvater bedeutsamen Kategorien auf: Die „sehr alten" Geister sind „sehr verwirrt", sie kennen sich nicht aus „zwischen den Namen, den Familien, den Stämmen" (J. Bobrowski. Levins Mühle (Anm. 28), S. 159), der Unterschied von Rasse, Nationalität bzw. Religion ist ihnen fremd.
42 G. Butzer: Fehlende Trauer. Verfahren epischen Erinnerns in der deutschsprachigen Gegenwartsliteratur. München 1998, S. 74.

IV. „Zwischen den Fronten, darüber" (H. Müller)

Der Erzähler vermeidet es, für eine der Positionen im Neumühler Konflikt direkt Partei zu ergreifen bzw. die einen Nationen zu verherrlichen und die anderen zu verurteilen. Nichtsdestoweniger scheint der mitgelieferte kommentierende Untertext mit seinen schleichenden Wirkungsstrategien den Leser für bestimmte Haltungen und Einstellungen zu gewinnen, auch wenn hier in einer offenen Form ein vielschichtiges und kompliziertes Geflecht von Meinungen und Urteilen, deren (fließende) Konturen sich mitunter nur schwach abzeichnen, präsentiert wird. Dies geschieht also, um mit Wolfgang Emmerich zu sprechen, „nicht in wenigen markierten Hauptsätzen, sondern in einer Fülle von verzögernden, bedenklichen, nachfragenden Nebensätzen, die viele Kritiker allzu betulich und altfränkisch anmuteten, aber doch nur belegen, daß 'die einfache Wahrheit nicht genügt' (V. Braun)"[43].

Von Anfang an zieht sich durch die Erzählung wie ein roter Faden der Gedanke, daß das schematische Denken in Oppositionen im Grunde genommen jeglicher sinnvollen Grundlage entbehrt und folgerichtig nicht zu halten ist. Beispielsweise: „Die Deutschen heißen Kaminski, Tomaschewski und Kossakowski und die Polen Lebrecht und Germann."[44] Die Einteilung der grenzländischen Sozietät in „polnische Katholiken und deutsche Protestanten" läßt ebenfalls viel zu wünschen übrig, denn es gibt freilich auch protestantische Polen und deutsche Katholiken, auch wenn nicht direkt im Culmerland. Stellenweise werden „feste Urteile" ins Wanken gebracht, simple Gegenüberstellungen relativiert, althergebrachte Feindbilder desemantisiert: „Es bleibt ein Konglomerat von Strukturen, Implikationen, Oppositionen und Homologien, von denen einige ganz, einige zum Teil verworfen werden und andere unbestätigt stehen bleiben."[45] In Bezug auf das verhaßte und verpönte Zigeunervolk, mit dem das Räderwerk der Geschichte nicht gerade schonend umgegangen ist[46], heißt es an einer Stelle unmißverständlich: „Richtige Zigeuner sind richtig schön."[47] Dasselbe betrifft die unerwünschten Polen, die das

---

43 W. Emmerich: Kleine Literaturgeschichte der DDR. Erweiterte Neuausgabe. Leipzig 1997, S. 193.
44 GW III, S. 10.
45 G. Butzer (Anm. 42), S. 86.
46 „Zusammengetrieben und erschlagen in jenen Jahren, an die wir uns erinnern, in jenen Gegenden, von denen hier erzählt wird." (GW III, S. 60)
47 Ebd.

Deutschtum gefährlich einkreisen und des Lebensraums berauben: „Es sind aber verflucht fröhliche Menschen, diese Polacken. Und so deutsch."⁴⁸

Bobrowski schafft eine reiche, ungewöhnlich lebendige und schillernde Galerie volkstümlicher Gestalten, die als seine Hoffnungsträger fungieren, die konkrete Utopie der menschlichen Solidarität personifizieren und – den „Erzfeindschaften" zum Trotz – die Perspektive der künftigen Annäherung der Völker in lichten Farben erscheinen lassen. Da gibt es „arme Deutsche, Polen, Juden, Zigeuner, Bauern und Landstreicher, Musiker und Zirkusleute, rührende Pechvögel, die sich ein lebendiges menschliches Herz bewahrt haben"⁴⁹, die mit ihrer Schlichtheit, Unvoreingenommenheit und mit urwüchsigem Humor eine Welt „voll von Weisheiten und Hintersinn"⁵⁰ repräsentieren, und die mit ihren Existenzprojekten die Diskrepanz zwischen kulturellen Imaginationen von Rasse/Nation und den individuellen Potentialen an Gutwilligkeit, Hilfsbereitschaft und Humanität demonstrieren.

Wider die Strömungen der Intoleranz und Unleidlichkeit wird gezeigt, daß in diesem multikulturellen Raum Kommunikation und Interaktion quer durch die Nationalitäten, jenseits der sorgfältig gezogenen Grenzen und Trennlinien möglich ist. Der Volksrhapsode und ahnungsvolle Poet, der „begnadete Zeichenleser"⁵¹ Weiszmantel ist eine personifizierte Transgression: „jeder kennt ihn, er gehört nirgends hin, er redet Deutsch und Polnisch durcheinander, da geht er, die Beine mit Lappen umwickelt und beschnürt, über Kreuz, wie ein Litauer. Weiszmantel, der die Lieder weiß."⁵² Er paßt nicht zu der Gesellschaft, die eine scharfe Trennungslinie zwischen den Nationalitäten gelten läßt, er ist in den mentalen Strukturen dieser Gesellschaft nicht bewandert, er hat keine Ahnung, „wie man sich anstellt, wenn man etwas hat und es behalten will, noch weniger, wie es einem zusetzt, wenn man mehr haben will, als man hat"⁵³ und schon überhaupt nicht, wie einem zumute ist, der sich von fremdem Volkstum umkreist fühlt. In den Augen des Großvaters ein „latawiec, also Her-

---

48 Ebd., S. 202.
49 G. I. Rathaus: Der Erneuerer (Anm. 11), S. 96.
50 Gerhard Bauer: Zwischen Gerede, Magie, Gewissen und einem Völkermord: Bobrowskis Erzählkunst. In: Paul Goetsch (Hrsg.): Mündliches Wissen in neuzeitlicher Literatur. Tübingen 1990, S. 81-94, hier: S. 82.
51 G. Ociepa: Die Stimme der Region bei Johannes Bobrowski (mit Ausführungen zu Fontanes „Unterm Birnbaum"). In: Regionalität als Kategorie der Sprach- und Literaturwissenschaft. Hrsg. vom Instytut Filologii Germańskiej der Uniwersytet Opolski. Frankfurt a/M. 2002, S. 171-195, hier: S. 182.
52 GW III, S. 68.
53 Ebd., S. 72.

umtreiber oder Landstreicher"[54], vermag er mit seiner Musik himmelschreiende Ungerechtigkeiten zu entlarven und alle Besucher in Rosinkes Scheune zum gemeinsamen Tanz zu bewegen. Das, was sich trotz der Trennung in deutsch und polnisch beim Baptistenfest anbahnt – „es mischt sich ein bißchen, hier beim Sommerfest der Baptisten [...]"[55] – nämlich die Unterhaltung „quer durch die Gaststube", wird an einer anderen Stelle vom Onkel Dowid als eine Vorstellung „nicht von dieser Welt" heraufbeschworen: „In der anderen Welt werden wir sehen die Getrennten, sie stehen beisammen und haben die Arme umeinandergelegt."[56] Das ist – in Worte gefaßt – Weiszmantels Zukunftsmusik.

Zu der Widerstandsgruppe um den Juden Levin gehören auch andere „romantische" Vagabunden und „stille" Rebellen, die eine Alternative zur Seßhaftigkeit, fester Positionierung und nationalem Dünkel darstellen, indem sie „von Musik und Zirkus, Luft, Schnaps und Liebe" leben, „immer ein Lied auf den Lippen, immer bereit, ein Fest zu feiern"[57] und die unverzagt gegen die nationale Raffgier der Deutschen aufbegehren. Da ist der Zigeuner Habedank, der kein Haus hat und kein Geld, sondern nur eine Geige im schwarzen Kasten, der nirgendwo stehen bleibt, wenn er spielt, der auf der deutschen Seite lauter „Nicht-Musikanten" vorzufinden glaubt, für den „fromm" und „deutsch" beträchtlich divergieren und eigentlich nur bei Tante Huse zusammentreten. Habendanks Protestsong „Hei hei hei hei macht das Judchen ein Geschrei"[58] ist eine musikalische Manifestation der Parteinahme für Levin und zugleich die Stimme aller Entrechteten. Da ist die mutige Tante Huse, die als Deutsche gegen die offenkundige Arroganz des Großvaters und für Levin eintritt und die nicht ansteht, die Verbindung „deutsch" und „fromm" als „Unmensch" und den Großvater als „ungezogenen Kerl" zu bezeichnen. Da sind der Bauernfreund und Dorfkaplan Rogalla, der jegliche Komplizenschaft mit den Gesetzesbrechern verweigert, der Abdecker Froese, der die verbrecherischen Aktivitäten des Großvaters unverblümt beim Namen nennt, die Predigersfrau Josepha, „diese nahegewesene Fremdgebliebene"[59], die sich aus Abscheu vor der Bigotterie des Gatten das Leben nimmt, der böhmische Flötenspieler Geethe, natürlich Marie und Levin – allesamt Menschen, die dem Anderen human-vorurteilslos

---

54 Ebd., S. 73.
55 Ebd., S. 176.
56 Ebd., S. 203.
57 H. Gehle (Anm. 25), S. 93.
58 GW III, S. 90.
59 Ebd., S. 175.

begegnen und im Spannungsfeld zwischen den Extremen mit ihrer tätigen Humanität und Toleranz momentane Idyllen, epiphanische Momente der Eintracht vorführen. Sie stehen auch für einen alternativen Umgang mit der Geschichte – mündliche Erzählung und Gesang sind ihnen Mittel des kollektiven Gedächtnisses, das den polnischen Aufstand gegen die russischen und preußischen Usurpatoren (1863) als zentrales historisches Ereignis behält, den solidarischen Widerstand gegen die Unterdrücker glorifiziert und solche Momente für eine erneute Aktualisierung verfügbar hält.[60]

Zu den Utopieträgern gehört im Roman *Levins Mühle* nicht zuletzt der Maler Philippi, dessen tolerante Geisteshaltung sich darin manifestiert, daß er „die hiesigen Altarbilder, alle beide, das evangelische wie das katholische, seltener Fall, gemalt"[61] hat. Als Künstler kann er sich einiges herausnehmen, doch seine unkonventionellen, eulenspiegelhaft anmutenden Provokationen, die gegen die reaktionären Machtstrukturen gerichtet sind, werden von der provinziell-borniertern Bevölkerung eher als komische Hirngespinste einer künstlerischen Phantasie ausgelegt. Philippis Reaktion auf den antisemitisch fundierten Brief des Großvaters spricht Bände: Er springt auf und spuckt auf den Tisch: „Mit so was hab ich Bier getrunken, hol dich der Teufel!"[62]

„Und dieses Philippische Nein, das soll gelten. Uns gilt es hier für einen letzten Satz."[63] Mit dieser Auflehnung gegen den großväterlichen xenophoben Habitus klingt der Roman aus. Das, was hier *en miniature* im Alltäglichen inszeniert wird, ist durchaus geeignet, die Verfehltheit der großen Geschichte sichtbar zu machen – jene (Wahn)Vorstellung von zentralen Gesellschaften, die Anspruch auf Maßgeblichkeit und historische Relevanz erheben, und Randgesellschaften, denen die einzig richtige Lebensform erst beigebracht werden muß. Gegen diese Kopfgeburten, die mehrmals in der Geschichte Eroberungskriege, Landbesetzungen oder kulturtragende Missionen legitimierten, richtet sich das Philippische Nein.

Die in *Levins Mühle* entworfenen alternativen Existenzprojekte sind außerhalb der binären Oppositionen platziert, in dem dynamischen, viele Möglichkeiten bergenden Spielraum zwischen den beiden Polen, wo auch viele Kreuzungen von Paradigmen möglich sind:

---

60 Vgl. G. Butzer (Anm. 42), S. 96.
61 GW III, S. 217.
62 Ebd., S. 218.
63 Ebd., S. 222.

Es ist doch da etwas gewesen, das hat es bisher nicht gegeben. Nicht dieses alte Hier-Polen-hier-Deutsche oder Hier-Christen-hier-Unchristen, etwas ganz anderes, wir haben es doch gesehen, was reden wir da noch. Das ist dagewesen, also geht es nicht mehr fort. Davon wird der Weiszmantel wohl singen. Und Gott wird ihn schützen.[64]

Deshalb sind Weiszmantels Lieder fröhlicher geworden, er wird weiter singen, „dort und dort, überall, wo er Unrecht findet, davon gibt es übergenug, er wird also übergenug zu singen bekommen."[65] Aber dieses Neumühler „etwas", das sich in einer trotzigen Geste durchsetzt, in der Art der Behauptung aus der Erzählung *De homine publico tractatus*: „Es ist laut in der Gaststube, aber es ist friedlich, ein lauter Frieden, das gibt es"[66] – das bleibt bestehen, „auf Hoffnung" hin, das kann vielleicht beunruhigen, das kann eine Reflexion über unseren Umgang mit Differenzen herbeiführen, das legt nahe, daß ein friedliches Nebeneinander von ethnisch/national differenten Gruppen/Individuen, wie es Gertrud Fussenegger vorschwebt, durchaus möglich ist: „Es wird sich an der Grenze mit der Zeit Osmose einstellen, daß heißt gegenseitige Vermischung und Durchdringung. Die Geschichte hat getrennt. Sie wird, wenn wir ihr Zeit geben, wieder annähern. Möge das unter guten Vorzeichen geschehen."[67]

---

64 Ebd., S. 221f.
65 Ebd., S. 221.
66 GW IV, S. 136.
67 G. Fussenegger: Verlust und Rückgewinn. Notizen zur Literatur der Vertriebenen. In: Frank-Lothar Kroll (Hrsg.): Flucht und Vertreibung in der Literatur nach 1945. Berlin 1997, S. 21-30, hier: S. 30.

Johannes Bobrowski und Judith Kuckarts
Lenas Liebe

JOHN P. WIECZOREK

Die Namen Johannes Bobrowski und Judith Kuckart in einem Satz zu nennen ist ein gewagtes Unternehmen. Bobrowski ist ein respektierter Schriftsteller, dessen Werke in mehrere Sprachen übersetzt worden sind. Er ist Gegenstand vieler Bücher und von Hunderten von Artikeln und gilt zu Recht als einer der prominentesten Dichter und Schriftsteller der frühen DDR. Seit seinem Tode hat sich sein Ruf nur verstärkt und er ist zu einem modernen Klassiker geworden. Judith Kuckart hingegen ist eine junge Schriftstellerin, die wenige Romane und Kurzgeschichten geschrieben hat, deren literarischer Wert heftig umstritten ist. Sie wurde 1959 in Schwelm (Westfalen) geboren, nur sechs Jahre vor dem Tod von Bobrowski. Nach einer Ausbildung als Tänzerin studierte sie nach einer Verletzung Germanistik, arbeitete über Else Lasker-Schüler und veröffentlichte 1985 im Fischer-Verlag einen Essay-Band über die Dichterin mit dem Titel *Im Spiegel der Bäche finde ich mein Bild nicht mehr*. Hier könnte schon eine frühe Bekanntschaft mit Bobrowski über das Gedicht „Else Lasker-Schüler" (GW I, 117f.) entstanden sein. Der Band fand in der Kritik wenig Resonanz.

Nach diesen Aufsätzen kam eine Reihe von Romanen. Der erste, *Wahl der Waffen*,[1] ein Roman über die deutsche Terrorismus-Szene in den sechziger Jahren, wurde in der „Neuen Deutschen Literatur" rezensiert,[2] vor allem aber von Monika Maron im „Spiegel" als „mutig, intelligent und poetisch" gelobt.[3] Er verwendete Züge der Terroristin Gudrun Ensslin, um, wie der Titel angibt, die Problematik der Entscheidung: Wort oder Tat? zu exemplifizieren. Kuckarts nächster Roman *Die schöne Frau*[4] wurde breiter rezensiert. Es handelt sich um einen Roman aus der Gegenwart, in dem die Heldin mit der nationalsozialistischen Vergangenheit ihrer Familie konfrontiert wird, ein

---

1 J. Kuckart: Wahl der Waffen. Frankfurt / M. 1990.
2 R.-K. Langner: Mutmaßungen über Jette. In: Neue Deutsche Literatur 39 (1991), Bd. 1, S. 153-5.
3 M. Maron: Die Knarre löst die Starre. In: Der Spiegel 3.12.1990. Wieder abgedruckt als Essay in: Nach Maßgabe meiner Begreifungskraft. Artikel und Essays. Frankfurt / M. 1993, S. 69-73.
4 J. Kuckart: Die schöne Frau. Frankfurt / M. 1994.

Aspekt, der viel Kritik hervorrief. Ein Rezensent kommentierte: „Über den ‚Lebensborn' erfährt man so gut wie nichts – da wäre es ehrlicher gewesen, sich für solche Aufarbeitungsprosa nicht thematisches Gewicht in der Zeitgeschichte zu borgen."[5]

Vier Jahre später erschien *Der Bibliothekar*[6] – ein Roman übrigens, in dem Monika Maron eine versteckte, aber überraschend zentrale Rolle spielt[7], und im Jahre 2002 der derzeit neueste Roman *Lenas Liebe*.[8] Gleich nach diesem Werk veröffentlichte Kuckart einen Band mit Erzählungen: *Die Autorenwitwe*[9]. Vor allem *Der Bibliothekar* führte zu extremen Reaktionen. Hier behandelt Kuckart sexuell explizit das kurze und ungleiche Verhältnis zwischen einem Bibliothekar und einer Gogotänzerin. In der „Frankfurter Allgemeinen Zeitung" erklärte Gerhard Schulz, es sei „Trivialliteratur, und Judith Kuckarts Roman gibt schon nach den ersten Seiten zu erkennen, dass er diesem Genre angehört".[10] In derselben Zeitung konterte dagegen Dirk Grathoff, dass Schulz „nichts mit dem intermedialen Spiel anzufangen [wisse], das [Kuckart] in ihren Arbeiten inszeniert".[11] Für Kuckarts späteren Gebrauch von Zitaten aus Johannes Bobrowskis *Litauische Claviere* ist Schulz' Gesamturteil von Bedeutung: „Das Resultat ist ‚Literarisierung' des Trivialen durch ‚name-dropping'." (ibid.) Die Beobachtung ist richtig fundiert, selbst wenn seine Kritik zu weit geht: Kuckart zitiert nämlich in ihren Romanen ständig; sie zeigt immer ihren germanistischen Hintergrund. Sie ist eine viel belesene und eine bewusste Autorin.

In *Lenas Liebe* scheint sie eine neue Respektabilität anzustreben, indem sie zu den Themen des Romans *Die schöne Frau* zurückgreift. Es geht auch in *Lenas Liebe* um den Komplex Vergangenheit und gegenwärtige Schuld. Nicht jedoch die Nachwirkungen des Lebensborns

---

5 S. Boedecker, Geboren im ‚Lebensborn', Berliner Zeitung 4.5.1995, online http://www.berlin online.de/wissen/berliner-zeitung/archiv/1995/0504/kultur/0029/. Den Roman selbst bezeichnet Boedecker als ein „Selbstfindungsodyssee".
6 J. Kuckart: Der Bibliothekar. Frankfurt / M. 1998.
7 Siehe J. P. Wieczorek: Lebensentwurf und Gegenentwurf: Monika Maron und Judith Kuckart. In: Monika Maron in Perspektive: Dialogische Einblicke in zeitgeschichtliche, intertextuelle und rezeptionsbezogene Aspekte ihres Werkes. Hrsg. v. E. Gilson, Amsterdam / New York. 2002, S. 205-224.
8 J. Kuckart: Lenas Liebe. Köln. 2002
9 J. Kuckart: Die Autorenwitwe. Köln. 2003.
10 G. Schulz: Hirn, Herz oder Hose: Gut gemeint: Judith Kuckart verkuppelt einen Bibliothekar. Frankfurter Allgemeine Zeitung 19.6.1998, S. 42.
11 D. Grathoff: Unsensibles über eine Autorin. In: Frankfurter Allgemeine Zeitung, 6.7.1998, S. 9.

stehen zur Debatte, sondern die Frage: wie soll man im neuen Millennium (die Feier des neuen Jahrtausends wird im Roman deutlich unterstrichen) mit der deutschen Schuld des vergangenen Millenniums umgehen, auf die Kurzformel gebracht: Deutschland und Auschwitz. Der Roman beschreibt einen Besuch in Auschwitz, sowohl in der Stadt als auch im Lager, von der Titelheldin Lena und ihre Rückkehr, zusammen mit zwei Begleitern, von Auschwitz nach Berlin. In Berlin trifft sich Lena mit ihrem Liebhaber Ludwig, der die Reise nicht mitgemacht hat, und der Roman endet, indem Ludwig anfängt, seine eigene Geschichte zu erzählen. Das Auschwitz-Erlebnis wird ausgeblendet.

Wesentliche Impulse für *Lenas Liebe* zieht Kuckart aus einem Text, den sie im Dumontverlag NULL-experiment im Internet veröffentlicht hatte.[12] Er trägt den merkwürdigen Titel *In diesem Sommer bin ich an Auschwitz vorbeigefahren*[13], und der Text macht klar, dass die Erzählerin buchstäblich an Auschwitz vorbeigefahren ist: „Cztechowa, Zdunska Wola, Lodz, Kalisz, Posen. An Auschwitz bin ich in diesem Sommer vorbeigefahren. Ich bin an der Bar Babel [...], an dem Storch im Nest [...], an Ständen mit Pflaumen und Waldbeeren vorbeigefahren." Statt dessen besucht sie Kasimierz, das alte jüdische Viertel von Krakow, wo bekanntlich *Schindlers Liste* gedreht wurde und sucht – auf den Film Bezug nehmend – nach einer Frau in einem roten Rock: „Bleiben wir lange genug auf einer Bank im Park sitzen, kommen die Menschen zum zweiten Mal vorbei, und nicht nur die im roten Rock." Der Text (es handelt sich um eine Art von innerem Monolog) geht weiter: „Nur Joseph Conrad kommt nicht. Welcher, fragt er, der, der Schriftsteller war oder der, der dein Großvater war?" Die Erinnerung an Bobrowskis behauptete eigene „Verwandtschaft" mit Conrad liegt auf der Hand. (GW IV, S. 488) Die Daten dieser Kurzgeschichte veranschaulichen, dass die beschriebenen Ereignisse im Sommer 1999 stattfinden, d.h. dem Sommer nach der kontroversen Friedenspreisrede von Martin Walser, in der er behauptete: „Auschwitz eignet sich nicht dafür, Drohroutine zu werden, jederzeit einsetzbares Einschüchterungsmittel oder Moralkeule oder auch nur Pflichtübung"[14]. Sowohl durch ihren Titel als auch durch den Inhalt ihres Texts macht Kuckart klar, dass sie diese Pflichtübung nicht erfüllt.

---

12 Siehe http://www.dumontverlag.de/null/kuckart/text1.htm u.s.w.
13 http://www.dumontverlag.de/null/kuckart/text7.htm.
14 Börsenverein des Deutschen Buchhandels (ed.): Friedenspreis des Deutschen Buchhandels 1998, Martin Walser. Ansprache aus Anlass der Verleihung, Frankfurt am Main 1998. Online: www.dhm.de/lemo/html/dokumente/ WegeInDieGegenwart_redeWalserzumFriedenspreis/.

Lenas Liebe steht im Kontext dieser Kontroverse: was ist der richtige Umgang mit der deutschen Schuld? Im Roman werden verschiedene Reaktionen von Deutschen auf einen Besuch in Auschwitz dargestellt. Eine Gruppe deutscher Schulkinder hat hier gegen eine polnische Mannschaft im Fußball verloren. Am Abend nach dem Pflichtbesuch im Lager sitzen sie deprimiert herum und bewerfen sich mit Bierdeckeln. Sie geben ihrem Unmut Ausdruck: „Wir sind zum Fußballspielen hier. Wir sind hier zum Spaß." (LL, S. 52). Unklar bleibt, ob sie wegen des Lagers oder wegen ihrer Fußballniederlage so deprimiert sind. Auf jeden Fall hat der Besuch im Lager nichts bewirkt, nur das Aussehen von einigen israelischen Kindern, die sie dort trafen, bringt sie völlig durcheinander (LL, S. 52). Diese deutschen Kinder sind, laut Kritikerin Regina General, „eher gestört als aufgeklärt"[15].

Adrian, der neue Freund von Lena, ist das älteste Mitglied dieser Fußballmannschaft. Er spricht von Auschwitz als einem „Kaff kurz vor Russland" (LL, S. 278). Der Besuch im Lager hat keinen einschüchternden oder aufklärenden Einfluss auf ihn. Im Gegenteil: am Abend danach besteht er auf Sex mit Lena im Treppenhaus einer Wohnung direkt gegenüber vom berüchtigten Bahnhof.

Der deutsche Priester Franz, einer der beiden Reisebegleiter Lenas, hat mehrere glückliche Jahre in der Stadt Auschwitz verbringen können, weil er sich die Vergangenheit nicht vorstellen konnte. „Die Zeit in O. würde eine schöne Zeit in seinem Leben gewesen sein. Denn O. war die Pforte nach Galizien. Galizien, das klang für ihn wie eine Verheißung." (LL, S. 51)

Am wichtigsten sind die Reaktionen von Lenas anderem Begleiter, Julius Dahlmann, und ihre eigenen. Kuckart zeigt den älteren und sehr ambivalenten Julius, homosexuell, Transvestit, der als Kind in Auschwitz lebte und hier mit seiner armen katholischen, antisemitischen Familie einen sozialen Aufstieg erlebte. Er behauptet, er sei nie so stolz darauf gewesen, Deutscher zu sein, wie damals in Auschwitz. Auschwitz sei seine „alte Heimat" (LL, S. 29/144), und die Gegend bezeichnet er als „schöne Landschaften" (LL, S. 227). Er ist sogar stolz auf das, was die Deutschen für die Infrastruktur der Stadt geleistet haben: „Dahlmann tippte mit der Schuhspitze auf das Pflaster. ‚Alles Himmler, hat alles Himmler gebaut.'" (LL, S. 49)

Zu Diskussionen über das Thema Lager, das er nicht besucht, fällt ihm nichts ein. Er reagiert mit einem resignierten „Ach so... Schon wieder" (LL, S. 161). Als Kind erlebte er eine Massenhinrichtung

---

15 R. General: Spinnenfäden: Auschwitz als Hintergrund. In: Freitag: Die Ost-West Wochenzeitung, 31.5.2002 (www.Freitag.de/2002/23/02231401.php).

sowie die versuchte Vergewaltigung einer Polin durch einen deutschen Offizier, aber aus der Perspektive des Kindes berührte ihn das nicht. Zwei weitere persönliche Ereignisse haben ihn jedoch als Menschen geknickt: als er in Auschwitz einen jüdischen Kronleuchter fand und damit spielte, drohte sein Vater, der im Lager Hundeführer war, ihn aus dem Fenster im vierten Stock hinauszuwerfen. Julius Dahlmann „stürzte in jene Hocke, in der ein Teil von ihm für den Rest seines Lebens verschwand" (LL, S. 235). Auch nach dem Krieg erlebte er sich wieder als Opfer: nachdem er und seine Mutter aus Auschwitz vor der Roten Armee geflohen und nach Schwelm zurückgekehrt waren, mussten sie sich von einer Stadtbeamtin registrieren lassen, deren Verlobter in Auschwitz ermordet worden war. Seine Mutter konnte nicht zugeben, dass Auschwitz ihre letzte Adresse war. Das war in ihren Augen und in den Augen von Julius „ein Ding der Unmöglichkeit" (LL, S. 106).

Lenas Reaktion auf Auschwitz ist kompliziert. Sie ist eine gescheiterte Schauspielerin und lebt, wie sie sich ausdrückt, von den Eindrücken und Erlebnissen anderer. Sie besucht Auschwitz vor allem, weil sie den Geschichten von Dahlmann, den sie aus Schwelm kennt, nachgehen will, mit dem Ziel, eventuell etwas über sich selbst zu erfahren. „Hatte sie für Dahlmann fotografiert und dabei gehofft, etwas würde sichtbar für sie? Hatte sie durch Dahlmanns Flur bis vor eine eigene, verschlossene Tür geraten wollen?" (LL, S. 230).

Anderswo fragt sie sich:

[...] ist sie dem hinterhergefahren, was Dahlmann von früher erzählt hat? Wer erzählt, hat eine Frage. Hat Dahlmann seine Fragen an sie weitergegeben? Dahlmann hat noch Gepäck in O., und sie will es aufmachen. Will sehen, was Dahlmann eigentlich zu tragen hat. Das soll ihr erklären, warum ihr kleines Leben manchmal so schwer ist. Dass es schwer ist, weil es leer ist. Will sie sich von Dahlmanns Gepäck etwas ausleihen und dann mit den geliehenen Eindrücken herumlaufen? (LL, S. 198f.)

Anders als Dahlmann besucht Lena das Lager und spricht von der Erfahrung. Es berührt sie unangenehm, aber nicht aus den erwarteten obligatorischen, eben Pflicht-Gründen. Für sie ist Auschwitz ein gefährliches Museum, indem es für die Gegenwart sanitisiert worden ist: „,Diese [Vitrinen mit dem Haar der Opfer] sind ja total harmlos [...]. Geht man näher heran, riechen sie zitronenfrisch.' ,Wie bitte?' ,Glasreiniger', sagte Lena." (LL, S. 53) Als Reaktion auf die eigene Reaktion macht sie den surrealen Vorschlag, das Lager solle den Toten zurückgegeben werden: „Eigentlich dürfen nur die Toten das Lager betreten" (LL, S. 54), und das zur Schau gestellte Haar sollte in Form von Perücken denen zurückgegeben werden, die es verloren haben. Vor allem sollte man den Ort als das behandeln, was er inzwischen geworden ist: etwas für die gegenwärtige Generation Unbegreifliches:

> *Man muss einen Zaun ziehen um den Zaun, der schon da ist [...] um den Ort als unbegreiflichen Raum stehen zu lassen. Er gehört uns nicht. [...] Der Ort soll mit sich allein bleiben und vergehen dürfen. Er soll alles dürfen, vor allem vergehen. Damit er weiter leben kann. (LL, S. 161)*

Mögen die Toten ruhen, könnte man daraus schließen, und als logische Folgerung, mögen wir, die Lebenden, in Ruhe gelassen werden. „Er gehört uns nicht."

Wie Regina General in ihrer Rezension kommentiert, kommen diese Worte „bedenklich nahe an Walsers Rede vom Ende der ‚Auschwitzkeule'".[16] Man könnte in der Tat schließen, dass Lena das Vergessen der Vergangenheit unterstützt. Dies ist jedoch nicht der Fall. Lena macht stattdessen einen weiteren und wahrhaft grotesken Vorschlag, um das Lager für den einzelnen erlebbar und fassbar zu machen: Menschen, deren Leben allen Sinn verloren haben, sollten im Stacheldraht des Lagers Selbstmord begehen. Dadurch würden sie „[ihrem] Leben mit einer Tat einen letzten Sinn geben" (LL, S. 161). Die Leichen könnten dann, wie in einem Zirkus-Akt, über den Zaun geworfen werden, um „auf der anderen Seite der Welt [anzukommen]" (LL, S. 162). Dahlmann lehnt das ab: „Das ist ja etwas ganz anderes als Denkmalpflege [...] Da muss man aber ziemlich böse sein, um das zu begreifen." (LL, S. 162)

Indem sie solche schockierenden Vorschläge unterbreitet, protestiert Kuckart gegen die entpersönlichte Glasreinigerdenkmalpflege als Pflichtübung, die auch Walser in seiner Friedenspreisrede verwarf. In dieser Rede kritisierte Walser Intellektuelle, die, so meinte er, sich ständig auf die Vergangenheit beziehen, nicht um zu „gedenken", sondern um sich selbst unschuldig zu erklären.[17] Auschwitz, für Walser die deutsche „unvergängliche Schande", wird dann das Opfer einer „Instrumentalisierung [...] zu gegenwärtigen Zwecken". In seiner Rede beschreibt er, wie er das Ritual verweigert: „Was durch Ritualisierung zustande kommt, ist von der Qualität des Lippengebets." Wie

---

16 Ebd.
17 Er meinte vor allem Günter Grass.

diese „Schande" behandelt wird, sollte dem Individuum überlassen werden, seinem eigenen Gewissen – und das gilt auch für Schriftsteller: „Das möchte man den Meinungssoldaten entgegenhalten, wenn sie, mit vorgehaltener Moralpistole, den Schriftsteller in den Meinungsdienst nötigen."

Kuckart versucht mit *Lenas Liebe*, einen Beitrag zu dieser Diskussion über das rechte Gedenken zu leisten. Es ist ein überbürdeter Roman über Auschwitz, Liebe, Melancholie, zwischenmenschliche Beziehungen, „Heimat" (das Wort kommt häufig vor) und Identität, Selbstfindung. Wie Kuckart in ihrem Essay-Band über Else Lasker-Schüler schrieb: „Was Else Lasker-Schüler erzählt, ist, wie jede Fiktion, Ich-Leistung, literarische, als Widerstand gegen die Forderungen einer äußeren Realität" (S. 104).

Einerseits literarische Ich-Leistung, andererseits das historische Auschwitz. Zwei nicht unbedingt verwandte Themen. Trotz ihrer im Allgemeinen wohlwollenden Rezension fragt Regina General auch etwas unsicher: „Auschwitz als Besonderheit für eine Liebesgeschichte, die sonst ganz gewöhnlich wäre?" Der implizierte Vorwurf der Trivialisierung der deutschen Vergangenheit[18] wurde bereits über *Die schöne Frau* erhoben. Nichts könnte weiter von Bobrowskis Ernst und Schuldbewusstsein, von seinem Gedenken entfernt sein.

Dennoch zieht Kuckart durch eine Reihe von Zitaten aus *Litauische Claviere* Bobrowski in das Zentrum ihres Romans hinein. Wenn Lena eine polnische Frau beschreibt, betont sie eine bestimmte Körperhaltung: „sich zieren, nennt man das. Das ist so eine Haltung". (LL, S. 240) Wer denkt nicht dabei an die litauische Braut in *Litauische Claviere*: „Man sagt ja, die litauische Braut ziere sich [...] Sie ziert sich; es ist das, wie gesagt, eine Haltung, eine Seelenhaltung, die sich gewiss als Körperhaltung ausdrückt." (GW III, S. 317) Andere Zitate sind noch direkter. Bei Bobrowski findet man: „Der Wald hat zu rauschen begonnen. Das Rauschen kommt immer tiefer, wie Regen. Die Kühle steigt auf, über das Moos hinaus." (GW III, S. 331) Bei Kuckart findet man:

---

18 Ähnlich argumentiert Christiane Schott in der Stuttgarter Zeitung, 7.6.2002 in ihrem Artikel „Frau vor Vernichtungslandschaft" (online www.stuttgarter-zeitung.de/stz/page/detail.php/187953), während Patrick Fischer in einer ausführlichen amazon.de Rezension erklärt: „Umso verwunderter fragt man sich am Ende, wozu es eigentlich des Auschwitz-Motivs bedurfte." (www.amazon.de/exec/obidos/ASIN/3832159185/ref=pd_bxgy_img_2/)

Als sie aufgehört hatten, sich zu küssen, und die Augen wieder öffneten, war es dunkel gewesen. Der Wald hatte zu rauschen begonnen. Ein Streulicht vom Vollmond lag wie Blei auf den Gesichtszügen. Das Rauschen vom Wald kam immer wieder, später tiefer. Wie Regen. Kühle stieg aus dem Gras auf, das sich unter dem Wind mit der silbernen Seite nach oben bodenwärts drückte." (LL, S. 68)

Fast wörtlich werden dieselben Sätze hundert Seiten später (LL, S. 172, 174) wiederholt, wieder mit deutlichem Bezug auf Bobrowski, indem ein Satz kurz davor lautet: „ein Vogel hatte gesungen, allein und verzweifelt, als käme Regen auf." (LL, S. 172) Man denkt hier natürlich an Bobrowskis frühes Gedicht *Kindheit*: „Kindheit. Da habe ich den Pirol geliebt" (GW I, S. 6f.).

Ein weiteres Beispiel: „An einem leeren Tisch standen zwei Stühle ungeschützt in der Sonne, aber einander zugewandt. Die Menschen, die hier gegessen hatten, waren längst fort" (LL, S. 89). Denkt man hier nicht an die verlassenen Räume (und Stühle) in *Litauische Claviere*?[19] In beiden Romanen wird auch der heilige Augustinus zitiert.[20]

Dazu gibt es verwandte Themen: die Reise in das benachbarte Land mit dem Ziel, etwas zu sammeln. In *Litauische Claviere* besuchen Voigt und Gawehn das Memelland, um sich musikalisch für eine Oper inspirieren zu lassen; Lena besucht Auschwitz, weil sie Erlebnisse sammelt.

Solche Sätze sind Spiele, Hinweise auf Wichtigeres. Wichtiger für Kuckart, und dem eigentlichen Thema des Romans *Lenas Liebe* näher, sind andere Zitate. In *Litauische Claviere* findet man eine Frage nach der Vergangenheit: „Vorher, wann war das?" (GW III, S. 327) In *Lenas Liebe* findet man eine ähnliche Frage: „Früher, wann war das gewesen?" Bei Bobrowski wird die Frage nicht beantwortet. Bei Kuckart wird sie halb beantwortet, aber auf eine private Ebene reduziert: „Früher? Da waren die Kinder im Hof, hatte ihre Mutter einmal gesagt." (LL, S. 89)

Einen Kernsatz aus *Litauische Claviere* wiederholt und variiert Kuckart jedoch mindestens fünfmal leitmotivisch: „Das von früher, das geht nicht mehr".[21] Im Kontext von *Lenas Liebe* wird er immer von

---

19 Siehe GW III, S. 234f. und GW III, S. 255f.
20 In *Litauische Claviere* sind es die Überlegungen über das Wesen der Zeit (GW III, S. 311f.). Diese beziehen sich bekanntlich auf Augustinus' Bekenntnisse, Buch XI, Kapitel 14. Siehe Augustinus, Bekenntnisse, Lateinisch und deutsch. Eingeleitet, übersetzt und erläutert von Joseph Bernhart, Frankfurt / M.. 1987. S. 629. In *Lenas Liebe* zitiert Lena auch aus den Bekenntnissen (LL, S. 169, 299, 300, 301).
21 LL S. 69, 76, 168, 172, 219.

Ludwig gesprochen und bezieht sich auf den Unterschied zwischen der ersten jugendlichen Phase ihres Liebesverhältnisses und der gegenwärtigen, wo sie sich nach Jahrzehnten wieder getroffen haben. Seine Bedeutung wäre dann ungefähr: Wir haben uns damals als Jugendliche kennengelernt und geliebt. Nun treffen wir uns wieder, wir lieben uns vielleicht, aber wir können nicht so handeln, als wären die 25 Jahre dazwischen nicht gewesen. Somit hätte Kuckart auch diese Worte in die private Sphäre gezogen, und so kann man sie auch lesen.

Es gibt jedoch andere Möglichkeiten. Kuckart hat ihren Leser für diesen Satz durch dessen Wiederholung und durch die anderen Bobrowski-Zitate sensibilisiert. Sie fordert heraus, dass man den ursprünglichen Kontext ernst nimmt, indem sie um ihn herum ihr Zitatengewebe zusammenknüpft – auch wenn sie dadurch dem Urtext fast Gewalt antut.

Wie jedoch lautet der ursprüngliche Kontext? Bei Bobrowski werden diese Worte von Tuta Gendrolis gesprochen (GW III, S. 331) und stellen einen Teil ihres Versuchs dar, Potschka aus seiner träumerischen Verbindung mit dem historischen Donelaitis zu wecken, sie sollen ihn daran erinnern, dass es nicht nur eine Vergangenheit gibt, in die man sich zu Recht oder Unrecht vertiefen kann, sondern auch eine Gegenwart, in der man leben muss. Notwendig ist nicht ein Sich-Abwenden von der Gegenwart oder von der Vergangenheit, sondern die Bereitschaft, Vergangenheit und Gegenwart so zu verbinden, dass keine die andere hinter sich versteckt. Die Worte beziehen sich bei Bobrowski auf das private Leben dieses Paares und auf den konfliktreichen historischen Kontext. Bei Kuckart, so vorbereitet, auch. Sie beziehen sich also nicht „nur" auf die Liebschaft zwischen Lena und Ludwig, sondern auf das andere wichtige Thema, das *Lenas Liebe* mit *Litauische Claviere* gemeinsam hat. Beide Romane beschäftigen sich mit dem Komplex: die Deutschen und ihre Vergangenheit. Wie soll man als Deutscher damit umgehen? Kuckart postuliert die Frage mit dem wiederholtem Satz: „Wer erzählt, hat eine Frage" (LL, S. 199, 221), aber sie beantwortet sie nicht. Die Antwort wird zwar dem Gewissen des Lesers überlassen[22], aber auf jeden Fall impliziert Kuckart: „das von früher, das geht nicht mehr". Es ist ein Schlüsselsatz für beide Romane, und der Kontext dieses Satzes in *Litauische Claviere* soll

---

22 Martin Walsers „Meinungssoldaten" wüßten da die politisch korrekte Antwort. Bobrowski hatte übrigens ähnliche Probleme mit seinen Meinungssoldaten (allerdings den Meinungssoldaten des sozialistischen Realismus) und hat sich gegen sie deutlich ausgedrückt: „wenn Kunst nicht geeignet ist, Massenbewegungen hervorzurufen, - zu befragen und dringlich zu befragen, dazu sollte sie geeignet sein." (GW IV, S. 448).

den Leser von *Lenas Liebe* auffordern, sich damit aktiv auseinanderzusetzen.
Es gibt jedoch noch andere Beweggründe, die dazu geführt haben könnten, dass Kuckart Bobrowski so intensiv zitiert. Eine Möglichkeit bietet eine Schriftstellerin, die eine ähnliche Reise nach Polen in einem Roman beschreibt. Christa Wolfs *Kindheitsmuster*[23] ist auch ein Stück „Selbstfindungsodyssee"[24], und auch in diesem Roman wird Bobrowski zitiert. Beim Anblick ihrer Heimatstadt fällt der Erzählerin Bobrowski ein:

Über das Panorama warst du selbst überrascht. Der Fluss, der gerade hier zu seinem großen Bogen ansetzt und sich nach Osten hin verbreitert, in Ufergestrüpp verliert [...].

Und ausgerechnet jetzt, bei diesem Anblick, den du selbst kaum kanntest, der auch dich unvorbereitet traf – („Aus der Finsternis / kommst du, mein Strom, / aus den Wolken ...") das Wort „Größe" hättest du in Gedanken auf deine Landschaft nie angewendet -, ausgerechnet jetzt glaubten sie [die Begleiter der Erzählerin] zu begreifen. Doch, sagten sie. Ja. Das sei natürlich etwas. Das habe schon was. Eine Stadt am Fluss, damit ließe sich etwas anfangen, auch als Erinnerungsbild. [...] Dichter fielen ihnen ein, sie zitierten Zeilen: „Hinter den Feldern, weit / hinter den Wiesen / der Strom..." (S. 200f.)

Diese Zeilen aus Bobrowskis Gedicht „Die Memel" (GW I, S. 67) werden hier auf Wolfs Heimatfluss die Warthe bezogen. Warum aber zitiert Wolfs autobiographische Erzählerin aus diesem Gedicht? Es gibt viele Möglichkeiten, unter anderem auch eine taktische: Wolf beschreibt die eigene unerwartete Ergriffenheit von der Schönheit und Größe „ihrer" verlorenen Landschaft und deren Umgebung, und um diese in der DDR im Jahre 1976 ganz heiklen Emotionen auszudrücken, leiht sie sich einige Zeilen aus einem Gedicht des politisch absolut verlässlichen Bobrowski, das die Schönheit und die Größe eben seines Gebiets evoziert. Somit gewinnt sie die Möglichkeit, ihrer Liebe zu der eigenen verlorenen Heimat Ausdruck zu geben, ohne dass man ihr (aus damaliger DDR-Sicht) politisch Unkorrektes vorwerfen könnte. Das Bobrowski-Zitat, das ihr spontan einfällt, funk-

---

23 Ch. Wolf: Kindheitsmuster. Berlin / Weimar 1976. Hier wird aus der Sammlung Luchterhand Ausgabe (1979) zitiert.
24 Boedecker (Anm. 5).

tioniert als Bürgschaft für den guten Willen der Erzählerin. Es ist ein liebendes Gedenken und nicht Ausdruck des Revanchismus.

Ob Kuckart *Kindheitsmuster* überhaupt gelesen hat, ist nicht deutlich. Kuckarts Heldin heißt Lena, die Tochter der Erzählerin von *Kindheitsmuster* heißt Lenka. Die Namen der verschiedenen polnischen Städte decken sich, aber das ergibt sich aus der Tatsache, dass das Gebiet in beiden Romanen teilweise dasselbe ist. Wolf und Kuckart geben fast immer nur den Anfangsbuchstaben der Namen der wichtigsten Städte, (bei Kuckart immer O für den polnischen Namen von Auschwitz). Einen kleinen Hinweis auf eine mögliche Lektüre findet man in einem einzigen Satz und in einem Grundgedanken. Der relativ selten literarisch verwendete Ausdruck „Das ist ein Ding der Unmöglichkeit" kommt in beiden Romanen vor. Die Erwähnung in *Lenas Liebe* bezieht sich auf die Unmöglichkeit, Auschwitz als letzten Wohnort anzugeben (LL, S. 106). In *Kindheitsmuster* geht es um das Tabuthema Sexualität: „im Familienkreis Auskünfte einzuholen war ja ein Ding der Unmöglichkeit." (S. 131) Die Tabuisierung und das Verschweigen von schwierigen Themen ist beiden Romanen gemeinsam. Bei Kuckart liest man: „Beide Männer schweigen. Schweigen, das kenne ich schon, denkt Lena, so bin ich erzogen worden." (LL, S. 161) Bei Wolf wird es anders ausgedrückt und intensiver thematisiert. Bei ihr ist von „Glitzerworten" (S. 58, 59, 60, 62) oder „halben Sätzen" (S. 171) die Rede, mit dem Ergebnis: „Nelly weiß, was zu tun ist. Sie stellt sich taub und unwissend. Dann wurde sie es." (S. 68)

Wenn Kuckart *Kindheitsmuster* gelesen hat, so hat sie einen Roman gefunden, der möglicherweise Bobrowski zitiert, um Missverständnisse zu vermeiden. Unter Umständen verwendet sie in ihrem eigenen Roman die Bobrowski-Zitate in ähnlicher Absicht. Denn wer als jüngerer Mensch Bobrowski zitiert, zitiert auch seinen Kommentar mit: „Und da allerdings befremdet mich manchmal [...] die Stellungnahme junger Leute, die sich von der Geschichte freisprechen wollen, von der deutschen Geschichte. Man kann sich, glaube ich, nicht von der Nationalgeschichte dispensieren." (GW IV, S. 477). Kuckart will sich nicht dispensieren, und die Frage nach dem rechten Umgang mit der deutschen Vergangenheit steht im Zentrum von *Lenas Liebe*. Bei Bobrowski ermahnt Tutas Aufruf „Das von früher, das geht nicht mehr" Potschka, dass er sich nicht in Wunschträumen über seinen geliebten Donelaitis verlieren kann, dass er sich einer gefährlichen Gegenwart stellen muss. Wenn Ludwig den Satz zitiert, redet er von sich und Lena. Die Schriftstellerin Kuckart redet jedoch durch ihn von den Deutschen um die Jahrtausendwende, 55 Jahre nach dem

Ende des „Tausendjährigen Reiches". Der Satz hat also einen privaten und einen historischen Bezug, einerseits die private Mahnung, die Wirkungen der Zeit im Leben der beiden Liebhaber nicht zu vergessen, andererseits die implizierte Frage und unbeantwortete Herausforderung: wie soll man als Deutscher auch nach so langer Zeit mit Auschwitz umgehen, eine Frage, die durch die Walser-Rede erneut in den Brennpunkt der öffentlichen Diskussion gerückt wurde.

Im Jahre 1976 hat Christa Wolf Bobrowski als lyrischen Bürgen der politisch korrekt gedenkenden Liebe zum Osten eingesetzt. Eine Generation später wird Bobrowski wieder zitiert, auch in einer kontroversen Situation, um Kuckart eben den Mantel jenes moralischen Ernstes zu verleihen, der in jedem Versuch, das Thema „deutsche Vergangenheit/Auschwitz" neu zu gestalten, unerlässlich ist. Indem sie Bobrowski in ihr Argument miteinbezieht, will Kuckart den Vorwürfen begegnen, denen Martin Walser ausgesetzt war, vor allem dem Hauptvorwurf, sie nehme (in Walsers Worten) „die geschichtliche Last", „die unvergängliche Schande" nicht ernst.

Ob das ein legitimer Gebrauch von Bobrowskis Worten ist, sei dahingestellt oder den Theoretikern der Intertextualität überlassen. Entscheidend ist vielmehr die Tatsache, dass eine jüngere Autorin im Jahre 2002 Rückendeckung bei Bobrowski sucht. Sie ist Vertreterin einer neuen westdeutschen Schriftstellergeneration ohne DDR-Hintergrund. Ihr Stil ist kaum von Bobrowski beeinflusst worden, und ihr persönliches Thema der Selbstfindung („Ich-Leistung") einer Frau hat auch wenig mit Bobrowski zu tun. Ihre Sex-Szenen sind weit von Bobrowskis zurückhaltender Erotik entfernt. In ihrer Verwendung von Zitaten aus *Litauische Claviere* stellt sich jedoch heraus, dass auch für sie Bobrowski noch eine Bedeutung besitzt, dass er weiterlebt und Beihilfe zu ihren Gedanken über Walser und Auschwitz, über die Deutschen und ihre Vergangenheit leistet.

Zur Rezeption der Werke Johannes Bobrowskis in Kanada und den USA

SIGFRID HOEFERT

Im folgenden soll die Rezeption der Werke Johannes Bobrowskis im nordamerikanischen Sprachraum untersucht und in großen Zügen umrissen werden. Nur einige Aspekte des Aufnahmeprozesses werden in den Ausführungen berücksichtigt, und zwar das in Kanada und den USA sich abzeichnende Übersetzungsspektrum und der Beitrag, den nordamerikanische Literaturwissenschaftler zur Rezeption des 1965 verstorbenen ostdeutschen Dichters geleistet haben. Das bedeutet vornehmlich die Erfassung ihrer Publikationstätigkeit hinsichtlich Bobrowskis - in Nordamerika und im Ausland. Andere Aspekte, beispielsweise die Vortragstätigkeit einzelner Forscher, das Korpus der Besprechungen, die sie vorgelegt haben, oder die Verwendung der Werke Bobrowskis im akademischen Unterricht, werden nur am Rande erwähnt. Als nordamerikanische Wissenschaftler gelten Forscher, die in Kanada und den USA tätig sind oder waren, einschließlich der Gastprofessoren aus anderen Ländern. Berücksichtigt wird auch die Resonanz im Werk von einigen amerikanischen Schriftstellern.

Bobrowskis Werk war zu seinen Lebzeiten in Nordamerika nur einem kleinen Kreis von Germanisten und Literaturwissenschaftlern bekannt. Der niederländische Schriftsteller Ad den Besten hatte 1959 in „Deutsche Lyrik auf der anderen Seite" auf ihn aufmerksam gemacht,[1] auch die Tatsache, daß Bobrowski als erster Dichter aus der DDR im Jahre 1962 den Preis der Gruppe 47 erhielt, hatte den Blick auf ihn gelenkt, doch die Veröffentlichung der Gedichtbände *Sarmatische Zeit* und *Schattenland Ströme* ergab, daß der Zugang zu den Gedichten bisweilen schwierig war, daß mitunter Kenntnisse anderer Kulturbereiche erforderlich waren, um die Gedankenfolge der Verse in adäquater Weise zu ermessen. Hier und da wurde in den USA und Kanada in akademischen Veranstaltungen auf ihn hingewiesen, auch wurden Interpretationen einzelner Gedichte vorgelegt, meistens jedoch in Zeitschriften, die in der Bundesrepublik herausgegeben wurden.

---

1 Eckart, 1959, H. 3, bes. S. 251f.

Die ersten nordamerikanischen Übersetzungen von Bobrowskis Gedichten erschienen im Jahre 1964 in einer zweisprachigen Anthologie mit dem Titel *Contemporary German Poetry*, die von Gertrude Clorius Schwebell, der Übersetzerin, herausgegeben wurde. Zwei Gedichte Bobrowskis sind in dem Band enthalten: *Wagenfahrt* und *Steppe*.[2] Die Qualität der Übertragungen ist beachtenswert; sie vermitteln Sinn und Ton des Originals. Lediglich die Wahl des persönlichen Fürworts „she" (bzw. „her") für den Mond in *Wagenfahrt* befremdet etwas. Dieweil in England bald darauf (1966) eine umfangreiche Auswahl, betitelt *Shadow Land*, mit Übersetzungen von Ruth und Matthew Mead vorlag, tat sich in Nordamerika vorerst sehr wenig. In den 70er Jahren sind vereinzelt Übersetzungen seiner Gedichte in literarischen Zeitschriften veröffentlicht worden, beispielsweise im „Capilano Review" in Kanada und in den US-Publikationen „Antaeus", „The Humanist", „Seneca Review" und „Poetry".[3] Im Jahre 1972 wurde die erste nordamerikanische Übersetzung eines Prosatextes von Bobrowski veröffentlicht, und zwar die Erzählung *Mäusefest* in der Zeitschrift „Dimension".[4] Die Übertragung wurde von Elmer Suderman besorgt; sie wird dem Original gerecht. (Übrigens erhält der Mond hier die im Englischen normale geschlechtslose Aura). Zudem wurde 1975 in Iowa eine in England publizierte Zusammenstellung von Gedichten in das „International Writing Program" der dortigen Universität aufgenommen.[5] Eine mehr ins Gewicht fallende Aktivität in der Sparte Übersetzungen zeichnet sich erst in den 80er und 90er Jahren ab. Im Juni 1984 erscheint in New York eine Gedichtauswahl mit über 140 Übersetzungen unter dem Titel *Shadow Lands: Selected Poems*.[6] Die Übersetzungen stammen von Ruth und Matthew Mead. Offensichtlich ließ sich der Band gut verkaufen, denn bereits im Oktober 1984 lag eine neue Auflage vor, auch wurde diese mit festem Einband versehene Ausgabe später als Paperback herausgegeben. 1986 erschien an der Westküste eine Auswahl mit dem Titel *Yesterday I*

---

2 Contemporary German Poetry. Trans. G. C. Schwebell. Norfolk: New Directions 1964, S. 94-97. – Möglicherweise lag der Band bereits eher vor, denn der Hinweis auf das Copyright zeigt das Jahr 1962, auch wird 1963 vor 1964 angeführt.
3 The Capilano Review, Fall 1972, S. 47; Antaeus, 30 (1978), S. 62-64; The Humanist, 33 (1973), S. 42; Seneca Review, 4 (1974), S. 31; Poetry, 128 (1976), S. 131.
4 A Feast of Mice (trans. Elmer F. Suderman). In: Dimension, 5 (1972), S. 80-85.
5 J. Bobrowski: From the Rivers. Trans. Ruth and Matthew Mead. International Writing Program, University of Iowa 1975. - (Johannes Bobrowski ist nachfolgend mit J. B. abgekürzt).
6 J. B: Shadow Lands. Selected Poems. Trans. Ruth and Matthew Mead. New York: New Directions 1984.

was leaving, sie enthält Übersetzungen von 33 Gedichten aus der Feder des Schriftstellers Rich Ives.[7] 1988 sollte in New York eine Übersetzung des Romans *Litauische Claviere* herausgegeben werden, anscheinend kam sie jedoch nicht zum Vertrieb.[8] In einer Anthologie erscheinen im selben Jahr noch 16 Gedichte Bobrowskis.[9] Auch wurde kurz darauf der Band *Boehlendorff : A Short Story and Seven Poems* veröffentlicht,[10] desgleichen eine neue Übertragung der Erzählung *Mäusefest* in dem Sammelband *Masterpieces of Fantasy and Wonder*.[11] Anfang der 90er Jahre wurde dann eine weitere Auswahl von Muska Nagel mit Übersetzungen von 39 Gedichten publiziert,[12] auch erschienen zwölf von Leila Vennewitz übertragene Erzählungen in dem Band *Darkness and a Little Light*.[13] 1996 schließlich kam es zur Veröffentlichung einer amerikanischen Ausgabe der von Janet Cropper 1970 in London vorgelegten Übersetzung von *Levins Mühle*.[14] Ihre Arbeit gilt als eine gründliche Übertragung des Originals, doch ist in der amerikanischen Publikation wiederum der Untertitel *34 Sätze über meinen Großvater* ausgelassen worden, eine Unterlassung, die bereits in früheren Rezensionen beanstandet worden ist.[15] Croppers Übersetzung wurde im Verlagsprogramm als „New Directions Classic" aufgenommen. Mit dieser Publikation standen (wenn wir von den *Litauischen Clavieren* absehen) die wichtigsten Werke Bobrowskis der amerikanischen Öffentlichkeit zur Verfügung.

Als Rarität im Übersetzungsspektrum ist noch zu vermerken, daß im Jahre 1970 eine englische Version von einer von Bobrowski angefertigten Nachdichtung aus dem Russischen erschien. Es handelt sich

---

7 J. B.: Yesterday I Was Leaving. Trans. Rich Ives. Seattle: Owl Creek 1986.
8 J. B.: Lithuanian Pianos. Trans. Carl J. Hoffmann. New York: Adler 1988. - Die Übersetzung ist verschiedentlich erwähnt worden, ist jedoch nicht zu erhalten. Scrase vermerkt 1995, daß eine komplette englische Übersetzung des Romans nicht existiert.
9 Evidence of Fire: An Anthology of Twentieth Century Poetry. Seattle: Owl Creek 1988, S. 27-40.
10 J. B.: Boehlendorff: A Short Story and Seven Poems. Trans. Francis Golffing. Francestown: Typographeum 1989.
11 The Mouse Festival (trans. Kathryn Cramer). In: Masterpieces of Fantasy and Wonder. Ed. D. G. Hartwell. New York: St. Martin's 1989, S. 180-182.
12 J. B.: The White Mirror. Trans. Muska Nagel. Orono: Puckerbrush 1993.
13 J. B.: Darkness and a Little Light. Trans. Leila Vennewitz. New York: New Directions 1994.
14 J. B.: Levin's Mill. Trans. Janet Cropper. New York: New Directions 1996.
15 Rezension von G. E. Edwards in: German Life and Letters, 26 (1973), S. 269-270.

um Bobrowskis *Das Tierhäuschen*, das auf Samuil Marschaks *Terem-Teremok* zurückgreift.[16]

Die Sekundärliteratur aus dem amerikanischen Umkreis umfaßt einige selbständige Publikationen und Doktorarbeiten sowie circa 35 Beiträge, die in Fachzeitschriften, Kongressberichten und anderen Schriften veröffentlicht worden sind. Nicht auf alle Publikationen kann hier eingegangen werden, zumal auch einige Aufsätze in litauischer Sprache abgefaßt sind.[17] Es soll vielmehr eine erste Übersicht über die nordamerikanische Forschungsleistung sein, in der wichtige Arbeiten zumindest erwähnt werden. Bisweilen haben die Ausführungen Züge eines Forschungsberichts, häufiger jedoch ist es eine Auflistung von m. E. relevanten Beiträgen. Eine der ersten als selbständige Schrift veröffentlichten Arbeiten war meine im Jahre 1966 erschienene Studie „West-Östliches in der Lyrik Johannes Bobrowskis".[18] Sie setzt sich aus sechs Aufsätzen zusammen, in denen Interpretationen von diversen Gedichten vorgelegt werden. Die Publikation wurde zu jener Zeit als Pionierarbeit betrachtet, moniert wurde, daß die Ausführungen zu wenig auf die gesamte Lyrik Bobrowskis zurückgriffen.

Von den Dissertationen sind (neben einigen Magister-Arbeiten)[19] die Untersuchung von Daniel Papero über den Roman *Levins Mühle* (1976)[20] und die von Werner Schulz über Zeitelemente in der Lyrik Bobrowskis (1980) anzuführen. Paperos Arbeit ist nur in Mikroform erhältlich, die Arbeit von Schulz erschien 1983 in Buchform mit dem Titel „Die aufgehobene Zeit: Zeitstruktur und Zeitelemente in der Lyrik Johannes Bobrowskis".[21] Papero konzentriert sich auf die im Roman enthaltene „soziale Botschaft" und folgert, der „soziale Wert" kristalliere sich in den Fragen, die der Erzähler an die Romanfiguren und den Leser richtet. Schulz stellt sich die Aufgabe, die Zeitstruktur in Bobrowskis Lyrik zu untersuchen. Dabei werden die Mittel erfaßt, mit denen der Dichter die Zeitebenen sichtbar macht. Drei Haupt-

---

16 J. B.: The House in the Meadow. From a Tale in Verse by Samuil Marshak. Trans. Moxa Gillespie. Irvington-on-Hudson (1970).
17 Beispielsweise A. Hermann: "Dainu itaka i J. Bobrowskio lyrika". In: Metmenys, 36 (1978), S. 177-182.
18 S. Hoefert: West-Östliches in der Lyrik J. B's. München 1966.
19 M. I. Malone: Mythos in den Werken J. B's. M. A. Thesis, University of Texas at Austin 1970. – Jennifer May Handley: The River Motif in the Lyric Poetry of J. B. M. A. Thesis, University of Waterloo 1981.
20 D. V. Papero: J. B's 'Levins Mühle' : A Socio-Literary Analysis. Ph.D. Diss., Indiana University 1976.
21 W. Schulz: Die aufgehobene Zeit: Zeitstruktur und Zeitelemente in der Lyrik J. B's. Bern 1983.

ebenen sind erkennbar: a) historische Zeit, b) persönliche Zeit, c) Bewußtseinszeit. Nach Schulz kommt es bei der Anwendung der verschiedenen Mittel zu einem Überlagern der Zeitebenen. Bobrowski hebt die Zeit sozusagen auf; er schafft für den Leser ein Zeitbewußtsein, das Vergangenheit, Gegenwärtiges und Zukünftiges in einem Erkenntnismoment vereinigt. In Rezensionen wurde bemängelt, daß Schulz nur selten auf Bobrowskis Gebrauch der verschiedenen Vergangenheitsformen eingegangen sei.

Im Jahre 1995 erschien in den USA die erste in Buchform publizierte Einführung in das Leben und Werk des Dichters. Sie wurde von David Scrase vorgelegt und trägt den Titel „Understanding Johannes Bobrowski".[22] Das Kernstück der Arbeit ist der Teil, in dem die Lyrik Bobrowskis erörtert wird. Scrase beschränkt sich auf die Untersuchung von elf Gedichten. Er will damit beispielhaft die stilistischen und thematischen Aspekte aufzeigen, die für Bobrowskis Lyrik kennzeichnend sind. Bei der Untersuchung der Prosawerke geht es ihm um das Herausarbeiten ihrer typischen Merkmale. Neben den beiden Romanen werden die Erzählungen *Unordnung bei Klapat* und *Begebenheit* besonders eingehend untersucht, und in sozusagen zweiter Linie werden *Rainfarn, Der Mahner, Der Tänzer Malige* und *Mäusefest* beleuchtet. Scrase hält fest, daß die Prosa durch lyrische Schönheit und die moralische Position des Autors gekennzeichnet ist, durch die nicht-dramatische Spannung der Sprachführung und durch die Tatsache, daß sie ungewöhnliche Schilderungen von hoher Anschaulichkeit enthält. Bei einer künftigen Überprüfung der DDR-Literatur nach bleibenden dichterischen Leistungen werde das Werk Bobrowskis ganz obenan zu stehen kommen.

Ein Überblick über die in Büchern, Fachzeitschriften und Kongressberichten erschienene Sekundärliteratur zum Werk Bobrowskis ergibt, daß die ersten Arbeiten in Nordamerika bereits in den 60er Jahren vorgelegt wurden. 1966 erschien im „Germanic Review" Jerry Glenns Einführung in Bobrowskis Lyrik.[23] Der Aufsatz war grundlegend und hat das Verständnis für das Werk Bobrowskis entschieden gefördert. Glenn stellt heraus, daß die Zeitverhältnisse einer der wichtigsten Aspekte der Lyrik Bobrowskis sind, daß man die darin enthaltene Tier- und Landschaftssymbolik besser verstehen kann, wenn die Zeitelemente beachtet werden. Er untersucht besonders das Gedicht *Immer zu benennen*, weist auf das thematische Anliegen des Dichters hin

---

22 D. Scrase: Understanding J. B. Columbia: Univ. of South Carolina 1995.
23 J. Glenn: An Introduction to the Poetry of J. B. In: The Germanic Review, 41 (1966), S. 45-66.

und auf den in seiner Lyrik vorherrschenden melancholischen Zug. Die erste Untersuchung eines Prosawerkes in Nordamerika wurde von mir 1968 vorgelegt, in der kanadischen Zeitschrift „Seminar".[24] Sie befaßt sich mit der Schaffensweise des Dichters in der Erzählung „Die Seligkeit der Heiden". Im gleichen Jahr erschien auch meine Arbeit über den Nachhall finnischer Dichtung in der Lyrik Bobrowskis im „German Quarterly".[25]

In den 70er Jahren werden in Nordamerika mehr Arbeiten über Bobrowski veröffentlicht als zu jedem anderen Zeitpunkt, und im Jahre 1972 erscheinen dort die meisten Beiträge über ihn. Als Auftakt wird 1971 die umfangreichste Studie der Lyrik Bobrowskis im Korpus des unselbständigen Schrifttums in Nordamerika publiziert. Es handelt sich um das Bobrowski-Kapitel in dem Band „Poetry in East Germany" von John Flores.[26] Der Verfasser gliedert seine Ausführungen in drei große Abschnitte: a) Sarmatien - Mythos und Geschichte, b) Sprache, c) Nachbarschaft. Es sind „Annäherungen" an die Dichtung Bobrowskis unter Berücksichtigung der Grundbegriffe, die für sein Werk wichtig sind. Flores stützt sich auf die Gedichtbände, greift aber auch auf die Prosa über, die er für weniger bedeutend als die Lyrik hält. Er will keines der Gedichte in umfassender Weise behandeln, geht aber doch detailliert auf einige Texte ein (z. B. *An Klopstock*). Flores kennt sich mit der relevanten Literatur gut aus, setzt sich auch kritisch damit auseinander, geht auf des Dichters Beziehung zu seinem gesellschaftlichen Umfeld ein und hebt hervor, daß Bobrowski sich nicht zu den Aberrationen des dortigen kulturpolitischen Systems bekannt habe. Die Arbeit von Flores ist einer der wichtigsten Beiträge über die Lyrik Bobrowskis, die in Nordamerika veröffentlicht worden sind. Das Buch wird in vielen nordamerikanischen Universitäten auch tatsächlich „benutzt", Lesespuren im Bobrowski-Kapitel bezeugen dies.

Im Jahre 1972 wurden in Nordamerika sechs Arbeiten über Bobrowski vorgelegt. Zwei Aufsätze stammen aus der Feder von Gastprofessoren. Hubert Ohl, der 1971 in Amherst tätig war, veröffentlichte in einem Bericht über ein dortiges Kolloquium eine Unter-

---

24 S. Hoefert: Überliefertes und schöpferische Gestaltung in B's Die Seligkeit der Heiden. In: Seminar, 4 (1968), S. 57-66.
25 S. Hoefert: Der Nachhall finnischer Dichtung in der Lyrik J. B's. In: The German Quarterly, 41 (1968), S. 222-230; in erweiterter Form in: Mitteilungen aus der Deutschen Bibliothek, Helsinki, 10 (1976), S. 62-75.
26 J. Flores: Poetry in East Germany. New Haven: Yale University Press 1971, S. 205-272.

suchung des Romans *Litauische Claviere*.[27] Er setzt sich mit dem Begriff „Nachbarschaft" auseinander und hält fest, daß das zentrale Thema des Romans die Frage nach der Möglichkeit des Miteinanderleben-Könnens sei. Alfred Kelletat war zu der Zeit Gastprofessor in Toronto und veröffentlichte in der Zeitschrift „Seminar" einen Aufsatz über die Bewegungsphänomene in der Lyrik Bobrowskis.[28] Er geht besonders auf die Gedichte *Kloster bei Nowgorod* und *Gegenlicht* ein und erörtert die Bedeutung Klopstocks für den Dichter. Im selben Heft kam auch ein Aufsatz von Martin Anderle zum Abdruck, der sich mit der Verwendung von Sprachelementen Hölderlins in dem Gedicht *Hölderlin in Tübingen* befaßt.[29] In den USA erschienen zudem zwei Aufsätze aus meiner Feder, einer im Periodikum „Modern Austrian Literature" über den Einfluß Trakls, der andere in den „Monatsheften" über die Ikonen-Gedichte Bobrowskis.[30] In Texas wurde von John Gogol auch eine kürzere Arbeit in der Zeitschrift „Conradiana" über Bobrowski und Joseph Conrad veröffentlicht.[31] Gogol geht auf einige Gemeinsamkeiten der beiden Dichter ein und fügt eine wohl von ihm stammende Übersetzung des Gedichts *Joseph Conrad* bei.

Im Jahre 1973 erscheinen zwei Arbeiten von Dagmar Barnouw, im „Germanic Review" und in der kanadischen Zeitschrift „Mosaic".[32] Der in den Staaten publizierte Aufsatz trägt den Titel „Bobrowski and Socialist Realism" und untersucht *Levins Mühle* und *Litauische Claviere* im Kontext der in der DDR gültigen Literaturtheorie. Sie vergleicht die Romane mit Werken von Christa Wolf und Hermann Kant, hebt den „gestischen Stil" Bobrowskis hervor und weist darauf hin, daß auch marxistisches Gedankengut darin enthalten sei. In der Zeitschrift „Mosaic" bietet sie einen Überblick über die Lyrik Bobrowskis im Hinblick auf die historische Schuld der Deutschen in Osteuropa. Beachtenswert hinsichtlich der Rezeption Bobrowskis ist eine An-

---

27 H. Ohl: J. B's Roman 'Litauische Claviere'. Struktur und Thematik. In: Revolte und Experiment. Hrsg. von Wolfgang Paulsen. Heidelberg 1972, S. 186-206.
28 A. Kelletat: Zur lyrischen Sangart J. B's. In: Seminar, 8 (1972), S. 117-136.
29 M. Anderle: Sprachbildungen Hölderlins in modernen Gedichten (Celans Tübingen, Jänner und Bobrowskis Hölderlin in Tübingen)". In: Seminar, 8 (1972), S. 99-116.
30 S. Hoefert: Der Nachhall Trakls in der Lyrik J. B's. In: Modern Austrian Literature, 5 (1972), S. 7-13; Kunst und Literatur: Die Ikonengedichte J. B's. In: Monatshefte, 44 (1972), S. 218-228.
31 J. M. Gogol: Joseph Conrad and J. B., Two Exiles from Sarmatia. In: Conradiana, 3 (1971/72), S. 77-80.
32 D. Barnouw: Bobrowski and Socialist Realism. In: The Germanic Review, 48 (1973), S. 288-314; Poetry of Coexistence: J. B. on 'The German East'. In: Mosaic, 6 (1973), S. 21-38.

merkung, in der sie festhält, daß der Dichter in den USA fast unbekannt sei, daß Übersetzungen seiner Prosa erst vor kurzem erschienen seien und daß die Lyrik nur in Auswahl und nicht immer genauen Übertragungen vorliege. In der Zeitschrift „Colloquia Germanica" geht 1973 Edward Harris im Rahmen eines Aufsatzes über den Sturm-und-Drang-Dichter Lenz auf Bobrowskis Gedicht *J. M. R. Lenz* ein.[33] Bobrowski habe darin seine Persönlichkeit aufs innigste mit der von Lenz verwoben. 1977 erscheint in Michigan („Rackham Literary Studies") noch ein in die Lyrik Bobrowskis einführender Aufsatz von George Schober,[34] auch liegt in einem Kongressbericht eine Strukturanalyse der *Litauischen Geschichte* vor.[35] Zudem erscheinen in Westeuropa Aufsätze von Bobrowski-Forschern, die in Nordamerika tätig sind.[36] Besonders zu vermerken ist noch, daß der amerikanische Dichter Kenneth Irby 1978 in der Zeitschrift „Bezoar" einen poetischen Text, eine Art Prosagedicht, zu Ehren von Bobrowski veröffentlicht hat.[37] Von einem gelben Gewand und einer Botschaft ist darin die Rede, und deswegen, heißt es, haben wir über „his poetry and in praise" über ihn gesprochen.

Zu Anfang der 80er Jahre werden vier Arbeiten publiziert. Leah Ireland geht in „Colloquia Germanica" auf die Erzählung *Der Tänzer Malige* ein, und in den „Monatsheften" erscheint von ihr ein Aufsatz über Bobrowski und die Welt der Ostjuden.[38] Sie untersucht eine Reihe von Gedichten, in denen der Jude bzw. jüdisches Schicksal dargestellt werden, und konstatiert, daß in ihnen ein Distanzierungseffekt gegenüber jüdischen Gestalten erkennbar sei. Leah Ireland fragt nach Bobrowskis persönlicher Haltung und stellt fest, daß es ihm vor allem um die Tendenz seiner Landsleute ging, gewisse Nichtdeutsche

---

33 E. P. Harris: J. M. R. Lenz in German Literature. In: Colloquia Germanica, 7 (1973), S. 214–233.

34 G. Schober: J. B.: Eine Einführung in sein lyrisches Werk. In: Rackham Literary Studies, 8 (1977), S. 117-29.

35 S. Hoefert: Gestaltungskraft und Erzählstruktur in B's Litauische Geschichte. In: Proceedings Pacific Northwest Council on Foreign Languages, Vol. 28.1, 1977, S. 54-57.

36 B. Mogridge: J. B.: Pinnau und andere. In: Jahrbuch für internationale Germanistik, A, 2 (1976), S. 450 – 461. – D. S. Scrase: Point Counterpoint: Variations on the 'Fest' Theme in J. B's Levins Mühle. In: German Life and Letters, 32 (1979), S. 177-185.

37 Bezoar, December 1978. Der betreffende Teil des Textes trägt den Titel "[Homage to Johannes Bobrowski]".

38 L. Ireland: 'Your Hope Is on My Shoulder': Bobrowski and the World of the Ostjuden. In: Monatshefte, 72 (1980), S. 414-430; Two Clowns. New Dimensions of the Picaresque. In: Colloquia Germanica, 14 (1981), S. 342–351.

(certain non-Germans) als „sub-human" zu betrachten. Im „Germanic Review" legt Lee Elmore zu der Zeit eine Interpretation der Personengedichte über *J. S. Bach* und *Mozart* vor,[39] und in der Zeitschrift „American Poetry Review" bezieht sich der amerikanische Dichter Alan Williamson in einem Aufsatz über Wertevorstellungen in der europäischen Gegenwartslyrik auf Bobrowski.[40] Der ostdeutsche Lyriker ist für ihn der große neuere Dichter Ostpreußens, einer Region, die Williamson als ein anderes „not-quite country" betrachtet. Besondere Aufmerksamkeit widmet er dem Gedicht *Gestorbene Sprache*, in dem die Sprache, wie er sagt, als ein nicht zu widerlegender Zeuge für das Verwobensein der Landschaft mit darin untergegangenen Kulturen erscheint.

Neben einigen in Europa publizierten Arbeiten[41] sind für die Folgezeit noch zumindest zwei wichtige Beiträge anzuführen. Im Jahre 1993 veröffentlicht Patricia Pollock Brodsky in der Zeitschrift „Germano-Slavica" einen Aufsatz über Bobrowski und Horst Bienek als Vermittler der Literatur Isaac Babels[42], und gegen Ende des Jahrhunderts erscheint in Chicago in der „Encyclopedia of German Literature" ein Lexikon-Artikel über den ostdeutschen Dichter[43]. Der Verfasser, J. K. Thomaneck, stellt fest, daß die englischen Übersetzungen wenig Wirkung hatten und daß Bobrowski ein Autor mit „limited public appeal" blieb. Unter Literaturwissenschaftlern sei er allenfalls zu einem „insider tip" geworden. Diesen Folgerungen kann ich mich nur teilweise anschließen, und in Hinblick auf das beträchtliche Interesse der Forschung an Bobrowskis Werk müßten Thomanecks Ausführungen erweitert werden.

---

39 L. Elmore: B's Poems 'J. S. Bach' and 'Mozart'. In: The Germanic Review, 56 (1981), S. 70-76.

40 A. Williamson: The Values of Contemporary European Poetry. In: The American Poetry Review, January / February 1984, S. 28-36 (S. 31-32 über Bobrowski).

41 A. T. Alt: Romanticism and Modern 'Sprachkrise': A Note on Hugo von Hofmannsthal, Paul Celan, and J. B.. In: Dimensions. Hrsg. von P. Pabisch u. I. R. Stoeber. Krefeld 1993, S. 230-239. – S. Hoefert: Zu den ‚Kriegsgedichten' von J. B., Peter Huchel und Hanns Cibulka. In: Schuld und Sühne? Kriegserlebnis und Kriegsdeutung in den deutschen Medien der Nachkriegszeit (1945-1961). Hrsg. von Ursula Heukenkamp. Amsterdam: Rodopi 2001, S. 341-351.

42 P. Pollock Brodsky: Babel, Bobrowski, Bienek and the Role of the Cultural Intermediary. In: Germano-Slavica, 7/8 (1992 / 93), S. 45–51.

43 J. K. Thomaneck: J. B. 1917-1965. In: Encyclopedia of German Literature. Vol. 1. Chicago: Fitzroy Dearborn Publ. 2000, S. 120–121. – Der britische Forscher war meines Wissens zwar nie in Nordamerika tätig, doch da es sich um einen Beitrag in einem Nachschlagewerk handelt, das in vielen nordamerikanischen Universitäten zu finden ist, wird die Arbeit hier angeführt.

Über die Rezeption Bobrowskis in Nordamerika ist abschließend festzuhalten, daß Übersetzungen seiner Werke zunächst nur vereinzelt erschienen, daß sich jedoch in den 80er und frühen 90er Jahren eine beachtenswerte Übersetzungstätigkeit entfaltete. Umfangreiche Auswahlbände mit Lyrik und Prosatexten und auch der Roman *Levins Mühle* werden zu der Zeit vorgelegt. Allerdings griffen amerikanische Verleger oft auf die bereits in England publizierten Übersetzungen zurück. Erst allmählich setzen sich amerikanische Übersetzer durch. Für den akademischen Unterricht sind Bobrowskis Werke hier und da herangezogen worden, meistens jedoch auf der Graduierten-Ebene, also mit Studenten, die bereits einen Universitätsgrad erworben haben. Bisweilen wird sein Werk auch im komparatistischen Kontext behandelt. Die aus dem nordamerikanischen Bereich stammende Sekundärliteratur zum Werk Bobrowskis ist umfangreich und umschließt eine Vielfalt von Themen. Bereits in den 60er Jahren sind grundlegende Arbeiten in englischer Sprache vorgelegt worden. Ein quantitativer Höhepunkt der Forschungstätigkeit bildet sich in den 70er Jahren. Auch in qualitativer Hinsicht erscheinen zu diesem Zeitpunkt in Nordamerika wichtige Beiträge. Oft steht die Lyrik im Zentrum des Interesses. Zeitelemente, die geschichtlich-kulturelle Dimension, die Beziehung zum europäischen Osten und zum Judentum sind Aspekte, die häufig bearbeitet wurden. Hinsichtlich der Prosa waren die Bemühungen auf diverse Erzählungen gerichtet, und auch der Roman *Levins Mühle* wurde mehrmals intensiv untersucht.

Ein paar Paraphrasen zu Johannes Bobrowski in Litauen

REGINA SINKEVIČIENĖ

I. „O Land, das ich geliebt wie anders nichts!"

So lautet eine Phrase des Gedichtes *Die Kurische Nehrung* (Juli 1945), des ersten Gedichtes aus Bobrowskis Sammlung *Heimatlieder 1945-48*.

Der Landschaftsdiskurs bei Johannes Bobrowski spielt eine ausgeprägte Rolle in der Selbst- und Fremdwahrnehmung. Der Ausgangspunkt in diesem Diskurs ist Bobrowskis Heimat, topographisch punktiert: „Da war ich Kind", „wo Raum genug / für alles Glück noch war, das mir geschehn," (*Die Vaterstadt*)[1]; „Lied meiner Heimat! Du aus Glück / gefügtes! Darin singt / die Flur, von Wald und Fluß umringt -" (*Heimatlied*).[2]

Heimat ist jedoch immer auch geistiger Besitz.

Johannes Bobrowski hat aus der geographischen und aus der historisch-kulturellen Quelle seiner Heimat geschöpft. Seine Heimat war kulturell nicht homogen. Darauf hat er selbst hingewiesen: „Weil ich um die Memel herum aufgewachsen bin, wo Polen, Litauer, Russen, Deutsche miteinander lebten, unter ihnen allen die Judenheit. Eine lange Geschichte aus Unglück […], aber eine Hoffnung wert und einen redlichen Versuch in deutschen Gedichten."[3]

Seine poetische Topographie speist sich aus Landschaftsbildern, die aus seinen Kindheitserinnerungen aufgetaucht sind, reflektiert als mythologischer Diskurs zum Wahrnehmen der geschichtlichen Geschehnisse (in der Lyrik bis zu seiner Kurzprosa und besonders ausdrucksvoll gestaltet in seinem letzten Roman *Litauische Claviere*). In

---

1 J. Bobrowski: Gesammelte Werke in sechs Bänden, hg. von E. Haufe. Bde. I-IV Stuttgart / Berlin 1987, Bd. V Stuttgart 1998, Bd. VI (hg. von H. Gehle) Stuttgart 1999, hier II, S. 81-83; Zitate aus dieser Ausgabe werden im folgenden mit der Sigle GW, der Band- und der Seitenangabe nachgewiesen.
2 Ebd., S.74.
3 J. Bobrowski: Selbstzeugnisse und neue Beiträge über sein Werk. Stuttgart 1976, S.13.

diesem Kontext sind auch Bobrowskis Beziehungen zu Litauen offensichtlich.[4]

Der Strom Memel / Nemunas ist ein deutlicher Ansatzpunkt dieses Landschaftsdiskurses. Er ist auch Handlungsort und Grenze zwischen den benachbarten – deutschen und litauischen – Kulturen in Bobrowskis Roman *Litauische Claviere*. Diesem Fluß sind viele seiner Gedichte gewidmet.[5]

Daß es für ihn schon während des Krieges wichtig war, die Welt seiner Heimat zu reflektieren, bestätigen Bobrowskis Äußerungen in Briefen. Die einzige Möglichkeit der Selbst-Wahrnehmung stellte in dieser Zeit die Kunst dar. Dem wahren Künstler sind Religion, bildende Kunst und Literatur die wirklichen Instrumentarien zum Schöpfertum: „Ich glaube nämlich, daß die Kunst die Schönheit ist – und also zuletzt das Leben,", behauptete er 1942.[6] Seine Herkunft gab Bobrowski offen an („Ich bin Ostpreuße")[7], sein dichterisches Vorhaben beschrieb er so: „Aus den vielen und vielfältigen Einzelbildern das eine Bild, gleichsam das Prinzip etwa des Stromes, der Ebene usw. zu fügen. Der Strom ist in seiner ersten Gestalt da [...]"[8]

Den Grund zu diesen frühen poetischen Intentionen formulierte Bobrowski wie folgt:

Die lange Trennung ist wohl dabei – von der Landschaft, die durch viele Jahre, von denen jedes endlos lang war, vertraut blieb, und von den Menschen, die zu mir gehörten wie ich selber, Hand und Gesicht etwa, - und das immer aufsteigende Bewußtsein des Abgetrenntseins, auch innerlich manchmal.[9]

Die Beschäftigung – so gegen Ende der Kriegsgefangenschaft – „mit den brennenden Problemen der Menschheit, und damit der Heimat"[10], war ihm eine schöpferische Pflicht. Seine Bemühungen stützten sich auf einen selbstbewußt wahrgenommenen Humanismus. Zu seiner literarischen Produktion könne er über „eine historische Einsicht"[11] und den selbst erlebten Raum verfügen: „Ohne Vergangen-

---

4 R. Sinkevičienė. Lietuva Johaneso Bobrovskio kūryboje (Litauen im Schaffen von Johannes Bobrowski). Vilnius 1990.
5 Ebd., S.122.
6 Aus dem Brief an Ina Seidel, 26.12. 1942 (Auszüge aus diesem Brief und den weiter folgenden sind aus dem Archiv der Autorin).
7 Aus dem Brief an Ina Seidel, 12.12.1943.
8 An Ina Seidel, 16.09.1944.
9 An Ina Seidel, 29.11.1944.
10 Aus dem Brief an die Eltern, 24.06.1949.
11 Aus dem Brief an Hans Ricke, Januar/ Februar 1950.

heit, wörtlich: ohne Vater und Mutter, ist nichts. Im luftleeren Raum kann man nicht leben..."[12] Für sein „Landschaften-Projekt" brauchte es jedoch etwa zehn Jahre: „Buchstäblich: was mich 1942 anregte, ist für dieses Jahr zu erwarten. Hier der Anfang eines „Landschaften-Projekts"[13]. 1952 machte das Gedicht *Pruzzische Elegie* den Anfang zu diesem Projekt, das einen klaren Aufschluß von dem Dichter forderte:

Die altpreussische Elegie meint den Untergang des preußischen (oder pruzzischen) Volkes im Gebiet des späteren Ostpreussen durch den Deutschen Ritterorden, der vom ersten Drittel des XIII. Jahrhunderts ab das Land eroberte und in jahrhundertlange Ödnis verwandelte. Eine alte, seit meiner Knabenzeit genährte Erbitterung, die aber heute hüben und drüben unpopulär sein dürfte.[14]

Privat liebte Bobrowski seine Familie, liebte er Bilder, Verse, Lieder und Landschaft: „Ich habe vieles zu Grabe getragen", resümierte er 1954, „Geliebte, Freunde, schließlich auch die Heimat – aber alles ohne zu verlieren."[15]

Johannes Bobrowski war aufrichtig in seinem Auftrag als Dichter: Er müsse erst einmal dazu seine „dichterische Existenz überdenken, genau und gründlich." In seinen poetischen Bestrebungen leitete ihn die Liebe:

Ich liebe die Landschaft, die Geschichte, die Menschen meiner Heimat. Und ich liebe die Deutschen. Aus solchem Grundgefühl soll das weite Land zwischen Weichsel und Wolga / Don sichtbar werden in Gedichten. Gestalten anderer Kulturkreise werden angerufen sein, aber eben von dort, von der ‚sarmatischen Ebene' her gesehen. [...] jedes Gedicht [...] ist ein Teilstück, ein Mosaik.[16]

Der Landschaftdiskurs der „Sarmatischen Ebene" hat seine biographischen Wurzeln: „Das sind eben keine Bildungserlebnisse. Es liegt an der Herkunft, an der eigenen. [...] unzerstörte Wurzeln im Heimatbereich die sicherste Gewähr für echte, weitreichende Wirkung sein dürfte."[17] Bobrowskis Absicht ist einfach und tiefgründig. Er

---

12 An Hans Ricke, 08.01.1952.
13 Aus dem Brief an Otto Baer, 28.03.1952.
14 Aus dem Brief an Hans Ricke, 11.08.1952.
15 Aus dem Brief an Werner Zintgraf, 20.04.1954.
16 Aus dem Brief an Hans Ricke, 09., 10.10.1956.
17 Aus dem Brief an Georg Bobrowski, 11.12.1957.

wolle nichts anderes „als Frieden stiften, Vertrauen wecken."[18] Die Reminiszenzen an die heimatliche Welt zogen auch manchen Zweifel mit sich an einem nicht die Vergangenheit, sondern das Momentane und Gegenwärtige reflektierende Dasein. Die Weltprobleme werden bei Bobrowski von dem „trigonometrischen Punkt" der Region betrachtet. Der Dichter gibt dafür seine Deutung:

Also Wiederkehr, das ist an der Jura, welche ein Fluß, nicht an der Memel, die heißt immer Strom. Ort: Dorf Motzischken, Blick: vom linken Ufer, Nähe Friedhof, aufs rechte Ufer hinüber, das Wiesenufer, von dort dann vice versa. [...] ‚die Daubas', was lit. einfach Schlucht bedeutet; bezieht sich auf das Mündungsgebiet der Szeszupe. Das Tilsit - Bildchen möcht ich schon gern sehen [...] Also, ich bin ein Heimatdichter, sagen Sie. Dabei mache ich bloß so ein Schlußpanorama für die zuendegehende Epoche der Seßhaftigkeit, welche im Neolithikum bekanntlich anfing, damit die Leute wissen, wie das war.[19]

Für sein dichterisches „Landschaften-Projekt" ist die sarmatische Welt auf einer Landkarte in fünf Zonen eingeteilt: Zone 1 das ehemalige Ost-und Westpreußen; Zone 2 Litauen, Lettland, Estland und das südliche Finnland usw.

Topographisch lassen sich hier auch die Zeichen der litauischen Kultur in bildhaft metaphorischer Dichtersprache einsetzen. Wie früher erwähnt, gehören zu dem sarmatischen Diskurs Bobrowskis auch ein paar Gedichte über die Kurische Nehrung. In dem Gedicht *Die Frauen der Nehrungsfischer* (1955) ist schon eine andere Zeitdimension und andere menschliche Erfahrung enthalten. Die Aufmerksamkeit wird hier auf das Warten gelenkt.

Die Natur und der Mensch befindet sich im Wachzustand. Das Schicksal des Menschen ist unbeständig wie das Fließen des Sandes. In dem Landschaftsbild der Kurischen Nehrung steht der Subjekt gleichsam an der Grenze des Diesseits und des Jenseits:

---

18 An Ch. Zippel, 06.04.1961.
19 An Alfred Kelletat, 22.01.1963.

Wenn sie kamen – die Alten	*Kai atplaukė - seniai*
wachten am Ruder, die Söhne,	*budrūs prie irklų, sūnūs*
wirr vor Schlaf, in den Armen	*apsnūdę, rankose*
des Netzzugs Last -,	*tinklų našta,-*
ging durch den Himmel ein heller	*perrėžė dangų blyksnis*
Streif und hing um die Dächer.	*šviesus ir nutvieskė stogus.*
Droben	*Aukštai*
Wenige Rufe	*sklaidės vėjyje*
Trieben im Wind.	*šūksniai keli.*[20]

Die Zeilen „ging durch den Himmel ein heller / Streif und hing um die Dächer" erschließen in diesem Gedicht den Blick in die Zukunft, in „helle" Aussicht.

Demgegenüber verarbeitet Bobrowski im oben erwähnten Gedicht *Die Kurische Nehrung* (1943) seine sinnliche Erkenntnis während des Zweiten Weltkrieges. Seine frühere Welt und die Landschaft der Kindheit beiderseits des Flußes Nemunas /Memel sind für ihn verloren. Das Bild der Landschaft ist in diesem Gedicht betrübt und dunkel: „Die harten Halme klirren, wenn der Wind / sich fröstelnd, wie in Wellen niederschlägt." „Immer / steht da ein dunkles Donnern in den Lüften;" „Hinausgestreckt, ein kahler Arm aus Erde, / in flirrend heiße Sände tief vergraben" (GW II, S. 77):

Dahinter hockt die Düne, halben Blickes,
mit Sand nur, Körnern Sand sich näherdrückend,
bedrohlich näher, schweigsam sehr am Tage,
wie tot im Licht – [...]

Die Natur ist in diesem Gedicht bewegungslos: „Das Haff. Wie bleiern liegts (...)". Gleichzeitig äußert er jedoch die große Liebe zu diesem Land: „dem Finger Gottes / noch so nahe." Die Deklaration seiner großen Liebe ist offen:

O Land, das ich geliebt wie anders nichts!
Wortkarger, ungelenker Männer Heimat
Und stiller, herzverschloss'ner Frauen. [...][21]

---

20 J. Bobrowski: GW I, S. 13. Die Übertragung des Gedichtes ins Litauische von S. Geda in: Johanesas Bobrovskis: Sarmatijos metas. Vilnius 1974, S. 10.
21 GW II, S. 77f.

II. „Und ist der Ort, wo wir leben."

Die Horizontlinie des topographischen Landschaftsbildes erstreckt sich sehr deutlich in der Lyrik von Johannes Bobrowski.

Es sind hier zur Veranschaulichung nur die Titel einiger Gedichte zu nennen: *Dorf, Kindheit, Die Jura, Auf den jüdischen Händler A.S., Wagenfahrt, Das Holzhaus über der Wilia, Wilna, Am Strom, Der litauische Brunnen, Litauische Lieder, Gestorbene Sprache, Pruzzische Elegie, Stromgedicht, Kaunas 1941, Wiederkehr, Die Memel, Die Daubas, Landstraße, Alter Hof in Wilna, Holunderblüte, Nacht der letzten Gehöfte, Gedenkblatt, Der Judenberg, Heimweg, Das Dorf Tolmingkehmen.*

Eine Landschaft ist bei Johannes Bobrowski ein Ort, wo der Mensch haust, wo er lebt und liebt. Die Landschaft gibt dem Menschen die Möglichkeit, den Blick auf sich selbst zu werfen, sich eins mit dem Dasein zu fühlen, das Gleichgewicht und die Harmonie mit der Umwelt zu finden. Die Landschaft heilt die unruhige und durstige Seele des Menschen.

Was war der Grund und die Quelle dafür? Über seine schöpferische Quelle hat sich der Dichter in seinen Briefen ausdrucksvoll geäußert. Aber warum hat Johannes Bobrowski auch das Land Litauen, seine Landschaft, patriarchalische Lebensweise seiner Bewohner beschrieben? Warum zeigte er so viel Interesse für litauische Kunst und Literatur (Žemaitė, M. K. Čiurlionis, Vydūnas und besonders K. Donelaitis)? Warum nannte er sein letztes Werk *Litauische Claviere*? Diese Fragen schienen früher wichtig zu sein.

Eine gewisse Region oder ein bestimmter Ort ist bei Bobrowski nur der Schauplatz für die Handlung, der Blickwinkel in die Vergangenheit. Von dorther beginnt der Dichter das Geschpräch über das Leben und das Handeln der Mitmenschen, über das Dasein der Nachbarkulturen.

Dies gilt nicht nur für die Lyrik: Am 24. Oktober 1960 schrieb Bobrowski an die Deutsche Verlags-Anstalt Stuttgart: „Dann hab ich das Sarmatische Thema und Kindheit und alles zuende gebracht. Dann ist das Feld frei für Prosa."[22]

Auch zahlreiche der seit 1960 entstehenden Prosatexte enthalten Landschaftselemente und folgen der ostpreussisch-litauischen Thematik, so *Begebenheit* (1960), *Brief aus Amerika* (1961), *Litauische Geschichte* (1962), *Unordnung bei Klapat* (1962), *Idylle für alte Männer* (1962), *Lip-*

---

22 Zit. nach: E. Haufe: Johnnes Bobrowski. Erläuterungen der Gedichte und der Gedichte aus dem Nachlass. Stuttgart 1998, S. 78.

manns Leib (1962), *Roter Stein* (1963), *Lobellerwäldchen* (1964), *De homine publico tractatus* (1964), *Gedenkblatt* (mit der Dedikation: „Den litauischen Freunden". Der Text ist eine Beschreibung einer Fotografie; diese „stellt Julia Žemaitė dar, eine litauische Schriftstellerin", 1965), *Stiller Sommer; zugleich etwas über Wachteln* (1965). In der im Berlin der Gegenwart angesiedelten Erzählung das *Käuzchen* (1962/63) schreibt Bobrowski:

Wir leben hier, jeden Tag, wir haben unsere Kinder, und unsere Arbeiten, jeden Tag, und das ist alles ernst, wir müssen uns ausruhen, weil wir ermüdet sind, aber wie sind wir denn hier – ein Vogel ruft, und wir meinen aufzuwachen. Du hast die litauischen Lieder vor, plötzlich, mitten am Tag, das Essen ist auf dem Feuer, nachher kommen die Kinder aus der Schule, und ich hier schreib etwas auf, im Büro, um mit dir zu reden. Oder besinge noch immer dunkel, wie Graß sagt, das Flüßchen Szeszupe. Sag doch, wie leben wir hier? Nimmt man das Vaterland an den Schuhsohlen mit?
[...]
Die Traumhäuser sind aus Holz, aber nicht alle, und das ist es auch nicht. Und die Wege?
Ein eingefahrener Sandweg. Ohne Gräben. Wie breit ist er, kann man sagen? Er geht über in die Wiese. Oder die Wiese hört auf. Oder geht über in einen Weg. Wie ist das genau? Es gibt keine Grenze. Der Weg ist nicht zu Ende. Und die Wiese fängt nicht an. Das ist nicht ausdrückbar. Und ist der Ort, wo wir leben.[23]

Der mentale Weg in die Heimatwelt war durch und mit seinen Werken möglich. Der Schauplatz in seinem letzten Werk, im Roman *Litauische Claviere* (1966), ist mit den Ortsnamen topographisch exakt fixiert: Prusellen, Schakeningken, Mikieten, Lompöhnen, Polomper Berge, Polompen, Kerkutwethen, Masurmaten und Willkischken.
Im Roman lesen wir:

Hier geht es, über den Hügel hinunter, ins Dorf. Der Kirchturm sticht in die Luft. Das Haus davor soll die Schule sein, im Haus gegenüber, oben, über dem Saal von Plattners Krug, soll Potschka wohnen.
Soviel Freundlichkeit. Es erzählt sich hin. Und ist irgendwann zuende. Da wird gesagt, was sich sagen läßt.
Kommen sie, Herr Gawehn, sagt Voigt. Er läßt den Blick über das Dorf wandern, über die verschwimmenden Umrisse der Hügel dahinter, über die Fel-

---

23 GW IV, S.77f.

der zur Linken, über die Sonnabendfarben: dunkles Grün, helles Gelb, rötliche Töne, ein langsam tiefer werdendes Blau. Es erzählt sich so hin.[24]

Von Rainer Maria Rilke stammt die Bemerkung, daß poetisches Schaffen einer schmerzlichen Erfahrung entspringt. Die Kultur ist mit der Lebenserfahrung zu beziehen. J. Bobrowski sucht mit seinen Werken Kommunikation, die Klärung verlangt; er versucht zu den schwierigen, ungelösten Aufgaben und Fragen eine bestimmte Aussicht zu gewinnen und den Leser anzuregen, über die Geschichte, ihre Gegebenheiten und Folgen nachzudenken.

Das Medium ist der Dichter, die Mittel – seine Kunst, die, den Worten Bobrowskis nach, „vollkommen sinnliche Rede". Bobrowskis Weg ist Selbstbesinnung des Lebens. Der Dichter hat einen tiefen Spürsinn für die zerrüttete Welt. Und klare Sehnsucht nach harmonischer Eintracht. Er versucht, den verstimmten Ton der Weltgeschehnisse mit seiner schöpferischen Arbeit aufzuklaren.

Das Schöpfertum und das Geistesleben des Dichters lassen sich identifizieren. Die polyphonische Struktur des Romans, die Relativität des Raumes und der Zeit, die Opposition Natur – Kultur läßt über die Zukunft des Miteinanderseins und Miteinanderlebens der Menschen ungeachtet ihrer ethnischen oder nationalen Zugehörigkeit kommunizieren. Diese Intention gibt begründete Hoffnung und bestätigt die Aktualität dieses Romans – obwohl im Vordergrund des Romans verwickelte Beziehungen der Deutschen und der Litauer am Vorabend des Zweiten Weltkrieges stehen. Das politische-soziale-kulturelle Panorama des damaligen Memelgebietes kommt trüb zum Vorschein. Die kulturelle Tradition mit ihren humanistischen Repräsentanten scheint ausgelöscht zu sein. Die Realität des Lebens steht in Auseinandersetzung zur Kunstwelt, zur geistigen Welt. Humanistische Traditionen des 18. Jahrhunderts brechen sich dissonant mit der Realität des 20. Jahrhunderts.

In einem Interview äußerte sich Bobrowski über seine weitere schöpferische Absicht:

> *[...] ich habe früher nur Gedichte geschrieben und dann Kurzgeschichten und so einen Roman [...]. Also, vielleicht schreibe ich dann ein Schauspiel, aber ich*

---

24 GW III, S. 242f.

habe noch gar nicht angefangen damit. [...] ich müßte das, glaube ich, einmal probieren für mich, inwieweit es eine direktere Wirkung hätte als die Prosa.[25]

Das Aktuelle im Schaffen Bobrowskis ist seine Richtlinie nach der Annerkennung von Differenzen der Kulturen, die Anerkennung des Anderen in seiner Andersheit.

Aber nebenbei versucht Bobrowski ein gemeinsames Bewußtsein des geistigen Habitus der Menschheit zu gestalten. Indem man die Identität seiner selbst, seiner Nation und seiner Kultur feststellt, sowie die Identität des Anderen, kann man über gemeinsame Identität sprechen und europäische Identität gestalten.

Das ganze Europa ist im 20. Jahrhundert mit dem Zeichen des tragischen Schicksals charakterisiert. Das gegenwärtige Europa ist durch die Erfahrung der totalitären Regime und durch den Holocaust gekennzeichnet.

Und über diese Erfahrung führt Johannes Bobrowski ein Gespräch.

III. „dandum quandoquidem etiam posteritati aliquid est" (K. Donelaitis) - „Es muß getan werden, nur auf Hoffnung" (J. Bobrowski)

Man muß etwas für die Nachfolger übrig lassen, - so spricht in *Litauische Claviere* der Pfarrer Donelaitis im 18. Jahrhundert, der litauisch und deutsch predigte und das erste literarische Werk in litauischer Sprache verfaßte: *Metai, Die Jahreszeiten*. Erst heute scheint es seinen Platz im literarischen Kontext Europas gefunden zu haben. Erst kürzlich (am 7. März 2003) wurde dieses Werk von dem weltbekannten Regisseur E. Nekrošius auf die Bühne gebracht. Das Stück trägt den Titel: „Anfang. K. Donelaitis. Die Jahreszeiten". In einer Rezension der Uraufführung heißt es: „[...] das Poem von K. Donelaitis wurde in den Händen des Regisseurs im direkten Sinne zu Lehm, in dem der archetypische Litauer mühsam voran kam und mühsam voran kommt."[26] Ein Werk, das über die Identität des Litauers nachdenken lasse.

---

25 J. Bobrowski: Formen, Fabel, Engagement. (Ein Interview von Irma Reblitz). GW IV, S. 496.
26 G. Gruodytė: Kaip Donelaičio būrai Nekrošiaus teatrą darė. Literatūra ir menas. 21. März. 2003, S. 16 (Übersetzung von R. Sinkevičienė).

Als Hauptfigur und authentische Figur trat Kristijonas Donelaitis oder Christian Donalitius in den Roman *Litauische Claviere* ein:

Mich bewegt – Voigt spricht langsam, als müßte er jedes Wort neu überlegen – mich bewegt: das Leben, ich weiß nicht, ob es exemplarisch sein kann, vielleicht nicht, wahrscheinlich nicht: das Leben eines Dorfpfarrers, ein preußisches Dorf litauischer Zunge, ein deutsch gebildeter Mann – der sich einer Sprache bedient, damals, in seinen Werken, die seine Wirkung doch nur einschränken kann. Oder hat er gemeint, kann er gemeint haben, seine Bauern würden ihn lesen, wer denn?[27]

Johannes Bobrowski weckt Donelaitis als einen Humanisten und Künstler in einer Zeit, in der die Verhältnisse der Litauer und der Deutschen wie zwischen den verschiedenen Nationen überhaupt aufgrund der Vorherrschaft totalitärer Regime gespannt waren.

Die von den deutschen Humanisten Gawehn und Voigt geplante Oper über Donelaitis sollte mit Hilfe des litauischen Lehrers Potschka (der mit dem Autor selbst zu identifizieren ist) aufgeführt werden, aber dies war damals nicht mehr möglich.

Die Dimensionen der Zeit und des Raumes gewinnen im Roman eine neue Ausdruckskraft und eine neue Gestalt im sich fortwährend drehenden Rad der Menschheitsgeschichte:

Mit seinem testamentarischen Werk „Litauische Claviere", das zum Schauspiel „Sandklaviere" wurde, ist Johannes Bobrowski nach Litauen zurückgekehrt, und dies in einer für Litauen besonders schwierigen Zeit. Am 20. Oktober 1990 fand in Kaunas die Uraufführung des poetischen Dramas „Sandclaviere" statt, in der Inszenierung von Aušra Marija J. Sluckaitė und unter der Regie von Jonas Jurašas, die beide 1974 gezwungen worden waren zu emigrieren und erst im April 1989 in ihre Heimat zurückkehren konnten – gemeinsam mit Johannes Bobrowski in Litauens unruhige und hoffnungsvolle Zeit.[28]

Johannes Bobrowskis Werk wurde in Litauen sehr schnell aufgenommen und gewürdigt. Die Reflexionslinie ist entlang dieser Kernprobleme zu ziehen: Heimat als Wohnort, die Existenz des Künstlers

---

27 J. Bobrowski: Litauische Claviere, G W III, S. 287.
28 R. Sinkevičienė: Smėlio klavyrai. Zur Inszenierung der Litauischen Claviere, Kaunas 1991. Marc Balticum, Ostseegesellschaft-Lübeck 1992, S.37.

in der gegenwärtigen Welt, die Situation eines im Exil lebenden Menschen sowie der Problemenkreis: Schuld, Liebe, Tod.

Der Dichter V. Rubavičius äußerte sich über den Einfluß von Johannes Bobrowski auf seine Generation, nämlich auf die moderne litauische Generation der siebziger-achtziger Jahre des 20. Jahrhunderts. (S. Geda, M. Martinaitis, A. Puišytė u.a.). Bobrowskis Werke erinnerten an ihre ewige Heimat. Die Landschaft sei geistige Energie, ewige Erde, die von allen Stürmen des Lebens schützte... Nicht nur das Wort sei ein Verbindungsfaden gewesen, sondern auch die Pause, die Stille. Die Zeit gewinne die Gestalt der Verdinglichung. Durch einen Anderen war es möglich gewesen, sich selbst, sein „Ich" zu identifizieren. Der Nachfolger dieser Autoren-Generation ist A. Grybauskas (vergleichen wir nur Bobrowskis *Mäusefest* mit Gybauskas' *Mondmensch*).

Eine erste Nachricht von Johannes Bobrowski und „seinem Buch über Donelaitis" (so lautete der Artikel) ist in Litauen 1966 bekannt geworden.[29] Der litauische Dichter Justinas Marcinkevičius hatte Bobrowski 1965 auf einer internationalen Schriftsteller-Tagung in Weimar getroffen. Der Ansatz, der Berührungspunkt im Gespräch beider war Donelaitis.[30] Der litauische Literaturwissenschaftler V. Kubilius sieht Bobrowskis Schreibweise im Kontext der Moderne: „Das ist das Paradoxon der modernen Literatur: der Schriftsteller beschreibt nicht ausführlich die litauische Wirklichkeit – sie spiegelt sich wider in der Problematik seiner Werke."[31]

Es ist natürlich, daß die *Litauischen Claviere* als erste Übersetzung eines Werkes Bobrowskis ins Litauische 1968 erschienen sind (*Lietuviški fortepijonai*, übersetzt von E. Astramskas), dann folgte 1969 die Übersetzung von *Levins Mühle* (*Levino malūnas*, von E. Vengrienė) und 1974 erschien eine Gedichtsammlung *Sarmatijos metas*, deren Auswahl und Übersetzung S. Geda und B. Savukynas besorgten. Eine sporadische Rezeption hatte es schon früher gegeben: Erste Gedichte wurden anläßlich des 50. Geburtstages des Dichters in Zeitschriften veröffentlicht. Zerstreut sind in Zeitschriften auch Übertragungen von Bobrowskis Erzählungen publiziert worden (als erste *Rainfarn* 1967,

---

29 B. Savukynas: J. Bobrowskio knyga apie Donelaitį. Kultūros barai, 1966, Nr. 8., S. 74.
30 J. Marcinkevičius: Iš tolo priartėjęs. „Verta dėti vilčių ir nuoširdžiai bandyti". Mokslinės konferencijos medžiaga Johanneso Bobrowskio 75-osioms gimimo metinėms. Vilnius 1993, S.6.
31 V. Kubilius: Johannes Bobrowski in Litauen. Sarmatische Zeit. Erinnerung und Zukunft. Johannes Bobrowski Colloquium 1989. Hrsg. von A. Kelletat. Schriftenreihe der Akademie Sankelmark, Neue Folge 69, 1990, S.58.

erneut 1997). Die Rezeption von Johannes Bobrowski in Litauen für die Zeit bis 1995 habe ich schon an anderer Stelle ausführlich behandelt.[32] Deshalb sollen hier nur einige Angaben aus der jüngeren Zeit folgen: Der Verlag des Schriftsteller-Verbandes Litauens hat 1999 zum wiederholten Male die beiden Romane Bobrowskis herausgegeben, nun als ersten Band seiner Gesamten Werke auf Litauisch.[33] Die weiteren Bände sind zu erwarten. An der Universität Vilnius wurden 1992[34] und 1997 zwei wissenschaftliche Konferenzen veranstaltet. Zum 80. Geburtstag des Autors wurde J. Bobrowski im Schriftstellerklub Litauens geehrt.[35] Bobrowski ist in die Kleinlitauische Enzyklopädie (2000)[36] und in die Enzyklopädie der Litauischen Literatur (2001)[37] eingetragen worden. Seine Werke werden in Seminaren und Vorlesungen an der Universität Vilnius analysiert, sie finden bei Studenten eine Resonanz.

Auf der Frankfurter Buchmesse 2002, deren Länderschwerpunkt Litauen war, sprach der Dichter S. Geda bei der Eröffnung der Ausstellung der litauischen Bücher auch über seinen „Geistesbruder" Johannes Bobrowski:

Mir haben die Werke von Johannes Bobrowski vom Jahr 1967 beinahe die stärksten schöpferischen Anregungen gegeben. Mit dem Sprachwissenschaftler Bronius Savukynas haben wir eine Sammlung der Poesie Bobrowskis übersetzt (1974 gelang es, sie herauszugeben). J. Bobrowski war der Mensch und der Dichter, der ein paar Jahrzehnte am meisten sowohl litauische Autoren als auch die Menschen näher zusammenbrachte. Seine Einsicht, das heißt seine Weltanschauung, menschlich und warm, hat uns die Wahrheit offenbart, daß

---

32 R. Sinkevičienė: Die Rezeption von Johannes Bobrowski in Litauen. Nordostarchiv. Zeitschrift für Regionalgeschichte. Neue Folge Band IV/1995 Heft 1, Institut Nordostdeutsches Kulturwerk Lüneburg, S.155-166.
33 Johanesas Bobrovskis: Rinktiniai raštai. I Tomas. Levino malūnas. Lietuviški fortepijonai. Romanai. Lietuvos rašytojų sąjungos leidykla, Vilnius 1999.
34 "Verta dėti vilčių ir nuoširdžiai bandyti". „Eine Hoffnung und einen redlichen Versuch wert". Materialien der wissenschaftlichen Konferenz anläßlich des 75. Geburtstages von Johannes Bobrowski.(Beiträge deutsch und litauisch). Hrsg. R. Sinkevičienė. Vilnius 1993.
35 R. Sinkevičienė: Johannesui Bobrowskiui – 80. Metai, 1997, Nr. 5, S. 154-155.
36 R. Sinkevičienė: Bobrowski (Bobrovskis) Johannes. – Mažosios Lietuvos enciklopedija. Pirmas tomas. Mokslo ir enciklopedijų leidybos institutas, Vilnius 2000, S.189.
37 V. Kubilius: Bobrowski Johannes. – Lietuvių literatūros enciklopedija. Lietuvių literatūros ir tautosakos institutas. Vilnius 2001, S. 71.

es ein anderes Deutschland gab und gibt – ein Deutschland von feinfühligen und zarten Geistesmenschen, von subtiler Ästhetik, das Land, wo das Wesen der Tragödie Europas wahrgenommen wurde.[38]

---

38 S. Geda. Kalba Frankfurto knygų mugės atidarymo iškilmėse. Šiaurės Atėnai. 26.Oktober 2002, S. 2 (Übersetzung von R. Sinkevičienė).

Bobrowski-Rezeption in Lettland

MUDITE SMILTENA

Nach einer Bestandsaufnahme der lettischen Veröffentlichungen von Werken Johannes Bobrowskis und der Texte über ihn muß man zugeben, daß es eine verhältnismäßig schmale Bilanz geworden ist, doch ist sie dessen ungeachtet vielleicht „eine Hoffnung wert und einen redlichen Versuch"[1].

Die Bestandsaufnahme hat erbracht, daß alle bedeutenden Werke des Dichters dem lettischen Leser seit Beginn der 70er Jahre des letzten Jahrhunderts zugänglich sind, aber über den Autor selbst sehr wenig geschrieben wurde. Geschah dies, dann meist nur anläßlich eines Jubiläums oder zum Zeitpunkt der Veröffentlichung seiner Werke, damit das Publikum auf die Lektüre vorbereitet werden konnte.

Zum ersten Mal liest man Bobrowskis Namen in lettischer Sprache im Dezember 1965, als in der literarischen Monatsschrift „Karogs" in der Rubrik „Hinter unseren Grenzen" eine Art Nachruf mit der Überschrift „Johannes Bobrowski verstorben" ohne Angabe des Namens des Verfassers dieses Textes veröffentlicht wird. Es folgen drei Absätze mit insgesamt 40 Zeilen klein gedrucktes Textes. Nach einer kurzen Mitteilung einiger biographischer Daten wird behauptet, daß Bobrowski der Gruppe 47 angehörte und für seine ersten Gedichtbände *Sarmatische Zeit* (1961) und *Schattenland Ströme* (1962), die „in beiden Republiken" veröffentlicht worden sind, mit dem Preis dieser Gruppe ausgezeichnet wurde, obwohl – wie es im Text heißt – er längst in die DDR übergesiedelt war und sie für seine eigentliche Heimat hielt. Abschließend wird die Tatsache erwähnt, daß Bobrowski 1965 für den Roman *Levins Mühle* den 1950 in der DDR gestifteten Heinrich-Mann-Preis erhalten hat. In einem Zitat aus der Begründung der Akademie der Künste, die diesen Literaturpreis verlieh, wird hervorgehoben, daß Johannes Bobrowski die DDR-Literatur durch ein hervorragendes Kunstwerk bereichert habe, das zugleich auch zum

---

1 J. Bobrowski: Notiz für Hans Benders Anthologie „Widerspiel – Deutsche Lyrik seit 1945". In: J. Bobrowski: Gesammelte Werke in sechs Bänden, hg. von E. Haufe. Bde. I-IV Stuttgart / Berlin 1987, Bd. V Stuttgart 1998, Bd. VI (hg. von H. Gehle) Stuttgart 1999, hier IV, S. 335; Zitate aus dieser Ausgabe werden im folgenden mit der Sigle GW, der Band- und der Seitenangabe nachgewiesen.

Verständnis zwischen dem polnischen und dem deutschen Volk beitragen werde.[2]

Die meisten Publikationen über Bobrowski bringt das Jahr 1970. Die literarische Monatsschrift „Karogs" veröffentlicht einen informativen Text über Bobrowski ohne Angabe des Autors. Nur wenige Stellen in diesem Text verdienen Beachtung, weil hier hauptsächlich lexikonartige Angaben über das Leben und Schaffen Bobrowskis vermittelt werden. Der erste Satz des Textes lautet: „Johannes Bobrowski ist einer der bedeutendsten und interessantesten deutschen Schriftsteller der Nachkriegszeit".[3] Somit wird zum ersten Mal in lettischer Sprache der Stellenwert des Dichters in der Literatur thematisiert. Es wird auch darauf hingewiesen, daß Bobrowski beim Erzählen dem Leser Vertrauen schenkt, ihm mitunter Zeit für Assoziationen gibt. Wichtig ist auch die Bemerkung, daß die Entfaltung des Themas in Bobrowskis Novellen (sic!) an musikalische Kompositionen erinnert.[4]

In demselben Jahr bekommt die lettische Leserschaft die erste Leseprobe aus Bobrowskis Lyrik, als in der Wochenzeitung „Literatūra un Māksla" fünf Gedichte in der Übertragung des lettischen Dichters Māris Čaklais zusammen mit einem Begleittext der Literaturwissenschaftlerin Dzidra Kalniņa, die die Nachdichtung angeregt hatte, veröffentlicht werden. Gewiß hatte sich ein Teil der lettischen Intelligenz mit den in der in Moskau erscheinenden literarischen Monatsschrift „Inostrannaja literatura" 1968 und 1969 veröffentlichten Werken Bobrowskis bekannt gemacht, weil diese Monatsschrift trotz des Eisernen Vorhangs einen guten Einblick in die Weltliteratur gewährte und sich deshalb auch bei der lettischen Intelligenz jener Zeit einer außerordentlichen Beliebtheit erfreute.

Die ersten in lettischer Sprache abgedruckten Gedichte von Bobrowski waren die folgenden: *Windmühle, Die Düna, Kindheit, Der litauische Brunnen, Der Wanderer*. Im Begleittext gibt Dzidra Kalniņa eine kurze Einführung in das Leben und Schaffen Bobrowskis, wobei auch auf die künstlerische Eigenart seiner Werke eingegangen wird. Bobrowskis Dichtung sei ein Mosaik, in dem bisweilen eines von den bunten Steinchen oder Glassplittern fehle. Doch gerade die Pause zwinge uns zum Mitsingen, gerade das fehlende Mosaikstückchen lasse nach der nötigen Übergangsfarbe suchen und, ohne es zu bemerken, gestalten wir mit oder – wie man es manchmal zu sagen

---

2 Miris Johannes Bobrovskis (o.A.). In: Karogs, 1965, 12, S. 149f.
3 Johannes Bobrovskis (o.A.). In: Karogs, 1970, 6, S. 185f.
4 Ebd.

pflegt – „beteiligen" wir uns an der Entstehung des Kunstwerkes, wir fahren mit seiner Gestaltung fort, auch wenn der Dichter selbst davon schon weggegangen sei.[5]
1970 wird in der Jugendzeitschrift „Liesma" ein Essay von D. Kalniņa mit dem Titel *Unser Nachbar Johannes Bobrowski* abgedruckt. [6] Der Essay soll in das Leben und Schaffen des Autors einführen und zu einem besseren Verständnis der von der Verfasserin übersetzten Erzählung *Boehlendorff*, die in demselben Heft veröffentlicht ist, verhelfen. Es wird angekündigt, daß bald eine Auswahl Bobrowskischer Gedichte und seine beiden Romane in Lettisch erscheinen. Es sehe danach aus, als ob wir uns beeilten, eine Schuld zu begleichen. Eigentlich sei es gerade umgekehrt – aus geistiger Trägheit hätten wir uns selbst beraubt, weil wir nach neuen Freunden nicht gesucht hätten. Dabei sei Johannes Bobrowski unser nächster Nachbar gewesen. Es sei nicht so wichtig, daß er in der Nachbarschaft von uns geboren und groß geworden ist und daß er sich unter Litauern, Polen, Juden und Zigeunern zu Hause gefühlt hat. Viel wichtiger sei es, daß Bobrowski das schon fast vergessene gemeinsame Lied und die gemeinsame Sprache durch die Synthese in seiner Kunst uns von neuem geschenkt hat, daß er in seiner Kunst lose gewordene Fäden zusammengebunden und diese durch neue glänzende und farbige gefestigt habe. Vielleicht sind diese neuen Fäden so farbig und glänzend geworden, weil jemand sie so geschickt zusammengebunden hat?

Weiter folgen Ausführungen über die Schuld der Deutschen den osteuropäischen Völkern – den ehemaligen Bewohnern Sarmatiens – gegenüber und die Feststellung, daß Bobrowski im Bewußtsein seines Teiles der Verantwortung in seiner Dichtung das Zerstörte oder Bedrohte erneuern oder bewahren möchte. Er möchte aber nicht nur das Alte erneuern, sondern auch Neues gestalten. Der Dichter nähert sich Sarmatien in tiefer Ehrfurcht. Es tauchen Motive und Gestalten verschiedener Völker auf, gleichsam den Märchen und Volksliedern entstiegen. Diese heraufbeschworenen Bilder sind lebendig und farbig, sie sind sichtbar, hörbar, tastbar und spürbar. Die Schatten weichen, Dinge haben wieder Namen, Namen der Liebe, Namen der Ewigkeit. Der Faden der Zeit, empfangen aus der Hand der Väter, führt weiter, zur „Zeit ohne Angst". Das ist Bobrowskis Hoffnung, sein Anliegen, sein Vermächtnis in der Dichtung wie auch in der Prosa.

---

5 D. Kalniņa: Johannes Bobrowskis. In: Literatūra un Māksla, 24.01.1970.
6 D. Kalniņa: Mūsu kaimiņš Johannes Bobrovskis. In: Liesma, 1970, 5, S. 27.

D. Kalniņa betont, daß Bobrowskis Prosa an Dichtung erinnert, und daß seine Dichtung oft prosaisch ist. Beide sind ohne einander nicht denkbar. Im Ergebnis entstehe ein großer elegisch epischer Strom, der mitunter unterbrochen wird: Sarmatien könne man nicht im Preußenschritt wiedergewinnen. In Sarmatien müsse man auf Schritt und Tritt vor bekannten und unbekannten Gräbern stehen bleiben, manchmal aus Angst zusammenzusacken, weil man nicht mehr weiter kann, um dann sich doch aufzuraffen und weiterzugehen mit einem gefundenen „Zeichen" als Schlüssel zu einer „Zeit ohne Angst".

Im Essay skizziert die Verfasserin auch den Inhalt der beiden Romane Bobrowskis und hebt hervor, daß der Roman *Litauische Claviere* eine Synthese der Zeitalter und Kulturen darstellt, daß es eine Fortsetzung der humanistischen Tradition sei, da hier das Gestern mit dem Heute und Morgen ineinanderfließt.

Der letzte Absatz des Essays ist unmittelbar der Erzählung *Boehlendorff* gewidmet. Bobrowski habe diese Erzählung geschrieben, nicht nur, um einem vergessenen Autor einen Gedenkstein zu setzen. Bobrowski wollte sich und auch uns fragen, wie ein wahrer Dichter und ein Mensch sein sollte, um als ein „moralisches Wesen" gelten zu können.[7] Und wie immer in den Werken Bobrowskis lebe der Mensch nicht nur mit Menschen, sondern auch mit der Natur. Man müsse nur die „Zeichen" lesen können, „Zeichen" in der Natur, die gleichzeitig „Zeichen" in der Geschichte sind.

1970 wird auch in der Frauenzeitschrift „Padomju Latvijas Sieviete" Johannes Bobrowski eine Seite gewidmet. Es handelt sich um einige biographische Angaben sowie die Erläuterung, was Sarmatien war. Bobrowski sei um Sarmatien willen Dichter geworden. Wenn ihm auch nur eine kurze Zeit als Dichter gegönnt war, habe er die Hoffnung gerechtfertigt, bei der Wiedergutmachung der großen, den osteuropäischen Völkern seit den Ordensritterzeiten zugefügten Verschuldung mitgeholfen zu haben. Unter diesem Text steht in Klammern „Aus dem Vorwort der Literaturwissenschaftlerin D. Kalniņa zum Gedichtband Johannes Bobrowskis, der demnächst in lettischer Sprache erscheint". Ebenda sind die Gedichte *Winterlicht, Liebesgedicht, Mit deiner Stimme*, nachgedichtet von Māris Čaklais, abgedruckt.[8]

Als das Buch nach einigen Monaten erschien, enthielt es jedoch ein Vorwort von Māris Čaklais selbst, weil D. Kalniņa wegen Verleumdung aus ideologischen Gründen von der Arbeit an der Universität Riga entlassen worden war und für die Zeit zwischen 1971 und 1975

---

7 D. Kalniņa (Anm. 6), S. 27.
8 D. Kalniņa: Johannes Bobrovskis. In: Padomju Latvijas Sieviete, 1970, 6, S. 8.

an die Universität Woronesh in Rußland gehen mußte. Wie kaum ein anderer in Lettland hat sich Prof. Dr. Dzidra Kalniņa (1927-1984) um die Popularisierung der deutschen Literatur und Kultur verdient gemacht. Außer Publikationen über verschiedene Autoren in den Periodika hat sie 1967 einen Band polemischer Schriften zur Problematik des westlichen Gegenwartsromans veröffentlicht. Dieselbe Problematik stand auch im Mittelpunkt ihrer Habilitationsschrift. Außerdem hat D. Kalniņa solche Autoren wie J. R. Becher, L. Feuchtwanger, W. Borchert, W. Koeppen, I. Bachmann ins Lettische übersetzt. Zu einigen Übersetzungen anderer verfaßte sie ein Vorwort bzw. Nachwort, auch hielt sie Vorlesungen über deutsche und über Weltliteratur sowie über deutsche Kulturgeschichte an der Universität und am Konservatorium in Riga.[9] Diese herausragende Persönlichkeit hat in den 60er und 70er Jahren viele junge Talente gefördert und dadurch das ganze literarische Leben in Lettland beeinflußt.

D. Kalniņa ist die einzige lettische Wissenschaftlerin, die zu J. Bobrowski auch in russischer und deutscher Sprache etwas veröffentlicht hat, das auch in Lettland gelesen wurde.

Im Oktoberheft des Jahres 1972 der russischen Monatsschrift „Inostrannaja literatura" findet man unter dem Titel „Bekanntschaft mit einem Schriftsteller – Bekanntschaft mit einem Kritiker" ihre Rezension über Gerhard Wolfs „Beschreibung eines Zimmers. 15 Kapitel über Johannes Bobrowski" (Berlin, 1971). Die Rezensentin meint, daß Bobrowski zu solchen Künstlerpersönlichkeiten gehört, an die man sich nicht ohne Schwierigkeiten annähern kann. Seine Erzählweise bezaubere, die Intonation verleite zur Nachahmung, was auch mit dem Verfasser des zu besprechenden Buches geschehen sei. Im Ergebnis sei ein recht eigenartiger lyrischer Essay entstanden. Durch die Beschreibung eines Zimmers im Hause Bobrowskis treten die Zeit und die Persönlichkeit des Schriftstellers in dieser Zeit zum Vorschein. Es ergibt sich die Schlußfolgerung: „Das Wichtigste ist, daß G. Wolf den Schriftsteller Johannes Bobrowski hervorragend kennt, daß er ihn verehrt und sein Werk versteht. Und daß er es versteht, diese Liebe und dieses Verständnis auch den Leser zu lehren".[10] Und gerade dieses Urteil steht auch unter anderen ausgewählten Pressestimmen aus verschiedenen Ländern als Klappentext zur 4. Auflage des Buches von G. Wolf 1981.

---

9   D. Darvina: Dzidra Kalniņa. In: Latviešu rakstniecība biogrāfijās. 2. pārstrād., papild. izdevums. Rīga, 2003, S. 276.
10 Д. Калныня: Знакомство с писателем – знакомство с критиком. Иностранная литература, 1972,10,с. 270.

In deutscher Sprache hat D. Kalniņa in dem für Studenten in Mitautorschaft mit R. Darvina verfaßten und 1978 im Universitätsverlag Riga herausgegebenen Lehrbuch „Zum Problem des zeitgenössischen westlichen Romans" (Auflage 400 Exemplare) dem Schaffen Bobrowskis 15 Seiten eingeräumt; dies ist damit die umfangreichste Publikation eines lettischen Wissenschaftlers über Bobrowski. Von der Sekundärliteratur standen der Verfasserin leider nur drei Quellen zur Verfügung: G. Wolf: „Beschreibung eines Zimmers. 15 Kapitel über Johannes Bobrowski" (Berlin 1967); G. Wolf: Johannes Bobrowski. Leben und Werk. (Berlin 1967); J. Bobrowski: Selbstzeugnisse und Beiträge über sein Werk (Berlin 1967). Folglich stützt sich die Behandlung nur auf diese Quellen und auf eigene Beobachtungen, so daß die in anderen obenerwähnten Publikationen vertretenen Meinungen hier nur ausführlicher erörtert werden. Die Passage über Bobrowski beginnt wie folgt: „Eine sehr interessante Erscheinung in der Heranbildung einer neuen epischen Erzählweise ist das Romanwerk des verstorbenen Johannes Bobrowski. Seine Romane, Erzählungen und Gedichte sind schon längst ins Russische und auch ins Lettische übertragen, über sein Schaffen ist bei uns leider noch wenig geschrieben worden".[11] Bedauerlicherweise ist in dieser Hinsicht die Lage in Lettland heute genauso wie damals vor 25 Jahren.

In diesem Lehrbuch, in dem die inhaltlichen und ästhetischen Aspekte von Bobrowskis Schaffen überzeugend dargestellt sind, wirkt die Behauptung irritierend, daß die Kindheit Bobrowskis eine Zeit war, „als ringsherum litauische und lettische Lieder klangen".[12] Es ist fraglich, ob im Memelland wirklich ringsherum lettische Lieder zu hören waren.

Neben der Literaturwissenschaftlerin D. Kalniņa gebührt ein besonderer Platz in der Bobrowski-Rezeption in Lettland dem Dichter Māris Čaklais (1940 - 2003). Heute ist er einer der beliebtesten lettischen Dichter, zu seinem Œuvre zählen 26 Gedichtbände, darunter 5 mit Kindergedichten und 5 Auswahlbände, 4 Prosabücher, 4 Essaybände, 10 Bände mit Nachdichtungen, darunter je einer mit Gedichten von Jochen Kelter und Walter Neumann. In den Periodika und Anthologien findet man auch von Čaklais nachgedichtete Lyrik von Celan, Rilke, Brecht und Enzensberger. Die Werke von Čaklais sind in sieben Sprachen übersetzt: ins Englische, Armenische, Litauische, Tadshikische, Ukrainische, Usbekische und Russische (in dieser Spra-

---

11 D. Kalniņa, R. Darvina: Zum Problem des zeitgenössischen westlichen Romans. Riga, 1978, S.56.
12 Ebd., S.58.

che allein 9 Bücher). Er hat in die lettische Dichtung eine Poetik neuen Typs gebracht, die sich nicht auf die für die 60er bis 80er Jahre kennzeichnenden, zur Aktivität aufrufenden Losungen und eine gesteigerte emotionale Intensität stützt, sondern eher ein unerwartetes Spiel der Metaphern anwendet und sich meist solcher sprachlichen Mittel bedient, die mit dem Stil der Kammermusik vergleichbar sind.[13]

Als 1971 ein schmales Büchlein mit 65 Gedichten Bobrowskis, übertragen von M.Čaklais, erschien, hatte dieser schon drei eigene Gedichtbände und 1966 auch einen Band mit Nachdichtungen des türkischen Dichters Nazim Hikmet veröffentlicht. In dem lettischen Auswahlband von Gedichten Bobrowskis mit dem Titel *Sarmātija, mana (Sarmatien, mein)* und einer Auflagenhöhe von 8000 Exemplaren fanden folgende Gedichte Aufnahme:

Aus *Sarmatische Zeit* 27 Gedichte: *Anruf, Kindheit, Nymphe, Liebesgedicht, Fischerhafen, Auf den jüdischen Händler A.S., Wilna, Der litauische Brunnen, Gestorbene Sprache, Dorfnacht, Litauische Lieder, Die Sarmatische Ebene, Pruzzische Elegie, Villon, Der Singschwan, Windmühle, Steppe, Der Ilmensee 1941, Die Heimat des Malers Chagall, Lettische Lieder, Die Düna, Kaunas 1941, Feuer und Schnee, Einmal haben, Die Memel, Winterlicht, Absage.*

Aus *Schattenland Ströme* 22 Gedichte: *Der Adler, Ebene, Erzählung, Der Wanderer, Weihnachtsgetier, Wintergeschrei, Tod des Wolfs, Alter Hof in Wilna, Französisches Dorf, Nachtschwalben, Gertrud Kolmar, Der Don, Ikone, Nordrussische Stadt, Aufenthalt, Kathedrale 1941, Dorfkirche 1942, Bericht, Russische Lieder, Heimweg, Immer zu benennen, Mickiewicz.*

Aus *Wetterzeichen* 16 Gedichte: *Hechtzeit, Der lettische Herbst, Schattenland, An Klopstock, Das Dorf, Tolmingkehmen, Wiesenfluß, Die Wolgastädte, Mit deiner Stimme, Die Ostseestädte, Sprache, Jakub Bart in Ralbitz, Antwort, Anthropomorphe Landschaft, Namen für den Verfolgten, Das verlassene Haus, Das Wort Mensch.*

Wenn man weiß, daß Bobrowski selbst sehr großen Wert auf die kompositorische Anordnung der Gedichte in Zyklen und wiederum auf die der Zyklen im Buch legte, hätte der Autor selbst oder ein anderer Übersetzer eine andere Auswahl getroffen, doch vermittelt die vorliegende Auswahl Einblick in das lyrische Schaffen Bobrowskis. Leider hat von den etwa dreißig Widmungs- oder Porträtgedich-

---

13 G. Berelis: Ievadvārdi. In: M. Čaklais. Dzeguzes balss. Rīga. 2000, S.4.

ten, die Bobrowski „so fasziniert haben und der darin so Vollkommenes geleistet hat"[14], in die lettische Auswahl kaum die Hälfte Eingang gefunden.
In den meisten Fällen sind die Nachdichtungen von M. Čaklais so gut geraten, daß sie eine Vorstellung auch von der Eigenart des Individualstils Bobrowskis gewähren. Nur über wenige Stellen in den Nachdichtungen könnte man diskutieren, vor allem sind es Titel, deren Übersetzung man beanstanden könnte, zumal der Titel in jedem Text doch eine besondere Stellung einnimmt, weil er das Thema des Gedichts formuliert und davon die Interpretation des Sinns des ganzen Gedichts abhängt. Ein Übersetzungsproblem steckt z.B. schon im Titel des zweiten Gedichtbandes von Bobrowski *Schattenland Ströme*. Ins Lettische ist er übertragen als *Ēnu zemes upes*, was in der Rückübersetzung *Ströme des Schattenlandes* bedeutet. Umgekehrt deutet Horst Bienek das Land Sarmatien als „das Schattenland der Ströme".[15] Auch einzelne Gedichttitel rufen in der Übersetzung Einwände hervor, z.B. *Der lettische Herbst* heißt in der Übersetzung *Latviešu rudens (Der Herbst der Letten)*. Im Gedicht gibt es aber nur eine personifizierte Darstellung des Herbstes ohne Menschen. Auch G. Wolf bemerkt: „Der Herbst hat hier selbst lebendige Gestalt angenommen, ermöglicht die Zwiesprache".[16] Vielleicht wäre es adäquater den Titel mit *Rudens Latvijā* oder *Latvijas rudens (Der Herbst in Lettland)* zu übersetzen. Der Gedichttitel *Immer zu benennen* ist übersetzt als *Vienmēr var nosaukt (Man kann immer benennen)*. In der Konstruktion sein + zu + Infinitiv wird hier aber die Bedeutung der Notwendigkeit realisiert. Deshalb scheint eine spätere 1992 veröffentlichte Übersetzung dieses Gedichttitels durch Pēters Brūveris präziser *Aizvien dot vārdu (Immer den Namen geben)*.[17] Noch tiefer interpretiert den erwähnten Titel R. von Heydebrand: „Zunächst soll der Leser aus eigener Spontaneität überlegen, was denn dieser Gestus ‚Immer zu benennen' bedeuten könnte – und das wäre wohl: einen Auftrag, eine Aufgabe. Im Hintergrund hört man den Auftrag Gottes an den Menschen, den Dingen der Schöpfung Namen zu geben".[18] Es fragt sich auch, ob es nötig war, den

---

14 H. Bienek: Nachwort. In: J. Bobrowski: Das Land Sarmatien. München 1966, S. 116.
15 Ebd., S. 120.
16 G. Wolf: Johannes Bobrowski. 3. bearbeitete Auflage. Berlin 1982, S. 56.
17 V. Daujotīte: Mītiskā zeme un mītiskais ceļojums J. Bobrovska daiļradē. In: Grāmata, 1992, 4, S. 53. Diesen Beitrag sowie die darin zitierten Gedichte Bobrowskis hat Pēters Brūveris aus dem Litauischen bzw. Deutschen übersetzt.
18 R. von Heydebrand: Engagierte Esoterik. In: Wissenschaft als Dialog. Studien zur Literatur und Kunst der Jahrhundertwende. Stuttgart 1969, S. 429.

Gedichttitel *Der Singschwan* als *Gulbja dziesma* zu übersetzen, weil in der Rückübersetzung es dann *Schwanengesang* hieße, womit sich traditionell ganz andere Assoziationen verbinden.

Im Vorwort unter dem Titel *Ein paar Worte über Bobrowski*, das Čaklais zum Gedichtband Bobrowskis in lettischer Sprache verfaßt hat, werden die künstlerischen Eigentümlichkeiten von Bobrowskis Werken im Zusammenhang mit dessen Lebenserfahrungen und dem daraus resultierenden humanistischen Anliegen thematisiert. Hier kommen auch die ersten Reaktionen der lettischen Leser auf die Veröffentlichungen von Bobrowskis Gedichten zur Sprache. Diese fielen aber recht unterschiedlich aus: Den einen schien bei Bobrowski die Konkretheit der Details in Großaufnahme einleuchtend und vertraut und die fragmentarischen syntaktischen Konstruktionen ohne besondere Schwierigkeiten erfaßbar, den anderen fiel es aber nicht leicht, sich in die Denkweise J. Bobrowskis einzufühlen und das Mosaik der Gefühle als Gesamtheit aufzufassen. Doch glaubt Čaklais, daß es mit einfühlsamem Interesse und elementarer Anstrengung des Intellekts recht leicht zu bewältigen sei. Deshalb gab es Leser, deren Bemühungen um das Verständnis der Bobrowskischen Lyrik nach mehrmaliger Lektüre belohnt wurde und deren emotionale Welt um eine weitere aktive Individualität bereichert wurde.[19]

Nach der Bekanntschaft mit Bobrowskis Dichtung fragte eine Lyrikfreundin, die selbst die Kriegszeit und den Faschismus miterlebt hatte, ob Bobrowskis Gedichte nicht den Eindruck hinterließen, daß sich der Autor bei den Orten einzuschmeicheln versucht, die er durchstreift hat, als er zum Rudel der ‚Wölfe' gehörte. Darauf antwortet Čaklais entschieden mit einem Nein, weil Bobrowski die Schuld konkret versteht, indem er die historischen Wurzeln und die Entwicklung des Verbrechens sieht und zeigt. Außerdem will sich Bobrowski der Verantwortung nicht entziehen, die Schuld seines Volkes faßt er auch als eigene Schuld auf.[20] Bobrowski ist sich aber auch dessen bewußt, daß es nicht genügt, seine Schuld zu bekennen, daß eine konkrete schöpferische Arbeit notwendig ist, weil man nur so eine reale Hoffnung entstehen lassen kann. Über die künstlerische Vorgehensweise meint Čaklais, daß Bobrowski forme, haue, leicht mit dem Pinsel berühre, wie ein Graphiker einen sicheren Schnitt mache. Wie ein Kind an der Küste aus Sand, Muscheln, Wasser Schlösser und Türme baue, so gestalte J. Bobrowski, er beschwöre Details, Bilder,

---

19 M. Čaklais: Pārs vārdu par Bobrovski. In: J. Bobrovskis. Sarmātija, mana. Rīga 1971, S. 9.
20 Ebd., S. 6f.

Fragmente, die sich ihrerseits zu einem Mosaik fügen. Es scheint, daß Bobrowski subjektivierte Bilder schafft, doch die Wirklichkeit hat seinen Blick geschärft, so daß diese Bilder wesentlich und von bleibendem Wert sind. Dann bemerkt man, wie genau die Bobrowskischen Details sind, wie viel objektive Wahrheit in seiner subjektiv fragmentarischen Wirklichkeit steckt und daß seine Dichtung doch wie aus einem Guß wirkt.[21]

Nach Ansicht von Čaklais ist es bei der Nachdichtung von Bobrowskis Lyrik am schwierigsten, seine konkrete Gutwilligkeit wiederzugeben. Nachdem es einigermaßen gelungen sei, die Kaleidoskopartigkeit seiner Bilder und den Fragmentarismus seiner Syntax nachzuahmen und eine halbwegs adäquate Lexik zu finden, bleibe ein gewisses nicht definierbares Etwas, das man mit guten Sprachkenntnissen und technischem Können allein nicht meistern kann und wodurch sich wahre Dichtung von nur technisch einwandfreien Versen unterscheidet. Dieses Etwas seien die humanistischen Nuancen, die sich durch das Verhältnis des Dichters zu seiner Kindheit, zu den Unterdrückten, zu allen Lebewesen und zur sprachlosen Natur, zu allem in der unmittelbaren Umgebung und im Universum offenbaren. Beim Nachdichten gibt es daher nur einen Ausweg – man muß mit dem nachzudichtenden Autor Berührungspunkte sowohl in dem Ideengehalt als auch in der künstlerischen Gestaltung seiner Werke auffinden. Solidarität der Gedanken und Brüderlichkeit des Empfindens müßten sich zu dem professionellen Können und guten Willen gesellen.[22]

Einige Monate nach der Herausgabe des Gedichtbandes Bobrowskis kommt 1972 in einer Auflage in Höhe von 30.000 Exemplaren ein Prosaband mit den beiden Romanen Bobrowskis *Levins Mühle* und *Litauische Claviere* auf den lettischen Büchermarkt. Die Nachworte geben gekürzt die Nachworte der Literaturwissenschaftler Lew Ginsburg bzw. Sergej Lwow aus den russischsprachigen Ausgaben dieser Romane wieder.

Über den neu erschienenen Prosaband informiert traditionsgemäß in der Monatsschrift über die Neuerscheinungen Helma Lapiņa, die die beiden Romane ins Lettische übersetzt hat. Sie schildert den Inhalt der beiden Romane so bilderreich und emotional, daß man sich nach dem Durchlesen dieses Essays zum Lesen des Buches angeregt fühlt. Die Übersetzerin vermerkt, daß in der bildkräftigen, von heiterschmerzhaftem Humor durchwobenen Erzählweise des Romans

---

21 Ebd., S. 7f.
22 Ebd., S. 10.

Levins Mühle keine politischen Überlegungen und deutlich ausformulierten Schlußfolgerungen vorkommen. Die Leute handeln, lieben, freuen sich, ärgern sich, hassen, singen und spielen einfach. Jeder von ihnen habe seinen eigenen Charakter und doch beginne der Leser unwillkürlich zu verallgemeinern, zu schlußfolgern, vorauszusehen.[23]

Ein ungelöstes (und in der lettischen Sprache vielleicht gar nicht zufriedenstellend lösbares) Übersetzungsproblem stellt der Untertitel des Romans *34 Sätze über meinen Großvater* dar, weil das Wort „Sätze" im Sinne „syntaktische Sätze" übersetzt worden ist, denn im Lettischen gibt es für jede der Bedeutungen des Wortes „Sätze" ein anderes Äquivalent. Das Wort, das lettisch im Bereich der Musik den Begriff „Teil" bedeutet, wäre hier auch nicht am Platze. Vielleicht könnte man statt „Sätze" in lettischer Sprache „variācijas (Variationen)" in der Bedeutung „melodische, harmonische oder rhythmische Abwandlung eines Themas"[24] benutzen. Dann ginge aber die Doppeldeutigkeit, die sich im deutschen Text beim Gebrauch des Wortes „Sätze" realisiert, verloren. Andererseits könnte man das Wort „Variationen" im Untertitel, aber nicht im Romantext verwenden.

Im Vorwort zur russischen Ausgabe von *Levins Mühle* (gerade diese Passage fehlt aber in der lettischen Ausgabe) schreibt L. Ginsburg, daß das eine Erzählung in 34 Punkten ist und diese Punkte als Kontrapunkte einer Fuge, Punkte einer unterbrochenen Linie, Punkte der Anklage oder Wegzeichen des Lebens zu deuten sind.[25]

Gotthard Lerchner weist nach, daß es sich hier wirklich nicht um Sätze im grammatikalischen Sinne handelt, sondern um „Sätze" als „Anschläge einer Grundstimme, die das [erzählerische] Harmoniegeschehen zusammenhält, und im Bezugsverhältnis eines mehrstimmigen Ganzen, das sie fundieren, im Verständnis einer Generalbaßpartitur also, sind sie dann eben doch Sätze. Faßbar wird, um in der terminologischen Analogie zu bleiben, eine polyphone Textstruktur". [26]

Im Jahre 1979 bekommt der lettische Leser noch einmal die Gelegenheit, sich mit 16 Gedichten Bobrowskis und dem Gedicht von Kito Lorenz *Epitaph für Johannes Bobrowski* in der von Māris Čaklais

---

23 H. Lapiņa: Johannesa Bobrovska prozu saņemot. In: Jaunās grāmatas. Rīga 1972, 2, S. 15.
24 Duden. Deutsches Universalwörterbuch. 2. völlig neu bearbeitete und stark erweiterte Auflage. Mannheim/Wien/Zürich 1989, S. 1627.
25 Л. Гинзбург: Предисловие. В: Иоханнес Бобровский. Мельница Левина. Повесть о моем дедушке в 34-х пунктах. Перевод Р. Гальпериной и В. Куреллы. Москва 1970, с. 8.
26 G. Lerchner: Intertextualität als ästhetisches Potential: Bobrowskis 34 Sätze über meinen Großvater. In: Zeitschrift für Germanistik 3 (1988), S. 317.

und Māra Misiņa herausgegebenen Anthologie von DDR-Lyrik mit dem – von Uwe Greßmanns erstem Gedichtband übernommenen – Titel *Vogel Frühling (Putns Pavasaris)* vertraut zu machen. Wenn man die in diesen Sammelband aufgenommenen Gedichte mit dem Lyrikband *Sarmatien, mein* vergleicht, so stellt man fest, daß der Herausgeber das Anordnungsprinzip wenigstens in der Reihenfolge der Gedichte wie in den DDR-Ausgaben im Union Verlag nicht mehr beibehält, sondern eine Zusammenstellung nach eigenen Vorstellungen vorlegt:

Aus:
Sarmatische Zeit:	*Schattenland Ströme:*	*Wetterzeichen:*
Winterlicht		
		Das verlassene Haus
		Das Wort Mensch
		Mit deiner Stimme
		Der lettische Herbst
	Tod des Wolfs	
Liebesgedicht		
Der litauische Brunnen		
Gestorbene Sprache		
Die Sarmatische Ebene		
Pruzzische Elegie		
Lettische Lieder		
Die Düna		
Feuer und Schnee		
	Der Wanderer	
	Weihnachtsgetier	

Für diese Veröffentlichung hat Čaklais in seinen Nachdichtungen einige ganz unwesentliche Korrekturen vorgenommen, indem er aus rhythmischen Gründen einige Wörter durch passendere austauscht oder eine bessere Wortfolge findet. Dafür aber ist die Redakteurin sehr willkürlich mit den Satzzeichen umgegangen, z. B. in den Gedichten *Winterlicht* und *Feuer und Schnee* hat sie jeweils an zwei Verszeilen- bzw. Satzenden den Gedankenstrich – sozusagen das Lieblingssatzzeichen Bobrowskis – durch Auslassungspunkte ersetzt, zwei Ausrufezeichen und mehrere Kommas oder Gedankenstriche weggelassen oder auch hinzugefügt, was eine gewisse Sinnänderung bei der Interpretation zur Folge haben kann, zumal ebenso wie in Bobrowskis

Prosa auch in seiner Dichtung „jeder Satz, jedes Wort, jedes Interpunktionszeichen, jede Pause"[27] interpretierbar seien.

Eine nächste Publikation über Johannes Bobrowski erscheint aus Anlaß seines 60. Geburtstages in der literarischen Monatsschrift „Karogs". Nach der üblichen Darstellung seines Lebens- und Schaffensweges wird hier auch der sprachlichen Gestaltung der Werke dieses Autors bis in die syntaktische Ebene eine kurze, aber treffende Charakteristik gegeben. Bobrowskis Sprache könne man als eine eigenartige literarisierte und musikalische Rede mit umgangssprachlichen Abschweifungen, mit einem nur ihr eigenen Redefluß bezeichnen. Sie sei lakonisch, mit Abbrüchen, überreich an Assoziationen, oft seien Gruppierungen aus gleichartigen Satzgliedern, Wechsel von kurzen und langen Sätzen sowie Wiederholungen zu beobachten. Für Bobrowski sei auch ein ironischer, tief verborgener Subtext charakteristisch.[28]

Leider hat sich in diese Publikation ein peinlicher Fehler eingeschlichen, der seinen Anfang womöglich im Vorwort von Čaklais zu dem von ihm ins Lettische übertragenen Gedichtband *Sarmatien, mein* (1971) nimmt. Dort wie hier steht irrtümlicherweise, daß Bobrowski für den Roman *Levins Mühle* mit dem François-Villon-Preis ausgezeichnet worden wäre.[29] In Wirklichkeit war es der Internationale Charles-Veillon-Preis (Zürich).

J. Bobrowski hat den ihm gebührenden Platz auch in dem 1978 herausgegebenen bibliographischen Nachschlagewerk über Schriftsteller der Weltliteratur gefunden. Ernste Reflexion darüber, daß ein humanes freundschaftliches Zusammenleben des deutschen, der baltischen und slawischen Völker nötig sei, wird als Hauptinhalt seiner Dichtung und Prosa charakterisiert. Er schöpfe diesen Gedanken aus der Vergangenheit und reiche damit weit in die Zukunft hinein.[30] In diesem Nachschlagewerk ist der Artikel über Bobrowski fast identisch mit der vorher referierten Würdigung zum 60. Jubiläum einschließlich des Fehlers bezüglich des Literaturpreises.

Auch zum 70. Geburtstag Bobrowskis erscheint in „Karogs" eine Notiz im Umfang von 25 Zeilen über sein Leben und Schaffen mit der Überschrift „Dichter der Brüderlichkeit"[31],offensichtlich im Anklang an Stephan Hermlins Worte, die auch hier zitiert werden:

---

27 D. Kalniņa, R. Darvina (Anm.11), S.66.
28 Johannesam Bobrovskim – 60 (o.A.). In: Karogs, 1977, 6, S.200.
29 M. Čaklais (Anm.20), S.4.
30 XX gadsimta ārzemju rakstnieki. Bibliogrāfiskais rādītājs. I d. Sastād. B. Arnicāne, M. Gusāre, E. Ulmane. Rīga 1978, S.199.
31 A. Rūmalis: Brālības dzejnieks. In: Karogs, 1987, 3, S. 203.

„Johannes Bobrowski erklärte sich nicht für Brüderlichkeit; seine Dichtung war brüderlich"[32].

Mindestens zwei Tatsachen in dieser Publikation weisen aber Defizite auf: Erstens werden die Orte aufgezählt, in denen Bobrowski als Soldat war, doch ist Lettland nicht erwähnt, obwohl Bobrowski seit Dezember 1943 in Kārsava und später an anderen Orten stationiert war und am Kriegsende im Kurland-Kessel in Gefangenschaft geriet.[33] Diese Tatsache wird auch in anderen lettischen Publikationen verschwiegen. Schon 1944 und später in der Nachkriegszeit widmete Bobrowski manchen lettischen Ortschaften, die er während des Krieges kennengelernt hatte, einige Gedichte. Doch nach einer gründlichen Analyse dieser Gedichte schlußfolgert R. Nikolajeva: „Das Bild, das man vorfindet und das von Bobrowski auch beabsichtigt war, zeigt eine erschaffene, fiktive Landschaft, die den gleichen Namen wie ein real existierendes Land trägt – ein sarmatisches Lettland!"[34]

Zum anderen werden von A. Rūmalis als Übersetzer von Bobrowskis Werken nur D. Kalniņa und M. Čaklais genannt, obwohl die beiden Romane Bobrowskis von Helma Lapiņa übersetzt wurden. Außerdem wird hier wie in anderen lettischen Publikationen, da diese in der Sowjetzeit erschienen, nirgends Bobrowskis christliche Gesinnung erwähnt.

Die vorläufig letzte lettische Veröffentlichung von Bobrowskis Werken und solchen über ihn findet man 1992 in der Literaturzeitschrift „Grāmata". Das sind die Erzählungen *Litauische Geschichte* und *Roter Stein*, übersetzt von H. Lapiņa, der Übersetzerin der Bobrowskischen Romane, sowie der Essay der litauischen Literaturwissenschaftlerin Viktorija Daujotite (geb. 1945) „Das mythische Land und die mythische Reise in Bobrowskis Schaffen", übersetzt von dem lettischen Dichter Pēters Brūveris, der auch die zitierten Gedichtfragmente nachgedichtet hat. Hier ist zum ersten Mal in einer lettischen Ausgabe auch ein Photo des Dichters veröffentlicht.

Im Essay stellt die Verfasserin anhand von Beispielen aus den Gedichtbänden *Sarmatische Zeit* und *Schattenland Ströme* dar, wie sich das verlorene Kindheitsland des Dichters in seinem Bewußtsein in ein mythisches Land, sogar ein Schattenland, verwandelt. Man kann dieses Land nur auf eine wundersame Weise erreichen, indem man ver-

---

32 Zitiert nach G. Wolf (Anm.16), S. 7.
33 E. Haufe: Bobrowski-Chronik. Daten zu Leben und Werk. Würzburg 1994, S. 23f.
34 R. Nikolajeva: Auf der Suche nach Lettland durch Johannes Bobrowskis Landschaften. In: Triangulum. Germanistisches Jahrbuch für Estland, Lettland und Litauen. 8. Folge. Riga 2001, S. 133

schiedene Gefahren überwindet. Ein Aspekt der mythischen Reise zu geheimnisvollen Ufern klingt in dem Gedicht *Die Argonauten* an, der andere ist die Reise in die verlorene Heimat, in die Erinnerungen, aus denen die poetische Karte Sarmatiens geschaffen wird. Die Art und Weise einer realen Reise sei im Roman *Litauische Claviere* gezeigt, das tiefere Urbild einer Reise aber verbindet sich in Bobrowskis Lyrik mit dem biblischen Wandeln auf dem Wasser.

Nach einem alten baltischen Volksglauben beruhigt die Nennung seines Namens einen Rasenden oder denjenigen, der für sich keinen Platz findet. Eigentlich sei Bobrowskis Liebe zu Sarmatien die Suche nach dem Namen der Liebe, indem er tröstet und die Schuld übernimmt. Niemand könne dem Menschen sein Heimatland wegnehmen, niemand könne es verbieten, dieses zu lieben, wenn in diesem Land auch die Interessen mehrerer Staaten zusammenprallen.[35]

Abschließend sei gesagt, daß in lettischer Sprache über Johannes Bobrowski viel zu wenig veröffentlicht ist und er daher auch in Lettland – ähnlich wie Norbert Oellers 1996 festgestellt hat – „ein unter Literaturkennern und -freunden sowie in der Literaturwissenschaft angesehener, ja hochgeschätzter Dichter"[36] bleibt, doch seine Bücher kein breites Publikum finden.

Wenn man über den Einfluß Bobrowskis auf die lettische Literatur sprechen will, so muß man wenigstens zwei Dichter erwähnen, in deren Schaffen man gewisse Berührungspunkte mit Bobrowskis Werken feststellen kann. Es sind der schon oben erwähnte Māris Čaklais und Hermanis Marģers Majevskis.

Die Dichtung von Čaklais versucht zwei wichtige Strömungen der lettischen Lyrik in sich zu vereinen: die sogenannte Schicksalslyrik und die episch schildernde Lyrik.[37]

Wie bei Bobrowski ist die Zeit also eines der zentralen Motive auch im Schaffen von Čaklais. Zweifelsohne kann man nicht genau sagen, was die Zeit eigentlich ist, man kann nur versuchen, sich diesem Begriff auf vielen und verschiedenen Wegen zu nähern. Über die Zeit spricht Čaklais anhand von Metaphern: „Die Zeit geht durch den Menschen wie ein Laserstrahl. / Und brennt ihn aus und verbrennt ihn, besiegt ihn aber nicht". (Interlinearversion der Gedichte von M. Čaklais von mir – M. S.). Der Zeit ist der ganze Gedichtband *Labrīt, Heraklīt ! (Guten Morgen, Heraklit !)* (1989) gewidmet. Nach Meinung

---

35 V. Daujotīte (Anm.17), S. 52ff.
36 N. Oellers: Johannes Bobrowski. In: Deutsche Dichter des 20. Jahrhunderts. Hrsg. H. Steinecke. Berlin 1996, S. 593.
37 I. Auziņš: Paliekošais un mainīgais. Rīga 1988, S. 81.

des Literaturkritikers Guntis Berelis ist vielleicht gerade dieses Buch das beste im Schaffen des Dichters, gleichzeitig ist es aber auch am meisten elegisch und traurig. Der im Titel des Gedichtbandes angerufene Heraklit hat wahrscheinlich eine treffende Definition der Zeit formuliert, als er sagte „Alles fließt". Im Lettischen hat sich dieses geflügelte Wort in Verbindung mit einem konkreten Bild eingebürgert, und zwar: Man kann nicht zweimal in ein und denselben Fluß steigen. Ähnlich kann man nicht auf gleiche Weise ein und dasselbe Gedicht lesen, bei jedem nächsten Mal wird es ein anderes Gedicht sein.[38]

Das Motiv der Zeit wird vom Dichter in verschiedene Bilder umgesetzt, oft geschieht es aus poetisch philosophischer Sicht und die Zeitthematik reicht bei Čaklais von Exkursen in ferne Vergangenheit bis zu philosophischen Zukunftshypothesen. Führend ist bei Čaklais das Bild der Zeit als Speicher von Kulturwerten.[39]

Čaklais hat auch in seinen Reden und Essays betont, daß für die Lyrik der „Zeitnerv, der Sinn für sein Zeitalter" besonders wichtig ist, ohne diesen wäre auch bei der Verwendung der feinsten Stilmittel das Ergebnis flacher als die Buchseite, auf der es abgedruckt wäre.[40] Deshalb ist schon von Anfang an für Čaklais ein kraß ausgeprägtes Bewußtsein der Zeit charakteristisch und damit auch die Verantwortung für die eigene Leistung und die Leistung seiner Generation für eine tiefere Vermenschlichung der Welt in der uns bemessenen Zeitspanne.[41]

Sein Gedicht *Requiem* schließt M. Čaklais mit den Worten: „Ein Mensch ohne Vergangenheit – ein Mensch ohne Zukunft ,/Lehrt den Menschen das Menschsein".[42] In einem anderen Gedicht betont Čaklais, daß sich der Mensch seiner Bande, die ihn mit früheren Generationen verbinden, mit allen, die „für unsere Bäume Wurzeln weben", bewußt sein muß.[43]

Wie bei Bobrowski ist bei Čaklais von der Verräumlichung der Zeit die Rede, wenn er sagt: „Zum Raum ist geworden die Zeit".[44]

---

38 G. Berelis: Latviešu literatūras vēsture. Rīga 1999, S. 180.
39 V. Ķikāns: Panāc tuvāk, pasaule! In: Pieci. Rīga 1980, S. 196.
40 M. Čaklais: „Jo gaišāks viņš mums atplaikšās ..." In: Saule rakstāmgaldā. Rīga 1975, S. 188. M. Čaklais: "Saplaukst roka, gaidoša otru roku ..." In: Kritikas gadagrāmata IX (1982). Rīga, S. 61.
41 J. Mackova: „Dārzā, kur nepārsāpāmais pārsāp". In: Mūžigie jautājumi. Raksti par literatūru un folkloru. Rīga 1989, S. 32.
42 Zitiert nach V. Ķikāns (Anm.40), S. 186.
43 V. Ķikāns (Anm.40), S. 180.
44 Zitiert nach: D. Vārdaune: Dzeja 70.-80. gados. In: Latviešu literatūras vēsture. 3. sēj. Rīga 2001, S. 227.

Čaklais hat viele Widmungsgedichte für Dichter und Künstler der Vergangenheit geschrieben (unter anderem 1970 auch eins für Johannes Bobrowski), diese enthalten aber immer irgendeine verallgemeinerte aktuelle Erkenntnis. Im Gedicht *Herder* wird z.b. dargestellt, wie unter den Füßen von Touristen Eicheln zertreten werden, und diese Tatsache löst beim Dichter folgende Assoziationen aus: „Der Zwischenraum zwischen den großen Völkern / Ist voll mit kleinen Völkern. / Im großen Kriegsgedonner / Werden sie nicht berücksichtigt". Alle diese Gedichte wirken wie Briefe aus der Vergangenheit, die daran erinnern, daß jeder von uns auch einen Teil des früheren Lebens mit sich trägt, denn wir sind der Raum, in dem die Zeit lebt – die vergangene, die jetzige und die kommende. In seiner Dichtung greift der Autor oft auch Motive aus der Folklore und der jüngsten und älteren Vergangenheit auf.[45]

Die Literaturwissenschaftler betonen, daß bei Čaklais komplizierte Metaphern dominieren, weshalb die Interpretation eines Einzelwortes nicht möglich ist, der Sinn dieser Metaphern ist nur im Gesamtkontext zu suchen.[46] Der Autor verwendet sogar ganze Systeme von Metaphern, die erst im Kontext mehrerer Gedichte aus verschiedenen Gedichtsammlungen zu suchen sind, um richtig erfaßt zu werden. Es gibt nur wenige Texte von ihm, die man eindeutig interpretieren könnte, von jedem Text führt die Interpretation in mehrere Richtungen.[47] Manchmal bleiben die Metaphern auch rätselhaft dunkel wie bei Bobrowski.

Beliebte Motive auch bei Čaklais sind Zeichen und Vögel als Botschafter zwischen Himmel und Erde und Symbol für alle Triebe und Sehnsüchte der Seele.[48]

Auch der lettische Dichter Hermanis Marģers Majevskis (1951-2001) hat sich an Bobrowskis Gedichten geschult. Zwar hat er Bobrowski nicht übersetzt, doch sagt man ihm nach, daß der Einfluß der künstlerischen Verfahren von Johannes Bobrowski in seinem Schaffen bis 1976 besonders stark zu spüren war. Čaklais meint, daß Bobrowski für Majevskis eine wahre Fundgrube für Stilfiguren gewesen sei. Die Naturzustände (Dämmerung, Septemberrauch, Nebel u.a.m.) dienen für Majevskis nur für die Objektivierung seiner subjektiven Empfindungen, für Bobrowski dagegen sei der geschichtliche

---

45 Ebd., S. 225.
46 Ebd., S. 228.
47 G. Berelis (Anm.39), S. 180.
48 R. Veidemane: „Sašvīkāta ir zeme ..." Dažas līnijas M. Čaklā poētikā. In: Kritikas gadagrāmata IX (1982), S. 149.

Stoff wichtiger, bei ihm könne man mitunter die Gegenwart von der Vergangenheit nicht unterscheiden und das wäre auch wahrscheinlich Bobrowskis Absicht gewesen.[49]

Das Schaffen von Majevskis kann man am besten mit den Worten *wenig* und *selten* charakterisieren: Es sind von ihm nur drei kleine Gedichtbände veröffentlicht: *Atvadīšanās no upes (Abschied vom Fluß)* (1979); *Vienatnes piedzimšana (Die Geburt der Einsamkeit)* (1987); *Tumsā dunēdams ledus (Im Dunkel dröhnender Eisgang)* (2001). Einen Teil seiner vielen aus dem Litauischen, Polnischen (um diese beiden Sprachen war der Dichter besonders bemüht), Englischen, Russischen und Moldauischen ins Lettische übertragenen Gedichte nahm er in seine Gedichtbände auf. Majevskis übergab der Öffentlichkeit seine Werke erst dann, wenn diese seinen Vorstellungen von guten Werken entsprachen.[50]

Nach dem Erscheinen des ersten Gedichtbandes von Majevskis schrieb K. Skujenieks in seiner Rezension darüber, daß in der Dichtung von Majevskis die Intonation und nicht die Bedeutung eines einzelnen Wortes oder eines sprachlichen Bildes dominiert. Kennzeichnend für das junge Talent fand der Rezensent auch den Rhythmus seiner Lyrik, dem man die Erfahrungen des Autors in anderen Kunstgattungen (Musik und Malerei) anmerken kann. Für den jungen Dichter waren der Zeilensprung, die Gliederung in Strophen und Pausen, oft markiert durch Gedankenstriche, zur Gestaltung einer besonderen Intonation wichtig. Der verschwiegene Teil des Satzes war genauso ausdrucksvoll wie der gesagte. Die Gedichte von Majevskis ähneln in ihrer Komposition einem Musikstück: ständige Abwechslung der Motive, Kontraste, Variationen – die Entwicklung des Themas und der Seitenthemen ist dabei klar spürbar, aber in Begriffen nicht wiederzugeben. Auch seine Poetik ist polyphon.[51] Unter anderem heißt im ersten Gedichtband von Majevskis der erste Teil *Aquarelle,* der letzte – *Partituren,* und zwei Gedichte haben ebensolche Titel wie bei Bobrowski: *Die Erzählung* und *Der Wanderer.*

Auch im zweiten Gedichtband von Majevskis gibt es solche Gedichte, die an eine Improvisation über ein musikalisches Thema erinnern, das in der Kulmination seiner Entfaltung plötzlich abbricht. Allmählich distanziert sich Majevskis von der äußeren stilistischen Affinität zu Bobrowski, dafür klingen hier wie bei Bobrowski stärker

---

49 M. Čaklais: Majevskis un Kūkojs. In: Karogs 1980, 10, S. 166f.
50 I. Čaklā: Sava ceļa gājējs. In: Karogs 2002, 5, S. 167f.
51 K. Skujenieks: H. M. Majevskis „Atvadīšanās no upes. In: Literatūra un Māksla, 28.03.1980.

mythologische und historische Motive an (z. B. im Gedicht *Senprūsu kapalaukos (Auf altpreußischen Gräberfeldern)* u.a.m.[52]).
Wie die Lektüre von Bobrowskis Lyrik stellt auch die Lyrik von Majevskis hohe Ansprüche an den Leser, dieser muß die unfaßbare Grenze zwischen Dingen, Erscheinungen und Zeiten überqueren, gleichzeitig in Illusion und Realität leben.[53]

---

52 R. Boldāne: Divatni meklējot. In: Karogs, 1988, 11, S. 146.
53 A. Rancāne: „Saujā dvēsele ...". In: Jaunās grāmatas, 1988, 2, S. 15.

„Wenn wir solche Verse lesen, glauben wir, Heimaterde zu schmecken." Zur Rezeption Johannes Bobrowskis in den Heimatvertriebenenverbänden

RAFAŁ ŻYTYNIEC

I. Zum *Begriff* der „Rezeption" und zum Rezeptionskreis der organisierten Heimatvertriebenen

Wenn im folgenden über die Rezeption Johannes Bobrowskis unter den organisierten Heimatvertriebenen gesprochen wird, so wird unter diesem Begriff allgemein „jede Art der kommunikativen Aneignung von Literatur durch Leser oder Hörer (Rezipienten)"[1] verstanden. Die rezeptionsästhetische Fragestellung geht aus von der „jeweils durch veränderte Rezeptionsbedingungen bestimmten Offenheit des Bedeutungs- und Sinnangebots im literarischen Kunstwerk, das sich erst durch die Verschmelzung mit dem Erwartungs-, Verständnis- und Bildungshorizont des Lesers konkretisiert"[2]. Die Bedingung für die Feststellung einer jeweils historisch geprägten Erwartungshaltung ist nur unter der Voraussetzung möglich, daß man synchron die geschichtlichen Bewußtseinsformen und ihre Bedingungen rekonstruiert, „damit eine sich artikulierende Rezeption nicht als subjektive Antwort auf die Subjektivität des selbst von Rezeption (Sprache, Literatur, Zeitgeist) abhängigen Kunstwerks unverbindlich und zufällig bleibt"[3]. Dementsprechend werden in der vorliegenden Untersuchung zunächst die wesentlichen Merkmale des Werkes von Johannes Bobrowski rekonstruiert und im zweiten Schritt diejenigen geschichtlichen und soziologischen Spezifika der Heimatvertriebenenverbände, die ihre Grundlage für die Aneignung des Werkes von Bobrowski bildeten. Erst vor diesem Hintergrund läßt sich die Rezeption des

---

1 H. Weidhase: Rezeption. In: G. und I. Schweikle (Hrsg.): Metzler-Literatur-Lexikon. Stuttgart 1990, S. 388f., hier S. 388.
2 Ebd.
3 Ebd., S. 389.

Werkes von Bobrowski im Umkreis der Heimatvertriebenenverbände nachvollziehen.

Johannes Bobrowski überschrieb sein literarisches Lebensprojekt mit dem Begriff „Sarmatien". „Sarmatia" bezeichnete auf der Weltkarte von Ptolemäus aus dem zweiten nachchristlichen Jahrhundert das gesamte Land von der Weichsel bis zur Wolga und zum Kaspischen Meer, samt dem Ursprungsland des Reiter- und Nomadenvolkes der Sarmaten östlich des Don. Bobrowski hat den Begriff „Sarmatien" in dessen großräumigen Bedeutung aufgegriffen „und in ihm Landschaft, Kultur und Geschichte seiner geliebten ‚Ostvölker' stets zusammengesehen".[4] Seine Absicht prägte stark der Wille, zur Versöhnung zwischen „seinen Deutschen" und den Völkern des Ostens beizutragen, an denen die Deutschen eine „geschichtliche Schuld" begangen haben. Der Dichter selbst formulierte diese Absicht in einem Brief an Hans Ricke vom 9. Oktober 1956 folgendermaßen:

Ich will, und ich habe mir Zeit gelassen, diese Absicht zu formulieren, in einem großangelegten (wenigstens dem Umfang nach) Gedichtbuch gegenüberstellen: Russen, Polen, Aisten, samt Pruzzen, Kuren, Litauern, Juden – meinen Deutschen. Dazu muß alles herhalten: Landschaft, Lebensart, Vorstellungsweise, Lieder, Märchen, Sagen, Mythologisches, Geschichte, die großen Repräsentanten in Kunst und Dichtung und Historie. Es muß aber sichtbar werden am meisten: die Rolle, die mein Volk dort bei den Völkern gespielt hat. Und so wird die Auseinandersetzung mit der jüngsten Zeit, für mich: der Krieg der Nazis, einen wesentlichen und sicher den gewichtigsten Teil ausmachen. *So werde ich in den Gedichten stehen, uniformiert und durchaus kenntlich. Das will ich: eine große tragische Konstellation in der Geschichte auf meine Schultern nehmen, bescheiden und für mich, und das daran gestalten, was ich schaffe.* Und das soll ein (unsichtbarer, vielleicht ganz nutzloser) Beitrag sein zur Tilgung einer übersehbaren historischen Schuld meines Volkes, begangen eben an Völkern des Ostens *(Hervorhebungen des Verfassers, R.Ž.).*[5]

Mithin bekommen die Anerkennung der „deutschen Schuld im Osten" sowie der Versuch ihrer Tilgung einen übergeordneten Status

---

4 E. Haufe: Einleitung des Herausgebers. In: J. Bobrowski: Gesammelte Werke in sechs Bänden, hg. von E. Haufe. Bde. I-IV Stuttgart / Berlin 1987, Bd. V Stuttgart 1998, Bd. VI (hg. von H. Gehle) Stuttgart 1999, hier I, VII-LXXXVI, hier S. XLII; Zitate aus dieser Ausgabe werden im folgenden mit der Sigle GW, der Band- und der Seitenangabe nachgewiesen.

5 Zitiert nach: GW I, XLIIIf.

im Werk von Bobrowski und werden zu einer prägenden Kraft, der seine ganze literarische Erinnerungsarbeit untersteht. Mit welchem geschichtlichen Erwartungshorizont wird dieses Werk bei den im Bund der Vertriebenen organisierten Heimatvertriebenen konfrontiert? Für die Zwecke der vorliegenden Untersuchung wird angenommen, daß es sich beim „Bund der Vertriebenen" um eine Interessengruppe handelt, die man nach der Definition von Ociepka „zu jenen Verbänden zählen kann, die ein Teil der deutschen Gesellschaft repräsentieren, in diesem Fall die Vertriebenen"[6]. Seit Mitte der fünfziger Jahre ist eine fortschreitende Marginalisierung dieser Gruppe feststellbar, die außerhalb der staatlichen Entscheidungsprozesse funktioniert. Dieser Prozeß wurde in den siebziger Jahren durch die Ostpolitik Willy Brandts beschleunigt. Ein zweites Mal kam es zur Marginalisierung des BdV nach der Wiedervereinigung Deutschlands und der Ratifizierung der deutsch–polnischen Verträge in den neunziger Jahren. Was die durch den Bund der Vertriebenen gepflegte Erinnerungskultur anbelangt, so stützt sie sich auf das 1950 in der „Charta der deutschen Heimatvertriebenen" verlangte und weitgehend materiell aufgefaßte „Recht auf die Heimat". Die Erinnerungskultur der organisierten Heimatvertriebenen wird als ein Teil des Erinnerungsortes „Flucht und Vertreibung" betrachtet.[7] Die aus den früheren deutschen Ostgebieten in den westlichen Besatzungszonen angekommenen Flüchtlinge wurden 1953 juristisch durch das Bundesvertriebenengesetz zu „Vertriebenen", deren kollektiv gepflegter Erinnerung sich bald die aus dem völkisch-nationalsozialistischen Milieu stammenden Politiker bemächtigten. Bei der Konstruktion des gerade erwähnten Erinnerungsortes wurden die persönlichen Erfahrungen der einzelnen Vertriebenen weitgehend ihnen selbst überlassen - zugunsten einer auf die von den Deutschen erfahrenen kulturhistorischen und zivilisatorischen Wunden hinzielenden Rhetorik.[8] Damit ging eine Umwertung des Heimatbegriffs einher: Die Erinnerungsarbeit, die in vielfacher Form geleistet wurde, hob den deutschen Charakter der verlorenen Gebiete hervor und strebte eindeutig nach der Revision der in Jalta und Potsdam getroffenen Vereinbarungen über die neue Grenzziehung Deutschlands. Die vermeintliche kulturelle Überlegenheit der Deutschen erlaubte es nicht, das „multikulturelle

---

6 B. Ociepka: Związek Wypędzonych w systemie poitycznym RFN i jego wpływ na stosunki polsko-niemieckie 1982-1992. Wrocław 1997, S. 9 (eigene Übersetzung des Verfassers).
7 Vgl. E. und H. H. Hahn: Flucht und Vertreibung. In: E. François/ H. Schulze: Deutsche Erinnerungsorte. Bd.1. München 2001, S. 335-351.
8 Vgl. ebd., S. 338f.

Zusammenleben mit Polen und Tschechen zum Bestandteil des Erinnerungsortes ‚Flucht und Vertreibung' werden zu lassen."[9] Dieser offiziellen Gedächtniskultur werden die „anderen Vertriebenen" gegenübergestellt, deren Erinnerungskonstruktion versuchte, „nicht Klage zu erheben, sondern möglichst viele Aspekte der eigenen Erlebnisse festzuhalten."[10] In den Reflexionen der „anderen Vertriebenen", die man mit Aleida Assmann als eine Art Gegengedächtnis betrachten kann, war im Unterschied zu den Vertriebenenpolitikern die moralische Dimension stark in Gestalt der Überlegungen zu den Ursachen, der Schuld und der Verantwortung präsent.

Im Endeffekt hat man es in Deutschland in bezug auf die Vertreibung mit einer „zerklüfteten Erinnerungslandschaft"[11] zu tun: auf der einer Seite die Welt der Heimatvertriebenen, die sich als Subjekte ihrer eigenen Erinnerungen nicht bemächtigen konnten; auf der anderen Seite die „anderen Vertriebenen", die die eigentliche Erinnerungsarbeit des ersten halben Jahrhunderts seit der Flucht und Vertreibung leisteten. Allerdings brachten die 90er Jahre eine allmähliche Versöhnung innerhalb der Erinnerungslandschaft „Flucht und Vertreibung". Ausschlaggebend dafür waren das Gedenken des Leides der Vertriebenen im historisierenden Kontext des Zweiten Weltkrieges, die Aufgabe der politischen Forderungen von immer größeren Teilen der Vertriebenenpolitiker sowie die Kontakte zu ihrer ehemaligen Heimat. All das belebte die Erinnerungslandschaft der Bundesrepublik und machte sie auch für die jüngeren Generationen attraktiver. Es wird prognostiziert, daß sich aus dem durch die historisierte Erinnerung an Flucht und Vertreibung gefüllten Erinnerungsort erst künftig ein lebendiger Erinnerungsort wird entwickeln können.[12]

---

9 Ebd., S. 345.
10 Ebd., S. 348.
11 Ebd., S. 350.
12 Vgl. ebd., S. 351.

II. Zur Quellengrundlage

Aus dem breiten Spektrum der sog. Heimatzeitungen wurde für die vorliegende Untersuchung „Das Ostpreußenblatt" gewählt. Daß sich dort Beiträge zu Johannes Bobrowski finden, hängt schon mit dessen ostpreußischer Herkunft zusammen. Mit Hilfe des Computerregisters der Beiträge dieser Zeitung, das vom „Ostpreußischen Kulturzentrum" in Ellingen geführt wird, wurden regelmäßig die Jahrgänge 1950 bis 1999 ausgewertet.[13] Weitere Artikel aus den Jahren 2000-2003 wurden im Internetarchiv der Zeitung gefunden.

Auf seiner Internetseite präsentiert sich „Das Ostpreußenblatt" als „die größte und einflußreichste aller Vertriebenenzeitungen. Es wird in 132 Länder der Erde versandt und hat eine Auflage von rund 40 000 Exemplaren."[14] Die Redaktion betont, daß die Zeitung keineswegs subventioniert werde und sogar Überschüsse mache. „Das Ostpreußenblatt" gliedert sich in folgende Ressorts: Politik/ Zeitgeschehen/Feuilleton, Kultur/Unterhaltung/Frauen, Geschichte/ Landeskunde, und Landsmannschaftliche Arbeit/Aus den Heimatkreisen/Aktuelles. Die wichtigste Rolle wird den Rubriken Politik und Zeitgeschehen zugeschrieben, denn nach Angaben der Zeitung abonnieren deutlich über 90 Prozent der Leser „Das Ostpreußenblatt", „um politischen Klartext lesen zu können."[15] Im Zentrum des Interesses stünden Deutschland, die Europäische Union und die hiesige Wertegesellschaft, festgehalten und kommentiert aus wertkonservativer Sicht. Dies sei das erste Standbein, das die Zukunftsfähigkeit der Zeitung garantiere. Das zweite seien die Ressorts Östliches Mitteleuropa und Geschichte und Landeskunde, da sich keine zweite deutschsprachige Wochenzeitung derart auf Ostpreußen und die östlichen Beitrittsstaaten als Investitions-, Wirtschafts- und Kulturraum konzentriere.

Darüber hinaus weist die Redaktion auf aktuelle Ausstellungen mit Arbeiten ostpreußischer Künstler, auf Konzerte oder CD-Veröffentlichungen mit Werken ostpreußischer Komponisten, auf Neuerscheinungen ostpreußischer Schrift-

---

13 Der Verfasser möchte sich beim Kulturzentrum Ostpreußen in Ellingen für die Möglichkeit bedanken, zwecks Recherche für diese Untersuchung das Computerregister des „Ostpreußenblattes" benutzen zu können und daß ihm die notwendigen Artikel als Kopie zur Verfügung gestellt wurden.
14 www.ostpreussenblatt.de
15 Ebd.

steller (wie etwa Arno Surminski) hin. Die Seite Unterhaltung schließlich dient vor allem einer „Ruhepause"; da kann der Leser die „Seele baumeln lassen" und sich von den meist anspruchsvollen Politikseiten erholen. Autoren, vornehmlich aus Ostpreußen, aber auch aus den anderen Vertreibungsgebieten erhalten hier die Möglichkeit, in Lyrik und Prosa ihre Empfindungen und Erlebnisse zu schildern, ihrer Phantasie freien Lauf zu lassen.[16]

Soweit das Selbstprofil der Zeitung. Man merkt, daß die Landsmannschaft nicht nur ein Informationsorgan schaffen, sondern daß „Das Ostpreußenblatt" auch Stellung zu den aktuellen politischen Geschehnissen nehmen will. Dabei rückt sie oft in Richtung rechtsextremer Positionen, zumal mancher ihrer Autoren, wie z.B. Horst Mahler, ein aktives Mitglied der NPD ist.[17] Die Frage nach dem Rechtsextremismus im „Ostpreußenblatt" wurde durch die Bundesregierung in ihrer Stellungnahme zu der Kleinen Anfrage der Abgeordneten Ulla Jelpke und der Fraktion der PDS beantwortet.[18] Danach „liegen Erkenntnisse über eine rechtsextreme Ausrichtung und Durchdringung nicht vor. In einzelnen Fällen hat die Zeitung allerdings Beiträge von Rechtsextremisten veröffentlicht oder für Erzeugnisse rechtsextremistischer Verlage geworben."[19] Auch in bezug auf Ausländerfeindlichkeit „finden sich Beiträge mit entsprechenden Anklängen"[20], doch eine Durchdringung ist nicht festgestellt worden. Hinzu kommt, daß sie seit 1995 vom Bundesamt für Verfassungsschutz regelmäßig ausgewertet wird, „um Anfragen nach bestimmten Inhalten beantworten zu können."[21]

Die gerade erwähnten Fakten lassen „Das Ostpreußenblatt" als eine konservative und eindeutig den Blick der in der „Landsmannschaft Ostpreußen" organisierten Heimatvertriebenen bevorzugende Zeitung einstufen. Der Prozeß der europäischen Einigung und die

---

16 Ebd.
17 Vgl. Bundesministerium des Inneren (Hg.): Verfassungsschutzbericht 2001. Berlin 2001, S. 62ff.
18 Vgl. Das „Ostpreußenblatt" und der Rechtsextremismus. Kleine Anfrage der Abgeordneten Ulla Jelpke und der Fraktion der PDS. Deutscher Bundestag, 14. Wahlperiode, Drucksache 14/4494, 26.10.2000. Ferner: Antwort der Bundesregierung auf die Kleine Anfrage der Abgeordneten Ulla Jelpke und der Fraktion der PDS: Das „Ostpreußenblatt" und der Rechtsextremismus. Deutscher Bundestag, 14. Wahlperiode, Drucksache 14/4701, 21.11.2001.
19 Antwort der Bundesregierung auf die Kleine Anfrage der Abgeordneten Ulla Jelpke und der Fraktion der PDS Das „Ostpreußenblatt" und der Rechtsextremismus. Deutscher Bundestag, 14. Wahlperiode, Drucksache 14/4701, 21.11.2001, S. 2.
20 Ebd.
21 Ebd.

deutsch-polnische Versöhnung werden im spezifisch landsmannschaftlichten Kontext mit starkem Bezug auf das „Recht auf die Heimat" ausgelegt, da sich auch Stimmen finden, die immer noch auf den inzwischen überholten Vergangenheitsvorstellungen in bezug auf Ostpreußen beharren. Auch die Selbsteinschätzung der Zeitung erscheint angesichts ihrer kontinuierlich sinkenden Abonnentenzahl und ihres auf die Heimatvertriebenen beschränkten Wirkungskreises als übertrieben. Insofern kommt dem „Ostpreußenblatt" eine marginale Rolle im deutschen Pressewesen zu. Seinen umstrittenen Charakter verstärkt noch die Präsenz von rechtsradikalen Stimmen.

III. „Wenn wir solche Verse lesen, glauben wir, Heimaterde zu schmecken". Johannes Bobrowskis in der Sicht des „Ostpreußenblattes"

Die Rezeption von Johannes Bobrowski im „Ostpreußenblatt" setzt erst mit dessen Tod 1965 ein. In der Ausgabe vom 11. September 1965 wurde äußerst knapp vom Tod des Dichters berichtet. Nach üblichen Informationen zu seinem Leben erfolgt eine Kurzbesprechung des Werkes, die insbesondere die Elemente der ostpreußischen bzw. östlichen Landschaft bei Bobrowski herausstellt. So ist die Gedichtsammlung *Sarmatische Zeit* „eine Hymne auf die Weite der östlichen Landschaft, über die sich der Schatten der Geschichte gebreitet hat"[22]. Auch in Bobrowskis Erzählungen „taucht die ostpreußische Landschaft – das „Alkgebirge" (der Galtgarben), das Samland und die Memelniederung - wie eine aus Nebelschleiern leuchtende Vision auf".[23] Außerdem ist „ein Hang zur Schwermut und zum Mythos in seinen Werken spürbar".[24] Die Anlässe, aus denen später Artikel über Bobrowski im „Ostpreußenblatt" erschienen, waren meist seine Geburts- oder Todestage. Hinzu kommen noch Rezensionen der Bücher von und über Bobrowski, Tagungsberichte und Berichte über Aufführungen seiner Werke und über Bobrowski-Ausstellungen sowie in der letzten Zeit über die Aktivitäten der Johannes-Bobrowski-Gesellschaft. Die Geburts- bzw. Todesjubiläen des Dichters boten zumeist die Gelegenheit, längere und aufschlußreiche Artikel über den Dichter zu veröffentlichen. Auf der Grundlage jener Veröffentlichungen lassen sich besonders gut die Ansichten der organisierten Vertrie-

---

22 s-h: Johannes Bobrowski †. In: Das Ostpreußenblatt, Nr. 37/1965, S. 11.
23 Ebd.
24 Ebd.

benen über Bobrowski herausarbeiten, daher wird im folgenden ein Querschnitt über sie durchgeführt.

Dem Nachruf auf Bobrowski folgten zunächst einmal keine weiteren Artikel. Der erste lange Beitrag, der das Werk des Ostpreußen Johannes Bobrowski präsentierte, erschien erst 1968, drei Jahre nach seinem Tode.[25] Ida Kunigk hebt darin vor allem die Brückenfunktion des Werkes von Bobrowski hervor:

Dieser ostpreußische Schriftsteller hatte sich dem geistigen Brückenschlag verschrieben, nicht nur dem zwischen den beiden Teilen unseres gespaltenen Landes. Seine Brückenbögen spannen sich nicht nur hin zur geliebten engeren Heimat [...] sondern seine Brücken führen in alle Teile Europas, führen weit hinein in die Vergangenheit, in die „Sarmatische Zeit" [...] Wie wenigen ist ihm aber auch der Brückenschlag zwischen Realität und Irrealität, zwischen Dokumentation und Vision gelungen.[26]

Der Beweis, daß Bobrowskis Werk in solch einem Spannungsfeld angesiedelt wurde, ist „bereits sein großflächiges Gesicht":

Es läßt ahnen, daß Johannes Bobrowski aus vielen Wurzeln lebte, die aber alle im Boden der Heimat ruhten. Dieser späte Schüler Kants besitzt eine hohe, klare Denkstirn. Die breiten Backenknochen drängen den Vergleich mit dem ostpreußischen Schauspieler Paul Wegener auf. Sein fester und – so paradox das auch klingen mag – zugleich sensibler Mund läßt an den großen Träumer und Realisten Heinrich von Kleist denken, seine runden, sprechenden Augen erinnern an Herders Blick. Aber auch die visionäre Kraft E.T.A. Hoffmanns und der Geist Hamanns, den Bobrowski verehrte und dem er mit Kant zusammen ein literarisches Denkmal setzte, spiegeln sich in diesem heimatlich vertrauten Gesicht, das von der Schwermut um Verlorenes und von der Erkenntnis des Leidencharakters menschlichen Daseins verschattet wird.[27]

Zwar wurde Bobrowski nach Kunigk durch seine Heimat geprägt, doch ein „Heimatdichter" war er nicht, weder im schlechten noch im guten Sinne des Wortes. Sein Verdienst besteht darin, nicht auf die Tränendrüsen der Ostpreußen zu drücken und damit die ostpreußische Sprache zu läppischen „Spoaßkes" zu verfälschen, wodurch den

---

25 Vgl. I. Kunigk: Von einem, der Brücken baute. Der Ostpreuße Johannes Bobrowski und sein Werk. In: Das Ostpreußenblatt, Nr. 23/1968, S. 5-6.
26 Ebd., S. 5.
27 Ebd.

Ostpreußen die Rolle der Landestrottel zugewiesen wurde, sondern Bobrowski gibt der ostpreußischen Sprache ihre Würde wieder, da er sie „zur Erhellung, zur Entlarvung und zu philologisch treuer Übermittlung des Lokalkolorits nutzt"[28]. Weiterhin betont die Autorin die völkerverbindende Tendenz seines Werkes, die ihm – zumal seine Heimat ein „europäischer Schmelztiegel" oder „Europa im Kleinformat" war – „gleichsam in die Wiege gelegt war"[29]. Was das Gesamtwerk Bobrowskis anbelangt, so wird es als „von hoher Modernität, jedoch nicht modern im üblichen Sinne"[30] bezeichnet. Dies kommt dadurch zum Ausdruck, daß Bobrowski nicht um die Gunst des Publikums warb und seinen Leser anstrengte. Als positiv wird empfunden, daß Bobrowski dabei nicht den „hochgestochenen Stil" kultivierte, kein „echtes Anliegen" hatte sowie sein Werk „nicht mit gespieltem Tiefsinn umnebelte und keine sexgeladenen Reißer schrieb"[31].

An den Ausführungen von Kunigk merkt man, daß die organisierten Vertriebenen Bobrowski von Anfang an als volles Mitglied ihrer Erinnerungsgemeinschaft anerkannt haben. Er wird als „unser Landsmann" bezeichnet und sein Gesamtwerk ist dabei für die Ostpreußen erinnerungsträchtig. Worauf aber der Blick der Vertriebenen gerichtet wird, die seine Gedichte lesen, sind primär die Naturbilder aus der Heimat, denen zugleich die Rolle der Schlüsselwörter in seinen Gedichten zugeschrieben wird: „Kalmus (Den Duft kann man nicht beschreiben), Moorwald, Birke, kühl von Säften, Möwengeschrei sind Schlüsselworte in seinen Versen, die das Tor zur fernen Heimat weit öffnen"[32]. Die Hauptfunktion seiner Dichtung besteht für die Vertriebenen eindeutig im Erinnern an vertraute Heimatbilder, wobei Bobrowski wohl die beste Leistung von allen Schriftstellern erbrachte: „Breit flutet Erinnerung. Nie führte uns einer so traumwandlerisch sicher zurück in das *Schattenland Ströme*, nie sang einer vertrauter und fremdschöner zugleich das Lied *Sarmatische Zeit*[33]. Die heimatliche Vertrautheit, die die Vertriebenen Johannes Bobrowski entgegenbringen, drückt am besten folgende Feststellung Kunigks aus, die auf das Gedicht *Kindheit* bezogen ist: „Wenn wir solche Verse lesen, glauben wir, Heimaterde zu schmecken"[34]. Kunigk versucht auch, Bobrowskis Schlüsselbegriff „Sarmatien" zu deuten. Ihrer Meinung nach bedeutet

---

28 Ebd.
29 Ebd.
30 Ebd.
31 Ebd.
32 Ebd.
33 Ebd.
34 Ebd.

ihm dieser Begriff „Urheimat, die völkerverbindende Gedanken umschließt. Sein Sarmatia liegt da, wo das Kind Vogel und Unkenruf lauschte, und auch da, wo den jungen Soldaten (=Bobrowski, Anm. des Verf., R.Ż.) osteuropäische Steppe umfing, als er die Alte Heerstraße Napoleons und die Taurische Straße entlanggezogen war"[35]. Auf die Prosa Bobrowskis eingehend, stellt Kunigk fest, daß in ihr das Problem der Grenzen sowie bösartige Gruppenidentitäten diagnostiziert werden. „Unretuschiert will er Vorurteile darstellen und dadurch abschrecken, will sie überwinden helfen".[36] Dabei wird auch das Problem der Schuld angesprochen. Die Autorin vertritt die Meinung, daß „wie Bobrowski sich selbst nicht einer Seite verschrieb, sondern seiner geistigen Freiheit und Entfaltung Raum gab, so lastete er auch Schuld nicht einseitig an. Schuld ist immer auf beiden Seiten"[37]. Aus dieser Feststellung leitet die Autorin die Erinnerung und nicht Ermahnung als das wichtigste Charakteristikum des Werkes von Bobrowski ab: „Er ist zu gescheit, um fanatisch nur anzuklagen. Er ermahnt nicht einmal. Er weiß, daß es dem Menschen wichtiger ist, erinnert als ermahnt zu werden"[38]. Resümierend stellt Kunigk fest, daß Bobrowskis Werk trotz seines Vergangenheitsbezugs auch einen Gegenwartsbezug besitzt: „Geläutert, bereichert sollen wir zurückschreiten in unsere Gegenwart, sollen die Auseinandersetzung mit der Vergangenheit wach halten, damit sich das kaum Faßbare, das einst geschah, nicht wiederhole"[39].

Weitere Artikel, die über Bobrowski geschrieben wurden, heben sich etwas von der ursprünglichen Heimatrhetorik Kunigks ab. In seinem Artikel zum 5. Todesjubiläum von Bobrowski spricht Wolfgang Schwarz den Einfluß des Krieges auf Bobrowskis Werk und die daraus resultierende Schuldfrage an.[40] Er bringt das auf die Feststellung, daß mit der Zerstörung, die das eine Land dem anderen widerfahren läßt, es sich selbst zerstört, „bis in sie hinein, die als ungefragt Zerstörende plötzlich wissen: daß sie das, was sie fremdem Leben antun, eigenem Leben antun"[41]. Als Merkmale der Poesie von Bobrowski nennt Schwarz das sparsame Umgehen mit dem Wort und den Rückgriff auf Legende und Lied als älteste Poesieformen. Auch

---

35 Ebd.
36 Ebd., S. 5f.
37 Ebd., S. 6.
38 Ebd.
39 Ebd.
40 Vgl. W. Schwarz: Es blieb mir eine Spur im Sand... In: Das Ostpreußenblatt, Nr. 38/1970. S. 5.
41 Ebd.

die Begegnung der Juden und Deutschen macht nach Schwarz Bobrowski zur Legende. Dabei hebt er „keinen Zeigefinger" und läßt statt dessen „die Symbole in der unauffälligen Position, in der sie leben, um so nachhaltiger wirken"[42].
In einem Artikel zum 60. Geburtstag von Bobrowski ist wiederum von der „Undurchsichtigkeit der sprachlichen Form"[43] die Rede, die Bobrowskis „Verständlichkeit und Verbreitung stark beeinträchtigt"[44]. Der Autor Klaus Gaida charakterisiert die Gedichte Bobrowskis wie folgt: „Die Gedichte sind kurz und inhaltsreich, authentisch, weil erlebt, und trotzdem voller Gefühl und Poesie. Thematisch beziehen sie sich auf die östliche Landschaft mit ihren Menschen und deren Schicksal. [...] Aber auch Westliches wird in ihnen entfaltet."[45] Ferner weist er auf den religiösen Bezug seiner Dichtung hin, die zweierlei Aspekte umfaßt: zum einen geht es Bobrowski darum, den „ursprünglichen Geist" seiner Landschaft „mit der für ihn als christlichen Dichter verbindlichen geistigen Haltung des mittel- und osteuropäischen Raumes in Verbindung zu beringen" und zum anderen „diesen Geist dem unheilvollen Geschehen im Kriege gegenüberzustellen"[46]. Im Themenkomplex „Heimat und Heimatverlust" wird von Bobrowski „das Wissen um seine Heimat Ostpreußen und deren Randgebiete sowie um den weiteren west- und mitteleuropäischen Raum"[47] verwertet. Dabei sind die sich auf Ostpreußen beziehenden Geschichten „Genrebilder, die Leben und Bräuche der Bevölkerung darstellen"[48]. Aus der Gegenüberstellung des Geistes der ostpreußischen Landschaft mit dem Krieg ergibt sich die geschichtliche Erfahrung, die der Leser bei der Lektüre der Prosawerke Bobrowskis macht – sie „soll sich auf den Krieg und dessen Resultate beziehen, die Bobrowski augenscheinlich als unabänderlich betrachtete"[49]. Spürbar ist eine leichte Resignation, die sich in diese Äußerung Gaidas einschleicht, zumal die territorialen Folgen des Krieges von den Heimesvertriebenenverbänden im Namen des „Rechts auf die Heimat" ständig in Frage gestellt wurden. Die Lösung, die Bobrowskis Verhältnis zu

---

42 Ebd.
43 K. D. Gaida: Verständnis für den Mitmenschen. Zum 60. Geburtstag des Dichters Johannes Bobrowski aus Tilsit. In: Das Ostpreußenblatt, Nr. 18/1977, S. 9.
44 Ebd.
45 Ebd.
46 Ebd.
47 Ebd.
48 Ebd.
49 Ebd.

seiner Heimat gefunden hat, ist nach Gaida das Bewahren ihres geistigen und kulturellen Erbes.

Charakteristisch ist, daß die Heimatvertriebenen in den Gedichten von Bobrowski vor allem das Erlebnis der Landschaft akzentuieren. Primär landschaftlich wird auch das Konzept „Sarmatien" gedeutet, was eine Kurzrezension des 1981 neuerschienenen Bandes *Sarmatische Zeit* bestätigt.[50] Der Titel ist dem Autor nach symbolisch „für eine weite Landschaft östlich der Memel"[51] aufzufassen. Diese These stützt der Rezensent auf zahlreiche örtlich bezogene Überschriften der Gedichte aus diesem Band. Auch Bobrowskis Stil stieß auf einige Schwierigkeiten bei den Heimatvertriebenen. In der bereits erwähnten Rezension empfiehlt Paul Brock den Lesern, die die Wirkung der Schönheit Bobrowskis poetischer Sprache in ihrer vollen Entfaltung genießen wollen, „Zeile um Zeile, Wort für Wort, langsam und laut vor sich hinzusprechen, auch wenn man keine Zuhörer hat. Wie aus einer unauslotbaren Tiefe steigen dann die Bilder zum Licht herauf, sich darzubieten in ihrer flimmernden Farbigkeit."[52] In den achtziger Jahren zeichnet sich auch eine Übereinstimmung der Urteile der „offiziellen" Literaturkritik und der des „Ostpreußenblattes" ab, da Paul Brock dem Urteil von Horst Bienek, das nicht umfangreiche Werk Johannes Bobrowskis sei vollkommen, bedenkenlos zustimmt.

Weitere Autoren, die über Bobrowski im „Ostpreußenblatt" schreiben, beziehen sich meistens auf die schon früher in der Zeitung veröffentlichten Artikel. So kann man am Beitrag Ruth Maria Wagners, der 1982 zum 65. Geburtstag von Bobrowski erschien, einen deutlichen Einfluß des eingangs behandelten Artikels von Ida Kunigk erkennen.[53] Die Autorin stellt erneut Bobrowski als einen Brückenbauer zwischen Ost und West dar, unterstreicht den europäischen Bezug seines Werkes sowie das Heimatliche, „was eigentlich nur ein Ostpreuße schreiben konnte – Duft und Klang der Heimat, die beliebte Natur, Strom und Wald"[54]. Sein Sarmatien versteht sie als „Urheimat und Wunschtraum zugleich"[55]. Abschließend fällt es der Autorin schwer, Bobrowski in der Literatur unserer Zeit einzuordnen,

---

50 Vgl. P. Brock: Sarmatische Zeit. Gedichte von Johannes Bobrowski. In: Das Ostpreußenblatt, Nr. 45/1981, S. 9.
51 Ebd.
52 Ebd.
53 Vgl. R. M. Wagner: Er war ein Stiller im Lande. Vor 65 Jahren wurde der Dichter und Schriftsteller Johannes Bobrowski in Tilsit geboren. In: Das Ostpreußenblatt, Nr. 15/1982, S. 9.
54 Ebd.
55 Ebd.

denn: „Er ist seinen Weg gegangen, ohne nach links oder rechts zu sehen – aufgeschlossen und unbeirrbar zugleich"[56].

Mitte der achtziger Jahre wird immer stärker im „Ostpreußenblatt" auf Bobrowskis Beitrag zur Verständigung der Völker eingegangen. In einem Artikel aus dieser Zeit wird sogar die Frage gestellt, ob Johannes Bobrowski ein Dichter der Heimatvertriebenen war.[57] Der Autor gibt sogleich auch eine klare Antwort darauf: „Sicherlich verstand er sich anders. Er wollte ja mehr als nur die Erinnerung an die ostpreußische Heimat lebendig erhalten; indem er das Leben der Menschen im Memelland schilderte, wollte er zur Verständigung der Völker beitragen"[58]. Ferner wird auf die Multikulturalität der Heimatgegend Bobrowskis eingegangen sowie auf seine Kenntnis der dort lebenden Menschen und ihrer Sprache, die dann in sein Werk mündete, da er „die Figuren seiner Dichtungen ihr eigenes Ostpreußisch oder Wasserpolnisch [sic!] oder Litauisch reden ließ"[59]. In seinem Werk soll Bobrowski die Bauern der kleinen Dörfer besonders geliebt haben, da er ihr „einfaches Leben warmherzig und genau schilderte"[60]. Weiterhin wird vom Autor ein Unterschied zwischen Bobrowskis Erinnerungen und den Erinnerungen seiner Leser gemacht, die selbst aus dem Memelland stammen: „Leser, die selbst aus dem Memelland stammen, werden eigene, andere Erinnerungen hinzufügen"[61]. Bei jenen „anderen Erinnerungen" handelt es sich womöglich um die an die Flucht und Vertreibung, die Bobrowski explizit nicht thematisiert. Doch – und dies ist die Dimension seines Werkes, mit der sich die Heimatvertriebenen anscheinend identifizieren können – Bobrowskis Verdienst besteht darin, „das Leben dort vielen Lesern zugänglich gemacht" zu haben. Dafür ist Bobrowski aufgrund seiner Herkunft am besten prädestiniert: „Wie wenige Deutsche in Ost und West wissen heute noch Bescheid über das Zusammenleben der Ostpreußen mit ihren Nachbarn an der Ostgrenze des Deutschen Reiches! Wer wäre geeigneter, ihnen davon zu berichten als der Ostpreuße Bobrowski?"[62]

Der heimatliche Aspekt seines Schaffens wird immer wieder Ende der achtziger Jahre im „Ostpreußenblatt" betont: „Immer wieder ist

---

56 Ebd.
57 Vgl. C. Held: Zum Gedenken an Johannes Bobrowski. In: Das Ostpreußenblatt, Nr. 35/1985, S. 9.
58 Ebd.
59 Ebd.
60 Ebd.
61 Ebd.
62 Ebd.

es die Erinnerung an die Landschaft seiner Kindheit, die Weite des Memellandes, das Leben am großen Strom, die Johannes Bobrowski in seinem Werk aufklingen läßt, ohne jedoch ein Heimatschriftsteller oder -dichter zu sein"[63] – heißt es in einem Artikel aus dem Jahre 1988, der zum Erscheinen der Gesamtausgabe von Bobrowskis Werkens erschien. Sein Werk wird jedoch diesmal als „ein Beitrag zur Weltliteratur" bezeichnet. Die neunziger Jahre bringen wenig Neues in das Bild des Schriftstellers. Man merkt, daß für die Beiträge über Bobrowski vorwiegend das Archiv des „Ostpreußenblattes" benutzt wird, was die teilweise wörtlich übernommenen Passagen aus früheren Artikeln beweisen. Das ist der Fall bei zwei Artikeln von Silke Osman, die 1990 zum 25. und 1995 zum 30. Todesjubiläum des Dichters erschienen.[64] Was vielleicht neu ist, sind Zitate aus den mittlerweile zugänglichen „Gesammelten Werken" Bobrowskis, hier vor allem aus seinem Nachlaß. Außerdem wird in den 90er Jahren von verschiedenen Bobrowski popularisierenden Veranstaltungen berichtet, wie beispielsweise über die Ausstellung aus seinem Nachlaß im Schiller-Nationalmuseum[65], über die Neuauflage von Gerhard Wolfs Biographie von Bobrowski[66] oder das Erscheinen der letzten Bände seiner Werkausgabe[67]. Der letzte Artikel, der zum 85. Geburtstag des Dichters im „Ostpreußenblatt" erschien, unterscheidet sich deutlich von den früheren. Es sind persönliche Erinnerungen Eberhard Jägers, der mit Johannes Bobrowski im Krieg im Ilmenseegebiet südlich des heutigen Petersburg eingesetzt wurde.[68] Die Redaktion greift auch nicht mehr auf das seit den 60er Jahren immer wieder abgebildete Foto des Dichters zurück, sondern bemüht sich um eine neue Aufnahme, die Bobrowski in seinem Berliner Arbeitszimmer darstellt. Jägers Erinnerungen an den Dichter begleitet ein ausführ-

---

63 os: Ein Beitrag zur Weltliteratur. Lyrik und Prosa von Johannes Bobrowski jetzt als Gesamtausgabe. In: Das Ostpreußenblatt, Nr. 3/1988, S. 11.
64 Vgl. S. Osman: Brückenschlag zwischen Ost und West. In: Das Ostpreußenblatt, Nr. 35/1990, S. 9. Ferner ders. Noch ein paar Gedichte schreiben. In: Das Ostpreußenblatt, Nr.35/1995, S. 9.
65 vgl. SiS: ...ehe es ganz vergangen ist. Ausstellung über Johannes Bobrowski im Schiller-Nationalmuseum. In: Das Ostpreußenblatt, Nr. 23/1993, S. 9.
66 Vgl. S. Osman: Zimmer voll Erinnerungen. 15 Kapitel über Johannes Bobrowski – Dokument der DDR-Literatur. In: Das Ostpreußenblatt, Nr. 45/1994, S. 9.
67 os: Mustergültige Edition. Werkausgabe Johannes Bobrowski jetzt komplett. In: Das Ostpreußenblatt, Nr. 22/1993, S. 9.
68 Vgl. E. Jäger: Höchste Lieb – tiefstes Leid. Zum 85. Geburtstag von Johannes Bobrowski aus Tilsit. In: Das Ostpreußenblatt, Nr. 14/2002, S. 12.

licher Bericht über die Aktivitäten der Berliner Johannes-Bobrowski-Gesellschaft.[69]

Zusammenfassend läßt sich über die Rezeption von Johannes Bobrowski im „Ostpreußenblatt" sagen, daß sie erst mit seinem Tod 1965 beginnt. Bis dahin bleibt der Schriftsteller außerhalb des Interesses der Zeitung, was eigentlich skandalös anmutet, zumal in anderen westdeutschen Zeitungen über Bobrowski seit Erscheinen seiner Gedichte in der von Ad den Besten herausgegebenen Anthologie der Gedichte aus Ost- und Mitteldeutschland immer mehr berichtet wurde. Diese Anthologie erregte eine kritische Aufmerksamkeit der Rezensenten, etwa Horst Bieneks in der „Frankfurter Allgemeinen Zeitung" vom 13.12.1960, bei dieser Gelegenheit wurde Bobrowski den Lesern der FAZ sogar im Bilde präsentiert.[70] Ein reges Interesse der west-, ostdeutschen sowie ausländischen Presse an dem Dichter datiert sich aber seit dem Erscheinen seines ersten Gedichtsbandes *Sarmatische Zeit* 1961, was sehr ausführlich der Katalog der Johannes-Bobrowski Ausstellung in Marbach schildert.[71] Daß Bobrowskis „jäher Ruhm im geteilten Deutschland"[72] der Aufmerksamkeit des „Ostpreußenblattes" damals entging, erscheint vor diesem Hintergrund unverständlich. Der Literatur-Teil des „Ostpreußenblattes" wurde damals eindeutig von den Veröffentlichungen von und über die wegen ihrer Einstellung zum Nationalsozialismus umstrittene Agnes Miegel dominiert, deren Dichtung im Verständnis der Leser und Literaturkritiker des landsmannschaftlichten Presseorgans als „Sinnbild eines augenblicklich verlorenen, sehr geliebten Landes", als „Symbol für die Heimat, das gleichzeitig voller Wärme und Liebe unter uns lebt" und als „Geschenk des Schicksals" bezeichnet wurde.[73]

Vom Anfang der Rezeption an wird Bobrowski als volles Mitglied der in der Landsmannschaft organisierten ostpreußischen Erinnerungsgemeinschaft betrachtet. Zu den Aspekten des Werkes von Bobrowski, die eine besondere Beachtung bei den Heimatvertriebenen finden, gehören vorwiegend dessen Brückenfunktion sowie Ver-

---

69 I. Caspar: Ehrung und Erinnerung für einen Dichter und Mahner. Aus der Arbeit der Johannes Bobrowski-Gesellschaft. In: Das Ostpreußenblatt, Nr. 14/2002, S. 12.
70 Vgl. R. Tgahrt:: Johannes Bobrowski oder Landschaft mit Leuten. Eine Ausstellung des Deutschen Literaturarchivs im Schiller-Nationalmuseum Marbach am Neckar. Marbach am Neckar 1993, S. 40.
71 Vgl. ebd., S. 81ff.
72 Ebd., S. 9.
73 A. Piorreck: Sehnsucht nach Heimkehr. In: Das Ostpreußenblatt, Nr. 10/1954. S. 11.

wurzelung in der ostpreußischen Landschaft, die als „Europa in Kleinformat" aufgefaßt wird. Bei der Lektüre seiner Gedichte wird der Blick vor allem auf die Naturelemente gerichtet. Daraus ergibt sich die Hauptfunktion der Dichtung von Bobrowski, die im Erinnern an das aus der Heimat Vertraute und nicht im Ermahnen besteht. Die mahnende Funktion seiner Werke wird meistens in Zusammenhang mit dem Zweiten Weltkrieg gebracht und weiterhin nicht ausgeführt. Es werden beispielsweise überhaupt keine Äußerungen Bobrowskis über die „deutsche Schuld im Osten" zitiert, wobei sich die Autoren ihrer Existenz wohl bewußt sind, da auch festgestellt wird, daß sich Bobrowski sicherlich nicht als Dichter der Heimatvertriebenen verstand und daß die Vertriebenen andere Erinnerungen als er besitzen. Somit wird in den Veröffentlichungen des „Ostpreußenblattes" die Schulddimension, wenn überhaupt, nur spärlich berührt, bis hin zu ihrer Relativierung, da sie immer auf beiden Seiten liege. Statt dessen wird sein Werk durch das Prisma der ostpreußischen Heimat und ihrer Elemente gedeutet. Ebenso „heimatlich" wie auch „landschaftlich" wird das sarmatische Projekt von Bobrowski gedeutet, da Sarmatien als „Urheimat" und „eine weite Landschaft östlich der Memel" und nicht als eine an das Gedächtnis gestellte Aufforderung verstanden wird, sich konstruktiv mit Vergangenheit zu beschäftigen. Auch die Brückenfunktion seiner Dichtung bekommt in diesem Kontext die für die Landsmannschaft Ostpreußen typischen Konturen, da Ostpreußen als diejenigen dargestellt werden, die schon immer zu dieser Funktion prädestiniert waren. Was den Heimatvertriebenen Schwierigkeiten bereitet, ist Bobrowskis dichterischer Stil, was konkrete Ratschläge zur Interpretation seiner Gedichte nach sich zieht. Alles in allem wird die eigentliche Intention des Werkes von Bobrowski von der allgegenwärtigen Heimatrhetorik überschattet, da seine Gedichte fast ausschließlich im Hinblick auf die ostpreußische Landschaft gelesen werden. Daß diese Lyrik viel tiefere Dimensionen besitzt, wird verkannt, da sich die über Literatur im „Ostpreußenblatt" schreibenden Autoren auf einige gängige Floskeln über Bobrowski beschränken, die dann jahrzehntelang wiederholt werden. Genauere Recherchen - etwa eine Beschäftigung mit der „Einführung" in die „Gesammelten Werke" – werden nicht angestellt. Der hohe Grad der Kompliziertheit des Werkes Bobrowskis sowie sein früher Tod sind wahrscheinlich die Gründe dafür, warum Bobrowski von den bissigen politischen Kommentaren in der Art, wie es bei Siegfried Lenz der Fall war, weitgehend verschont wurde.[74]

---

74 Vgl. beispielsweise die Rezension des Romans *Heimatmuseum* von Paul Brock: Hohe

IV. Beiträge über Johannes Bobrowski im „Ostpreußenblatt" (chronologisch)

1. s-h: Johannes Bobrowski +: Das Ostpreußenblatt, Nr. 37/1965, S. 11.
2. Kunigk: Von einem, der Brücken baute. Der Ostpreuße Johannes Bobrowski und sein Werk. In: Das Ostpreußenblatt, Nr. 23/1968, S. 5-6.
3. K. D. Gaida: Verständnis für den Mitmenschen. Zum 60. Geburtstag des Dichters Johannes Bobrowski aus Tilsit. In: Das Ostpreußenblatt, Nr. 18/1977, S. 9.
4. P. Brock: Sarmatische Zeit. Gedichte von Johannes Bobrowski. In: Das Ostpreußenblatt, Nr. 45/1981, S. 9.
5. R. M. Wagner: Er war ein Stiller im Lande. Vor 65 Jahren wurde der Dichter und Schriftsteller Johannes Bobrowski in Tilsit geboren. In: Das Ostpreußenblatt, Nr. 15/1982, S. 9.
6. C. Held: Zum Gedenken an Johannes Bobrowski. In: Das Ostpreußenblatt, Nr. 35/1985, S. 9.
7. os: Ein Beitrag zur Weltliteratur. Lyrik und Prosa von Johannes Bobrowski jetzt als Gesamtausgabe. In: Das Ostpreußenblatt, Nr. 3/1988, S. 11.
8. S. Osman: Brückenschlag zwischen Ost und West. In: Das Ostpreußenblatt, Nr. 35/1990, S. 9.
9. ders. Noch ein paar Gedichte schreiben. In: Das Ostpreußenblatt, Nr.35/1995, S. 9.
10. SiS: …ehe es ganz vergangen ist. Ausstellung über Johannes Bobrowski im Schiller-Nationalmuseum. In: Das Ostpreußenblatt, Nr. 23/1993, S. 9.
11. S. Osman: Zimmer voll Erinnerungen. 15 Kapitel über Johannes Bobrowski – Dokument der DDR-Literatur. In: Das Ostpreußenblatt, Nr. 45/1994, S. 9.
12. os: Mustergültige Edition. Werkausgabe Johannes Bobrowski jetzt komplett. In: Das Ostpreußenblatt, Nr. 22/1993, S. 9.
13. E. Jäger: Höchste Lieb – tiefstes Leid. Zum 85. Geburtstag von Johannes Bobrowski aus Tilsit. In: Das Ostpreußenblatt, Nr. 14/2002, S. 12.

Verkaufszahlen in Sicht. *Heimatmuseum*: Das Neue an Lenz ist nicht gut – und das Gute ist nicht neu. In: Das Ostpreußenblatt, Nr. 40/1978, S. 11.

14. Caspar: Ehrung und Erinnerung für einen Dichter und Mahner. Aus der Arbeit der Johannes Bobrowski-Gesellschaft. In: Das Ostpreußenblatt, Nr. 14/2002, S. 12.

Zu Bobrowskis *Ganz neuen Xenien*

BERND LEISTNER

Leichtfertig sagte ich zu, einen Vortrag zu halten, und zwar die
Xenien, dachte ich mir, sollten der Gegenstand sein.
Über Bobrowski, so dachte ich weiter, ward viel schon geschrieben;
aber die Xenien hat stets man am Rand nur erwähnt.
Also ein Desiderat!, und munter begann ich zu sammeln,
was sich fürs Referat irgend als brauchbar empfahl.
Aber mir wurde, indem ich dies tat, bald mulmig zumute.
Ob wohl, so fragte ich mich, professoraler Sermon
wirklich das Rechte denn sei für Bobrowskis xenialische Späße?;
manchmal hatte ich gar leis sein Gelächter im Ohr.
Und es gab, dies Gelächter, mir deutlich genug zu verstehen,
daß ihm, was ich da trieb, blähsüchtig-komisch erschien.
Untrüglich hörte ich aus dem Gelächter, das mich verfolgte,
just den Xeniasten heraus, den als Objekt ich erwählt,
hörte den Spott, mit dem er so viele der Geister bedachte,
die, versiert und gewandt, kritische Urteile fäll'n.
„An Arno Schmidt" ist ja eines der kräftigen Sprüchlein gerichtet;
der hatte Hiebe, und wie!, nach vielen Seiten verteilt,
doch hat er Literaturprofessoren beim Prügeln bevorzugt:
alle zusammen – und hoch lobte ihn nun der Xeniast:
„Schimpf noch gewaltiger immer, und schmäh, wen du schmähen willst, stets noch
trafst du den Richtigen, den wir allzu lange geschont;
völlig grundlos natürlich, jetzt sehn wir es selber, und recht hast
du nur: der Schimpfer. Ab heut schimpfen wir alle, wie du."
Als das Gelächter indes diese Xenie mir wachrief, da sank zwar
erst mir der Mut nur noch mehr, aber sodann sprach ich: Halt!
Jedenfalls sah ich ihn nun, den Dichter des Spruchs, in der Klemme.
Schmidt? Der hatte doch auch Klopstocks Gedichte beschimpft!
Na, so dachte ich laut, das ist eine schöne Bescherung:
Klopstock - kein „Zuchtmeister" mehr, nichts mehr von Vaterfigur?
Tückisch von hinten her nun dieser Dolchstoß? Und überhaupt: der
Mayer-Spruch etwa! Ich hielt eifernd auch den ihm gleich vor:

Epilog

„Schönste Grüße von – allen! Ich, der aus der Zeit bourgeoiser
Revolutionen kommt, ich – Mayer – ich rede auch so.
Jeden belehre ich, ganze Länder und Städte und Dörfer, -
hat mich erst jeder gehört, geh ich in Rowohlts Verlag."
Mayer, soeben verjagt und Zuflucht findend im Westen –
war's wohl geziemend und fair, ihm diesen Hieb anzutun?
Ach, nun einmal in Fahrt, so fragte ich gleich auch noch weiter.
Hat denn der alte Hans Franck wirklich solch Rempeln verdient?:
„Auf denn, ans Werk! Wer ist dran, Freund Goethe? Nein, war schon. Dann eben
weiter im Alphabet, Wursteig und Därme sind stets
fertig, die Kundschaft erwartet ja meine berühmt ungewürzte
Brühwurst für Zahnlose, seht: jede ist schön wie ich selbst!"
Weit über Achtzig war er, der Mann, und immer noch schrieb er,
schöngeistig harmloser Seim floß aus der Feder ihm raus;
und, keine Frage, als Lektor dem Manne dienen zu müssen,
lustvoll war's nicht, das Geschäft, Spaß hat's fürwahr nicht gemacht.
Aber den zahnlosen schreibenden Greis, der, gewiß doch, den alten
zahnlosen Damen gefiel, so zu verhöhnen, das war
übel gespaßt; denn einen so hoch Bejahrten, den läßt man
schlechterdings milde in Ruh, wenn er auch immer noch schreibt.
Freilich, ich kam nicht recht an, es blieb das leise Gelächter;
daß ich ein Kleinkrittler sei, gab es mir dreist zu verstehn.
Dabei, es hörte und hörte nicht auf, beschlich der Verdacht mich,
hinweisen wolle es mich auch auf ein Schiller-Bonmot,
also auf jene Stelle im Brief vom August sechsundneunzig,
wo Schiller wieder einmal sich mit dem Xenienproblem
grübelnd herumschlug und gegenüber dem Weimarer Schreibfreund
schließlich die Meinung vertrat, jedweder einzelne Spruch
werde entschuldigt durchs Ganze; es sei der Humor dieses Ganzen,
der jedes einzelne Stück heiter entgifte und so
neutralisiere. Just Schiller nun also. Bei dem ich indessen
ziemlich im Zweifel bin, ob, was er schrieb, denn so stimmt.
Und im übrigen: Vorher, bis diese „Ganz neuen Xenien"
kamen, galt Schiller nichts, nichts, wie auch Goethe nichts galt.
Immer die grollende Klassikerskepsis, die Unlust an ihnen,
nun dagegen der Drang, ihnen der Nachfahr zu sein.
Unverkennbar ein Widerspruch: Ausgerechnet die beiden,
brummte ich laut vor mich hin, plötzlich zum Vorbild erwählt!
Wieder jedoch war all mein Räsonnement ganz vergebens,

dieses Gelächter, es blieb fortwährend unirritiert.
Und ich vermeinte, ihm neuerlich Spott entnehmen zu können,
Spott, der mich heiter beschied, daß ich Dogmatiker sei.
Außerdem, so das Signal: Ich solle doch dies mit bedenken,
daß das xenialische Tun einst schon Pennälerlust war.
Nun, ich nahm dies zur Kenntnis – und sicher, das waren noch Zeiten,
als man im deutschen Pennal Distichen fröhlich geübt.
Klassische Bildung: Im alten Gymnasium gab's die doch mal, und
Schüler wandten sie an, machten sich mancherlei Spaß,
das, was sie lernten, herunterzuholen vom hohen Podeste,
zogen xenialisch auch oft über die Lehrerschaft her.
Wär's folglich so, daß am Anfang die alte Schülerlust wirkte?
War es der Spaßkeim von einst, aus dem das Spätere wuchs?
Und der dies Spätere schrieb, er hätte von Goethe, von Schiller
demnach gar nicht direkt sich die Idee hergeholt?
Ach, als Antwort erhielt ich nur wieder das leise Gelächter.
Ob aber Täuschung, ob nicht: Halbwegs nach Zustimmung klang's.
Drüber hinaus, so schien mir's, schwang heitere Kopfschüttelei mit.
Denen ihr's – und das von ihm: Endlich doch sollt ich einmal
Bündel mit Bündel vergleichen. Da könnt' ich vielleicht was bemerken,
was einem Blick sich verbirgt, der nur aufs einzelne stiert.
Gut denn, die Bündel. Ich legte sie nebeneinander und sah's mir,
dieses mit jenem Paket also vergleichend, nun an.
Hätte ich's aber, beim Zeus, nicht eher schon aufspüren können?
Hält der Unterschied doch gar nicht sich etwa versteckt.
„Kriegserklärung gegen die Halbheit": So steht's im Brief, den
Goethe, ziemlich ergrimmt, Schillern nach Jena einst schrieb.
Fünf Wochen später dann kam ihm die Xenienidee; und die Spruchform,
gleich wurde sie rekrutiert, wurde bestimmt für den Krieg.
Und von „Pfählen ins Fleisch" der „Kollegen" sprach dann auch Schiller;
seinerseits ging er mit Grimm, Hiebkraft und Jagdlust ans Werk.
„Guerre ouverte" hieß eine der klassischen Xenien, der Einzel-
Titel könnte durchaus über dem Ganzen auch stehn.
Und mit jenem Humor, den Schiller schließlich hervorhob,
damit verhielt sich's gewiß einigermaßen prekär.
Nun, und wie friedlich dagegen das Gros der neueren Sprüche;
brennt's auch bei einem mal durch, bleibt der ein Einzelgeschoß.
Spitzen werden verteilt, na sicher, und wie es läuft am
literarischen Markt, spottkräftig wird's kommentiert.

Epilog

Aber grimmige Pfahltreiberei ins Fleisch der Kollegen,
mächtige Züchtigungswut, derlei, fürwahr, gibt es nicht.
Und also auch keine Lieblingsfeinde, wie Nicolai oder
Reichardt es seinerzeit war'n; keiner kriegt Senge en masse.
Dafür öfters ein Loblied mit mancherlei Rühmung, und Vauo
Stomps, der Drucker, bekommt auch eins – verbunden mit Dank:
„Edelste Kunst des Druckers: die richtigen Fehler zu setzen –
niemand meistert sie so, Lieber, Verehrter, wie Du.
Liegender weiblicher Abt und Straßenverkehrer und andres
Schönes, - was hätten wir wohl, hätten wir das nicht – und Dich!"
Da freilich ist es auch schwer, vom Gelächter unangesteckt zu
bleiben, und - nun gab ich's auf, weiter den Klügler zu spielen,
gab es erst recht auf, als ich, gründlich durchheitert, die Sprüche
wiederlas alle, die, Kernstück des ganzen Pakets,
sich den Siebenundvierzigern widmen, denen, die Richters
Gruppe waren und doch, wie man's nun hört, grade nicht:
„Eine Gruppe ist eine Gruppe ist zwar eine Gruppe,
diese ist keine, es sind Leute, die kennen sich, denn
keine Gruppe ist keine Gruppe ist gar keine Gruppe –
Hans Werner Richter erklärts deutlich und klar: wie's hier steht."
„Definition" heißt der Spruch, und von Toni handelt der nächste;
sie, so weiß man es nun, sie war der Nichtgruppenboß:
„Ist er der Präsident, so ist sie die Kaiserin nämlich;
ob konstitutionell, das ist noch gar nicht so klar
in dieser Monarchie, wo der Chef selber äußert, bekanntlich:
Demokratie, sowas gibts hier nicht, bis jetzt nicht, und Schluß!"
Freilich, dies gibt's dann auch zu vernehmen, daß auf der offnen
Bühne DIE Majestät eine ganz andere war:
„Einige kommen vom Wasser, und die aus der Luft, und die leben
sonst in Wäldern – das ist alles für Tage nun hier,
redend in ihren Sprachen und schweigend mit einmal: es nahte
kinderäugig des Fests Herrin, Undine erschien."
Und wie die Huldigung, die der umschwärmten Bachmann zuteil ward,
kaum noch an Grenzen sich hielt, dies sagt ein weiterer Spruch:
„Eben nahm die Bewunderte Platz, - nun seht, wie die dünnen
und erst die dickeren Herrn kreisend umziehn ihr Idol,
gleich den Planeten, nur flüsternd, und wie zu Musik aus den Sphären - -
Alles, sagt Aichinger still, alles fast führt schon zu weit."

Zu Bobrowskis *Ganz neuen Xenien*

Nun aber, da ich angelangt war bei der Aichinger-Zeile,
wußt' ich zugleich: Den Spruch krieg ich gewiß nicht mehr los.
Was für'n heiter-prägnantes Gemälde: dies Gruppenbild mit den
Damen, den beiden, und dem sich der beleibte Xeniast
selber mit eingemalt hat; das Ohr an der Aichinger, kurvt er,
einer der Dicken, ja mit. So ein Vierzeilentableau
schlägt alles Sinnen und Trachten und Reden glatt in den Wind, und
gar keine Frage nun mehr: Nein, ich halt' kein Referat!

Zu den Autorinnen, Autoren und Herausgebern

DIETMAR ALBRECHT, Dr., geb. 1941 in Neisse/Schlesien; Studium der Politischen Wissenschaften und Sinologie in Berlin, Freiburg, Bonn, Hongkong und Stanford/Calif., 1971 bis 1976 Lehrtätigkeit an der Freien Universität Berlin, seit 1977 Dozent an der Akademie Sankelmark, seit 1991 Leiter der Ostsee-Akademie, 2001-2003 Leiter der Academia Baltica in Lübeck, seit 2004 geschäftsführendes Vorstandsmitglied der Academia Baltica e.V.; Arbeitsschwerpunkt: Begegnung der Deutschen mit ihren Nachbarn im Osten; ausgewählte Publikationen: Literaturreisen Schleswig-Holstein. Stuttgart und Dresden 1993; (Hg. mit M. Baumgart) Stettin Szczecin 1945-1946. Dokumente – Erinnerungen. Dokumenty – Wspomnienia. Rostock 1995[2]; Wege nach Sarmatien. Zehn Tage Preußenland. Orte, Texte, Zeichen. Lüneburg 1995; Verlorene Zeit. Gerhard Hauptmann. Von Hiddensee bis Agnetendorf. Orte, Texte, Zeichen. Lüneburg 1997; (Hg. mit J. Borzyszkowski) Kaschubisch-Pommersche Heimat. Geschichte und Gegenwart / Pomorze-Male Ojczyzna Kaszubow. Historia i wspolczesnosc. Danzig und Lübeck 2000.

HELMUT BALDAUF, Diplom-Germanist, geb. 1931 in Lautzschen/Sachsen; 1950-1954 Studium der Germanistik, Historik, Pädagogik an der Universität Leipzig, 1954-1988 Literaturredakteur beim Rundfunk der DDR und Autor, seit 1988 freiberuflicher Autor; Arbeitsschwerpunkte: Deutsche Literatur des 20. Jahrhunderts, vor allem nach 1945, Exilliteratur (Querido und Malik), internationale Literatur, Leben und Werk von Johannes Bobrowski, Jurij Brězan, Günter Grass, Peter Härtling, Arnold Stadler, Martin Walser; ausgewählte Publikationen: Ansichten und Erfahrungen (1979), Das unbestechliche Gedächtnis (1984): Essay-Sammlungen von DDR-Autoren aus der Sendereihe „Literatur aus aller Welt", mit Beiträgen des Hg.; Johannes Bobrowski liest die Erzählungen *Der Mahner* und *Der Tänzer Malige*. Mit einem Essay des Hg. Berlin 1980; „Rede, daß ich dich sehe". Leben mit Bobrowski. Eine Radio-Collage. Rundfunk der DDR, 1990; „Als wir träumten begann Geschichte". Zum 70. Geburtstag von Günter Grass. DeutschlandRadio 1997; „Aus dem Hinterland der Erinnerung". Der Georg-Büchner-Preisträger Arnold Stadler. DeutschlandRadio 1999.

SIGITA BARNIŠKIENĖ, Dr. Doz., geb. 1958 in Vilnius (Litauen); 1976-1981 Studium der Germanistik an der Universität Vilnius, 1982-1985 Aspirantur an der Linguistischen Universität Moskau, Dozentin am Lehrstuhl für deutsche und französische Philologie an der Vytautas-Magnus-Universität Kaunas (Litauen); Arbeitsschwerpunkte: ostpreußische Literatur, Textlinguistik; ausgewählte Publikationen: Semantische Oppositionen in der Dichtung Simon Dachs. In: Beiträge zur mittelosteuropäischen Germanistik 2001/2002. Fernwald bei Gießen 2003, S. 13 – 24; Sprachliche Personencharakteristiken in den Erzählungen von Charlotte Keyser. In: Bausteine zu einer Geschichte des weiblichen Sprachgebrauchs. V. Stuttgarter Arbeiten zur Germanistik. Nr. 403. Stuttgart 2002, S. 155-162; Klänge der Poesie aus den versunkenen Weiten: Das Litauenbild in der Dichtung von A. K. T. Tielo. In: Darbai Ir Dienos, 2002. Nr. 32. P. 7-28; Baltisches im Werk Hermann Sudermanns. In: Das Baltikum im Spiegel der deutschen Literatur. Carl Gustav Jochmann und Garlieb Merkel. Beiträge zur neueren Literaturgeschichte. Bd. 181. Heidelberg 2001, S. 335-341; Das Sarmatische Thema in den Gedichten von Johannes Bobrowski. In: Textanalysen und Interpretationen. Nr. 7. Bremen 1997, S. 119-126.

MARIA BEHRE, Dr. phil., geb. 1957 in Paderborn; Studium der Deutschen Philologie, Katholischen Theologie und Philosophie, erziehungswissenschaftliches Begleitstudium (1976-1982, Abschluß: Erstes Staatsexamen) an der Westfälischen Wilhelms-Universität Münster, dort Wissenschaftliche Mitarbeiterin und Assistentin im Bereich Neuere Deutsche Literaturwissenschaft (1982-1994, Zweites Staatsexamen 1985, Promotion 1986), Gymnasiallehrerin, Habilitandin; Lehrbeauftragte am Germanistischen Institut der Rheinisch-Westfälischen Technischen Hochschule Aachen; Arbeitsschwerpunkte: Literatur und Philosophie um 1800 (Friedrich Hölderlin), Hölderlin-Rezeption, Moderne Deutsche Lyrik (Johannes Bobrowski, Paul Celan, Ingeborg Bachmann, Ernst Meister, Rose Ausländer), Literatur und Naturwissenschaften bei Robert Musil und Gottfried Benn; ausgewählte Publikationen: „Des dunkeln Lichtes voll". Hölderlins Mythokonzept Dionysos, München 1987 (Dissertation); „Rennen mit ausgebreiteten Armen". Johannes Bobrowskis Schreiben auf Hoffnung hin, Literaturwissenschaftliches Jahrbuch 32 (1991), S. 307-328 (Vortrag bei der Jahrestagung der Görres-Gesellschaft in Münster unter Leitung von Professor Dr. Wolfgang Frühwald); Die Moralität des Ich-Sagens. Johannes Bobrowskis Prosa als Anregung zum Schreiben bei Christa Wolf, Germanica 13 (1993), Themenheft: „Le roman allemand contemporain - Transversales/ Der deutsche Roman der letzten zwanzig Jahre. Colloque Lille - Münster 1993" (Hg. Jean-Jacques Pollet), S. 115-129; Kanonisierung, Lebensstil und Selbstdarstellung. Friedrich Hölderlin und der Kanon literarischer Eliten und Avantgarden, mit besonderem Blick auf Oskar Pastior. In: Sonderband Nr. IX/02 Literarische Kanonisierung. Text + Kritik. Zeitschrift für Literatur. München, Hg. Heinz Ludwig Arnold in Zusammenarbeit mit Hermann Korte, 2002, S. 129-155; Das Werden des Menschen. Prozeßphilosophische Aspekte im Werk Rose Ausländers (für die Rose Ausländer-Tagung in Paris – Sorbonne 20.-22.11.2002, „De la Bucovine à l'après-Shoah"), Etudes Germaniques 58e année, Numéro 2 (Avril-Juin 2003), études réunies par Claire de Oliveira et Jean-Marie Valentin, p. 281-302.

DALIA BUKAUSKAITĖ, Dr. des., geb. 1972 in Vilnius (Litauen); Studium der Germanistik, Psychologie und Soziologie an der J. W. Goethe-Universität in Frankfurt/M., dort literaturwissenschaftliche Promotion über die Bibliothek Johannes Bobrowskis, derzeit Lehrauftrag an der Universität Vilnius.

ANDREAS DEGEN, Dr. phil., geb. 1969 in Dresden; Studium der Germanistik, Geschichte, Philosophie und Erziehungswissenschaft an der Freien Universität und der Humboldt-Universität Berlin, 2002 Promotion am Fachbereich Philosophie und Geisteswissenschaften der Freien Universität über Johannes Bobrowski, 2002/03 Mitarbeiter und Lehrauftrag an der Universität Potsdam, 2003/04 DAAD-Lektor an der Universität Klaipėda (Litauen), derzeit an der Comenius-Universität Bratislava (Slowakei); Arbeitsschwerpunkte: Erinnerungs-/Vergangenheitsdiskurse nach 1945, Sinneswahrnehmung und Literatur, Ostjudentum, Mythenrezeption, Erzählliteratur 20. Jahrhundert (Brust, Bobrowski, Jahnn); ausgewählte Publikationen: Bildgedächtnis. Zur poetischen Funktion der Sinneswahrnehmung im Prosawerk

Johannes Bobrowskis. Berlin 2004; „Ich kenne einen Friedhof."
Temporale Koinzidenz als Leistung mythischer Formen bei Johannes
Bobrowski. In: B. von Jagow (Hg.): Topographie der Erinnerung.
Mythos im strukturellen Wandel. Würzburg 2000, S. 165-182; Selbst-
Überschreitung. Zur Erfahrung von Entgrenzung und Vereinigung
bei H. H. Jahnn und J. Bobrowski. In: B. von Jagow, F. Steger (Hgg.):
Differenzerfahrung und Selbst. Bewußtsein und Wahrnehmung in
Literatur und Geschichte des 20. Jahrhunderts. Heidelberg 2003, S.
83-100; Dichten als Fischen. Zu einer zentralen Erinnerungsmetapher
bei Johannes Bobrowski. In: D. Albrecht, B. Neumann u.a. (Hgg.):
Literatur, Grenze, Erinnerungsraum. Polnisch-deutsch-nordisches
Symposium, Sczecin/Pobierowo 2002. Würzburg (erscheint 2004);
„Sah ich dich nicht mehr an, Bruder?". Johannes Bobrowski, die
Juden und das Problem des Authentischen. In: E. Liebs, W. Jasper, H.
Peitsch (Hgg.): Juden und Judentum in der deutschsprachigen Litera-
tur (erscheint 2005).

SABINE EGGER, M.A., geb. 1967 in Eitorf; Studium der Anglistik, Germanistik und Volkswirtschaftslehre an der Universität Köln,
promoviert an der Humboldt-Universität Berlin über „Erinnerung als
Begegnung mit dem Fremden in der Lyrik Johannes Bobrowskis", seit
1997 als Lecturer im Fachbereich German Studies am Mary Immacu-
late College der Universität Limerick (Irland); Arbeitsschwerpunkte:
neuere deutsche Literatur und interkulturelle Kommunikation; ausgewählte Publikationen: Deconstructing Marxist-Leninist Historiogra-
phy. Memories of National Socialism in East German Poetry. In:
Cultural Memory. Essays on European Literature and History. E.
Caldicott & A. Fuchs (Hgg.), Oxford et al. 2003, S. 99-114; The Roots
of the East German "Green" Movement in the 1950s. In: Counter-
Cultures in Germany and Central Europe. From Sturm und Drang to
Baader-Meinhof. S. Giles & M. Oergel (Hgg.), Oxford et al. 2003, S.
171-192; Bertolt Brecht: *Die Lösung* (1964); Volker Braun: *Das innerste
Afrika* (1984). In: Poetry Project. Irish Germanists Interpret German
Verse (British and Irish Studies in German Language and Literature),
F. Krobb & J. Morrison (Hgg.), Oxford et al. 2003, S. 201-206; 245-
254; Komparatistische Imagologie im interkulturellen Literaturunter-
richt. In: Zeitschrift für Interkulturellen Fremdsprachenunterricht
[Online], 6(3), 2002, 1-19. URL: http://www.ualberta.ca/~german/
ejournal/ejournal.html; Die Mythologisierung ostjüdischen Lebens in

der Lyrik Johannes Bobrowskis 1952-1962. In: Jews in German Literature since 1945: German-Jewish Literature? German Monitor No. 53. P. O'Dochartaigh (Hg.). Amsterdam & Atlanta 2000, S. 353-365.

SABINE EICKENRODT, Priv.-Doz., Dr., geb. 1956 in Weste/Niedersachsen; 1975-1983 Studium der Germanistik, Publizistik und Politologie an der Freien Universität Berlin, 1983 Magister Artium, 1990 Promotion, 2003 Habilitation am Fachbereich Philosophie und Geisteswissenschaften der FU Berlin, 1990-1993 Wissenschaftliche Mitarbeiterin, 1993-1999 Wissenschaftliche Assistentin am Fachbereich Germanistik der FU Berlin, 1998/99 Gastdozentur an der Peking Universität (V.R. China), 2004 Kurzzeitdozentur an der Rijksuniversiteit Groningen (Niederlande), seit 2003 Privatdozentin am Institut für Deutsche und Niederländische Philologie der FU Berlin; Arbeitsschwerpunkte: Deutsche Literatur und Ästhetik der Romantik, Poetik der Moderne; Literarische Bild- und Gattungstheorien, Theorien des Humors, Christa Wolf, Jean Paul, Geschichte der Germanistik: Käte Hamburger; ausgewählte Publikationen: Ein lebendiges Kunstwerk? Untersuchungen zum poetischen Ausdruck in den Prosastükken Christa Wolfs. Würzburg 1992; Augen-Spiel. Jean Pauls optische Metaphorik der Unsterblichkeit (erscheint demnächst im Rombach Verlag Freiburg); Hgg. (zus. mit C. Rapisarda): Querelles. Jahrbuch für Frauenforschung. Band 3: Freundschaft im Gespräch. Stuttgart 1998; Sinesische Sprachgitter: Jean Pauls Schriftbilder der anderen Welt. In: Jahrbuch der Jean Paul-Gesellschaft, 38. Jg. (2003), S. 30-77; Kopfstücke. Zur Geschichte und Poetik des literarischen Porträts am Beispiel von Robert Walsers *Kleist in Thun* (erscheint im Kleist-Jahrbuch 2004).

ANNETTE GRACZYK, Dr. habil., geb. 1955; Studium der Neueren deutschen Literatur und Komparatistik, Dozentin an der Universität Potsdam; Arbeitsschwerpunkte: der literarische Diskurs über Masse und Individuum, das literarische Tableau, Literatur und Wissenschaft, Text-Bild-Beziehungen, literarisches Lachen, Natur und Geschlecht in der Lyrik nach 1945; ausgewählte Publikationen: Vorhang auf für die Revolution: Das französische Theater, 1789-1794, Weinheim/Berlin 1989; Die Masse als Erzählproblem, Tübingen 1993; Das Volk - Abbild, Konstruktion, Phantasma (Hg.), Berlin 1996; Das literarische Tableau zwischen Wissenschaft und Kunst,

München 2004; Naturlyrik des 20. Jahrhunderts. Ein kritischer Literaturbericht. In: Zeitschrift für Germanistik (erscheint in Heft 3/2004).

EKKEHARD W. HARING, DDr., geb. 1966 in Quedlinburg; naturwissenschaftliches Studium an der TU Dresden (1985-90), Studium der Komparatistik, Germanistik und Onomastik in Leipzig und Athen (1991-96), danach Promotion (Leipzig und ParisVIII), Forschungsstipendien und Projekte in Wien, Mitarbeit an der Ausstellung „Kafkas Fabriken" (2003) sowie am Brücken-Jahrbuch, DAAD-Lektor an der Universität Ústí nad Labem (Tschechien); Arbeitsschwerpunkte: Deutsch-jüdische Literatur des 19./20. Jahrhunderts, Prager und Wiener Moderne, Literarischer Messianismus und Kulturzionismus; ausgewählte Publikationen: „Auf dieses Messers Schneide leben wir ...". Franz Kafkas Spätwerk im Kontext jüdischen Schreibens, Wien 2004; Kraus und die Folgen. Facetten eines Identitäts-Diskurses. In: Karl Kraus – in Jičín geboren, in der Welt zu Hause. Internationale Konferenz Jičín, 21. – 23.4.2004, (erscheint 2004); Modernekritik und literarischer Messianismus bei Max Brod. In: Jahrbuch Brücken, Prag 2003, S.205-221; Wege jüdischer Kafka-Deutung. Versuch einer kritischen Bilanz. In: Das Jüdische Echo. Europäisches Forum für Kultur und Politik, Wien 2001, S. 310-324. (siehe auch: www.kafka.org/); Zwischen den Nationen. Anmerkungen zum Jüdischen Prag Franz Kafkas. In: Das Jüdische Echo. Europäisches Forum für Kultur und Politik, Wien 2000, S. 271-280.

JÜRGEN HENKYS, Prof. Dr. theol. habil., geb. 1929 in Heiligenkreutz/Ostpr.; 1948-1953 Theologiestudium in Wuppertal, Göttingen, Heidelberg, Bonn, 1959 Dozent für Katechetik in Brandenburg/H., 1965 Dozent (ab 1990 Professor) für Praktische Theologie in Berlin (Ost), 1991 bis 1995 Professor für Praktische Theologie an der Humboldt-Universität zu Berlin; Arbeitsschwerpunkte: Katechetik, Hymnologie, Bonhoefferforschung, Theologie und Literatur; ausgewählte Publikationen: Bibelarbeit. Der Umgang mit der Heiligen Schrift in den evangelischen Jugendverbänden nach dem Ersten Weltkrieg, Hamburg 1966; Handbuch der Praktischen Theologie, bearbeitet von H. Ammer, J. Henkys u.a., Band 1-3, Berlin 1974-1978; Dietrich Bonhoeffers Gefängnisgedichte, Berlin und München 1986; Singender und gesungener Glaube. Hymnologische Beiträge in neuer Folge, Göttingen 1999; Geistliches Wunderhorn. Große deutsche Kirchenlieder, vorgestellt und erläutert von H. Becker, A. Franz, J. Henkys u.a., München 2001.

URSULA HEUKENKAMP, Prof. Dr., geb. 1938; Studium der Germanistik und Romanistik an der Humboldt-Universität Berlin, 1965-1985 Wissenschaftliche Mitarbeiterin am Germanistischen Institut, zwischenzeitlich (1968-1971) Lehrkraft an der Universität Alger (Algerien), 1986 Berufung für eine Professur „DDR-Literatur" an der Humboldt-Universität Berlin, 1993 Wiederberufung als Professorin für Deutsche Literatur des 20. Jahrhunderts/DDR-Literatur ebendort; Arbeitsschwerpunkte: Geschichte der deutschen Lyrik, besonders Naturlyrik, DDR-Literatur, Nachkriegsliteratur, Kriegsliteratur; ausgewählte Publikationen: Die Sprache der schönen Natur. Studien zur deutschen Naturlyrik, Berlin 1984; „Komm! Ins Offene! Deutsche Naturgedichte des 18. Jahrhunderts (Hg.) Leipzig 1986; Unerwünschte Erfahrung. Kriegsliteratur in der DDR der fünfziger Jahre, Hg. Berlin 1989; Unterm Notdach. Nachkriegsliteratur in Berlin, Hg. Berlin 1996; Deutsche Erinnerung. Berliner Beiträge zur Prosa der Nachkriegsjahre, Hg. Berlin 2001; Der magische Weg. Naturlyrik im 20. Jahrhundert. Hg. Leipzig 2003.

SIGFRID HOEFERT, Prof. Dr., geb. 1925; M.A. in Toronto (Kanada) 1960, Ph.D. in Toronto 1963, ab 1961 Lehrtätigkeit an nordamerikanischen Universitäten, seit 1969 Professor für Deutsche Literatur an der University of Waterloo (Ontario/Kanada), seit 1993 Prof. Emeritus; ausgewählte Publikationen: West-Östliches in der Lyrik Johannes Bobrowskis. Stuttgart 1966; Das Drama des Naturalismus. Stuttgart 1993^4; Gerhard Hauptmann. Stuttgart 1982^2; Internationale Bibliographie zum Werk Gerhard Hauptmanns. Berlin 1986, 1989, 2003; Gerhard Hauptmann und der Film. Berlin 1996.

JÜRGEN JOACHIMSTHALER, Dr., geb. 1964 in Regensburg; Studium der Germanistik und Geschichte in Regensburg, danach Mitarbeiter am Germanistischen Institut der Universität Regensburg, 1996-2001 DAAD-Lektor am Germanistischen Institut der Universität Oppeln (Polen), seit 2001 an der TU Dresden Geschäftsführer des Mitteleuropäischen Germanistenverbandes (MGV); Arbeitsschwerpunkte: Deutsche Literatur von der Romantik bis zur Gegenwart, Deutsch-Polnische Beziehungen, Literaturtheorie; ausgewählte Publikationen: Max Bernstein. Kritiker, Schriftsteller, Rechtsanwalt. Frankfurt/M. 1995; Convivium. Germanistisches Jahrbuch Polen 1997-2001 (Mithg.); Nationale Identität aus Germanistischer Perspektive. Opole 1998 (Mithg.); Assimilation – Abrenzung – Austausch. Interkulturalität in Sprache und Literatur. Franfurt/M. 1999 (Mithg.); Regionalität als Kategorie der Sprach- und Literaturwissenschaft. Frankfurt/M. 2002 (Mithg.).

ILZE KANGRO, Prof. Dr. phil., geb. 1955 in Ape (Lettland); Studium der Germanistik an der Universität Lettlands und an der Universität Leipzig, Promotion an der Universität Leningrad (St. Petersburg), Professorin für neuere deutsche Literatur an der Fakultät für Pädagogik und Psychologie der Universität Riga, Leiterin der Abteilung für Lehrerausbildung; Arbeitsschwerpunkte: Lehrer- und Dolmetscherausbildung, Literaturdidaktik, Deutsche Literaturgeschichte, Neuere Deutsche Literatur; ausgewählte Publikationen: J. Cupei, I. Kangro, W. Lötz, G. Rūtiņa: Umweltpolitik und Umweltrecht. Deutsch-Lettisch. Ein rechtsvergleichender Überblick und Glossar mit Erläuterung der wichtigsten Begriffe. (Redaktion von I. Kangro). Rīga, Mācību grāmata, 1998; Goethes *Faust I* und *Faust II* in den ersten russischen Übersetzungen. Rainis und Goethe. Zum hundertjährigen Jubiläum der *Faust*-Übersetzung. Nordik. Riga 1999, S. 105-139 (zusammen mit H. Šelomova); Zur Poetik der modernen deutschen autobiographischen Prosa. G. de Bruyn *Zwischenbilanz*, S. Hermlin *Abendlicht*. In: Paradigmatika, sintagmatika ir kalbos funkcijos. Tarptautines moksliness konferencijos pranešimu medžiaga. Kaunas 2000, S. 233-236; Moderne deutsche Kurzprosa im Unterricht Deutsch als Fremdsprache. In: Triangulum. Germanistisches Jahrbuch für Estland, Lettland und Litauen. Siebte Folge, Riga 2000. Akademische Bibliothek Lettlands. S. 250-256; Deutsche Lyrik und lyrische Prosa des 19. und 20. Jahrhunderts, Rīga 2003. (Vācu 19. un 20. gadsimta dzeja un liriskā proza).

JURIS KASTIŅŠ, Prof. Dr. habil. phil., geb. 1946 in Riga, Professor an der Abteilung für Germanistik der Fakultät für Moderne Sprachen der Universität Lettlands; Arbeitsschwerpunkte: Deutsche Lyrik nach 1945, Gottfried Benn, Ingeborg Bachmann, Günter Eich, die deutsche Moderne; ausgewählte Publikationen: Die Lyrik der BRD und Österreichs 1945 – 1980. Riga 1985; Ingeborg Bachmann. Riga

1987; Gottfried Benn, Riga, 1988; „Im Zenit der Schmerzen und der Sehnsucht." Westeuropäische Literatur des 19. und 20. Jahrhunderts. Riga 2000; „Die Wahrheit der Dichtung", Riga 2004.

ANDREAS F. KELLETAT, Prof. Dr. Dr.h.c., geb. 1954 in Hamburg; 1977-1983 Studium der Germanistik, Osteuropäischen Geschichte und Skandinavistik in Köln, 1984-1993 Dozent am Institut für Deutsche Sprache und Literatur der Universität Vaasa (Finnland), seit 1993 Professor für Interkulturelle Germanistik in den Studiengängen Übersetzen und Dolmetschen am Germersheimer Fachbereich Angewandte Sprach- und Kulturwissenschaft der Johannes Gutenberg-Universität Mainz; Arbeitsschwerpunkte: Translationswissenschaft, Deutsche Kultur im internationalen Kontext, Exil- und Migrantenliteratur, Literaturbeziehungen zwischen Deutschland und Nordosteuropa, Analyse und Interpretation hermetischer Poesie; ausgewählte Publikationen: Herder und die Weltliteratur. Zur Geschichte des Übersetzens im 18. Jahrhundert. Frankfurt/M. u.a. 1984; Aus der Wortschatztruhe des Richard Pietraß. Zu einigen Fragen linguistisch-literaturwissenschaftlicher Textanalyse am Beispiel von Gedichten. Frankfurt/M. u.a. 1991; Schelmgewoge und Lendenmäulchen. Anakreontischer Spätexpressionismus in Erich Arendts Gedicht *Venus von Archipenko* (1924/27). Vaasa 1993; Stichwörter. Aus einem Zettelkasten zu Manfred Peter Heins Prosabuch *Fluchtfährte*. 2. Aufl. Regensburg 2003; Reden ist Silber. Zur Ausbildung im Übersetzen und Dolmetschen. Universitätsreden 1994 bis 2003. Vaasa und Germersheim 2004; (Mithg.) Trajekt. Beiträge zur finnischen, finnlandschwedischen, lappischen, estnischen, lettischen und litauischen Literatur. Stuttgart und Helsinki 1/1980-6/1986.

BERND LEISTNER, Prof. Dr., geb. 1939 in Eibenstock; Studium der Germanistik und Geschichte an der Universität Leipzig, Lehrer, wissenschaftlicher Mitarbeiter, Dozent in Mittweida, Leipzig, Skopje, Weimar, seit 1992 Professor für Deutsche Literatur der Neuzeit an der TU Chemnitz; Arbeitsschwerpunkte: Klassische und romantische deutsche Literatur, Literatur des 20. Jahrhunderts; ausgewählte Publikationen: Unruhe um einen Klassiker. Zum Goethe-Bezug in der neueren DDR-Literatur. 1978; Johannes Bobrowski. Studien und Interpretationen. 1981; Spielraum des Poetischen. Goethe-Schiller-Kleist-Heine. 1985; Sixtus Beckmesser. Essays zur deutschen Literatur. 1989; Von Goethe bis Mörike. Nachworte zu deutschen Gedichten. 2001.

KRZYSZTOF LIPIŃSKI, Prof. Dr. habil., geb. 1957 in Rzeszów (Polen), Studium der Germanistik, seit 1980 wissenschaftlicher Mitarbeiter am Institut für Germanistik der Jagiellonen-Universität Krakau, Übersetzer, seit 1999 Direktor des Instituts für Germanistik der Jagiellonen-Universität Krakau; Arbeitsschwerpunkte: deutschsprachige Lyrik des 20. Jahrhunderts, Goethes *Faust*, nationale Identität, Translatorik; ausgewählte Publikationen: Goethes *Faust* als Übersetzungsvorlage. Kraków 1990; Bóg, Szatan, Czowiek. O Fauœcie J. W. Goethego" [Gott, Teufel, Mensch. Über J. W. Goethes *Faust.*] Rzeszów 1993; Interpretation – Translation – Rezeption. Zur österreichischen Literatur im 20. Jahrhundert. Czêstochowa 1995; Auf der Suche nach Kakanien. Literarische Streifzüge durch eine versunkene Welt. St. Ingbert 2000; Vademecum tumacza. Kraków 2000. Übersetzer's Vademecum. Aus dem Polnischen übersetzt von Fred Schulz. Kraków 2004.

HUB NIJSSEN, Dr., geb. 1961 in Schinnen (Niederlande); 1980-1987 Studium der Germanistik und Skandinavistik in Nijmegen, Münster und Jena, 1987-1990 Mitarbeiter am Max-Planck-Institut für Psycholinguistik in Nijmegen, 1990-2000 Literaturwissenschaftler an den Universitäten in Nijmegen, Potsdam, TU Berlin und Leiden, 1995 Promotion über Peter Huchel, seit 1996 im Wissenschaftlichen Beirat des Peter-und-Monica-Huchel-Vereins, seit 2004 im Vorstand der Johannes-Bobrowski-Gesellschaft, seit 1984 Mitarbeiter des Limburgischen Wörterbuches und seit 1991 des Vereins zur Förderung der Limburgischen Sprache und Kultur in Veldeke, seit 2002 Internationalisierungsmitarbeiter an der Radboud Universität Nijmegen; Arbeitsschwerpunkte: Peter Huchel, Johannes Bobrowski, moderne Poesie, Literatur des Dritten Reichs, DDR-Kulturgeschichte, Geschichte des deutschen Rundfunks bis 1955, Ost-West-Verhältnisse, Limburgische Kulturgeschichte des 19. und 20. Jahrhunderts, ausgewählte Publikationen: Der heimliche König. Leben und Werk von Peter Huchel. 1995 University Press Nijmegen. 2. revidierte Auflage. Würzburg 1998; Peter Huchel: Wie soll man da Gedichte schreiben. Briefe 1925-1977. Frankfurt/M. 2000; Mosaiek. Bloomlaezing [Anthologie] oet 75 jaor Veldeke-tiedsjrif. Veldeke Maastricht 2001; 12

Jahrbücher für Limburgische Literatur (Hg.).Veldeke Maastricht 1992-2000; hg. mit P. Ritzen: Uitgestelde vernieuwing. Henri Ritzen, schilder (1892-1976). [Aufgeschobene Erneuerung. Henri Ritzen, Maler]. Rosbeek Nuth 2001.

HELMUT PEITSCH, Prof. Dr., geb. 1948 in Minden; Studium der Germanistik an der Freien Universität Berlin, Lehrtätigkeit an der Freien Universität Berlin, in Leeds, Swansea, New York und Cardiff, derzeit Lehrstuhl für Neuere deutsche Literatur (19./20. Jahrhundert) am Institut für Germanistik der Universität Potsdam; Arbeitsschwerpunkte: Literarische Vergangenheitsbewältigung im Ost-West-Vergleich, Reisebeschreibungen, Großstadt in der Literatur, Wissenschaftsgeschichte; ausgewählte Publikationen: „Deutschlands Gedächtnis an seine dunkelste Zeit". Zur Funktion der Autobiographik in den Westzonen Deutschlands und den Westsektoren von Berlin 1945-1949. Berlin 1990; Vom Faschismus zum Kalten Krieg - auch eine deutsche Literaturgeschichte. Literaturverhältnisse, Genres, Themen. Berlin 1996; European Memories of the Second World War. New York, Oxford 1999; Georg Forster. A History of His Critical Reception. New York 2001; Brennende Bücher. Erinnerungen an den 10. Mai 1933. Potsdam 2003.

STEFANIE RENTSCH, M.A., geb. 1975 in Fürth/Bayern; Studium der Allgemeinen und Vergleichenden Literaturwissenschaft, Kunstgeschichte und Romanistik in Bonn, Paris und Berlin, derzeit Mitarbeiterin am Sonderforschungsbereich „Ästhetische Erfahrung im Zeichen der Entgrenzung der Künste" an der Freien Universität Berlin; Arbeitsschwerpunkte: Text-Bild-Hybride in der Kunst und Literatur nach 1945, Ekphrasis; Publikation: Ekphrasis. Anmerkungen zur Begriffsbestimmung in der neueren Forschung (gemeinsam mit Ch. Schaefer). In: Zeitschrift für französische Sprache und Literatur, 2 / 2004, S. 132-165.

JENNY SALKOVA, Prof. Dr. phil., geb. 1936 in Kursk (Rußland); Studium der Germanistik an der Pädagogischen Hochschule in Kursk, Doktorandin der Linguistik an der Universität Moskau (Fremdsprachenhochschule), Dozentin, später Inhaberin des Lehrstuhls für deutsche Sprache an der Pädagogischen Hochschule Kursk, Professorin und Inhaberin des Lehrstuhls für Germanistik an der Universität

Kaliningrad, Professorin am Lehrstuhl für Fremdsprachen an der Technischen Universität Kaliningrad, Leiterin der Deutschkurse für Erwachsene in Kaliningrad und im Gebiet des Deutsch-Russischen Hauses Kaliningrad; Arbeitsschwerpunkte: Probleme der syntaktischen Semantik, der kognitiven und pragmatischen Charakteristika der syntaktischen Konstruktionen, syntaktisch-semantische Felder, Probleme der Interkulturalität und Intertextualität, Debatten um demokratisches Geistesleben in Deutschland; ausgewählte Publikationen: Einige Probleme der syntaktischen Mehrdeutigkeit (am Material des deutschen Satzgefüges) - Promotionsschrift, 1967; Beitrag zu dem Problem der Wortbildungsbedeutung. In: Probleme der Bedeutung in der Gegenwartsgermanistik. Wissenschaftliche Schriften. Kursk 1977; Syntaktische Felder und semantisches Modellieren (Monographie). Verlag der Universität Leningrad, Leningrad, 1983; Über kognitiv-pragmatische Eigenschaften der syntaktischen Konstruktionen. Kognitiv-pragmatische Aspekte der linguistischen Forschungen. Wissenschaftliche Schriften der staatlichen Universität Kaliningrad. Kaliningrad 2001. Toleranzkonzept, Interkultur, Integration in den gesellschaftlich-politischen Diskussionen Deutschlands des XX. und XXI. Jahrhunderts. Westnik der staatlichen Universität Kaliningrad 2004/1, Verlag der Universität Kalinigrad 2004.

REGINA SINKEVIČIENĖ, Dr. phil., geb. 1953 in Klaipėda (Litauen); Studium der Germanistik, 1989 Promotion, Dozentin an der Universität Vilnius; ausgewählte Publikationen: Litauen im Schaffen von Johannes Bobrowski. 1990; Die Kurische Nehrung und deutsche Dichter. 2002; (Hg.) „Eine Hoffnung und einen redlichen Versuch wert". Materialien der wissenschaftlichen Konferenz anläßlich des 75. Geburtstages von Johannes Bobrowski. 1993; (Hg.) Johann Uszpurwies. *Meine literarischen Schöpfungen.* 1999, deutsch und litauisch); Literatur an der Kreuzung der Kulturen. Das Bild Litauens in der deutschen Literatur. In: Nachbarn im Ostseeraum unter sich. Stockholm 2000.

MUDITE SMILTENA, Dr. phil., geb. 1941 in Valka (Lettland); 1959-1964 Studium der deutschen Sprache und Literatur an der Universität Lettlands, 1964-1968 Deutschlehrerin und Lektorin am Rigaer Polytechnischen Institut, seit 1970 Lehrtätigkeit an der Universität Lettlands (Lexikologie, Phraseologie, Stilistik der deutschen Gegenwartssprache), seit 1999 Assistenz-Professorin an der Germanistischen Abteilung der Fakultät für Moderne Sprachen der Universität Lettlands; Arbeitsschwerpunkte: Linguostilistische Textinterpretation, Übersetzungsproblematik, kontrastive Phraseologie.

BARBARA SUROWSKA-SAUERLAND, Prof. Dr. habil, geb. 1939 in Bilgoraj (Polen); Studium der Germanistik in Warschau, Tätigkeit beim Polnischen Rundfunk, Redakteurin der Warschauer Monatsschrift „Literatura na swiecie", Übersetzerin deutscher Literatur ins Polnische, derzeit Professorin an der Universität Warschau und an der Ermländisch-Masurischen Universität Olsztyn; Arbeitsschwerpunkte: Deutsche Literatur der Romantik, der Jahrhundertwende und der Gegenwart; ausgewählte Publikationen: Die Bewußtseinsstromtechnik im Erzählwerk Arthur Schnitzlers. Warszawa 1990; Mlody Rilke (Der junge Rilke). Gdansk 1994; Franz Kafka. Osiem notatnikow (Oktavhefte), ediert, übersetzt und mit einem Nachwort versehen von B. Surowska. Gdansk 1995. Durch Kunst und Natur ins Gelingen (über Rainer Maria Rilke). In: Wege der Lyrik in der Moderne, hg. von G. Martens. Würzburg 2003, S. 113-127; Sichtbare und unsichtbare Fäden. Über das Schnitzlersche Marionettenspiel *Zum großen Wurstel* und seine Vorlage, den *Gestiefelten Kater* Ludwig Tiecks. In: Arthur Schnitzler im zwanzigsten Jahrhundert, hg. von K.Fliedl. Wien 2003, S. 330-350.

MONIKA SZCZEPANIAK, Dr. phil., geb. 1967; Studium der Germanistik von 1986 bis 1992 in Rzeszów (Polen) und Erfurt, seit 1992 Assistentin am Lehrstuhl für Germanistik der Pädagogischen Hochschule in Rzeszów, 1998 Promotion über Elfriede Jelinek, seit 1999 am Lehrstuhl für Germanistik der Akademie Bydgoszcz; Arbeitsschwerpunkte: deutschsprachige Literatur des 19. und 20. Jahrhunderts, Gender studies, Männlichkeitskonstruktionen in der Literatur und Kultur; Publikationen: Dekonstruktion des Mythos in ausgewählten Prosawerken von Elfriede Jelinek. Frankfurt/M. 1998; sowie zur Literaturgeschichte des 20. Jahrhunderts und zum Blaubart-Motiv in der deutschsprachigen Literatur.

THOMAS TATERKA, Prof. Dr. phil., geb. 1963 in Neustrelitz/Mecklenburg; Studium der Germanistik und Anglistik an der Humboldt-Universität Berlin, Redakeur am „Deutschen Wörterbuch" (Grimm), von 1992 bis 1997 DAAD-Lektor an der Universität Genua, seit 1999 DAAD-Lektor an der Universität Lettlands in Riga, seit 2003 dort zugleich Professor für Deutsche Literatur; Arbeitsschwerpunkte: Deutsche Literatur des 18. – 20. Jahrhunderts, deutschitalienische Literaturbeziehungen, deutsche Literatur in baltischen Bezügen, KZ-Literatur, Sprachphilosophie, Editionsphilologie; ausgewählte Publikationen: Dante Deutsch. Studien zur Lagerliteratur. Berlin 1999 (ital. Ausgabe Viterbo 2003); „Nahmen und Stimmen! Ihr bleibt zurück". Vom Hausrecht des Autors und seiner Handhabung in Johannes Bobrowskis Erzählung *Boehlendorff*. In: Triangulum 2001, S. 136-175; „Der Nachlaß ist / gesichtet, der Dichter / beruhigend tot"? Das Bild Johannes Bobrowskis in der Forschung des letzten Jahrzehnts. Ein Literaturbericht. In: studi germanici (nuovo serie), Roma, XXXVIII/2000 (H.1), S. 129-183.

KLAUS VÖLKER, Prof. Dr., geb. 1938 in Frankfurt/M.; Studium der Germanistik, Literaturwissenschaft und Kunstgeschichte in Frankfurt/M. und Berlin, derzeit Professor für Theatergeschichte und Dramaturgie und Rektor der Hochschule für Schauspielkunst „Ernst Busch" in Berlin; ausgewählte Publikationen: Bertold Brecht. Eine Biographie. München 1978; Elisabeth Bergner. Das Leben einer Schauspielerin. Berlin 1990; Hans Lietzen. Schauspieler, Regisseur, Intendant. Berlin 1999; Hg. der Werke von Max Herrmann-Neiße (Frankfurt/M. 1986ff.) und der deutschen Werkausgabe von Alfred Jarry (Frankfurt/M. 1987ff., 11 Bände) und Boris Vian (Berlin 1994ff., 17 Bände).

JOHN P. WIECZOREK, D.Phil (Oxon), geb. 1948 in Chalfont St Giles (England), Studium in Oxford und Wien, Lehrtätigkeit in Stirling (Schottland), St Andrews (Schottland), Galway (Irland), derzeit Senior Lecturer in Modern Languages Director, Institution-Wide Language Programme an der University of Reading (England); Arbeitsschwerpunkt: Literatur der DDR, insbesondere Johannes Bobrowski; ausgewählte Publikationen: Between Sarmatia and Socialism. The Life and Works of Johannes Bobrowski. Amsterdam/Atlanta 1999; Irreführung durch Erzählperspektive? The East German Novels of Jurek Becker. In: The Modern Language Review 85 (1990), S. 640-652; „Lesen Sie doch, liebe Freundinn, nachstehenden Brief". A previously unpublished letter to Goethe and his response. In: German Life and Letters 43 (1989), S. 23-33; Paul Celan and Johannes Bobrowski. Legitimacy and Language. In: Finding a Voice. Problems of Language in East German Society and Culture, ed. G. Jackman and I.F.Roe. Amsterdam/Atlanta 2000, S. 191-212; Johannes Bobrowski und die Gruppe 47. In: The Gruppe 47 Fifty Years on. A Re-appraisal of its Literary and Political Significance. Amsterdam/Atlanta 1999, S. 213-27.

NICOLAS YUILLE, Dr., geb. in Chelmford (England); Studium der Germanistik in Manchester, BA 1997, MA 1998, PhD 2002, Faculty Assistant an der University of Glasgow 2001-2003, seit 2004 Deutschlehrer an einem Gymnasium in Rothwell (England); Arbeitsschwerpunkte: Promotion über Johannes Bobrowskis und Peter Huchels Dichtung aus einer nicht-politischen Perspektive, Literatur des 21. Jahrhunderts; Publikation: Peter Huchel's reception of Biedermeier literature in his poetrys of the 1920s and 1930s. In: Neophilologos 88, 2004, S. 243-262.

RAFAŁ ŻYTYNIEC, Diplom-Kulturwissenschaftler, geb. 1976 in Ełk (Polen); Studium der Kulturwissenschaften an der Europa-Universität Viadrina in Frankfurt/Oder und an der Johannes Gutenberg Universität Mainz in Germersheim, derzeit Abschluß der Promotion über Ostpreußen als Erinnerungslandschaft der polnischen und deutschen Literatur nach 1945; Arbeitsschwerpunkte: Literaturen Ostpreußens, Vertreibung der Deutschen in der Literatur, Vergleich der deutschen und polnischen Erinnerungskultur, polnische und deutsche Schlüsselbegriffe und ihre Übersetzbarkeit, polnische Lyrik im 20. Jahrhundert; ausgewählte Publikationen: *Im Wind / die Düne*. Über ein Nehrungsgedicht Manfred Peter Heins. In: Triangulum. Germanistisches Jahrbuch 2000 für Estland, Lettland und Litauen, S. 81-91; Tamtego lata, roku 1965. Z Clemensem Hanschem, uczestnikiem obozu „Aktion Sühnezeichen" w Oświęcimiu w 1965 roku, rozmawia Rafał Żytyniec [In jenem Sommer 1965. Rafał Żytyniec im Gespräch mit Clemens Hansch, dem Teilnehmer des Lagers der „Aktion Sühnezeichen" in Auschwitz 1965]. In: Tygodnik Powszechny, Nr 50/2001, S. 10; J. Assmann: „Pamięć zbiorowa i tożsamość kulturowa [Kollektives Gedächtnis und kulturelle Identität]". In: Borussia, Nr. 29/2003. S. 11-16. (übersetzt gemeinsam mit Stefan Dyroff); Anioł Stróż pamięci. O pamięci wschodniopruskich wypędzonych na przykładzie wiersza Agnes Miegel *Za Wielką Wydmą przeszłość* [Schutzengel Erinnerung.

przeszłość [Schutzengel Erinnerung. Zum Gedächtnis der ostpreußischen Vertriebenen am Beispiel des Gedichtes *Hinter der Hohen Düne Vergangenheit* von Agnes Miegel] In: Borussia, Nr. 33-34/2004, S. 77-84.

Bildnachweis

Titelfoto Bobrowski: Foto von Roger Melis, 1962: Mit freundlicher Genehmigung von Roger Melis

Abbildungen Aufsatz Bukauskaitė: Reproduktionen von Dalia Bukauskaitė, mit freundlicher Genehmigung von Justus Bobrowski

Abbildung Aufsatz Eickenrodt: Mit freundlicher Genehmigung von Justus Bobrowski

Bildnachweis